普通高等院校汽车工程类规划教材

汽车构造

张耀虎 王鑫 郑颖 主编

清华大学出版社
北京

内容简介

本书主要定位于服务应用型本科及汽车高等工程技术人员的教学培养需求，其特点是将理论知识培养与实践能力培养有效地结合，适合理实一体化客车教学。全书共 13 个模块，系统地阐述了现代汽车的构造和工作原理，以及汽车主要部件的拆装流程和检测方法。本书内容精练，图例及解释详实，并结合当前汽车新技术，突出实用性和新颖性。主要内容包括汽车概论、汽车发动机基本知识、汽车发动机机械结构、汽车发动机供给系统、汽车发动机辅助系统、清洁能源汽车、汽车发动机总成拆装实践、汽车传动系统、汽车行驶系统、汽车转向系统、汽车制动系统、汽车车身、汽车电器设备。

本书可作为应用型本科车辆工程、汽车服务工程、交通运输等专业的教材，也可作为高职高专院校汽车检测与维修技术、汽车营销等专业的教材，还可作为汽车产业高等工程技术人员培训的参考书。

版权所有，侵权必究。举报：010-62782989，beiqinquan@tup.tsinghua.edu.cn。

图书在版编目(CIP)数据

汽车构造/张耀虎，王鑫，郑颖主编. —北京：清华大学出版社，2019(2024.8 重印)
(普通高等院校汽车工程类规划教材)
ISBN 978-7-302-52021-4

Ⅰ. ①汽… Ⅱ. ①张… ②王… ③郑… Ⅲ. ①汽车－构造－高等学校－教材 Ⅳ. ①U463

中国版本图书馆 CIP 数据核字(2019)第 006130 号

责任编辑：许　龙
封面设计：常雪影
责任校对：王淑云
责任印制：丛怀宇

出版发行：清华大学出版社
网　　址：https://www.tup.com.cn，https://www.wqxuetang.com
地　　址：北京清华大学学研大厦 A 座
邮　　编：100084
社 总 机：010-83470000
邮　　购：010-62786544
投稿与读者服务：010-62776969，c-service@tup.tsinghua.edu.cn
质量反馈：010-62772015，zhiliang@tup.tsinghua.edu.cn
印 装 者：三河市龙大印装有限公司
经　　销：全国新华书店
开　　本：185mm×260mm
印　　张：35
字　　数：852 千字
版　　次：2019 年 5 月第 1 版
印　　次：2024 年 8 月第 7 次印刷
定　　价：88.00 元

产品编号：076507-02

前言

随着我国汽车保有量不断增加,我国已经把汽车工业作为支柱产业,伴随国家汽车产业的快速发展,汽车产业进入了快速发展轨道。截至2017年底,我国汽车产销量继续保持增长态势,全国机动车保有量达3.10亿辆,其中汽车2.17亿辆。全年汽车产销量分别达到2901.54万辆和2887.89万辆,增幅比上年同期有所扩大。预计到2020年我国汽车保有量将超过2.5亿辆。

伴随我国汽车工业及汽车市场的高速发展,汽车及相关产业的人才需求也迅速增长。为满足新形势下对汽车高等工程技术人员培养的需求,亟须一本尽可能反映汽车新技术、新结构,并有效地将汽车结构和工作原理的理论知识与实践能力培养的相关知识相结合的教材。为此,我们编写了本书。

根据普通高等教育汽车类专业的人才培养定位,本书以应用型人才培养为目标,以车辆工程专业、汽车服务工程专业、交通运输专业等本科专业为培养对象,全书通过将现代普及的汽车构造基本知识作为主要选材内容,并结合汽车主要部件的拆装及检测相关实践内容突出理实一体化教学理念;同时,为了突出新颖性,在较多的章节介绍了汽车新结构、新技术,为读者了解当前汽车技术发展方向提供了保证。为了便于读者学习,本书将传统汽车构造内容分为13个模块,内容包括汽车概论、汽车发动机基本知识、汽车发动机机械结构、汽车发动机供给系统、汽车发动机辅助系统、清洁能源汽车、汽车发动机总成拆装实践、汽车传动系统、汽车行驶系统、汽车转向系统、汽车制动系统、汽车车身、汽车电器设备。

本书前7个模块由西安航空学院张耀虎和郑颖主编,西安航空学院李娅、袁小慧、李维、雷蕾、王龙、高苹喜、归文强和陕西交通职业技术学院王露峰参编;后6个模块由西安航空学院王鑫主编,西安航空学院崔伟、王兴路、熊沂铖、吴宁强、袁小慧、归文强参编。本书由王鑫、郑颖统稿,其中张耀虎和李娅共同编写模块1和模块2,郑颖编写模块3,袁小慧编写模块4中换气系统、汽油机燃油供给系统,归文强编写模块12和模块13,李维编写模块4中柴油机燃油供给系统和发动机排放技术,王露峰编写模块4中点火系统,雷蕾编写模块5,王龙编写模块6,高苹喜编写模块7,王鑫编写模块8中离合器、自动变速器、万向传动装置和驱动桥,崔伟编写模块8中手动变速器,王兴路编写模块9,熊沂铖编写模块10,吴宁强编写模块11。

本书在编写过程中,参考并引用了国内其他出版社的书籍和网站的相关内容,从而使编写工作得以顺利完成,在此,对上述文献资料的作者表示感谢。

由于时间仓促和编者水平有限,本书在章节安排和内容编写上难免存在不足和错误,恳切希望使用本书的高校师生和广大读者批评指正,以便今后进一步完善。

编　者

2018年3月

汽车总论

模块 1　汽车概论 ·· 3

  1.1　汽车简介 ··· 3
      1.1.1　汽车的概念 ··· 3
      1.1.2　汽车的组成 ··· 3
      1.1.3　汽车工业的发展 ··· 5
      1.1.4　未来汽车 ·· 9
  1.2　汽车的分类 ·· 11
      1.2.1　广义汽车的分类 ·· 11
      1.2.2　狭义汽车的分类 ·· 11
  1.3　车辆识别代号编码 ··· 14
      1.3.1　车辆识别代号编码概述 ··· 14
      1.3.2　我国汽车产品型号编制规则 ··· 16
  1.4　汽车主要技术参数 ··· 18
      1.4.1　汽车主要尺寸参数 ··· 18
      1.4.2　汽车主要质量参数 ··· 19
      1.4.3　汽车主要性能参数 ··· 19
      1.4.4　汽车参数的测量实践训练 ·· 20
  1.5　汽车行驶的基本原理 ·· 22
      1.5.1　汽车行驶的驱动力与行驶阻力 ·· 22
      1.5.2　汽车行驶的附着条件 ·· 24
  习题 ·· 24

第一篇　汽车发动机

模块 2　汽车发动机基本知识 ··· 29

  2.1　发动机概述 ·· 29

2.1.1　发动机的概念 …………………………………………………………… 29
　　　2.1.2　发动机的分类 …………………………………………………………… 29
　　　2.1.3　发动机的基本术语 ……………………………………………………… 31
　　　2.1.4　发动机的性能指标 ……………………………………………………… 32
　2.2　四冲程发动机的基本结构及组成 ………………………………………………… 36
　　　2.2.1　四冲程汽油发动机的基本结构与工作原理 …………………………… 36
　　　2.2.2　四冲程柴油发动机的基本结构与工作原理 …………………………… 41
　2.3　内燃机编号规则 …………………………………………………………………… 43
　　　2.3.1　国内内燃机编号简介 …………………………………………………… 43
　　　2.3.2　国外内燃机编号简介 …………………………………………………… 44
　习题 ……………………………………………………………………………………… 45

模块3　汽车发动机机械结构 …………………………………………………………… 46

　3.1　机体组件 …………………………………………………………………………… 46
　　　3.1.1　气缸体 …………………………………………………………………… 46
　　　3.1.2　气缸盖 …………………………………………………………………… 49
　　　3.1.3　气缸垫 …………………………………………………………………… 52
　　　3.1.4　油底壳 …………………………………………………………………… 52
　　　3.1.5　发动机的支承 …………………………………………………………… 53
　　　3.1.6　机体组件实践训练 ……………………………………………………… 54
　3.2　曲柄连杆机构 ……………………………………………………………………… 56
　　　3.2.1　活塞连杆组件 …………………………………………………………… 56
　　　3.2.2　连杆 ……………………………………………………………………… 66
　　　3.2.3　曲轴飞轮组件 …………………………………………………………… 69
　　　3.2.4　曲柄连杆机构实践训练 ………………………………………………… 77
　3.3　配气机构 …………………………………………………………………………… 82
　　　3.3.1　配气机构概述 …………………………………………………………… 82
　　　3.3.2　配气机构主要组件和零件 ……………………………………………… 87
　　　3.3.3　配气相位与充气效率 …………………………………………………… 94
　　　3.3.4　配气机构实践训练 ……………………………………………………… 95
　　　3.3.5　发动机可变进气控制技术 ……………………………………………… 98
　习题 ……………………………………………………………………………………… 101

模块4　汽车发动机供给系统 …………………………………………………………… 104

　4.1　汽车发动机空气供给系统 ………………………………………………………… 104
　　　4.1.1　空气滤清器 ……………………………………………………………… 104
　　　4.1.2　进气管系 ………………………………………………………………… 105
　　　4.1.3　排气管系 ………………………………………………………………… 107
　　　4.1.4　消声器 …………………………………………………………………… 108

  4.1.5 涡轮增压系统 …………………………………………………… 109
4.2 汽油机燃油供给系统 …………………………………………………… 114
  4.2.1 汽油的使用性能及可燃混合气 …………………………………… 114
  4.2.2 汽油机燃油供给系统概述 ………………………………………… 117
  4.2.3 空气测量控制系统 ………………………………………………… 120
  4.2.4 汽油供给系统主要部件 …………………………………………… 125
  4.2.5 电子控制系统 ……………………………………………………… 132
  4.2.6 汽油机燃油供给系统实践训练 …………………………………… 140
4.3 柴油机燃油供给系统 …………………………………………………… 141
  4.3.1 柴油的使用性能 …………………………………………………… 141
  4.3.2 柴油机燃油供给系统概述 ………………………………………… 141
  4.3.3 柴油机燃油供给系统主要部件的结构与原理 …………………… 144
  4.3.4 柴油机燃油供给系统实践 ………………………………………… 166
  4.3.5 电控柴油机燃油供给系统 ………………………………………… 168
4.4 发动机排放控制技术 …………………………………………………… 174
  4.4.1 发动机机内净化技术 ……………………………………………… 174
  4.4.2 发动机机外净化技术 ……………………………………………… 176
4.5 汽油发动机点火系统 …………………………………………………… 179
  4.5.1 汽油发动机点火系统概述 ………………………………………… 179
  4.5.2 传统机械式点火系统 ……………………………………………… 181
  4.5.3 半导体点火系统 …………………………………………………… 189
  4.5.4 微机控制点火系统 ………………………………………………… 193
  4.5.5 发动机点火系统实践训练 ………………………………………… 196
  4.5.6 汽车电源 …………………………………………………………… 198
习题 ……………………………………………………………………………… 203

模块 5 汽车发动机辅助系统 ……………………………………………………… 205

5.1 发动机冷却系统 ………………………………………………………… 205
  5.1.1 发动机冷却系统概述 ……………………………………………… 205
  5.1.2 水冷系统 …………………………………………………………… 207
  5.1.3 风冷系统 …………………………………………………………… 215
5.2 发动机润滑系统 ………………………………………………………… 215
  5.2.1 发动机润滑系统概述 ……………………………………………… 215
  5.2.2 发动机润滑系统的组成 …………………………………………… 219
  5.2.3 发动机润滑系统油路 ……………………………………………… 224
5.3 发动机起动系统 ………………………………………………………… 225
  5.3.1 发动机起动系统概述 ……………………………………………… 225
  5.3.2 电起动系统的结构组成 …………………………………………… 228
习题 ……………………………………………………………………………… 231

模块 6　清洁能源汽车 233

6.1　电动汽车 233
6.1.1　电动汽车概述 233
6.1.2　纯电动汽车 234
6.1.3　混合动力电动汽车 236
6.1.4　燃料电池电动汽车 239

6.2　太阳能汽车 240

6.3　燃气汽车 241
6.3.1　燃气汽车概述 241
6.3.2　燃气汽车的基本结构与工作原理 243

习题 246

模块 7　汽车发动机总成拆装实践 247

7.1　汽车发动机拆装工具认知 247
7.1.1　实践目的 247
7.1.2　实践准备 247
7.1.3　实践内容 247
7.1.4　实践要求 249

7.2　帕萨特 1.8T AWL 发动机总成外围部件拆装 249
7.2.1　实践目的 249
7.2.2　实践准备 249
7.2.3　实践内容 249

7.3　帕萨特 1.8T AWL 发动机曲柄连杆机构拆装 257
7.3.1　实践目的 257
7.3.2　实践准备 257
7.3.3　实践内容 258

7.4　帕萨特 1.8T AWL 发动机配气机构拆装 260
7.4.1　实践目的 260
7.4.2　实践准备 261
7.4.3　实践内容 261

习题 263

第二篇　汽车底盘

模块 8　汽车传动系统 267

8.1　汽车传动系统概述 267
8.1.1　汽车传动系统的组成与功用 267

8.1.2 汽车传动系统的分类 ·· 268
　　　8.1.3 汽车传动系统的布置形式 ··· 270
　8.2 离合器 ·· 272
　　　8.2.1 离合器概述 ··· 272
　　　8.2.2 摩擦式离合器的结构与工作原理 ································· 274
　　　8.2.3 离合器实践训练 ·· 283
　8.3 变速器 ·· 284
　　　8.3.1 变速器概述 ··· 284
　　　8.3.2 机械手动变速器 ·· 286
　　　8.3.3 手动变速器实践训练 ·· 304
　　　8.3.4 电控机械式自动变速器 ··· 306
　　　8.3.5 液力式自动变速器 ··· 310
　　　8.3.6 液力式自动变速器拆装实践训练 ································ 335
　　　8.3.7 机械式无级自动变速器 ··· 344
　8.4 万向传动装置 ··· 347
　　　8.4.1 万向传动装置概述 ··· 347
　　　8.4.2 万向节 ··· 348
　　　8.4.3 传动轴和中间支承 ··· 354
　8.5 驱动桥 ·· 356
　　　8.5.1 驱动桥概述 ··· 356
　　　8.5.2 主减速器 ·· 357
　　　8.5.3 差速器 ··· 361
　　　8.5.4 半轴与桥壳 ··· 368
　　　8.5.5 驱动桥实践训练 ·· 371
　8.6 四轮驱动系统 ··· 374
　　　8.6.1 四轮驱动系统概述 ··· 374
　　　8.6.2 分时四轮驱动系统 ··· 374
　　　8.6.3 全时四轮驱动系统 ··· 377
　　　8.6.4 适时四轮驱动系统 ··· 377
　习题 ·· 378

模块 9　汽车行驶系统 ··· 380

　9.1 汽车行驶系统概述 ··· 380
　　　9.1.1 汽车行驶系统的功用与组成 ····································· 380
　　　9.1.2 汽车行驶系统的分类 ·· 381
　9.2 车轮总成 ··· 381
　　　9.2.1 车轮 ·· 382
　　　9.2.2 轮胎 ·· 383
　　　9.2.3 车轮总成实践训练 ··· 390

9.3 车桥 ··· 391
　9.3.1 车桥概述 ·· 391
　9.3.2 支持桥 ··· 391
　9.3.3 转向桥 ··· 392
　9.3.4 转向驱动桥 ··· 394
　9.3.5 车轮定位 ·· 395
9.4 车架 ··· 398
　9.4.1 边梁式车架 ··· 398
　9.4.2 中梁式车架 ··· 400
　9.4.3 综合式车架 ··· 400
　9.4.4 副车架 ··· 400
9.5 悬架 ··· 401
　9.5.1 悬架概述 ·· 401
　9.5.2 悬架主要组成部件 ··· 403
　9.5.3 非独立悬架 ··· 411
　9.5.4 独立悬架 ·· 414
　9.5.5 主动悬架 ·· 421
　9.5.6 悬架总成实践训练 ··· 427
习题 ··· 429

模块 10 汽车转向系统 ·· 431

10.1 汽车转向系统概述 ··· 431
　10.1.1 汽车转向系统的功能 ·· 431
　10.1.2 汽车转向系统的类型 ·· 431
　10.1.3 汽车转向原理 ··· 432
10.2 机械转向系统 ··· 433
　10.2.1 转向操纵机构 ··· 434
　10.2.2 转向器 ·· 435
　10.2.3 转向传动机构 ··· 438
10.3 动力转向系统 ··· 441
　10.3.1 动力转向系统概述 ··· 441
　10.3.2 液压动力转向系统 ··· 442
　10.3.3 电子控制动力转向系统 ··· 447
10.4 转向系统新技术 ·· 450
　10.4.1 四轮转向系统 ··· 450
　10.4.2 线传控制转向系统 ··· 452
10.5 转向系统实践训练 ··· 453
　10.5.1 实践目的 ··· 453
　10.5.2 实践准备 ··· 453

  10.5.3 实践内容 ……………………………………………………………………… 453
习题 ………………………………………………………………………………………… 455

模块 11 汽车制动系统 ……………………………………………………………… 457

11.1 汽车制动系统概述 …………………………………………………………………… 457
  11.1.1 汽车制动系统的功用与组成 ……………………………………………… 457
  11.1.2 汽车制动系统的分类 ……………………………………………………… 457
  11.1.3 汽车制动系统的工作原理 ………………………………………………… 458
11.2 行车制动系统 ………………………………………………………………………… 459
  11.2.1 车轮制动器 ………………………………………………………………… 459
  11.2.2 制动传动装置 ……………………………………………………………… 470
11.3 驻车制动系统 ………………………………………………………………………… 488
  11.3.1 鼓式驻车制动器 …………………………………………………………… 488
  11.3.2 蹄盘式驻车制动器 ………………………………………………………… 488
11.4 制动系统实践训练 …………………………………………………………………… 489
  11.4.1 实践目的 …………………………………………………………………… 489
  11.4.2 实践准备 …………………………………………………………………… 490
  11.4.3 实践内容 …………………………………………………………………… 490
11.5 汽车防滑控制系统 …………………………………………………………………… 492
  11.5.1 制动防抱死系统 …………………………………………………………… 492
  11.5.2 驱动防滑系统 ……………………………………………………………… 500
习题 ………………………………………………………………………………………… 505

第三篇 车身及电器设备

模块 12 汽车车身 …………………………………………………………………… 509

12.1 汽车车身概述 ………………………………………………………………………… 509
12.2 轿车车身的结构 ……………………………………………………………………… 509
  12.2.1 轿车车身的组成 …………………………………………………………… 509
  12.2.2 轿车车身的分类 …………………………………………………………… 509
  12.2.3 轿车车身的本体结构 ……………………………………………………… 512
  12.2.4 轿车车身的开启件 ………………………………………………………… 513
  12.2.5 轿车车身的附属装置 ……………………………………………………… 515
  12.2.6 轿车车身的安全保护装置 ………………………………………………… 519
12.3 客车车身 ……………………………………………………………………………… 521
12.4 货车驾驶室和车厢 …………………………………………………………………… 522
  12.4.1 货车驾驶室 ………………………………………………………………… 522
  12.4.2 货车车厢 …………………………………………………………………… 523

习题 ·· 525

模块 13　汽车电器设备 ·· 526

13.1　汽车仪表系统 ·· 526
　　13.1.1　汽车仪表系统的作用与组成 ··· 526
　　13.1.2　汽车仪表系统的分类 ·· 527
　　13.1.3　汽车仪表系统主要部件的结构与原理 ·· 528
13.2　汽车照明及信号系统 ·· 532
　　13.2.1　灯光系统 ··· 532
　　13.2.2　信号系统 ··· 534
　　13.2.3　汽车喇叭 ··· 535
13.3　汽车音响 ··· 536
　　13.3.1　汽车音响的组成 ·· 536
　　13.3.2　汽车多媒体系统简介 ·· 537
13.4　汽车空调系统 ··· 537
　　13.4.1　汽车空调系统的组成 ·· 538
　　13.4.2　汽车空调系统的分类 ·· 539
　　13.4.3　汽车空调系统的工作原理 ·· 539
　　13.4.4　电控空调系统 ··· 541
13.5　汽车定速巡航系统 ··· 541
13.6　汽车总线技术 ··· 542
　　13.6.1　汽车总线的类型 ·· 542
　　13.6.2　CAN 总线技术 ·· 543
13.7　汽车车身及电器设备实践训练 ·· 545
　　13.7.1　实践目的 ··· 545
　　13.7.2　实践准备 ··· 545
　　13.7.3　实践内容 ··· 546
习题 ·· 547

参考文献 ··· 548

汽车总论

模块 1 汽车概论

1.1 汽车简介

汽车作为一种交通运输工具,是人类智慧的结晶,它将科学技术与艺术相结合,绽放出绚丽的文化光芒。

1.1.1 汽车的概念

汽车在人类历史舞台上发挥了巨大的作用。然而,由于对汽车以及交通运输管理的需要,各个国家对汽车的定义也不尽相同。

美国对于汽车的定义是:由本身的动力驱动(不包括人力、畜力和风力),装有驾驶操纵装置,能在固定轨道以外的道路或自然地域上运输客、货或牵引车辆的车。按照这一定义,摩托车、拖拉机等均属于汽车,而装甲车、坦克等则不属于汽车。

德国人对汽车的定义是:汽车是使用液体燃料,用内燃机驱动,具有三个或三个以上的轮子,用于载运成员或货物的车辆。

日本工业标准 JISK0101 中对汽车的定义是:不依靠架线和轨道,带有动力装置,能够在道路上行驶的车辆。

我国国家标准《汽车和挂车类型的术语和定义》(GB/T 3730.1—2001)中对汽车的定义是:由动力驱动,具有四个或四个以上车轮的非轨道承载的车辆,主要用于载运人员或货物;牵引载运人员或货物的车辆以及其他特种用途的车辆。其中还包括与电力线相连的车辆,如无轨电车等。

1.1.2 汽车的组成

从总体来看,大部分汽车都是由发动机、底盘、车身及电器与电子设备等组成。如图 1-1 所示,是一个典型的轿车总体组成示意图。

1. 发动机

发动机是汽车的动力源,它将汽油和柴油等燃料燃烧转变为机械能,供汽车使用。在现代汽车上,广泛使用的发动机是往复活塞式汽油和柴油内燃机,一般是由曲柄连杆机构、配

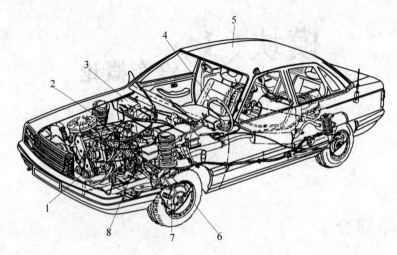

图 1-1 轿车总体组成示意图

1—发动机；2—悬架；3—空调装置；4—转向盘；5—车身；6—转向驱动轮；7—制动器；8—变速器

气机构、供给系统、冷却系统、润滑系统、点火系统(仅用于汽油内燃机)和起动系统组成。

2. 底盘

底盘接受发动机的动力,使汽车运动,并按驾驶员的操纵正常行驶,发动机、车身、电器与电子设备及各种附属设备都直接或间接地安装在底盘上。它主要由传动系统、行驶系统、转向系统和制动系统四大系统组成。

(1) 传动系统：将发动机的动力传给驱动车轮。传动系统包括离合器、变速器、主减速器、差速器和半轴等。

(2) 行驶系统：支承整车的质量,传递和承受路面作用于车轮上的各种力和力矩,缓和冲击,吸收振动,支承车身等,保证汽车在各种条件下正常行驶。行驶系统包括车架、悬架、车轮等。

(3) 转向系统：使汽车按驾驶员选定的方向行驶。转向系统包括带转向盘的转向操纵机构、转向器和转向传动机构等。

(4) 制动系统：使汽车减速或停车,并保证汽车可靠地长时间驻车。制动系统包括前轮制动器、后轮制动器以及操纵装置等。

3. 车身

车身是驾驶员的工作空间,也是乘客乘坐或容纳货物和存放行李等物品的场所。车身既要保护全体成员的安全,又要保证所运货物完好无损。一般由车身本体、开启件(门、窗和车顶盖等)、附件(内外饰、座椅等)和安全保护装置等组成。轿车和客车一般有一个完整的车身,是一个整体壳体。货车车身由驾驶室和货厢(或封闭式货厢)组成。

4. 汽车电器与电子设备

汽车电器设备由电源组(发电机和蓄电池)、发动机点火设备、起动设备、照明与信号装置、空调、仪表等组成。

汽车电子设备主要包括导航系统、防抱死制动系统(ABS)、驱动防滑系统(ASR)等各种人工智能装置。

1.1.3 汽车工业的发展

1.1.3.1 汽车的诞生

第一辆内燃机汽车于 1885 年,由德国人卡尔·本茨发明。卡尔·本茨将一台功率为 0.52kW、排量为 0.576L、转速为 300r/min 的单缸汽油发动机装在一辆带传动的三轮汽车上(见图 1-2),并于 1886 年 1 月 29 日进行了专利立案,人们将这一天作为世界上第一辆汽车的诞生日。与此同时,德国人戈特利布·戴姆勒设计制造出第一辆装有汽油内燃机的四轮汽车(见图 1-3)。该汽车装用一台高速四冲程汽油机,发动机的功率为 0.8kW、排量为 0.462L、转速为 665r/min、车速为 18km/h。因此,1886 年也被公认为是世界汽车的诞生年。本茨和戴姆勒是人们公认的以内燃机为动力的现代汽车的发明者,他们的发明创造成为汽车发展史上最重要的里程碑,他们两人也因此被世人尊称为"汽车之父"。

图 1-2 本茨制造的第一辆三轮汽车

图 1-3 戴姆勒制造的第一辆四轮汽车

1.1.3.2 汽车工业的发展

汽车的诞生,极大地"缩短"了时间和空间,改变了人们的日常生活,有效地提高了劳动生产率,引起了众多国家的重视,纷纷创办了汽车制造厂,使汽车工业迅速崛起。纵观 130 多年的汽车发展史,汽车诞生于德国,成长于法国,成熟于美国,兴旺于欧洲,挑战于日本。

1. 汽车工业主要的三次变革

在汽车工业的发展中,主要经历了三次变革:

第一次变革是美国福特公司推出的 T 型车,建立了世界上第一条汽车装配流水线,使世界汽车工业的发展中心从欧洲转向了美国。

第二次变革是欧洲通过多品种的生产方式,打破了美国的垄断地位,使世界汽车工业的发展中心又转回了欧洲。

第三次变革是日本通过完善的生产管理体系,形成精益的生产方式,全力发展物美价廉的经济型轿车,成为继美国、欧洲之后的世界第三个汽车工业发展中心,使世界汽车工业的发展中心从欧洲又转到了日本。

2. 国外汽车工业的发展

1) 欧洲奠定了汽车工业的基础

19世纪最后的十几年,为汽车的逐渐成长期。早在本茨发明汽车之前,他及合作者就成立了奔驰公司莱茵燃气发动机工厂(Benz & Company Rheinische Gasmotoren-Fabrik),1890年,本茨的公司已是德国第二大发动机制造商。1890年11月28日,戴姆勒与人合伙成立了戴姆勒发动机公司(DMG),进行了固定式发动机和汽车的生产。1926年6月28日,奔驰公司与戴姆勒公司合并为戴姆勒-奔驰股份公司(Daimler-BenzAG),总部设在德国斯图加特。在第二次世界大战期间,戴姆勒-奔驰汽车公司曾一度停产,战后得以恢复,先生产载货汽车,后又重新生产轿车,并逐渐恢复了世界高级轿车生产厂家的地位。现在,戴姆勒-奔驰汽车公司除了生产高级轿车外,还生产客车、专用车及载货汽车等。

1889年,法国人阿尔芒·标致(Armand Peugeot)设计制造了他的第一辆蒸汽机汽车,并在法国世界博览会上进行了展示。1890年,标致与其兄弟成功试制了法国第一部汽油车。1896年,标致汽车公司正式成立,总部设在巴黎。1976年,标致汽车公司与雪铁龙汽车公司合并,合并后改为PSA标致雪铁龙集团。目前,PSA标致雪铁龙集团旗下有两个品牌:标致和雪铁龙,其汽车年产量居法国第一。

1898年,法国人路易斯·雷诺创建了法国第二大汽车制造公司——雷诺汽车公司,总部设在法国比扬古。雷诺汽车公司除了生产乘用车和载货汽车外,还生产各种专用车和改装车。目前,雷诺汽车公司有雷诺和达西亚两个品牌,年产量达200万辆。

劳斯莱斯(Rolls-Royce)汽车公司创建于1906年,以生产贵族化汽车享誉全世界。劳斯莱斯汽车公司生产的汽车,制作精细、材质优良;其经营宗旨是"创造世界上最好的汽车"。几经组合,目前劳斯莱斯品牌归宝马公司所有;其另一个品牌——宾利,属大众汽车公司拥有。

菲亚特(FIAT)汽车公司于1899年7月11日由主要创始人乔瓦尼·阿涅利创建。当时主要生产小巧玲珑而又经济的菲亚特轿车。2007年,经过重组,改为菲亚特集团,旗下品牌有菲亚特、法拉利、阿尔法-罗米欧、蓝旗亚和玛莎拉蒂等。汽车年产量超过200万辆,品种达1000多种。

2) 美国汽车工业快速发展

尽管美国第一辆汽车比欧洲第一辆汽车晚了7年,但和德国、法国相比,美国是一个人口众多、地大物博的大国。国内经济的发展,促进了先进技术的应用。1899年,兰索姆·厄利·奥兹成立了奥兹莫比尔汽车公司,并于1901年制造出第一款大众化汽车。

1903年6月16日,亨利·福特(Henry Ford)创建了福特汽车公司,总部设在美国的底特律。福特汽车公司在1908年推出了世界上第一辆大众型的T型轿车(见图1-4),从此开创了汽车工业革命。1913年,建立了世界上第一条汽车装配流水线,因此生产的T型轿车质量可靠、价格便宜。1925年,福特汽车公司工厂每10s就可生产出一辆T型车,开创了世界汽车制造史上的奇迹。到1927年,T型车的保有量达1500万辆之多。目前,福特汽车公司拥有以下几个品牌:福特(Ford)、林肯(Lincoln)、捷豹(Jaguar)、马自达(Mazda)、路虎(LandRover)、水星(Mercury)和阿斯顿·马丁(Aston Martin)等。

1908年9月16日,威廉·杜兰特以别克汽车公司为核心,创建了通用汽车公司(General Motor Corporation),总部设在美国底特律。1909年,通用汽车公司及时开发了

"雪佛兰"轿车,并在1911年11月13日创建了以设计师路易斯·雪佛兰名字命名的雪佛兰汽车公司。雪佛兰是通用汽车公司全球销售量最大的品牌,曾创下每40s销售一辆新车的纪录。目前,通用汽车公司是美国最大的汽车制造公司,也是全球最大的汽车制造公司之一。通用汽车公司销售的乘用车和商用车每年在900万辆左右。通用汽车公司曾拥有的品牌有:别克(Buick)、凯迪拉克(Cadilac)、雪佛兰(Chevrolet)、欧宝(Opel)、奥兹莫比尔(Oldsmobile)、庞蒂亚克(Pontiac)、绅宝(Saab)、吉姆西(GMC)、土星(Saturn)、悍马(Hummer)、萨博(Saab)和沃克斯豪尔(Vauxhall)等。

图1-4 福特T型车

3) 日本汽车工业的崛起

1937年8月,丰田喜一郎创建了举世闻名的丰田汽车公司(Toyoto),总部设在日本东京。丰田汽车公司是日本第一大汽车公司,自成立之日起,便加快发展步伐,通过不断引进欧美新技术,很快掌握了汽车生产和管理的先进技术,并根据本国特点,创建了一套以人为中心的"丰田生产方式",大大提高了汽车的生产率。丰田汽车在20世纪60年代末大量涌入美国市场。到20世纪90年代初,丰田汽车公司汽车的产量已超过美国福特汽车公司,使日本跃居成为世界汽车产量第二的国家。2007年第一季度丰田汽车公司首次超过美国通用汽车公司,直登世界汽车产量第一的宝座。目前,丰田汽车集团拥有丰田、雷克萨斯等几个品牌。

本田汽车公司是日本第二大汽车制造公司,由本田宗一郎于1948年9月创建,总部设在东京。本田汽车公司最初生产摩托车,直到1963年才开始生产S500跑车及T360载货汽车,逐渐成为世界上发展速度最快的汽车制造厂之一。有人称本田汽车公司为日本汽车技术发展的排头兵。汽车上的许多新技术,如发动机复合涡流控制燃烧系统、可变气门正时、车身高度自动控制装置、四轮侧滑电子控制装置、汽车导航装置等都属于本田汽车公司的科技成果。本田汽车公司年产1400万台发动机和350万辆汽车,其旗下轿车品牌主要有本田系列(雅阁、思域、奥德赛、飞度等)和讴歌系列等。

3. 国内汽车工业的发展

我国汽车工业经过60多年的发展,目前已成为全球最大的汽车市场和汽车制造基地,全国汽车保有量在2017年达到2.17亿辆,并在同年我国汽车产量达到2901.54万辆,汽车销量达到2887.89万辆。目前我国汽车工业已经形成"3+7"格局,即一汽、上汽、东风三大汽车集团及长安、广汽、北汽、哈飞、陕汽、奇瑞和吉利七大骨干汽车企业。中国汽车工业总体经历了从自力更生到打开国门,从寻找合资到民族自主品牌的逐渐成熟,从无到有、从小到大,从诞生、成长到成熟螺旋式的发展历程。

1) 第一阶段,创建成长阶段(1956—1984年)

与"解放"载货汽车一样,中国汽车工业在诞生伊始就被打上了浓重的时代烙印。起步初期的中国汽车工业是按照苏联模式发展起来的,也算是高起点了。

1953年7月15日,毛主席亲笔题名的"第一汽车制造厂"在吉林省长春市动工兴建,中央动员、全国支援、参与建设者奋力拼搏,努力实现党中央提出的"力争三年建成长春汽车厂和出汽车、出人才、出经验"目标。

1965年,国家出于经济安全等因素的考虑,在湖北十堰筹建二汽。但二汽的建立并没有解决经济模式一直给中国汽车工业所带来的制约。到1970年,全国汽车产量才突破10万辆,1980年才突破20万辆。

中国的轿车工业也曾昙花一现,有过短暂的繁荣。1958年,一汽相继生产了"东风""红旗"两款轿车。同年,北京汽车制造厂研制的"井冈山"轿车、上海生产的"凤凰"轿车,作为庆祝新中国成立10周年的礼物相继面世。但是,轿车产业的发展并没有因此蓬勃起来,而是由于种种原因被遏制在襁褓之中。1958—1983年,中国轿车用了25年的时间,年产量才突破5000辆,用原机械部部长何光远的话来说就是:这一段时间的中国汽车工业基本上只能算是"卡车工业时代"。

实行改革开放政策后,我国引进了世界其他国家汽车制造的先进技术和管理经验,加快了汽车工业的重组和快速发展,初步形成"3+7"格局,先后组建了一汽、上海汽车和东风三大汽车集团,以及长安、广汽、北汽、哈飞、华晨、奇瑞和吉利七大骨干汽车企业,初步形成了汽车产业。随后,国家开始组团赴德、美、日等汽车工业发达国家考察,并开始商谈合资事宜,中国由此向世界汽车工业敞开了大门。

2) 第二阶段,汽车工业改革阶段(1985—1997年)

1984年以前,技术、资金、人才等很多发展的瓶颈制约了中国汽车工业的发展,利用外资来发展我国的汽车工业在此时被推到了历史的前台。1984年1月,中国汽车的第一个中外合资企业——北京吉普诞生。有了先行者,中国汽车工业很快就进入了第一轮的合资高潮,1985年3月,中德合资轿车生产企业——上海大众汽车有限公司成立,上海大众的成立意味着真正意义的现代汽车工业的开始。同年,南京汽车引入意大利菲亚特的依维柯汽车,广州和法国标志合资项目也成立了,桎梏了几十年的轿车工业的能量开始井喷。

在1986年的六届四次人大会议上,汽车工业作为国家重要的支柱产业被写进了"七五计划"。到1994年,轿车产量已经超过25万辆,上海大众这个单一轿车生产企业逐渐超越了一汽、二汽,成为中国轿车企业的领头羊。

1987年,国家在缜密研究了中国未来轿车工业的发展道路之后,确定了"三大三小"的总体格局,轿车工业开始向规模化方向发展。1990年,中国轿车工业的三大基地进一步调整,上海汽车工业总公司成立。

1994年,是中国汽车史上值得纪念的一年,国家出台了《汽车产业发展政策》。虽然其中有很多局限,但是国家开始对汽车产业的发展方向进行了重新定位,其中重要的是把汽车和家庭联系起来。家庭轿车市场孕育多年的潜能被无限放大,富裕起来的中国人对轿车产生了强烈的购买欲望,渴望拥有一辆自己的轿车不再是遥远的梦想,中国轿车工业的春天开始到来。

3) 第三阶段,自主创新阶段(1998年至今)

国外汽车巨头在中国取得成功的背后是中国汽车工业自身的巨大牺牲。在中国,还没有哪一个行业像汽车工业一样依赖于合资模式,中国汽车工业的飞速发展并没有如期望的那样带来汽车产业竞争力的提升。由于缺乏自主品牌和关键技术,研发能力低,国内汽车产品的核心技术大多数掌握在合资企业手中,没有话语权。"拿市场换技术"的传统合资模式开始受到质疑。

中国自主品牌的汽车企业正是在这样的暗流中涌动,1997年3月,奇瑞公司在安徽成立,成为我国自主汽车品牌的新生力量。9年里,中国汽车自主品牌在夹缝中求生存,并逐渐壮大。根据国家信息中心的数据,2005年自主品牌销售呈现较大的增长,销售增幅达43.4%,而2004年自主品牌的销售增幅仅为3.5%。其中,奇瑞汽车销售18.9万辆,增幅达118.8%。目前中国自主汽车品牌销售的车型还是多集中于经济型车。

随着国内汽车自主企业的成长壮大,作为民族汽车自主企业代表的奇瑞开始脱颖而出。从零到第20万辆轿车下线,奇瑞只用了4年时间,而从2004年第20万辆轿车下线到2006年第50万辆轿车下线还不到两年。

2001年,奇瑞自主研发的第一款车——"风云"正式上市,较高的性价比引起市场的强烈反响。另一款车奇瑞QQ,以成熟的市场营销策略和独特的外观设计使其在市场上形成巨大的冲击波,成为国内两厢车的老大。2005奇瑞轿车出口1.8万辆,位列全国轿车出口第一。为了更好地适应市场和技术不断变化的要求,2003年初奇瑞成立汽车工程研究院,形成了自主创新、具有国际水平的技术开发平台。随后,在奇瑞诞生了中国第一个汽车发动机自主品牌ACTECO,并且在2006年3月有5000台发动机出口美国,实现中国自主发动机品牌出口"零的突破"。

中国新能源汽车的领头羊——比亚迪,以生产电池起家,谈到造汽车,无非是在扮演一位"门外汉"的角色。公司创立于1995年,由20多人的规模起步,2003年成长为全球第二大充电电池生产商,同年组建比亚迪汽车公司。正是利用了"自主知识产权"的响亮名号和对秦川汽车公司的收购,使得比亚迪有了相对于其他新手的先发优势。短短一年内,比亚迪汽车的产品线由原来单一的"福莱尔"微型轿车,迅速扩充为包括A级燃油车、C级燃油轿车、锂离子电动汽车、混合动力汽车在内的全线产品。

走合资道路有其历史原因,但是自主品牌、自主创新才是中国汽车工业的终极目标。回顾过去的60多年,中国汽车工业几经曲折。展望我国汽车工业的未来,即将掀开新的历史篇章,必将步入世界汽车强国之列。

1.1.4 未来汽车

伴随能源、环境、安全、交通拥堵等问题的日益显著,以及汽车电控技术、车联网技术的高速发展,未来汽车正朝着电动化、智能化、网络化方向发展。专家预计,未来汽车产业的发展会加剧新兴科技产业与汽车产业的融合,而部分传统汽车技术及产业将会被淘汰。随着新兴汽车产业的出现,汽车产业链端口将不断地改变。总体而言,未来汽车将会向以下几个方向发展。

1.1.4.1　新型汽车动力及代用燃料的发展

伴随传统能源的日益枯竭,以及汽车尾气排放要求的日益提高,未来汽车将会采用电能、氢能、生物能等代用能源取代传统能源。其中电动汽车由于具有能源来源广泛、零排放、技术相对成熟等优点而成为未来汽车首选替代动力。目前,大多数欧美国家计划在2030—2050年停售传统能源汽车。预计到2050年电动汽车的保有量有望超过传统能源汽车。

1.1.4.2　汽车智能化技术的发展

伴随汽车电控技术和车联网技术的快速发展,智能汽车将在未来汽车市场中产生并应用。所谓"智能汽车",就是在普通车辆的基础上增加了先进的传感器(雷达、摄像)、控制器、执行器等装置,通过车载传感系统和信息终端实现与人、车、路等的智能信息交换,使车辆具备智能的环境感知能力,能够自动分析车辆行驶的安全及危险状态,并使车辆按照人的意愿到达目的地,最终实现替代人来操作的目的。

目前,智能汽车前两个层次的"辅助驾驶技术"和"半自动驾驶技术"已经得到广泛应用,并成为提升产品档次和市场竞争力的重要手段。世界汽车巨头们正致力于第三个层次"高度自动驾驶技术"的实用化研发和产业化,即将实现量产上市。沃尔沃将率先量产全球第一个自动驾驶技术——堵车辅助系统。该系统是自适应巡航控制和车道保持辅助系统的集成与延伸,它可以使汽车在车流行驶速度低于50km/h的情况下,自动跟随前方车辆行进。此外,奥迪、凯迪拉克、日产、丰田等都计划推出自动转向、加减速、车道引导、自动停车、自适应巡航控制等技术的汽车,它们大多属于第三层次的智能驾驶技术。

1.1.4.3　汽车新材料技术的广泛应用

伴随汽车材料技术的快速发展,大量的合金材料被广泛应用,它们既能保证车体结构的性能,又能大幅度降低车体质量。目前行业内普遍使用的是碳纤维、铝合金、镁合金、工程塑料等密度较小的材料,这些材料在车体结构中的使用,轻量化效果非常明显。以铝合金车身的福特F150为例,车身实现了40%以上的减重,整车装备质量降低了300kg。车身采用碳纤维材料的宝马i3,轻量化效果更为明显,作为纯电动车型,整车装备质量只有1195kg,相比同尺寸的常规车型来说,都要轻了150kg左右。2015年德国新生产的汽车,铝合金和其他新材料在车身和底盘中的占比高达25%,德国是目前全球汽车轻量化材料使用比例较高的国家,到2020年新材料的使用趋势会继续上涨,将达到34%左右。

1.1.4.4　汽车电控技术的大量应用

为了进一步提高汽车的动力性、燃油经济性、安全性及排放性,汽车公司不断地增加汽车电控技术的应用,通过电控设备取代传统机械控制设备。目前汽车所采用的电控设备的成本已经超过了汽车成本的60%,并且随着电控技术的进一步发展,这个指标还会增加。在未来,汽车电控技术还会进一步向信息网络化方向发展;同时,伴随电动汽车的进一步普及,汽车电控技术的应用将会更加广泛。

1.2 汽车的分类

1.2.1 广义汽车的分类

在《汽车和挂车类型的术语和定义》(GB/T 3730.1—2001)中,根据国际标准化组织的规定,将汽车分为汽车、挂车和汽车列车三大类,各类又分为不同的类别和种类。

1. 汽车

在该标准中,汽车分为乘用车和商用车。

乘用车是指在其设计和技术特征上主要用于载运乘客及随身行李和临时物品的汽车,包括驾驶员座位在内最多不超过9个座位。它也可牵引一辆挂车。

乘用车包括普通乘用车、活顶乘用车、高级乘用车、小型乘用车、敞篷车、舱背乘用车、旅行车、多用途乘用车、短头乘用车、越野乘用车和专用乘用车(旅居车、防弹车、救护车、殡仪车)等11种。

商用车是指在设计和技术特性上用于运送人员及其行李和货物的汽车,并且可以牵引挂车,乘用车不包括在内。商用车又分为客车、半挂牵引车和货车,商用客车的座位数包括驾驶员在内一般超过9个,当座位数不超过16个时,称为小型客车。

2. 挂车

挂车是指在设计和技术特性上需由汽车牵引才能正常使用的一种无动力的道路车辆,用于载运人员和货物的特殊用途。

挂车分为牵引杆挂车、半挂车、中置轴挂车3类。

3. 汽车列车

汽车列车是一辆汽车与一辆或多辆挂车的组合。

汽车列车分为乘用车列车、客车列车、货车列车、牵引杆挂车列车、铰接列车、双挂列车、双半挂列车和平板列车8种。

1.2.2 狭义汽车的分类

1.2.2.1 按汽车用途分类

按汽车用途分类,GB/T 3730.1—2001将汽车分为轿车、客车、载货汽车、越野汽车、牵引汽车、特种汽车和专用汽车7类。

轿车,又称小客车,座位一般不超过9个(包括驾驶员座位);客车,座位为9个以上(驾驶员座位在内),包括城市公共汽车、公路客运汽车、旅游客车等;载货汽车,俗称卡车,主要用于运输货物;牵引汽车,专门用于牵引挂车或半挂车;专用汽车,按运输货物的特殊要求设计,有专用车厢并装有相应附属设备,如自卸汽车、液罐汽车、冷藏汽车、散装水泥汽车、集装箱汽车等;特种汽车,主要用于完成其他任务的汽车,如救护车、消防车、垃圾车、洒水车以及各种工程车等；越野汽车，主要用于非公路上载运人员或货物以及牵引设备的车辆，一般为全轮驱动。

1.2.2.2 按汽车结构性能参数分类

1. 按发动机排量分类

轿车按发动机排量可分为微型、普通级、中级、中高级及高级轿车。微型轿车：排量≤1.0L，如奇瑞汽车生产的奇瑞QQ微型车；普通级轿车：排量1.0～1.6L，如广州本田汽车生产的飞度轿车；中级轿车：排量1.6～2.5L，如上海大众生产的桑塔纳轿车；中高级轿车：排量2.5～4L，如日本丰田生产的皇冠轿车；高级轿车：排量4L以上，如一汽生产的红旗CA7460轿车。

2. 按车身长度分类

客车按车身长度可分为微型、轻型、中型、大型及特大型客车。微型客车：总长度不超过3.5m，如一汽吉林轻型车厂生产的JL6320微型客车；轻型客车：总长度3.5～7m，如天津客车厂生产的三峰TL6481轻型客车；中型客车：总长度7～10m，如郑州宇通客车厂生产的ZK6831H中型客车；大型客车：总长度10～12m，如郑州宇通客车厂生产的ZK6112D大型客车；特大型客车：总长度大于12m，如上海客车厂生产的SK6141A3铰接客车和南京金陵双层客车厂生产的JL6121S双层客车。

3. 按汽车总质量分类

按汽车制造厂标定的汽车最大总质量，载货汽车可分为微型、轻型、中型和重型载货汽车。微型货车：最大总质量≤1.8t；轻型货车：最大总质量1.8～6t；中型货车：最大总质量6～14t；重型货车：最大总质量>14t。

越野汽车可分为轻型、中型和重型越野汽车。轻型越野车：最大总质量≤5t；中型越野车：最大总质量5～13t；重型越野车：最大总质量>13t。

1.2.2.3 按汽车动力装置分类

1. 内燃机汽车

根据使用燃料不同，内燃机汽车可分为汽油机汽车、柴油机汽车和代用燃料（液化石油气、甲醇、乙醇、天然气）汽车。

2. 电动汽车

电动汽车多以化学蓄电池和电动机为动力装置，还有采用化学蓄电池与电动机一并加装内燃机的复合动力的电动汽车。电动汽车是汽车发展的重要方向。

（1）蓄电池式电动汽车　是由蓄电池提供电能的汽车。蓄电池有铅酸电池、镍镉电池、镍氢电池或锂电池。传统的铅酸电池具有质量大、比能量低、充电时间长、寿命短等缺点，使铅酸电池式电动汽车的续驶里程短。目前，主要发展锂电池，替代传统的铅酸电池。蓄电池式电动汽车主要用于旅游景点观光旅行车、校园交通车等。

（2）燃料电池式电动汽车　这种车辆是使燃料在转化器中产生反应而释放出氢气，再将氢气输入燃料电池中与氧气结合而发出电力，推动电动机工作，再驱动车辆。

(3) 混合动力汽车　它是装备两套动力装置的车辆。这种车辆通常装有内燃机-发电机组以及蓄电池。汽车低负荷时,发电机组除向驱动汽车的电动机供电外,多余的电能存入蓄电池;汽车高负荷时,蓄电池参与供能。这种车辆的优点是油耗和排放仅为同级别内燃机汽车的 1/3,而且克服了蓄电池式电动汽车动力性差、续驶里程短的缺点。缺点是传动系统结构和动力控制系统复杂。

3. 太阳能汽车

这是指以太阳能为动力的汽车。该类汽车装有太阳能吸收装置和光电转换装置。目前太阳能汽车仍处于试验阶段。

4. 燃气轮机汽车

燃气轮机汽车采用航空发动机或火箭发动机及特殊燃料。这种用喷气反作用力驱动的发动机与活塞式内燃机相比,燃气轮机功率大、质量小、转矩特性好,适用于多种燃料;但其油耗高、噪声大、制造成本高,主要用于赛车。

1.2.2.4　按汽车行驶道路条件分类

1. 公路用车

公路用车指适用于公路和城市道路上行驶的汽车。公路用车的外廓尺寸(总长、总宽、总高)和单轴负荷等均受交通法规限制。

2. 非公路用车

非公路用车分为两类:一类是其外廓尺寸及单轴负荷等参数超过公路用车法规的限制,只能在矿山、工地、机场等非公路地区使用;另一类是能在无路地面上行驶的高通过性汽车,称为越野汽车。

1.2.2.5　按汽车发动机布置位置与驱动轮位置分类

按照发动机在车身上的布局,可以分成前置发动机、中置发动机以及后置发动机 3 种。

按驱动形式,汽车分为非全轮驱动和全轮驱动两种类型。在非全轮驱动汽车中,有前轮驱动和后轮驱动两种形式。汽车的驱动形式常用符号 $n \times m$ 表示,其中 n 是车轮总数(装在同一个轮毂上的双轮胎仍算一个车轮),m 是驱动轮数。如 CA1091 汽车属于 4×2 类型,为非全轮驱动。普通轿车和大多数汽车通常属于 4×2 类型。而越野汽车属于全轮驱动类型,有 4×4(BJ2020 轻型越野汽车)、6×6(EQ2080 中型越野汽车)、8×8(JN2182 型重型越野汽车)等。

整车可分为前置前驱、前置后驱、后置后驱、中置后驱、全轮驱动等。

1. 前置前驱(FF)

如图 1-5(a)所示,该类轿车将发动机、离合器、变速器及主减速器连成一体,省去了传动轴,使车厢及底板低而平。这种布置使汽车的结构紧凑、质量轻,广泛应用在轻型、普通型和中级轿车上。

2. 前置后驱(FR)

如图 1-5(b)所示,其发动机、离合器和变速器连成一体,安装在汽车的前部,通过万向传动装置与驱动桥中的主减速器相连。这种布置使汽车的前后轴负荷分配较均匀,发动机冷却条件较好,维修时接近性好,行李厢较宽敞,常为中级及高级轿车采用。

3. 后置后驱(RR)

如图1-5(c)所示,其发动机、离合器、变速器和主减速器连成一体,不用传动轴,发动机纵置于后驱动桥之后。与前置后驱的布置形式相比,轴距可缩短,质量可减轻,结构紧凑,机动性好,但后轮应配置独立悬架。这种布置形式曾在微型汽车和小型轿车上采用过。但这种布置形式在高速转向时前轮附着力小,转向不稳定;发生撞车时乘客不易受到保护;变速机构复杂,操纵杆过长;发动机噪声易传给乘客;后轮气压高使乘坐舒适性下降等。目前,这种布置方案在轿车上已很少采用。

4. 中置后驱(MR)

如图1-5(d)所示,是指发动机放在驾乘室与后轴之间,并采用后轮驱动(后中置后驱),或发动机放在前轴后面并采用后轮驱动(前中置后驱)。它最大的特点就是将车辆中惯性最大的沉重发动机置于车体的中央,车体质量分布接近理想平衡,从而可使汽车获得最佳运动性。

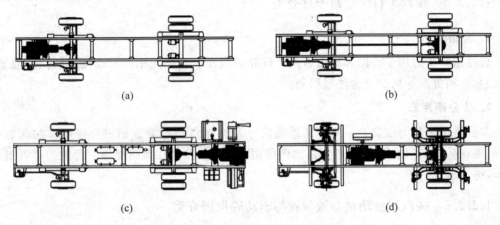

图1-5 汽车发动机布置与驱动轮布置结构示意图
(a)前置前驱;(b)前置后驱;(c)后置后驱;(d)中置后驱

5. 四轮驱动(4WD)

四轮驱动通常其发动机前置,通过变速器之后的分动器将动力分别输送给全部驱动轮,由于四轮均有动力,相对于只靠前轮或后轮驱动的设计,全轮驱动拥有较高的操控性能,行驶稳定,在野外山坡、滩涂、泥地、沙漠等地尤其显其特点。这是越野汽车常采用的布置形式,但由于传动机构较为复杂,降低了传动效率,一定程度上影响了燃油经济性。

1.3 车辆识别代号编码

1.3.1 车辆识别代号编码概述

目前,世界各国汽车公司生产的汽车都使用了车辆识别代号编码(vehicle identification

number，VIN)。我国于 2004 年 7 月 12 日由国家质量监督检验检疫总局、国家标准化管理委员会正式批准，于 2004 年 10 月 1 日实施。

车辆识别代号编码由一组字母和阿拉伯数字组成，共 17 位，又称 17 位识别代号编码。它是识别一辆汽车不可缺少的工具。经过排列组合的结果可以使车型在 30 年之内不会发生重号现象，就像我们的身份证号码一样，故又称为"汽车身份证"。

VIN 的每位代码代表着汽车的某一方面信息参数。按照识别代号编码顺序，从 VIN 中可以识别出该车的生产国别、制造公司或生产厂家、车辆类型、品牌名称、车型系列、车身形式、发动机型号、车型年款（属哪年生产的哪款车型）、安全防护装置型号、检验数字、装配工厂名称和出厂顺序号码等。

车辆识别代号由三个部分组成：第一部分，世界制造厂识别代号（WMI）；第二部分，车辆说明部分（VDS）；第三部分，车辆指示部分（VIS）。车辆识别代号编码组成示意图如图 1-6 所示。

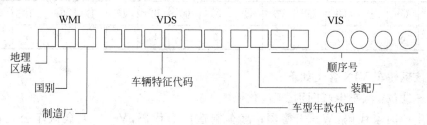

图 1-6 车辆识别代号编码组成示意图
□—代表字母或数字；○—代表数字

1. 第一部分，世界制造厂识别代号（WMI）

国际标准化组织按地理区域分配给各国世界制造厂识别代号，各国再分配给本国的制造厂。世界制造厂识别代号由三位字码组成：第一位字码是标明一个地理区域的字母或数字，例如，1～5 代表北美洲，6 和 7 代表大洋洲，8、9 和 0 代表南美洲，A～H 代表非洲，J～R 代表亚洲，S～Z 代表欧洲。第二位字码是标明一个特定地区内的一个国家的字母或数字。第一、二位字码的组合能保证国家识别标志的唯一性。第三位字码由国家机构指定一个字码标明某个特定的制造厂。三位字码的组合能保证制造厂识别标志的唯一性。

2. 第二部分，车辆说明部分（VDS）

车辆说明部分由六位字码组成，表示车辆的类型和配置，其代号顺序由制造厂决定。该部分包括以下信息：汽车系列、动力系统（如发动机型号、变速器形式）、车身形式、约束系统配置（安全气囊、安全带）以及检验位等，检验位为第 9 位（用 0～9 或 X 表示）。

3. 第三部分，车辆指示部分（VIS）

车辆指示部分由八位字码组成，是制造厂为了区别每辆汽车制定的一组字符。该部分包括以下信息：车型年份（按照表 1-1 规定使用）、装配厂（用字母或数字表示，若无装配厂，制造厂可规定其他内容）、生产顺序号（最后 6 位，一般为数字）。

表 1-1 VIN 码车型年份对照表

代码	年份	代码	年份	代码	年份	代码	年份
A	1980	J	1988	T	1996	4	2004
B	1981	K	1989	V	1997	5	2005
C	1982	L	1990	W	1998	6	2006
D	1983	M	1991	X	1999	7	2007
E	1984	N	1992	Y	2000	8	2008
F	1985	P	1993	1	2001	9	2009
G	1986	R	1994	2	2002	A	2010
H	1987	S	1995	3	2003	B	2011

例如,德国大众汽车公司生产的某一辆轿车车辆识别代号编码(VIN)见表 1-2。

表 1-2 德国大众集团某辆轿车 VIN 码

①	②	③	④	⑤	⑥	⑦	⑧	⑨	⑩	⑪	⑫	⑬	⑭	⑮	⑯	⑰
W	V	W	D	B	4	5	0	5	L	K	0	0	5	6	7	8

表中该辆轿车 VIN 含义如下。

第①~③位:汽车生产国别、工厂代码。

汽车生产国家代码,W——德国;汽车制造厂商代码,V——大众汽车公司;W——轿车。

第④~⑧位:车辆说明部分。

第④位:车型系列代码,D——两门旅行轿车。

第⑤位:发动机型号系列代码,B——四缸 60/66/75/77/90kW 汽油机。

第⑥位:乘员安全防护系列代码,4——主动式安全带。

第⑦⑧位:车型系列代码,50——Corraolo。

第⑨位:工厂内部检验数字代码,用数字 0~9 或 X 表示。

第⑩位:汽车生产年款代码,L——1990。

第⑪位:装配厂代码,K——奥斯纳布鲁克。

第⑫~⑰位:工厂生产顺序号代码。

1.3.2 我国汽车产品型号编制规则

我国于 1988 年颁布了《汽车产品型号编制规则》(GB/T 9417—1988)(该标准已作废,仅作为历史资料,以供参考)。2001 年,有关国家标准停止使用,且未制定对汽车型号编制方法的新规定,由于汽车型号使用周期长,其标示内容简单易懂,为多个行业所采纳和采用,因此,仍按照原国家标准的规定进行型号的编制。在该标准中规定:汽车产品型号由企业名称代号、车辆类别代号、主参数代号、产品序号等组成,必要时附加企业自定代号,如图 1-7 所示。对于专用汽车及专用半挂车还应增加专用汽车分类代号。

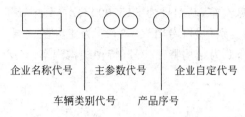

图 1-7 国产汽车产品型号组成示意图
□—代表字母或数字；○—代表数字

(1) 企业名称代号　位于产品型号的第一部分，用代表企业名称的 2 个或 3 个汉语拼音字母表示，如 CA 代表第一汽车制造厂、SH 代表上海汽车制造厂等。

(2) 车辆指示部分　位于产品型号的第二部分，用 4 位阿拉伯数字表示，分为首位、中间两位和末位数字 3 部分。左起首位数字表示该车类型，中间两位数字表示汽车的主要特征参数，末位数字为产品的生产序号。其数字含义见表 1-3。

表 1-3　汽车型号中部 4 位阿拉伯数字的含义

首位数字(1～9) 表示汽车类型		中间两位数字表示 各类汽车的主要特征参数	末位数字表示 企业自定产品序号
1	载货汽车	表示汽车总质量(单位为 t)的数值。当汽车总质量小于 10t 时，在整数位前用"0"占位，如"08"表示汽车总质量在 8～9t；汽车总质量大于 100t 时，允许用 3 位数字	
2	越野汽车		
3	自卸汽车		
4	牵引汽车		
5	专用汽车		
6	客车	汽车总长度小于 10m 时，数字×0.1m 表示车辆的总长度，如"91"表示客车的长度 9.1m；汽车总长度大于 10m 时，数字×1m	以 0,1,2…依次排列
7	轿车	数字×0.1L 表示汽车发动机工作容积，如"22"表示发动机工作容积 2.2L	
8	(暂缺)		
9	半挂车或专用半挂车	数字表示汽车总质量(单位为 t)的数值。当汽车总质量小于 10t 时，前面以"0"占位；汽车总质量大于 100t 时，允许用 3 位数字	

(3) 专用汽车分类代号　位于产品型号的第五部分，用反映车辆结构特征和用途特征的 3 个汉语拼音字母表示。

(4) 企业自定代号　位于产品型号的最后部分，同一种汽车结构略有变化需要区分时(如汽油、柴油发动机，长、短轴距，单、双座驾驶室，平、长头驾驶室，左、右置转向盘等)，可用汉语拼音字母和阿拉伯数字表示，位数由企业自定。供用户选装的零部件(如暖风装置、收音机、地毯、绞盘等)，不属结构特征变化，应不给予企业自定代号。

汽车产品型号示例如下：

中国第一汽车集团公司生产的第一代轿车，发动机排量为 2.2L，其型号为 CA7220。

中国第一汽车集团公司生产的第二代载货汽车，总质量为 9310kg，其型号为 CA1091。

中国山东泰安交通车辆厂生产的整备质量为 5865kg，最大托举质量为 4000kg，合计为

9865kg 的第一代道路清障汽车,其型号为 ST5100TQZ。其中,ST 为企业名称代号(山东泰安交通车辆厂),5 是车辆类别代号(专用汽车),10 为主参数代号(总质量 10t),0 是产品生产序号(第一代产品为 0),T 为结构特征代号(特种结构汽车),QZ 是用途特征代号("清障"两个汉语拼音字头)。

1.4 汽车主要技术参数

1.4.1 汽车主要尺寸参数

汽车的主要尺寸参数包括轴距、轮距、车长、车宽、车高、前悬、后悬等,如图 1-8 所示。

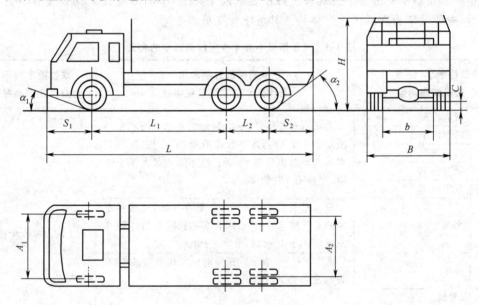

图 1-8 汽车主要尺寸参数示意图

L—车长;B—车宽;H—车高;L_1、L_2—轴距;A_1、A_2—轮距;S_1—前悬;S_2—后悬;α_1—接近角;α_2—离去角;C—最小离地间隙

1. 轴距 L_1、L_2(mm)

轴距指汽车前轴中心至后轴中心间的距离。轴距长空间容易布置、稳定性较好,但不适宜在有沟坎的道路上行驶。轴距短空间小、高速行驶稳定性差,但灵活方便、通过能力好,适合在道路条件较差的山区、村镇和交通拥挤及停车面积狭小的城市使用。

2. 轮距 A_1、A_2(mm)

轮距指汽车同一车轴左右轮胎胎面中心线间的距离。汽车轮距大则汽车行驶稳定性较好,但汽车尺寸较大,通过性下降;反之汽车轮距小,汽车侧向稳定性较差,但汽车转向通过性较好。

3. 车长 L(mm)

车长指汽车长度方向最外端点间的距离。车长是衡量汽车通过性的主要指标,同时也是汽车尺寸参数的重要指标。

4. 车宽 B(mm)

车宽指汽车宽度方向最外端点间的距离。汽车宽度大稳定性好,空间大,但驻车面积也会增大,不适宜在狭窄道路上行驶。

5. 车高 H(mm)

车高指汽车没有装载时最高点至地面间的距离。汽车高度高,则汽车装载空间大,但也会导致汽车行驶惯性增大,风阻系数升高,在转弯多和风多地区不宜使用。

6. 前悬 S_1(mm)

前悬指汽车直线行驶位置时,前端刚性固定件的最前点到通过两前轮轴线的垂面间的距离。

7. 后悬 S_2(mm)

后悬指汽车直线行驶位置时,后端刚性固定件的最后点到通过最后车轮轴线的垂面间的距离。

1.4.2 汽车主要质量参数

1. 整车装备质量(kg)

整车装备质量指汽车完全装备好的质量,包括润滑油、燃料、随车工具、备胎等所有装置的质量。

2. 最大装载质量(kg)

最大装载质量指汽车在良好、硬质的路面上行驶时所允许的最大额定装载质量。

3. 最大总质量(kg)

最大总质量指汽车满载时的总质量。

1.4.3 汽车主要性能参数

1. 最高车速(km/h)

最高车速是指汽车在平坦良好的路面上行驶时所能达到的最高速度。数值越大,动力性就越好。

2. 汽车的加速时间(s)

汽车的加速时间表示汽车的加速能力,也形象地称为反应速度能力。它对汽车的平均行驶车速有很大的影响,特别是轿车,加速时间更为重要。常用原地起步加速时间以及超车加速时间来表示。

3. 汽车的爬坡能力(°)

汽车的爬坡能力用满载时汽车所能爬上的最大坡度来衡量。货车为30%，即16.5°，越野车为60%，即30°左右。

4. 等速百公里燃料消耗量(L/100km)

等速百公里燃料消耗量指汽车在一定的载荷下以最高挡在水平良好路面上等速行驶100km的燃料消耗量。

5. 制动距离(m)

制动距离指从驾驶员开始操纵制动控制装置(踩制动踏板)到汽车完全停止所驶过的距离。

6. 最小转弯半径(mm)

最小转弯半径指汽车转向时，转向盘打到最大极限位置时，汽车外侧转向轮滚过的轨迹圆的最小半径。转弯半径越小越灵活方便。

7. 最小离地间隙 C(mm)

最小离地间隙指汽车满载时，除车轮外最低点距地面的距离(见图1-8)。它与通过能力有关。间隙大，通过能力就好，但离心力增大，影响稳定性；间隙小，汽车在坑洼不平的路上易"托底"而损伤机件。

8. 接近角 α_1(°)

接近角指汽车前端下沿最突出点向前轮引的切线与地面形成的夹角。接近角小，汽车前端容易与地面凸起物相抵而无法通过。

9. 离去角 α_2(°)

离去角指汽车后端下沿最突出点向后轮引的切线与地面形成的夹角。离去角小，汽车通过地面凸起时，尾部容易与地面凸起物相抵而产生碰撞。

10. 纵向通过角 γ(°)

纵向通过角是指汽车满载、静止时，在汽车侧视图上分别通过前、后车轮外缘作切线交于车体下部较低部位所形成的最小锐角。它表征汽车通过小丘、拱桥等障碍物的轮廓尺寸的能力。纵向通过角越大，汽车被地面凸起物托住的可能性越小，汽车的纵向通过性能越好。

1.4.4 汽车参数的测量实践训练

1.4.4.1 实践目的

通过对汽车整车结构的认知及主要参数的测量实践，要求学生熟练掌握汽车的总体结构、车辆识别代号编码的查找及识别、主要参数的概念及测量方法，并能够对测量结果进行分析，判断是否满足汽车正常行驶的条件。

1.4.4.2 实践准备

1. 课时安排

1课时。

2. 实践设备

1) 仪器设备

解放 CA1091 型货车一辆、桑塔纳 2000 轿车一辆、帕萨特 B5 轿车(进口)一辆。

2) 测量工具

卷尺一套。

1.4.4.3 实践内容及要求

1. 汽车结构认识

通过实验车辆掌握汽车总体组成,熟悉汽车的种类,初步掌握汽车主要部件的布置位置及工作原理。

实践项目要求：

(1) 通过实验车辆,掌握汽车发动机、底盘、车身及电器设备的布置位置、基本组成及功用。

(2) 通过多辆实验车辆对比,熟悉汽车的分类,特别是汽车根据发动机布置位置及驱动轮布置的分类。

2. 汽车识别代号编码的查找和识别

熟悉汽车 VIN 码的布置位置,能够通过汽车 VIN 码识别该类车辆的生产国家及生产厂商。

实践项目要求：

(1) 通过实践训练,熟悉不同汽车的 VIN 码的布置位置,汽车识别代号编码在车上的常见位置如图 1-9 所示。

图 1-9 车辆识别代号编码标识位置

(2) 通过对 17 位车辆识别代号编码数据进行分析,识别出该车的生产国别、制造公司或生产厂家,并通过相关资料查阅分析其他代号编码的含义。

3. 汽车主要参数的测量

要求通过提供的实验车辆完成汽车主要参数的测量,测量参数包括尺寸参数(总长、总宽、总高、轴距、前轮距、后轮距、前悬、后悬)和汽车通过性参数(接近角、离去角、最小离地间隙)。

1) 实践项目要求

熟练地测量汽车主要尺寸参数和通过性参数。要求测量两类汽车的尺寸参数和通过性参数,每个参数测量 3 次取平均值。

2) 实践参数记录及分析

将测量参数记录在表 1-4 中,并对比分析两类汽车的性能参数的差异。

表 1-4 汽车主要尺寸参数及通过性参数

测量内容	第一次测量结果	第二次测量结果	第三次测量结果	最终测量结果
车型				
轴距/mm				
前轮距/后轮距/mm				
总长/mm				
总宽/mm				
总高/mm				
前悬/mm				
后悬/mm				
最小离地间隙/mm				
接近角/(°)				
离去角/(°)				

1.5 汽车行驶的基本原理

1.5.1 汽车行驶的驱动力与行驶阻力

汽车行驶时必须有足够的驱动力以克服各种行驶阻力。

1. 驱动力

汽车的驱动力来自发动机。驱动力的产生原理如图 1-10 所示。发动机发出的转矩经过传动系统传至驱动轮,其转矩为 M_t,驱动轮便产生一个作用于地面的圆周力 F_0,地面对驱动轮作用一个反作用力 F_t 就是汽车的驱动力,数值为 M_t 与车轮滚动半径 r 之比,即

$$F_t = \frac{M_t}{r}$$

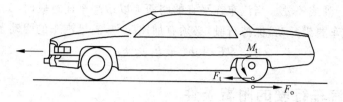

图 1-10　驱动力产生示意图

2. 行驶阻力

在汽车行驶过程中,汽车行驶所受到的行驶阻力包括滚动阻力、坡度阻力、空气阻力和加速阻力。汽车必须具有足够的驱动力,以克服行驶阻力,才能正常行驶。

1) 滚动阻力

汽车行驶时,汽车轮胎和地面的接触区域会产生轮胎和支撑路面的变形。车轮沿坚硬路面滚动时,驱动力的一部分消耗在轮胎变形的内摩擦上,而路面变形很小;车轮沿软路面(松软的土路、沙地、雪地等)滚动时,路面变形较大,产生的阻力成为滚动阻力的主要部分。滚动阻力以 F_f 表示,其值等于汽车总质量与滚动阻力系数的乘积,即 $F_f=Gf$。

2) 坡度阻力

汽车上坡时,其重力沿坡道的分力称为坡度阻力,以 F_i 表示,其数值为汽车的总质量与路面的坡度系数的乘积,即 $F_i=Gi$。坡度阻力与滚动阻力均属于与道路有关的阻力,而且均与汽车总质量成正比,一般把这两种阻力合在一起称为道路阻力。

3) 空气阻力

空气阻力是在汽车行驶方向上空气作用力的分力。汽车在空气中向前行驶时,前部承受气流的压力而后部抽空,产生压力差。此外,空气与车身表面以及各层空气之间存在摩擦,再加上引入车内冷却发动机和室内通风的空气以及外伸零件引起的气流的干扰,就形成了空气阻力,空气阻力用 F_w 表示。它与汽车的形状、汽车的正面投影面积、汽车与空气相对速度的平方成正比,即

$$F_w = \frac{C_D A V_a^2}{21.15}$$

式中,C_D 为空气阻力系数;A 为汽车迎风面积;V_a 为汽车行驶的速度。

4) 加速阻力

汽车若加速行驶,需要克服其质量加速运动的惯性力,即加速阻力。汽车质量由平移质量和旋转质量两部分组成。汽车加速阻力用 F_j 表示,其数值与旋转质量换算系数、汽车的质量及汽车行驶加速度有关,计算公式如下:

$$F_j = \delta m \frac{du}{dt}$$

式中,m 为汽车质量;δ 为汽车旋转质量换算系数。

汽车驱动力就是上述各项阻力之和,即

$$F_t = F_f + F_w + F_i + F_j$$

当 $F_j=0$ 时,汽车在坡道上匀速行驶;当 $F_j>0$ 时,汽车在坡道上加速行驶;当 $F_j<0$

时,汽车将减速行驶或停驶。当汽车在平直的路面上以最高车速行驶时,只需克服滚动阻力和空气阻力。汽车要想开动,保持行驶,必须有加速能力,满足汽车的驱动条件,即

$$F_f + F_w + F_i \leqslant F_t$$

1.5.2 汽车行驶的附着条件

汽车能否充分发挥其驱动力,还受到车轮与路面之间附着作用的限制。在平整的干硬路面上,汽车附着性能的好坏取决于轮胎与路面间摩擦力的大小,这个摩擦力阻碍车轮相对路面的滑动,使车轮能够正常地向前滚动并承受路面的驱动力。当驱动力大于轮胎与路面间的最大静摩擦力时,车轮与路面之间就会发生滑转。在松软的路面上,除了轮胎与路面间的摩擦阻碍车轮滑转外,嵌入轮胎花纹凹处的软路面凸起部分还起到一定的抗滑作用。通常把车轮与路面之间的相互摩擦以及轮胎花纹与路面凸起部分的相互作用综合在一起,称为附着作用。由附着作用所决定的阻碍车轮滑转的最大力称为附着力。附着力与车轮所承受垂直于路面的法向力 G 成正比,即 $F_\varphi = G\varphi$。式中,φ 称为附着系数,其值与轮胎的类型及路面的性质有关。汽车所能获得的驱动力受附着力的限制,即要满足汽车行驶的附着条件:

$$F_t \leqslant F_\varphi$$

由此可知,汽车行驶时的驱动力受附着力的限制,即汽车行驶-附着条件为

$$F_f + F_w + F_i \leqslant F_t \leqslant F_\varphi$$

在冰雪或泥泞路面上,附着系数小,附着力小,根据附着条件,汽车的驱动力受附着力的限制而不能克服较大的阻力,导致汽车减速甚至不能前进。即使加大节气门开度,或变速器换入低挡,车轮也只会滑转而驱动力仍不能增大。为了增加车轮在冰雪路面的附着力,可采用特殊花纹轮胎或在普通轮胎上绕装防滑链,以提高其对冰雪路面的附着能力,满足汽车行驶的附着条件。非全轮驱动汽车的附着力只是在驱动轮上,全轮驱动汽车的附着力是在全部车轮上,其附着力较前者大,车轮防滑性好。

习题

一、理论习题

1-1 名词解释:汽车、前置前驱、前置后驱、后置后驱、轴距、轮距、车长、车宽、车高、前悬、后悬、整车装备质量、接近角、离去角、纵向通过角、最小转弯半径、最小离地间隙、驱动力、附着力。

1-2 汽车主要由哪几部分组成,各部分的作用分别是什么?

1-3 汽车按用途、驱动形式可以分为哪几种类型?

1-4 VIN 码由哪几部分构成?它有什么作用?

1-5 试述汽车行驶的行驶-附着条件,分析影响汽车附着力的因素。

1-6 为什么全轮驱动汽车比非全轮驱动汽车的防滑性好?

1-7 试解释 CA1091、EQ2080、TJ7100 的含义。

二、实践习题

1-8 汽车尺寸参数如图所示,请根据实践测量结果填写图中数字所指的汽车参数。

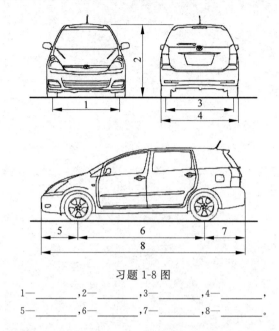

习题 1-8 图

1—_____,2—_____,3—_____,4—_____,
5—_____,6—_____,7—_____,8—_____。

1-9 通过查找三辆实验车辆的 VIN 码,分析这三辆车的生产国家及生产厂商。

1-10 测量解放 CA1091 型卡车的通过性参数,分析该车为防止车辆与地面接触的行驶的极限坡度,以及通过地面障碍物的极限高度。

第一篇 汽车发动机

模块 2 汽车发动机基本知识

2.1 发动机概述

2.1.1 发动机的概念

发动机是一种能够把其他形式的能转化为机械能的机器。回顾发动机产生和发展的历史,它经历了蒸汽机、外燃机和内燃机 3 个发展阶段。

1. 蒸汽机

蒸汽机是将蒸汽的能量转换为机械功的往复式动力机械。它需要一个使水沸腾产生高压蒸汽的锅炉,这个锅炉可以使用木头、煤、石油或天然气甚至可燃垃圾作为热源。蒸汽膨胀推动活塞做功。蒸汽机的出现曾引起了 18 世纪的工业革命,直到 20 世纪初,它仍然是世界上最重要的原动机,后来才逐渐让位于内燃机和燃气轮机等。

2. 外燃机

外燃机,顾名思义,就是燃料在发动机的外部燃烧,1816 年由苏格兰的斯特林发明,故又称斯特林发动机。发动机将这种燃烧产生的热能转化成动能,瓦特改良的蒸汽机就是一种典型的外燃机。当大量的煤燃烧产生热能把水加热成大量的水蒸气时,高压便产生了,然后这种高压又推动机械做功,从而完成热能向动能的转变。

3. 内燃机

内燃机的发动机与外燃机的最大不同在于它的燃料在其内部燃烧。内燃机的种类十分繁多,常见的汽油机和柴油机是典型的内燃机,不常见的火箭发动机和飞机上装配的喷气式发动机也属于内燃机。不过,由于动力输出方式不同,前两者和后两者又存在着巨大的差异。一般地,在地面上使用的多是前者,在空中使用的多是后者。当然有些汽车制造者出于创造世界汽车车速新纪录的目的,也在汽车上装用过喷气式发动机。

2.1.2 发动机的分类

1. 按活塞运动方式分类

1) 往复活塞式发动机

每一次能量转换都必须经过吸入气体、压缩和输入燃料,使之着火燃烧而膨胀做功,再将生成的废气排出这样一个连续的工作过程。该过程称为发动机的一个工作循环(见图 2-1)。

根据每一个工作循环所需活塞行程数,又可将往复活塞式内燃机分为四冲程发动机与二冲程发动机。完成一个循环需要活塞往复四个冲程的称为四冲程发动机,完成一个循环需要活塞往复两个行程的便称为二冲程发动机。

2)旋转活塞式发动机

旋转活塞式发动机是指燃烧室内产生的高温高压燃气推动活塞旋转以产生动力的内燃机,又叫做转子发动机(见图 2-2)。

图 2-1 往复活塞式发动机

图 2-2 旋转活塞式发动机

2. 按使用燃料不同分类

1)汽油机

现在应用最多的是将汽油直接喷入进气道,使汽油和空气混合后再吸入发动机气缸内,用电火花强制点燃使其燃烧,产生热能而膨胀做功。

2)柴油机

利用喷油泵使柴油在高压下由喷油器直接喷入发动机气缸内,并与气缸内已经被压缩的高温空气形成混合气,自燃后产生热能而膨胀做功。

3. 按点火方式不同分类

1)点燃式发动机

点燃式发动机又称为火花点火式发动机,是依靠电火花点燃混合气的内燃机。汽油机、煤油机都是点燃式发动机,它们都是依靠电火花点燃混合气的内燃机。

2)压燃式发动机

压燃式发动机是利用压缩空气产生的高温,点燃燃料进行燃烧的发动机,如柴油机。

4. 按照冷却方式不同分类

1)水冷发动机

水冷发动机是利用水(或防冻液)作为冷却介质带走发动机高温机件的热量,以保证发动机正常的工作温度。

2）风冷发动机

风冷发动机是采用空气作冷却介质,高速流动的空气直接将高温零件的热量带走,以降低发动机的温度。

5. 按内燃机气缸数不同分类

1）单缸发动机

单缸发动机只有一个工作的气缸,是发动机的基本形式。如果从工作的连贯性来看,单缸机工作不平稳,转速波动较大,容易熄火。但是,它的结构简单,制造成本较低,维护也不复杂,是中低档小型摩托车的首选。

2）多缸发动机

多缸发动机是有两个以上气缸的发动机,由若干个相同的单缸排列在一个机体上共用一根曲轴输出动力所组成。

多缸发动机根据缸数不同有双缸、三缸、四缸、五缸、六缸、八缸、十二缸等。现代车用发动机多采用四缸、六缸、八缸。发动机的气缸数越多,曲轴转动越均匀,振动也就越小,但制造成本增加。多缸发动机的气缸排列有直列(见图2-3(a)、(b))、V形(见图2-3(c))和水平对置等形式,这取决于安装、制造成本和冷却方式等因素。

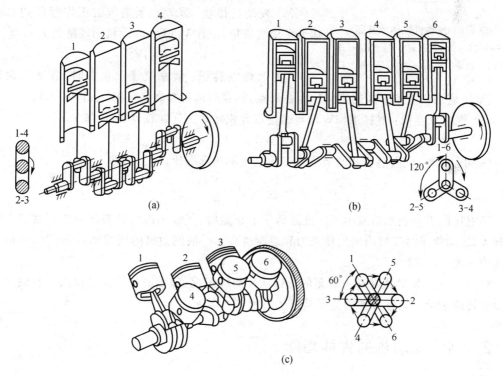

图2-3 发动机排列形式示意图
(a)直列四缸发动机;(b)直列六缸发动机;(c)V形发动机

2.1.3 发动机的基本术语

(1)工作循环:在气缸内进行的每一次将燃料燃烧的热能转化为机械能的一系列连续

过程称作发动机的工作循环。四冲程发动机的工作循环由进气、压缩、做功和排气四个行程组成。

(2) 上、下止点：活塞顶离曲轴回转中心最远处为活塞的上止点，活塞顶离曲轴回转中心最近处为活塞的下止点(见图2-4)。在上、下止点处，活塞的运动速度为零。

(3) 活塞行程 S：上、下止点间的距离 S 称为活塞行程，如图2-4所示。

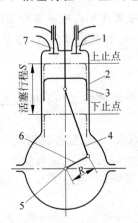

图 2-4 发动机缸体示意图
1—排气门；2—气缸；3—活塞；4—连杆；5—曲轴中心；6—曲柄；7—进气门

(4) 曲柄半径 R：曲轴与连杆的连接中心至曲轴回转中心的距离 R 称为曲柄半径。活塞每走一个行程相应于曲轴旋转 $180°$。对于气缸中心线与曲轴中心线相交的发动机，活塞行程 S 等于曲柄半径 R 的2倍，曲轴每回转一周，活塞移动两个活塞行程。

(5) 气缸工作容积：上、下止点间所包容的气缸容积称为气缸工作容积，记作 V_s(L)。

$$V_s = \frac{\pi D^2}{4 \times 10^6} S$$

式中，D 为气缸直径，mm，S 为活塞行程，mm。

(6) 发动机排量：发动机所有气缸工作容积的总和称为发动机排量，记作 V_L(L)，发动机的气缸数为 i，有

$$V_L = i V_s$$

(7) 燃烧室容积：活塞位于上止点时，活塞顶面以上、气缸盖底面以下所形成的空间称为燃烧室，其容积称为燃烧室容积，记作 V_c(L)。

(8) 气缸总容积：气缸工作容积与燃烧室容积之和为气缸总容积，记作 V_a(L)。

$$V_a = V_s + V_c$$

(9) 压缩比：气缸总容积与燃烧室容积之比称为压缩比，记作 ε，即

$$\varepsilon = \frac{V_a}{V_c} = 1 + \frac{V_s}{V_c}$$

压缩比的大小表示活塞由下止点运动到上止点时，气缸内的气体被压缩的程度。压缩比越大，压缩终了时气缸内的气体压力和温度越高。一般汽油机的压缩比为7~10，柴油机的压缩比为15~22。

(10) 工况：发动机在某一时刻的运行状况简称工况，以该时刻发动机输出的有效功率和曲轴转速表示。曲轴转速即为发动机的转速。

2.1.4 发动机的性能指标

1. 动力性能指标

1) 有效转矩

发动机通过飞轮对外输出的平均转矩称为发动机的有效转矩，用 T_e 表示，单位为 N·m。

2) 有效功率

发动机通过飞轮对外输出的功率称为发动机的有效功率，用 P_e 表示，单位为 kW。有效功率等于有效转矩与曲轴角速度的乘积。发动机的有效功率可以用台架试验方法测定，

也可用测功器测定有效转矩和曲轴转速 $n(r/min)$，然后运用下面的公式计算出发动机的有效功率，即

$$P_e = T_{tq} \times \frac{2\pi n}{60} \times 10^{-3} \approx \frac{T_{tq}n}{9550}$$

3）标定功率

发动机产品铭牌上标明的功率称为标定功率。按内燃机台架试验国家标准规定，发动机的标定功率分为 15min 功率、1h 功率、12h 功率和持续功率 4 种（见表 2-1）。鉴于汽车发动机经常在部分负荷下，即较小的功率下工作，仅克服上坡阻力和加速等情况下才短时间地使用最大功率，为了保证发动机有较小的结构尺寸和质量，汽车发动机经常用 15min 功率作为标定功率。

表 2-1 我国内燃机功率标定

分 级	含 义	应 用
15min 功率	在标准环境下，内燃机能连续稳定运转 15min 时的最大有效功率	汽车等
1h 功率	在标准环境下，内燃机能连续稳定运转 1h 时的最大有效功率	工程机械、拖拉机等
12h 功率	在标准环境下，内燃机能连续稳定运转 12h 时的最大有效功率	部分拖拉机和电站等
持续功率	在标准环境下，内燃机能长期连续稳定运转的最大有效功率	铁路机车、船舶和发电机组等

4）升功率

升功率指发动机在标定工况下每升气缸工作容积所发出的有效功率，以 P_L 表示。

2. 经济性能指标

一般用燃油消耗率作为发动机的经济性能指标。发动机每发出 1kW 有效功率，在 1h 内所消耗的燃油质量（以 g 为单位），称为有效燃油消耗率，用 b_e 表示，单位为 $g/(kW \cdot h)$。有效燃油消耗率越低，经济性越好。在发动机台架上测量发动机在单位时间内的耗油量 $B(kg/h)$，然后运用下面的公式计算出发动机的有效燃油消耗率，即

$$b_e = \frac{B}{P_e} \times 10^3$$

3. 运转性能指标

发动机的运转性能指标主要有排放指标、起动性能等。

1）排放指标

发动机排放的尾气中含有多种对人体有害的物质，主要有一氧化碳（CO）、碳氢化合物（HC）、氮氧化合物（NO_x）、光化学烟雾、二氧化硫（SO_2）、醛类和微粒等。

有资料显示，当汽车保有量为 6 亿辆时，每年向大气中排放的有害物质高达 7 亿吨，严重污染了大气，已形成公害。因此，各国根据本国情况都制定了相应的汽车排放标准。例如，美国加州的汽车排放法规标准（见表 2-2）是目前世界上最严的标准，规定 2004 年后生产的汽油轿车排放必须满足此表的低排放要求。

表 2-2 美国加州汽车排放标准（2004 年实施）

排放物		非甲烷有机气体	一氧化碳	氮氧化物	甲醛
要求	g/mile (g/km)	0.075 (0.047)	3.4 (2.11)	0.05 (0.03)	0.0145 (0.009)

我国主要参照欧洲法规体系，从 2008 年开始执行 EU Ⅲ 标准。2016 年，我国环境保护部和工业信息化部发布公告，从 2017 年 1 月 1 日起，全国所有地区在售轻型汽油车需符合国 Ⅴ 排放标准，比欧洲标准更严格。

2）起动性能

起动性能是表征发动机起动难易的指标。发动机起动性能好，便于汽车起步行驶，同时减少了起动时的功率消耗和发动机的磨损。

起动性能一般以在一定条件下的起动时间长短来衡量。我国标准规定，不采用特殊的低温起动措施，汽油机在 -10℃、柴油机在 -5℃ 以下的气温条件下起动，能在 15s 以内达到自行运转。

4．可靠性与耐久性指标

可靠性和耐久性也是衡量发动机性能的两个重要指标。

1）可靠性

可靠性是指发动机在规定的运转条件下，在规定的时间间隔内，完成规定功能的能力。一般以保证期内的不停车故障数、停车故障数、更换主要零件和重要零件数等具体指标来衡量。

2）耐久性

耐久性是指汽车发动机主要零件磨损到不能继续正常工作的极限时间，通常用大修发动机的里程，即发动机从出厂到第一次大修之间汽车行驶的里程数来衡量。

对于不同用途的发动机，发动机的各项性能指标要求也不同。各指标之间既相互联系又相互制约，如为了满足排放指标，则不得不降低发动机的动力性能或经济性能。

5．发动机的特性

1）发动机的速度特性

发动机的速度特性是指发动机在燃料供给调节机构位置（汽油机为节气门开度，柴油机为供油拉杆位置）固定不变时，发动机性能参数（有效转矩、功率、燃油消耗率等）随转速变化的曲线。这个特性可以通过发动机在试验台上（例如测功器试验台）进行试验而求得。

当燃料供给调节机构在最大供给位置时得到的速度特性，称为发动机外特性，如图 2-5 所示。发动机外特性曲线只有一组，反映了发动机所能达到的最高动力性能，确定了最大有效功率、最大有效转矩、最大有效燃油消耗率以及对应的转速，因而十分重要，发动机出厂时都必须提供该特性。

由发动机外特性曲线可以看出，随发动机的转速增加，有效转矩和有效功率由小到大，再由大到小变化，有最大值及对应的转速，有效转矩与有效功率最大值分别对应的转速不等,有效转矩变化平缓;有效燃油消耗率由大到小,再由小到大变化,有最小值及对应的转速。由图 2-5 还可看出,发动机最小燃油消耗率的相应转速为 n_5,它的数值一般是介于最大有效转矩时转速和最大功率时转速之间。

燃料供给调节机构在部分开启位置下得到的速度特性,称为部分负荷速度特性,如图 2-6 中 Ⅱ、Ⅲ 曲线所示。发动机部分负荷速度特性曲线有无数组,并与燃料供给调节机构位置对应。发动机的部分负荷速度特性曲线低于发动机外特性曲线。

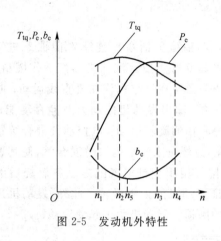

图 2-5 发动机外特性

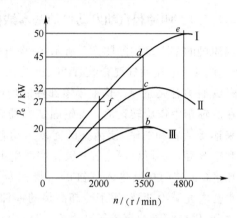

图 2-6 发动机的负荷

2) 发动机负荷

发动机运转状态或工作状态(简称发动机工况)常用功率和转速来表征,有时也用负荷与转速来表征。

发动机负荷是指当时发动机发出的功率与同一转速下所可能发出的最大功率之比,以百分数表示。

图 2-6 所示为某汽油发动机的一组速度特性曲线。曲线 Ⅰ 表示相应于节气门全开时的外特性,曲线 Ⅱ、Ⅲ 分别表示节气门开度依次减小所得到的部分负荷速度特性。由图可知,在 $n=3500\text{r/min}$ 时,发动机发出的功率分别是 45、32、20kW,最大功率为 45kW。根据发动机负荷的定义,可求出 a、b、c 和 d 这 4 个工况下的负荷值:

工况 a 负荷 $=0$ (发动机空载工况)

工况 b 负荷 $=\dfrac{20}{45}\times100\%=44.4\%$ (发动机部分负荷)

工况 c 负荷 $=\dfrac{32}{45}\times100\%=71.1\%$ (发动机部分负荷)

工况 d 负荷 $=\dfrac{45}{45}\times100\%=100\%$ (发动机全负荷)

应当注意的是,不要把负荷和功率的概念相混淆。如某一转速时全负荷(如 d 点),并不意味着是发动机发出的最大功率。发动机的最大功率,应当是工况 e 的功率。此外,在外特性曲线上各点都表示在各转速下的全负荷工况,但在同一条部分负荷速度特性曲线上各点的负荷值却并不相同。在同一转速下,节气门开度越大表示负荷越大。

2.2 四冲程发动机的基本结构及组成

2.2.1 四冲程汽油发动机的基本结构与工作原理

2.2.1.1 四冲程汽油发动机的基本结构

汽油机的基本结构如图2-7所示,它由气缸10、曲轴箱6、活塞8、连杆7、曲轴3、进气门25、排气门15、电控油气混合装置20、火花塞24、水套9等组成。汽油机用汽油作燃料,采用点燃汽油的着火原理。其主要零部件的功用如下:活塞在气缸里作往复直线运动;曲轴安装在曲轴箱中作旋转运动;飞轮固定在曲轴的一端,输出发动机的动力及储存动能;连杆用来连接活塞和曲轴,使活塞的往复运动转变为曲轴的旋转运动;电控油气混合装置将汽油和空气混合成可燃混合气;火花塞产生电火花,点燃进入气缸的可燃混合气,使其燃烧放出热量;进气门控制进入气缸的可燃混合气;排气门用于排出气缸内燃料燃烧后的废气。水套内充满冷却液,用于冷却高热的零件,保证发动机的正常运转。此外,发动机还具有机油泵,供应润滑油至各运动表面,以减少机件的磨损。起动机用于起动发动机。

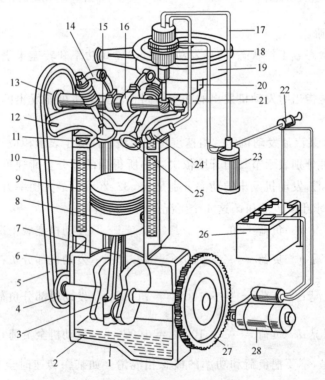

图 2-7 汽油发动机的基本结构

1—油底壳;2—机油;3—曲轴;4—曲轴同步带轮;5—同步带;6—曲轴箱;7—连杆;8—活塞;9—水套;10—气缸;11—气缸盖;12—排气管;13—同步带轮;14—摇臂;15—排气门;16—凸轮轴;17—高压线;18—分电器;19—空气滤清器;20—电控油气混合装置;21—进气管;22—点火开关;23—点火线圈;24—火花塞;25—进气门;26—蓄电池;27—飞轮;28—起动机

2.2.1.2 四冲程汽油发动机的组成

汽油发动机通常由机体组件、曲柄连杆机构、配气机构、换气系统、燃料供给系统、润滑系统、冷却系统、点火系统、起动系统组成。柴油机与汽油机结构类似，只是没有点火系统。下面以一汽奥迪100型轿车发动机(见图2-8)为例，介绍四冲程汽油发动机的基本组成。

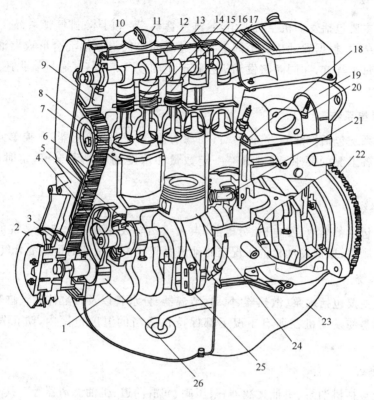

图 2-8 一汽奥迪 100 型轿车发动机

1—曲轴；2—空气压缩机带轮；3—水泵、发电机曲轴带轮；4—中间轴定时齿轮；5—中间轴；6—定时同步齿形带；7—张紧轮；8—气缸体；9—凸轮轴定时带轮；10—气缸盖罩；11—机油加油口盖；12—凸轮轴轴承盖；13—排气门；14—气门弹簧；15—进气门；16—液力挺杆总成；17—凸轮轴；18—气缸垫；19—气缸盖；20—火花塞；21—活塞销；22—飞轮；23—油底壳；24—活塞；25—连杆；26—曲轴主轴承

1. 机体组件

机体组件包括气缸盖19、气缸盖罩10、气缸体8及油底壳23等。机体组件的作用是作为发动机各机构、各系统的装配基体，而且其本身的许多部分又分别是曲柄连杆机构、配气机构、供给系统、冷却系统和润滑系统的组成部分。气缸盖和气缸体的内壁为燃烧室的一部分。

2. 曲柄连杆机构

曲柄连杆机构包括活塞24、连杆25、曲轴1和飞轮22等。它是将活塞的直线往复运动转变为曲轴的旋转运动，并输出动力的机构。

3. 配气机构

配气机构包括进气门 15、排气门 13、气门弹簧 14、液力挺杆总成 16、凸轮轴 17、凸轮轴定时带轮 9 以及定时同步齿形带 6 等。其功用是根据发动机的工作顺序，定时地打开和关闭气门，使可燃混合气及时充入气缸并及时从气缸排出废气。

4. 换气系统

换气系统主要包括发动机空气滤清器、进气管系、节气门体、排气管系、消声器等。其功用是配合配气结构，根据发动机的不同工况将过滤的空气与燃油混合形成燃油混合气后分配给发动机的每个气缸，并同时将发动机各缸产生的废气汇总后，通过氧化还原、消声降噪后排入大气中。

5. 燃料供给系统

燃料供给系统包括汽油箱、汽油泵、汽油滤清器、喷油器、传感器、电控单元等。其作用是根据发动机各工况的要求，配制具有一定数量和浓度的可燃混合气，定时、定量地供入气缸。

6. 点火系统

点火系统包括蓄电池、发电机、分电器、点火线圈与火花塞等。点火系统的功用是按照发动机的工作顺序，根据发动机的工况定时地点燃气缸中被压缩的可燃混合气。

7. 冷却系统

冷却系统主要包括水泵、散热器、风扇、节温器、分水管以及气缸体和气缸盖里铸出的水套等。其功用是使发动机在所有工况下都保持在适当的温度范围内，防止发动机过热或过冷。

8. 润滑系统

润滑系统包括机油泵、机油集滤器、限压阀、润滑油道、机油滤清器等。其功用是将润滑油供给作相对运动的零件，以减少它们之间的摩擦阻力，减轻机件的磨损，并部分地冷却摩擦零件，清洗摩擦表面。

9. 起动系统

起动系统主要包括起动机及其附属装置，其功用是使静止的发动机起动并转入自行运转。

为了便于学习和理解，通过整合，将发动机机体组件、发动机曲柄连杆机构和配气机构定义为发动机机械机构模块，将发动机空气供给系统、燃油供给系统和点火系统定义为发动机供给系统模块，将发动机冷却系统、润滑系统和起动系统定义为发动机辅助系统模块。

2.2.1.3 四冲程汽油发动机的工作原理

四冲程发动机每完成一个工作循环需要经过进气、压缩、做功和排气四个行程(见图 2-9)，对应活塞上下往复运动两次，相应的曲轴旋转了 720°(两圈)。通常利用发动机循环示功图表示气缸内容积和压力的变化关系，如图 2-10 所示。示功图中曲线所围成的面积表示发动机整个工作循环中气体在单个气缸内所做的功。

模块 2　汽车发动机基本知识

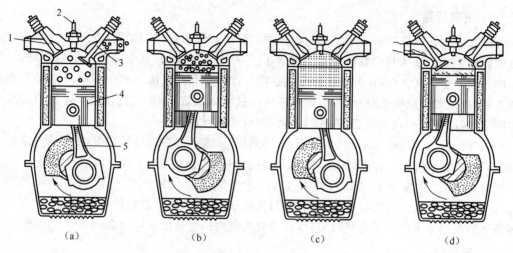

图 2-9　四冲程汽油发动机工作原理
(a) 进气行程；(b) 压缩行程；(c) 做功行程；(d) 排气行程
1—排气门；2—火花塞；3—进气门；4—活塞；5—曲轴连杆

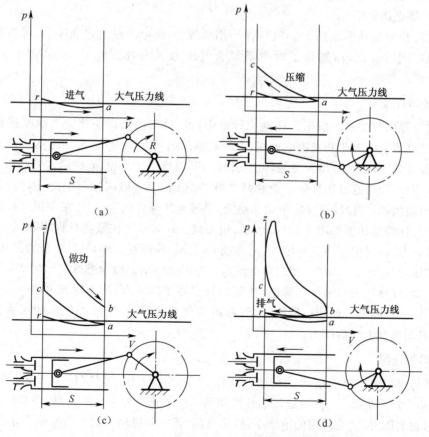

图 2-10　四冲程发动机循环示功图
(a) 进气行程；(b) 压缩行程；(c) 做功行程；(d) 排气行程

1. 进气行程

进气行程如图 2-9(a)所示。进气过程中,进气门开启,排气门关闭,曲轴由 0°沿顺时针方向转到 180°。活塞在曲轴的带动下从上止点向下止点运动,其上方的气缸容积增大,气缸内形成一定的真空度,在发动机外与气缸内气体的压力差作用下,空气进入电控油气混合装置,与汽油混合成可燃混合气,再通过进气门被吸入气缸,并在气缸内进一步混合形成可燃混合气,活塞运动到下止点,进气门关闭,完成进气行程。

进气行程的示功图如图 2-10(a)所示,用曲线 ra 表示。在进气过程中,由于进气系统有阻力,气缸中气体的压力逐渐减小,曲线 ra 的大部分位于大气压力线下面,这部分与大气压力线纵坐标之差即表示气缸内的真空度,进气终了时气缸内的气体压力为 $0.075 \sim 0.09$ MPa。流进气缸内的可燃混合气,因与气缸壁、活塞顶等高温机件表面接触并与前一循环留下的高温残余废气混合,所以进气终了时气缸内的气体温度可升高到 $370 \sim 400$ K。

2. 压缩行程

压缩行程如图 2-9(b)所示。压缩过程中,进、排气门全部关闭,曲轴由 180°转到 360°,继续带动活塞由下止点向上止点运动,活塞上方的气缸容积减小,气缸内可燃混合气被压缩并进一步油气混合,活塞运动到上止点时,完成压缩行程,此时,混合气被压缩到活塞上方很小的空间,即燃烧室中。

压缩行程的示功图如图 2-10(b)所示,用曲线 ac 表示。在压缩过程中,可燃混合气的压力和温度同时升高,压缩终了时可燃混合气压力 p_c 升高到 $0.6 \sim 1.2$ MPa,温度可达 $600 \sim 700$ K。

3. 做功行程

做功行程如图 2-9(c)所示。在这个行程中,进、排气门仍旧关闭。当活塞接近上止点时,装在气缸盖上的火花塞发出电火花,点燃被压缩的可燃混合气,火焰迅速传遍整个燃烧室,可燃混合气燃烧后,放出大量的热能,其压力和温度迅速增加,此时活塞被高压气体推动从上止点下行,同时通过连杆带动曲轴从 360°旋转到 540°,由曲轴一端的飞轮向外输出动力,即输出机械能;同时,在飞轮中储存动能,供推动活塞完成进气、压缩和排气行程使用。

做功行程的示功图如图 2-10(c)所示,用曲线 czb 表示。在做功过程中,可燃混合气开始燃烧时,气缸内气体压力迅速增加,用曲线 cz 表示,曲线在 z 处,气缸中压力最大,所能达到的最高压力 p_z 为 $3 \sim 5$ MPa,相应温度约为 $2200 \sim 2800$ K。随着燃气推动活塞从上止点向下止点运动,气体压力和温度都降低,在做功行程终了的 b 点,压力降至 $0.3 \sim 0.5$ MPa,温度降为 $1300 \sim 1600$ K。做功行程终了,气缸内的气体为废气,气缸内气体的压力为剩余压力,高于发动机外大气的压力。

4. 排气行程

排气行程如图 2-9(d)所示。在这个行程中,进气门关闭,排气门开启,飞轮释放能量,曲轴由 540°旋转到 720°。曲轴通过连杆推动活塞由下止点向上止点运动,燃烧后的废气先在自身的剩余压力、后在活塞的推动下,经排气门、排气管排出气缸。活塞到上止点时,排气行程结束。

排气行程的示功图如图 2-10(d)所示,用曲线 br 表示。在排气过程中,气缸中气体的压力减小,由于排气系统有阻力,气缸内压力稍高于大气压力,为 $0.105 \sim 0.115$ MPa。排气终了时,由于燃烧室占有一定的容积,因此不可能将废气排尽,废气的温度为900~1200K,这一部分留下的废气称为残余废气。

2.2.1.4 四冲程汽油发动机多缸工作特点

多缸发动机是在曲轴转角720°内(四冲程发动机),各缸都要像单缸发动机一样完成一个工作循环。为了使发动机运转平稳,各缸做功间隔角大都均等。如四冲程六缸发动机各缸做功间隔角为 $\Psi=720°/6=120°$。

2.2.2 四冲程柴油发动机的基本结构与工作原理

2.2.2.1 四冲程柴油发动机的结构特点及工作原理

柴油机的基本结构大体上与汽油机相同。由于柴油机的燃料是柴油,其黏度比汽油大,不易蒸发,自燃温度较汽油低,采用压燃柴油的着火原理,因此,柴油机没有电控油气混合装置和火花塞,而设置喷油泵和喷油器等,如图2-11所示。

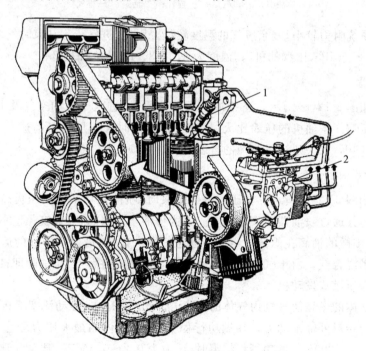

图2-11 柴油发动机结构示意图
1—喷油器;2—喷油泵

四冲程柴油机和四冲程汽油机一样,每个工作循环也经历进气、压缩、做功、排气四个行程。但柴油机可燃混合气的形成及点火方式又不同于汽油机,图2-12所示为四冲程柴油机工作原理示意图。

1. 进气行程

进气行程如图2-12(a)所示。在柴油机进气行程中,被吸入气缸的只是纯净的空气。由

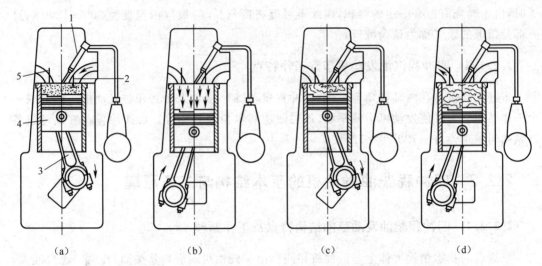

图 2-12 单杠四冲程柴油机工作原理示意图
(a) 进气行程；(b) 压缩行程；(c) 做功行程；(d) 排气行程
1—喷油器；2—进气门；3—连杆；4—活塞；5—排气门

于柴油机进气系统阻力较小，残余废气的温度较低。因此，进气行程结束时气缸内气体的压力为 0.085～0.095MPa，比汽油机高，温度为 310～340K，比汽油机低。

2. 压缩行程

压缩行程如图 2-12(b)所示。在柴油机压缩行程中，进入气缸的空气及上一工作循环的残余废气被压缩。柴油机的压缩比大，压缩行程终了时气体压力可高达 3～5MPa，温度可高达 750～1000K，大大超过了柴油的自燃温度（约 500K）。

3. 做功行程

做功行程如图 2-12(c)所示。在压缩行程结束时，喷油泵将柴油油压提高到 10MPa 以上，泵入喷油器，并通过喷油器喷入燃烧室。因为喷油压力很高，喷孔直径很小，所以喷出的柴油呈细雾状，细微的油滴在炽热的空气中迅速蒸发汽化，并借助于空气的运动，迅速与空气混合形成可燃混合气。由于气缸内的温度远高于柴油的自燃点，柴油随即自行着火燃烧，因此称柴油机为压燃式发动机。

可燃混合气体的燃烧使气缸内气体的压力、温度迅速升高，推动活塞下行做功，并通过连杆带动曲轴旋转对外输出动力。在做功行程中，燃烧气体的最大压力可达 6～9MPa，最高温度可达 1800～2200K。做功行程结束时，压力为 0.2～0.5MPa，温度为 1000～1200K。

4. 排气行程

排气行程如图 2-12(d)所示，柴油机的排气与汽油机基本相同，废气同样经排气管排入大气中，只是排气温度比汽油机低，为 700～900K。排气终了时气缸内残余废气的压力为 0.105～0.12MPa。

2.2.2.2 四冲程柴油发动机与汽油发动机性能对比

与汽油机相比，柴油机因压缩比高，燃油消耗率平均比汽油机低 20%～30%，加上柴油价格较低,所以燃油经济性好,且柴油机没有点火系统的故障。一般装载质量为5t以上的货车大都采用柴油机。其缺点是:转速较汽油机低(一般最高转速在2500~3000r/min),质量大,制造和维修费用高(因为喷油泵和喷油器加工精度要求高);此外,柴油机采用压燃方式,工作比较粗暴,噪声大,乘坐舒适性较差,不适用于乘用车。但伴随电控柴油喷射技术的出现,柴油机的这些缺陷正在逐渐得到克服,其应用范围正在向中、轻型货车扩展。国外有的轿车也采用柴油机,其最高转速可达5000r/min。

2.3 内燃机编号规则

2.3.1 国内内燃机编号简介

为了便于内燃机的生产管理和使用,我国于2008年对内燃机的名称和型号编制方法重新进行了审定,颁布了国家标准《内燃机产品名称和型号编制规则》(GB/T 725—2008)。该标准的主要内容如下:

1. 按所采用的燃料命名

例如柴油机、汽油机、煤气机、沼气机、双(多种)燃料发动机等。

2. 按内燃机型号组成

内燃机型号主要由下列4部分内容组成,如图2-13所示。

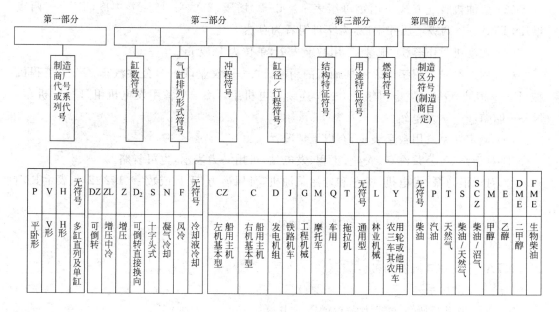

图2-13 内燃机编号规则

(1) 第一部分　产品特征代号,由制造厂根据需要自选相应字母表示,但需经行业标准化归口单位核准、备案。

(2) 第二部分　由缸数符号、行程符号、气缸排列形式符号和缸径符号组成。

(3) 第三部分　结构特征,用途特征及燃料符号。

(4) 第四部分　区分符号。同一系列产品因改进等原因需要区分时,由制造厂选用适当符号表示。第三部分与第四部分可用"—"分隔。

型号编制示例:

1E65F/P——单缸、直列、二冲程、缸径65mm、风冷、通用型、汽油机。

495Q/P-A——四缸、直列、四冲程、缸径95mm、冷却液冷却、汽车用、汽油机(A 为区分符号)。

495T——四缸、直列、四冲程、缸径95mm、冷却液冷却、拖拉机用、柴油机。

12 VE230/300ZCZ——十二缸、V 形、二冲程、缸径230mm、行程300mm、冷却液冷却、增压、船用主机、左机基本型、柴油机。

2.3.2　国外内燃机编号简介

康明斯(Cummins)柴油机产品目前有 A、B、C、L10、N、V、K 等10个系列,其产品型号由6部分组成。

(1) 柴油机系列　用字母 B、C、N、V、K 等表示发动机系列。其中 B、C 系列需加缸数,如 4B、6C。

(2) 柴油机吸气方式　用字母组表示:T——增压,TA——增压并中冷,TT——两级增压,TTA——两级增压并中冷,无字母组者为自然吸气。

(3) 发动机工作容积(排量)　用数字表示,单位为 L 或 in^3。

(4) 用途符号　用字母表示柴油机的用途。A——农业,B——公共汽车,C——工程机械,F——消防,G——发电机组,G0——连续发电机组,GS——备用发电机组,L——机车,N——船舶,P——发电站。

(5) 额定功率　用数字表示,有以下情况:

① 对于汽车、公共汽车、农业、工程、发电站,可用马力表示,也可省略。

② 对于消防泵、发电机、机车和船用柴油机,可用马力、千瓦或数字(1,2 或 3)表示其额定功率。

(6) 特殊符号　用字母表示特殊汽车的特征。

示例如下:

NTA-855-C360 型发动机:

N——发动机系列;

TA——发动机吸气方式为涡轮增压并中冷;

855——发动机排量为 855in^3(14L);

C——用途符号,工程机械用;

360——发动机额定功率为360PS(公制马力)(269kW)。

习题

一、理论习题

2-1 名词解释：内燃机、上止点、下止点、活塞行程、气缸工作容积、气缸总容积、压缩比、有效功率、标定功率、升功率、有效燃油消耗率。

2-2 发动机的定义是什么？

2-3 什么是发动机排量、燃烧室容积和压缩比？

2-4 汽油机和柴油机在可燃混合气形成方式和点火方式上有何不同？它们在结构上有何区别？

2-5 简述四冲程汽油机工作原理。

2-6 发动机通常由哪些机构和系统组成？

2-7 解释1E65F汽油机、495T柴油机的含义。

2-8 一个四冲程汽油发动机有6个气缸，气缸直径为100mm，活塞行程为120mm，压缩比为8。试求发动机的排量及单个气缸的燃烧室容积。

模块 3 汽车发动机机械结构

3.1 机体组件

机体组件是发动机的骨架,其上安装着发动机的主要零件和附件,它主要由气缸体、气缸盖、气缸垫和油底壳等组成(见图3-1)。

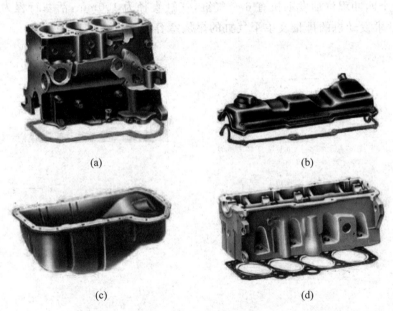

图 3-1 机体组件
(a)气缸体;(b)气缸盖罩;(c)油底壳;(d)气缸盖,气缸垫

3.1.1 气缸体

气缸体是发动机的基体和骨架,发动机的所有零件几乎都安装在气缸体上,气缸体同时承受高温高压气体的作用力,因而要求气缸体具有足够的强度和刚度。

3.1.1.1 气缸体的类型

为了减轻发动机的整体质量,要求气缸体结构紧凑、质量较轻。根据机体与油底壳安装平面的位置不同,气缸体通常分为3种形式。

1. 一般式气缸体

一般式气缸体的特点是油底壳安装平面和曲轴旋转中心在同一高度(见图3-2(a))。这种气缸体的优点是机体高度小,质量轻,结构紧凑,便于加工,曲轴拆装方便;但刚度和强度较差。

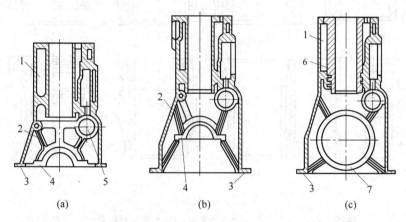

图3-2 气缸体的结构形式
(a)一般式气缸体;(b)龙门式气缸体;(c)隧道式气缸体
1—水套;2—加强筋;3—安装油底壳的加工面;4—安装主轴承座孔加工面;
5—凸轮轴座孔;6—湿式气缸套;7—主轴承座孔

2. 龙门式气缸体

龙门式气缸体的特点是油底壳安装平面低于曲轴的旋转中心(见图3-2(b))。它的优点是强度和刚度都好,能承受较大的机械负荷;但工艺性较差,结构笨重,加工较困难。

3. 隧道式气缸体

隧道式气缸体的特点是曲轴的主轴承孔为整体式,主轴承孔较大,曲轴从气缸体后部装入(见图3-2(c))。其优点是结构紧凑,刚度和强度好;但加工精度要求高,工艺性较差,曲轴拆装不方便。

3.1.1.2 气缸套

气缸是气缸体内引导活塞往复运动的圆柱形空腔,是燃料燃烧做功的场所,活塞在其间高速往复运动,所以必须耐高温、耐磨损、耐腐蚀。其结构形式有3种:无气缸套、干式气缸套、湿式气缸套。

1. 无气缸套

在机体上直接加工出气缸的即为无气缸套形式(见图3-3(a)),它结构紧凑,加工简单,但耗费了大量耐磨合金铸铁材料。为了节省贵金属材料,降低成本,方便维修,现代汽车广泛采用镶入气缸体内的气缸套,形成气缸工作表面。

按是否与冷却液接触,气缸套分为干式气缸套和湿式气缸套。

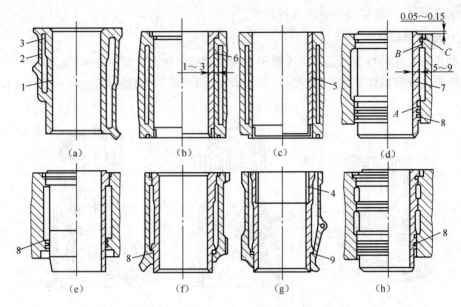

图 3-3 气缸套

1—气缸壁；2—冷却水套壁；3—冷却水套；4—上置半截缸套；5—干缸套；
6—可卸式干缸套；7—可卸式湿缸套；8—橡胶密封圈；9—铜密封圈

2. 干式气缸套

干式气缸套外壁不直接与冷却液接触，而和气缸体的壁面直接接触，壁厚较薄，一般为 1～3mm（见图 3-3(b),(c)）。它具有整体式气缸体的优点，其强度和刚度都较好，但加工比较复杂，内、外表面都需要进行精加工，拆装不方便，散热不良。

3. 湿式气缸套

湿式气缸套与冷却水直接接触，壁厚一般为 5～9mm（见图 3-3(d)～(h)）。缸套的外表面有两个保证径向定位的凸出圆环带 B 和 A（见图 3-3(d)），分别称为上支承定位带和下支承密封带。缸套的轴向定位是利用上端的凸缘 C（见图 3-3(d)）。为了密封气体和冷却水，有的缸套凸缘 C 下面还装有纯铜垫片（见图 3-3(h)）。大多数湿式气缸套装入座孔后，通常缸套顶面略高出气缸体上平面 0.05～0.15mm。这样，当紧固气缸盖螺栓时，可将气缸盖衬垫压得更紧，以保证气缸的密封性，防止冷却液和气缸内的高压气体窜漏。湿式气缸套的优点是在气缸体上没有密闭的水套，因而铸造方便，容易拆卸更换，冷却效果也较好；其缺点是气缸体的刚度差，易于漏气、漏水。湿式气缸套广泛应用于汽车柴油机。

3.1.1.3 气缸冷却方式

有的气缸不是采用冷却液冷却，而是采用风冷却（见图 3-4）。在气缸体和气缸盖外表面铸有许多散热片，以增加散热面积，其结构简单，但冷却效果差。现代汽车发动机基本采用冷却液冷却。

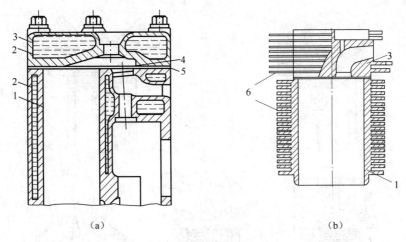

图 3-4 气缸体和气缸盖
(a) 水冷式发动机气缸体和气缸盖；(b) 风冷式发动机气缸体和气缸盖
1—气缸体；2—水套；3—气缸盖；4—燃烧室；5—气缸垫；6—散热片

3.1.2 气缸盖

3.1.2.1 气缸盖的功用

气缸盖安装在气缸体上面，从上部密封气缸。气缸盖下端面与活塞顶部和气缸壁一起构成燃烧室。它经常与高温高压燃气相接触，因此承受很大的热负荷和机械负荷。水冷发动机的气缸盖内部铸有冷却水套，缸盖下端面的冷却水孔与缸体的冷却水孔相通，利用循环水来冷却燃烧室等高温部分。

气缸盖上还装有进、排气门座和气门导管孔，用于安装进、排气门，还有进、排气道等。汽油机的气缸盖上加工有安装火花塞的孔，柴油机的气缸盖上加工有安装喷油器的孔。顶置凸轮轴式发动机的气缸盖上还加工有凸轮轴轴承孔。

气缸盖形状复杂，一般采用灰铸铁或合金铸铁铸成。铝合金的导热性好，有利于提高压缩比，所以近年来铝合金气缸盖越来越多。

气缸盖分单体式、块状和整体式3种。单体式气缸盖只覆盖一个气缸，块状气缸盖能覆盖部分（两个以上）气缸，整体式气缸盖能覆盖所有气缸。

3.1.2.2 燃烧室

气缸盖是燃烧室的组成部分，燃烧室的形状对发动机的工作影响很大。由于汽油机和柴油机的燃烧方式不同，燃烧室差别较大。

1. 汽油机的燃烧室

汽油机的燃烧室主要位于气缸盖中，目前常见的有以下5种形式，如图3-5所示。

1) 楔形燃烧室

楔形燃烧室的形状像楔块（见图3-5(a)），其结构较简单、紧凑，散热面积小，热量损失

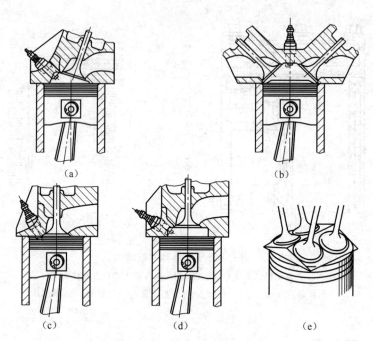

图 3-5 汽油机燃烧室形状
(a) 楔形；(b) 半球形；(c) 碗形；(d) 盆形；(e) 篷形

少,在压缩终了时能形成挤气涡流,有利于提高可燃混合气质量。但火花塞位于燃烧室高处,火焰传播距离较长；存在较大的激冷面积,对 HC 排放不利。

2) 半球形燃烧室

半球形燃烧室结构较楔形燃烧室更紧凑(见图 3-5(b)),火花塞位于中间,火焰传播距离最短,有利于燃烧,但因进、排气门分别置于缸盖两侧,故使配气机构比较复杂。由于其散热面积小,有利于促进燃料的完全燃烧和减少排气中的有害气体,故现代发动机上用得较多。

3) 碗形燃烧室

碗形燃烧室布置在活塞中的一个回转体上(见图 3-5(c)),采用平底气缸盖,工艺性好；但燃烧室在活塞顶内使活塞的高度与质量增加,同时活塞的散热性也差。

4) 盆形燃烧室

盆形燃烧室结构较简单(见图 3-5(d)),燃烧速度快,热效率较高,制造工艺性好,成本低,便于维修；但不够紧凑,进、排气效果较差。

5) 篷形燃烧室

篷形燃烧室性能与半球形相似(见图 3-5(e)),易实现多气门布置,组织缸内气流进行挤气运动要比半球形容易,燃烧室也可全部加工。

2. 柴油机的燃烧室

柴油机压缩比较大,与汽油机相比柴油机燃烧室结构较为紧凑。柴油机可燃混合气的形成与燃烧主要是在燃烧室内进行,因此燃烧室结构对混合气的形成与燃烧具有直接影响作用。

柴油机燃烧室可分为两大类：统一式燃烧室和分隔式燃烧室。根据活塞顶部凹坑的深浅不同，统一式燃烧室有浅盆形、ω形、球形等几种类型，如图3-6所示。

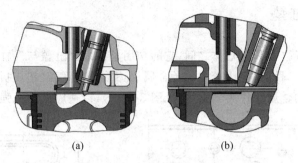

图 3-6 燃烧室形状
(a) ω形燃烧室；(b) 球形燃烧室

1) 浅盆形燃烧室

浅盆形燃烧室的混合气形成方式属于"油找气"的空间混合方式。主要依靠燃油的喷射，油束与燃烧室形状的良好配合可以使燃油尽可能地均匀分布在整个燃烧室空间，对燃油喷射系统的要求很高，采用多喷孔的孔式喷油器和较高的喷油压力（100MPa以上），一般只有很弱的涡流。

浅盆形燃烧室的优点是：不依靠空气的流动来形成混合气，所以散热损失和流动损失均很小，雾化质量好，燃烧迅速，经济性好，容易起动。浅盆形燃烧室的缺点是：会在着火延迟期内形成较多的可燃混合气，造成最高燃烧压力和压力升高率很高，工作粗暴，燃烧温度高，NO_x生成量多，排气温度高，噪声、振动及机械负荷均较大。浅盆形燃烧室适用于缸径较大（≥140mm）、转速较低（≤2000r/min）的柴油机。

2) ω形燃烧室

ω形燃烧室的混合气形成方式属于较均匀的"油气相互运动"的空间混合方式。利用燃油喷射和空气运动（以进气涡流为主，挤流为辅）两方面的作用形成混合气。

ω形燃烧室的优点是：能够利用油与气的相互运动，形成均匀的油气混合气，空气利用率较高；可以在较小过量空气系数下实现完全燃烧，并且可以满足车用高速柴油机混合气形成以及燃烧速度更高的要求，燃油消耗率较低，起动性很好。ω形燃烧室的缺点是：空气运动强度对转速变化敏感，涡流强度过高或过低会造成油束的贯穿过度或不足，极大地影响混合气的形成和燃烧。ω形燃烧室常常用于缸径80～140mm、转速低于4500r/min的柴油机。

3) 球形燃烧室

球形燃烧室的混合气形成是以油膜蒸发为主。喷油器沿着球形燃烧室的壁面喷射，燃油喷涂在燃烧室壁面形成油膜。为了保证形成很薄、厚度均匀的油膜，需要很强的空气涡流运动。在强烈的涡流运动和适宜的壁面温度控制下，油膜按照蒸发、被气流卷走、混合、燃烧的顺序进行混合燃烧的过程。

球形燃烧室的优点是：空气利用率高，混合均匀，正常燃烧过量空气系数可降至1.1；如果匹配良好，可以使发动机工作柔和，噪声低，碳烟和NO_x生成量少，动力性能和燃油经济性均较好。球形燃烧室的缺点是：冷起动性能差，随着工况的变化发动机动力性变化很大；并且由于对涡流强度要求高，因而燃烧室的制造工艺性要求也很高。

3.1.3 气缸垫

气缸垫安装在气缸盖和气缸体之间，它的功用是保证气缸盖与气缸体接触面的密封，防止漏气、漏水和漏油。目前，应用较多的是金属-石棉结构的气缸垫（见图 3-7(a)～(d)），有的采用实心有弹性的金属片作为气缸垫（见图 3-7(e)），以适应发动机强化的要求。

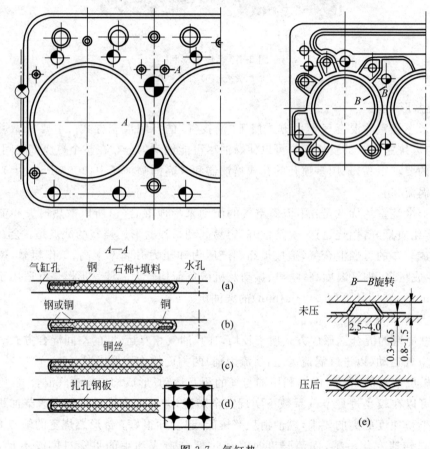

图 3-7 气缸垫
(a)～(d)金属-石棉气缸垫；(e)冲压钢板气缸垫

安装气缸垫时，应注意将光滑的一面朝向气缸体，否则容易被高压气体冲坏。所有气缸垫上的孔要和气缸体上的孔对齐。要严格按照说明书上的要求安装气缸盖螺栓。拧紧气缸盖螺栓时，必须按由中央对称地向四周扩展的顺序分 2～3 次进行，最后一次拧紧到规定的力矩。

3.1.4 油底壳

油底壳（见图 3-8）是曲轴箱的下半部，又称为下曲轴箱。它的主要作用是储存机油和

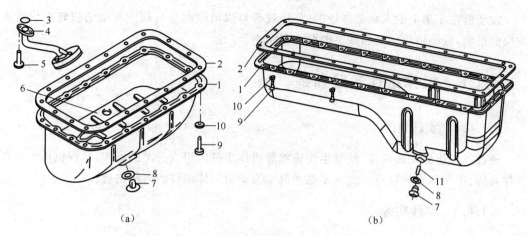

图 3-8 油底壳

1—油底壳；2—垫片；3—橡胶垫片；4—机油集滤器；5、9—螺钉；6—挡油板；
7—放油螺塞；8—密封垫圈；10—平垫圈；11—放油螺塞磁铁

封闭曲轴箱。

油底壳多由薄钢板冲压而成，内部装有稳油挡板，以避免汽车颠簸时造成油面波动过大。为了保证在发动机纵向倾斜时机油泵能经常吸到机油，采用集中储油的方法。油底壳后部一般做得较深(见图3-8(b))。油底壳底部还装有放油螺塞，通常放油螺塞上装有永久磁铁，以吸附润滑油中的金属屑，减少发动机的磨损。在上、下曲轴箱接合面之间装有衬垫，以防止润滑油泄漏。

3.1.5 发动机的支承

发动机一般通过机体和飞轮壳支承在车架上。发动机的支承方法一般有三点支承和四点支承两种，如图3-9所示。三点支承可布置成前一后二或前二后一，四点支承一般是前后端各两点。

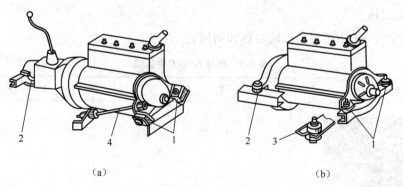

图 3-9 发动机的支承
(a) 三点支承；(b) 四点支承
1—前支承；2—后支承；3—橡胶垫；4—纵向拉杆

发动机在车架上的支承是弹性的(如橡胶等),以消除汽车行驶中车架的扭转变形对发动机的影响,减小传给底盘和乘员的振动和噪声。

3.1.6 机体组件实践训练

3.1.6.1 实践目的

通过机体组件实践训练,使学生快速熟悉机体组件的组成及类别形式,掌握机体组件各部件名称、作用和结构特点。进一步熟悉汽车发动机机体组件的内部构造。

3.1.6.2 实践准备

1. 课时安排

1课时。

2. 实践设备

发动机机体组件总成一套。

3.1.6.3 实践内容及要求

通过对提供的机体组件总成结构认知,要求学生掌握机体组件每一个组成部分的结构名称、结构特点、类型。

1. 机体组件结构认知

实践项目要求:

(1)能够准确识别发动机机体组件中气缸体、气缸盖、气缸盖罩、气缸衬垫、主轴承盖以及油底壳,熟悉各组件的组成结构。

(2)能够熟练分析发动机机体组件各部件类型。主要包括气缸体结构类型、气缸套类型、发动机燃烧室形式、气缸衬垫标记、油底壳形式等。

2. 实践记录

(1)请在表3-1中填写图标的名称和功用。

表3-1 机体组件实物认知

图 标	名 称	功 用

续表

图　标	名　称	功　用

(2) 根据实践设备识别机体组件参数，并填写表 3-2。

表 3-2　机体组件结构参数

发动机型号	
气缸盖材料	
气缸套类别形式	
气缸体结构形式	
燃烧室结构形式	
气缸的排列形式	
油底壳是否有导流板	
气缸罩盖上是否安装 PCV 阀	
气缸衬垫是否有安装标记，朝上或朝下	

3.2 曲柄连杆机构

曲柄连杆机构包括活塞连杆组件及曲轴飞轮组件两部分,如图 3-10 所示。

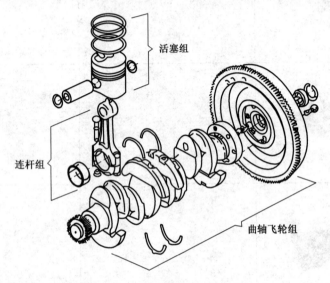

图 3-10 曲柄连杆机构

3.2.1 活塞连杆组件

活塞连杆组件(见图 3-11)由活塞、活塞环、活塞销、连杆、连杆轴承等组成。

3.2.1.1 活塞

1. 活塞的功用

活塞承受气缸中的气体压力,并通过活塞销将此力传给连杆驱动曲轴旋转,活塞顶部还与气缸盖、气缸壁一起组成燃烧室。

2. 活塞的工作特点

活塞直接与高温气体接触,散热条件差,工作时顶部温度高达 600~700K,且温度分布很不均匀,容易破坏活塞与其相关零件的配合。温度过高,间隙过小,容易造成活塞拉缸;间隙过大,又会导致压缩不良,功率下降,油耗上升。

活塞顶部承受气体压力很大,在做功行程中汽油机的活塞瞬时承受的最大压力值达 3~5MPa,柴油机高达 6~9MPa,增压发动机可达 14~16MPa,并承受侧压力的作用,加速了活塞表面的磨损,也容易引起活塞变形。

活塞在气缸内以很高的速度(10~14m/s)往复变速运动,产生很大的惯性力,使活塞受到周期性交变的拉伸、压缩和弯曲载荷。

鉴于活塞的上述工作特点,要求活塞要有足够的刚度和强度,传力可靠,导热性能好,耐

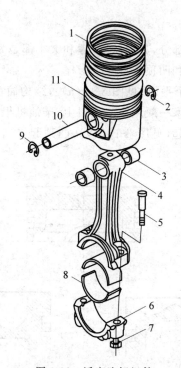

图 3-11 活塞连杆组件

1—活塞环；2、9—卡环；3—连杆小头衬套；4—连杆；5—连杆螺栓；6—连杆盖；7—连杆大头锁紧螺母；8—连杆轴承；10—活塞销；11—活塞

高压、高温、耐磨损，质量轻，尽可能地减小往复惯性力。因此，汽车发动机的活塞目前一般都采用高强度铝合金，只在一些低速柴油机上采用高级铸铁或耐热钢。活塞的结构也进行了精巧设计。

3. 活塞的结构

活塞由顶部、头部、槽部和裙部 4 部分组成（见图 3-12）。

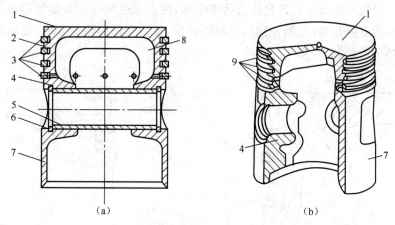

图 3-12 活塞的基本结构

(a) 全剖；(b) 部分剖

1—活塞顶；2—活塞头；3—活塞环；4—活塞销座；5—活塞销；6—活塞销卡环；7—活塞裙；8—加强肋；9—环槽

1) 活塞顶部

活塞顶部是燃烧室的组成部分,其形状、位置和大小都是为了满足可燃混合气形成和燃烧的要求,其顶部有平顶、凸顶和凹顶3种。

(1) 平顶 活塞顶部是一个平面(见图3-13(a)),结构简单,制造容易,受热面积小,顶部应力分布较为均匀。平顶活塞一般用在汽油机上,柴油机很少采用。

(2) 凸顶 活塞的顶部凸起(见图3-13(b)),凸顶起导向作用,有利于改善换气过程。二冲程汽油机常采用凸顶活塞。

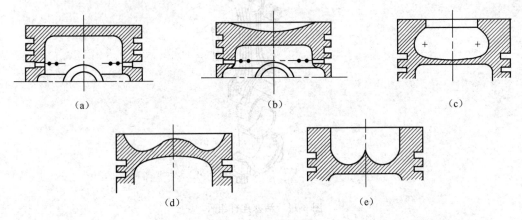

图3-13 活塞顶部
(a) 平顶活塞;(b) 凸顶活塞;(c)~(e) 凹顶活塞

(3) 凹顶 活塞顶部为凹坑,有各种形状(见图3-13(c)~(e)),凹坑的形状和位置必须有利于可燃混合气的形成和燃烧。凹顶的大小还可以用来调节发动机的压缩比。

活塞顶部常进行硬膜阳极氧化处理,以形成高硬度的耐热层,增大热阻,减少活塞顶部的吸热量。

2) 活塞头部

活塞第一道气环槽以上的部分称为活塞头部,用来承受气体压力和传递热量。有的活塞在头部还加工有隔热槽(见图3-14),起隔热作用,将活塞顶的热量分流,把原来由第一活塞环承担的热量传给第二、第三活塞环。

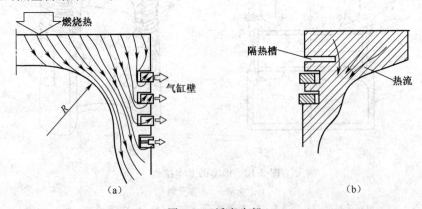

图3-14 活塞头部
(a) 由活塞顶到气缸壁的热流;(b) 活塞隔热槽

3) 活塞槽部

活塞槽部也称为防漏部,是指活塞环槽部分,用以安装活塞环,起密封、传热等作用,一般有 2~3 道气环槽和 1 道油环槽。在油环槽底面上钻有许多径向小孔,使被油环从气缸壁上刮下的机油经过这些小孔流回油底壳。

为了保护和加强活塞环槽,在活塞环槽部位铸入由耐热合金钢制造的环槽护圈,如图 3-15(a),(b)所示,这样的活塞称为镶槽活塞。在高强化直喷式燃烧室柴油机中,在第一道环槽和燃烧室喉口处均镶嵌耐热护圈(见图 3-15(c),(d)),以保护喉口不致因为过热而开裂。

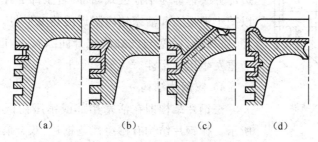

(a)　　　(b)　　　(c)　　　(d)

图 3-15　镶槽活塞

(a) 仅镶第一环槽;(b) 镶第一和第二环槽;(c),(d) 同时镶燃烧室口

4) 活塞裙部

活塞裙部指从油环槽下端面起至活塞最下端的部分。活塞裙部对活塞在气缸内的往复运动起导向作用,并承受气体侧压力。

4. 活塞加工

为了使活塞在正常工作温度下与气缸壁保持比较均匀的间隙,以免在气缸内卡死或加大局部磨损,必须在冷态下预先把活塞裙部加工成特定的形状。

1) 椭圆

活塞裙部的厚度很不均匀,活塞销座孔部分的金属厚,受热膨胀量大,沿活塞销座轴线方向的变形量大于其他方向。另外,活塞裙部承受气体侧压力的作用,导致沿活塞销轴的变形量大于其他方向。为了使活塞裙部在工作时具有正确的圆柱形,在加工时预先把活塞裙部做成椭圆形,椭圆的长轴方向与活塞销座垂直,短轴方向沿活塞销座方向,如图 3-16 所示。

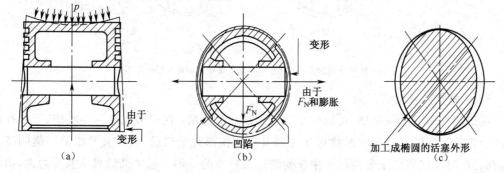

图 3-16　活塞裙部的椭圆变形

(a) 受燃烧气体压力 p 的弯曲变形;(b) 活塞销座热膨胀变形;(c) 截面形状

2) 锥形、阶梯形或桶形

活塞的温度是上部高、下部低,膨胀量上部大、下部小。为了使工作时活塞上、下直径趋于相等,即为圆柱形,就必须预先把活塞裙部制成上小下大的锥形、阶梯形或桶形。桶形活塞在任何工作状态下都能得到良好的润滑,但加工难度大。

3) 拖鞋式

在现代高速汽车发动机上,广泛采用半拖鞋式或拖鞋式活塞裙部(见图 3-17)。该型活塞把活塞裙部不受侧压力的两边部分去掉即为半拖鞋式裙部,若全部去掉则为拖鞋式裙部,以减小惯性力和活塞销座附近的热变形量。该结构裙部弹性好,质量轻,活塞与气缸的配合间隙较小,能够避免与曲轴平衡重发生运动干涉。

4) 镶钢片结构

镶钢片结构即在活塞裙部或销座内嵌入钢片,如图 3-18 所示。镶钢片结构有镶铸恒范钢片、双金属壁自动热补偿、筒形钢片、复式钢片等几种类型,前两种多用在汽油机上,后两种多用在柴油机上。这些活塞裙部的热膨胀系数为钢和铝热膨胀系数的综合值,可减小活塞与气缸壁之间的冷态装配间隙,减少发动机的"敲缸"现象。

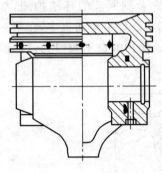

图 3-17 拖鞋式活塞

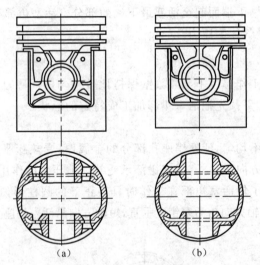

图 3-18 裙部镶钢片的活塞
(a) 镶铸恒范钢片的活塞;(b) 双金属壁自动热补偿的活塞

5) 预先在活塞裙部开槽

在裙部开横向的隔热槽,可以减小活塞裙部的受热量;在裙部开纵向膨胀槽,可以补偿裙部受热后的变形量。槽的形状有 T 形或 Ⅱ 形。裙部开竖槽后,会使其开槽的一侧刚度变小,在装配时应使其位于做功行程中承受侧压力较小的一侧。通常柴油机活塞受力大,裙部一般不开槽。

5. 活塞的冷却

如图 3-19(a)所示,活塞的油冷结构是利用经过连杆杆身输送到连杆小头的机油喷到活塞顶部底面进行冷却,称为振荡冷却;如图 3-19(b)所示,活塞的油冷结构是在活塞顶部材料内用石蜡铸造法铸出蛇形管,利用安装在机体上的喷油嘴对蛇形管的一端喷入机油,机油吸收活塞顶部热量从蛇形管的另一端流出,回到油底壳,称为喷射冷却。活塞的油冷结构多用于增压发动机。

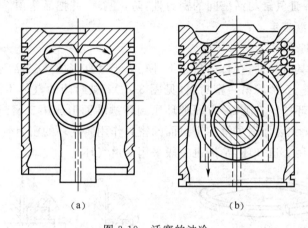

图 3-19 活塞的油冷
(a)振荡冷却;(b)喷射冷却

6. 活塞销孔偏置结构

有些高速汽油机的活塞销孔中心线偏离活塞中心线平面,向做功行程中受侧压力的一方偏移了 1~2mm(见图 3-20)。这种结构可使活塞在压缩行程到做功行程中较为柔和地从压向气缸的一面过渡到压向气缸的另一面,以减小敲缸的声音。在安装时要注意,活塞销偏置的方向不能装反,否则换向敲击力会增大,使裙部受损。

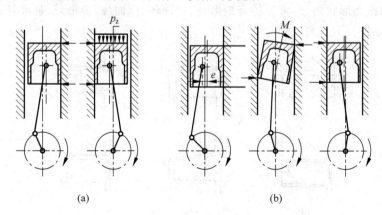

图 3-20 活塞销偏置和活塞的换向
(a)活塞销对中布置;(b)活塞销偏移布置

3.2.1.2 活塞环

活塞环是具有弹性的开口环,有气环和油环之分。一般一个活塞有2~3道气环,1道油环(见图3-21)。

1. 气环

1) 气环的作用

气环的作用是保证气缸与活塞间的密封性,防止漏气,并把活塞顶部吸收的大部分热量传给气缸壁,由冷却液带走。

2) 气环的工作原理

气环开有切口,具有弹性,在自由状态下外径大于气缸直径,它与活塞一起装入气缸后,外表面紧贴在气缸壁上,形成第一密封面(见图3-22);被封闭的气体不能通过环周与气缸之间,便进入了环与环槽的空隙,一方面把环压到环槽端面形成第二密封面,另一方面作用在环背的气体压力又大大加强了第一密封面的密封作用。气环的密封效果一般与气环数量有关,汽油机一般采用2道气环,柴油机一般采用3道气环。

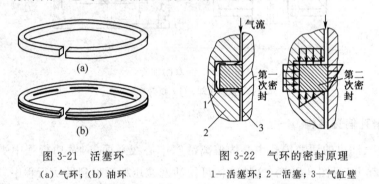

图 3-21 活塞环
(a) 气环;(b) 油环

图 3-22 气环的密封原理
1—活塞环;2—活塞;3—气缸壁

3) 气环的种类

按气环的截面形状划分,常见的有矩形环、扭曲环、锥面环、梯形环、桶面环、开槽环和顶岸环等(见图3-23)。

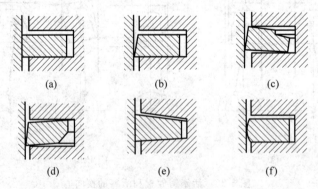

图 3-23 气环的断面形状
(a) 矩形环;(b) 锥面环;(c) 正扭曲内切环;(d) 反扭曲锥面环;(e) 梯形环;(f) 桶面环

(1) 矩形环(见图 3-23(a)) 其断面为矩形,结构简单,制造方便,易于生产,应用最广。但有泵油作用(见图 3-24),能将机油逐级由下向上泵入气缸中燃烧掉,在燃烧室内形成积炭并增加机油的消耗量;另外,矩形环的磨合性、刮油性、密封性欠佳。

(2) 锥面环(见图 3-23(b)) 其断面呈锥形,外圆工作面上加工一个很小的锥面(0.5°~1.5°),减小了环与气缸壁的接触面,提高了表面接触压力,有利于磨合和密封。活塞下行时,便于刮油;活塞上行时,由于锥面的"油楔"作用,能在油膜上"漂浮"过去,减小磨损。

(3) 扭曲环(见图 3-23(c),(d)) 扭曲环是在矩形环的内圆上边缘或外圆下边缘切去一部分,使断面呈不对称形状。在环的内圆部分切槽或倒角的称内切环,在环的外圆部分切槽或倒角的称外切环。安装扭曲环时,应将内圆环槽向上,外圆环槽向下,不能装反。

(4) 梯形环(见图 3-23(e)) 其断面呈梯形,工作时,梯形环在压缩行程和做功行程随着活塞受侧压力的方向不同而不断地改变位置,这样会把沉积在环槽中的积炭挤出去,避免了环被粘在环槽中而折断,因此可以延长环的使用寿命。其缺点是加工困难,精度要求高。

(5) 桶面环(见图 3-23(f)) 桶面环的外圆为凸圆弧形。当桶面环上下运动时,均能与气缸壁形成楔形空间,使机油容易进入摩擦面,减小磨损。由于它与气缸呈圆弧接触,故对气缸表面的适应性和对活塞偏摆的适应性均较好,有利于密封;但凸圆弧表面加工较困难。

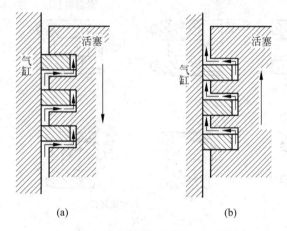

图 3-24 矩形断面活塞环的泵油作用
(a)活塞下行;(b)活塞上行

2. 油环

1) 油环的功用

油环起布油和刮油的作用(见图 3-25)。下行时,刮除气缸壁上多余的机油,上行时在气缸壁上铺涂一层均匀的油膜。这样既可以防止机油窜入气缸燃烧,又可以减少活塞、活塞环与气缸壁的摩擦阻力,还能起到封气的辅助作用。

2) 油环的种类和结构

油环分为普通单体油环和钢片组合式油环两种。

(1) 普通单体油环 普通单体油环的结构如图 3-26(a)所示,一般是用合金铸铁制造。其外圆面的中间车有一道凹槽,在凹槽底部加工出很多排油径向小孔或狭缝,形成泄油通道。这种环的结构简单,易加工,但刮油效果差。油环的弹簧如图 3-26(b)所示,用于增加环背压力,使油环紧靠在气缸壁上,保证耐久性和刮油能力。油环的外圆表面和环背面(与螺旋衬簧接触的表面)都镀铬,以减少摩擦和磨损。带波形板衬簧的油环有较大的径向压力,用于一些小型汽油机;带螺旋衬簧的油环径向压力大,刮油能力强,在车用柴油机中普遍使用,在一部分车用汽油机中也有使用。

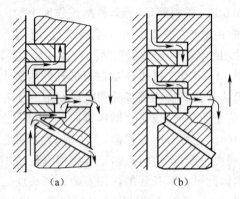

图 3-25 油环的作用
(a)活塞下行;(b)活塞上行

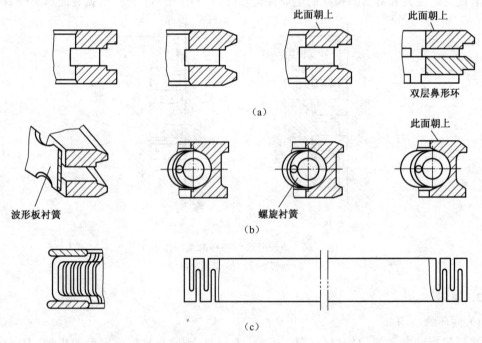

图 3-26 典型油环的结构
(a)普通单体油环;(b)加衬簧的油环;(c)钢片组合式油环

(2) 钢片组合式油环　钢片组合式油环的结构如图 3-26(c)和图 3-27(b)所示,有上、下两个刮油片,与缸壁的接触面积很小,上、下两片可以有不同的径向动作。这种油环对缸壁变形的适应性好,泄油通道大,质量轻。安装状态下衬簧不仅加大了刮片的径向压力,同时将两刮片在轴向撑开,与油环槽的两侧面贴合,能够有效地防止机油上窜。因此,钢片组合式油环的控油能力最强。不过油环和缸壁的磨损比用螺旋衬簧的油环大一些,该型油环需用优质钢制造,成本高。这种油环在康明斯 B 系列和 WD615 系列柴油机以及一汽奥迪

100、宝来、桑塔纳等轿车的发动机上使用,且应用日益增多。

油环的泄油通道如图 3-27 所示。图中,活塞上开两排泄油孔,一排开在油环槽底部,另一排开在油环槽下方的活塞裙部,上下两排孔的周向位置是错开的,以减小泄油孔对活塞强度的影响。

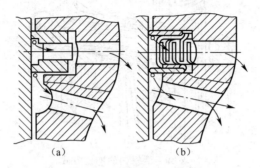

图 3-27 油环安装结构及泄油通道
(a) 普通单体油环;(b) 钢片组合式油环

3.2.1.3 活塞销

活塞销连接活塞和连杆小头,将活塞承受的气体作用力传给连杆。活塞销的内孔有 3 种形状:圆柱形、两段截锥与一段圆柱组合形和两段截锥组合形(见图 3-28)。

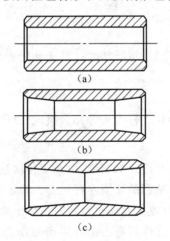

图 3-28 活塞销内孔形状
(a) 圆柱形;(b) 两段截锥与一段圆柱组合形;(c) 两段截锥组合形

活塞销与活塞销座孔及连杆小头衬套孔的连接方式有全浮式和半浮式两种。

(1) 全浮式连接 当发动机工作时,活塞销、连杆小头和活塞销座都有相对运动,这种连接方式可使活塞销磨损均匀(见图 3-29)。为了防止活塞销轴向窜动刮伤气缸壁,在活塞销两端装有卡环,用以进行轴向定位。由于铝活塞热膨胀系数比钢大,为了保证在高温工作时活塞销与活塞销座孔有正常的间隙(0.01~0.02mm),在冷态时为过渡配合,装配时,应先把铝活塞加热到一定程度,再装入活塞销。

(2) 半浮式连接 半浮式连接方式是指活塞销中部与连杆小头采用紧固螺栓连接,活

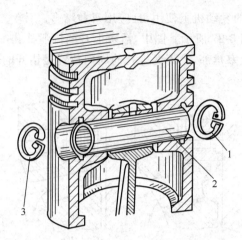

图 3-29 活塞销的连接方式
1,3—卡环；2—活塞销

塞销只能在两端销座内作自由摆动，而和连杆小头没有相对运动，所以不需要连杆衬套。活塞销不会作轴向窜动，不需要卡环。此种形式在小轿车上应用较多。

3.2.2 连杆

3.2.2.1 连杆的功用

连杆的功用是连接活塞与曲轴，将活塞的往复运动转变成曲轴的旋转运动。

3.2.2.2 连杆的结构

连杆由连杆小头、连杆杆身和连杆大头等部分组成（见图 3-30）。

1. 连杆小头

连杆小头与活塞销相连，对全浮式活塞销，由于工作时连杆小头孔与活塞销之间有相对运动，所以在连杆小头孔中压入减磨的青铜连杆衬套。为了润滑活塞销与衬套，在连杆小头和衬套上铣有油槽或钻有油孔以收集发动机运转时飞溅上来的润滑油并用于润滑。有的发动机连杆小头采用压力润滑，在连杆杆身内钻有纵向的压力油通道。半浮式活塞销与连杆小头是过盈配合的，所以连杆小头孔内不需要衬套，也不需要润滑。

2. 连杆杆身

连杆杆身通常做成工字形断面，抗弯强度好，质量轻，大圆弧过渡，且上小下大。采用压力法润滑的连杆，杆身中部制有连通大头、小头的油道。

3. 连杆大头

连杆大头与曲轴的连杆轴颈相连，大头有整体式和分开式两种。一般都采用分开式，分开式又分为斜分和平分两种（见图 3-31）。

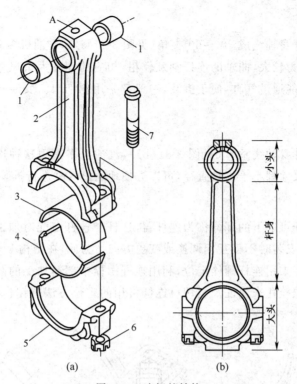

图 3-30 连杆的结构

(a) 连杆分解图;(b) 连杆组合图

1—连杆衬套;2—连杆体;3—上连杆轴瓦;4—下连杆轴瓦;5—连杆盖;6—螺母;7—连杆螺栓;A—油孔

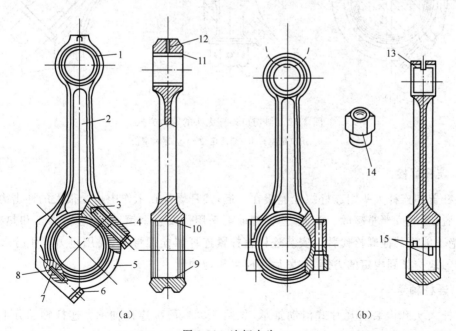

图 3-31 连杆大头

(a) 斜分式;(b) 平分式

1—连杆小头;2—连杆杆身;3—连杆大头;4、6—连杆螺栓;5—连杆盖;7—锯齿;8—定位销;9—下连杆轴瓦;10—上连杆轴瓦;11—连杆衬套;12—集油孔;13—集油槽;14—自锁螺母;15—轴瓦定位槽

1) 斜分式

剖分面与连杆杆身轴线成 30°～60°夹角(见图 3-31(a)),柴油机多采用这种连杆。因为柴油机压缩比大,受力较大,曲轴的连杆轴颈较粗,相应的连杆大头尺寸往往超过了气缸直径,为了使连杆大头能通过气缸,便于拆装,一般都采用斜切口。安装斜切口的连杆盖时应注意方向。

2) 平分式

剖分面与连杆杆身轴线垂直(见图 3-31(b)),汽油机多采用这种连杆。因为一般汽油机连杆大头的横向尺寸都小于气缸直径,可以方便地通过气缸进行拆装。

4. 连杆盖

把连杆大头分开可取下的部分称为连杆盖,连杆与连杆盖配对加工,加工后,在它们同一侧打上装配标志,安装时不得互相调换或变更方向。为此,在结构上采取了定位措施。平切口连杆盖与连杆多采用连杆螺栓定位,利用连杆螺栓中部精加工的圆柱凸台或光圆柱部分与经过精加工的螺栓孔来保证。斜切口连杆常用的定位方法有锯齿定位、套筒定位和止口定位(见图 3-32)。

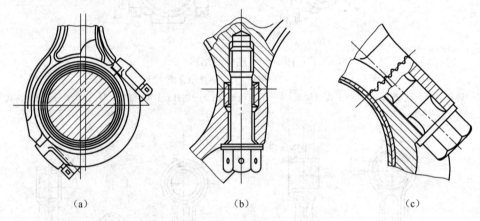

图 3-32 斜切口连杆大头的定位方式
(a) 止口定位;(b) 套筒定位;(c) 锯齿定位

5. 连杆螺栓

连杆盖和连杆大头用连杆螺栓连接在一起,连杆螺栓在工作中承受很大的冲击力,若折断或松脱,将造成严重事故。为此,连杆螺栓都采用优质合金钢,并经过精加工和热处理而制成,绝不能用其他螺栓代替。安装连杆盖拧紧连杆螺栓螺母时,要用扭力扳手分 2～3 次交替均匀地拧紧到规定的力矩,拧紧后还应可靠地锁紧。

6. 连杆轴承

连杆大头孔内装有瓦片式滑动轴承(见图 3-33),简称连杆轴承。连杆轴承分上、下两个半片。半个轴承在自由状态下不是半圆形,当它们装入连杆大头孔内时,又有过盈,故能均匀地紧贴在连杆大头孔壁上,具有很好的承受载荷和导热的能力。

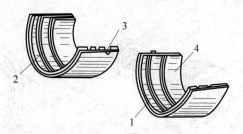

图 3-33 连杆轴承
1—钢背；2—油槽；3—定位凸键；4—减磨合金层

连杆轴瓦上制有定位凸键，供安装时嵌入连杆大头和连杆盖的定位槽中，以防连杆轴瓦前后移动或转动。有的轴瓦上还制有油孔，安装时应与连杆上相应的油孔对齐。

目前多采用1～3mm的薄壁钢背轴瓦，在其内表面浇注有减磨合金层。减磨合金层具有质软，容易保持油膜，磨合性好，摩擦阻力小，不易磨损等特点。减磨合金常采用白合金（巴氏合金）、铜基合金和铝基合金。

3.2.2.3 V形发动机连杆

V形发动机连杆是指左右两侧对应两气缸的连杆是装在曲轴的同一个连杆轴颈上的，V形发动机连杆的结构通常有三种：并列式连杆、主副式连杆、叉形连杆，如图3-34所示。

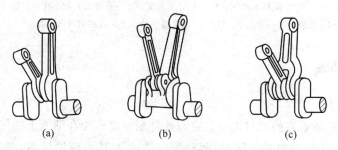

图 3-34 V形发动机连杆
(a) 并列式连杆；(b) 主副式连杆；(c) 叉形连杆

（1）并列式连杆　并列式连杆相对应的左右两缸连杆并列安装在同一连杆轴颈上（见图3-34(a)）。

（2）主副式连杆　主副式连杆一列气缸的连杆为主连杆，直接安装在连杆轴颈上；另一列气缸的连杆为副连杆，铰接在主连杆大头（或连杆盖）上的两个凸耳之间（见图3-34(b)）。

（3）叉形连杆　叉形连杆左右对应的两列气缸连杆中，一个连杆大头做成叉形，跨于另一个连杆厚度较小的大头两端（见图3-34(c)）。

3.2.3 曲轴飞轮组件

曲轴飞轮组件主要由曲轴、飞轮和一些附件组成（见图3-35）。

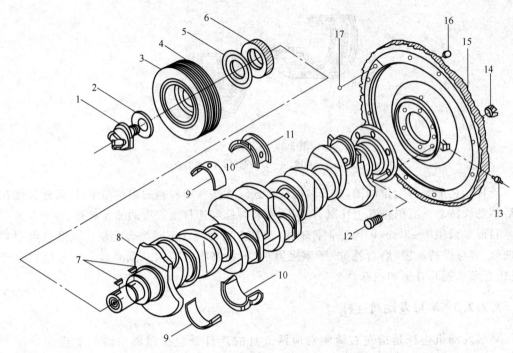

图 3-35 曲轴飞轮组零件

1—起动爪；2—起动爪锁紧垫圈；3—扭转减振器；4—带轮；5—挡油片；6—定时齿轮；7—半圆键；8—曲轴；9—主轴承上下轴瓦；10—中间主轴瓦；11—止推片；12—螺柱；13—润滑脂嘴；14—螺母；15—齿圈；16—定位销；17——、六缸活塞处在上止点的记号（钢球）

3.2.3.1 曲轴

1. 曲轴的功用

曲轴是发动机最重要的机件之一。它与连杆配合将作用在活塞上的气体压力变为旋转的力矩，传给底盘的传动机构；同时，驱动配气机构和其他辅助装置，如风扇、水泵、发电机等。

2. 曲轴材料

曲轴一般用中碳钢或中碳合金钢模锻而成。为了提高耐磨性和耐疲劳强度，轴颈表面经高频感应淬火或渗氮处理，并经精磨加工，以达到较高的表面硬度和表面粗糙度的要求。若曲轴表面磨损或失圆，则应进行磨修或更换。

3. 曲轴的结构

曲轴一般由主轴颈 4，曲柄销（连杆轴颈）3、曲柄 5、平衡重 2、前端轴 1 和后凸缘 6 等组成（见图 3-36）。一个连杆轴颈和它两端的曲柄及相邻两个主轴颈构成一个曲拐。曲拐的数量取决于发动机气缸数及其排列方式，直列发动机的曲拐数等于气缸数，V 形和对置式发动机的曲拐数等于气缸数的 1/2。

1）曲轴的支承部分

曲轴通过主轴承支承在曲轴箱的主轴承座中。主轴承的数目不仅与发动机的气缸数目

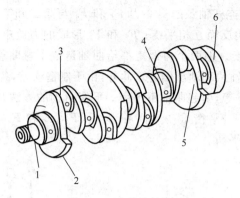

图 3-36 曲轴的结构
1—前端轴；2—平衡重；3—连杆轴颈；4—主轴颈；5—曲柄；6—后凸缘

有关，还取决于曲轴的支承方式。曲轴的支承方式一般有两种，一种是全支承曲轴，另一种是非全支承曲轴（见图 3-37）。

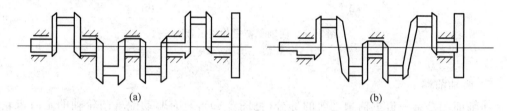

图 3-37 曲轴的支承方式
(a) 全支承；(b) 非全支承

(1) 全支承曲轴　曲轴的主轴颈数比气缸数目多一个，即每一个连杆轴颈两边都有一个主轴颈。这种支承方式，曲轴的强度和刚度都比较好，并且减轻了主轴承载荷，减小了磨损。

(2) 非全支承曲轴　曲轴的主轴颈数比气缸数目少或与气缸数目相等，主轴承载荷较大，但缩短了曲轴的总长度，使发动机的总体长度有所减小。

有的大型发动机曲轴采用组合式，由若干段组合在一起，通过滚动轴承支承在机体上。

2) 曲柄销（连杆轴颈）

连杆轴颈是曲轴与连杆的连接部分。直列发动机的连杆轴颈数和气缸数相等，V 形发动机的连杆轴颈数等于气缸数的 1/2。

3) 曲柄臂

曲柄臂是主轴颈和连杆轴颈的连接部分。为了平衡惯性力，曲柄臂处铸有（或紧固有）平衡重。

4) 曲轴的平衡重

(1) 平衡重的功用　用来平衡曲轴不平衡质量产生的离心力和离心力矩，有时还用来平衡连杆和活塞一部分往复惯性力，以使发动机运转平稳，减小振动和主轴承的负荷。

(2) 平衡原理　对于四缸、六缸等直列多缸发动机，因曲拐对称布置，就整机而言其往复惯性力、离心力及其产生的力矩是平衡的，但曲轴的局部却受到弯矩作用。从图 3-38(a) 中可以看到，每个曲拐的连杆轴颈和曲柄的质量分布在曲轴轴线的一边，产生离心力 F_1、

F_2、F_3 和 F_4，第一和第四连杆轴颈的离心力 F_1 和 F_4 与第二和第三连杆轴颈的离心力 F_2 和 F_3 因大小相等、方向相反而互相平衡；F_1 和 F_2 形成的力偶矩 M_{1-2} 与 F_3 和 F_4 形成的力偶矩 M_{3-4} 也能互相平衡。但两个力偶矩都给曲轴造成了弯曲载荷。曲轴若刚度不够就会产生弯曲变形，引起主轴颈和轴承偏磨。此外，由于制造误差，各个曲拐的质量有误差，使 F_1、F_3、F_2 和 F_4 的大小不等，引起曲轴不平衡。平衡曲轴的方法是在曲柄的相反方向设置平衡重，如图 3-38(b) 所示，平衡重产生离心力 F_1'、F_2'、F_3' 和 F_4'，平衡重所产生的弯矩与 M_{1-2} 和 M_{3-4} 产生的弯矩平衡。

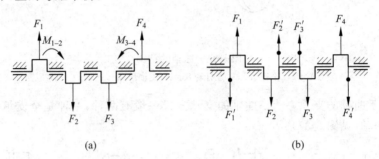

图 3-38 曲轴平衡重作用示意图
(a) 无平衡重；(b) 设置平衡重

5）曲轴前端

曲轴前端是第一道主轴颈之前的部分（见图 3-39），装有驱动配气凸轮轴的定时齿轮 7（或定时链轮、定时齿带轮）、驱动风扇和水泵的带轮 2 及防止机油泄漏的油封 5 等，定时齿轮、带轮与曲轴用键周向联接。为了防止机油沿曲轴颈外漏，在曲轴前端上有一个甩油盘 6 随着曲轴旋转，当被齿轮挤出和甩出来的机油落到盘上时，由于离心力的作用被甩到定时齿轮室盖的壁面上，再沿壁面流下来回到油底壳中。即使还有少量机油落到甩油盘前面的曲轴轴段上，也被压配在定时齿轮室盖上的油封 5 挡住。甩油盘 6 的外斜面应向后，如果装错，效果将适得其反。此外，在某些中、小型发动机的曲轴前端还装有起动爪 1，以便必要时用人力转动曲轴，使发动机起动。

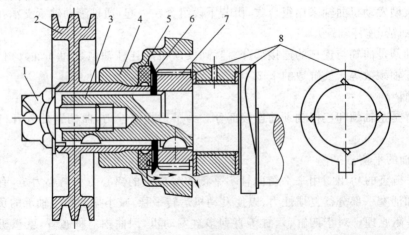

图 3-39 曲轴前端结构
1—起动爪；2—带轮；3—曲轴；4—定时齿轮室盖；5—油封；6—甩油盘；7—定时齿轮；8—推力滑动轴承

6) 曲轴后端

曲轴后端用来安装飞轮。在后轴颈与飞轮凸缘之间制成挡油凸缘和回油螺纹,并安装油封或密封填料等,以阻止润滑油向后窜漏(见图3-40)。

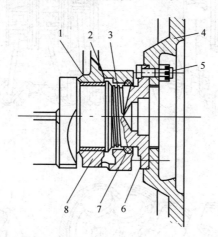

图 3-40 曲轴后端结构

1—轴承座;2—甩油盘;3—回油螺纹;4—飞轮;5—螺栓;
6—曲轴凸缘盘;7—填料油封;8—轴承盖

7) 曲轴的轴向定位

曲轴的轴向窜动将破坏曲柄连杆机构各零件间正确的相对位置,因而必须进行轴向定位。曲轴长度大,受热后热膨胀量大,需要自由伸长,为避免曲轴伸长产生热应力,所以曲轴上只能有一处设置轴向定位装置,可位于曲轴的前端,也可在曲轴的中部,其他位置不设置轴向定位。曲轴的轴向定位一般采用滑动推力轴承,有两种形式:一种是翻边轴瓦(见图3-35,中间主轴瓦10即为翻边轴瓦);另一种是单制的具有减磨合金层的推力滑动轴承8(见图3-39),轴承表面有油槽。

8) 曲轴润滑

为了润滑曲轴主轴颈和曲柄销(连杆轴颈),在轴颈上钻有油道,并与斜油道相通,再与机体的主油道连通。

4. 发动机的工作顺序

曲轴曲柄的布置,不但影响到发动机的平衡,还影响到发动机的工作顺序。

多缸发动机的点火顺序应均匀分布在720°曲轴转角内,并且使连续做功的两缸相距尽可能远,以减轻主轴承的载荷,避免可能发生的进气重叠现象。

1) 四缸四冲程直列发动机

四缸四冲程发动机的点火间隔角为720°/4=180°,4个曲柄布置在同一平面内(见图3-41(a))。1、4缸与2、3缸相互错开180°,其发火顺序的排列有两种可能,即1—2—4—3或1—3—4—2,其工作循环分别见表3-3和表3-4。

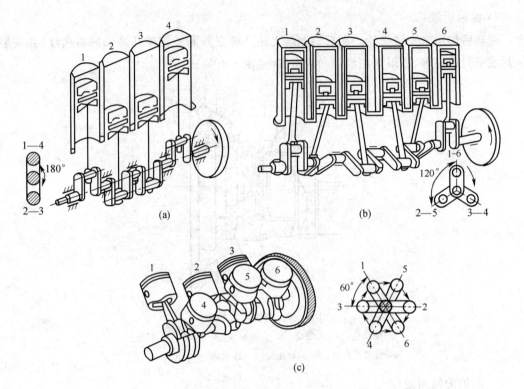

图 3-41 发动机的曲拐布置

(a) 直列四缸；(b) 直列六缸；(c) V形六缸

表 3-3 直列四缸发动机工作循环（发火次序：1—2—4—3）

曲轴转角/(°)	第一缸	第二缸	第三缸	第四缸
0～180	做功	压缩	排气	进气
180～360	排气	做功	进气	压缩
360～540	进气	排气	压缩	做功
540～720	压缩	进气	做功	排气

表 3-4 直列四缸发动机工作循环（发火次序：1—3—4—2）

曲轴转角/(°)	第一缸	第二缸	第三缸	第四缸
0～180	做功	排气	压缩	进气
180～360	排气	进气	做功	压缩
360～540	进气	压缩	排气	做功
540～720	压缩	做功	进气	排气

2) 六缸四冲程直列发动机

其点火间隔角为 720°/6＝120°，6个曲柄分别布置在3个平面内（见图 3-41(b)），有两种点火顺序，即 1—5—3—6—2—4 和 1—4—2—6—3—5，前者工作循环见表 3-5。

表3-5 直列六缸发动机工作循环(发火次序：1—5—3—6—2—4)

曲轴转角/(°)		第一缸	第二缸	第三缸	第四缸	第五缸	第六缸
0~180	0~60	做功	排气	进气	做功	压缩	进气
	60~120						
	120~180			压缩	排气		
180~360	180~240	排气	进气			做功	压缩
	240~300						
	300~360			做功	进气		
360~540	360~420	进气	压缩			排气	做功
	420~480						
	480~540			排气	压缩		
540~720	540~600	压缩	做功			进气	排气
	600~660						
	660~720		排气	进气	做功		压缩

3) 六缸四冲程V形发动机

其点火间隔角仍为120°，3个曲柄互成120°(见图3-41(c))，点火顺序为R1—L1—R3—L3—R2—L2(R1代表面向发动机前端右侧的第一缸，向后依次为R2、R3，L1代表面向发动机前端左侧的第一缸，向后依次为L2、L3)。它的工作循环见表3-6。

表3-6 V形六缸发动机工作循环(发火次序：R1—L1—R3—L3—R2—L2)

曲轴转角/(°)		R1	R2	R3	L1	L2	L3
0~180	0~60	做功	排气	进气	压缩	做功	进气
	60~120						
	120~180			压缩	排气		
180~360	180~240	排气	进气			做功	压缩
	240~300						
	300~360			做功	进气		
360~540	360~420	进气	压缩			排气	做功
	420~480						
	480~540			排气	压缩		
540~720	540~600	压缩	做功			进气	排气
	600~660						
	660~720		排气	进气	做功		压缩

3.2.3.2 曲轴扭转减振器

在发动机的工作过程中，经连杆传给连杆轴颈的作用力的大小和方向都是周期性变化的，所以曲轴各个曲柄的旋转速度也是忽快忽慢呈周期性变化，导致各曲柄之间产生周期性相对扭转的现象称为曲轴的扭转振动，简称扭振。曲轴扭振会造成发动机磨损加剧、功率下降，当振动强烈时甚至会扭断曲轴。扭转减振器的功用就是吸收曲轴扭转振动的能量，消减扭转振动。

汽车发动机多采用橡胶摩擦式扭转减振器、硅油扭转减振器和硅油-橡胶扭转减振器。

1. 橡胶摩擦式扭转减振器

橡胶摩擦式扭转减振器由扭转振动惯性质量 2、橡胶环 5 和减振器壳体 1 等组成,如图 3-42 所示。扭转振动惯性质量和减振器壳体都与橡胶环 5 粘接。减振器壳体的毂部用紧固螺栓 3 固装于曲轴前端的风扇带轮轮毂 4 上。扭转减振器安装在带轮中,使结构紧凑。曲轴通过带轮轮毂带动减振器壳体一起转动,减振器壳体通过橡胶环带动扭转振动惯性质量转动。由于扭转振动惯性质量的转动惯量较大,曲轴转动中,橡胶环在圆周方向产生扭转变形。曲轴扭转振动时,扭转振动惯性质量与减振器壳体就有相对角振动,使硫化橡胶环产生正反方向交替变化的扭转变形,橡胶内部的分子摩擦消耗扭转振动能量,使整个曲轴的扭转振幅减小。当曲轴发生扭转振动时,曲轴前端的角振幅最大,扭转减振器安装在曲轴的前端,减振效果好。橡胶减振器还有结构简单、质量小、工作可靠的优点,所以在汽车发动机上应用广泛。其主要缺点是对曲轴扭转振动的衰减作用不够强,而且橡胶由于内摩擦发热升温而容易老化。

2. 硅油扭转减振器

硅油扭转减振器由减振器壳体 1、减振惯性体 2、衬套 3、侧盖 4 和注油螺塞 5 组成,如图 3-43 所示。减振器壳体与曲轴连接。侧盖与减振器壳体组成封闭腔,减振惯性体 2 和减振器壳体之间留有一定的间隙(一般为 0.45~1.0mm),中间充满一定高黏度的硅油。旋开注油螺塞 5,可加注硅油。当曲轴旋转时,减振惯性体则被硅油的黏性摩擦阻尼和衬套的摩擦力所带动,它近似匀速运转。当曲轴发生扭转振动并带动减振器壳体一起振动时,这时壳体和惯性体之间发生滑动,惯性体剪切硅油而形成阻尼力矩,从而达到减振的目的。这种减振器在轿车和各种车辆上获得广泛应用。

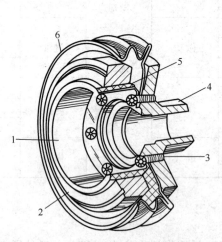

图 3-42 橡胶摩擦式曲轴扭转减振器
1—减振器壳体;2—扭转振动惯性质量;3—紧固螺栓;4—带轮轮毂;5—橡胶环;6—带轮

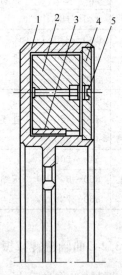

图 3-43 硅油扭转减振器
1—减振器壳体;2—减振惯性体;3—衬套;4—侧盖;5—注油螺塞

3.2.3.3 飞轮

飞轮是一个很重的铸铁圆盘（见图3-35），用螺栓固定在曲轴的后端，具有很大的转动惯量。它的主要功用是用来储存做功行程的能量，用于克服进气、压缩和排气行程的阻力和其他阻力，使曲轴能均匀地旋转。

飞轮的轮缘上有起动齿圈，起动机上的齿轮工作时与其啮合，供发动机起动用。起动齿圈可在飞轮的轮缘上加工，也可镶在飞轮上。装配起动齿圈时，先加热起动齿圈，再套在飞轮上，起动齿圈冷却后收缩，即可紧固在飞轮上。

飞轮上通常刻有第一缸点火定时记号，以便调整和检查点火（喷油）正时和气门间隙。解放CA6102型发动机的发火定时记号2如图3-44(a)所示，这个记号与离合器外壳上的刻线对正时，即表示1、6缸的活塞处在上止点位置。东风EQ6100-1型发动机在飞轮的轮缘上镶嵌一个钢球4，如图3-44(b)所示，作为第一缸发火定时记号。有些发动机的上止点记号在发动机的前端，如北京BJ492Q、长安JL462Q型四缸发动机等。当曲轴前端带轮上的正时缺口和正时齿轮盖上指针对准时，则第1、4缸处于上止点位置（见图3-44(b)、(c)），这样更便于调整和检查点火正时。

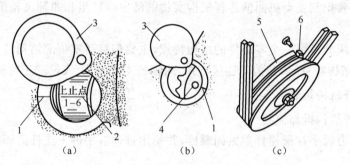

图3-44 发动机发火定时记号

1—离合器外壳上的记号；2—飞轮上的记号；3—观察孔盖板；4—飞轮缘上钢球；5—带轮；6—带轮上的正时缺口

飞轮与曲轴在制造时一起进行过动平衡试验，在拆装时应严格按相对位置安装。飞轮紧固螺钉承受作用力大，应按规定力矩和正确方法拧紧。

3.2.4 曲柄连杆机构实践训练

3.2.4.1 实践目的

通过曲柄连杆机构实践训练，使学生熟悉曲柄连杆机构主要部件的组成、类型及原理，熟悉活塞环间隙的测量方法，并能够判断活塞环间隙是否正常。掌握曲柄连杆机构的拆装流程与拆装方法，熟悉拆装工具的使用方法。

3.2.4.2 实践准备

1. 课时安排

2课时。

2. 实践设备

1）仪器设备

462发动机曲柄连杆机构总成一套。

2）拆装工具

120件套通用拆装工具、一字起子、金属榔头、T形套筒、活塞环卡箍、连杆螺栓保护套、活塞环拆装工具、划针。

3）测量工具

塞尺一套。

3.2.4.3 实践内容及要求

1. 曲柄连杆机构结构认知

通过对曲柄连杆机构结构的学习,要求学生掌握活塞连杆组的组成和曲轴飞轮组的组成结构及工作原理。

实践项目要求：

(1) 能够准确识别发动机曲柄连杆机构实物的活塞连杆组和曲轴飞轮组各部件结构组成及工作原理。

(2) 能够熟练分析每一个零部件的结构特点,主要包括活塞顶部结构特点、活塞环的类型、活塞裙部的结构特点、活塞销的连接方式、曲轴的支承方式、飞轮的正时标记等。

2. 曲柄连杆机构拆装

1）曲柄连杆机构拆卸流程

(1) 通过扭力扳手拧松连杆盖紧固螺栓,并使用自动扳手拆下连杆盖固定螺栓,拆下连杆盖(见图3-45)。

(2) 在拆下活塞和连杆之前,为防止气缸壁和连杆轴颈被连杆螺栓划伤,应在连杆螺栓的螺纹部分套上软管护套(见图3-46)。并预先将气缸壁(缸肩)顶端的积炭清除干净,然后在活塞顶部做好气缸顺序记号。

(3) 将活塞和连杆总成从气缸体上部推出。连杆和连杆盖在拆下来之后应连接起来,并做好缸号标记。按照对应的气缸数依次将活塞排放整齐。

(4) 使用划针剔出每个活塞销的卡环(见图3-47),推出活塞销。

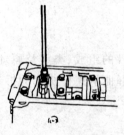

图3-45 拆卸连杆盖

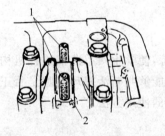

图3-46 安装连杆螺栓保护套
1—连杆螺栓保护套；2—连杆

图3-47 剔出活塞环卡环
1—活塞销卡环；2—划针

(5) 用梅花扳手将机油泵与气缸体相连的 8 个固定螺栓松开,拆下机油泵(见图 3-48)。

(6) 用梅花扳手将发动机后端盖的 6 个固定螺栓松开,拆下发动机后端盖。

(7) 如图 3-49 所示,拆下全部主轴承盖螺栓(注意:从两端向中间拧松),取下各道主轴承盖(注意:拆下第三轴承处的曲轴止推轴承并保存好),然后拆下曲轴。

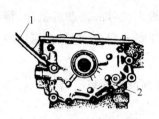 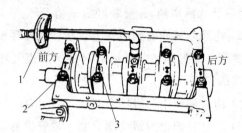

图 3-48 拆下机油泵　　　　　　　图 3-49 拆下主轴承盖螺栓

1—自动扳手;2—机油泵　　　　1—扭力扳手;2—主轴承盖螺栓;3—主轴承盖

2) 曲柄连杆机构安装流程

(1) 安装缸体主轴承座 5 道轴瓦(带油槽的瓦片),并涂抹机油。

(2) 将曲轴主轴颈和连杆轴颈涂抹机油。

(3) 将曲轴抬起放到主轴承座上,并转动曲轴使其转动灵活无异常。

(4) 检查 5 道主轴承盖轴瓦和第 3 道主轴承盖的止推垫片是否装配到位(见图 3-50),并在轴瓦和止推垫片处涂抹机油。

(5) 按顺序将 5 道主轴承盖放到各自位置(见图 3-51),注意主轴承端盖的标记指向要求一致并指向曲轴前端,用榔头轻轻敲到位。

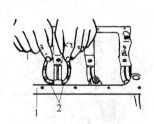 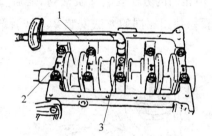

图 3-50 安装曲轴止推垫片　　　　图 3-51 安装主轴承端盖

1—气缸体;2—曲轴止推垫片　　　1—扭力扳手;2—向前标记;3—主轴承盖

(6) 将主轴承盖螺栓涂抹机油放入主轴承盖螺孔中,用手拧入后再用快速套筒拧紧。

(7) 用扭力扳手按照 3—2—4—1—5 的顺序拧紧,先从中间向两端交叉均匀预拧紧,拧紧力矩要求为 20~32N·m;之后再次从中间向两端交叉均匀拧紧,拧紧力矩要求为 43~48N·m。转动曲轴数圈,使其转动灵活无异常。

(8) 安装曲轴后油封,装上发动机后端盖,并以 9~12N·m 的拧紧力矩拧紧后端盖的 6 个固定螺栓。

(9) 安装机油泵，并以 9~12N·m 的拧紧力矩拧紧固定螺钉。

(10) 将连杆安装到活塞上。活塞顶部箭头朝向曲轴 V 带轮侧（发动机前端）、连杆大头油孔朝向进气歧管侧的位置时，将连杆安装到活塞上。

(11) 装入活塞销和活塞销卡环。在活塞销孔和连杆小头孔中涂以规定牌号的发动机机油，然后装入活塞销，并安装好活塞销卡环。

(12) 将活塞环安装到活塞上。在活塞环环槽内涂以规定牌号的发动机机油，将带有标记 RN 的第一道气环和带有标记 R 的第二道气环以及油环安装到活塞上，有标记的一面应朝向活塞的顶部。

(13) 组合油环中的衬环应对接，不得搭接。各气环和刮油环开口应错开 180°。

(14) 在连杆螺栓的螺纹部分套上软管护套。

(15) 按 1—2—3—4 顺序放好活塞连杆组件，检查各活塞和连杆的朝前标记并确认。

(16) 摇转翻转架使缸体处于水平位置。转动曲轴，使 1、4 缸曲轴连杆轴颈处于下止点位置。

(17) 安装 1 缸活塞，检查活塞连杆的 1 缸朝前记号和缸号。用手转动活塞环、连杆杆身使其转动灵活无卡滞。将活塞连杆组件放入 1 缸内（注意活塞的朝前标记）。用活塞环卡箍压紧活塞环（见图 3-52），并用榔头手柄从活塞顶部将活塞推入气缸内。同时保证连杆大头正好落座在 1 缸曲轴连杆轴颈上，将连杆轴承涂抹机油按记号套在曲轴上（见图 3-53）。将连杆螺栓涂抹机油放入螺孔内。拧紧连杆螺栓并转动曲轴使其转动灵活无卡滞。然后用扭力扳手以 10N·m 力矩第一次拧紧，转动曲轴使其转动灵活无卡滞。再用扭力扳手以 30N·m 力矩第二次拧紧，转动曲轴使其转动灵活无卡滞。

(18) 用相同的方法安装 4 缸活塞，之后将曲轴旋转 180°，使 2、3 缸曲轴连杆轴颈处于下止点位置。使用相同的方法安装 2、3 缸活塞。

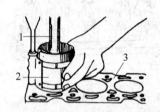

图 3-52　使用活塞环卡箍安装活塞连杆组件
1—榔头；2—活塞环卡箍；3—气缸体

图 3-53　安装连杆端盖
1—连杆轴承；2—连杆；3，4—定位部位

3. 活塞环间隙测量

1) 实践内容

完成对发动机活塞环端隙、侧隙、背隙的测量。

(1) 端隙测量

端隙也叫开口间隙,活塞环装入气缸内两端开口之间的间隙。测量时,将活塞环垂直压过气缸约 15mm 处,用活塞顶部将其推平,用塞尺检查活塞环端隙。当感觉轻微有阻力时为合适。其标准值如下:

第一道气环开口间隙应为 0.20～0.40mm,磨损极限值为 0.80mm。

第二道气环开口间隙应为 0.20～0.40mm,磨损极限值为 0.80mm。

油环开口间隙应为 0.25～0.50mm,磨损极限值为 0.80mm。

检查中如果活塞环端隙超限,应另行选配活塞环。

(2) 侧隙测量

侧隙指活塞环与环槽上下方向的间隙。用塞尺检查活塞环侧隙(见图 3-54)。当感觉轻微有阻力时为合适(测量前应用活塞环卡钳拆下活塞环)。其标准值如下:

第一道气环侧隙应为 0.06～0.09mm,磨损极限值为 0.20mm。

第二道气环侧隙应为 0.05～0.08mm,磨损极限值为 0.20mm。

油环侧隙应为 0.03～0.06mm,磨损极限值为 0.15mm。

图 3-54　活塞环侧隙测量

检查中如果活塞环侧隙过大,应重新选配活塞环或活塞;检查中如果活塞环侧隙过小,应重新选配活塞环。

(3) 背隙测量

背隙指活塞环与环槽底部的间隙。用游标卡尺测量活塞环槽深与活塞环厚之差值。一般低于槽岸 0～0.35mm。

检查中如果活塞环高出活塞槽岸,应重新选配活塞环或活塞。检查中如果活塞环低于活塞槽岸 0.35mm 以上,应重新选配活塞环或活塞。

经验法检查活塞环侧隙、活塞环背隙:将活塞环装入活塞环槽内,活塞环能够转动自如,无松旷感觉,环略低于槽岸为合适。

2) 实践项目要求

掌握发动机活塞环端隙、侧隙、背隙的测量方法,要求每个参数测量 3 次取平均值。

3) 实践参数记录及分析

将测量参数记录在表 3-7 中,并分析测量结果是否与正常值符合。

表 3-7　活塞环间隙测量参数

测量内容	第一次测量结果	第二次测量结果	第三次测量结果	最终测量结果
活塞环端隙				
活塞环侧隙				
活塞环背隙				

3.3 配气机构

3.3.1 配气机构概述

3.3.1.1 配气机构的功用与组成

1. 配气机构的功用

配气机构的作用是根据发动机工作循环和点火次序,适时地开启和关闭各缸的进、排气门,使纯净空气或空气与燃油的混合气及时地进入气缸,废气及时地排出。

2. 配气机构的组成

以顶置双凸轮轴齿形带传动的配气机构(见图 3-55)为例,配气机构主要由曲轴正时同步带轮 1、水泵传动同步带轮 3、中间轮 4、张紧轮 5、同步带 6、凸轮轴正时同步带轮 7 等组成。

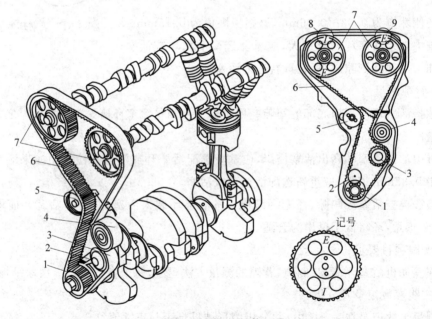

图 3-55 配气机构总体组成

1—曲轴正时同步带轮;2—正时记号;3—水泵传动同步带轮;4—中间轮;5—张紧轮;6—同步带;7—凸轮轴正时同步带轮;8—进气凸轮轴正时记号;9—排气凸轮轴正时记号

发动机工作时,通过传动机构带动进、排气凸轮轴旋转。当进气凸轮轴某缸的进气凸轮克服气门弹簧力作用压下进气门时,进气门开启,开始进气;当进气凸轮轴转到凸轮的基圆段时,该进气门在气门弹簧的作用下回位,关闭进气门,进气停止。排气门的开闭原理与进气门类似。

各缸进、排气门开闭的时刻取决于各进、排气凸轮的相对位置及进、排气凸轮轴与曲轴的相对位置,前者由设计制造保证,后者则要求正确安装与调整配气机构来达到。

3.3.1.2 配气机构的类型

1. 按气门的布置位置分类

按气门的布置位置,配气机构可以分为侧置气门式和顶置气门式。

1) 侧置气门式

气门布置在气缸的一侧,使燃烧室结构不紧凑,热量损失大,气道比较曲折,进气流通阻力大,从而使发动机的经济性和动力性变差。目前,这种布置形式已被淘汰。

2) 顶置气门式

现代汽车发动机均采用顶置气门式配气机构(见图 3-56)。

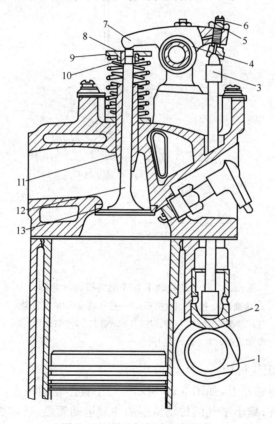

图 3-56 顶置气门式配气机构

1—凸轮轴;2—挺柱;3—推杆;4—摇臂轴;5—锁紧螺母;6—气门间隙调整螺钉;7—摇臂;
8—气门锁夹;9—气门弹簧座;10—气门弹簧;11—气门导管;12—气门;13—气门座圈

2. 按凸轮轴布置位置分类

按凸轮轴布置位置,配气机构分为凸轮轴下置式、凸轮轴中置式和凸轮轴上置式3种结构。

1) 凸轮轴下置式配气机构

将凸轮轴布置在曲轴箱上,由曲轴正时齿轮带动凸轮轴旋转。这种结构布置的主要优点是凸轮轴离曲轴较近,可由齿轮驱动,传动简单。但存在零件较多、传动链长、系统弹性变形大、影响配气准确性等缺点。在现代轿车高速发动机中已趋于淘汰,目前国产轻、中型汽车上还有应用。结构见图 3-57,其中 △ 为气门间隙。

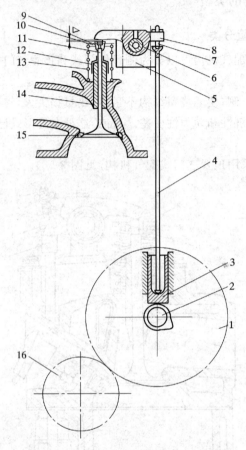

图 3-57　凸轮轴下置式配气机构示意图

1—凸轮轴正时齿轮;2—凸轮轴;3—挺柱;4—推杆;5—摇臂轴座;6—摇臂轴;7—气门间隙调整螺钉及锁紧螺母;8—摇臂;9—气门锁夹;10—气门弹簧座;11—气门;12—防油罩;13—气门弹簧;14—气门导管;15—气门座圈;16—曲轴正时齿轮;△—气门间隙

2) 凸轮轴中置式配气机构

将凸轮轴布置在曲轴箱上,如图 3-58 所示。与下置凸轮轴相比,省去了推杆,由凸轮轴经过挺柱直接驱动摇臂,减小了气门传动机构的往复运动质量,适应更高速的发动机。

3) 凸轮轴上置式配气机构

上置式又称顶置式,是将凸轮轴布置在气缸盖上,直接通过摇臂或凸轮来推动气门的开启和关闭。这种传动机构没有推杆等运动件,系统往复运动质量大大减小,非常适合现代高速发动机,尤其是轿车发动机。根据顶置气门凸轮轴的个数,顶置凸轮轴配气机构又分为单顶置凸轮轴(SOHC)和双顶置凸轮轴(DOHC)两种(见图 3-59)。

(1) 单顶置凸轮轴(见图 3-59(a))仅用一根凸轮轴同时驱动进、排气门,结构简单,布置紧凑。

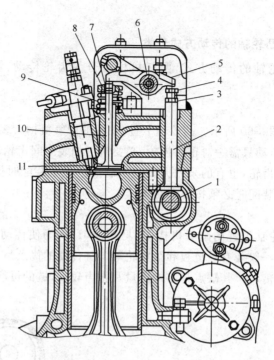

图 3-58 凸轮轴中置式配气机构

1—凸轮轴；2—挺柱；3—锁紧螺母；4—气门间隙调整螺钉；5—摇臂；6—摇臂轴；
7—气门锁夹；8—弹簧座；9—气门弹簧；10—气门；11—气门座圈

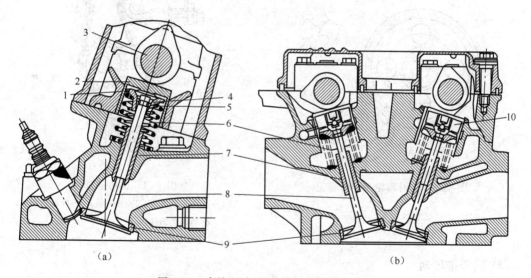

图 3-59 直接驱动、凸轮轴顶置式配气机构
(a) 单顶置凸轮轴(SOHC)；(b) 双顶置凸轮轴(DOHC)

1—凸轮轴；2—吊杯形机械挺柱；3—气门间隙调整垫片；4—气门弹簧座；5—气门锁片；
6—气门弹簧；7—气门导管；8—气门；9—气门座圈；10—吊杯形液力挺柱

(2) 双顶置凸轮轴驱动由两根凸轮轴分别驱动进、排气门。有两种布置形式，一种是凸轮通过摇臂驱动气门(见图 3-56)，另一种是凸轮直接驱动气门(见图 3-59(b))。这种双凸轮轴布置有利于增加气门数目，提高进排气效率，提高发动机转速，是现代高速发动机配气机构的主要形式。

3. 按曲轴和配气凸轮轴的传动方式分类

按曲轴和配气凸轮轴的传动方式,配气机构可分为齿轮传动、链传动和同步带传动3种。

1) 齿轮传动

齿轮传动结构如图 3-60 所示。凸轮轴下置、中置的配气机构大多采用齿轮传动。一般从曲轴到凸轮轴间的传动只需一对正时齿轮,必要时可加装中间齿轮。为了啮合平稳,减小噪声,正时齿轮多用斜齿轮,也有的采用夹布胶木制成。为了装配时保证配气相位的正确,齿轮上都有正时标记,装配时必须按要求对齐。

2) 链传动

链传动多用在凸轮轴顶置的配气机构中(见图 3-61)。为使传动链在工作时具有一定的张力而不至于脱落,一般装有导链板和张紧轮等。链传动的优点是布置容易,若传动距离较远时,还可用两级链传动。其缺点是结构质量及噪声较大,链的可靠性和耐久性不易得到保证。

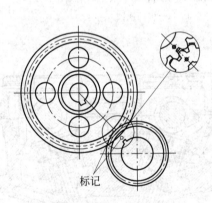

图 3-60 定时齿轮及定时标记

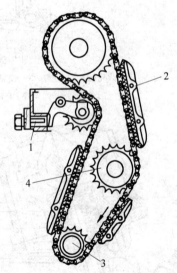

图 3-61 链传动机构
1—液力张紧装置;2—导链板;3—曲轴链轮;
4—驱动油泵的链轮

3) 同步带传动

现代高速发动机广泛采用同步带传动(见图 3-55)。同步带用氯丁橡胶制成,中间夹有玻璃纤维和尼龙织物,以增加强度。同步带的张力可以由张紧轮进行调整。这种传动方式可以减小噪声、减小结构质量和降低成本。

4. 按每缸气门的数目分类

按每缸气门的数目,配气机构有二气门、三气门、四气门和五气门之分。

传统发动机都采用每缸两气门（一个进气门，一个排气门）。为了改善发动机的充气性能，应尽量加大气门的直径，但由于气缸的限制，气门的直径不能超过气缸直径的1/2。因此，现代汽车发动机中，普遍采用多气门(3~5气门)结构，使发动机的进排气流通截面积增大，提高了充气效率，改善了发动机的动力性、经济性和排放性。

当每缸采用四气门时，气门的排列方式有两种：一种是同名气门排成两列（见图3-62(a)），由一根凸轮轴通过T形驱动杆同时驱动，但由于两同名气门在气道中的位置不同，可能使二者的工作条件和工作效果不一致，故不常用；另一种是同名气门排成一列（见图3-62(b)），这种结构在组织进气涡流、保证排气门及缸盖热负荷均匀等方面都具有优越性，但一般需要两根凸轮轴，结构较复杂。

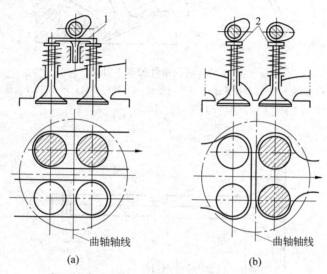

图3-62 四气门配气机构的布置
(a) 同名气门排成两列；(b) 同名气门排成一列
1—T形驱动杆；2—气门尾端的从动盘

3.3.2 配气机构主要组件和零件

配气机构主要由气门组件、凸轮轴组件、凸轮轴传动机构和气门驱动机构组成。

3.3.2.1 气门组件

气门组件（见图3-63）由气门、气门座、气门导管、气门弹簧、气门锁夹等零件组成。

1. 气门

气门由头部、杆身和带密封锥面的气门盘组成，如图3-64所示。

1) 气门头部

气门头部的形状有平顶、凹顶和凸顶（见图3-65）。平顶气门结构简单，制造方便，吸热面积小，质量也小，应用最多；凹顶气门质量小，惯性小，与杆部的过渡有一定的流线型，可以减小进气阻力，常用作进气门；凸顶气门的刚度大，受热面积也大，用于某些排气门。

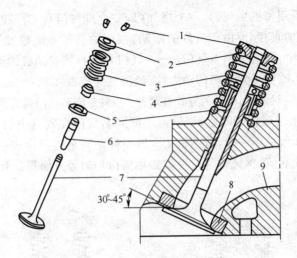

图 3-63 气门组件的基本组成

1—气门锁夹；2—气门弹簧座；3—气门弹簧；4—气门油封；5—气门弹簧垫圈；
6—气门导管；7—气门；8—气门座；9—气缸盖

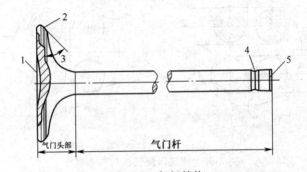

图 3-64 气门结构

1—气门顶面；2—气门锥面；3—气门锥角；4—气门锁夹槽；5—气门尾端面

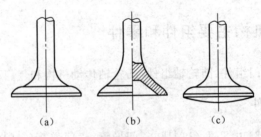

图 3-65 气门头部

(a) 平顶；(b) 凹顶；(c) 凸顶

2）气门杆部

气门杆是圆柱形结构，在气门导管中不断进行上下往复运动。气门杆尾部结构取决于气门弹簧座的固定方式，具体如图 3-68 所示。

3）气门盘

气门盘有一个密封锥面，一般其锥角 α 为 30°～45°。工作中由于气门与气门座之间的撞击及高温气体的作用,会使密封锥面产生磨损和凹陷,应注意修磨或更换。

2. 气门导管

气门导管(见图3-66)为气门作往复直线运动起导向作用,以保证气门与气门座之间的正确配合与开闭。当凸轮直接作用在气门杆端时,气门导管承受侧向作用力并起传热作用。

气门导管内、外圆柱面经加工后压入气缸盖中,然后精铰内孔。为了防止气门导管在工作中松落,在气门导管和气门座之间采用卡环定位。

气门与气门导管之间留有0.05~0.12mm的微量间隙,使气门能在导管中自由运动,适量的润滑油由此间隙对气门杆和气门导管进行润滑。

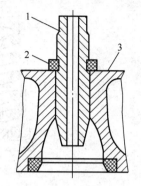

图3-66 气门导管和气门座
1—气门导管；2—卡环；3—气缸盖

3. 气门座

气缸盖的进、排气道与气门锥面相贴合的部位称为气门座(见图3-63)。气门座与气门锥面紧密贴合以密封气缸。气门座可在气缸盖上直接镗出,但大多数发动机的气门座是用耐热合金钢单独制成座圈(称气门座圈),压入气缸盖(体)中,以延长使用寿命和便于维修、更换。

4. 气门弹簧

气门弹簧的作用是保证气门复位。在气门关闭时,保证气门及时关闭和紧密贴合,同时防止气门在发动机振动时因跳动而破坏密封；在气门开启时,保证气门不因运动惯性而脱离凸轮。气门弹簧有等距圆柱气门弹簧、变螺距气门弹簧、锥形气门弹簧、双气门弹簧,如图3-67所示。

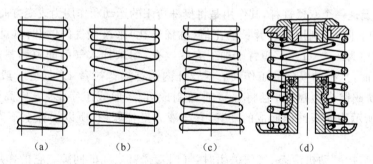

图3-67 气门弹簧
(a) 等距圆柱气门弹簧；(b) 变螺距气门弹簧；(c) 锥形气门弹簧；(d) 双气门弹簧

气门弹簧多为圆柱形螺旋弹簧(见图3-67(a))。为了防止弹簧往复过程中产生共振现象,采用变螺距弹簧(见图3-67(b))、锥形气门弹簧(见图3-67(c))、双气门弹簧(见图3-67(d))。装用两根弹簧时,弹簧内、外直径不同,旋向不同,它们同心安装在气门导管的外面,不仅可以提高弹簧的工作可靠性,防止共振的产生,还可以减小发动机的高度。

气门弹簧座的固定方式有两种。一是采用气门锁夹连接(见图3-68(a)),气门锁夹3剖分成两半且外表面为锥面,气门杆8尾端有相应的槽,气门锁夹卡在槽中,这种结构连接可靠,拆装方便,因此得到了广泛应用,国产6120Q、492型发动机都采用这种结构。但是因有锥面，加工有些不便。二是采用圆柱销连接（见图3-68(b)），圆柱销2穿过气门杆上的圆柱形径向通孔，实现连接，这种方式结构简单、工作可靠，但拆装不方便，解放CA6102型发动机即采用这种结构。

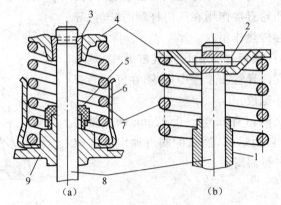

图3-68　气门弹簧座的固定方式
(a)气门锁夹连接；(b)圆柱销连接
1—气门导管；2—圆柱销；3—气门锁夹；4—气门弹簧座；5—气门油封；
6—气门弹簧振动阻尼器；7—气门弹簧；8—气门杆；9—气缸盖

3.3.2.2　气门驱动机构

气门驱动机构是将凸轮轴的旋转运动变为气门往复运动的机构。它主要由气门挺柱、推杆、摇臂、摇臂轴、液压挺柱等组成。

1. 摇臂

摇臂实际上是一个双臂杠杆，其作用是将挺杆传来的运动和作用力改变方向，作用到气门杆端，开闭气门。同时，利用两边臂长的比值（称摇臂比）来改变气门的升程（见图3-69(a)），两边臂长的比值为1.2～1.8。短臂端加工有螺纹孔，用来拧入气门间隙调整螺钉2。长臂端加工成圆弧面，是推动气门的工作面。摇臂孔内镶有摇臂衬套4。摇臂一般由锻钢、可锻铸铁、球墨铸铁或铝合金制造，且将摇臂断面制成T字形或工字形，以提高强度和刚度。见图3-69(b)所示为薄板冲压而成的摇臂，它与液力挺柱联用，所以摇臂上不安装气门间隙调整螺钉。

气门间隙是指发动机冷态、气门关闭时，气门与摇臂之间的间隙。它的作用是为气门及驱动组件工作时留有受热膨胀的余地。

气门间隙的大小由发动机制造厂根据试验确定。一般在冷态时，进气门的间隙为0.25～0.3mm，排气门的间隙为0.30～0.35mm。如果气门间隙过小，发动机在热态下可能关闭不严而漏气，导致功率下降，甚至烧坏气门。如果气门间隙过大，则使传动零件之间以及气门与气门座之间撞击声增大，并加速磨损。同时，也会使气门开启的延续角度变小，气缸的充气及排气情况变坏。发动机工作中，由于气门、驱动机构及传动机构零件的磨损，会导致气门间隙产生变化，应注意检查调整。

2. 挺柱

挺柱的作用是将凸轮的推力传给推杆或气门，承受凸轮旋转时传来的侧向力并传给发

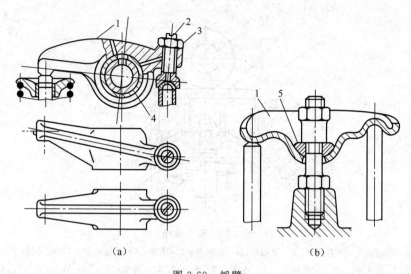

图 3-69 摇臂

1—摇臂；2—气门间隙调整螺钉；3—锁紧螺母；4—摇臂衬套；5—摇臂支点球座

动机机体。挺柱可分为机械挺柱和液压挺柱两种。

1) 机械挺柱

机械挺柱的结构如图 3-70 所示。凸轮轴下置式配气机构的挺柱一般为筒式(见图 3-70(a))，以减轻质量和连接推杆下端。滚轮式挺柱(见图 3-70(b))的滚轮可在凸轮上滚动，摩擦和磨损小，多用于气缸直径较大的发动机。凸轮轴中置式配气机构的挺柱一般为菌式(见图 3-70(c))，上部有气门间隙调整螺钉，用来调整气门间隙。制造挺柱的材料有碳钢、合金钢、镍铬合金铸铁和冷激合金铸铁等。

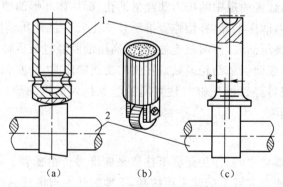

图 3-70 机械挺柱

(a) 筒式挺柱；(b) 滚轮式挺柱；(c) 菌式挺柱

1—挺柱；2—凸轮轴

2) 液压挺柱

液压挺柱如图 3-71 所示。圆筒挺柱体 9 与柱塞 11 焊接成为一个构件，挺柱体的侧面有环形油槽并开径向孔。挺柱体的底面有键形槽 7，使挺柱体的内腔与柱塞的内腔相通。补偿弹簧 13 与球阀 5 组成单向阀，把球阀压靠在柱塞的阀座上，液压缸 12 外圆与挺柱体内导向孔相配合，内孔则与柱塞 11 配合，两者都可相对运动。

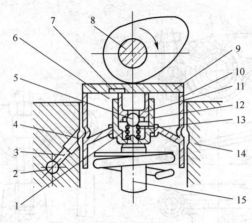

图 3-71 液压挺柱

1—高压油腔；2—缸盖油道；3—量油孔；4—斜油孔；5—球阀；6—低压油腔；7—键形槽；8—凸轮轴；9—挺柱体；10—柱塞焊缝；11—柱塞；12—液压缸；13—补偿弹簧；14—缸盖；15—气门杆

当挺柱体外圆上的环形油槽与缸盖上的斜油孔 4 对齐时（图 3-71 中的位置），发动机润滑系统中的机油依次经缸盖油道 2、量油孔 3、斜油孔、挺柱体的内腔、键形槽，流入柱塞的内腔，油压较低，为低压油腔，这时缸盖主油道与液压挺柱的低压油腔连通。当凸轮转动，挺柱体和柱塞向下移动时，球阀关闭，球阀下的油压升高，为高压油腔，这时高压油腔与低压油腔被分隔开。由于液体具有不可压缩性，整个挺柱如同一个刚体一样下移，推开气门并保证了气门应达到的升程。此时，挺柱体外圆上的环形油槽已离开了进油的位置。

当挺柱到达下止点后开始上行时，在气门弹簧上顶和凸轮下压的作用下，高压油腔继续封闭，球阀也不会打开，液压挺柱仍可认为是一个刚性挺柱，直至上升到凸轮处于基圆，使气门关闭时为止。此时，缸盖油道中的压力油经量油孔、挺柱体环形油槽进入液压挺柱的低压油腔，同时，高压油腔内油压下降，补偿弹簧推动柱塞上行。从低压油腔来的压力油推开球阀而进入球阀下方的高压油腔，使两腔连通，补充高压油腔经过液压缸与柱塞间的缝隙泄漏的机油。这时，挺柱体顶面仍和凸轮紧贴。在气门受热膨胀时，柱塞和液压缸作轴向相对运动，高压油腔中的油液可经过液压缸与柱塞间的缝隙挤入低压油腔。因此，使用液压挺柱时，可以不预留气门间隙。

3. 推杆

推杆位于挺柱与摇臂之间，作用是将挺柱传来的推力传给摇臂。推杆的结构如图 3-72 所示。推杆上端的凹槽与摇臂上的球头相接触，下端的凸头与挺柱的凹槽相接触。

3.3.2.3 凸轮轴组件

凸轮轴组件（见图 3-73）主要由凸轮 1、凸轮轴轴颈 2 等组成。对于凸轮轴下置式的汽油机还具有驱动机油泵、驱动分电器的锥齿轮 4 和驱动汽油泵的偏心轮 3 的功用。

同一气缸进、排气凸轮的相对角位置即异名凸轮的相对角位置是由配气定时及凸轮轴旋向决定的。发动机各气缸进气或排气凸轮的相对角位置由各缸的点火顺序和点火间隔时间决定。对于四缸发动机，每完成一个工作循环，曲轴须旋转两周而凸轮轴只旋转一周，在这期间内，每个气缸都要进行一次进气或排气，且各缸进气或排气的时间间隔相等，即凸轮轴上各缸同名凸轮(各进气凸轮或各排气凸轮)间的夹角均为 $360°/4=90°$,如图 3-73(c)所示,如果从发动机风扇端看凸轮轴逆时针方向旋转,则发动机的点火顺序为 1—2—4—3。

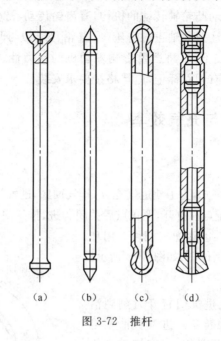

图 3-72 推杆

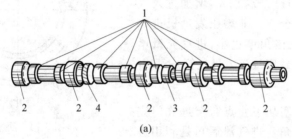

(a)

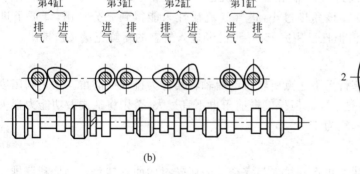

(b)

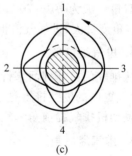

(c)

图 3-73 四缸汽油机凸轮轴

(a)发动机凸轮轴;(b)各凸轮相对角位置图;(c)同名凸轮相对角位置投影图

1—凸轮;2—凸轮轴轴颈;3—驱动汽油泵的偏心轮;4—驱动分电器的锥齿轮

3.3.2.4 凸轮轴传动机构

凸轮轴传动机构是指驱动凸轮轴转动的机构,有齿轮传动、链传动和同步带传动。

传动机构安装时应特别注意曲轴正时齿轮(或链轮、带轮)与凸轮轴正时齿轮(或链轮、带轮)的相互位置关系。安装不当,将严重影响发动机的动力性、经济性,甚至无法正常工作。一般制造厂出厂时都打有配对标记,应严格按要求安装。

3.3.3 配气相位与充气效率

3.3.3.1 配气相位

由发动机换气过程分析可知,为了使进气充分,排气彻底,进气门应在上止点前打开,下止点后关闭;而排气门应在下止点前打开,上止点后关闭。进、排气门实际开启和关闭的时刻以曲轴转角表示即为配气定时,也称配气相位。用环形图表示配气相位称为配气相位图,如图3-74所示。

1. 进气提前角

进气提前角指发动机从进气门打开时刻到活塞行至上止点所转过的曲轴转角。进气提前角可保证进气开始时,进气门已开启较大,增加进入气缸的新鲜气体或可燃混合气。非增压发动机进气提前角一般为 0°～40°。该角度过小,进气充量增加少;该角度过大,会导致废气流入进气管。

2. 进气滞后角

进气滞后角是指活塞从下止点行至进气门完全关闭所转过的曲轴转角。进气滞后角是利用进气气流惯性和压力差继续进气。非增压发动机进

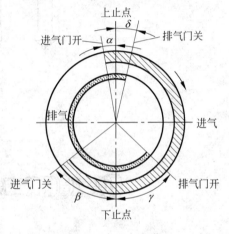

图 3-74 配气相位

气滞后角一般为 40°～70°。该角度过小,进气气流惯性未能得到充分利用,降低了进气充量;该角度过大,进气气流惯性已用完,会导致已经进入气缸的新鲜充量又被排出。

3. 排气提前角

从排气门打开到活塞行至下止点所转过的曲轴转角称为排气提前角。它是利用废气压力,使气缸内的废气排得更干净。但排气提前角也不宜过大,否则将造成做功能力损失。非增压发动机排气提前角一般为 45°～55°。

4. 排气滞后角

排气滞后角指活塞从上止点到排气门完全关闭所转过的曲轴转角。它是利用排气气流惯性使废气排出更干净。非增压发动机该角度一般为 10°～35°。过大会造成排出的废气又被吸入气缸。

5. 气门重叠角

由于进、排气门的早开和迟闭,会有一段时间内进、排气门同时开启,这种现象称为气门

重叠,重叠的曲轴转角称为气门重叠角。适宜的气门重叠角,可以利用气流压差和惯性清除残余废气,增加新鲜充量,称此现象为燃烧室扫气。非增压发动机气门重叠角一般为 20°~80° 曲轴转角,增压发动机一般为 80°~160°曲轴转角,所以增压发动机可以有效提高充气量。

发动机的结构不同,转速不同,配气相位也就不同,最佳的配气相位角是根据发动机的性能要求,通过反复试验确定的。

在使用中,由于配气机构零部件磨损、变形或安装调整不当,会使配气相位产生变化,应定期进行检查调整。

3.3.3.2 充气效率

评价发动机换气过程完善的程度可采用充气效率 η_v 作为指标,它是指在每个循环中,实际进入气缸的充量与进气状态下充满气缸工作容积的理论充量的比值,计算公式如下:

$$\eta_v = v/v_s = m/m_s$$

式中,v、m 分别为实际进入气缸充量的体积、质量;v_s、m_s 分别为进气状态下充满气缸工作容积的理论充量的体积、质量。

进气状态是指当时、当地的大气状态(非增压机型)或增压器压气机出口的气体状态(增压机型)。

η_v 越高,表示每个循环进入气缸的充量越多,则发动机的功率、转矩增加,动力性、经济性及排放性也就越好。

柴油机充气效率一般为 0.75~0.9,汽油机为 0.70~0.85。

在多气门结构中,采用进气增压可以有效提高充气效率。在使用中,应特别注意对空气滤清器的清洁保养,以保证进气畅通,提高 η_v 值。

3.3.4 配气机构实践训练

3.3.4.1 实践目的

通过配气机构实践训练,使学生掌握配气机构的结构组成与类别形式,掌握配气机构各部件名称、作用和结构特点。掌握配气机构的拆装流程及拆装工具的使用,熟练运用双排不进法测量气门间隙。

3.3.4.2 实践准备

1. 课时安排

2 课时。

2. 实践设备

1) 仪器设备

462 发动机配气机构总成一套。

2) 拆装工具

120 件套通用拆装工具、一字和梅花起子、金属锤子、气门弹簧专用拆装工具、气门导管拆装工具。

3）测量工具

塞尺一套。

3.3.4.3 实践内容及要求

1. 配气机构总成机构认知

通过对提供的发动机配气机构总成的认知,要求学生掌握配气机构的结构组成与工作原理。

实践项目要求：

(1) 掌握发动机配气机构的气门组件、气门驱动机构、凸轮轴组件和凸轮轴传动机构的结构组成,并掌握其工作原理。

(2) 能够熟练分析发动机配气机构各部件类型,主要包括进排气门结构分析、凸轮轴正时标记分析、气门锁夹结构分析、凸轮形状对配气效果性能分析、液压挺柱与机械挺柱的结构与工作原理的区别等。

2. 配气机构拆装

1）配气机构拆卸流程

(1) 完全拧松气门间隙调整螺钉(进、排气门共 8 个),但不要拆下。

(2) 拧松摇臂轴紧固螺钉(见图 3-75),从气缸盖头部方向取出摇臂轴,同时将气门摇臂和摇臂弹簧分开。

(3) 拆下凸轮轴止推板(见图 3-76),将凸轮轴从发动机后端取出。

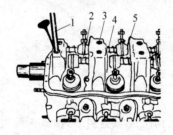

图 3-75 拆卸摇臂轴

1—旋具；2—摇臂轴；3—摇臂轴紧固螺钉；
4—摇臂轴弹簧；5—摇臂

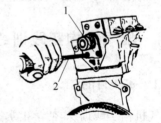

图 3-76 拆卸凸轮轴止推板和凸轮轴

1—旋具；2—凸轮轴止推板

(4) 使用气门拆卸器压缩气门弹簧,使气门锁片松开,拆下气门锁夹、气门弹簧和气门(见图 3-77)。

(5) 从气门导管上拆下气门杆油封(注意:拆下的油封不得再用,装配时一定要用新油封),然后再拆下气门弹簧座。

(6) 视情况使用气门导管拆装工具将气门导管拆下。

(7) 将拆装的气门组件按照顺序摆放,切勿与其他气缸气门组件互换零件。

2）配气机构装配流程

(1) 清洗气缸盖及配气机构所有零件并用压缩空气吹干净。

(2) 装入新气门导管,研磨配对气门,气门做记号,清洗并吹干。

(3) 视情况更换气门导管。用专用工具装入新气门油封,并在油封处涂抹机油。

(4) 在气门杆身和头部锥角处涂抹机油,依次装入气门弹簧垫圈、气门弹簧(气门弹簧节距小的一端对向气门弹簧座,把气门弹簧安装到气门弹簧座上)和气门弹簧座(见图3-78)。

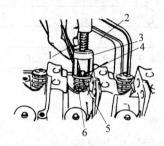 

图 3-77　拆卸气门锁夹、气门弹簧和气门
1—镊子；2—气门专用拆装工具；3—气门拆装工具配件；
4—气门锁夹；5—气门；6—气门弹簧

图 3-78　安装气门
1—燃烧室；2—气门

(5) 用气门弹簧安装专用工具压缩气门弹簧,用镊子将气门上弹簧座和两半片气门锁夹安装到气门杆的凹槽内。装入气门锁夹后(见图3-79)。用锤子轻轻敲击气门弹簧座以检验气门锁块是否安装到位。

(6) 将凸轮轴轴颈、凸轮和气缸盖上的油封均涂以规定牌号的发动机机油,然后从飞轮侧(发动机后端)将凸轮轴装入气缸盖的凸轮轴支承座孔内(见图3-80)。

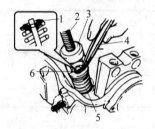 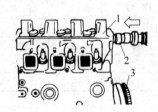

图 3-79　安装气门弹簧及气门锁夹
1—气门锁夹；2—气门上弹簧座；3—气门弹簧拆装工具；4—气门弹簧拆装工具附件；5—镊子；6—气门弹簧

图 3-80　安装凸轮轴
1—气缸盖；2—凸轮轴；2—飞轮

(7) 将凸轮轴止推板安装到凸轮轴的尾端(见图3-81)。此时,用手转动凸轮轴应灵活自如,无卡滞现象。

(8) 在摇臂和摇臂轴上涂以规定牌号的发动机机油。

(9) 安装摇臂、摇臂轴弹簧和摇臂轴。进、排气门摇臂轴完全相同,可不必区分。但两者的安装方向相反,进气门摇臂轴上的台阶端应朝向凸轮轴同步带轮(发动机前端),而排气门摇臂轴的台阶端则应朝向飞轮(发动机的后端)。安装进、排气门摇臂轴时,应同时将进、排气门摇臂(上各气门间隙锁紧螺母和调整螺钉完全拧松)及其摇臂轴弹簧一并装入,还应

图 3-81　安装凸轮轴止推板
1—凸轮轴；2—凸轮轴止推板

注意摇臂轴固定螺钉孔的位置(见图3-82)。

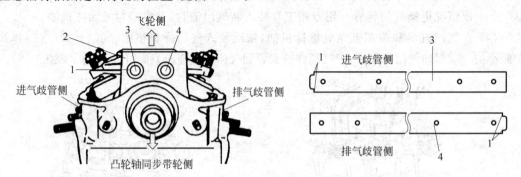

图 3-82 安装摇臂轴
1—摇臂轴装配孔；2—气缸盖；3—进气门摇臂轴；4—排气门摇臂轴

(10) 以 9~12N·m 的拧紧力矩拧紧摇臂轴固定螺钉。

3. 气门间隙的测量

运用双排不进法完成气门间隙的测量。
1) 实践项目要求
能准确运用双排不进法测量气门间隙，做好复查。
2) 实践参数记录及分析
完成表 3-8 中对应进、排气门间隙数据的测量及填写。

表 3-8 双排不进法测量气门间隙参数

气缸序号	一		二		三		四	
气门序号	1	2	3	4	5	6	7	8
气门排列	排	进	排	进	排	进	排	进
一缸压缩上止点								
一缸进气上止点								

3.3.5 发动机可变进气控制技术

气门正时(进排气门开闭的时间)与气门升程(气门打开的程度)是影响发动机性能和充气效率的重要因素。发动机运转过程中，高速和低速对气门正时和气门升程的要求是不同的。低速时应采用小的气门重叠角和气门升程，防止缸内新鲜空气倒流，以便增加低速转矩，提高燃油经济性；而高速时却希望有大的气门升程和气门重叠角，以便进入更多的混合气，满足高速时的动力性与经济性的要求。

传统的发动机配气机构在发动机制造装配好之后，发动机的气门正时和气门升程不能随发动机工况变化而调整，而发动机可变进气控制技术是能够根据发动机工况变化对气门正时和气门升程进行调节，目前该技术常见有两种类型。一种是气门正时及气门升程均可以改变的可变配气控制系统，如本田的VTEC系统及丰田的VTTL系统等；另一种是只改变气门正时的可变配气控制系统，如丰田的VVT-i系统及现代的CVVT系统等。

1. 可变气门控制系统

1) VTEC 系统的基本结构

图 3-83 所示为本田 VTEC 系统的结构和工作原理。VTEC 系统主要由气门、凸轮、摇臂、同步活塞等组成。

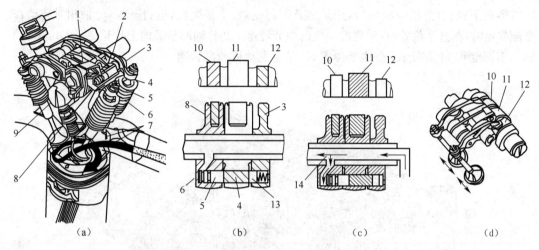

图 3-83　VTEC 系统的结构和工作原理
(a) VTEC 的工作原理；(b) 低转速时；(c) 高转速时；(d) VTEC 系统轴测图
1—定时板；2—中摇臂；3—次摇臂；4,5—同步柱塞；6—定时柱塞；7—进气门；8—主摇臂；
9—凸轮轴；10,12—低速凸轮；11—高速凸轮；13—阻挡柱塞；14—机油流向

凸轮轴上布置了高速和低速两种凸轮，采用了设计特殊的摇臂，根据发动机转速的高低，自动切换凸轮，使摇臂分别被高速凸轮或低速凸轮驱动，这种结构既可改变配气定时，又能改变气门运动规律。凸轮轴 9 上的高速凸轮 11 处在中摇臂 2 的位置，左右各有一个低速凸轮 10 和 12，分别处在主摇臂 8 和次摇臂 3 的位置，在三个摇臂内装有同步柱塞 4 和 5、定时柱塞 6 以及阻挡柱塞 13。在转速低于 6000r/min 时（见图 3-83(b)），同步柱塞不移动，主、次摇臂驱动两个气门。当转速高于 6000r/min 时（见图 3-83(c)），在压力机油的作用下，定时柱塞移动，并推动同步柱塞 4 和 5 移动，将中摇臂与主、次摇臂锁在一起，三个摇臂一起在高速凸轮的驱动下驱动气门，而高速凸轮两边的低速凸轮则随凸轮轴空转。这种机构对于配气定时的改变是阶段性的，也就是说其改变配气定时只是在某一转速下的跳跃，而不是在一段转速范围内连续可变。

2) i-VTEC 系统

i-VTEC 系统是在 VTEC 系统的基础上增加了一个称为可变正时控制(variable timing control, VTC)的机构，即一组进气门凸轮轴正时可变控制机构，通过 ECU 控制程序，控制进气门的开启与关闭。

i-VTEC 系统的工作原理是：当发动机低速运转时令每缸的一个进气门关闭，使燃烧室内形成一道稀薄的混合气涡流，集结在火花塞周围点燃做功；发动机高速运转时则在原有基础上提高进气门的开度及时间，以获取最大的充气量。VTC 控制气门重叠时间更加精确，达到最佳的进、排气门重叠时间，并将发动机功率提高 20%。由于发动机起动后 i-VTEC 系统便进入工作状态，不论低转速或者高转速 VTC 都在工作，这样就消除了原来

VTEC 系统非连续控制配气正时的缺陷。

2. 链条调节的连续可变配气定时机构

链条调节的连续可变配气定时机构用于帕萨特 B5 轿车 2.8L V6 发动机,如图 3-84 所示,进、排气凸轮轴的端部有链轮,并通过链连接,液压缸将凸轮轴调节器压在链上。凸轮轴调节器向下拉长(见图 3-85(a)),于是链条上部变短、下部变长,进、排气凸轮轴相对转动,改变配气定时,在这个位置时,对应发动机的中低转速。凸轮轴调节器向上拉长(见图 3-85(b)),链条下部变短、上部变长,在这个位置时,对应发动机的高转速。

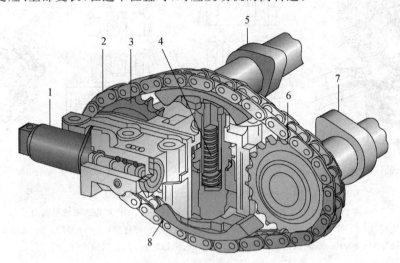

图 3-84 链条调节的连续可变配气定时机构
1—凸轮轴调节器;2—链条;3—进气凸轮轴链轮;4—液压缸;5—进气凸轮轴;
6—排气凸轮轴链轮;7—排气凸轮轴;8—凸轮轴调节器

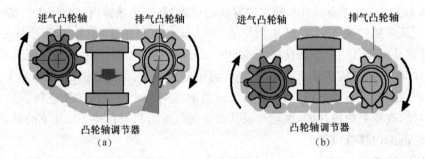

图 3-85 链条调节的连续可变配气定时机构的工作原理

3. 可变进气管控制系统

发动机工作时,由于进气过程具有间歇性和周期性,空气在进气管内流动时会产生一种压力波,这种压力波将对发动机的进气量产生一定的影响。如在进气门关闭前,传到进气门处的是正压波,则可以以较高的压力将空气送入气缸内,起到增压作用,达到提高进气量的效果。进气管长度、直径等进气系统参数的改变都会改变进气压力波,因而适当调整和控制这些参数,可以有效地利用进气压力波来提高充气效率。试验证明:在中低转速时,较细长的进气管充气效果较好;而在高转速时,粗短的进气管充气效果较好。因此,对于采用多点燃油喷射系统的汽油机来说，可以按照气体压力波传播的特点设计进气道，使进气道的长度、形状都可以改变，利用进气动态效应来提高充气效率。

图 3-86 所示为一种能根据发动机转速变化而自动改变进气管有效长度和截面的进气控制系统。当发动机中低速运转时，ECU 指令转换阀关闭，空气沿弯曲而细长的进气歧管进入气缸。细长的进气歧管增强了气流的惯性，提高了进气速度，保证了发动机低速时的经济性和稳定性；当发动机高速运转时，转换阀开启，空气直接进入短粗的进气歧管，短粗的进气歧管阻力小，使进气量增加，提高了发动机的动力性。

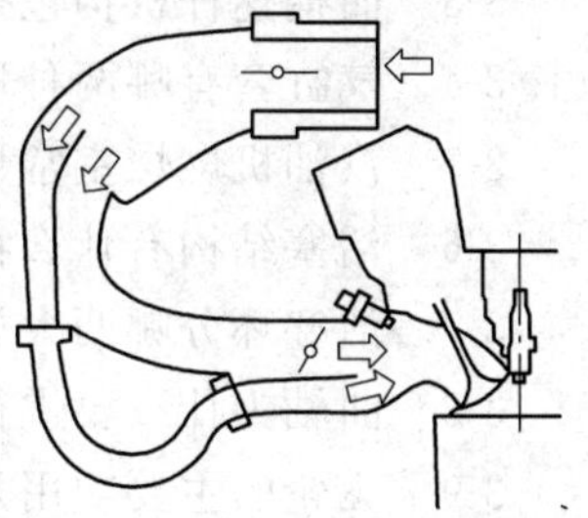

4. 双进气管分段工作进气系统

双进气管分段工作进气系统是利用进气管通道面积的变化形成可变进气系统来改善可燃混合气的混合和燃烧状况，其工作原理如图 3-87 所示。

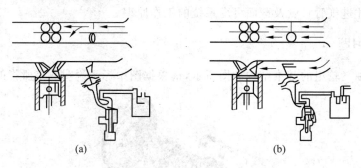

图 3-86　进气管长度和截面可变系统的结构

发动机在中小负荷工作时，通过控制主进气道中的进气转换阀关闭，只有副进气道正常进气（见图 3-87(a)）。此时，发动机进气通道的有效截面变小，进气流速提高，进气惯性大，满足发动机低速时的进气需求，提高了发动机低速时的输出转矩。

当发动机在大负荷工作时，ECU 控制进气转换阀打开，此时，主副进气管道均开始进气（见图 3-87(b)），进气截面增加，进气阻力减小，充气量增加，满足发动机高速时的进气需求，提高了发动机高速时的动力性。

图 3-87　进气管截面可变结构
(a) 转换阀关闭；(b) 转换阀打开

习题

一、理论习题

3-1　名词解释：平底式气缸体、龙门式气缸体、隧道式气缸体、干式气缸套、湿式气缸套、半球形燃烧室、楔形燃烧室、浴盆形燃烧室、气环、油环、矩形环、扭曲环、钢片组合油环、组合油环、点火顺序、平分连杆、斜分连杆、全浮式活塞销、半浮式活塞销、全支承曲轴、非全支承曲轴、进气提前角、进气滞后角、排气提前角、排气滞后角、气门重叠角、配气相位、充气效率、气门间隙。

3-2 机体组件包括哪些零部件？拆装时应注意哪些问题？

3-3 曲柄连杆机构包括哪些组件？拆装时应注意哪些问题？

3-4 气缸套有哪两种形式？各有什么特点？安装时应注意什么？

3-5 汽油机燃烧室常见的有哪几种？各有什么特点？

3-6 活塞结构有什么特点？起什么作用？

3-7 活塞环分哪两大类？各起什么作用？其结构各有什么特点？安装时应注意什么？

3-8 曲轴为什么要进行轴向定位？如何定位？

3-9 飞轮的主要功用是什么？飞轮上的一些标记有什么作用？

3-10 已知某四缸四冲程汽油机的工作顺序为 1—2—4—3，当第 4 缸处于排气下止点时，请分析其余各缸的工作状态。

3-11 已知某六缸四冲程发动机的工作顺序为 1—5—3—6—2—4，当第 1 缸处于进气下止点时，请分析其余各缸的工作状态。

3-12 配气机构的作用是什么？主要由哪些部件组成？

3-13 配气机构的布置形式有哪些？

3-14 气门间隙过大或者过小对发动机的工作性能有什么影响？一般的调整数值范围是多少？如何进行调整？

3-15 影响发动机充气效率的因素有哪些？如何提高发动机的充气效率？

3-16 阐述本田 VTEC 系统的基本结构及工作原理。

3-17 阐述进气管长度及截面可变系统的工作原理。

二、实践习题

3-18 曲轴飞轮组的基本结构如图所示，请根据图中标示说明数字所指的部件名称。

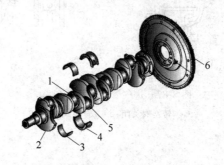

习题 3-18 图

1—_____，2—_____，3—_____，4—_____，5—_____，6—_____。

3-19 曲轴上的主轴颈与连杆轴颈之间斜孔的功用是什么？曲轴的润滑路径有哪些？

3-20 50min 完成 462 发动机曲柄连杆机构的拆装，简述活塞连杆组件的拆装顺序。

3-21 活塞环"三隙"指的是什么？简述活塞环"三隙"的测量方法？

3-22 如何从一根配气凸轮轴上找出发动机各缸的点火顺序？

3-23 配气结构主要组成部件如图所示，写出其数字标示的部件名称。

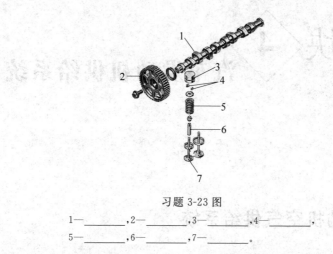

习题 3-23 图

1—_____,2—_____,3—_____,4—_____,
5—_____,6—_____,7—_____。

3-24 气门摇臂上小孔的作用是什么？说明配气机构的润滑过程。

3-25 简述双排不进法气门间隙测量流程。

3-26 50min 完成 462 发动机配气机构的拆装,并简述 462 发动机配气机构的拆装顺序。

模块 4 汽车发动机供给系统

4.1 汽车发动机空气供给系统

空气供给系统的功用是根据发动机各缸的工作循环和着火次序适时地开启和关闭各缸的进、排气门,使足量的纯净空气或空气与燃油的混合气进入气缸,并及时地将发动机燃烧后的废气排出气缸。

空气供给系统主要由空气滤清器、进气管系、配气机构、排气管系和消声器等组成,如图4-1所示。其中,配气机构的内容已在3.3节中介绍,现仅介绍其余部分的内容。

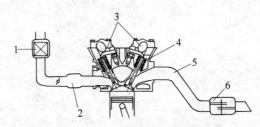

图 4-1 发动机空气供给系统的组成
1—空气滤清器;2—进气管系;3,4—配气机构;5—排气管系;6—消声器

4.1.1 空气滤清器

1. 空气滤清器的功用

燃油燃烧需要大量的空气,以普通轿车为例,每消耗1L汽油需要消耗5000～10000L空气。试验证明,空气尘埃中75%(质量分数)以上是高硬度的SiO_2,若发动机不安装空气滤清器,则将使活塞磨损量增加3倍,活塞环磨损量增加9倍,发动机使用寿命缩短2/3。

空气滤清器的功用主要是滤除空气中的杂质和灰尘,让洁净的空气进入气缸,以减少气缸、活塞、活塞环等有关零件的磨损,延长发动机的使用寿命。另外,空气滤清器也有消减进气噪声的作用。

2. 空气滤清器的分类

按工作原理的不同,空气滤清器可分为惯性式、过滤式和油浴式三大类。由于杂质的密度较空气的密度大,当杂质随空气旋转或急转弯时,惯性式空气滤清器利用气流高速旋转的离心力作用,将空气中的尘埃和杂质分离出来。过滤式空气滤清器则是利用金属滤网或者滤纸滤除空气中的尘埃和杂质。油浴式空气滤清器则是在空气滤清器底部设有机油盘,利用气流急转冲击机油,将杂质分离并黏滞在机油中,而被激荡起的机油随气流流过滤芯,并黏附在滤芯上。空气流过滤芯时能进一步吸附杂质,从而达到滤清的目的。根据发动机使用环境的不同,可以采用其中的一种或两种(也称综合式)过滤方式。

按滤芯材料的不同,滤芯有纸滤芯、铁丝网滤芯等。纸滤芯具有质量轻、成本低、滤清效果好等优点。纸质滤芯有干式和湿式两种。干式纸滤芯可以反复使用。纸滤芯经过浸油处理后即为湿式纸滤芯,其使用寿命长,吸附杂质的能力强,滤清效率高,但不能反复使用,需要定期更换。

3. 空气滤清器的结构

纸滤芯空气滤清器广泛应用于汽车发动机,其结构如图 4-2 所示。由经过树脂处理的微孔滤纸制成的滤芯 1 安装在滤清器外壳 2 中,滤芯的上、下表面有塑料密封面,当拧紧蝶形螺母 4 把滤清器盖 3 紧固在滤清器上时,滤芯上密封面 9 和滤芯下密封面 8 分别与滤清器盖及滤清器外壳底部的配合面贴紧密合。打褶滤纸 7,以增加滤芯的滤过面积和减小滤芯阻力。滤芯外面是多孔金属网 6,用以保护滤芯在运输和保管过程中不使滤纸破损。在发动机工作时,空气从滤芯的四周穿过滤纸进入滤芯中心,随后进入进气管,杂质则被滤芯阻留在滤芯外面。

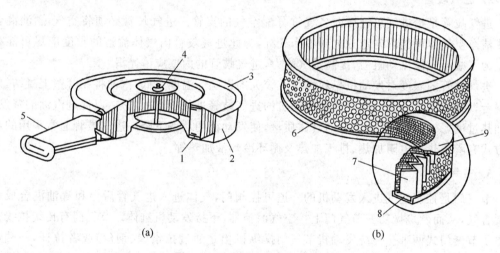

图 4-2 干式纸滤芯空气滤清器
(a) 滤清器总成;(b) 纸滤芯
1—滤芯;2—滤清器外壳;3—滤清器盖;4—蝶形螺母;5—进气导流管;6—多孔金属网;
7—打褶滤纸;8—滤芯下密封面;9—滤芯上密封面

4.1.2 进气管系

进气管系主要由进气总管、进气歧管、节气门等组成,如图 4-3 所示。

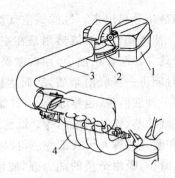

图 4-3 发动机进气管系
1—空气滤清器；2—空气流量计；3—进气总管；4—进气歧管

1. 进气总管

进气总管是指空气滤清器至进气歧管之间的管道。为了提高发动机的充气效率，通常按有效利用进气压力波的原理设计进气总管的长度、形状和结构。此外，进气总管上常附有各种形状的气室，以减小节气门开度频繁变化时的进气脉动。

在电控燃油喷射式发动机中，进气总管还装有空气流量计或进气歧管绝对压力传感器，以便计量进入气缸的空气量。

2. 进气歧管

进气歧管是指进气总管后向各气缸分配空气的支管。进气歧管必须将空气-燃油混合气或洁净空气尽可能均匀地分配到各个气缸，为此进气歧管内气体流道的长度应尽可能相等。为了减小气体流动阻力，提高进气能力，进气歧管的内壁应该光滑。

进气歧管的温度对发动机燃料燃烧有较大的影响。温度太低，汽油将在管壁上凝结，导致混合气雾化不良，因此，应对这类发动机的进气歧管进行适当的加热，以促进汽油的蒸发。但加热过度，又将减少进入气缸的气体质量，使发动机的功率下降。进气歧管通常采用的加热方式有陶瓷热敏电阻加热、排气加热及循环冷却液加热等。

3. 节气门

节气门是控制空气进入发动机的一道可控阀门，气体进入进气管后会和汽油混合成可燃混合气，从而燃烧做功。节气门上接空气滤清器，下接发动机缸体。节气门有传统拉线式和电子节气门式两种。传统发动机节气门操纵机构是通过拉索（软钢丝）或者拉杆，一端连接油门踏板，另一端连接节气门连动板。电子节气门主要通过节气门位置传感器，根据发动机所需能量，控制节气门的开启角度，从而调节进气量的大小。

电子节气门有电液式、线性电磁铁式、步进电机式和直流伺服电机式 4 种。其中，电液式和步进电机式由于控制精度不高，线性电磁铁式则由于所需电功耗较大，都很少在汽车上应用，直流伺服电机式则很好地克服了以上两种问题，从而较为广泛地应用在汽车上。此外，节气门也需要定期进行清洗或更换。清洗的主要目的是清除节气门上的残留积炭，提高发动机的进气效率。而更换的时间长短主要取决于空气滤清器的质量、机油质量、车辆行驶路况等因素。

4.1.3 排气管系

排气管系主要由排气总管、排气歧管和消声器等组成,如图 4-4 所示。它的作用是汇集发动机各缸的废气,使之安全地排入大气中。

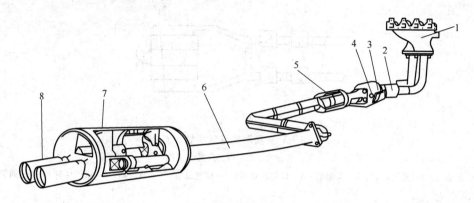

图 4-4 排气管系

1—排气歧管;2—排气总管;3—催化转化器;4—排气温度传感器;5—副消声器;
6—后排气管;7—主消声器;8—排气尾管

根据发动机排气总管数的不同,排气管系可分为单排气系统和双排气系统。直列型发动机通常采用单排气系统,图 4-4 所示即为单排气系统,在排气过程中,气缸中的废气经排气门进入排气歧管,再由排气歧管进入排气管、催化转化器和消声器,最后由排气尾管排入大气。V 形发动机有两个排气歧管,多数 V 形发动机仍采用单排气系统,如图 4-5(a)所示,通过一个叉形管将两个排气歧管连接到一个排气管上,来自两个排气歧管的废气经同一个排气管、同一个消声器和同一个排气尾管排出;少数 V 形发动机则采用双排气系统,如图 4-5(b)所示,即采用两个单排气系统,每个排气歧管各自都连接一个排气管、催化转化器、消声器和排气尾管。双排气系统一方面降低了排气系统内的压力,使排气过程更为顺畅;另一方面,使气缸中残余的废气减少,可以充入更多的空气-燃油混合气或洁净的空气,使得发动机的功率和转矩都相应地有所提高。

排气歧管的形状十分重要。为了使各缸排气不相互干扰及不出现排气倒流现象,并尽可能地利用惯性排气,应该将排气歧管做得尽可能长,而且各缸歧管应该相互独立、长度相等。

图 4-6 所示为捷达轿车的铸铁排气歧管的结构,各个歧管相互独立,1、4 缸排气歧管汇合在一起,2、3 缸汇合在一起,可以完全消除排气干扰现象,减小排气阻力。

近几年来采用不锈钢排气歧管的汽车越来越多。其主要原因是不锈钢排气歧管质量轻,耐久性较好,同时内壁光滑,排气阻力较小。图 4-7 所示为一种不锈钢排气歧管的结构,各歧管不等长,有利于消除排气干扰现象。

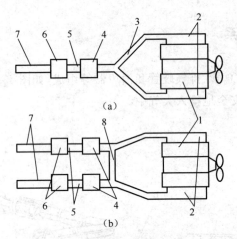

图 4-5 V形发动机排气系统示意图
(a) 单排气系统；(b) 双排气系统
1—发动机；2—排气歧管；3—叉形管；4—催化转化器；5—排气总管；6—消声器；7—排气尾管；8—连通管

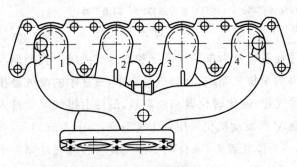

图 4-6 捷达轿车铸铁排气歧管

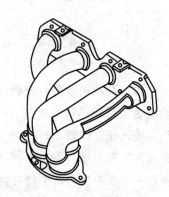

图 4-7 不锈钢排气歧管

4.1.4 消声器

消声器的主要功用是降低尾气中的噪声，并消除废气中的火星或火焰。

发动机工作时，直接排除的尾气压力为 0.3～0.5MPa，温度为 600～800℃。同时，由于排气的间歇性，使气流呈脉动形式。若将废气直接排入大气，必然产生强烈的气流脉动噪声。并且高温气体排入大气，有时还带有未燃烧完全的火焰或火星，也会对环境造成危害。因此，汽车上必须安装消声器，以降低排气噪声和消除废气中的火焰或火星，使废气安全地排入大气。

图 4-8 所示为捷达轿车消声器的结构，主要包括外壳 3、内壳 4、内隔板 5、外隔板 2、进口管 1 和出口管 6 等。消声器的两端各有一个入口和出口，中间有隔板，将其分割为几个尺寸不同的膨胀室，消声室间由带许多小孔的管连接。其工作原理是通过多次改变排气气流的方向，或者重复使气流通过收缩又扩大的断面，或者将气流分割成许多小的支流沿不平滑的平面流动等方法来消除废气中的能量，从而降低噪声。

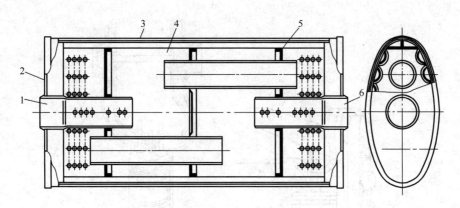

图 4-8 捷达轿车消声器
1—进口管；2—外隔板；3—外壳；4—内壳；5—内隔板；6—出口管

4.1.5 涡轮增压系统

1. 发动机增压系统概述

发动机增压是将空气预先压缩后再供入气缸，以提高空气密度、增加进气量的一项技术。由于进气量的增加，可相应地增加循环供油量，从而可以提高发动机功率。同时，增压还可以改善燃油经济性。实践证明，在小型汽车发动机上采用涡轮增压或机械增压，当汽车以正常的经济车速行驶时，不仅可以获得相当好的燃油经济性，还由于发动机功率提高，可以得到驾驶员所期望的良好的加速性。

发动机增压技术有涡轮增压、机械增压和气波增压 3 种基本类型，实现空气增压的装置称为增压器，各种增压类型所用的增压器分别称为涡轮增压器、机械增压器和气波增压器。机械增压器（见图 4-9(a)）由发动机进行驱动，能有效提高发动机功率，与涡轮增压相比，其低速增压效果较好。但是由于驱动增压器工作需消耗发动机功率，其燃油消耗率较非增压发动机略高。气波增压器利用排气压力使空气受到压缩，从而提高进气压力，这种系统增压性和加速性较好，但是体积较大，不太适合安装在体积较小的轿车中。目前，涡轮增压器（见图 4-9(b)）应用最为广泛，其主要由涡轮机和压气机组成，利用发动机排出废气的惯性冲力来推动涡轮室内的涡轮机，使之高速旋转，并通过传动轴，带动压气机高速旋转，将空气增压，并经进气管进入气缸。

下面主要以目前应用最为普遍的废气涡轮增压器为例讲述其结构与工作原理。

2. 废气涡轮增压器的结构与基本原理

按照废气在涡轮机中流动方向的不同，废气涡轮增压器可分为径流式和轴流式两大类，车用发动机多采用径流式涡轮增压器。下面以径流式涡轮增压器为例介绍涡轮增压器的结构与工作原理。

径流式涡轮增压器由离心式压气机、径流式涡轮机和中间体三部分组成，如图 4-10 所示。增压器轴 5 通过两个浮动轴承支承在中间体 14 内。

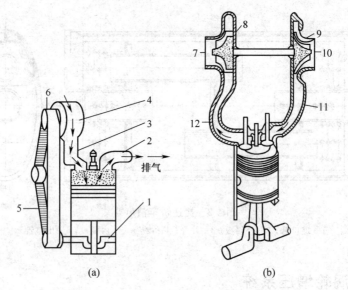

图 4-9 机械增压器与废气涡轮增压器示意图
(a) 机械增压器；(b) 废气涡轮增压器
1—曲轴；2,12—排气管；3,11—进气管；4—机械增压器；5—齿形皮带；
6—电磁离合器；7—排气口；8—涡轮机；9—压气机；10—进气口

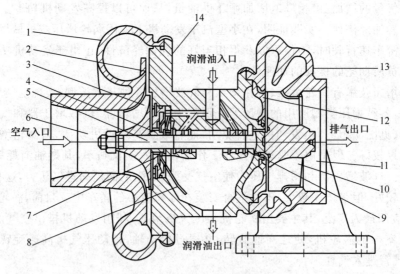

图 4-10 径流式涡轮增压器
1—压气机蜗壳；2—无叶式扩压管；3—压气机叶轮；4—密封套；5—增压器轴；6—进气道；
7—推力轴承；8—挡油板；9—浮动轴承；10—涡轮机叶轮；11—出气道；12—隔热板；13—涡
轮机蜗壳；14—中间体

1) 离心式压气机

离心式压气机由进气道 1、压气机叶轮 2、扩压器 3 及蜗壳 4 组成，如图 4-11 所示。叶轮包括叶片和轮毂，由增压器轴带动旋转。当压气机旋转时，空气经进气道轴向进入叶轮，在离心力的作用下被压缩并甩到叶轮外缘，流速、压力和温度均有较大提高，然后进入扩压器。扩压器为渐扩型流道，空气流过扩压管时流速降低，压力和温度均升高。因此，经过扩

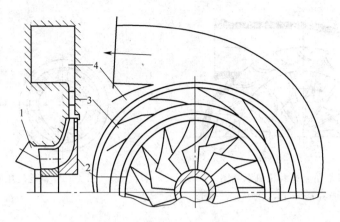

图 4-11 离心式压气机示意图
1—进气道；2—压气机叶轮；3—扩压器；4—蜗壳

压器,气流大部分动能转变为压力能。

扩压器分为叶片式和无叶式两种。无叶式扩压管实际上是由蜗壳和中间体侧壁所形成的环形空间组成。无叶式扩压管构造简单,工况变化时对压气机的效率影响较小,适于车用增压器。叶片式扩压管扩压比大,效率高,但结构复杂,工况变化时对压气机的效率影响较大。

蜗壳收集从扩压器流出的空气,并继续将动能转变为压力能,引向压气机的出口。空气在蜗壳中继续减速增压,继续将动能转变为压力能。

2) 径流式涡轮机

径流式涡轮机将发动机的排气能量转变为机械功,其由蜗壳、喷管、叶轮和出气道等组成,如图 4-12 所示。蜗壳 4 的入口与发动机排气管相连,发动机排气经蜗壳引导进入叶片式喷管 3。喷管是由相邻叶片构成的渐缩型流道。排气流过喷管时降压、降温、增速、膨胀,排气的压力能转变为动能。由喷管流出的高速气流冲击叶轮 1,并在叶片 2 所形成的流道中继续膨胀做功,推动叶轮旋转。

与压气机的扩压管类似,涡轮机的喷管也有叶片式和无叶式之分。现代车用径流式涡轮机多采用无叶式喷管。涡轮机的蜗壳除具有引导发动机排气以一定的角度进入涡轮机叶轮的功外,还将排气的压力能和热能部分地转变为动能。

涡轮机叶轮经常在 900℃ 高温的排气冲击下工作,同时承受巨大的离心力作用,所以采用镍基耐热合金钢或陶瓷材料制造。采用质量轻并且耐热的陶瓷材料可使涡轮机叶轮的质量约减小 2/3,涡轮增压加速滞后的问题也在很大程度上得到改善。喷管叶片用耐热和抗腐蚀的合金钢铸造或机械加工成形。蜗壳用耐热合金铸铁铸造,内表面应该光洁,以减少气体的流动损失。

3) 中间体

涡轮增压器中间体连接压气机和涡轮机。中间体内装有增压器轴和轴承,增压器轴上安装有涡轮机叶轮、压气机叶轮和密封套等零件,组成涡轮增压器转子,转子以 $(1 \sim 2) \times 10^5$ r/min 的速度高速旋转。增压器轴承常采用浮动轴承,如图 4-13 所示,浮动轴承实际上是套在轴上的圆环。圆环与轴以及圆环与轴承座之间都有间隙,形成双层油膜。

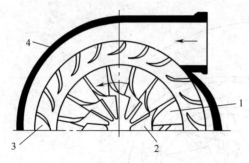
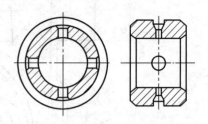

图 4-12　径流式涡轮机示意图
1—叶轮；2—叶片；3—叶片式喷管；4—蜗壳

图 4-13　涡轮增压器浮动轴承

增压器轴与增压器轴承是保证车用涡轮增压器可靠性的关键部位，需要保证良好的润滑与冷却。来自发动机润滑系统主油道的润滑油，经增压器中间体上的润滑油入口进入增压器，润滑和冷却增压器轴及轴承。然后经中间体上的润滑油出口返回发动机油底壳（见图 4-10）。在增压器轴上装有油封，用来防止润滑油窜入压气机或涡轮机蜗壳内。油封如果损坏，将导致润滑油消耗量增加和排气冒蓝烟。

由于汽油机增压器的热负荷大，因此在增压器中间体的涡轮机侧设置冷却水套，并用软管与发动机的冷却系统连通。冷却液从中间体上的冷却液进口流入冷却水套，从冷却液出口流回发动机冷却系统。冷却液在中间体的冷却水套中循环，对增压器轴及增压器轴承进行冷却。

3. 增压系统的控制

1) 增压压力的控制

采用涡轮增压技术后，由于平均有效压力增加，发动机爆震倾向增大，热负荷偏高。为了保证发动机在不同转速及负荷等工况下都能得到最佳增压值，并防止爆震和限制热负荷，必须控制涡轮增压系统的增压压力。

在增压系统中设置进气旁通阀和排气旁通阀是控制增压压力最简单有效的方法。进气旁通阀的工作原理与排气旁通阀类似，下面以排气旁通阀为例进行说明。装有排气旁通阀及其控制装置的增压器如图 4-14 所示。控制膜盒 1 中的膜片 2 将膜盒分为左室和右室，左室与压气机出口相通，右室设有膜片弹簧作用在膜片上。膜片与排气旁通阀 3 连接。当压气机的出口压力即增压压力低于限定值时，膜片在膜片弹簧的作用下移向左室，使排气旁通阀关闭，排气管 4 排出的废气全部流过涡轮。当增压压力超过限定值时，部分排气不经过涡轮机而直接排放到大气中，从而控制了涡轮机转速及增压压力。

现代电控汽油机中，排气旁通阀通常由 ECU 控制。图 4-15 所示为 ECU 控制增压压力系统原理图。电控单元存储器中存储有发动机增压压力特性图的有关数据。当发动机工作时，电控单元根据增压压力传感器等输入的信息，确定当时的实际进气增压压力，并将其与理论压力值进行比较。若实际增压压力值与理论压力值不符，电控单元 5 就输出控制信号，通过控制增压压力电磁阀 6 改变膜片控制阀 2 上的压力，使排气旁通阀 1 动作，改变实际增

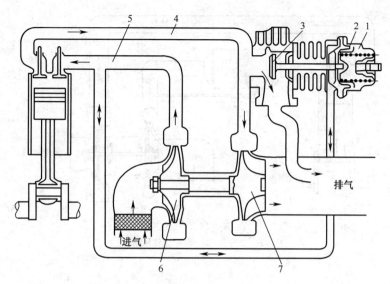

图 4-14 装有排气旁通阀的涡轮增压器
1—控制膜盒；2—膜片；3—排气旁通阀；4—排气管；5—进气管；6—压气机叶轮；7—涡轮

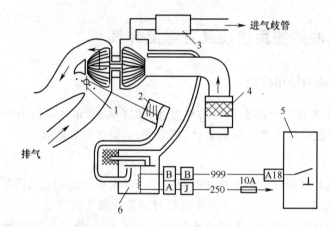

图 4-15 ECU 控制增压压力系统原理图
1—排气旁通阀；2—膜片控制阀；3—中冷器；4—空气滤清器；5—电控单元；6—增压压力电磁阀

压压力。即当实际进气压力低于理论值时，旁通阀关闭；当进气压力高于理论值时，旁通阀开启。

2) 增压空气的冷却

由于汽油机增压器的热负荷大，需要对增压空气进行冷却，因此除了上述通过冷却水套和机油冷却外，在废气涡轮增压系统中，一般都带有中冷器，如图 4-16 所示。中冷器对进气进行冷却，以提高充气效率，同时降低发动机的热负荷和排气温度。

试验证明，增压空气温度每降低 10℃，柴油机的循环平均温度可降低 25~30℃，在压缩比为 1.5~2 时，供气量能比不用中冷器时提高 10%~18%，发动机的动力性和经济性都得到了改善。

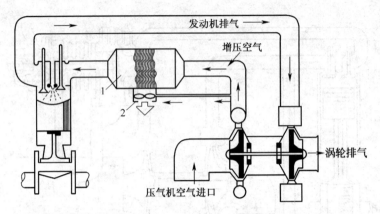

图 4-16　中冷器冷却增压空气示意图
1—中冷器；2—轮缘冷却风扇

4.2　汽油机燃油供给系统

4.2.1　汽油的使用性能及可燃混合气

4.2.1.1　汽油的使用性能

汽油性能的优劣对于汽油发动机的动力性、经济性、可靠性及使用寿命等均有很大影响。汽油的使用性能指标主要包括蒸发性、抗爆性、安定性和热值等。

1. 蒸发性

液态汽油汽化的难易程度称为汽油的蒸发性。以馏程与饱和蒸气压作为评价汽油蒸发性的指标，常用汽油的 10%、50%、90% 等馏分时的蒸发温度来评定。

10% 馏出温度与汽油机冷态起动性能有关。此温度低，表明汽油中所含的轻质部分低温时容易蒸发，在冷起动时就有可能使较多的汽油蒸气与空气混合形成可燃混合气，发动机就比较容易起动。

50% 馏出温度表明汽油中的中间馏分蒸发性的好坏。此温度低，汽油中间馏分就易于蒸发，从而汽油机的预热时间短，使暖机性能、加速性能和工作稳定性都比较好。

90% 馏出温度用来判定汽油中难以蒸发的重质成分的含量。此温度越低，表明汽油中重馏分含量越少，越有利于可燃混合气均匀分配到各气缸，同时也可使汽油的燃烧更为完全。重馏分汽油不易蒸发，往往来不及燃烧就漏到曲轴箱内使发动机的机油稀释，润滑恶化。这一点在冬季使用时尤为明显。

发动机所用的汽油蒸发性越强，越易产生"气阻"。因此，在国产汽油质量指标中规定了夏季与冬季要求不同的饱和蒸气压力。

2. 抗爆性

汽油的抗爆性是指汽油在发动机气缸中燃烧时，避免产生爆燃的能力，亦即抗自燃能力,它是汽油的一项主要性能指标。

汽油抗爆性的好坏程度一般用辛烷值表示。辛烷值越高,汽油的抗爆性越好。

汽油辛烷值常用的测定方法有马达法和研究法,用马达法测定的辛烷值称为马达法辛烷值(MON),用研究法测定的辛烷值称为研究法辛烷值(RON)。

汽油的号数与辛烷值有关,且我国车用汽油分类主要以辛烷值为基础。我国曾用马达法辛烷值命名汽油牌号,现在新的汽油牌号则用研究法辛烷值表示。目前,按研究法命名的国产汽油牌号有89号、92号、95号和98号。

选用汽油牌号时,应根据汽车使用说明书推荐的辛烷值范围去选择相应牌号的汽油,并注意说明书上要求的辛烷值是马达法辛烷值还是研究法辛烷值。

汽油机还可以按其压缩比选择汽油辛烷值。一般来说,压缩比高的汽油机应选用辛烷值高的汽油;反之,选用辛烷值低的汽油。

3. 安定性

汽油在常温和液相条件下抵抗氧化的能力称为汽油的抗氧化安定性,简称氧化安定性或安定性。安定性不好的汽油,在储存和输送过程中容易发生氧化反应,生成胶质,使汽油的颜色变深,甚至会生成沉淀,从而影响发动机供油,引起火花塞短路,导致进、排气阀门关闭不严,以及增大爆震燃烧的倾向等。

评定汽油安定性的指标有碘值、实际胶质和诱导期。碘值是利用不饱和烃能够与碘发生加成反应来测定不饱和烃的含量的;实际胶质是指在150℃的温度下,用热空气吹过汽油表面使其蒸发至干所残留下的棕色或黄色的残余物量;诱导期是将一定油样放入标准的钢筒中,充入一定压力的氧气,然后放入100℃的水中,当发生氧化反应后,氧压会明显下降,从油样放入到氧压明显下降所经历的时间叫诱导期。

4. 热值

燃料的热值是指1kg燃料完全燃烧后所产生的热量。汽油的热值约为44000kJ/kg。

4.2.1.2 可燃混合气

1. 可燃混合气的表示方法

可燃混合气是指进入发动机的燃料与空气的混合物,其成分对发动机的动力性、经济性有很大影响。可燃混合气成分通常有两种表示方法。

1) 空燃比

空燃比是每工作循环充入气缸的空气量与燃油量的质量比,通常用符号 $\alpha(\alpha=A/F)$ 表示。根据化学反应,理论上,1kg汽油完全燃烧需14.7kg空气。故对汽油机而言,将空燃比14.7的可燃混合气称为理论混合气。若空燃比小于14.7,则说明汽油有余,称为浓混合气;若空燃比大于14.7,则说明空气有余,称为稀混合气。

2) 过量空气系数

过量空气系数是指燃烧1kg燃料实际供给的空气质量与理论上1kg燃料完全燃烧所需的空气质量之比,通常用符号 ϕ_a 表示。$\phi_a=1$ 的可燃混合气即为理论混合气,$\phi_a<1$ 为浓混合气,$\phi_a>1$ 则为稀混合气。$1.05<\phi_a<1.15$ 为经济混合气,此时,燃料消耗率最低;$0.85<\phi_a<0.95$ 为功率混合气,此时,燃料燃烧速度最快,发出的功率最大。当可燃混合气太稀($\phi_a>$

1.4)时,燃料之间的距离将增大到火焰不能传播的程度,此时的 ϕ_a 值称为火焰传播下限。当可燃混合气太浓($\phi_a<0.4$)时,由于燃烧过程中严重缺氧,火焰仍然无法传播,此时的 ϕ_a 值称为火焰传播上限。

事实上,汽油机工作时过量空气系数是以功率或经济性为主还是将排放控制放在首位,应根据汽车及其汽油机各工况的需要而定。

2. 发动机各工况对可燃混合气浓度的要求

发动机工况是发动机工作情况的简称,通常用发动机的转速和负荷来表示。汽车在行驶过程中发动机工况会随着汽车载荷、车速、路况因素的变化而发生改变。发动机工况总体可分为稳定工况和过渡工况两种类型,稳定工况包括怠速工况、小负荷工况、中等负荷工况、大负荷及全负荷工况,过渡工况包括冷起动工况、暖机工况和加速工况。

1) 冷起动工况

起动是指发动机由静止到正常运转的过程。当熄火时间较长、发动机温度已下降至环境温度时的起动称为冷起动。冷起动时,发动机温度低,汽油蒸发困难,只有供给极浓的混合气($\phi_a=0.2\sim0.6$)才能保证进入气缸的混合气中有足够的汽油蒸气,以利于发动机起动。

2) 暖机工况

暖机一般是指冷起动后,发动机的温度逐渐升高到正常工作温度的过程,要求 $\phi_a=0.4\sim0.6$。

3) 怠速工况

怠速是指发动机不对外输出动力,做功行程产生的动力只用来克服发动机的内部阻力,维持发动机以最低稳定转速运转。汽油机怠速转速一般为 700~900r/min。此时,节气门处于接近关闭位置,吸入的空气量极少,且汽油雾化蒸发不良,并有废气的稀释,为保证这种品质不良的混合气能正常燃烧,应提供较浓的可燃混合气($\phi_a=0.6\sim0.8$)。

4) 小负荷

发动机负荷在25%以下时称为小负荷。由于小负荷时,节气门略开大,进入的空气量略有增加,可燃混合气的品质逐渐改善,因而可燃混合气浓度可以略微减小,$\phi_a=0.7\sim0.9$。

5) 中等负荷

发动机负荷在25%~85%时称为中等负荷。由于进入气缸的混合气数量增多,燃烧条件较好。此外,汽车发动机大部分时间在中等负荷下工作,为提高汽车的经济性,应供给较稀的混合气($\phi_a=1.0\sim1.15$)。

6) 大负荷及全负荷

发动机负荷在85%以上时称为大负荷,负荷为100%时称为全负荷。此时,为了克服较大的外部阻力,要求发动机发出尽可能大的功率。因此,应供给较浓且量多的混合气,一般 $\phi_a=0.85\sim0.95$。

7) 加速工况

加速是指发动机负荷迅速增加的过程。此时,节气门开度突然加大,吸入气缸的空气量立刻增加,而汽油因其惯性大而在原地基本不动,再加上雾化汽油的颗粒大,跟不上气流流动,使之一部分附着在进气管内壁上。因此气缸内的可燃混合气在加速的瞬间变稀,不易点燃。为改善车用汽油机的加速性能,必须额外供油,加浓混合气,要求 $\phi_a=0.4\sim0.6$。

4.2.2 汽油机燃油供给系统概述

汽油机燃油供给系统的功用是根据发动机各种工况的不同要求,配制出一定数量和浓度的可燃混合气,供入气缸,使之在临近压缩终了时点火、燃烧而膨胀做功。最后,供给系统还应将燃烧后的废气排入大气。

汽油机燃油供给系统经历了化油器式和电控汽油喷射式两个阶段。化油器式燃油供给系统结构简单,使用方便,成本较低,在汽油机中沿用了相当长的时间,但是对空燃比控制精度低,各缸均匀性差,反应不灵敏,还存在容易气阻、结冰等缺点,致使排放污染较汽油喷射系统严重,无法满足现代发动机性能进一步提高的要求。我国规定自2001年7月1日起,禁止生产化油器轿车。

相比于化油器式燃油供给系统,电控汽油喷射式燃油供给系统存在如下优点:
(1) 进气管道中没有狭窄的喉管,空气流动阻力小,充气性能好,因此输出功率也较大。
(2) 混合气分配均匀性较好。
(3) 可以随着发动机使用工况及使用场合的变化而配制一个最佳的混合气成分,这种最佳混合气成分可同时根据发动机的经济性、动力性,特别是减少排放有害物的要求来确定。
(4) 具有良好的加速等过渡性能。

此外,汽油喷射系统不像化油器那样在进气管内留有相当的油膜层,这对于降低油耗也有一定好处。

1. 电控汽油机燃油供给系统的分类

按喷油器数量的不同,电控汽油喷射系统可分为单点汽油喷射系统(SPI)和多点汽油喷射系统(MPI),如图4-17所示。

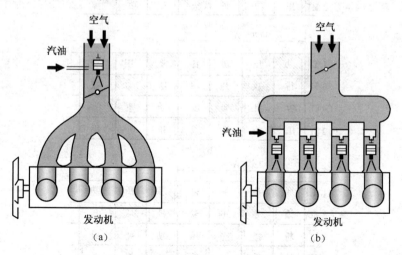

图4-17 单点汽油喷射系统和多点汽油喷射系统
(a) 单点汽油喷射系统;(b) 多点汽油喷射系统

单点汽油喷射系统是指在节气门体上安装一个或两个喷油器,向进气总管中喷油,再由进气歧管分配到各个气缸。这种系统虽然结构简单,但汽油分配均匀性不好,已经逐步淘汰。

多点汽油喷射系统是在每一个气缸的进气门附近装有一个喷油器,汽油和空气在进气门附近形成可燃混合气,在进气行程被吸入气缸。这种喷射系统能精确地控制空燃比,保证各缸混合气的均匀性,目前已广泛应用在各种电控汽油喷射发动机上。

按汽油喷射方式的不同,电控汽油喷射系统可分为连续喷射系统和间歇喷射系统两种。

连续喷射系统在发动机运转期间连续不断地喷油。这种方式多用于早期的汽油喷射系统中,现在已基本淘汰。

间歇喷射是在发动机运转期间间断喷油。按照喷油时序的不同又可分为顺序喷射、分组喷射和同时喷射,如图4-18所示。

同时喷射的喷射方式如图4-18(a)所示,控制器通过一个喷油器驱动电路同时控制各缸喷油器喷油。即各气缸的喷油器并联,所有的喷油器由ECU的同一个指令控制,同时断油或喷油。

分组喷射的喷射方式见图4-18(b),控制器有与分组数相同的喷油器驱动电路,控制各组喷油器同时喷油。即各气缸的喷油器分成若干组,同一组喷油器同时断油或喷油。

顺序喷射的喷射方式见图4-18(c),控制器有与喷油器数相同的驱动电路,各自控制一个喷油器喷油。即各喷油器由ECU分别控制,按发动机各气缸的工作顺序喷油。

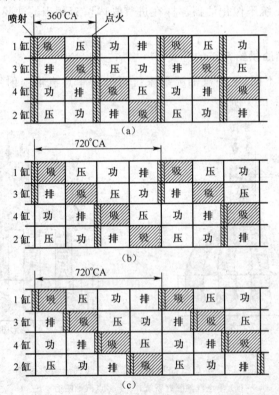

图4-18 间歇喷射方式
(a)同时喷射;(b)分组喷射;(c)顺序喷射

按喷射位置不同,电控汽油喷射分为进气道喷射和缸内直喷两种。进气道喷射可以采用低压的喷射装置,喷射压力一般只有0.2～0.35MPa,它是目前技术成熟的喷射方式。缸内直喷是将燃料直接喷入气缸内,需要3.0～4.0MPa较高压力的喷射装置,成本较高,而且还要求喷出的燃料能随气流分布到整个燃烧室,喷油器的布置与缸内气流运动的组织比较复杂。

按喷射装置控制方式的不同,电控汽油喷射可分为机械控制式(K型)、机电混合控制式(KE型)和电子控制式(EFI型)。机械控制式通过机械传动与液力传动实现燃料的计量。机电混合控制式和机械式喷射一样,也是通过机械与液力控制喷射,但是它还设有一个电控单元、多个传感器和电液混合气调节器,提高了控制的灵活性并扩展了功能。电子控制式根据电控单元及电磁喷油器实现燃料的计量。现代汽车广泛采用的是电子控制式汽油喷射系统。

按进气量检测方法的不同,电控汽油喷射可分为流量型(L型)和压力型(D型)。流量型是用空气流量计检测进气歧管的空气流量,并将空气流量转换为电信号,输送给电控单元,电控单元根据空气量计算出每一循环的汽油喷射量。压力型是将进气歧管绝对压力和发动机转速经传感器输出给电控单元,由电控单元根据信号计算出进气量,再产生与之相应的喷油脉冲,控制喷油器喷射适量的汽油。

2. 电控汽油机燃油供给系统的组成

电控汽油喷射式燃油供给系统主要由空气测量控制系统、燃油供给系统、电子控制系统组成,如图4-19所示。

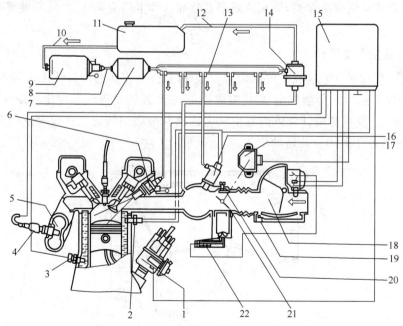

图4-19 电控汽油机燃油供给系统的组成

1—点火分火器;2—热正时器;3—发动机温度传感器;4—氧传感器;5—排气管;6—喷油器;7—汽油滤清器;8—供油压力管;9—电动汽油泵;10—吸油管;11—汽油箱;12—回油管;13—分配管;14—燃油压力调节器;15—电子控制单元;16—冷起动喷油器;17—节气门位置传感器;18—空气流量计;19—怠速混合气调节螺钉;20—怠速转速调节螺钉;21—节气门;22—怠速控制阀

(1) 空气测量控制系统　主要由空气流量计 18、怠速控制阀 22 及节气门 21 组成,其功用是与发动机空气供给系统配合,为发动机可燃混合气的形成提供必要的空气,并测量和控制进入气缸的空气流量。

(2) 燃油供给系统　主要由汽油箱 11、电动汽油泵 9、汽油滤清器 7、燃油压力调节器 14、喷油器 6 等组成。其主要作用是完成汽油的存储,并且根据电控单元的控制指令按照发动机的工作需求在规定的时间内喷射适当的燃油。

(3) 电子控制系统　主要由电子控制单元 15 及各类传感器组成。主要功用是检测发动机的工作状态,将检测信息传输给控制单元,通过控制单元进行综合分析、计算,向执行器发出控制指令,实现精确控制喷油量、喷油正时和点火正时。

4.2.3　空气测量控制系统

空气测量控制系统由空气流量传感器、节气门及怠速控制阀等部件组成,主要功用是测量和控制进入气缸的空气流量。

4.2.3.1　空气流量传感器

空气流量传感器也称空气流量计,其功用是测量进入发动机的空气流量,并将测量结果转换为电信号传输给电控单元。根据空气流量计的测量方法不同,可分为测量进气歧管绝对压力型的间接测量式和直接测量进气流量的直接测量式两种。直接测量式又可分为体积流量测量型和质量流量测量型,体积流量型有叶片式和卡门旋涡式,质量流量型有热线式和热膜式。

1. 叶片式空气流量计

叶片式空气流量计安装在空气滤清器与节气门之间,主要由测量叶片 3、补偿板 8、电位计 5、回位弹簧(扭簧)6、旁通气道 2、调节螺钉 1、油泵开关及进气温度传感器 4 等组成,如图 4-20 所示。在空气流量计壳体内有空气主流道和旁通空气道。在没有空气流过的情况下,扭簧使叶片处于关闭主流道的位置。

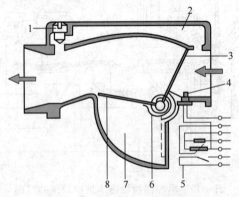

图 4-20　叶片式空气流量计
1—调节螺钉；2—旁通气道；3—测量叶片；4—进气温度传感器；
5—电位计；6—回位弹簧；7—缓冲室；8—补偿板

叶片式空气流量计的工作原理如图 4-21 所示。当发动机怠速工作时,节气门接近关闭,只有少量空气进入发动机。流过主流道的空气推动叶片偏转很小的角度,同时与叶片同轴的电位计则输出一个微弱的电压信号给电控单元,电控单元便向喷油器输出短脉冲宽度的电脉冲。这时流过旁通气道的空气未经空气流量计计量,因此不影响喷油量,但却使混合气变稀,使 CO 的排放量减少。当发动机在高速大负荷运转时,节气门接近全开,吸入的空气量较多且全部流过主流道,空气推动叶片偏转较大的角度,电位计则输出较强的电压信号,电控单元相应输出长脉冲宽度的电脉冲。

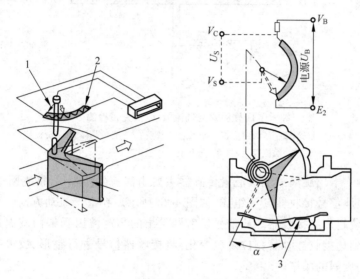

图 4-21 叶片式空气流量计的工作原理
1—电位计滑动触头;2—电位计;3—旁通气道

叶片偏转时,缓冲片随之一起转动,由于缓冲室内的空气对缓冲片的阻尼作用,使叶片偏转时动作平稳,即使进气量急剧变化,也可避免叶片发生振摆。

旁通空气调节螺钉用来调节怠速时旁通空气量的大小,从而达到调节怠速混合气成分的目的。旋出调节螺钉,旁通空气量增加,流经主流道的空气量减少,喷油量相应减少,使怠速混合气变稀;反之亦然。

2. 卡门旋涡式空气流量计

卡门旋涡式空气流量计是利用卡门旋流理论来测量空气流量的装置。卡门旋涡式空气流量计是在进气管中央设置了一个锥体形涡流发生器,如图 4-22 所示。空气流过涡流发生器时在涡流发生器的后面会不断产生旋涡(卡门旋涡),测出卡门旋涡的频率 f,按下式就可以计算出空气流速 U 的大小:

$$f = S_t \frac{U}{d}$$

式中,S_t 为斯特罗巴系数;d 为涡流发生器外径。

再根据进气管道的有效面积,就能确定实际进入气缸的空气量。按照检测方式的不同,卡门旋涡式空气流量传感器分为反光镜检测式和超声波检测式两种。

反光镜检测式卡门旋涡式空气流量传感器主要由卡门旋涡发生器、反光镜、板簧、发光二极管(LED)、光敏晶体管和导压孔等组成,如图 4-22 所示。它是把涡流发生器两侧的压力变化通过导压孔 8 引向薄金属制成的反光镜 6 表面,使反光镜产生振动,反光镜振动时将发光二极管产生的光反射到光敏晶体管 4 上,光敏晶体管导通。反之,光敏晶体管截止。光敏晶体管产生的脉冲信号反映了旋涡的频率。

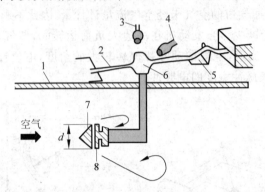

图 4-22　卡门旋涡式空气流量计(反光镜检测方式)
1—进气歧管；2—压力感应板；3—发光二极管；4—光敏晶体管；5—板簧；
6—反光镜；7—涡流发生器；8—导压孔

超声波检测式卡门旋涡式空气流量传感器主要由涡流发生器 2、整流网 1、超声波信号发射器 3 和超声波信号接收器 5 等组成,如图 4-23 所示。在空气流动方向安装超声波发射器,在其对面安装超声波接收器。从信号发射器发出的超声波因受卡门旋涡造成的空气密度变化的影响,到达接收器时其相位发生变化,将接收器信号进行整形、放大后的矩形波脉冲频率就是卡门旋涡的频率。

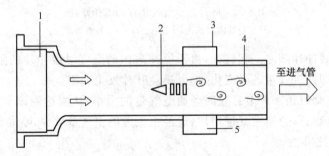

图 4-23　卡门旋涡式空气流量计(超声波检测方式)
1—整流网；2—涡流发生器；3—超声波信号发射器；4—旋涡；5—超声波信号接收器

3. 热线式及热膜式空气流量计

热线式空气流量计主要由感知空气流量的白金热线 3、温度补偿电阻(也称为冷线)4、精密电阻、控制线路板 5、采样管 2、防护网 1、接线座 6 等组成,如图 4-24 所示。

热线式空气流量计的工作原理如图 4-25 所示。设置在进气管道中的白金热线电阻 R_H、温度补偿电阻 R_K 和精密电阻 R_A、电桥电阻 R_B 组成惠斯通电桥。控制电路 A 使热线温度与进气温度之差保持在约 100℃,流经热线的空气质量流量越大,被带走的热量就越多,要保持热线温度与进气温度之间的温差恒定,必须增加通过热线的电流,热线式空气流量计就是利用热线与空气之间的这种热交换传递现象进行空气流量测量的,它所测量的是空气质量,不需要进行温度和压力修正。

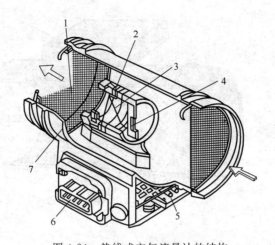

图 4-24 热线式空气流量计的结构
1—防护网；2—采样管；3—白金热线；4—温度补偿电阻；5—控制线路板；6—接线座

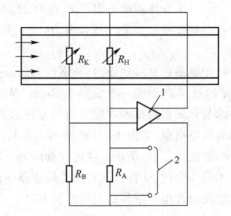

图 4-25 热线式空气流量计的工作原理
1—放大器；2—输出信号；A—控制电路；R_H—热线电阻；R_K—温度补偿电阻；
R_A—精密电阻；R_B—电桥电阻

为了清除白金热线上的污物,提高进气量测量的准确度,热线式空气流量计还具有自洁功能,在每次停机后,ECU 给白金热线加高温(约 1000℃)1~2s。

热线式空气流量计的结构简单,进气阻力小,温度响应快,无需进行进气温度和压力修正,所以应用日益广泛。

热膜式空气流量计的结构如图 4-26 所示,其结构和工作原理与热线式空气流量计基本相同,只是将热线改成热膜。热膜是由发热金属铂固定在薄的树脂膜上制成的,与热线式空气流量计相比,其工作可靠性更高,使用寿命更长。

4. 进气歧管绝对压力传感器

进气歧管绝对压力传感器又称压感式空气流量传感器,其通过测量进气歧管绝对压力来间接测量发动机进气量,并将测量的压力信号转化为电压信号传输给 ECU,ECU 同时根据发动机转速信息确定喷油器基本喷油量。

进气歧管压力传感器种类较多,其中以半导体压敏电阻式进气歧管压力传感器应用最

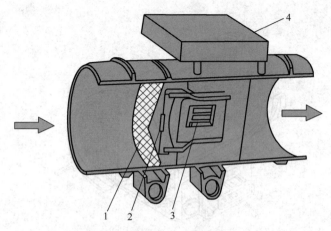

图 4-26 热膜式空气流量计的结构
1—防护网；2—温度传感器；3—热膜；4—控制电路

为广泛。它由硅膜片 5、真空室 4、半导体压敏电阻 7、底座 10、真空管 11 和电极引线 9 等组成。硅膜片封装在真空室内，一侧作用的是进气歧管压力，另一侧则为绝对真空，其结构如图 4-27(a)所示。

硅膜片是压力转换元件，用单晶硅材料制成，长和宽约为 3mm，厚度约为 160μm。在硅膜片的中央部位采用光刻腐蚀技术制作成一个直径为 2mm、厚度约为 50μm 的圆形薄膜片，并采用集成电路加工技术与台面扩散技术在圆形薄膜片的表面制作 4 个梳形阻值相等的半导体压敏电阻，通常称为固态电阻，如图 4-27(b)所示。再利用低阻扩散层将 4 只压敏电阻连接成惠斯通电桥电路，如图 4-27(c)所示。在进气管压力下，硅膜片产生应变，压敏电阻的阻值变化，导致电桥输出电压变化，这种进气管压力传感器的信号输出电压与进气歧管绝对压力成线性关系，集成电路将此电压信号放大后送至 ECU。

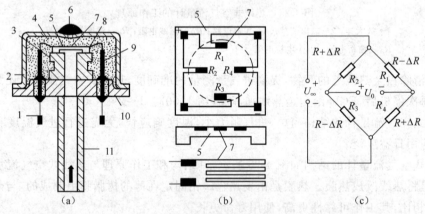

图 4-27 进气歧管绝对压力传感器的结构
(a) 压力传感器；(b) 硅膜片结构；(c) 等效电路图

1—引线端子；2—壳体；3—硅杯；4—真空室；5—硅膜片；6—锡焊封口；7—半导体压敏电阻；
8—接线电极；9—电极引线；10—底座；11—真空管

4.2.3.2 怠速控制系统

怠速控制系统除了稳定发动机的怠速转速外,还能根据发动机怠速时负荷的变化情况,如冷起动后的暖机、空调开机、动力转向开关接通、自动变速器切换到行进挡等,自动调节发动机怠速转速,使发动机处在最佳的怠速状态(既保证怠速转速的稳定,又尽可能降低燃油消耗和排放污染)。

电控汽油喷射发动机的怠速控制方式可以分为两类,一类是控制节气门关闭位置的节气门直动式,另一类是控制节气门旁通气道空气量的旁通空气式。

1. 节气门直动式怠速控制

桑塔纳 2000GSi 轿车 AJR 型发动机的怠速控制采用的就是节气门直动式,采用怠速控制电动机,通过齿轮传动机构来操作节气门开度。节气门位置传感器将节气门开度信号输送给 ECU,ECU 根据传感器检测到的发动机工况信息,确定目标转速,并与发动机实际转速进行比较,再根据差值确定相应的控制量,对怠速控制电动机进行控制,保证发动机维持在最佳怠速。

如果怠速控制装置因故断电,应急弹簧将节气门定位在预先设定的怠速应急运行位置,不影响驾驶人对节气门的调节。

2. 旁通空气式怠速控制

旁通空气式怠速控制装置种类较多,主要有双金属片式、石蜡式、电磁阀式和步进电动机式等,现在采用比较多的是后两种。

电磁阀式怠速控制装置是一个调节空气流通截面积大小的比例电磁阀。阀门的开度由流过电磁线圈的电流产生的电磁力与弹簧力的平衡位置所决定,有直线型和旋转型两种。直线型电磁阀是以改变阀的轴向位置来调节通道截面积的,而旋转电磁阀是通过改变阀的角度位置来调节通道截面积的。电磁阀式怠速控制装置响应速度快。

步进电动机式怠速控制装置主要由步进电动机 1、锥面控制阀 2、阀座 3、螺杆 4 等组成,如图 4-28 所示。步进电动机可以正反转,通过螺杆把电动机的旋转运动转变成锥面控制阀的直线运动,以调节旁通空气通道的截面积,从而改变进气量的大小。

步进电动机把转子转动一周分成若干个步级进行,每一周的步级越多,控制精度越高(如将一圈分成 32 个步级,则每个步级对应转角为 11.25°)。当发动机停机时,点火开关转到 OFF 位置,怠速控制阀自动回复到全开位置,以便于发动机下一次的起动。

4.2.4 汽油供给系统主要部件

汽油供给系统主要由汽油箱 1、电动汽油泵 2、汽油滤清器 3、汽油压力调节器 5、汽油压力脉动阻尼器、喷油器 6 等组成,如图 4-29 所示。

电动汽油泵将汽油自油箱内吸出。经滤清器过滤后,由压力调节器调压,通过油管输送给喷油器,喷油器根据 ECU 指令向进气管喷油。汽油泵供给的多余汽油经低压回油管流回油箱。

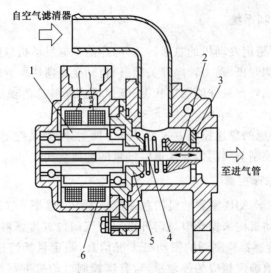

图 4-28　步进电动机式怠速控制装置

1—步进电动机；2—锥面控制阀；3—阀座；4—螺杆；5—挡板；6—励磁线圈

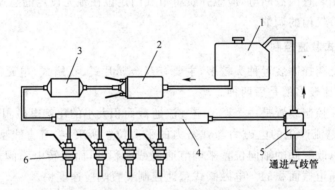

图 4-29　汽油供给系统

1—汽油箱；2—电动汽油泵；3—汽油滤清器；4—燃油共轨管；5—汽油压力调节器；6—喷油器

1. 汽油箱

汽油箱用以储存汽油，其容量及数量视车辆大小和发动机排量而定。一般载货汽车一个汽油箱的储备里程为 200～600km。有些车辆还有后备油箱，并装有油量不足警告灯。

汽车油箱主要由汽油箱体、加油管及油量传感器等组成，如图 4-30 所示。为防止油液由于行车振荡而外溢，在油箱内部装有隔板。油箱上表面装有油量传感器 5，为了便于排出油箱内的杂质，在底部装有放油螺塞，油箱加油口用带阀门的汽油箱盖 1 封闭。

2. 汽油滤清器

汽油滤清器安装在汽油箱与汽油泵之间，用以滤除汽油中的水分和杂质。

目前汽车发动机上采用的汽油滤清器主要有两种，一种是货车和客车上常用的可拆式汽油滤清器，另一种是轿车上常用的不可拆式汽油滤清器。

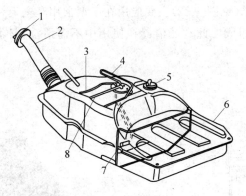

图 4-30 汽油箱
1—汽油箱盖；2—加油管；3—燃油管；4—输油管；
5—油量传感器；6—汽油箱体；7—浮子；8—回油管

国产282型汽油滤清器(见图4-31)采用的是可拆式汽油滤清器，其主要由滤清器盖1、沉淀杯8、陶瓷滤芯5等组成。发动机工作时，汽油泵将油箱内的汽油吸出后，经进油管接头2进入沉淀杯8中，水分和较重的杂质沉入杯底，较轻的杂质随汽油流向滤芯外腔，经滤芯滤清后的清洁汽油从出油管接头11流至汽油泵。沉淀杯中的水分和杂质可通过滤清器底部的放油螺塞10放出，使用一定时间应清洗或更换滤芯。安装时，为防止进出油管接反，影响滤清效果，一般有方向或文字标记。

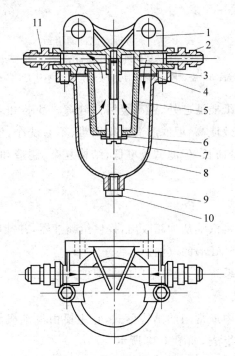

图 4-31 可拆卸式汽油滤清器
1—滤清器盖；2—进油管接头；3—滤芯密封垫；4—沉淀杯密封垫；5—陶瓷滤芯；
6,9—垫圈；7—螺栓；8—沉淀杯；10—放油螺塞；11—出油管接头不可拆式汽油滤清器(见图4-32)主要应用在小型乘用车辆上,其主要由滤清器盖2、密封圈3、滤芯4和外壳6组成。此类滤清器在使用中不需清洗,且滤清效果好,使用一定时间后应整体更换。

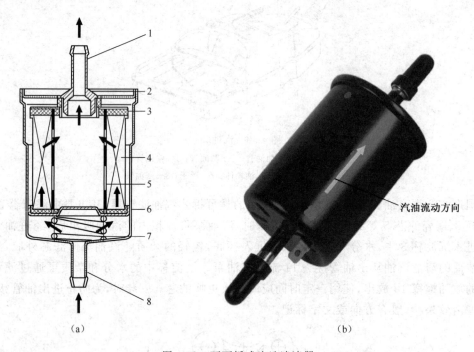

图4-32 不可拆式汽油滤清器
(a)结构图;(b)实物图
1—出油管接头;2—滤清器盖;3—密封圈;4—滤芯;5—支承管;6—外壳;7—支承弹簧;8—进油管接头

汽油滤清器的滤芯除纸质滤芯外,还有金属片缝隙式滤芯和多孔陶瓷滤芯。陶瓷滤芯结构简单、节省金属、滤清效能高,但滤芯清洗很困难、不易洗净、使用寿命不长。金属片缝隙式滤芯工作可靠、使用寿命长,但滤清效率低、结构复杂、制造和清洗不便。因此,目前它们的应用都较少。

3. 汽油泵

电动汽油泵的作用是将汽油从油箱吸出,提供给喷油器,并能够给电控汽油喷射系统提供具有一定压力(0.3~0.5MPa)的汽油。

在电子控制汽油喷射系统中,最常采用的是滚柱式电动汽油泵和涡轮式电动汽油泵。

1) 滚柱式电动汽油泵

滚柱泵是电动汽油泵中最常用的结构形式,它主要由电动机转子8、滚柱7、限压阀1、止回阀4和油泵壳体6等组成,如图4-33所示。

装有滚柱的转子偏心安装在油泵壳体内,滚柱7安装在转子8的凹槽中。当转子通电转动时,滚柱在离心力的作用下压靠在泵体的内表面上,起到密封的作用,在相邻两个滚柱之间形成一个密封油腔。滚柱之间的油腔容积在转子转动时不断发生变化。在进油口时,油腔容积增大,形成一定的真空度,将汽油吸入泵内;在出油口时,油腔容积减小,滚柱之间

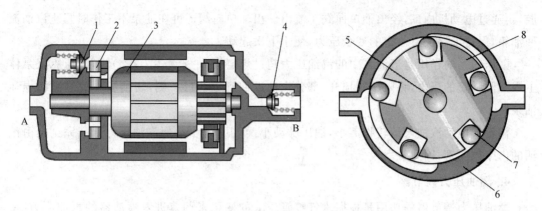

图 4-33 滚柱式电动汽油泵的结构图与原理图
(a) 结构图；(b) 原理图
1—限压阀；2—滚柱泵；3—电动机；4—止回阀；5—轴；6—油泵壳体；7—滚柱；8—转子

的油压升高，高压油从出油口输出。

限压阀 1 的功用是当油压超过 0.45MPa 时开启，使汽油回流到进油口，以防止油压过高，损坏汽油泵。在出油口设有止回阀，当发动机停机时关闭，防止管路中的汽油倒流回汽油泵，借以保持管路中有一定的油压，以便比较容易地再次启动发动机。

滚柱式电动汽油泵运转时噪声大，油压脉动大，而且泵体内表面和转子容易磨损。

2) 涡轮式电动汽油泵

涡轮式电动汽油泵主要由电动机、涡轮泵、出油阀、卸压阀等组成，如图 4-34 所示。

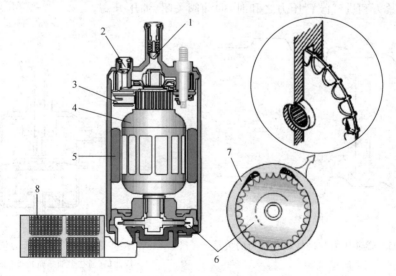

图 4-34 涡轮式电动汽油泵
1—出油单向阀；2—限压阀；3—电刷；4—电枢；5—磁铁；6—叶轮；7—泵体；8—进油滤网

汽油泵电动机通电时，电动机驱动涡轮泵叶轮 6 旋转，汽油由进油滤网 8 进入叶轮与泵体 7 之间的进油腔，位于叶轮外围沟槽前后的汽油因内摩擦作用产生压力差，由于叶轮很多沟槽产生的压力差循环往复作用，使汽油升压，汽油由进油腔沿旋转叶轮方向运动到出油腔,再通过电动机内部,经出油单向阀 1 流出。出油单向阀还可在油泵不工作时阻止汽油流回油箱,保持油路中有一定的残余压力,便于下次起动。

限压阀 2 的作用是当油泵中的汽油压力超过规定值(一般为 320kPa)时,油压克服泵体上限压阀弹簧的压力,将限压阀顶开,部分汽油返回到进油口一侧,使油压不致过高而损坏油泵。

涡轮式电动汽油泵运转噪声小,油压脉动小,使用寿命长;但汽油压力升高完全是由汽油的内摩擦实现,因此效率较低。

4. 燃油压力调节器

燃油压力调节器的功用是根据进气歧管压力的变化来调节进入喷油器的汽油压力,使两者保持恒定的压力差,一般为 250kPa,如图 4-35 所示,而且任意工况下喷油器的针阀升程一定,这样,喷油量只由喷油器通电时间长短控制,使 ECU 能通过控制喷油时间的长短来精确地控制喷油量。

燃油压力调节器一般位于燃油分配管的一端,其结构如图 4-36 所示。膜片 5 把金属壳体组成的内腔分为弹簧室和燃油室。弹簧室一侧通过管路 7 与进气歧管相通。膜片上方承受油压,膜片下方为歧管负压与弹簧压力之和。当输入的燃油压力高于弹簧预紧力与进气歧管压力之和时,汽油推动膜片向下压缩弹簧 6,打开回油阀 3,使部分汽油经回油口 2 流回油箱,油路中的油压降低;当歧管真空度增大时,膜片进一步下移,使回油阀开度增大,回油量增加,从而使汽油分配管内的油压略降,保持与变化了的歧管压力差值恒定;当汽油压力低于弹簧预紧力和进气歧管压力之和时,回油阀关闭,油压升高。

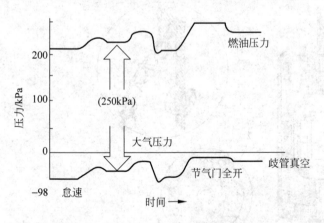

图 4-35 燃油压力与进气歧管压力的关系

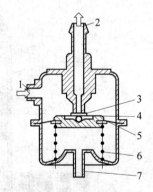

图 4-36 燃油压力调节器
1—进油口(通往燃油导轨);2—回油口(通往燃油箱);3—回油阀;4—回油阀支承板;5—膜片;6—弹簧;7—管路(通进气歧管)

5. 燃油导轨

燃油导轨的功用是将燃油均匀、等压地分配给各个喷油器,另外,还有储油蓄压的作用。

燃油导轨主要由汽油分配管、燃油压力调节器、油管等组成,如图 4-37 所示。燃油导轨的截面一般都比较大,其容积油量相对于发动机的喷油量来说要大很多,可以防止燃油压力波动,保证各缸喷油器的喷油量尽可能相等。

燃油导轨总成用螺栓安装在进气歧管下部的固定座上,与喷油器相连,并向喷油器分配燃油。

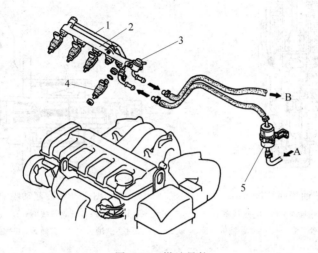

图 4-37 燃油导轨
1—油管;2—燃油导轨;3—汽油压力调节器;4—喷油器;5—汽油滤清器

6. 喷油器

电磁喷油器是电控燃油喷射系统的一个重要执行器,其功用是根据 ECU 发来的喷油脉冲信号,精确地计量燃油喷射量。

电磁喷油器按喷油器的喷口形式可分为轴针式、球阀式和片阀式 3 种,按电磁线圈阻值的不同可分为电流驱动式(低阻式)、电压驱动式(高阻式)两种。

轴针式电磁喷油器主要由针阀 6、电磁线圈 3、衔铁 5、回位弹簧 4、燃油滤网 1 和接线插头 2 等组成,如图 4-38 所示。当电磁线圈中无电流通过时,喷油器针阀在弹簧力的作用下紧压在锥形密封阀座上;当电磁线圈通电时,产生磁场力将衔铁连同针阀向上吸起,喷油口打开,燃油喷出。电控单元利用电脉冲的宽度来控制喷油器每次打开喷油的时间,从而控制喷油量。为了使燃油充分雾化,燃油通过精确设计的轴针头部环形间隙喷出,在喷油器头部前端燃油被粉碎雾化,与空气混合,在发动机进气行程中被吸入气缸。

7. 冷起动喷油器

冷起动喷油器的功用是发动机在低温冷起动时,向进气管喷入一定量附加的燃油,以加浓可燃混合气。

冷起动喷油器主要由电磁线圈、磁铁芯(与阀针制成一体)和弹簧等组成,如图 4-39 所示。当点火开关和热限时开关接通时,电磁线圈通电产生磁场,将阀门吸起离开阀座,燃油通过旋流式喷嘴喷出。冷起动喷油器的开启持续时间取决于发动机的温度,由热限时开关控制。

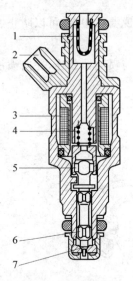

图 4-38 喷油器的结构
1—燃油滤网；2—接线插头；3—电磁线圈；
4—回位弹簧；5—衔铁；6—针阀；7—轴针

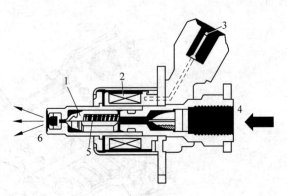

图 4-39 冷起动喷油器
1—针阀；2—电磁线圈；3—电源接头；
4—燃油入口；5—弹簧；6—喷嘴

热限时开关控制冷起动喷油器的喷油时间。它是一个中空的螺钉,安装在能感受到发动机冷却液温度的位置上。它主要由双金属片 3、加热线圈 4、触点 5 等组成,如图 4-40 所示。当低温起动发动机时,热限时开关触点闭合,冷起动喷油器电磁线圈电路导通,同时加热线圈也导通,对双金属片进行加热。在发动机冷却液和加热线圈的共同加热作用下,双金属片变形使触点分开,冷起动喷油器电磁线圈电路被切断,冷起动喷油器停止喷油。

现在,大多数电喷发动机上没有专门的冷起动喷油器。在发动机冷起动时,ECU 根据冷却液温度传感器的信号,适当延长主喷油器的喷油时间,从而增加冷起动时的喷油量。

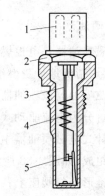

图 4-40 冷起动温度开关
1—电源接头；2—壳体；3—双金属片；4—加热线圈；5—触点

4.2.5 电子控制系统

电子控制系统由电控单元、各种传感器、执行器以及连接它们的控制电路所组成,如图 4-41 所示。不同车辆电控燃油喷射系统的功能、控制方式和控制电路不完全一样,但基本原理相同。

4.2.5.1 传感器

前面已经介绍了各种空气流量计和进气歧管绝对压力传感器,下面介绍其他传感器。

1. 发动机转速与曲轴位置传感器

发动机转速与曲轴位置传感器是发动机电控系统中重要的传感器之一,其作用是提供

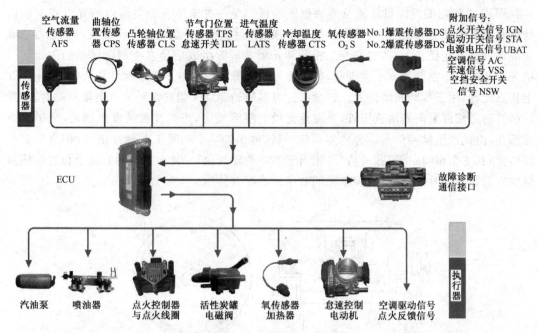

图 4-41 电子控制系统的组成

发动机转速信号和曲轴位置(活塞上止点)信号,是控制点火时刻和喷油时刻的重要信号源,二者通常制成一体,安装在曲轴前端、飞轮上、凸轮轴前端或分电器内。根据工作原理不同,发动机转速与曲轴位置传感器可分为电磁感应式、霍尔效应式和光电效应式三大类,其中电磁感应式应用最广。

图 4-42 所示是一种安装在曲轴上的电磁感应式发动机转速及曲轴位置传感器,其主要由永久磁铁、感应线圈 2 和信号齿盘 3 等组成。信号齿盘由曲轴带动旋转,利用轮齿靠近和离开感应线圈时,通过感应线圈的磁通量变化,从而在线圈中产生感应电动势。信号齿盘不停旋转,在感应线圈中就产生交变电压信号,发动机电控单元可以通过电压交变的变化频率来计算发动机的转速。另外,在信号齿盘上设置缺齿(2 个缺齿)4,用于识别曲轴位置(第一缸上止点位置),作为点火正时信号的参考基准。

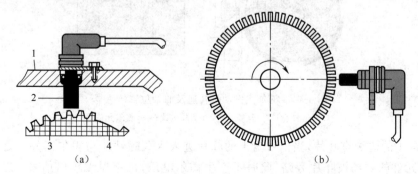

图 4-42 电磁感应式发动机转速和曲轴位置传感器(安装在曲轴上)
(a) 结构组成;(b) 工作原理
1—发动机机体;2—感应线圈;3—信号齿盘;4—缺齿

图4-43给出的发动机转速及曲轴位置传感器是一种安装在分电器内的光电式发动机转速及位置传感器,其主要由发光二极管2、光敏三极管1、转盘5等部件组成。传感器总成安装在分电器底板6上,两对发光二极管和光敏三极管组成信号发生器。转盘的边缘均匀地开有360个小细缝和6个大细缝,其中在6个大缝隙中有一个缝隙尺寸较大,对应于一缸上止点位置,用于判断曲轴位置。转盘由分电器转轴驱动。当转盘随分电器轴转动时,发光二极管通过细缝射向光敏三极管,光源使光敏三极管导通,当光线被转盘遮挡时,光敏三极管截止,由此产生脉冲信号。分电器每转一转,输出360个相间1°的脉冲信号(相当于2°曲轴转角)和6个相间60°的脉冲信号(相当于120°曲轴转角)。光电式曲轴转速及位置传感器输出矩形脉冲信号,适合与电控单元的数字系统配合使用。

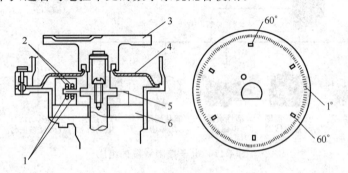

图4-43 光电式发动机转速及曲轴转速与位置传感器(安装在分电器上)
1—光敏三极管;2—发光二极管;3—分火头;4—密封盖;5—转盘;6—分电器底板

图4-44所示是一种霍尔式发动机转速及曲轴位置传感器,其主要由霍尔元件、永久磁铁和带缺口的信号盘组成。霍尔元件是带有集成电路的半导体片。当把霍尔元件置于磁场中并通以电流,且使电流方向与磁场方向垂直时,霍尔元件将在垂直于电流及磁场方向产生霍尔电压,这一现象称为霍尔效应。改变磁场强度可以改变霍尔电压的大小,磁场消失,霍尔电压为零。

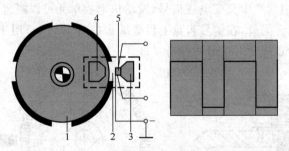

图4-44 霍尔式发动机转速及曲轴位置传感器
1—信号盘;2—气隙;3,4—永久磁铁;5—霍尔元件

信号盘1的边缘有叶片,当信号盘上的叶片进入永久磁铁4与霍尔元件5之间的气隙2时,霍尔元件的磁场被叶片旁路,此时不产生霍尔电压,传感器无输出信号;当信号盘的叶轮缺口部分进入永久磁铁和霍尔元件之间的气隙时,霍尔电压升高,传感器输出电压信号。霍尔式发动机转速与曲轴位置传感器输出的信号是矩形脉冲,通过传感器输出的矩形脉冲信号数量判断发动机转速,通过不同结构叶片产生的电压脉冲信号判断曲轴位置。霍

尔式传感器适用于电控单元的数字系统,其信号电压大小与发动机转速无关,在发动机低转速状态下仍可获得较高的检测精度。

2. 冷却液温度传感器

冷却液温度传感器用来检测发动机的热状态,该值作为喷油量和点火正时的修正量。其信号输入 ECU,用来对基本喷油量进行修正。在急速时,其信号是 ECU 控制急速转速的主要信号源。常见的冷却液温度传感器是半导体热敏电阻式,见图 4-45。它是利用半导体材料的电阻随温度变化而变化的特性制成的。其灵敏度高,有负温度特性和正温度特性两种。负温度特性是指温度升高时,电阻值降低;正温度特性是指电阻值随温度升高而增大。

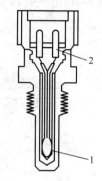

图 4-45 半导体热敏电阻式冷却液温度传感器
1—热敏电阻;2—电插头

3. 进气温度传感器

进气温度传感器(见图 4-46)一般安装在空气流量计上,测量空气温度的变化,以确定空气的密度,进而获得较精确的空气质量流量及空燃比。进气温度传感器也常采用负温度系数(NTC)的热敏电阻,进气温度上升时电阻减小。其构造与工作原理与冷却液温度传感器类似。ECU 通过信号识别电阻阻值变化情况判断进气温度的变化,从而修正喷油量和点火提前角。

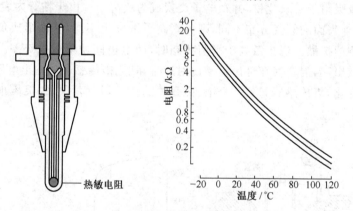

图 4-46 进气温度传感器

4. 氧传感器

氧传感器安装在排气管上,与三元催化转化器同时使用,三元催化转化器的转化效率与混合气的空燃比有关,只有当空燃比在理论空燃比的附近区域时,三元催化转化器的转化效率才会有效提高。所以在装有三元催化转化器的发动机上,普遍采用氧传感器进行空燃比闭环控制。氧传感器一般安装在排气管内三元催化转化器之前,用来检测排气中的氧气含量,以确定空燃比是浓还是稀,向 ECU 发出反馈信号,发动机根据此信号调节喷油量,把空燃比控制在目标空燃比的范围内。有的发动机有两个氧传感器,另一个安装在三元催化转化器后,用以检测其催化转化效率。目前使用的氧传感器主要有氧化锆式和氧化钛式两种,应用最多的是氧化锆式氧传感器。

氧化锆式氧传感器的基本元件是专用陶瓷体,即氧化锆(ZrO_2)固体电解质,其结构如

图 4-47 所示。陶瓷体制成的锆管固定在带有安装螺纹的固定套中,其内表面与大气相通,外表面与排气接触。锆管内外表面都覆盖着一层多孔性的铂膜作为电极。为了防止废气中的杂质腐蚀铂膜,在锆管外表的铂膜上覆盖有一层多孔的陶瓷层,并且还加装了一个防护套管,套管上开有槽口。氧传感器的接线端有一个金属护套,其上开有一孔,用于锆管内表面与大气相通,电线将锆管内表面铂极经绝缘套从传感器引出。

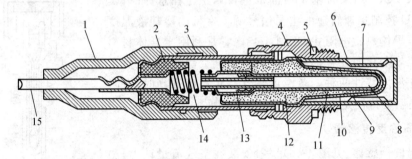

图 4-47　氧化锆式氧传感器的结构

1—护罩；2—陶瓷绝缘体；3—空气入口；4—壳体；5—衬垫；6—保护管；7—排气入口；
8—空气侧；9—排气侧；10—外电极；11—内电极；12—锆管；13—接触套管；14—接触
弹簧；15—导线

氧化锆式氧传感器的工作原理和输出特性如图 4-48 所示。当锆管接触氧气时,氧气透过多孔铂膜电极吸附于二氧化锆,并经电子交换成为负离子。由于锆管内表面通大气,外表面通排气,其内外表面的氧气分布不同,则负氧离子浓度也不同,从而形成负氧离子由高浓度侧向低浓度侧的扩散。当扩散处于平衡状态时,两电极间便形成电势差。由氧传感器的输出特性可以看出,当混合气在理论空燃比附近时,氧化锆传感器的输出电压会随着空燃比的改变而急剧变化,氧传感器起到一个浓、稀开关的作用,从而可以很灵敏地给出相应的控制信号。

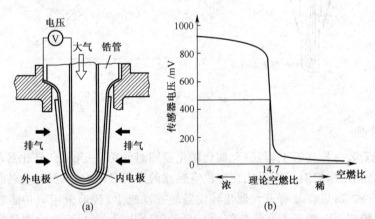

图 4-48　氧化锆式氧传感器的工作原理和输出特性
（a）工作原理；（b）输出特性

5. 爆震传感器

爆震传感器的功用是检测发动机有无爆震的倾向,并将爆震信息转换为电压信号送入 ECU,实现点火正时的控制。

发动机爆震的检测方法有以下3种：气缸压力法、发动机机体振动法、燃烧噪声法。气缸压力检测法的检测精度最高，但存在传感器的耐久性差和难以安装的问题。燃烧噪声检测法是非接触式的，其耐久性很好，但检测精度和灵敏度偏低。目前，最常用的是发动机机体振动法。

采用发动机机体振动法的爆震传感器有磁致伸缩式和压电式两种，压电式又分共振型和非共振型。

1) 磁致伸缩式爆震传感器

磁致伸缩式爆震传感器一般安装在发动机机体上，其结构见图4-49(a)。由高镍合金组成的磁芯2外侧设有永久磁铁3，在其周围缠绕着感应线圈5，磁芯受振偏移使感应线圈内磁力线发生变化，根据电磁感应原理，通过线圈的磁通变化时，线圈将产生感应电动势，此电动势即爆震传感器的输出电压信号。输出电压信号的大小与发动机振动频率有关，当传感器固有频率与设定爆震强度时发动机的振动频率产生谐振时，传感器将输出最大电压信号，其信号输出特性见图4-49(b)。

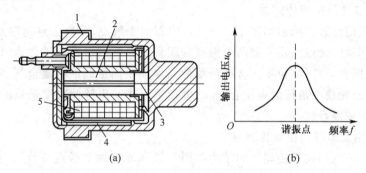

图4-49　磁致伸缩式爆震传感器
(a) 结构；(b) 输出特性
1—外壳；2—磁芯；3—永久磁铁；4—网盖；5—感应线圈

2) 压电式爆震传感器

压电式爆震传感器的结构如图4-50(a)所示，它由与爆震几乎具有相同共振频率的振荡片和能够检测振动压力并将其转换成电信号的压电元件构成。传感器中压电元件1紧密地贴合在振荡片2上，振荡片则固定在传感器的基座3上。振荡片随发动机的振动而振荡，波及压电元件，使其变形产生电压信号，向ECU输出。当发动机爆震时，其振动频率与振荡片的固有频率相符合时，振荡片产生共振，此时，压电元件产生最大输出电压信号。图4-50(b)所示为压电式爆震传感器的输出特性。

6. 节气门位置传感器

节气门位置传感器的功用是检测节气门开度的大小，并将节气门开度信号转变成电信号，传输给ECU。ECU根据节气门开度或节气门开闭的快慢程度，得到发动机负荷工作状况及汽车是在加速或减速的信息，并根据这些信息确定喷油量、喷油正时和最佳点火提前角。节气门位置传感器安装在节气门体上，与节气门轴联动。

节气门位置传感器主要有线性输出型、开关型及综合型（开关＋线性可变电阻）3种。

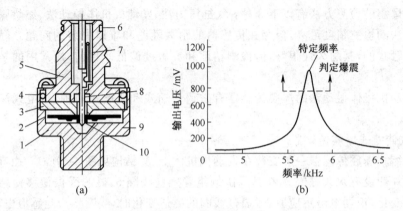

图 4-50 压电式爆震传感器

(a) 结构；(b) 输出特性

1—压电元件；2—振荡片；3—基座；4,6—O形密封圈；5—连接器；7—接头；8—密封剂；9—外壳；10—引线端

1) 开关型节气门位置传感器

开关型节气门位置传感器如图 4-51 所示，内有两个触点，分别为怠速触点和全负荷触点。与节气门同轴的接触凸轮控制两个触点的闭合或断开。当发动机怠速时，节气门接近关闭，怠速触点闭合，这时电控单元将指令喷油器增加喷油量以加浓混合气。全负荷时，节气门全开，接触凸轮使全负荷触点闭合，这时电控单元将输出脉冲宽度最长的电脉冲信号，以实现全负荷加浓混合气。

2) 线性输出型节气门位置传感器

线性输出型节气门位置传感器的结构如图 4-52 所示。两个触点与节气门轴联动，一个触点可在电阻上滑动，利用电阻的变化将节气门位置信号转换成电压值。这个电压呈线性变化，所以传感器叫作线性输出型节气门位置传感器。根据该线性电压值，ECU 可感知节气门的开度，使 ECU 进行喷油量修正。另一个触点在节气门全关闭时与怠速触点接触，怠速信号用来断油和控制点火提前角。

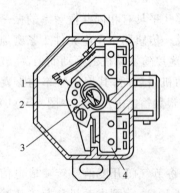

图 4-51 开关型节气门位置传感器

1—全负荷触点；2—接触凸轮；
3—节气门轴；4—怠速触点

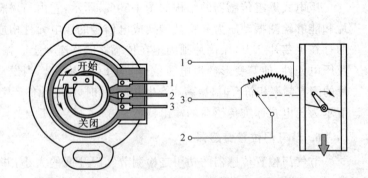

图 4-52 线性输出型节气门位置传感器

1—搭铁；2—节气门开度输出电压；3—基准电压

4.2.5.2 电子控制器

电子控制器又称电子控制单元(electronic control unit,ECU),是发动机电控系统的核心,它主要由中央处理器(CPU)、随机存取存储器(RAM)、只读存储器(ROM)、输入和输出接口电路、驱动电路和固化在 ROM 中的发动机控制程序和原始数据等组成,见图 4-53。

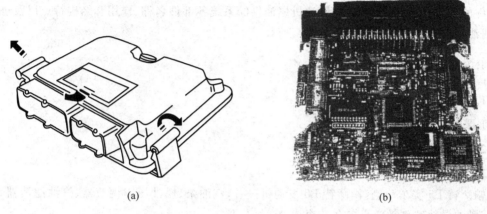

图 4-53 电控单元
(a) 外形;(b) 内部结构

在电控单元中,输入回路对各种输入信号进行预处理,一般包括除去杂波、把正弦波转换成矩形波及电平转换等。数字计算机只能处理数字信号,A/D 转换器将模拟信号转换成数字信号,再输入给微机进行处理。微机是发动机电控系统的神经中枢,它主要由中央处理器(CPU)、随机存取存储器(RAM)、只读存储器(ROM)、输入输出接口(I/O)等组成。微机根据需要把各种传感器送来的信号用内存的程序和数据进行运算处理,并把处理结果(如喷油脉冲信号、点火控制信号等)送往输出电路。输出电路是微机与执行器之间的连接部分,它将微机发出的控制指令转变成控制信号来驱动执行器工作,起着控制信号生成和放大等作用。微机输出的是数字信号,而且输出信号很小,用这种信号一般不能直接驱动执行器工作,需要输出电路将其转换成可以驱动执行器工作的控制信号,如喷油器驱动信号、点火控制信号、燃油泵控制信号等,其原理如图 4-54 所示。

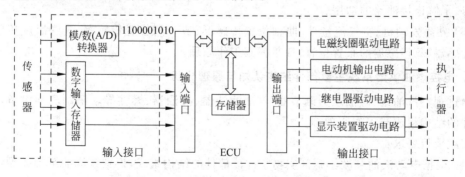

图 4-54 发动机电子控制器的组成框图

4.2.6 汽油机燃油供给系统实践训练

4.2.6.1 实践目的

通过电控汽油机燃油供给系统实践训练,能够让学生熟悉电控汽油发动机的组成和主要部件的工作原理,并掌握电控汽油机燃油供给系统各部件名称、作用和结构特点以及进油路、回油路流动走向。

4.2.6.2 实践准备

1. 课时安排

1 课时。

2. 实践设备

1) 仪器设备

帕萨特 B5 实车一辆,帕萨特 B5 发动机一台,汽油泵、燃油压力调节器、汽油滤清器、喷油器、燃油导轨解剖教学设备各一个。

2) 实践工具

两柱举升机一台。

4.2.6.3 实践内容及要求

1. 电控燃油供给系统认知

通过观察分析帕萨特 B5 实车和帕萨特 B5 发动机总成,掌握燃油供给系统主要部件的布置位置,熟悉油路的流动走向,掌握燃油供给系统主要传感器的布置位置及原理。

实践项目要求:

(1) 通过观察帕萨特 B5 实车和帕萨特 B5 发动机总成,掌握燃油供给系统油路的流动走向。

(2) 能够识别汽油油箱、汽油泵、燃油压力调节器、汽油滤清器、喷油器、燃油导轨的布置位置,了解连接油路的功用。

(3) 熟悉发动机、空气流量计、曲轴位置传感器、节气门位置传感器、进气温度传感器、爆震传感器、氧传感器的布置位置,并掌握其工作原理。

2. 电控燃油供给系统主要部件结构认知与原理分析

通过观察汽油泵、燃油压力调节器、汽油滤清器、喷油器、燃油导轨解剖教学设备,掌握该部件的结构组成与工作原理。

实践项目要求:

(1) 根据电动汽油泵教学解剖实物掌握该部件的结构组成,识别该汽油泵的类型,掌握其工作原理。

(2) 根据燃油压力调节器实物,掌握油路与真空管路的布置位置,熟悉其工作原理。

(3) 根据电磁喷油器解剖实物,掌握喷油器基本结构组成,熟悉喷油器的工作原理。

4.3 柴油机燃油供给系统

4.3.1 柴油的使用性能

柴油是在260～350℃的温度范围内从石油中提炼出来的,主要由碳、氢和部分氧组成。柴油按馏分轻重分为重柴油和轻柴油两种,其中重柴油适用于1000r/min以下的中、低速柴油机,轻柴油则适用于1000r/min以上的高速柴油机。

轻柴油按凝点可分为10号、5号、0号、-10号、-20号、-35号和-50号等7个牌号,根据国家标准的要求,选用柴油牌号应遵照以下原则:

10号轻柴油适用于有预热设备的柴油机,5号轻柴油适用于风险率为10%的、最低气温在8℃以上的地区使用,0号轻柴油适用于风险率为10%的、最低气温在4℃以上的地区使用,-10号轻柴油适用于风险率为10%的、最低气温在-5℃以上的地区使用,-20号轻柴油适用于风险率为10%的、最低气温在-14℃以上的地区使用。

柴油的主要评价指标有发火性、蒸发性、流动性、安定性、闪点和黏度等。

(1) 发火性 指柴油的自燃能量,用十六烷值评定。柴油十六烷值越高,发火性越好,容易自燃。我国标准规定,普通柴油的十六烷值不小于45。

(2) 蒸发性 指柴油蒸发汽化的能力,用馏程表示。柴油馏程采用50%、90%及95%蒸发温度。50%蒸发温度越低,说明柴油中的轻质馏分越多,发动机容易起动;但同时也会使柴油机工作粗暴。90%和95%蒸发温度表示柴油中的重质馏分多少,对发动机的功率、油耗及排放有重大影响。

(3) 闪点 指柴油在一定试验条件下,当柴油蒸气与周围的空气形成混合气并接近燃烧时,开始出现闪火的温度。闪点低,柴油的蒸发性好。闪点也是柴油运输安全性的一个重要指标。

(4) 低温流动性 用柴油的凝点与冷滤点评价它的低温流动性。凝点是指柴油失去流动性开始凝固的温度。冷滤点是指在特定的实验条件下,在1min内柴油开始不能流过过滤器20mL时的最高温度。一般柴油的冷滤点比凝点高4～6℃。

(5) 黏度 是评价柴油稀稠度的一项指标,与柴油的流动性有关。黏度随温度而变化,当温度升高时,黏度减小,流动性增强;反之,当温度降低时,黏度增大,流动性减弱。

(6) 安定性 柴油安定性是指柴油的化学稳定性,即在储存过程中抗氧化性能的强弱。

4.3.2 柴油机燃油供给系统概述

4.3.2.1 柴油机燃烧特点及混合气混合方式

柴油机工作时,其可燃混合气的形成与燃烧条件要比汽油机差得多。在进气行程中,进入气缸的是纯空气,在压缩行程接近终了时,才将高压的柴油喷入燃烧室,喷油持续时间只占15°～35°曲轴转角,所形成的可燃混合气很不均匀,在燃烧室的不同区域以及不同时期,可燃混合气的浓度相差都很大。因此在柴油机燃烧过程中柴油混合气大多处于边混合边燃烧的过程。

1. 柴油机燃烧过程

柴油机燃烧过程非常复杂,为了便于分析和揭示燃烧过程的规律,通常将这一连续的燃烧过程分为四个阶段,即着火延迟期(又称为滞燃期)、速燃期、缓燃期和后燃期,如图 4-55 所示。

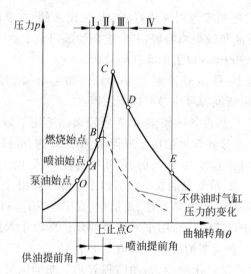

图 4-55 柴油机缸内压力曲线

Ⅰ—着火延迟期;Ⅱ—速燃期;Ⅲ—缓燃期;Ⅳ—后燃期

1) 着火延迟期Ⅰ

滞燃期是指喷油始点 A 与燃烧始点 B 之间的曲轴转角。从柴油开始喷入气缸时起到着火开始为止的这一段时期称为着火延迟期(滞燃期)。着火延迟期内,燃烧室内的混合气进行着物理和化学准备过程,物理准备过程包括燃油的破碎、蒸发、汽化和混合,化学准备过程包括混合气的先期化学反应直至开始自燃。这个阶段的特点是压力曲线并没有偏离压缩线。

影响着火延迟期长短的主要因素有:喷油时缸内的温度和压力越高,则着火延迟期越短;柴油的自燃性较好(十六烷值较高),着火延迟期较短。

2) 速燃期Ⅱ

速燃期是指 B、C 两点间的曲轴转角。从 B 点起,火焰自火源迅速向各处传播,使燃烧速度迅速上升,直至压力达到 C 点所表示的最高值为止。在此期间,早已喷入但尚未来得及蒸发的柴油,以及在燃烧开始后陆续喷入的柴油便能在已燃气体的高温作用下,迅速蒸发、混合和燃烧。

速燃期的燃烧情况与滞燃期的长短有关。一般情况下,滞燃期越长,在气缸内形成的能够发生燃烧的油气混合气就越多,从而在燃烧开始后气缸压力会急剧上升。

3) 缓燃期Ⅲ

缓燃期是指从最高压力点 C 起到最高温度点 D 为止的曲轴转角。在此阶段,开始燃烧很快,但由于氧气减少,废气增加,化学反应速度下降,故燃烧越来越慢,但燃气温度却能继续升高到 1973～2273K。缓燃期内,通常喷油已结束。

4）后燃期Ⅳ

后燃期是指从 D 点开始,燃烧在逐渐恶化的条件下到燃烧结束为止(E 点)。后燃期的终点很难准确地确定,一般当放热量达到当前循环总放热量的 95%～99% 时,即可认为后燃期结束。由于发动机在高速运转过程中的缸内燃烧时间非常短促,混合气又不太均匀,总有少量燃油拖延到膨胀过程中继续燃烧。特别在高速、高负荷工况下,因过量空气系数小,混合气形成和燃烧的时间更短,造成的后燃现象就更为严重。在后燃期中,由于活塞下行了一段距离,气缸内的容积增大很多,缸内压力和温度迅速下降,故燃烧速度很慢,所释放出来的热量很难有效利用,并且还会造成排气温度升高,导致散热损失增大,对柴油机的经济性不利。此外,后燃还会增加周围零部件的热负荷。因此,应尽量缩短后燃期。

从图 4-55 可以看出,在柴油机压缩和做功的过程中,气缸内压力 P 随曲轴转角 θ 变化的关系曲线。当曲轴转到相应于上止点前的 O 点的位置时,喷油泵开始供油。在曲轴转到相应于稍后一些的 A 点的位置时开始喷油。O 点与上止点之间的曲轴转角称为供油提前角。而 A 点与上止点之间的曲轴转角则称为喷油提前角。喷入气缸内的柴油要在曲轴已转到 B 点的位置时才开始着火燃烧。

2. 混合气的混合方式

柴油机所用的燃料(柴油)黏度较大,不易挥发,必须借助喷油设备(喷油泵和喷油器等)将柴油在接近压缩行程终了的时刻,通过高压以细小的油滴形式喷入气缸,与高温高压的热空气混合,经过一系列的物理化学准备,然后着火燃烧。故柴油机是采用内部混合的方式形成可燃混合气的。

柴油机可燃混合气的形成时间极为短促,这就给柴油机中柴油与空气的良好混合和完全燃烧带来很大困难。而且喷油与燃烧重叠,出现边燃烧、边喷油、边混合的情况。因此混合气形成过程很复杂。

柴油机混合气的形成方式从原理上分为空间雾化混合和油膜蒸发混合两种。

1）空间雾化混合

将燃油喷向燃烧室空间,形成雾状,雾状油滴在高温空气中吸收热量的同时发生蒸发和扩散,与空气形成混合气。为了使混合均匀,要求喷出的燃油与燃烧室形状相配合,并利用燃烧室中空气的运动与其混合。

2）油膜蒸发混合

将大部分燃油喷到燃烧室壁面上,致使在其壁面形成一层油膜,油膜受热汽化蒸发,在燃烧室中强烈的涡流带动下,燃油蒸气与空气形成混合比较均匀的可燃气体。这一混合方式中起主要作用的因素是燃烧室的壁面温度、空气相对的运动速度和油膜的厚度。

4.3.2.2 柴油机燃油供给系统的组成与原理

柴油机燃油供给系统主要由低压供给油路和高压供给油路两部分组成,如图 4-56 所示。其中低压油路主要包括油箱、低压油管、输油泵、柴油滤清器、油水分离器和回油管等,高压油路主要包括喷油泵、高压油管、喷油器等。为了保障柴油机燃油供给系统供油量符合发动机的工作需求,即供油量应随发动机转速与负荷的变化进行调节,柴油机供给系统还包含调速器与供油提前器两个供油调节装置。

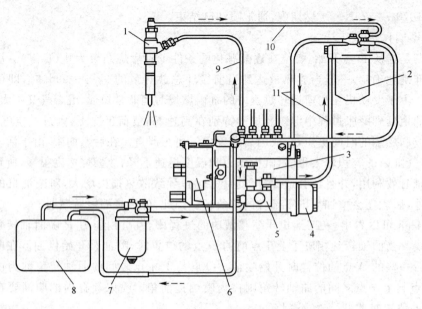

图 4-56 燃油供给系统的组成
1—喷油器；2—柴油滤清器；3—喷油泵；4—喷油提前器；5—输油泵；6—调速器；
7—油水分离器；8—油箱；9—高压油管；10—回油管；11—低压油管

发动机工作时，输油泵 5 从油箱 8 内将柴油吸出，经油水分离器 7 和柴油滤清器 2 过滤后，提供给喷油泵 3。输油泵将柴油进行初次加压，将柴油压力提高到 0.15~0.3MPa，送至喷油泵，喷油泵将柴油再次加压，将柴油压力提高至 10MPa 以上，最后通过高压油管 9 将高压柴油输送给喷油器 1，喷油器将柴油以雾状喷入燃烧室与空气混合后自行着火燃烧。输油泵供给的多余柴油以及喷油器顶部回油孔流出的少量柴油，都经回油管 10 流回油箱。

柴油机燃料供给系统除了上述燃油供给装置外，还包括空气供给系统、可燃混合气形成装置及排气装置。空气供给装置由空气滤清器、进气歧管和进气总管组成，有的柴油发动机还装有增压器及中冷器；可燃混合气形成装置为柴油机燃烧室，排气装置主要由排气总管、排气歧管及消声器组成。

4.3.3 柴油机燃油供给系统主要部件的结构与原理

4.3.3.1 输油泵

输油泵的主要功能是将柴油从油箱中吸出，并适当增加压力，以克服燃油供给系统管路和滤清的阻力，保证连续不断地向喷油泵输送足够数量的柴油。输油泵的输油量一般为喷油泵全负荷供油量的 3~4 倍。

输油泵根据结构不同，常见的有膜片式、叶片式、齿轮式和活塞式等几种。其中膜片式和叶片式输油泵分别作为分配式喷油泵的一级和二级输油泵，而活塞式输油泵则与柱塞式输油泵配套使用。

1. 活塞式输油泵

活塞式输油泵安装在柱塞式喷油泵的侧面,并由喷油泵凸轮轴上的偏心轮驱动,其结构如图 4-57 所示。柴油由喷油器进油管接头 1 进入输油泵,由出油管接头 10 流出输油泵。在进油管接头左方有进油单向阀 3,在出油管接头下方有出油单向阀 14。手压泵拉钮 9 通过手压泵杆 7 与手压泵活塞 6 相连。滚轮 15 受喷油泵凸轮轴驱动,滚轮通过输油泵挺柱 17、输油泵推杆 19 与输油泵活塞 20 相连,输油泵活塞下方有活塞弹簧 21。

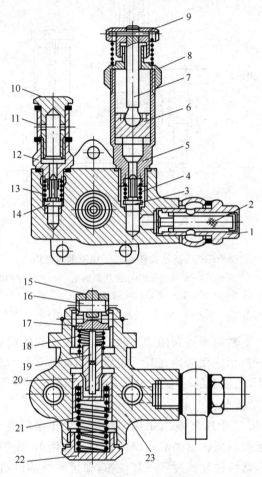

图 4-57 活塞式输油泵

1—喷油器进油管接头;2—滤网;3—进油单向阀;4—进油单向阀弹簧;5—手压泵体;6—手压泵活塞;7—手压泵杆;8—手压泵盖;9—手压泵拉钮;10—出油管接头;11—保护套;12—接头;13—出油单向阀弹簧;14—出油单向阀;15—滚轮;16—滚轮销;17—输油泵挺柱;18—输油泵推杆弹簧;19—输油泵推杆;20—输油泵活塞;21—活塞弹簧;22—螺塞;23—输油泵体

活塞式输油泵的工作原理如图 4-58 所示。

其工作原理说明如下:当喷油泵凸轮轴 13 转动时,在偏心轮 14 和活塞弹簧 17 的共同作用下,输油泵活塞 16 在输油泵体 15 内作往复运动。当输油泵活塞在活塞弹簧的作用下向上运动时,A 腔容积增大,产生真空,进油单向阀 6 开启,出油单向阀 7 关闭,柴油经进油口被吸入 A 腔,完成吸油。与此同时,B 腔容积缩小,其中的柴油压力增高,B 腔中的柴油经出油口被压出,送往燃油滤清器,完成泵油。反之,当偏心轮 14 推动滚轮 12、挺柱 11 和推杆 9,使输油泵活塞向下运动时,A 腔油压增高,进油单向阀关闭,出油单向阀开启,柴油从 A 腔流入 B 腔,为下次吸油及泵油做好准备。

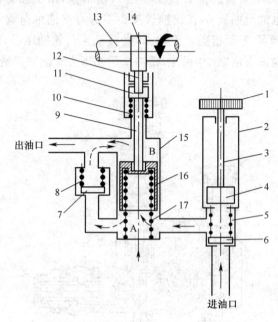

图 4-58　活塞式输油泵工作原理示意图

1—手压泵拉钮；2—手压泵体；3—手压泵杆；4—手压泵活塞；5—进油单向阀弹簧；6—进油单向阀；7—出油单向阀；8—出油单向阀弹簧；9—推杆；10—推杆弹簧；11—挺柱；12—滚轮；13—喷油泵凸轮轴；14—偏心轮；15—输油泵体；16—输油泵活塞；17—活塞弹簧

若输油泵油量减少,或燃油滤清器阻力过大,则使 B 腔油压提高。当活塞弹簧的弹力恰好与 B 腔的油压平衡时,活塞便滞留在某一位置而不能回到其行程的上止点处。在这种情况下,活塞的行程减小,输油泵的输油量自然减少,从而限制了油压的继续升高,即实现了输油量与供油压力的自动调节。

手压泵由手压泵拉钮 1、手压泵体 2、手压泵杆 3 及手压泵活塞 4 等组成。其作用是柴油机长期停放后,重新起动时向燃油供给系统内供油。使用前,先将喷油泵放气螺钉拧开,再将手压泵的拉钮旋开,然后往复抽按手压泵拉钮,即可向燃油供给系统内供油,并将其中的空气驱除干净,之后拧紧放气螺钉,旋紧手压泵拉钮,再行起动发动机。

2. 叶片式输油泵

叶片式输油泵普遍应用在柴油机分配式喷油泵上,其主要由输油泵体、输油泵盖、转子和叶片等零件组成。叶片式输油泵的工作原理如图 4-59 所示。输油泵转子 2 与喷油泵驱动轴通过半圆键连接,并由分配泵驱动轴驱动。四个叶片分别安装在转子的四个叶片槽内,转子偏心地安装在输油泵体的内孔中,在转子和输油泵体之间形成弯月形工作腔,并被四个叶片分隔成四个工作室。当转子旋转时,由于工作室的容积不断地由小变大或由大变小,从而产生吸油或压油的作用,来自油箱的柴油进入输油泵,经输油泵提高压力后向喷油泵供油。

叶片式输油泵出口油压随发动机转速增高而增大,为了保持油压稳定,在输油泵出口装设有调压阀1,当出口油压超过调压阀的规定压力时,多余的柴油由调压阀流回输油泵入口。

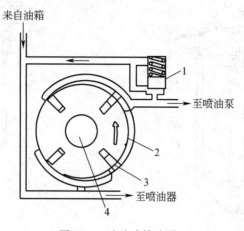

图 4-59　叶片式输油泵
1—调压阀；2—转子；3—叶片；4—驱动轴

4.3.3.2　燃油滤清器

燃油滤清器的功用是滤除柴油中的杂质。对滤清器的基本要求是阻力小、寿命长、过滤效率高。燃油滤清器的过滤性能对燃油供给系统,尤其是对喷油泵和喷油器中的精密偶件的工作可靠性和使用寿命有很大影响。

燃油滤清器有粗细之分。柴油粗滤器一般安装在输油泵之前,用来清除柴油中颗粒较大的杂质,常见的粗滤器滤芯有金属缝隙式、片式、网式等几种。柴油细滤器一般安装在输油泵之后,用来滤除柴油中微小的颗粒杂质,常用的滤芯有毛毡式、金属网式和纸质式。

目前纸质滤芯由于具有滤除效果好、成本低、使用寿命长的特点被广泛应用。纸质滤芯燃油滤清器的结构如图 4-60 所示。来自输油泵的柴油从进油口 5 进入滤清器壳体 6 与纸质滤芯 7 之间的空隙,经过滤芯过滤后,由中心杆 8 经出油口 3 流出。在滤清器盖上设有限压阀 2,当油压超过 0.1~0.15MPa 时,限压阀开启,多余的柴油自进油口经限压阀直接返回油箱。

4.3.3.3　油水分离器

油水分离器的功用是去除柴油中的水分,在一些柴油机上,安装于燃油箱与输油泵之间。油水分离器的结构如图 4-61 所示,其主要由手压膜片泵 1、液面传感器 5、浮子 6、分离器壳体 7 和分离器盖 8 等组成。

来自油箱的柴油经进油口 2 进入油水分离器,并经出油口 9 流出。柴油中的水分在分离器内从柴油中分离出来并沉积在分离器壳体 7 底部,实现油水分离。浮子 6 随着积水的增多而上浮,当浮子到达规定的放水水位 3 时,液面传感器 5 将电路接通,仪表板上的报警灯发出放水信号,这时,驾驶员应及时旋松放水塞 4 放水。手压膜片泵 1 供放水和排气时使用。

第一篇　汽车发动机

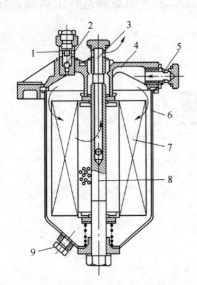

图 4-60　纸质滤芯燃油滤清器
1—旁通孔；2—限压阀；3—出油口；4—滤清器盖；
5—进油口；6—滤清器壳体；7—纸质滤芯；8—中心
杆；9—放油塞

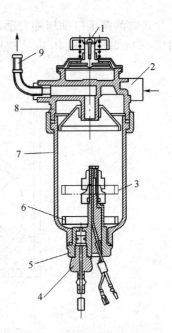

图 4-61　油水分离器
1—手压膜片泵；2—进油口；3—放水水位；4—放
水塞；5—液面传感器；6—浮子；7—分离器壳体；
8—分离器盖；9—出油口

4.3.3.4　喷油泵

喷油泵是柴油供给系统中最重要的零部件，它的性能和质量对柴油机的影响极大。喷油泵的功能是根据柴油机的运行工况和各缸的工作顺序，定时、定压和定量地向喷油器输送高压柴油，并且能够保证发动机各缸的供油量相等、供油迅速、停油干脆、不发生滴漏。

车用柴油机的喷油泵按其工作原理不同可以分为柱塞式喷油泵、喷油泵-喷油器和转子分配式喷油泵 3 种类型。柱塞式喷油泵应用历史较长、性能良好、工作可靠，目前广泛应用在大多数柴油机上，根据其功用不同主要有 A、B、P、Z 系列。A、B 系列喷油泵的基本结构相同，均为直列柱塞式喷油泵的传统结构。P 型喷油泵采用不开侧窗口的箱式封闭泵体，使喷油泵结构得到强化，喷油压力大大提高。喷油泵-喷油器是将喷油泵和喷油器合为一体，直接安装在发动机气缸盖上，可以消除高压油管带来的不利影响，但要求发动机上另加驱动机构。PT 燃油供给系统属于该种类型。转子分配式喷油泵具有体积小、质量轻、成本低、使用方便的特点，广泛应用在小型柴油机汽车上，根据结构不同有 VE、PDA 系列。

1. 柱塞式喷油泵

柱塞式喷油泵目前在柴油机上应用最为广泛，其主要由泵油机构、供油量调节机构、传动机构和喷油泵体等部分组成。下面主要以 A 型柱塞式喷油泵为例讲述其基本结构与原理，其结构如图 4-62 所示。

1）喷油泵泵体

喷油泵泵体是喷油泵的基础零件，泵油机构、供油量调节机构和驱动机构等都安装在喷

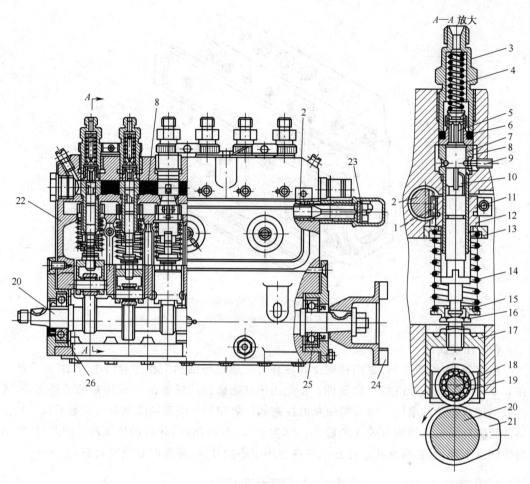

图 4-62 A 型柱塞式喷油泵

1—齿圈；2—供油量调节齿杆；3—出油阀压紧座；4—出油阀弹簧；5—出油阀；6—出油阀座；7—柱塞套；8—低压油腔；9—定位螺钉；10—柱塞；11—齿圈夹紧螺钉；12—油量调节套筒；13,15—上、下柱塞弹簧座；14—柱塞弹簧；16—供油定时调节螺钉；17—挺柱；18—滚轮销；19—滚轮；20—喷油泵凸轮轴；21—凸轮；22—喷油泵体；23—供油量调节齿杆保护螺钉；24—联轴器从动盘；25,26—轴承

油泵体上，它在工作中承受较大的作用力。因此，泵体应有足够的强度、刚度和良好的密封性。此外，还应该便于拆装、调整和维修。

A 型喷油泵泵体采用整体式结构，由铝合金铸造而成，泵体侧开有窗口，底部用盖板封闭，侧盖和底盖均用螺栓固定。在泵体下部及调速器壳体内腔中装有润滑油，润滑油可单独加注，也可与发动机润滑系统相通，依靠润滑油的飞溅实现喷油泵传动机构和调速器内各零件的润滑。A 型柱塞喷油泵泵体的结构如图 4-63 所示。

2）泵油机构

柱塞式喷油泵的泵油机构是根据发动机的做功顺序依次向各缸的喷油器提供高压的柴油。其主要由若干个分泵组成，分泵数与气缸数相同。多个分泵共用一个喷油泵体和一根凸轮轴。每个分泵主要由柱塞偶件（柱塞和柱塞套）、柱塞弹簧、上、下柱塞弹簧座、出油阀偶件（出油阀和出油阀座）、出油阀弹簧、减容器及出油阀压紧座组成。

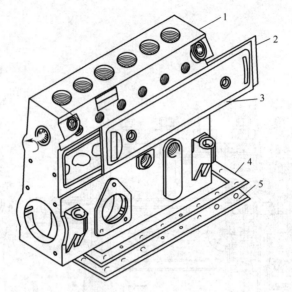

图 4-63 A 型柱塞喷油泵泵体
1—喷油泵泵体；2,4—衬垫；3—侧盖；5—底盖

（1）柱塞偶件

柱塞偶件（见图 4-64）是由柱塞 1 和柱塞套 2 通过精细加工和配对研磨，使其配合间隙在 0.0015～0.0025mm 的精密偶件。正是由于柱塞偶件的精密配合及柱塞的高速运动，才得以实现对燃油的增压。每台喷油泵的柱塞偶件数和与其配套的柴油机气缸数相同。柱塞偶件间隙对柴油机性能有较大的影响。间隙过大，容易漏油，导致油压下降；间隙过小，对偶件润滑不利，且容易卡死。柱塞偶件在使用中不能互换，修理时必须成对更换。

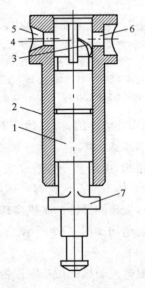

图 4-64 柱塞偶件
1—柱塞；2—柱塞套；3—螺旋槽；4—直槽；5,6—油孔；7—榫舌

柱塞上有螺旋槽3,与轴向的直槽4相通,直槽伸到柱塞顶部。柱塞下端有榫舌7,用于转动柱塞,螺旋槽、直槽和榫舌用于调节供油量。柱塞套上有油孔5和6,用于进油和回油。

柱塞弹簧通过弹簧上支座支撑于泵体上,弹簧下端通过弹簧下支座支撑在柱塞上,装配时有预紧力,依靠弹簧力柱塞压紧在滚轮架部件的上端面。柱塞由喷油泵凸轮轴上的凸轮驱动,并在柱塞弹簧的作用下,在柱塞套内作往复运动。此外,它还可以绕自身轴线在一定角度范围内转动。

(2) 出油阀偶件

出油阀偶件(见图4-65)主要由出油阀2和出油阀座1组成一对精密偶件。与柱塞偶件类似,其两者的配合间隙也很小,其密封锥面经配对研磨,不能互换。

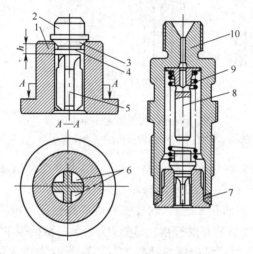

图4-65 出油阀偶件

1—出油阀座;2—出油阀;3—密封锥面;4—减压环带;5—导向面;6—切槽;
7—密封衬垫;8—减容器;9—出油阀弹簧;10—出油阀紧座

出油阀的密封锥面3与出油阀座的接触表面经过精细研磨,形成密封环带。密封环带下方有出油阀减压环带4,它与出油阀座孔之间的配合间隙很小。减压环带以下的出油阀表面是在出油阀孔内往复运动的导向面,导向部分的横截面为十字形,以构成油流通路。此外,在出油阀紧座中还设有减容器8,主要作用是减小高压管路系统的容积,改善燃油的喷射过程,减容器还限制出油阀的最大升程。

密封环带到减压环带下端距离高度h所在的空间为出油阀减压容积。当喷油器喷油结束时,能够迅速降低高压油管中的压力,以避免喷油器针阀二次打开,造成喷油嘴滴油现象。减压容积的工作原理是当喷油结束后,在出油阀落座供油结束过程中,减压环带先进入出油阀体里面,使出油阀芯的上面与减压环带下面隔绝,这样虽然出油阀阀芯下降,但是阀芯的上面和下面还是隔绝的,此时阀芯下降h,阀芯上腔的容积瞬间增加,使喷油器端高压油管中的油压迅速降低,从而避免喷油嘴滴油现象的发生。

柱塞式喷油泵泵油原理如图4-66所示,当柱塞1向下移动时(见图4-66(a)),燃油自低压油腔经柱塞套2上的油孔8被吸入并充满泵腔。在柱塞自下止点上移过程中,开始有一部分燃油从泵腔被挤回低压油腔,直到柱塞上部的圆柱面将两个油孔完全封闭为止,此后柱塞继续上升(见图4-66(b)),泵腔内的燃油压力迅速升高。当此压力增高到足以克服出油阀弹簧 7 的作用力时,出油阀 6 即开始上移。当出油阀的圆柱形环带离开出油阀座 5 时,高压燃油便自泵腔通过高压油管泵入喷油器。当柱塞继续上移至图 4-66(c)所示的位置时,斜槽 3 同油孔开始接通,于是泵腔内的油压迅速下降,出油阀在出油阀弹簧的作用下迅速回位,喷油泵停止供油。

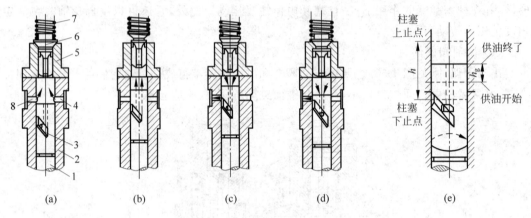

图 4-66 柱塞式喷油泵泵油原理
1—柱塞;2—柱塞套;3—斜槽;4,8—进、回油孔;5—出油阀座;6—出油阀;7—出油阀弹簧

由上述泵油过程可知,在柱塞上移的整个行程中,并非全部供油。柱塞由下止点到上止点所经历的行程为柱塞行程 h(见图 4-66(e)),它的大小取决于驱动凸轮的轮廓。而喷油泵只是在柱塞完全封闭进、回油孔 8 之后,到柱塞斜槽 3 和油孔开始接通之前的这一部分柱塞行程 h_g 内才泵油,h_g 为柱塞的有效行程。显然,喷油泵每次的泵油量取决于柱塞的有效行程 h_g 的大小。因此,欲使喷油泵能随发动机工况不同而改变供油量,只需改变柱塞的有效行程即可。一般是通过改变柱塞斜槽和柱塞套油孔的相对角位置来实现的。如将柱塞按图 4-66(e)中箭头所示方向转动一个角度,柱塞有效行程增加,供油量增多;反之供油量减少。当柱塞转动到图 4-66(d)所示的位置时,柱塞不可能封闭油孔,因而有效行程为零,即喷油泵处于不泵油状态。

3) 供油量调节机构

供油量调节机构的功用是根据柴油机的负荷和转速的变化相应改变喷油泵的供油量,并保证各缸的供油量一致。由柱塞泵的工作原理可知,改变喷油泵的供油量可通过转动柱塞以改变柱塞的有效行程的方法来实现。转动柱塞的机构就是油量调节机构。油量调节机构根据结构不同有齿杆式和拨叉式两种。

A 型柱塞式喷油泵采用齿杆式供油量调节结构,其结构如图 4-67 所示,主要由调节齿杆 1、调节齿圈 2 和控制套筒 3 等组成。控制套筒空套在柱塞套 5 外面,调节齿圈固定在控制套筒上,与调节齿杆上齿条相啮合。柱塞 4 下端的榫舌嵌入控制套筒的径向槽中。柴油机负荷变化时,驾驶员或者调速器拉动调节

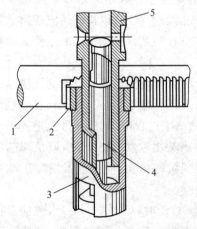

图 4-67 齿杆式供油量调节机构
1—调节齿杆;2—调节齿圈;3—控制套筒;4—柱塞;5—柱塞套

齿杆时,与此啮合的调节齿圈连同控制套筒通过控制套筒下方的豁口带动柱塞相对柱塞套转动,以达到调节供油量的目的。

齿杆式油量调节过程如图4-68所示,当柱塞上直槽对正柱塞套油孔时,柱塞有效行程为零,这时喷油泵不供油(见图4-68(a))。按照图4-68中的箭头方向,向右拉动调节齿杆,则调节齿圈按顺时针方向转动,柱塞有效行程增加(见图4-68(b)),喷油泵循环供油量增多。当柱塞在齿杆拉动下转动到图4-68(c)所示的位置时,供油量达到最大。反之,如果朝相反的方向拉动齿杆,则柱塞有效行程减小,循环供油量减少。

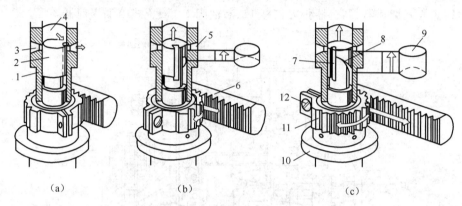

图 4-68 A型柱塞式喷油泵
(a)柱塞有效行程为零;(b)柱塞有效行程增加;(c)柱塞有效行程最大
1—柱塞套;2—柱塞;3,5—柱塞套油孔;4—柱塞腔;6—调节齿杆;7—直槽;8—螺旋槽;
9—循环供油量容积;10—控制套筒;11—调节齿圈;12—调节齿圈紧固螺钉

齿杆式供油量调节机构的特点是:工作可靠,传动平稳,但制造成本较高;且柱塞偶件间隙中心距大,在调节齿杆反向运动时,柱塞偶件间隙及调节齿杆与调节齿圈的啮合间隙影响供油量调节精度。

4)传动机构

喷油泵传动机构主要包括凸轮轴和挺柱体组件等(见图4-62)。凸轮轴的前后端通过滚动轴承支承在喷油泵体上。凸轮轴上的凸轮的数目与喷油泵分泵数一致,各凸轮间的夹角与气缸数对应,并与气缸工作顺序相适应。凸轮轴由曲轴通过传动机构驱动。

A型喷油泵挺柱体组件的结构如图4-69所示,加长的滚轮销2的两端插入挺柱孔6的定位长槽5中,使挺柱在挺柱孔中只能作上下往复运动,而不能绕其自身的轴线旋转,以避免滚轮与凸轮卡死。滚轮3在滚轮销2上转动。在滚轮与滚轮销之间装有无内圈的滚针轴承4,也可装衬套。在挺柱的顶端拧入供油定时调整螺钉7和锁紧螺母8。

2. 转子分配式喷油泵

转子分配式喷油泵简称分配泵,按其结构不同,分为径向压缩式分配泵和轴向压缩式分配泵。径向压缩式分配泵具有零件数目少,结构紧凑,通用性高,防污

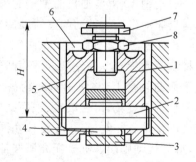

图 4-69 挺柱体组件
1—挺柱体;2—滚轮销;3—滚轮;4—滚针轴承;5—定位长槽;6—挺柱孔;7—调整螺钉;8—锁紧螺母

性能好等优点。但由于存在分配转子和分配套筒、柱塞和柱塞孔的配合精度要求较高,滚柱座结构复杂及内凸轮加工不便等缺点,近年来已较少应用。因此,下面主要介绍轴向压缩式分配泵的结构与原理。

轴向压缩式分配泵(VE 泵)是德国博世公司 20 世纪 80 年代初期研制成功的一种新型分配泵,其与径向压缩式分配泵的主要区别在于分配转子的运动状态和调速机构的不同。

1) 轴向压缩式分配泵的结构

轴向压缩式分配泵的结构如图 4-70 所示,主要零件有分配柱塞 7、平面凸轮盘 4、柱塞套 9、机械离心式调速器、调速器张力杠杆 11、断油阀 10、液压式喷油提前器 3 等。

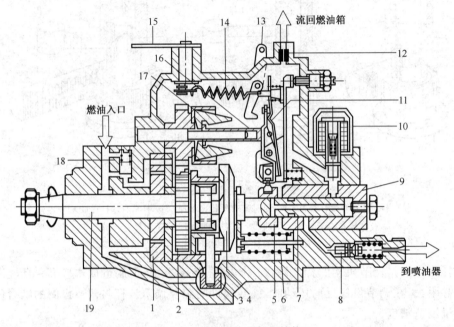

图 4-70　VE 型分配泵的结构

1—二级滑片式输油泵;2—调速器驱动齿轮;3—液压式喷油提前器;4—平面凸轮盘;5—油量调节套筒;6—柱塞弹簧;7—分配柱塞;8—出油阀;9—柱塞套;10—断油阀;11—调速器张力杠杆;12—溢流节流孔;13—停油手柄;14—调速弹簧;15—调速手柄;16—调速套筒;17—飞锤;18—调压阀;19—驱动轴

驱动轴 19 由柴油机曲轴定时齿轮驱动。驱动轴带动二级滑片式输油泵 1 工作,并通过调速器驱动齿轮 2 带动调速器轴旋转(见图 4-70)。在图 4-71 中,驱动轴的右端通过联轴器 3 与平面凸轮盘 4 连接,带动平面凸轮盘旋转,再利用平面凸轮盘上的传动销带动右边的分配柱塞一起旋转。凸轮盘上平面凸轮数目与柴油机气缸数相同。柱塞弹簧将分配柱塞压紧在平面凸轮盘上,并使平面凸轮盘压紧在滚轮 5 上。滚轮轴嵌入静止不动的滚轮架 2 上。当驱动轴 1 旋转时,在滚轮、平面凸轮和柱塞弹簧的共同作用下,凸轮盘带动分配柱塞在柱塞套内作左右往复运动,分配柱塞同时在作旋转往复运动。分配柱塞的往复移动使柴油增压,旋转运动则向各缸分配高压柴油。

分配柱塞的结构如图 4-72 所示。在分配柱塞 1 的中心加工有中心油孔 3,其右端与柱塞腔相通,而左端与泄油孔 2 相通。分配柱塞上还加工有燃油分配孔 5、压力平衡槽 4 和数目与气缸数相同的进油槽 6。

柱塞套(见图 4-70)上加工有一个进油孔和多个分配油道、分配油道的数量与气缸数相同,

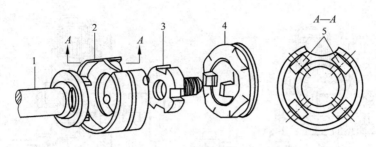

图 4-71 滚轮、联轴器及平面凸轮
1—驱动轴；2—滚轮架；3—联轴器；4—平面凸轮盘；5—滚轮

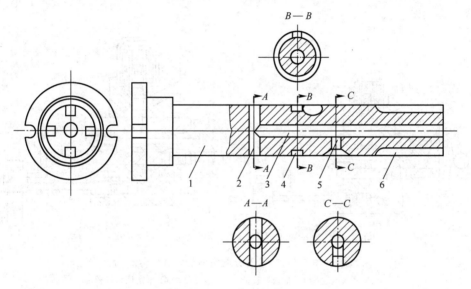

图 4-72 分配柱塞
1—分配柱塞；2—泄油孔；3—中心油孔；4—压力平衡槽；5—燃油分配孔；6—进油槽

每个分配油道都连接一个出油阀，再通过高压油道连接喷油器，一个出油阀对应一个喷油器。

2) 轴向压缩式分配泵的工作过程

(1) 进油过程

如图 4-73(a)所示，在驱动轴的带动下，当平面凸轮盘 12 转动到其凹下部分与滚轮 13 接触时，柱塞弹簧使分配柱塞 14 向左移动至下止点位置，这时分配柱塞上的进油槽 3 与柱塞套 20 上的进油孔 2 连通，柴油自喷油泵体 19 的内腔经进油道 17 进入柱塞腔 4 和中心油孔 10 内，此时通过油量调节套筒 15 关闭泄油孔 11。

(2) 泵油过程

如图 4-73(b)所示，当平面凸轮盘由凹下部分转至凸起部分与滚轮 13 接触时，在平面凸轮盘的推动下分配柱塞 14 向右移动。在进油槽 3 转过进油孔 2 的同时，分配柱塞将进油孔封住，这时分配柱塞腔 4 内的柴油开始增压。当分配柱塞右腔柴油压力足够高时，分配柱塞上的燃油分配孔 18 转至与柱塞套上的一个出油孔 8 相通，高压柴油从分配柱塞腔经中心油孔、燃油分配孔、出油孔进入分配油道 7，顶开该缸的出油阀 6，通过喷油器 5 将高压柴油喷入该缸燃烧室。

第一篇 汽车发动机

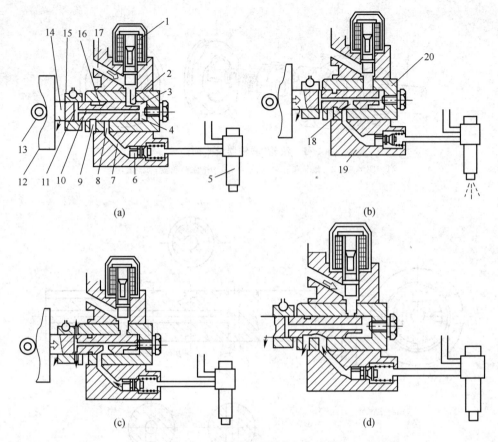

图 4-73　VE 型分配泵的工作过程
(a) 进油过程；(b) 泵油过程；(c) 停油过程；(d) 平衡压力过程

1—断油阀；2—进油孔；3—进油槽；4—柱塞腔；5—喷油器；6—出油阀；7—分配油道；8—出油孔；9—压力平衡孔；10—中心油孔；11—泄油孔；12—平面凸轮盘；13—滚轮；14—分配柱塞；15—油量调节套筒；16—压力平衡槽；17—进油道；18—燃油分配孔；19—喷油泵体；20—柱塞套

平面凸轮盘每转一周，分配柱塞上的燃油分配孔依次与各缸分配油道接通一次，即向柴油机各缸喷油器供油一次。

(3) 停油过程

如图 4-73(c) 所示，在平面凸轮盘的推动下，分配柱塞继续右移至最右端时，柱塞上的泄油孔 11 移出油量调节套筒 15 并与喷油泵泵体内腔相通时，分配柱塞右腔、中心油孔和分配油道的油压骤然下降，出油阀 6 在其弹簧作用下迅速关闭，供油停止。

从柱塞上燃油分配孔 18 与柱塞套上的出油孔 8 相通时起，至泄油孔 11 移出油量调节套筒 15 时止，这期间分配柱塞所移动的距离为柱塞有效行程。显然，柱塞有效供油行程越大，供油量越多。移动油量调节套筒即可改变柱塞有效行程，向左移动油量调节套筒，停油时刻提前，柱塞有效行程缩短，供油量减少；反之，供油量增加。油量调节套筒的移动由调速器操纵。

(4) 压力平衡过程

如图 4-73(d) 所示，分配柱塞上设有压力平衡槽 16，在分配柱塞旋转和移动过程中，压力平衡槽始终与喷油泵泵体内腔相通。当某一气缸供油停止之后,且当压力平衡槽转至与相应气缸的分配油道相通时,分配油道与喷油泵泵体内腔相通,于是两处的油压趋于平衡。

在分配柱塞旋转过程中,压力平衡槽与各缸分配油道逐个相通,致使各缸分配油道的燃油压力相同,从而保证各缸供油量的均匀性。

3) 断油电磁阀

VE 型分配泵设有断油电磁阀,也称熄火电磁阀,是停止柴油发动机工作的阀门,其电路和工作原理如图 4-74 所示。

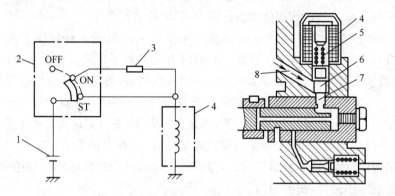

图 4-74 断油电磁阀的电路及工作原理
1—蓄电池；2—起动开关；3—电阻；4—电磁线圈；5—回位弹簧；6—阀门；7—进油孔；8—进油道

柴油机起动时,将起动开关 2 旋至 ST 位置,来自蓄电池 1 的电流直接流过电磁线圈 4,电磁线圈在较大电流的作用下,产生电磁吸引力使进油阀克服弹簧弹力完全打开,于是较多的柴油进入分配柱塞,并且调速器使分配柱塞有较大的有效供油行程,有利于柴油机起动工况对较浓混合气的需求。

柴油机进入正常运转时,将起动开关旋至 ON 位置,这时电流经电阻 3 流过电磁线圈。由于加入了电阻,通入电磁线圈的电流减小,电磁吸引力下降。但在进油压力的作用下,断油阀仍保持开启,向分配柱塞提供正常运转所需要的柴油。

停机时,将起动开关旋至 OFF 位置,这时电路被切断,阀门 6 在回位弹簧 5 的作用下下移,进油孔 7 关闭,柴油不再进入分配柱塞。

4.3.3.5 喷油器

柴油机喷油器主要功用有两个方面:一是使一定数量的燃油得到良好的雾化,促进燃油着火和燃烧;二是使燃油的喷射按燃烧室形状合理分布,使燃油与空气得到迅速而完善的混合,形成均匀的可燃混合气。

柴油机喷油器按结构形式可分为开式和闭式两大类,目前,中小功率高速柴油机绝大多数采用闭式喷油器。闭式喷油器在不喷油时,其针阀封闭喷孔,使喷油器的油腔与燃烧室隔开。闭式喷油器根据结构不同可分为孔式喷油器和轴针式喷油器。

1. 孔式喷油器

孔式喷油器主要应用在直接喷射式燃烧室中,燃油的喷射状况主要由针阀下部喷孔的大小、方向和数目来控制,并与燃烧室的形状、大小及空气涡流情况相适应。

孔式喷油器的喷孔数目一般为1~8个,孔径为0.2~0.8mm,它可以喷出一个或几个锥角不大、射程较远的油束。喷孔越多则孔径越小,雾化越好,分布越均匀。但小孔径使用中易积炭堵塞,同时需要较高的喷油压力。

孔式喷油器的结构与工作原理如图4-75所示,主要由针阀10、针阀体9、顶杆6、调压弹簧5及喷油器体7组成。

针阀中部的锥面位于针阀体9的环形油腔内以承受油压,称为承压锥面。针阀10下端的锥面与针阀体上相应的内锥面配合,起密封作用,称为密封锥面。调压弹簧5通过顶杆6,将针阀的密封锥面压紧在针阀体的内锥面上,使喷孔关闭。

柴油机工作时,喷油泵供给的柴油经进油管接头4、油道进入针阀体下部的环形油腔内。当油压升高到作用在针阀承压锥面上的轴向力大于调压弹簧的预紧力时,针阀开始向上移动,喷油器喷孔被打开,高压柴油通过喷孔喷入燃烧室(见图4-76(a))。当喷油泵停止供油时,油压突然下降,针阀在调压弹簧作用下及时回位,将喷孔关闭(见图4-76(b))。喷油器的喷射压力与调压弹簧的预紧力有关,预紧力越大,喷油压力越高。调压弹簧的预紧力可以通过调压螺钉(见图4-75)来调整。喷油器工作时,会有少量柴油从针阀和针阀体的配合表面之间的间隙漏出,这部分柴油对针阀起润滑作用,并沿顶杆周围的空隙上升,最后通过回油管螺栓进入回油管,流回油箱。

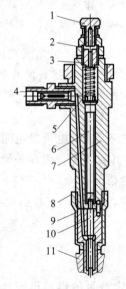

图4-75 孔式喷油器
1—回油管螺栓;2—调压螺钉护帽;3—调压螺钉;4—进油管接头;5—调压弹簧;6—顶杆;7—喷油器体;8—紧固螺套;9—针阀体;10—针阀;11—喷油器锥体

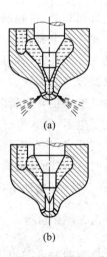

图4-76 孔式喷油器的工作原理
(a) 喷油;(b) 关闭

2. 轴针式喷油器

轴针式喷油器(见图4-77)一般只有一个喷孔(孔径为1.0~3.0mm),喷孔与轴针之间有微小的间隙(0.02~0.06mm)。当轴针刚升起时,由于轴针仍在喷孔中,喷出油量较少,直到轴针完全离开喷孔时,喷油量才达到最大;当喷油快结束时,情况正好相反。这样在着火延迟期内喷入燃烧室的油量较少,从而使发动机工作比较平稳。圆锥形轴针的喷油器在开始喷油时喷油量比圆柱形轴针的喷油量少,同时,不同角度的轴针还可以改变喷雾锥角的大小,以满足与燃烧室相配合的要求。因此轴针式喷油器多应用于对喷雾要求不高的涡流式燃烧室和预燃式燃烧室。轴针式喷油器由于喷孔直径较大,孔内又有轴针上下移动,故喷孔不易积炭,且可以自行清除积炭。

轴针式喷油器的工作原理(见图 4-78)与孔式基本相同,结构相似,稍有差别的是针阀下端的密封锥面以下,还延伸出一个倒锥形或圆柱形的轴针,轴针伸出孔外,使喷孔成为圆环状的狭缝。这样,喷油时喷柱将呈空心的锥状或柱状(见图 4-78(b))。喷孔的通过截面与喷柱锥角的大小取决于轴针的形状与升程。

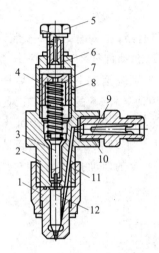

图 4-77 轴针式喷油器
1—针阀体;2—喷油器体;3—顶杆;4—调压弹簧;5—回油螺栓;6—调压螺钉护帽;7—调压螺钉;8—垫圈;9—滤芯;10—进油管接头;11—紧固螺栓;12—针阀

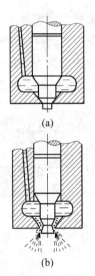

图 4-78 轴针式喷油器的工作原理
(a) 关闭;(b) 喷油

4.3.3.6 调速器

调速器的功用是根据柴油机负荷的变化,自动增减喷油泵的供油量,使柴油机能够以稳定的转速运行。

柴油机上需要装设调速器,这是由柴油机的工作特性决定的。因为汽车柴油机的负荷经常变化,当负荷突然减小时,若不及时减少喷油泵的供油量,则柴油机转速将迅速增高并远远超出柴油机的设计所允许的最高转速,这种现象称为"飞车"。当发生飞车时,柴油机性能急剧恶化,并可能造成机件损坏。相反,当负荷骤然增大时,若不及时增加喷油泵的供油量,则柴油机的转速将急速下降甚至熄火。另外,汽车柴油机还经常在急速下运转,柴油机急速时,与汽油机一样也是对外不输出有效转矩的工况,这时喷油泵的供油量很少,柴油机转速很低,气缸内燃烧气体所做的膨胀功全部用来克服柴油机内部的摩擦阻力和驱动外部附件。在这种情况下,若出现气缸提供功率下降或内部阻力发生变化,将引起柴油机急速转速的波动甚至熄火。柴油机超速或怠速不稳,往往出自于偶然的原因,汽车驾驶员难以做出响应。这时,调速器能够根据柴油机转速的变化,自动做出快速反应,无需驾驶员调控,及时自动调节喷油泵的供油量,保持柴油机稳定运行。

按调速器作用的转速范围不同,常见的调速器可分为两级式调速器和全程式调速器。两级式调速器只在柴油机的最高转速和怠速时起自动调节作用,防止超速和稳定怠速。在最高转速和怠速之间的其他转速范围,调速器不起作用,由驾驶员控制柴油机转速的变化,调节供油量。中、小型汽车柴油机多采用两级式调速器。全程式调速器除具有两级式调速器的功能外,还能对柴油机工作转速范围内的任何转速起调节作用,使柴油机在各种转速下都能稳定运转。

1. 全程式调速器

1) 全程式调速器的结构

图 4-79 所示为 VE 型分配泵所使用的全程式调速器,在飞锤支架 2 上装有四个飞锤 3,飞锤通过止推片推动调速套筒 4 移动。张力杠杆 12、起动杠杆 15 和导杆 16 组成调速器杠杆系统。这三个杠杆通过销轴 N 连在一起,并可以分别绕销轴 N 摆动。导杆 16 通过销轴 M 固定在分配泵体上,回位弹簧 17 对销轴 M 的力矩使导杆 16 的上端靠在最大供油量调节螺钉 11 上,也使销轴 N 成为随导杆位置变化的支点,导杆不绕销轴 M 转动,销轴 N 位置不变。起动杠杆 15 的下端是球头销,嵌入供油量调节套筒 21 的凹槽中,当起动杠杆摆动时,球头销将拨动供油量调节套筒,改变其与分配柱塞 19 上的泄油孔 20 的相对位置,从而改变

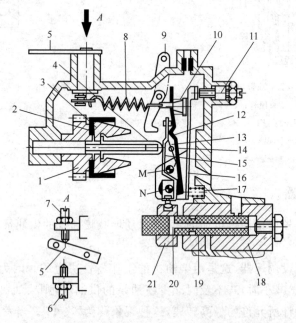

图 4-79　VE 型分配泵全程式调速器的结构

1—调速器传动齿轮;2—飞锤支架;3—飞锤;4—调速套筒;5—调速手柄;6—怠速调节螺钉;
7—高速限制螺钉;8—调速弹簧;9—停车手柄;10—怠速弹簧;11—最大供油量调节螺钉;
12—张力杠杆;13—起动弹簧;14—张力杠杆挡销;15—起动杠杆;16—导杆;17—回位弹簧;
18—柱塞套;19—分配柱塞;20—泄油孔;21—供油量调节套筒
M—导杆支承销轴(固定);N—起动杠杆、张力杠杆及导杆支承销轴(可动)

分配柱塞的有效行程,即改变供油量。张力杠杆 12 上端通过怠速弹簧 10 与调速弹簧 8 连接,调速弹簧的另一端挂在调速手柄 5 的销轴上,导杆 16 的下端受回位弹簧 17 的推压,使其上端靠在最大供油量调节螺钉 11 上,轴向调整最大供油量调节螺钉可改变最大供油量。此外。在 VE 型分配泵调速器上还装有增压补偿器和转矩校正等附加装置。

2) 全程式调速器的工作原理

(1) 起动工况

如图 4-80(a)所示,起动前,将调速手柄 5 推靠在高速限制螺钉 7 上。这时调速弹簧 8 被拉伸,拉动张力杠杆 12 绕销轴 N 向左摆动,并通过板形起动弹簧 13 使起动杠杆 15 压向调速套筒,从而使静止的飞锤 3 处于完全闭合的状态。同时,起动杠杆下端的球头销将供油量调节套筒 21 向右拨到起动加浓供油位置 C 处,供油量最大。起动后,飞锤离心力克服作用在起动杠杆上的起动弹簧的弹力,使起动杠杆绕销轴 N 向右摆动,直到抵靠在张力杠杆挡销 14 上。此时,起动杠杆下端的球头销向左拨动供油量调节套筒,供油量自动减少。

(2) 怠速工况

如图 4-80(b)所示,柴油机起动后,将调速手柄 5 移至怠速调节螺钉 6 上,这时调速弹簧 8 的张力几乎为零,即使调速器传动轴的转速很低,飞锤也会向外张开推动调速套筒 4,使起动杠杆 15 和张力杠杆 12 绕销轴 N 向右摆动,并使怠速弹簧 10 受到压缩。此时,飞锤离心力对调速套筒的作用力与怠速弹簧及起动弹簧对调速套筒的作用力平衡,供油量调节套筒 21 处于怠速供油位置 D 处,柴油机在怠速下运转。

当由于某种原因使柴油机转速升高时,飞锤 3 离心力增大,打破上述的平衡,飞锤推动调速套筒、起动杠杆和张力杠杆,进一步压缩怠速弹簧而向右摆动。通过支承销 N 另一端拨动供油量调节套筒向左移动,使供油量减少,转速回落复原。若柴油机转速降低,飞锤离心力减小,怠速弹簧推动张力杠杆和起动杠杆向左摆动,通过支承销 N 另一端拨动供油量调节套筒向右移动,增加供油量,使转速回升。

(3) 中速工况

如图 4-80(c)所示,柴油机若在高于怠速低于最高转速的中间任一转速工作时,可将调速手柄 5 置于怠速调节螺钉 6 与高速限制螺钉 7 之间任一位置。此时,调速弹簧 8 被拉伸,同时拉动张力杠杆 12 和起动杠杆 15 绕销轴 N 向左摆动,而起动杠杆 15 下端的球头销则向右拨动供油量调节套筒 21,使供油量增加,柴油机即由怠速转入中速状态。随着柴油机转速升高,飞锤 3 离心力增大,当其向右作用,并与调速弹簧的拉力达到新的平衡时,供油量调节套筒便稳定在某一中等供油量位置,柴油机就在这一中等转速下稳定运转。

(4) 最高速工况

如图 4-80(d)所示,当把调速手柄 5 置于高速限制螺钉 7 上时,调速弹簧 8 的张力达到最大值,供油量调节套筒 21 也相应地移至全负荷最高转速供油位置 F 处,柴油机将在最高转速或标定转速下运转。

柴油机在工作中,如果由于负荷发生变化而引起转速改变时,则飞锤离心力与调速弹簧力的平衡遭到破坏,调速器将立即使其达到新的平衡,同时,通过增减供油量,使柴油机稳定转速。如果突然全部卸掉柴油机负荷,调速器将把供油量减至最小,以防止柴油机超速而造成飞车。其调速过程与稳定怠速的过程相同。

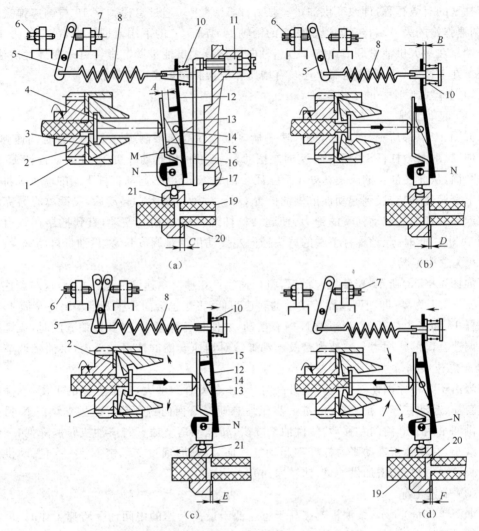

图 4-80　VE 型分配泵全程式调速器的工作原理
(a) 起动；(b) 急速；(c) 中速；(d) 高速
A—起动弹簧压缩量；B—急速弹簧压缩量；C—起动加浓供油位置；D—急速供油位置；
E—部分负荷最高转速供油位置；F—全负荷最高转速供油位置

（图注同图 4-79）

（5）最大供油量的调节

若拧入最大供油量调节螺钉 11，则导杆 16 绕固定销轴 M 逆时针方向转动，销轴 N 也随之转动并带动球头销向右拨动供油量调节套筒 21，这时最大供油量增加。反之，旋出最大供油量调节螺钉，则最大供油量减少。改变最大供油量，可以改变柴油机的最大输出功率及最高转速或标定转速。

2. 两级式调速器

1）两级式调速器的结构

两级式调速器根据结构不同可分为 RQ 型两级调速器和 RAD 型两级调速器，这里主要以 RAD 型两级调速器为例讲述其结构与原理。图 4-81 所示为 YC6102BD 型柴油机配

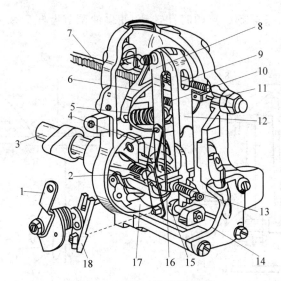

图 4-81　RAD 型两级调速器

1—控制杠杆；2—滚轮；3—喷油泵凸轮轴；4—浮动杠杆；5—调速弹簧；6—速度调定杠杆；7—供油调节齿杆；8—导动杠杆；9—速度调整螺栓；10—起动弹簧；11—连杆；12—拉力杠杆；13—怠速弹簧；14—调速器壳体；15—齿杆行程调整螺栓；16—滑套；17—飞块；18—支承杠杆

备的 RAD 型两级调速器立体图。

调速器连接在喷油泵上。喷油泵凸轮轴 3 的端部装有两个飞块 17，飞块以飞块座内的销轴为支点可以旋转，飞块的内壁上装有滚轮 2。当飞块旋转张开时，滚轮便推动滑套 16 轴向移动。滑套侧面的销轴嵌入导动杠杆 8 的下端孔内。速度调定杠杆 6、导动杠杆 8 和拉力杠杆 12 的上端均铰接于调速器壳体 14 上。速度调整螺栓 9 将速度调定杠杆 6 限位，拉力杠杆 12 被拉力很强的调速弹簧 5 拉住，在转速低于最大工作转速的条件下，拉力杠杆始终被拉靠在齿杆行程调整螺栓 15 的端头上。拉力杠杆的下端装有怠速弹簧 13，用于控制怠速，其中下端有一轴销插在支承杠杆 18 上端的凹槽内。支承杠杆的中部与控制杠杆 1 的一个臂相连，控制杠杆的另一臂通过杆系与加速踏板相连，由驾驶员操纵。浮动杠杆 4 的中部与导动杠杆 8 铰接，下端有一销轴，插在支承杠杆下端的凹槽内，上端通过连杆 11 与供油调节齿杆 7 连接，顶部被起动弹簧 10 拉住。

2）两级式调速器的工作原理

（1）起动工况

起动时如图 4-82(a)所示，将控制杠杆 1 抵靠高速限制螺钉，带动支承杠杆 18 绕 D 点逆时针方向转动，浮动杠杆 4 则绕 B 点逆时针方向转动，并通过连杆 11 推动供油调节齿杆 7 向增加油量方向移动。由于起动弹簧 10 对浮动杠杆有一个向左的拉力，因而浮动杠杆会绕 C 点逆时针摆动，带动 B 点和 A 点进一步向左移动到飞块 17 完全闭合为止。供油调节齿杆因而相应地向增加供油方向移动一个距离，即达到起动加浓供油位置。

（2）怠速工况

怠速工况时如图 4-82(b)所示，将控制杠杆 1 靠在怠速螺钉上，这时飞块 17 的离心力通过调速滑套 16 与怠速弹簧 13 相平衡，发动机在怠速下稳定工作；当发动机运转阻力减小时，转速会升高，飞块离心力增加，通过调速滑套压缩怠速弹簧。与此同时，导动杠杆 8 下端

A 点右移,带动浮动杠杆 4 绕 C 点顺时针转动,使供油调节齿杆 7 减少供油,限制了发动机转速的上升。

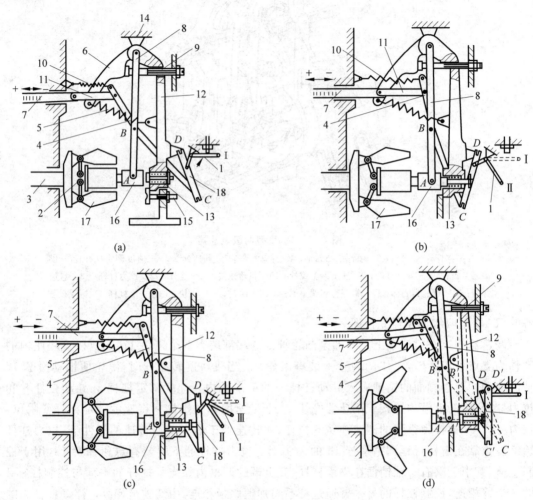

图 4-82　RAD 型两级调速器结构示意图
(图注同图 4-81)

(3) 中等转速工况时

中等转速工况时如图 4-82(c)所示,将控制杠杆 1 置于怠速螺钉与高速限制螺钉之间的任一位置,通过支承杠杆 18、浮动杠杆 4 等杆件调节,便可以使供油调节齿杆 7 处于相应位置,发动机在相应转速下工作。此时怠速弹簧 13 已全部被压入拉力杆内,不起作用。而调速弹簧 5 刚度较大,还尚未起作用。所以外界负荷的变化,调速器并不自动调节油量,而要靠驾驶员直接操纵。

(4) 最高速工况

最高速工况时如图 4-82(d)所示,控制杠杆 1 靠在高速限制螺钉上,发动机在标定工况工作,供油调节齿杆 7 处于标定供油位置,发动机在标定转速稳定工作。当发动机负荷减小时,发动机转速升高,飞块离心力加大,克服调速弹簧 5 的拉力,推动调速滑套 16 及拉力杠杆 12 右移,这时导动杠杆 8 的中间支点 B 移到 B' 位置,拉力杠杆的支点 D 移到 D' 的位置,使得供油调节齿杆向减少供油方向移动,限制了发动机的最高转速,防止飞车。

4.3.3.7 喷油提前角调节装置

喷油提前角的大小对柴油机的工作过程有很大影响。若喷油提前角过大,喷油时气缸内空气温度较低,混合气形成条件较差,点火延迟期较长,导致发动机工作粗暴;若喷油提前角过小,大部分柴油是在上止点以后活塞处于下行状态时燃烧的,使最高工作压力降低,热效率显著下降,导致发动机功率降低,排气冒黑烟。因此,为保证发动机具有良好的使用特性,柴油机必须选用合适的喷油提前角。

喷油提前角是指喷油器开始喷油至活塞到达上止点对应的曲轴转角。

喷油提前角实际上是由喷油泵的供油提前角来决定的,而喷油泵的供油提前角可以通过改变发动机曲轴和喷油泵凸轮轴之间的相位角来调整。

多数柴油发动机都根据常用工况确定一个喷油提前角,在这个常用工况范围内是最佳的,即能获得最大的功率和最小的燃油消耗率。但是,当发动机转速发生变化时,最佳喷油提前角也随之发生变化,所以需要装有供油提前角调节器,以保证喷油提前角自动地随发动机转速变化而发生相应的改变。

目前根据喷油泵结构不同,常见的供油提前调节器有离心式和液压式两种。

1. 离心式供油提前调节器

离心式供油提前调节器位于联轴器和柱塞式喷油泵之间,它能随发动机转速的变化自动改变供油提前角。

图 4-83 所示为机械离心式供油提前角调节器。调节器壳体 1 用螺栓与联轴器连接,为主动元件。两个飞块 2 套在调节器壳体端面的两个销钉上,外面还套装两个弹簧座 6,飞块的另一端各压装一个销钉,每个销钉上各松套着一个滚轮 4 和滚轮内座圈 3。从动盘 7 与喷油泵凸轮轴相连。从动盘两臂的弧形侧面 E(见图 4-84)与滚轮 4 接触,侧面 F 则压在两个弹簧 5 上,弹簧另一端支于弹簧座 6 上。整个调节器为一个密封体,内腔充有润滑油以供润滑。

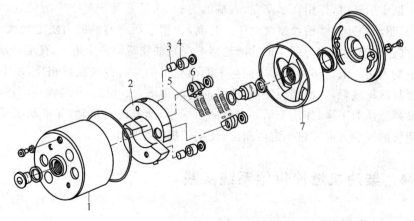

图 4-83 离心式供油提前调节器
1—调节器壳体;2—飞块;3—滚轮内座圈;4—滚轮;5—弹簧;6—弹簧座;7—从动盘

离心式供油提前调节器的工作原理如图 4-84 所示。发动机工作时,在曲轴的驱动下,调节器壳体 1 及飞块 2 沿图中箭头方向旋转,受离心力的作用,两个飞块的活动端向外甩开,滚轮 4 对从动盘 7 的两个弧形侧面 E 产生推力,迫使从动盘沿箭头所示方向相对于调整器壳超前转过一个角度 α(即供油提前角),直到弹簧 5 作用在 F 侧面上的压缩弹簧弹力与飞块离心力相平衡为止,于是从动盘与调节器壳体同步旋转(见图 4-84(b))。当转速升高时,飞块离心力增大,其活动端进一步向外甩出,滚轮迫使从动盘沿箭头所示的方向相对于调节器壳体再超前转过一个角度,直到弹簧的压缩弹力与飞块的离心力达到一个新的平衡状态为止。这样,供油提前角便相应地增大。反之,当发动机转速降低时,供油提前角相应减小。

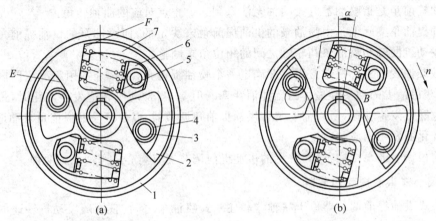

图 4-84 离心式供油提前调节器的工作原理
1—调节器壳体;2—飞块;3—滚轮内座圈;4—滚轮;5—弹簧;6—弹簧座;7—从动盘

2. 液压式供油提前调节器

在 VE 型分配泵体下部一般安装有液压式供油提前器,其结构如图 4-85 所示。在喷油提前器壳体 1 内装有活塞 2,活塞左端与二级叶片式输油泵的入口相通,并有弹簧 5 压在活塞上。活塞右端与喷油器泵体内腔相通,其压力等于叶片式输油泵出口压力。当柴油机在某一转速下稳定运转时,作用在活塞左、右端的力相等,活塞处于某一平衡位置。若柴油机转速升高,其驱动的叶片式输油泵泵油压力升高,作用于活塞右端的力随之增大,推动活塞左移,并通过连接销 3 和传力销 4 带动滚轮架 7 绕其轴线转动一定角度,直至活塞两端的力重新达到平衡为止。滚轮架的转动方向与平面凸轮盘的旋转方向正好相反,使平面凸轮提前一定角度与滚轮接触,供油相应提前,即供油提前角增大。反之,若柴油机转速降低,则叶片式输油泵泵油压力下降,作用于活塞右端的力减小,活塞向右移动,并带动滚轮架向着平面凸轮盘旋转的同一方向转过一定的角度,使供油提前角减小。

4.3.4 柴油机燃油供给系统实践

4.3.4.1 实践目的

通过柴油机燃油供给系统实践训练,使学生掌握柴油机燃油供给系统的组成,掌握柱塞式喷油泵、VE 喷油泵、柴油机喷油器的结构组成、种类及工作原理,了解两级式调速器的工作原理。

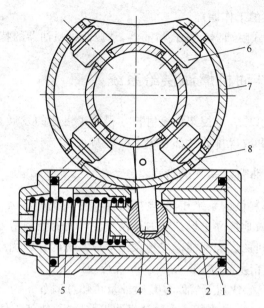

图 4-85 液压式供油提前调节器的工作原理
1—壳体；2—活塞；3—连接销；4—传力销；5—弹簧；6—滚轮；7—滚轮架；8—滚轮轴

4.3.4.2 实践准备

1. 课时安排

1 课时。

2. 实践设备

小型车用柴油发动机总成一台、A型柱塞式喷油泵一套、VE型分配泵一套、轴针式喷油器和孔式喷油器一套。

4.3.4.3 实践内容及要求

通过分析柴油机实物及柴油机燃油供给系统配套部件，要求学生掌握柴油机燃油供给系统的组成，熟悉喷油泵、喷油器的组成与工作原理。

1. 柴油机燃油供给系统认知

实践项目要求：

(1) 通过观察车用柴油发动机总成，能够准确识别柴油机燃油供给系统的燃油滤清器、输油泵、喷油泵、喷油器等部件的布置位置。

(2) 能够熟练分析该型柴油发动机中输油泵及喷油泵的类型，并简要说明柴油机燃油供给系统的工作原理。

2. 柴油机喷油泵及喷油器结构认识

实践项目要求：

(1) 通过观察柱塞式喷油泵和VE式分配泵，掌握两种喷油泵的结构组成与工作原理。

(2) 能够熟练地识别两种喷油泵供油提前调节装置和调速器的布置位置及类型，分析两种不同类型的调速器的工作原理。

(3) 能够识别轴针式喷油器和孔式喷油器,掌握两种喷油器的特点与工作原理。

4.3.5 电控柴油机燃油供给系统

自20世纪90年代以来,电控柴油喷射技术得到了迅速的发展。电控柴油喷射对提高柴油机动力性、经济性和改善排放性都有很大的影响。

4.3.5.1 电控柴油喷射系统的特点

与传统的柴油机燃料供给系统相比,电控柴油喷射系统通过大量采用电控元件取代传统的机械控制部件,有效地提高了燃油喷射量及喷油时间的控制精度,消除了机械运动的滞后性,大大改善了柴油机的燃烧性能。电控柴油喷射系统的具体优点如下:

(1) 喷油时间控制精度高(高于$0.5°CA$),反应速度快。

(2) 喷油量控制精确、快速、灵活,并且喷油量可随意调节。

(3) 电控系统代替传统柴油机调速器及供油提前器后,使其零件尺寸减小,有利于柴油机日常维护与维修。

(4) 喷射压力高(高压共轨电控喷油系统可高达200MPa),且不受发动机转速影响。

(5) 柴油机燃油供给系统除可自动调速外,还可实现自诊断与检测功能。

4.3.5.2 电控柴油喷射系统的分类

根据电控柴油机燃油供给系统喷油量控制方式不同,可分为位置控制式和时间控制式两种。

位置控制式电控柴油喷射系统的特点是不改变传统喷油系统的基本结构和工作原理,所不同的是用电控装置取代传统柴油机供油系统中的机械调速器和供油提前调节器。位置控制式电控柴油喷射系统结构简单,安装方便。但由于未改变原有喷油装置,其喷油特性保持不变,不能对喷油率和喷油压力进行调节,也不能实现对各缸喷油进行独立控制。图4-86所示的ECD-V1型分配泵采用的就是位置控制式电控喷油系统。

时间控制式电控柴油喷射系统的特点是利用安装在高压油路中的电磁溢流阀,直接控制喷油始点和喷油量。通过实时变更电磁阀升程或改变高压油路中的油压实现喷油率和喷油压力的控制。

时间控制式又可进一步分为脉动泵电控柴油喷射系统和共轨式电控柴油喷射系统。

脉动泵电控柴油喷射系统(见图4-87)仍然采用传统脉动供油原理,用高速电磁旁通溢流阀代替传统的机械式溢流阀,通过电子控制单元控制电磁溢流旁通阀关闭时刻和关闭期长短,实现喷射定时、喷油量、喷油压力和喷油规律等控制。电控系统取代了传统柴油机供油系统中的齿条、滑套、柱塞上的斜槽、供油提前器等油量和定时机械调节机构,使机械结构得到了简化;泵油机构与控制机构完全分开,喷油量的计算按时间控制方式,即以产生和解除高压的电磁溢流旁通阀的关闭时间长短进行控制。但脉动泵电控柴油喷射系统仍然采用传统喷油泵结构,供油压力受发动机转速影响,无法精确控制供油压力。脉动泵电控柴油喷射系统可分为电控直列泵、电控分配泵、电控泵喷嘴和电控单体泵几种类型。

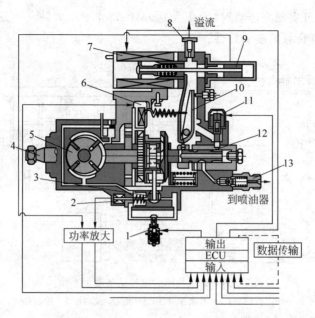

图 4-86 ECD-V1 型电控分配泵控制原理
1—供油提前控制阀;2—供油提前器位置传感器;3—液压式喷油提前器;4—喷油泵驱动轴;5—输油泵;6—柴油机转速传感器;7—溢流阀电磁阀线圈;8—溢流环;9—溢流环位置传感器;10—调速器张力杠杆;11—断油阀;12—分配柱塞;13—出油阀

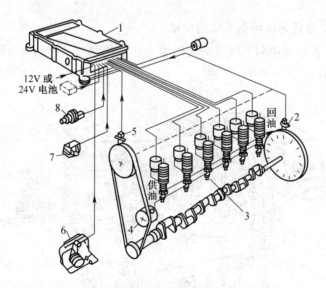

图 4-87 泵喷嘴时间控制式电控柴油喷射系统
1—控制单元;2—正时与转速传感器;3—泵喷嘴;4—喷油泵;5—同步传感器;6—油门踏板;7—增压压力传感器;8—机油温度传感器

共轨式电控柴油喷射系统(见图 4-88)也称为时间-压力控制式电控柴油喷射系统,该系统抛弃了传统的脉动高压供油原理,通过共轨蓄压方式存储压力稳定高压柴油。高压油泵并不是直接控制喷油,而是向公共油道供油以维持所需的共轨压力。系统通过共轨油道压力的连续控制和各缸喷射过程(时间)的电磁阀控制相结合实现喷射过程控制。高压共轨式电控柴油喷射系统可实现高压喷射（最高达 200MPa），喷射压力独立于发动机转速，可实现理想喷油规律，具有良好的喷射特性。

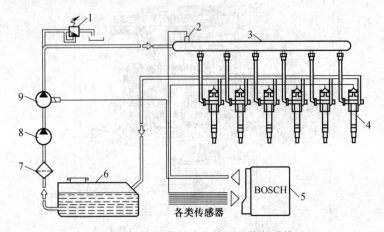

图 4-88　高压共轨式电控柴油喷射系统
1—溢流阀；2—压力传感器；3—共轨管组件；4—电控喷油器；5—控制单元；6—油箱；
7—燃油滤清器；8—输油泵；9—高压泵

下面以目前最为先进的共轨式电控柴油喷射系统讲述其结构与工作原理。

4.3.5.3　高压共轨式电控柴油喷射系统的结构与原理

1. 高压共轨式电控柴油喷射系统的组成

高压共轨式电控柴油喷射系统可分为燃油供给系统和电子控制系统两大部分，其基本布置如图 4-89 所示。

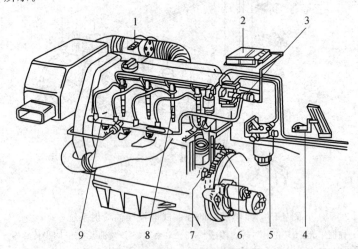

图 4-89　高压共轨式电控柴油喷射系统的基本布置
1—空气流量计；2—电控单元；3—高压泵；4—加速踏板位置传感器；5—燃油滤清器；
6—冷却水温度传感器；7—曲轴转角传感器；8—电磁喷油器；9—共轨管组件

电子控制系统主要由电控单元 ECU 和各类传感器（空气流量传感器、发动机转速传感器、加速踏板位置传感器、冷却水温传感器、机油温度传感器、增压压力传感器等）组成。与汽油机燃油供给系统相比,大部分传感器功能原理类似。

燃油供给系统主要由油箱、燃油滤清器、输油泵、高压油泵、共轨管组件和电磁喷油器组成。

高压共轨式电控柴油喷射系统的工作过程如图4-89所示。输油泵首先将燃油从油箱抽出,中间经过燃油滤清器,此时燃油压力约为0.2MPa,然后燃油分为两路:一路经过安全阀上的小孔作为冷却油通过供油泵的凸轮轴流入压力控制阀,然后流回油箱;另一路流入三缸高压泵,高压泵将燃油加压至135MPa后,提供给共轨元件。共轨元件上布置有压力传感器和限压阀,用来检测和调节共轨腔的压力。高压燃油之后由共轨元件通向各缸电磁喷油器。ECU根据各类传感器检测发动机当前运行工况,进行计算,并完成各种处理后,得到最佳的喷油时间和喷油量,向电磁喷油器发出控制指令,电磁喷油器根据ECU的控制指令实施喷油及停油。在喷油期间,一部分燃油从电磁喷油器的回油管流回油箱。

2. 主要部件的结构与原理

1) 高压泵

高压泵的结构如图4-90所示,其作用是产生足够的喷油器所需的高压油,其特点是出油量大、受载均匀。它采用三个径向布置的柱塞泵油元件9,相互错开120°,由偏心凸轮8驱动,偏心凸轮和柱塞垫块平面之间的接触应力比传统的凸轮与滚轮之间的接触应力要小得多,这种驱动更有利于高压喷射。

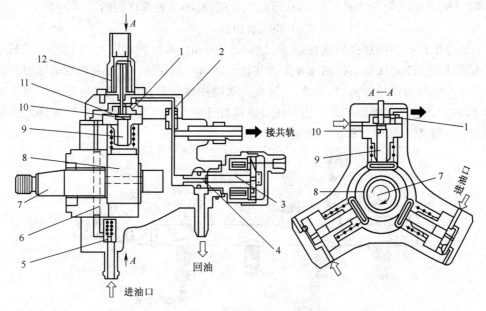

图4-90 三缸径向柱塞高压泵

1—出油阀;2—密封件;3—压力控制阀;4—球阀;5—安全阀;6—低压油路;7—驱动轴;8—偏心凸轮;9—柱塞泵油元件;10—柱塞室;11—进油阀;12—切断阀

高压油泵工作时,从输油泵来的柴油流过安全阀5,一部分经节流小孔流向偏心凸轮室供润滑冷却用,另一部分经低压油路6进入柱塞室。当偏心凸轮转动导致柱塞下行时,进油阀11打开,柴油被吸入柱塞室;当偏心凸轮顶起时,进油阀关闭,柴油被压缩,压力升高,当高于共轨腔压力时,顶开出油阀1,高压油被送入高压共轨管路。在急速或小负荷时,输出油量有剩余,可以经压力控制阀 3 流回油箱;还可以通过控制电路使切断阀 12 通电,使衔铁上的销子下移,顶开进油阀,切断某缸柱塞供油,以减少供油量和功率损耗。

2) 压力控制阀

压力控制阀是高压共轨腔的油压控制装置,其结构如图 4-91 所示。球阀 6 用来控制共轨腔燃油压力,球阀另一侧通过衔铁 3 连接弹簧 1,球阀的开闭受电磁线圈 4 通断电控制。

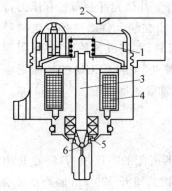

图 4-91 压力控制阀
1—弹簧;2—电插头;3—衔铁;
4—电磁线圈;5—回油孔;6—球阀

压力控制阀不通电时,电磁线圈不通电,衔铁不受电磁力作用,只受弹簧的作用力,共轨管中的高压油或高压油泵输出的油通过高压入口进入压力控制阀。高压油的压力大于弹簧的弹力时,球阀被顶开,压力控制阀开启大小由油压决定。弹簧预先设计最大压力约为 10MPa。

当压力控制阀通电时,电磁线圈通电,衔铁受电磁力作用,使衔铁作用在球阀上的压力增加,此压力的大小决定了球阀是关闭还是打开以及打开的开度。球阀打开,高压油通过球阀回油,降低了油压。因此,电磁线圈的电磁力大小决定了共轨腔中的燃油压力,而电磁线圈产生电磁力的大小与电磁线圈中的电流大小有关,ECU 控制电磁线圈中电流的大小,从而控制油压,减小共轨管压力的波动。

3) 共轨管组件

共轨管组件的作用是存储高压燃油、保持压力恒定,其结构如图 4-92 所示。共轨管 1 的压力波动取决于高压油泵的燃油分配和共轨管燃油容积衰减。由于共轨管的燃油存储量远远大于一个喷油循环的油量,因此,当完成一次喷油循环后,共轨腔内的燃油压力基本保持不变,并且能够确保喷油剩余的压力在喷油器打开时仍然恒定。高压共轨组件上还安装了压力传感器 2、限压阀 3 和流量限制器 4。

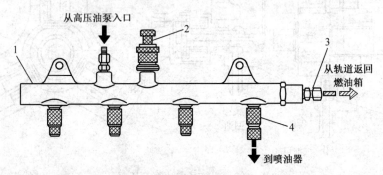

图 4-92 共轨管组件
1—共轨管;2—压力传感器;3—限压阀;4—流量限制器

限压阀的功用是限制共轨管中的压力,允许共轨管最大限制压力为 150MPa。若压力超过限定值,则限压阀开启,对共轨腔进行泄压,直至油腔压力低于限定值。限压阀的结构如图 4-93 所示,主要包括底座 7、挡块 6、柱塞 4、弹簧 5 等部件。限压阀底座通过螺纹固定在共轨管上,限压阀内腔通过通道连接共轨腔油道。当共轨腔压力处于正常压力(135MPa)

时。限压阀弹簧推动柱塞,关闭进油通道,共轨腔油压保持恒定；当共轨腔油压过高时,在压力作用下,克服弹簧张力顶开柱塞,打开油道,燃油流回燃油箱,将共轨腔油压进行卸除,直至压力下降至正常值,柱塞在弹簧弹力下又关闭油道。

流量限制器的功用是计量从共轨腔到各喷油器的燃油量。当流量过大时,可以自动切断流向喷油器的高压燃油。流量限制器的结构如图 4-94 所示,主要由柱塞、弹簧、底座、外壳组成。其内部有一个柱塞,通过弹簧直接与共轨管相连,不喷油时,柱塞位于上端停止位置。燃油喷射时,喷油器端部由于喷射燃油致使压力下降,在柱塞上下端压力差的作用下,柱塞下移,通过柱塞移动补偿喷油器从共轨腔内喷出的燃油体积。当燃油严重泄漏时,由于大量燃油离开共轨腔,柱塞被迫离开上端停止位置并向下顶着密封底座,阻止燃油流入喷油器,直至发动机熄火、切断喷油器的燃油输入为止。

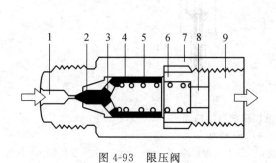
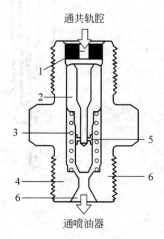

图 4-93　限压阀
1—高压连接部分；2—阀门；3,8—油路通道；4—柱塞；
5—弹簧；6—挡块；7—底座；9—回油口

图 4-94　流量限制器
1—密封圈；2—柱塞；3—弹簧；
4—外壳；5—节流孔；6—底座

压力传感器的主要功用是向 ECU 提供共轨腔内燃油的压力信号,它用螺纹紧固在共轨管中,其内部的压力传感膜片能够感受共轨腔内的压力,通过分析电路,将压力信号转换为电信号传输给 ECU。

4) 电控喷油器

电控喷油器是共轨柴油喷射系统的核心部件,其功用是准确地对气缸进行喷油时间、喷油量和喷油规律的控制,其结构如图 4-95 所示。控制喷射过程的电磁阀安装在喷油器的顶端,喷油器回油阀受电磁阀控制。当电磁阀断电时,球阀在弹簧力的作用下压紧在阀座上,高压油道和回油油道关闭,燃油的高压压力直接作用在控制柱塞顶部,克服喷油器底端针阀承压面上的燃油压力,加上弹簧的预紧力,使得柱塞-针阀组件向下紧压在喷油器针阀座面上,喷油器不喷油。

当电磁阀通电后,电磁力使球阀离开阀座,高压油道和回油油道接通,柱塞顶部的高压燃油部分经过此通道流入回油油道,柱塞顶部油压下降,在喷油器针阀承压面上的压力的作用下,使柱塞-针阀组件抬起,喷油器开始喷油。

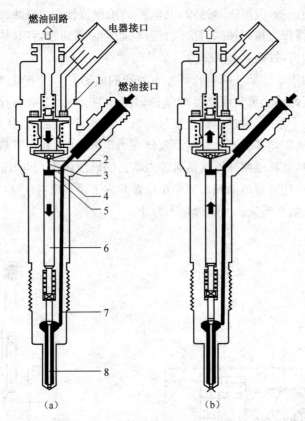

图 4-95 电控喷油器结构图
(a) 停油；(b) 喷油

1—电磁阀；2—球阀；3—溢流截流孔；4—进油截流孔；5—柱塞控制腔；6—控制柱塞；7—高压油路；8—针阀

4.4 发动机排放控制技术

随着汽车保有量的不断增多，汽车排放对大气的污染日益增重，因此，各国推出的汽车排放法规日趋严格。

汽车排放的废气中有害物质主要有一氧化碳、碳氢化合物、氮氧化物及微粒和烟尘等。

伴随汽车排放控制技术的不断发展，近几年来已经研制了许多控制汽车排放的技术，例如三元催化转化器(TWC)、废气再循环装置(EGR)、强制曲轴箱通风装置(PCV)、汽油蒸发控制装置(EVAP)等。

根据发动机排放控制策略不同，将发动机排放控制技术分为机内净化技术和机外净化技术。

4.4.1 发动机机内净化技术

发动机机内净化技术是指从发动机有害污染物的生成机理及影响因素出发，通过对发动机进行调整或改进,达到控制燃烧、减少和抑制污染物生成的各种技术。最常见的机内净化技术有改进发动机燃烧室结构、改进点火性能和采用废气再循环技术等。

4.4.1.1 废气再循环技术

废气再循环系统(EGR)是在保证发动机动力性不降低的前提下,根据发动机的温度及负荷大小将缸内排出废气的一小部分重新送回气缸与新气参与燃烧。由于发动机废气中含有大量的 N_2、CO_2,CO_2 不能燃烧,却可以吸收大量的热量,可使气缸中可燃混合气的燃烧温度降低。抑制 NO_x 的形成,废气再循环技术就是利用上述思路有效地降低发动机在部分工况下的 NO_x 的排放。

废气再循环系统的结构如图 4-96 所示,其主要由电控单元 1、废气再循环阀 2、废气再循环电磁阀 3 及节气门位置传感器等组成。

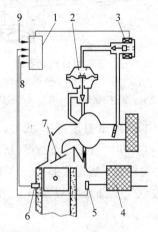

图 4-96 废气再循环系统

1—电控单元;2—废气再循环阀;3—废气再循环电磁阀;4—三元催化转化器;5—氧传感器;6—冷却液温度传感器;7—气门;8—发动机转速信号;9—节气门开度信号

EGR 系统电控单元根据发动机转速传感器、节气门位置传感器及冷却液温度传感器信号判断发动机的工作状态。当发动机处于中、小负荷工况时,EGR 电控单元给 EGR 电磁阀发出控制指令,EGR 电磁阀通电,EGR 电磁阀打开真空管路通道,将真空源引入 EGR 阀,由于 EGR 阀膜片上方的真空度增加,在膜片上、下压差的作用下,膜片上移,打开 EGR 阀,此时 EGR 管路接通,少量的废气通过 EGR 管路流入进气总管与新气混合,新鲜的混合空气在参入废气后,混合气的热值降低,减少了燃烧后的热量产生,抑制了 NO_x 的形成。当发动机在急速、大负荷工况时,为保证发动机的运行稳定性和动力性,废气再循环系统不工作。

4.4.1.2 进气恒温控制技术

进气恒温控制系统就是当发动机冷起动之后的暖机期间,把经排气加热后的热空气送入空气滤清器,提高进气温度,使温度保持在 30~53℃。减少 CO 和 HC 的排放。进气恒温控制系统能够保障发动机在低温下稳定工作。

进气恒温控制系统是在普通空气滤清器上增设一套空气加热与控制系统,其结构如图 4-97 所示,它由热炉 1、热空气管 5、真空控制膜盒 7、控制阀 8、进气温度传感器 9 等组成。热炉与排气歧管 3 接触,并通过热空气管连接空气滤清器 10,进气温度传感器装在空气滤清器上,真空控制膜盒装在进气导流管上。控制阀在进气导流管与热空气管交汇处,控制空气滤清器从进气导流管和热空气管这两套管路进气。

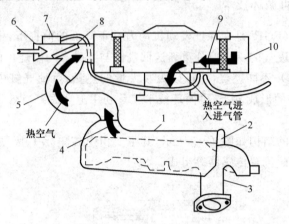

图 4-97 进气恒温控制系统
1—热炉;2—废冷空气入口;3—排气歧管;4—热空气入口;5—热空气管;6—进气导流管;7—真空控制膜盒;8—控制阀;9—进气温度传感器;10—空气滤清器

当发动机冷起动时,汽车前罩下的环境温度低于 30℃时,进气温度传感器 9 通过控制机构使控制阀 8 关闭进气导流管 6,打开热空气管 5,冷空气从排气歧管 3 上部的热炉 1 加热,经热空气管和空气滤清器 10 进入发动机;当温度超过 53℃时,温度控制机构使控制阀完全关闭热空气管,进入空气滤清器的空气全部是环境空气。当温度在 30~53℃时,控制阀部分开启,两个进气口均有空气流过。

4.4.2 发动机机外净化技术

发动机机外净化技术是指发动机燃烧生成的废气排出发动机排气门后,但还未排入到大气环境之前,进一步采取净化措施,以减少最终汽车污染的排放的技术。

4.4.2.1 三元催化转化器

三元催化转化器是利用催化剂(铂、铑、钯)的作用,将排气中的 NO_x、HC 和 CO 等物质转换成对人体无害的气体的一种净化装置。

三元催化转化器(见图 4-98)由金属外壳 4、金属网 8、催化层(含有铂、铑等贵重金属)和多蜂窝状小孔的陶瓷块 9 组成。当废气经过净化器时,铂催化剂就会促使 HC 与 CO 氧化生成水蒸气和 CO_2,铑催化剂会促使 NO_x 还原为 N_2 和 O_2。这些氧化反应和还原反应只有在温度达到 250℃时才开始进行。三元催化转化器可除去 HC、CO 和 NO_x 这 3 种主要污染物质的 90%。

如果汽油或润滑油添加剂选用不当,使用了含铅的燃油添加剂或硫、磷、锌含量超标的机油添加剂,就会使磷、铅等物质覆盖于三元催化转化器的催化层表面,阻止废气中的有害成分与之接触而失去催化作用,也称为三元催化转化器中毒。

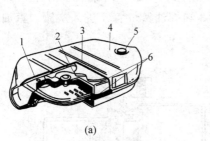 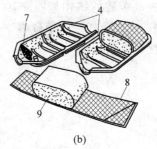

图 4-98 三元催化转化器

(a) 三元催化转化器结构图；(b) 三元催化转化器解剖图

1—陶瓷小球保持架；2—内壳；3—隔热层；4—金属外壳；5—填料孔螺塞；
6—陶瓷小球；7—分流器；8—金属网；9—陶瓷块

4.4.2.2 曲轴箱通风装置（PCV 阀）

发动机工作时，总会有部分可燃混合气和燃烧产物经活塞环，由气缸窜入曲轴箱内。窜入曲轴箱内的可燃混合气和燃烧产物将会冲淡润滑油，增加活塞和气缸壁的磨损。早期汽车为降低曲轴箱窜气对润滑油的影响，直接将曲轴箱的废气排放到大气中，但曲轴箱的气体包含燃烧产物中的 HC 和其他污染物。因此，曲轴箱通风装置就是防止曲轴箱气体排放到大气中的净化装置。

曲轴箱强制通风装置的组成如图 4-99 所示，主要由 PCV 阀 7 和空气滤清器 1 组成。

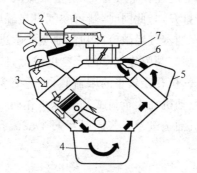

图 4-99 曲轴箱强制通风装置

1—空气滤清器；2,6—连接软管；3,5—气缸罩盖；4—曲轴箱；7—PCV 阀

发动机工作时，进气管真空度作用在 PCV 阀上，该真空度使新鲜空气经空气滤清器 1、连接软管 2 进入气缸罩盖 3，再经气缸盖和机体上的孔道进入曲轴箱。在曲轴箱内新鲜空气和废气混合后经气缸罩盖、PCV 阀和曲轴箱连接软管 6 进入进气管，最后通过进气门进入燃烧室被燃烧掉。

4.4.2.3 汽油蒸发控制装置（EVAP）

汽油箱和管路中的汽油随时都在汽化蒸发，如果不加以控制或回收，在发动机停止工作时，汽油蒸发物（HC）将逸入大气，污染大气。汽油蒸发控制装置的功用就是将这些汽油蒸气收集和存储在炭罐内，在发动机工作时再将其送入气缸内燃烧。

汽油蒸发控制装置的结构如图4-100所示。炭罐5内填满了活性炭6,发动机不工作时,燃油箱1中的汽油蒸气经气液分离器3和燃油蒸气管4进入炭罐。汽油蒸气进入炭罐后被其中的活性炭吸附。

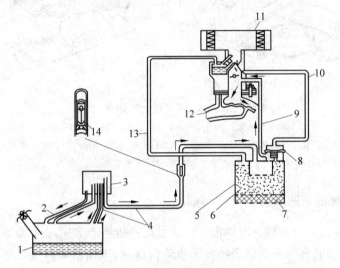

图4-100 汽油蒸发控制装置
1—燃油箱;2—回油管;3—气液分离器;4—燃油蒸气管;5—炭罐;6—活性炭;
7—滤网;8—限流阀;9,10—真空气管;11—空气滤清器;12—进气歧管

发动机起动后,进气管真空度经真空气管10送至限流阀8,在进气管真空度的作用下,限流阀膜片上移,并将限流孔打开,与此同时,新鲜空气自炭罐底部经滤网7向上流过炭罐,并携带吸附在活性炭表面的汽油蒸气经限流阀和汽油蒸气管进入进气歧管12。

发动机在怠速时,传送到限流阀膜片气室的真空度较低,使限流阀孔径较大的限流孔关闭,只有少量的汽油蒸气及空气从孔径较小的限流孔,通过真空气管9流入进气歧管,保证怠速时可燃混合气的浓度。发动机在大负荷或高转速工作时,作用在限流阀膜片上的真空度增大,限流阀全开,大量的汽油蒸气及空气同时经两个限流孔经过两个真空气管9、10进入进气歧管。

4.4.2.4 二次空气喷射系统

二次空气喷射技术是一种尾气排放控制技术,用以减少排气中HC和CO的含量。其原理是:空气泵将新鲜空气送入发动机排气管内,通过向高温的废气提供新鲜的空气,使废气中的HC和CO进一步氧化和燃烧,即把导入的空气中的氧在排气管内与排气中的HC和CO进一步化合形成水蒸气和二氧化碳,从而降低了排气中HC和CO的含量。二次空气喷射系统主要应用于六缸以上的大排量发动机。

图4-101所示是二次空气喷射系统的基本结构,它由空气泵1、旁通线圈及旁通阀2、分流线圈及分流阀4、空气分配管6、空气喷管7和单向止回阀11等组成。空气泵由发动机驱动,产生的低压空气称作二次空气。在分流阀与排气管道之间以及分流阀与催化转化器之间均装有单向止回阀,以防止尾气进入二次空气喷射系统中。分流线圈及旁通线圈由电控单元控制。

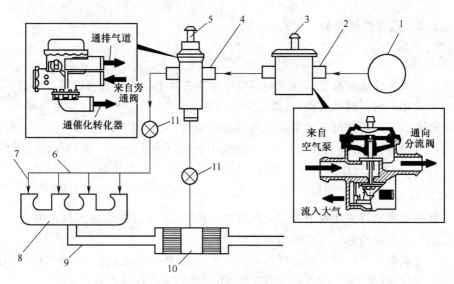

图 4-101 二次空气喷射系统

1—空气泵；2—旁通阀；3,5—真空管；4—分流阀；6—空气分配管；7—空气喷管；
8—排气歧管；9—排气总管；10—催化转化器；11—单向止回阀

当发动机起动后，电控单元不使旁通线圈和分流线圈通电，于是这两个线圈同时把通向旁通阀和分流阀的真空隔断，这时空气泵送出的空气经旁通阀进入大气或进入空气分配管，这种状态称为起动工作状态，其持续时间的长短取决于发动机的温度。

当发动机在预热期间时，电控单元同时使旁通阀线圈和分流线圈通电，进气管真空度分别经旁通线圈和分流线圈传到旁通阀和分流阀，空气泵送出的空气此时经旁通阀流入分流阀，再由分流阀流入空气分配管，最后由空气喷管喷入排气歧管。

当发动机在正常的冷却温度下工作时，电控单元只使旁通线圈通电而不使分流线圈通电，通向分流阀的真空度被分流线圈隔断，这时，空气泵送出的空气经旁通阀进入分流阀，再经分流阀进入催化转化器中。

4.5 汽油发动机点火系统

在汽油机中，可燃混合气是靠电火花点燃的。为了能在气缸中产生电火花，汽油机装设了一整套能够按照发动机点火顺序和点火时刻规律在火花塞电极间产生电火花的系统，即汽油发动机点火系统。

4.5.1 汽油发动机点火系统概述

4.5.1.1 点火系统的功用

点火系统的功用就是将蓄电池或发电机提供的低压电转化为高压电，根据发动机的工作顺序，实时、准确、高效地将高压电分配到各个工作气缸中的火花塞，使之跳火，点燃可燃混合气。

4.5.1.2　点火性能指标

1. 点火电压

能产生足以击穿火花塞电极间隙的高电压称为击穿电压。将点火线圈产生的高压直流电加载在火花塞的两个电极之间,电极之间的可燃混合气(或空气)会发生电离现象,气体的电离程度随电压升高而升高。当电压增加到一定值时,火花塞电极之间的间隙被击穿而产生电火花,以此点燃可燃混合气。汽油发动机击穿电压一般为 8~20kV。为了使点火可靠,通常点火系统的点火电压大于击穿电压,因此要求点火系统具备足够高的点火电压。

2. 点火能量

点火能量指发动机火花塞电极间高压放电的能量,是系统次级高压放电时作用在火花塞电极间随时间变化的电压与电流的乘积对时间的积分。

虽然火花塞隙间电压能击穿可燃混合气产生跳火,但如果火花能量不足,仍然不能点燃混合气而引起缺火(失火)。因此点火能量越大,发动机着火性能越好。

发动机在不同工况下随着可燃混合气浓度不同、温度不同、工作负荷的不同,所需要的最低点火能量也不同。在发动机启动、怠速和急加速等浓混合气工作工况,以及采用了缸内直喷稀薄燃烧技术时,往往需要更高的点火能量。

3. 点火时刻

发动机工作时,点火时刻对发动机的工作性能有很大的影响。缸内混合气是按一定的速度燃烧的,即从火花塞跳火到气缸内的可燃混合气完全燃烧需要一定的时间,但是由于发动机的转速很高,在这样短的时间内曲轴却可以转过很大的角度。若恰好在活塞到达上止点时点火,混合气开始燃烧时,活塞已经开始向下运动,导致发动机的功率下降,因此,为保证发动机有效点燃可燃混合气,充分将燃料燃烧的化学能转化为发动机输出动力,需适当进行点火提前。

提前点火就是活塞到达压缩上止点之前火花塞跳火,点燃燃烧室内的可燃混合气。从点火时刻起到活塞到达压缩上止点,这段时间内曲轴转过的角度称为点火提前角。适当的点火提前角可使发动机每循环输出的功率有效增加。在发动机工作过程中,若点火提前角过大,容易引发爆燃;若点火提前角过小,会导致发动机工作排气温度升高,功率降低。

当发动机转速和节气门开度一定时,能使发动机获得最佳动力性、经济性和最佳排放性的点火提前角称为最佳点火提前角。

最佳点火提前角主要与发动机工作时的转速、负荷、汽油标号以及其他的影响因素有关。

(1) 转速　发动机节气门开度为一定值时,随着发动机转速的升高,需要增大点火提前角,但当转速达到一定值并保持不变后,最佳点火提前角增大的幅度略微减小,而并不是保持同样的增大速度。

(2) 负荷　发动机转速一定时,随着负荷的增加,节气门开度增大,需要适当减小点火提前角;相反发动机负荷减小时,点火提前角应适当增大。

(3) 汽油标号　汽油标号代表汽油的辛烷值,辛烷值直接影响汽油的抗爆性能。使用辛烷值较高即抗爆性较好的汽油时,可以增大点火提前角。

发动机中一些其他的因素会影响混合气的燃烧速度,这些因素都会对点火提前角产生一定的影响,如燃烧室形状、燃烧室内温度、空燃比、大气压力、冷却水温度等。

发动机最佳点火提前角的确定并不是以最大功率输出作为唯一目标的,在严格的环保法规面前还得综合考虑污染物的排放。过大的点火提前角会使尾气中 HC、NO_x 排放增多;过小的点火提前角会使尾气中的 HC 排放过多,且使燃油消耗率升高。因此最佳点火提前角的确定是发动机类型、燃油经济性、尾气排放等多方面综合协调后确定的。

4.5.1.3 点火系统的种类

目前汽油机应用的点火系统,根据其控制方式与结构不同可分为传统机械式点火系统、半导体点火系统和微机控制点火系统。

1. 传统机械式点火系统

传统机械式点火系统长期以来被汽油机广泛采用,主要由电源、点火线圈、断电器、分电器、火花塞及高压导线组成。通过断电器控制点火线圈初级回路通断,在次级回路中产生高压电,并通过分电器分配到各缸火花塞上。这种点火系统由于受触点式断电器及分电器影响,点火性能在发动机高转速下较差,点火能量较小,无线电干扰较大,目前已基本淘汰。

2. 半导体点火系统

半导体点火系统也称为晶体管点火系统,其最大的特点是通过半导体元件代替传统的触点式断电器,大大改善了传统触点点火系统的一系列问题,有效地提高了发动机高速点火性能和点火能量,但由于点火时刻控制精度不佳,依旧无法达到最佳的点火效果。目前半导体点火系统依旧应用在早期轿车和中低档车辆上。

3. 微机控制点火系统

微机控制点火系统是通过电控单元接收各种传感器的测量信息,分析并计算最佳点火时刻,通过控制点火控制器实施对点火线圈的通电,实现点火。微机控制点火系统由于能够根据多种传感器信号判断最佳点火时刻,所以点火性能较半导体点火系统有较大的改善,提高了发动机的动力性、经济性和排放性。

4.5.2 传统机械式点火系统

4.5.2.1 传统机械式点火系统的组成与原理

传统机械式点火系统的结构如图 4-102 所示,其主要由蓄电池 5、点火开关 3、点火线圈 1、断电器 11、配电器 9 和火花塞 10 等组成。蓄电池供给点火系统所需要的电能。点火开关接通或断开点火系统电源。点火线圈存储点火能量,并将蓄电池电压转变为高压电。分电器由断电器、配电器和点火提前机构等部分组成。断电器的作用是接通或切断点火线圈初级回路,根据发动机的转速产生对应的脉冲信号;配电器的作用是将点火线圈产生的点火高压,按照发动机的工作顺序通过高压线分配到各缸火花塞;点火提前机构的作用是根据发动机转速、负荷和汽油辛烷值变化调节点火提前角,以改变点火时刻。火花塞将点火高压引入气缸燃烧室,通过隙间产生的具有一定能量的电火花点燃可燃混合气。

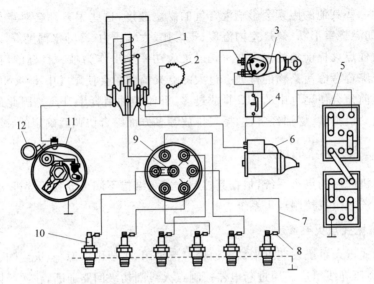

图 4-102 传统机械式点火系统

1—点火线圈；2—附加电阻；3—点火开关；4—电流表；5—蓄电池；6—起动机；
7—高压导线；8—阻尼电阻；9—配电器；10—火花塞；11—断电器；12—电容器

传统机械式点火系统的工作原理如图 4-103 所示。

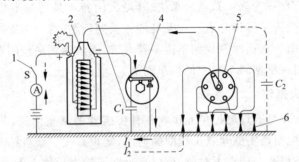

图 4-103 传统机械式点火系统的工作原理

1—点火开关；2—点火线圈；3—电容；4—断电器；5—分电器；6—火花塞

传统机械式点火系统中，蓄电池或发电机供给 12V 低电压，经点火线圈和断电器转变为高电压，点火提前角调整装置根据发动机的负荷和转速调整合适的点火时刻，再经配电器分送到各缸火花塞，使电极间产生电火花。发动机工作时，断电器轴连同凸轮一起在发动机凸轮轴的驱动下旋转。断电器凸轮转动时，断电器触点交替地闭合和打开，因此传统点火系统的工作原理可分为：触点闭合，初级电流增长；触点打开，次级绕组产生高压。下面对火花塞电极间火花放电的三个阶段进行分析。

（1）初级点火信号及高压直流电的生成

分电器轴在凸轮轴的带动下旋转，分电器轴与凸轮轴的传动比为 1∶1。断电器安装在分电器轴上，断电器凸轮与发动机缸数相同，图 4-103 中断电器凸轮为六个，因此该发动机为六缸发动机。

断电器触点接通时，初级线圈绕组接通，在其周围产生逐渐增强的磁场，线圈绕组中间铁芯起到增强磁场的作用；断电器触点断开后，初级电路被切断，点火线圈初级绕组中的电流迅速下降为零,线圈周围和铁芯中的磁场因而迅速衰减,利用互感原理,使次级线圈绕组中感应出 8~20kV 的高压感应电压。

(2) 高压直流电的分配

断电器触点分开的瞬间,配电器分配头在配电器分配轴板的带动下,正好旋转对准一个侧电极的位置,此时连接次级线圈回路的中心电极与对应的侧电极接通。真空点火提前角调节装置和离心点火提前角调节装置分别控制着配电器分配轴板,以完成对点火提前角的自动调整。

(3) 高压电火花的产生

配电器将对侧电极和中心电极接通后,高压电通过高压线输送到对应气缸的火花塞,并加载在火花塞两极之间。当加载电压足够高时,电极间隙间的空气被击穿,产生带有一定能量的电火花,点燃混合气。

4.5.2.2 传统机械式点火系统主要部件的结构与原理

1. 点火线圈

点火线圈的功用是将蓄电池或发动机所提供的低压直流电(12V)变成能够击穿火花塞间隙的高压直流电(8~20kV)。点火线圈根据磁路结构形式不同可分为开磁路式和闭磁路式两种。

1) 开磁路点火线圈

开磁路点火线圈的结构如图 4-104 所示,其主要由铁芯 2、初级绕组 3、次级绕组 4、胶木盖 8 及绝缘支座 1 等组成。

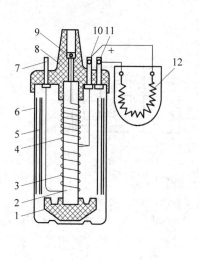
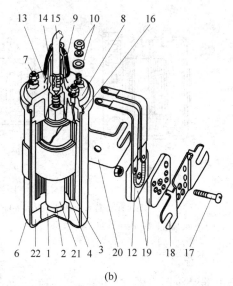

(a)   (b)

图 4-104 点火线圈的结构

(a) 结构示意图;(b) 结构图

1—绝缘支座;2—铁芯;3—初级绕组;4—次级绕组;5—导磁钢片;6—外壳;7—负接线柱;8—胶木盖;9—高压线接头;10—接起动机接线柱;11—正接线柱;12—附加电阻;13—弹簧;14—橡胶罩;15—高压阻尼线;16,19—绝缘体;17—螺钉;18—附加电阻盖;20—固定夹;21—绝缘纸;22—沥青封料铁芯 2 用互相绝缘的硅钢片制成,外面套有绝缘套管。套管上分层绕有次级绕组,约 11 000~26 000 匝,其导线是直径为 0.06~0.10mm 的漆包线,每层导线都用绝缘纸隔开,最外层的绝缘纸层数最多。初级绕组分层绕在次级绕组外面,以利散热,初级绕组为 230~370 匝,其导线是直径为 0.5~1.0mm 的漆包线,外面也包有数层绝缘纸。绕组绕好后在真空中浸以石蜡和松香的混合物以增强绝缘。

绕组与外壳 6 之间装有导磁钢片 5,用来加强磁通。点火线圈上部装有胶木盖 8,底部装有绝缘座 1,以防高压电击穿次级绕组绝缘而向铁芯或外壳放电。为加强绝缘和防止潮气侵入,在外壳内填满沥青或变压器油。填充变压器油,会使线圈散热性较好,升温较低,且绝缘性好。近年来也有采用六氟化硫等气体绝缘或采用塑料造型绝缘的。气体绝缘用于特殊用途的高温发动机;塑料造型绝缘散热性较差,但可以做得较小,一般用于小型发动机。

点火线圈是利用互感原理工作的,它根据发动机的不同转速以不同的频率反复进行储能及放能。当初级线圈接通电源时,线圈中的电流是个快速增长的过程,随着电流的增长线圈周围形成一个增长的磁场,并将磁场储存在铁芯中;当断电器断开电路时,初级线圈的磁场随着电流快速下降而迅速衰减,次级线圈就能感应出很高的电压。

2) 闭磁路点火线圈

闭磁路点火线圈(见图 4-105)与开磁路点火线圈相比,铁芯不是条形,而是日字形(见图 4-105(c))或口字形(见图 4-105(b)),铁芯内绕有初级绕组,在初级绕组外面绕有次级绕组,与铁芯构成闭合磁路。为了减少磁滞现象,常设有一个微小的空气隙。由于闭磁路铁芯倒磁能力强,能量损失小,可在较小磁动势下产生较强的磁通,因此可减少线圈匝数,使点火线圈日益小型化。目前,国内外高级轿车上,闭磁路点火线圈已被广泛采用。

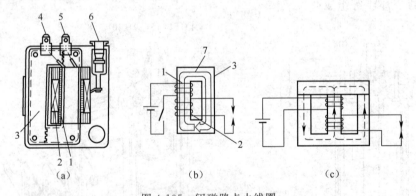

图 4-105 闭磁路点火线圈

(a) 闭磁路点火线圈的结构;(b) 口字形铁芯;(c) 日字形铁芯

1—初级绕组;2—次级绕组;3—铁芯;4—正接线柱;5—负接线柱;6—高压接线柱;7—磁力线

2. 分电器

分电器是将断电器、配电器、电容器、点火提前调节器以及壳体等附属件配置集成在一个总成的部件,其结构如图 4-106 所示。分电器通过凸轮轴驱动,因此对于四冲程汽油机,分电器转速为发动机曲轴转速的 1/2。根据各子系统的组成,分电器主要功能是:对初级电路实施通断,产生脉冲低压直流电(触发功能);将点火线圈产生的高压电按照发动机的工作顺序分配给各缸火花塞(分电功能);根据发动机的转速和负荷自动调节点火时刻(点火提前角功能)。

模块 4 汽车发动机供给系统

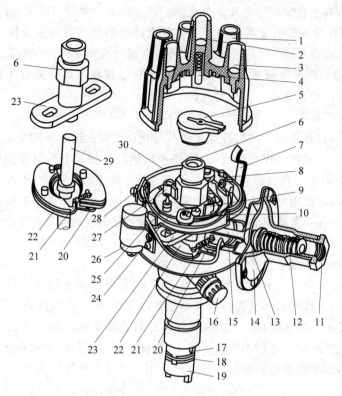

图 4-106 分电器结构示意图

1—分电器盖；2—中央接线插孔；3—侧接线插孔；4—中心电极；5—分火头；6—断电器凸轮；7—分电器盖弹簧夹；8—断电器活动触点臂及支架；9—断电器固定触点及支架；10—偏心螺钉；11—真空点火提前调节器管接头；12—真空点火提前调节器膜片弹簧；13—真空点火提前调节器膜片；14—真空点火提前调节器外壳；15—真空点火提前调节器拉杆；16—油杯；17—固定销及联轴器；18—联轴器钢丝；19—连接轴；20—离心点火提前调节器托板；21—离心点火提前调节器弹簧；22—离心点火提前调节器重块；23—离心点火提前调节器拨板；24—断电器固定盘；25—真空点火提前调节器拉杆销及弹簧；26—电容器及固定夹；27—油毡及油毡夹；28—断电器接线柱；29—分电器轴；30—分电器外壳

1）断电器

断电器为一串联在初级电路中的开关，安装在分电器壳内，主要由凸轮、活动触点臂和活动触点组成。曲轴每转两圈断电器凸轮转一圈，断电器凸轮的凸棱数一般等于发动机的气缸数，凸轮通过离心点火提前调节器与分电器轴相连，触点一般为钨制。断电器的结构如图 4-107 所示。断电器的功用是周期性地接通和切断点火线圈的一次电路，使一次电流发生变化，以便在点火线圈的二次绕组中产生高电压。

2）配电器

配电器的功用是按照点火顺序轮流地把高压电分配到各缸火花塞，点燃可燃混合气。配电器安装在断电器上方，由胶木制成的分电器盖 1（见图 4-106）和分火头 5 组成。分火头插装在断电器凸轮 6 的顶端，和断电

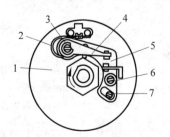

图 4-107 断电器的结构
1—固定盘；2—片簧；3—销钉；4—活动触点臂与活动触点；5—托板；6—固定螺钉；7—调节螺钉

器凸轮一起旋转,其上有金属导电片。分电器盖的中间有中央接线插孔2,其内装有带弹簧的中心电极4,压在分火头的金属导电片上。分电器盖的四周有与发动机气缸数相等的侧接线插孔3,以安插高压分线。分火头旋转时,金属导电片在距离侧接线插孔的0.2～0.8mm间隙处越过,当断电器触点断开时,高压电自金属导电片跳至与其相对的侧接线插孔,再经高压分线送至火花塞点火提前角调节器。

3)点火提前调节器

点火提前调节器是根据发动机转速及负荷变化调节点火提前角的装置。根据其调节方法不同可分为两种:一种是保持触点不动,将断电器凸轮相对于分电器轴顺时针方向转过一个角度,使凸轮提前顶开触点,实现点火提前;另一种是凸轮不动(不改变凸轮与轴的相对位置),使断电器触点相对于凸轮逆时针旋转一个角度,也可实现点火提前。根据发动机转速变化调节点火提前角的离心式点火提前调节器和根据发动机负荷变化调节点火提前角的真空式点火提前调节器的工作原理就是上述两种方法。

(1)离心式点火提前调节器

离心式点火提前调节器通常装在断电器底板下面,其作用是随发动机转速的变化而自动改变点火提前角。离心式点火提前调节器主要由飞块、离心调节器底板、断电器凸轮等组成,如图4-108所示。在分电器轴7上固定有离心调节器底板6,两个飞块3和9分别套在托板的轴销5上,另一端与托板由弹簧8和10拉住。断电器凸轮1和断电器凸轮轴板2套在分电器的上端,而断电器凸轮轴板的长方形孔则插在飞块的销钉4上。

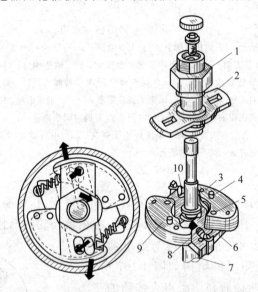

图4-108 离心式点火提前调节器
1—断电器凸轮;2—断电器凸轮轴板;3,9—飞块;4—销钉;5—轴销;
6—离心调节器底板;7—分电器轴;8,10—弹簧

当发动机转速改变时,飞块在离心力的作用下克服弹簧弹力向外甩开,其上的销钉推动断电器凸轮轴板及凸轮沿着原来的旋转方向相对于分电器轴转过一个角度,使用凸轮提前顶开触点,点火提前角增大。当发动机转速下降时,弹簧将飞块拉回,则点火提前角自动减小。

(2) 真空式点火提前调节器

真空式点火提前调节器位于分电器外壳侧面，其作用是随发动机的负荷变化自动调节点火提前角。

真空式点火提前调节器的结构如图 4-109 所示。提前调节器壳体 2 固定在分电器壳体 10 上，其内腔被膜片 6 分隔成两个气室。右气室即真空室，接真空连接管 4，并与发动机进气歧管真空度孔相通。拉杆 7 一端固定在膜片的中央，另一端有孔，套在断电器底板 9 的销钉上。

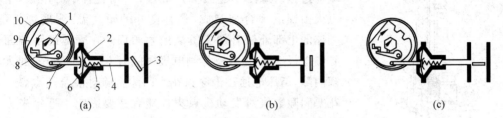

图 4-109 真空式点火提前调节器
(a) 结构图；(b) 节气门全开；(c) 节气门全闭

1—断电器凸轮；2—提前调节器壳体；3—节气门；4—真空连接管；5—弹簧；6—膜片；7—拉杆；
8—断电器触点；9—断电器底板；10—分电器壳体

发动机怠速时，节气门接近全闭，此时空气道中的小通气孔处于节气门上方，该处的真空度几乎为零，于是弹簧 5 推动膜片，使点火提前角减小或基本不提前（见图 4-109(c)），此时不需要点火提前。

发动机负荷很小时，节气门开度较小（见图 4-109(a)），通气孔处的真空度较高，吸动膜片向右拱曲，使拉杆 7 拉动断电器底板 9 带着断电器触点逆分电器轴旋转方向转动一定的角度，使触点提前开启，点火提前角增大。当发动机负荷加大，即节气门开度增大时，小孔处的真空度降低，膜片在弹簧作用下向左拱曲，使点火提前角自动减小。

发动机全负荷工作时（见图 4-109(b)），节气门全开。通气孔的真空度不高，真空式点火提前调节器不工作。弹簧 5 通过膜片和拉杆使断电器底板处于点火提前角调节量为零的位置，此时弹簧仍有一定的压缩量，因而有预紧力。

4) 电容器

断电器触点断开后，初级线圈中电流下降，线圈中产生自感电动势。这种自感电动势可能在触点间产生电火花、烧蚀、氧化触点；也让初级电流下降变缓，使得次级绕组感应电压降低，跳火减弱，发动机点火不良。因此在断电器上并联一个电容器，当触点断开时，初级线圈中的自感电流向电容器充电，防止触点烧蚀；并加速初级电流和磁通的衰减，提高次级感应电压。

电容器的结构如图 4-110 所示，其极片为两条狭长的金属箔带 1，其间用很薄的绝缘纸 4 相隔，卷成筒状，在浸渍蜡绝缘介质后，装在圆筒形的密封壳体 3 中。极片之一与金属外壳在内部接触，另一极片与引出壳体的引线连接。

图 4-110 电容器
1—金属箔带；2—盖板；3—壳体；4—绝缘纸

3. 火花塞

火花塞的功用是将点火线圈产生的高压电引进燃烧室,并在两电极之间产生电火花以点燃可燃混合气。

图 4-111 所示为火花塞的基本结构,其主要由中心电极 10、侧电极 9、陶瓷绝缘体 2、壳体 5 等组成。金属壳体 5 带有螺纹,用于拧入气缸。在壳体内装有绝缘体 2,绝缘体中心孔上部有接线螺杆,接线螺杆上端通过接线螺母 1 连接高压导线,下端装有中心电极,中心电极由镍或镍合金制成,具有良好的耐高温、耐腐蚀性能。壳体的上部外侧有便于拆装的六角面。在壳体的下端面焊有侧电极 9,中心电极与侧电极之间有 0.6~1.0mm 的火花塞间隙,高压电通过击穿火花塞间隙实施对混合气点燃。火花塞间隙数值对发动机点火性能有重要影响。近年来为了适应发动机排气净化要求,有利于点燃稀混合气,火花塞间隙有增大的趋势,特别是目前采用高能电子点火装置后,其火花塞间隙增大到 1.0~1.2mm,为此相应地生产出一系列宽间隙火花塞。

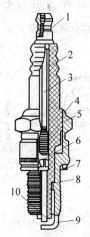

图 4-111 火花塞结构
1—接线螺母;2—绝缘体;3—接线螺杆;4—内垫圈;5—壳体;6—导体玻璃;7—密封垫圈;8—内垫圈;9—侧电极;10—中心电极

火花塞按照热值高低可以分为热型、普通型、冷型 3 种。热型火花塞是相对散热量较小的火花塞,热型火花塞的绝缘体裙部较长,当气缸内温度布置均匀时,裙部越长,受热面积就越大,传导热量的距离就越长,所以散热少,中心电极温度较高,其结构如图 4-112(c)所示;冷型火花塞是指能够大量散热的火花塞,它的绝缘体裙部相对较短,受热面积小,由于散热途径比较短,散热相对较多,中心电极温度较低,其结构如图 4-112(a)所示;普通型火花塞又称中热型,它的性能介于热型火花塞和冷型火花塞之间,其结构如图 4-112(b)所示。

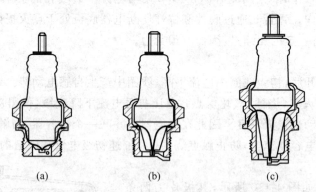

图 4-112 不同热值火花塞的结构
(a)冷型;(b)普通型;(c)热型

4.5.2.3 传统机械式点火系统的缺点

自现代汽车发明以来,汽油机就开始采用传统机械式点火系统,该系统具有结构简单实用、可靠性较好的特点,能较好地满足发动机在定工况和变工况条件下的使用。在半导体和电子控制系统不太发达的时代,机械式点火系统得到广泛应用。随着半导体技术的发展和微机控制技术的应用,传统机械式点火系统由于存在以下缺点,目前已逐步被半导体式点火系统和微机控制点火系统所取代。

(1) 点火信号的产生是通过断电器触点的开闭实现的,触点在断开时由于互感作用的存在,在触点之间会产生电火花,使得断电器触点在长时间使用后出现氧化、烧蚀的情况,从而影响初级线圈的电流和电压,使点火性能下降。

(2) 断电器触点反复通断,引起间隙变化,从而影响正常点火,需要经常调整间隙。

(3) 为了提高点火可靠性,就需要提升点火能量,而要提升点火能量就需要增加初级线圈的电流、电压,但过高的电流、电压会引起更严重的断电器触点烧蚀。

(4) 初级电流和次级电压的大小随发动机转速升高和气缸数增多而下降,容易导致多缸发动机高速时出现失火现象。

(5) 火花塞积炭时,因火花塞漏电而使次级电压无法提升,可能引起点火不可靠,导致发动机缺缸等故障。

(6) 无线电干扰较大。

4.5.3 半导体点火系统

伴随半导体电子技术的发展,传统点火系统中断电器逐渐被半导体元件取代,以改善传统点火系统中触点易烧蚀及高速点火性能不佳的问题。目前,半导体点火系统根据结构不同可分为有触点式半导体点火系统和无触点式半导体点火系统。

4.5.3.1 有触点式半导体点火系统

有触点式半导体点火系统由触点、反高压三极管、点火线圈、蓄电池、火花塞等组成,其结构如图4-113所示。其结构与传统机械点火系统最大的区别在于将机械触点从初级回路中移出,通过一个反高压三极管VT控制初级回路的通断,而机械触点布置在一个控制回路中,控制反高压三极管的通断。这种布置方式的优点在于,控制回路的电流远远小于初级回路的电流,将机械触点布置在控制回路中,可大大减少触点烧蚀的现象,也可降低触点调整间隙的频率。

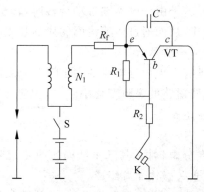

图4-113 有触点式半导体点火系统电路结构示意图

当接通点火开关S，断电器触点K闭合时，此时反高压三极管基极电路被接通，使三极管饱和导通，此时三极管闭合，初级回路接通，初级绕组通电；当断电器触点K断开时，三极管的基极电路被切断，三极管由导通变为截止，初级回路断路，初级绕组断电，初级电流下降为零，在点火线圈的次级绕组产生高压电，击穿火花塞间隙，点燃混合气。

由于有触点式半导体点火系统依旧保留了触点，虽然改善了触点烧蚀的问题，但触点的磨损及高速性能不佳的问题依旧无法避免，因此这类半导体点火系统的应用越来越少。因此，下面主要介绍无触点式半导体点火系统。

4.5.3.2 无触点式半导体点火系统

无触点式半导体点火系统的特点是利用点火信号发生器取代断电器凸轮，采用电子点火控制器取代断电器触点。点火提前角调整机构仍然采用机械离心式和真空式，并集成在分电器内。因此这种点火系统有效地避免了与触点相关的所有弊端。图4-114所示为无触点式半导体点火系统的基本组成。

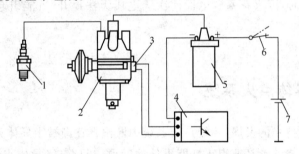

图4-114 无触点式半导体点火系统的结构
1—火花塞；2—分电器；3—信号发生器；4—点火控制器；5—点火线圈；6—点火开关；7—蓄电池

无触点式半导体点火系统根据信号发生器原理不同可分为电磁脉冲式、霍尔效应式、光电感应式3种。

1. 信号发生器

1) 电磁脉冲式信号发生器

电磁脉冲式点火信号发生器的功用是产生点火信号，控制点火控制器工作。它装在分电器内，由分电器轴上的信号转子3、永久磁铁2和绕在支架上的传感线圈1等组成，如图4-115所示。其信号转子的凸齿数与发动机的气缸数相同。永久磁铁经信号转子凸齿、线圈铁芯构成磁回路。当信号转子由分电器轴带动旋转时，转子凸齿与铁芯间的气隙发生变化，导致磁路的磁阻发生变化，从而通过传感线圈的磁通量发生变化，因此在传感器线圈内产生感应电动势，如图4-115(c)所示。

脉冲式点火信号发生器具有点火信号电压的大小随发动机转速变化而变化的特点。发动机转速越高，点火信号发生器磁路的磁阻变化率越高，相应磁通量的变化速率也越高，在传感器线圈中产生的信号电压也越大。

2) 霍尔式信号发生器

霍尔式信号发生器安装在分电器内，其基本结构如图4-116(a)所示，由触发叶轮1、霍尔集成块2、信号触发开关3、永久磁铁4等组成。

触发叶轮与分火头制成一体，由分电器轴带动，其叶片数与气缸数相等。信号触发开关

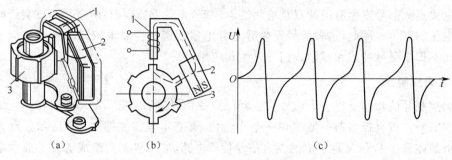

图 4-115　电磁脉冲式信号发生器的结构与原理
(a) 结构；(b) 原理示意图；(c) 输出信号
1—传感器线圈；2—永久磁铁；3—信号转子

由霍尔集成块和带导磁板的永久磁铁组成。霍尔集成块的外层为霍尔元件，同一基板的其他部分制成集成电路。由于霍尔信号发生器工作时，霍尔元件产生的霍尔电压 U_H 的信号较弱，还需进行放大处理，这一任务由集成电路完成，最终输出矩形信号波，其原理如图 4-116(b) 和 (c) 所示。触发叶轮的叶片在霍尔集成块和永久磁铁之间转动，每当叶片进入永久磁铁与霍尔元件之间的空气隙时，磁场即被叶片旁通，由于没有磁场穿过霍尔元件，所以不产生霍尔电压。当触发叶轮的叶片离开空气隙时，永久磁铁的磁路便通过霍尔元件经导磁板构成回路，霍尔元件产生霍尔电压。电子点火器就是依靠霍尔信号发生器输出的方波信号进行触发并控制点火控制器的。

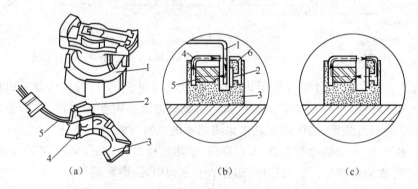

图 4-116　霍尔式信号发生器的结构与原理
(a) 信号发生器结构；(b) 触发叶轮的叶片进入空气隙；(c) 触发叶轮的叶片离开空气隙
1—触发叶轮；2—霍尔集成块；3—信号触发开关；4—永久磁铁；5—导磁板；6—导线

3）光电式信号发生器

光电式信号发生器安装在分电器内，其结构如图 4-117 所示，由信号转盘 2、发光二极管 1 和光敏三极管 3 组成。信号转盘安装在分电器轴上，随分电器轴一同转动，转盘外缘上开有缺口，缺口数与发动机气缸数相同。发光二极管和光敏三极管分别位于信号转盘上下端。当发光二极管光线照射到光敏三极管上时，光敏三极管导通，产生电压脉冲信号，即点火信号，初级回路截止，次级回路产生高压电，实施点火。

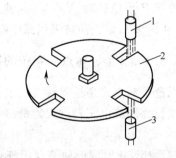

图 4-117　光电式信号发生器的结构
1—发光二极管；2—信号转盘；3—光敏三极管

光电式点火信号发生器的缺点是抗污性能较差,光触发器表面存在污物,就会影响正常的信号电压的产生。因此,这种信号发生器对分电器的密封性要求较高。光电式信号发生器也因而不如电磁脉冲式和霍尔式信号发生器应用广泛。

2. 点火控制器

点火控制器的功用是将点火信号发生器得到的信号进行整形、放大来控制点火线圈初级电路的通断。点火控制器一般装在一个小盒内,其基本电路如图 4-118 所示。点火控制器电路由晶体管 VT_1 和 VT_2 组成的点火信号检测电路、VT_3 和 VT_4 组成的开关放大电路及大功率晶体管 VT_5 的控制电路所组成。

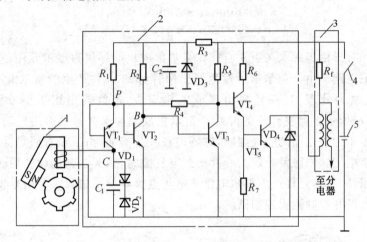

图 4-118 点火控制器电路

1—磁脉冲信号发生器;2—电子点火器;3—点火线圈;4—点火开关;5—蓄电池

当接通点火开关 4,晶体管 VT_2 通电时,B 点的电位降低,VT_3 截止而其集电极电位升高,使 VT_4、VT_5 导通,于是初级电路被接通。初级电流由蓄电池的正极出发,经点火开关 4、点火线圈 3 的初级绕组、晶体管 VT_5 接地流回蓄电池的负极。

当 VT_2 截止时,B 点的电位升高,VT_3 导通,其集电极电位降低,VT_4、VT_5 截止,于是初级电路被切断,次级绕组中产生高压电,击穿火花塞间隙,点燃可燃混合气。

VT_2 导通还是截止取决于 P 点电位。当点火信号发生器输出的交变信号电压使 C 点的电位高于 P 点电位时,VT_1 因承受反向电压而截至。这时 P 点的电位高于 VT_2 的工作电位,所以 VT_2 导通,从而控制 VT_5 导通。当点火信号发生器输出的交变信号电压使 C 点的电位低于 P 点电位时,VT_1 导通,使 P 点电位降低,当 P 点电位低于 VT_2 工作电位时,VT_2 截止,从而 VT_5 截止使初级回路中断。

4.5.3.3 半导体点火系统的缺点

无论是触点式还是无触点式电子点火系统均使用了分电器结构。带分电器的电子点火系统在提高次级电压和点火能量、延长触点使用寿命等方面都是卓有成效的,但是存在如下缺点:

(1) 对点火时间的调节与传统点火系统一样,仍靠离心式和真空式两套机械点火提前调节装置来完成,结构较为复杂,空间占用较多。

(2) 由于机械的滞后、磨损及装置本身的局限性等许多因素的影响,机械式提前调节装置还不能保证发动机点火时刻总处于最佳值,容易出现偏早或推迟的现象,因此在点火精度方面仍然达不到最佳。

(3) 机械式配电器长时间使用会因磨损而接触不良,从而导致发动机发生缺火故障。

电子点火系统虽然解决了断电器触点烧蚀的问题,能较好地提高点火电压,提升点火系统的工作可靠性,但是由于分电器的技术特点,它仍然无法保证对发动机点火时刻的精确控制,难以满足当前日益严格的排放法规。

4.5.4 微机控制点火系统

微机控制点火系统是 20 世纪 70 年代末开始使用无触点点火装置后的又一重大进展,其最大的成功在于实现了点火提前角的自动控制,即可根据发动机的工况对点火提前角进行适时控制,因而可获得混合气的最佳燃烧,从而能最大限度地改善发动机的高速性能,提高其动力性、经济性,减少排气污染。而无触点式半导体点火系统采用机械方式调整点火时刻,因为机械装置本身的局限性,无法保证在各种状况下点火提前角均处于最佳。此外,由于分电器中的运动部件的磨损,又会导致驱动部件松旷,影响点火提前角的稳定性和均匀性。无分电器式微机控制点火系统则可完全避免此类现象产生。

在微机控制的点火系统中,点火控制包括点火提前角控制、通电时间控制和爆燃控制三个方面,并具有以下特点:

(1) 由 ECU 根据发动机各传感器(包括转速和负荷)信号,自动调节点火提前角,使点火提前角与发动机工况更好地匹配。

(2) 在整个工作范围内,均可对点火线圈的导通时间进行控制,从而使线圈中存储的点火能量保持恒定不变,提高了点火的可靠性,可有效地减少能源消耗,防止线圈过热。此外,该系统可很容易地实现在整个工作范围内提供稀薄燃烧所需恒定点火能量的目标。

(3) 采用闭环控制技术后,可使点火提前角控制在刚好不发生爆燃的状态,以此获得较高的燃烧效率,有利于发动机各种性能的提高。

微机控制点火系统按结构不同可以分为有分电器微机控制点火系统和无分电器微机控制点火系统。

4.5.4.1 有分电器微机控制点火系统

有分电器微机控制点火系统一般由蓄电池 2、各类传感器、电子控制系统(ECU)、点火控制器 7、分电器 6、火花塞 5 等组成,其结构如图 4-119 所示。

发动机运行时,ECU 不断地采集发动机的转速、负荷、冷却水温度、进气温度等信号,并根据存储器 ROM 中存储的有关程序与有关数据,确定出该工况下最佳点火提前角和初级电路的最佳导通角,并以此向点火控制模块发出指令。

点火控制模块根据 ECU 的点火指令,控制点火线圈初级回路的导通和截止。当电路导通时,有电流从点火线圈中的初级线圈通过,点火线圈此时将点火能量以磁场的形式储存起来。当初级线圈中电流被切断时,在其次级线圈中将产生很高的感应电动势(15~20kV),经分电器送至工作气缸的火花塞,点火能量被瞬间释放,并迅速点燃气缸内的混合

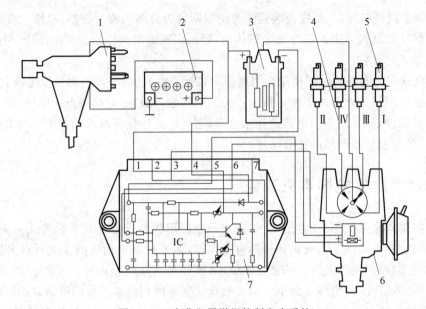

图 4-119 有分电器微机控制点火系统
1—点火开关；2—蓄电池；3—点火线圈；4—高压线；5—火花塞；6—分电器；7—点火控制器

气,发动机完成做功过程。

此外,在带有爆燃传感器的点火提前角闭环控制系统中,ECU 还可根据爆燃传感器的输入信号来判断发动机的爆燃程度,并将点火提前角控制在轻微爆燃的范围内,使发动机能获得较高的燃烧效率。

4.5.4.2 无分电器微机控制点火系统

无分电器微机控制点火系统去掉了传统点火系统的分电器,因此,避免了与分电器有关的一些机械故障,工作可靠性提高。同时,消除了高压电经分电器中心电极、分火头及侧电极的跳火现象,提高了点火能量。

无分电器微机控制点火系统的结构如图 4-120 所示,其由蓄电池、点火开关、微机控制单元(ECU)、点火控制器、点火线圈、火花塞、高压线和各种传感器等组成。有的无分电器点火系统还将点火线圈直接安装在火花塞上方,取消了高压线。

无分电器微机控制点火系统根据高压配电方式不同分为同时点火方式和独立点火方式。

1. 同时点火方式的无分电器微机控制点火系统

同时点火方式的无分电器微机控制点火系统是利用一个点火线圈对活塞接近压缩行程上止点和排气行程上止点的两个气缸同时进行点火的高压配电方式。其中,压缩行程气缸火花塞产生的电火花是有效点火,排气行程火花塞产生的电火花是无效点火。双缸同时点火配电方式要求共用一个点火线圈的两个气缸工作相位相差 360°曲轴转角,以确保点火线圈点火时,同时点火的两个气缸中,处于排气行程的气缸由于缸内气体的压力较小,且缸内混合气又处于后燃期,易产生火花,故放电能量损失小。同时点火方式又可分为点火线圈配电方式和二极管配电方式两种,其中常见的为点火线圈配电方式。

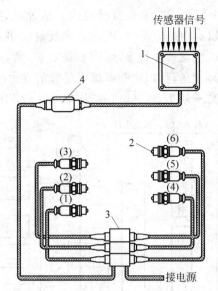

图 4-120 无分电器微机控制点火系统
1—微机控制单元；2—火花塞；3—点火控制器；4—点火线圈

双缸同时点火配电方式因两个火花塞共用一个点火线圈且同时点火，故这种点火方式只能用在缸数为双数的发动机上。此外，与单独点火配电方式相比，其结构与点火控制电路相对简单，仍保留了点火线圈与火花塞之间的高压线，因此能量损失略大。其次，串联在高压回路的二极管，可用来防止点火线圈在初级绕组导通瞬间所产生的次级电压（1000～2000V）加在火花塞上后发生的误点火。目前这种点火方式应用较多，其结构如图 4-121 所示。

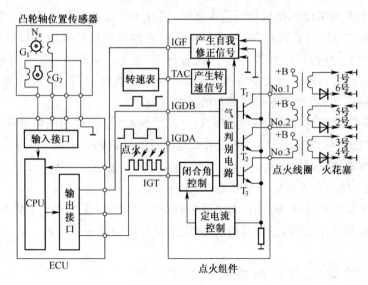

图 4-121 同时点火方式的微机控制点火系统

2. 独立点火方式的无分电器微机控制点火系统

独立点火方式的无分电器微机控制点火系统是一个缸的火花塞配一个点火线圈，并直接将点火线圈安装在火花塞的顶上，这样不仅取消了分电器也同时取消了高压线，每个点火线圈独立地向各自火花塞提供高压电,各缸直接点火。这种布置结构使高压电能的传递损失和对无线电的干扰降至最低。由于一个线圈向一个气缸提供点火能量,因此在发动机转速相同时,单位时间内通过的电流要小得多,线圈不易发热,所以这种线圈的初级电流可以设计得较大,即使在发动机高速运行时,也能够提供足够的点火能量。但这种点火系统控制电路最为复杂,只应用在中高端轿车上,其电路结构如图 4-122 所示。

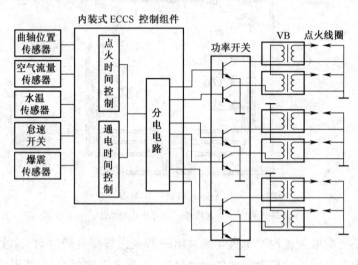

图 4-122　独立点火方式的微机控制点火系统

4.5.4.3　微机控制点火系统的特点

目前汽车上普遍采用的微机控制点火系统,相对于其他点火系统具有以下特点:

(1) 点火提前角由计算机控制,发动机各工况点的点火提前角都可按照各工况点对动力性、经济性和排放性的特殊要求,单独地进行调整,而不影响其他工况点的提前角。

(2) 无分电器结构微机点火系统消除了由于分电器制造、安装、传动系统磨损等原因造成的点火时刻的误差,提高了点火提前角的控制精度。

(3) 因电火花不需跳过分火头与侧电极之间的间隙,这样在相同初级存储能量的情况下,点火的火花能量可以提高 14%,并可有效地降低电磁波辐射干扰。

(4) 可以精确地控制闭合角,使点火系统的能耗减至最小。

(5) 免维护,使用中不需要调整初始点火提前角。

(6) 增加了爆震传感器,可对点火提前角进行闭环控制,使发动机工作在微爆震状态,这时发动机的循环效率最高,发动机的动力性、经济性得到进一步改善。

4.5.5　发动机点火系统实践训练

4.5.5.1　实践目的

通过发动机点火系统实践训练,能够让学生熟悉发动机点火系统的组成、类型及各主要部件的工作原理,熟悉火花塞间隙的测量方法,并能够熟练判断火花塞间隙是否正常。

4.5.5.2 实践准备

1. 课时安排

1课时。

2. 实践设备

1)仪器设备

桑塔纳 GLi 发动机总成一台、帕萨特 B5 发动机总成一台、火花塞 4 个。

2)测量工具

塞尺一套。

4.5.5.3 实践内容及要求

1. 点火系统结构认知

通过观摩桑塔纳 GLi 发动机总成和帕萨特 B5 发动机总成掌握半导体式点火系统和微机控制点火系统的结构组成及工作原理。

实践项目要求:

(1) 通过观摩桑塔纳 GLi 发动机总成能够识别点火线圈、分电器、信号发生器、点火控制器、蓄电池等部件并掌握其结构组成,能够识别改型发动机使用的点火信号发生器的类型并掌握其工作原理,掌握半导体式点火系统的工作原理。

(2) 通过观摩帕萨特 B5 发动机总成能够识别无分电器微机控制点火系统的结构组成,识别该型发动机高压配电方式的类型,并掌握其工作原理。

2. 火花塞间隙测量

1)实践内容

完成桑塔纳 2000 用 AFE 型发动机火花塞间隙的测量,该型火花塞间隙正常数值应为 0.7~0.8mm。对于新的火花塞,可通过弯曲负电极来调整火花塞电极间隙;对于使用过的火花塞,电极间隙不可调整。火花塞间隙采用塞尺进行测量,测量方法如图 4-123 所示。若火花塞电极间隙不在规定的范围内,应更换火花塞。

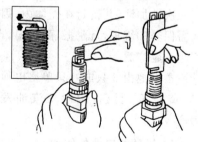

图 4-123 火花塞间隙的测量与调整

2)实践要求

掌握发动机火花塞间隙的测量方法,要求每个参数测量 3 次取平均值,并分析测量结果。

3)实践参数记录及分析

将测量参数记录在表 4-1 中,并分析测量结果是否符合正常值。

表 4-1 火花塞间隙测量参数

测量内容	第一次测量结果	第二次测量结果	第三次测量结果	最终测量结果
1 缸火花塞				
2 缸火花塞				

续表

测量内容	第一次测量结果	第二次测量结果	第三次测量结果	最终测量结果
3缸火花塞				
4缸火花塞				

4.5.6 汽车电源

汽车电源由蓄电池和发电机两个电源并联而成,其主要作用是兼顾发动机任何工况,适时地向汽车点火系、起动系、灯光、信号等全车用电器设备供电。

根据发动机不同工况及车载电器的使用功率大小,汽车电源可分为以下不同的工作状态:

(1) 在发动机起动时,由蓄电池向起动机、点火系统供电。
(2) 当发动机处于低转速或不运转时,由蓄电池向全车供电。
(3) 当发动机转速大于一定值时,由发电机向全车电器供电,并同时给蓄电池充电。
(4) 当车用电器所需功率超过发电机的额定功率时,蓄电池和发电机同时供电。

4.5.6.1 蓄电池

蓄电池是一种将化学能转化为电能的装置,属于可逆的直流电源。用于汽车的蓄电池必须满足启动发动机的需要,即在 5~10s 的短时间内,提供汽车起动机足够大的电流(电流可达 200~600A)。

由于使用的电解液不同,启动型蓄电池分为酸性和碱性两种。铅酸蓄电池结构简单,价格低廉,内阻小,能在短时间内提供起动机所需的大电流,因此广泛应用在目前的各种车辆上。铅酸蓄电池根据性能不同又可分为普通型、干式荷电型、湿式荷电型及免维护型几种。

免维护蓄电池在汽车合理使用时,不需要添加蒸馏水。免维护蓄电池的电解液由制造厂一次性加注,并密封在壳体内,因此,电解液不会泄漏、不会腐蚀接线柱和机体。在使用中无需保养和维护,且耐振、耐高温,自放电少,使用寿命长。因此,免维护蓄电池在汽车上使用越来越广泛。

蓄电池由 3 只或 6 只单格电池串联而成,每只单格电池的电压约为 2V,串联后电压为 6V 或 12V。目前,国内外汽油发动机均选用 12V 蓄电池,有的柴油机装用的蓄电池为 24V。

1. 铅酸蓄电池的结构

铅酸蓄电池的结构如图 4-124 所示,其主要由正极板 9、负极板 10、隔板 12、电解液、壳体 8 和正、负接线柱 3、6 组成。

1) 极板

极板是蓄电池的核心部分,蓄电池充放电过程中,电能与化学能的相互转换依靠极板上的活性物质与电解液中的硫酸的化学反应来实现。如图 4-124(a)所示,极板分正、负极板两种。正极板上的活性物质是二氧化铅,呈棕红色;负极板上的活性物质是海绵状的纯铅,呈青灰色。

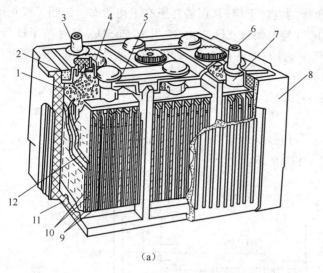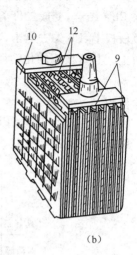

图 4-124 铅酸蓄电池结构示意图
(a) 整体结构; (b) 单格结构
1—护板; 2—封料; 3—负极接线柱; 4—加液孔螺栓; 5—连接条; 6—正极接线柱;
7—电极衬套; 8—壳体; 9—正极板; 10—负极板; 11—肋条; 12—隔板

为了增大蓄电池的比容量,一般将多片正极板(4~13片)和多片负极板(5~14片)分别并联,组成正、负极板组。安装时,将正、负极板组相互嵌合,中间插入隔板,就组成了单格电池。在每个单格电池中,负极板的数量总是比正极板要多一片。正极板都处在负极板之间,最外面两片都是负极板。主要是因为正极板活性物质较疏松,机械强度低,这样把正极板夹在负极板中间,使其两侧放电均匀,保持正极板工作时不易因活性物质膨胀而翘曲,造成活性物质脱落。

2) 隔板

隔板在正负极板间起绝缘作用,使电池结构紧凑。隔板有许多微孔,可使电解液畅通无阻;隔板一面平整,一面有沟槽,沟槽面对着正极板,且与底部垂直,使充放电时,电解液能通过沟槽及时供给正极板,而且当正极板上的活性物质二氧化铅脱落时能迅速通过沟槽沉入容器底部。

3) 电解液

电解液由40%的硫酸和60%蒸馏水配制而成,加入每个单格电池中。电解液密度一般为 $1.24 \sim 1.28 \text{g/cm}^3$。

4) 外壳

外壳用于盛装电解液和极板组。外壳应耐酸、耐热、耐振动冲击。外壳有橡胶外壳和聚丙烯塑料两种,普遍采用的是塑料外壳,其具有壳壁薄、质量轻、易于热封合、生产效率高等优点。外壳为整体式结构,外壳内由间壁分成3个或6个互不相通的单格。蓄电池单格电池之间均用铅质连接条串联。

2. 铅酸蓄电池的工作原理

铅酸蓄电池的工作过程可分为充电过程和放电过程。

放电过程,就是蓄电池与外电路的负载接通。当电路中产生电流时,电子从负极板经过外电路的负荷流往正极板,使正极板的电位下降,从而破坏原有平衡状态。流到正极板的电子与Pb^{4+}结合,变成二价离子Pb^{2+},与电解液SO_4^{2-}化合,生成$PbSO_4$,沉附在正极板上。在负极板上,Pb失去电子,变成Pb^{2+},并与电解液中的SO_4^{2-}化合也生成$PbSO_4$,沉附在负极板上。其负极板的化学反应过程为

$$Pb-2e \rightarrow Pb^{2+}, \quad Pb^{2+}+SO_4 \rightarrow PbSO_4$$

正极板为

$$Pb^{4+}+2e \rightarrow Pb^{2+}, \quad Pb^{2+}+SO_4 \rightarrow PbSO_4$$

铅酸蓄电池的放电过程如图 4-125 所示。

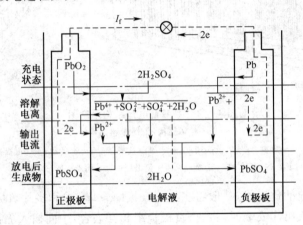

图 4-125 铅酸蓄电池的放电过程

充电过程,就是电能转化为化学能的过程。具体来说,就是在外加电场的作用下,正极板上的硫酸铅被氧化为二氧化铅,负极板上的硫酸铅被还原成海绵状铅,电解液中的水转变为硫酸的过程。

充电时,蓄电池的两极板接通直流电源,其电压高于蓄电池的电动势,于是充电电流从正极进入,负极流出。充电时,水被消耗,而硫酸增多,电解液密度逐渐上升。其负极板的化学反应过程为

$$PbSO_4-2e+2H_2O+SO_4^{2-} \rightarrow PbO_2+2H_2SO_4$$

正极板为

$$PbSO_4+2e+2H_2O+2H^+ \rightarrow Pb+H_2SO_4$$

铅酸蓄电池的充电过程如图 4-126 所示。

4.5.6.2 发电机

发电机是汽车的主要电源,其功用是在发动机正常运转时(怠速以上),向所有用电设备(起动机除外)供电,同时向蓄电池充电。汽车用发电机可分为直流发电机和交流发电机。由于交流发电机在许多方面优于直流发电机,故目前所有汽车均采用交流发电机,直流发电机已被淘汰。

1. 交流发电机的基本结构

交流发电机主要由转子 7、定子总成 8、硅二极管整流器 5、端盖 1 和 9 等组成,如图 4-127 所示。

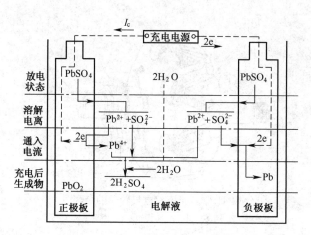

图 4-126 铅酸蓄电池的充电过程

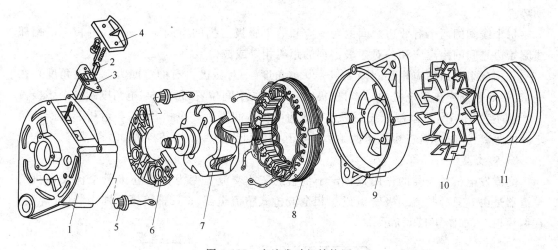

图 4-127 交流发动机结构图

1—后端盖；2—电刷架；3—电刷；4—电刷弹簧压盖；5—硅二极管整流器；6—散热板；7—转子；8—定子总成；9—前端盖；10—风扇；11—带轮

1) 转子

转子的功用是产生旋转磁场。转子由爪极、磁轭、磁场绕组、集电环、转子轴组成，如图 4-128 所示。转子轴上压装着两块爪极，两块爪极各有 6 个磁极，爪极空腔内装有磁场绕组（转子线圈）和磁轭。

集电环由两个彼此绝缘的铜环组成，集电环压装在转子轴上并与轴绝缘，两个集电环分别与磁场绕组的两端相连。当两集电环通入直流电时（通过电刷），磁场绕组中就有电流通过，并产生轴向磁通，使一块爪极被磁化为 N 极，另一块被磁化为 S 极，从而形成 6 对相互交错的磁极。当转子转动时，就形成了旋转的磁场。

2) 定子

定子由定子铁芯和定子绕组组成，功用是产生交流电。定子铁芯由内圈带槽的硅钢片叠成，定子绕组的导线就嵌放在铁芯的槽中。

定子绕组有三相，三相绕组采用星形接法或三角形（大功率）接法，都能产生三相交流电。三相绕组必须按一定要求绕制,才能获得频率相同、幅值相等、相位互差120°的三相电动势。

每个线圈的两个有效边之间的距离应和一个磁极占据的空间距离相等,每相绕组相邻线圈始边之间的距离应和一对磁极占据的距离相等或成倍数。

三相绕组的始边应相互间隔$2\pi \div 120°$电角度(一对磁极占有的空间为360°电角度)、在国产JF13系列交流发电机中,一对磁极占6个槽的空间位置(每槽60°电角度),一个磁极占3个槽的空间位置,所以每个线圈两条有效边的位置间隔为3个槽,每相绕组相邻线圈始边之间的距离为6个槽,三相绕组的始边的相互间隔可以为2个槽、8个槽、14个槽等。

3)整流器

交流发电机整流器的作用是将定子绕组的三相交流电变为直流电,6管交流发电机的整流器是由6只硅整流二极管组成三相全波桥式整流电路,6只整流管分别压装(或焊装)在两块板上,如图4-129所示。

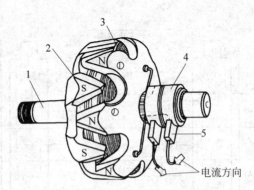

图 4-128 交流发电机转子的结构
1—轴;2—爪极;3—磁场绕组;4—滑环;5—炭刷

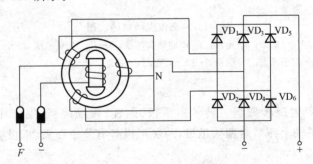

图 4-129 硅整流交流发电机电路图
F—磁场接线柱;N—中性点接线柱

4)端盖

端盖一般分两部分(前端盖和后端盖),起固定转子、定子、整流器和电刷组件的作用。端盖一般用铝合金铸造,一是可有效地防止漏磁,二是铝合金散热性能好。后端盖上装有电刷组件,由电刷、电刷架和电刷弹簧组成。电刷的作用是将电源通过集电环引入磁场绕组。

2. 电压调节器

在汽车上,发电机由发动机通过风扇皮带驱动旋转,当汽车运行时,发动机的转速从起动到最高转速在很大的范围内变化,因而发电机的端电压将随发电机转速变化在很大范围内变化,难以满足用电设备使用恒定电压的要求。因此,汽车用交流发电机必须配用电压调节器,在发电机转速变化时保持端电压为恒定值(13.5~14.5V)。

电压调节器的原理是在发电机电压超过一定值以后,通过调节经过励磁绕组的电流强度来调节磁场磁通的方法,保持发电机的端电压为规定值。电压调节器根据原理不同分为触点式电压调节器、晶体管电压调节器和集成电路电压调节器。

晶体管电压调节器利用3组晶体三极管VT_1、VT_2、VT_3的开关作用代替触点,控制磁场电路的通、断,在发电机转速超过一定值以后,维持发电机端电压不变,如图4-130所示。

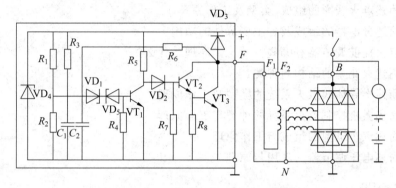

图4-130 晶体管电压调节器电路图

有些采用电控汽油喷射系统的发动机,无电压调节器。发动机在工作时,电控单元通过对发电机励磁电流的调节,调节发动机的端电压,保持发动机输出电压的恒定。

习题

一、理论习题

4-1 名词解释:空燃比、过量空气系数、怠速、爆燃、空间雾化混合、油膜蒸发混合、两级式调速器、全程式调速器、轴针式喷油器、孔式喷油器、点火提前角、最佳点火提前角、点火能量、击穿电压、火花塞间隙、同时点火。

4-2 发动机换气系统由哪些部分组成?其功用是什么?

4-3 汽油机燃油供给系统的组成部分有哪些?其功用是什么?

4-4 简述电控汽油喷射系统的分类。

4-5 空气流量计有哪几种类型,其特点是什么?

4-6 燃油压力调节器的功用是什么?

4-7 喷油器的功用是什么?简述其工作原理。

4-8 简述发动机废气涡轮增压器的工作原理。

4-9 简述柴油机混合气的形成方式。

4-10 简述柴油机高、低压油路的组成及各部件的功用。

4-11 简述柱塞式喷油泵的组成与工作原理。

4-12 简述VE式分配泵的结构组成与工作原理。

4-13 简述调速器的功用与种类。
4-14 简述电控式柴油机的分类及结构特点。
4-15 简述共轨式电控柴油机燃油供给系统的组成与工作原理。
4-16 发动机排放控制策略有哪几种？简述其特点。
4-17 简述 EGR 系统的组成与工作原理。
4-18 简述三元催化转化器的组成与工作原理。
4-19 简述影响最佳点火提前角的影响因素。
4-20 简述点火系统的分类及优缺点。
4-21 简述点火线圈的组成、类型及工作原理。
4-22 简述分电器的组成及各主要部件的功用。
4-23 点火提前调节器有哪些？其工作原理是什么？
4-24 简述火花塞的结构与种类。
4-25 简述半导体式点火系统的类型及工作原理。
4-26 简述微机控制点火系统的种类与工作原理。
4-27 简述汽车电源的组成与工作原理。
4-28 简述电压调节器的功用与原理。

二、实践习题

4-29 发动机燃油供给系统的组成如图所示，试填出图中数字所指的汽车结构部件。

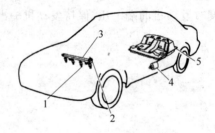

习题 4-29 图

1—_____，2—_____，3—_____，4—_____，5—_____。

4-30 测量一组(4 个)汽车火花塞间隙，分析其间隙是否在正常范围。

模块 5　汽车发动机辅助系统

5.1　发动机冷却系统

5.1.1　发动机冷却系统概述

5.1.1.1　冷却系统的功用

汽车冷却系统的功用是使发动机在所有工况下都保持在适当的温度范围内,防止发动机过热或过冷,并且在发动机冷起动后使发动机迅速升温,尽可能缩短暖机时间。

在发动机工作期间,最高燃烧温度可能高达2500℃,即使在怠速或中等转速下,燃烧室的平均温度也在1000℃以上。因此,与高温燃气接触的发动机零件被强烈地加热。若不及时将这些高温零件上的过多的热量散发掉,则将出现下述各种问题:润滑油将由于高温而变质,使发动机零件之间不能保持正常的油膜;零件温度过高,受热膨胀过大,影响正常的配合间隙,导致活塞"咬缸"、轴瓦"抱轴"、柴油机因柱塞卡死而"飞车"等严重事故。最终,这些不良后果将导致发动机动力性、经济性、可靠性、耐久性及排放性的全面下降。

但冷却会消耗一部分有用的热量,因此必须适度。如果发动机冷却过度,不仅浪费了热量,而且还会引起下述不良后果:由于缸壁温度过低会使燃油蒸发不良,燃烧品质变坏;由于润滑油黏度加大,同样不能形成良好的润滑油膜,使摩擦损失加大;由于温度低而增加了气缸的腐蚀磨损;发动机工作温度过低,会造成着火条件变差,起动困难;CO 和 HC 排放增加等。这些不良后果将导致发动机功率下降,燃油消耗率增加,使用寿命缩短。

5.1.1.2　冷却系统的类型

目前,发动机常见的冷却系统可分为水冷系统和风冷系统。以冷却液为冷却介质的冷却系统称为水冷系统,以空气为冷却介质的冷却系统称为风冷系统。汽车发动机,尤其是轿车发动机大都采用水冷系统,只有少数汽车发动机采用风冷系统。

1. 水冷系统

水冷系统一般指强制循环水冷却系统,通常以冷却液为冷却介质,通过采用强制循环水冷却发动机。水冷系统的最大优点是冷却强度高,发动机内部和外部冷却较均匀,冷却水路设计自由度大等;其最大缺点是容易漏水,需要经常维修等。

2. 风冷系统

风冷系统发动机是以空气作为冷却介质的发动机。它在气缸及缸盖的外壁铸造出一些散热片,并用冷却风扇使空气高速吹过散热片表面,带走发动机散出的热量,使发动机冷却。

风冷发动机的特点是结构简单,质量轻,维护使用方便,对气候变化适应性强,起动快,不需要散热器。风冷发动机大量用于摩托车,使摩托车不必安装散热器。风冷发动机还用于缺水地区,因为它不用水作冷却介质。其缺点是缸体和缸盖刚度差,振动大,噪声大,容易过热。

5.1.1.3 冷却液

冷却液是汽车发动机不可缺少的一部分。它在发动机冷却系统中循环流动,将发动机工作中产生的多余热能带走,使发动机能以正常工作温度运转。汽车常用的冷却液有水冷却液及加有防冻液的冷却液。

1. 水冷却液

水冷却液是指直接用水作冷却液,具有简单方便的优点。要求添加雨水、雪水或离子交换水,不宜添加河水、井水等含矿物质的水,以免产生水垢,使传热受阻,导致散热不良,造成发动机过热。纯净水在0℃时会结冰,如果发动机水冷系统中的水结冰,将使冷却水终止循环而引起发动机过热。尤其严重的是,水结冰时体积膨胀,可能将机体、气缸盖和散热器胀裂。

2. 防冻冷却液

采用防冻冷却液可以提高汽车冷却液的防冻和防沸能力,不同的防冻冷却液有不同的凝固点和沸点,可根据发动机使用条件进行选用。一般采用乙二醇或酒精作为防冻冷却液基料。

防冻冷却液中通常含有防锈剂和泡沫抑制剂。防锈剂可延缓或阻止发动机水套壁及散热器发生锈蚀或腐蚀。防冻冷却液中的空气在水泵叶轮的搅动下会产生很多泡沫,这些泡沫将妨碍水套壁的散热。泡沫抑制剂能有效地抑制泡沫的产生。在使用过程中,防锈剂和泡沫抑制剂会逐渐消耗殆尽,因此,定期更换防冻冷却液是十分必要的。

在防冻冷却液中,一般还要加入着色剂,使冷却液呈蓝绿色或深红色,以便识别。防冻冷却液一般具有一定毒性,使用时应当注意。发现防冻冷却液泄漏时应及时检查、添加。

3. 纳米冷却液和无水冷却液

以水为主要成分的防冻液的主要缺点是易氧化沉淀起水垢、工作状态压力大、有毒、不环保等。目前有一类前沿科技的冷却介质——纳米冷却液和无水冷却液,其中应用比较广泛的是美国爱温无水冷却液,该冷却液在20世纪80年代由美国军方牵头,由杜邦公司负责研制并取得成功,它具有高沸点、低冷凝点、无氧化积垢腐蚀、超强导热性、免更换和免添加等显著特点;加注后能够快速预热发动机并始终保持内部恒温,提升发动机动力,有效降低油耗和减少尾气排放。这一款冷却液为冷却介质的发展方向树立了一个全新的标杆,为冷却系统的维护保养提供了可靠的保障基础。

5.1.2 水冷系统

5.1.2.1 水冷系统的结构组成

常见的水冷系统主要由冷却水泵 11、散热器 1、电风扇 4、节温器 7、补偿水桶 3、发动机机体和气缸盖中的水套以及其他附属装置组成，见图 5-1。

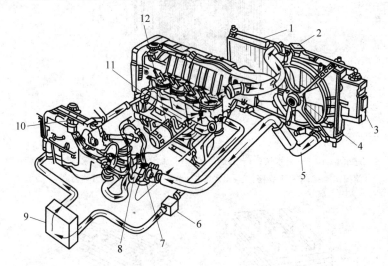

图 5-1　汽车水冷系统的组成

1—散热器；2—散热器盖；3—补偿水桶；4—电风扇；5—散热器出水管；6—放水阀；7—节温器；
8—旁通阀；9—暖风机；10—热气排气口；11—冷却水泵；12—机油冷凝器

1. 散热器

1）散热器的功用

散热器的功用是将冷却水套中流出的热水分成许多股小水流，以增大散热面积，加速冷却液的冷却。冷却液经过散热器后，其温度可以降低 10～15℃。散热器一般用铜和铝制成，在散热器后面装有风扇与散热器配合工作。

2）散热器的构造

散热器俗称水箱，安装在发动机前的车架横梁上。散热器的作用是将冷却水在水套中吸收的热量传给外界大气，使冷却水温度下降。

散热器主要由上水箱 2、下水箱 10、散热器芯 11 和散热器盖 3 等组成，如图 5-2 所示。在上、下水箱上分别装有进水管口 1 及出水管口 9，它们分别用软管与发动机气缸盖上的出水管口及水泵的进水管口连接。下水箱中还常设有放水开关，必要时可将散热器内的冷却液放掉。在散热器下面一般装有减振垫，防止散热器受振动损坏。

散热器芯 11 是由很多冷却水管和散热片组成的，设置散热片是为了增加散热器芯的散热面积。常用的散热器芯有三种结构，即管片式、管带式和板式，如图 5-3 所示。

管片式散热器芯冷却管的断面大多为扁圆形，它连通上、下水室。采用扁圆形冷却水管不但散热面积大，而且可以有效防止因冷却液结冰膨胀而导致的水管断面变形破裂。这种

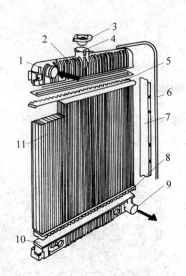

图 5-2 散热器的构造

1—进水管口；2—上水箱；3—散热器盖；4—加水口；5—上管栅；6—溢流管；
7—侧固定架板；8—下管栅；9—出水管口；10—下水箱；11—散热器芯

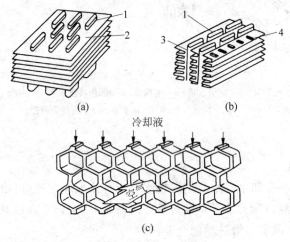

图 5-3 散热器芯的结构
(a) 管片式；(b) 管带式；(c) 板式

散热器芯强度和刚度都较好,耐高压,但制造工艺比较复杂,成本高。

管带式散热器芯采用冷却管和散热带沿纵向间隔排列的方式。这种结构的散热器芯散热能力强、制造工艺简单、成本低,但其刚度不如管片式,一般多被轿车发动机所采用。

板式散热器芯的冷却液通道由成对的金属薄板焊合而成。这种散热器芯散热效果好、制造简单；但焊缝多不坚固,容易沉积水垢,且不易维修。

现代轿车发动机水冷系统普遍采用闭式水冷系统,即用散热器盖严密地盖在散热器冷却液加注口上,使水冷系统成为封闭系统。散热器盖的结构如图 5-4 所示。散热器盖上安装有空气阀和蒸气阀,可自动调节冷却系统内的压力,提高冷却效果。当发动机散热状态正常时,空气阀和蒸气阀在弹簧力作用下处于关闭状态。当冷却液系统内蒸气压力超过大气压力 0.026～0.037MPa 时,蒸气阀便开启,如图 5-4(b)所示。此时,部分蒸气从溢流管中放出流入到补偿水桶,使冷却系统压力下降。当冷却系统内蒸气压力低于大气压力 0.01～0.012MPa 时,空气阀便开启,如图 5-4(a)所示。空气从蒸气排出管进入散热器,以防止散热器被大气压瘪。

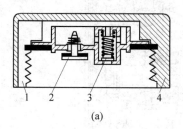 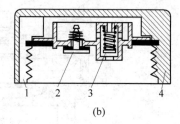

图 5-4 散热器盖上的空气-蒸气阀
(a) 空气阀开启；(b) 蒸气阀开启
1—通气孔；2—空气阀；3—蒸气阀；4—散热器盖

发动机热状态正常时两阀均关闭,使冷却系统与大气隔开。当冷却液容积膨胀使散热器内压力超过预定值时,蒸气阀打开而使一部分水蒸气从通气孔 1 溢出(见图 5-4(b)),以使冷却系压力下降,防止散热器胀裂；发动机停机后,冷却水的温度下降,当冷却系统内的压力降到大气压力以下出现真空时,空气阀打开,空气从通气孔进入冷却系统(图 5-4(a)),以防止散热器及芯管被大气压瘪。

2. 水泵

1) 冷却水泵的功用及构造

冷却水泵的主要作用是对冷却液加压,使冷却液在冷却系统内循环流动。由于离心式水泵具有结构简单、体积小、出水量大、工作可靠等优点,因而在汽车上应用广泛。

离心式水泵的结构如图 5-5 所示。水泵轴 12 的一端用两个球轴承 11 支承在水泵外壳 1 内,其伸出壳体以外的部分用半圆键 13 与安装风扇带轮的凸缘盘 14 连接。水泵轴的另一端安装水泵叶轮 2,并用螺栓 5 固定。在叶轮 2 与球轴承 11 之间装有水封,用来防止水泵内的冷却液沿水泵轴渗漏。水封中的弹簧 7 通过水封环 18 将水封皮碗 6 的一端压在水封座圈 10 上,而将皮碗的另一端压在夹布胶木密封垫圈 3 上。夹布胶木密封垫圈在弹簧的压力下与水泵叶轮轮毂的端面贴合。密封垫圈上有两个凸耳卡在水泵上的槽孔内。因此,在水泵工作时,水封不随水泵轴旋转。水泵壳体上有泄水孔 C,位于水封之前。

2) 离心式水泵的工作原理

当发动机工作时,冷却系统内充满冷却液,曲轴通过传动带驱动水泵轴并带动叶轮转动,从而使水泵腔内的冷却液也一起转动,在离心力的作用下,冷却液被甩向叶轮边缘,以切线方向从出水管 4(见图 5-6)泵出。同时,叶轮中心部位形成一定的真空,将散热器内冷却液经进水管 3 吸入泵腔,使整个冷却系统内的冷却液循环流动。

3. 节温器

1) 节温器的功用与构造

节温器是控制冷却液流动路径的阀门,节温器一般安装在气缸盖的出水口。其作用是根据发动机冷却液温度的高低,自动改变冷却水的循环路线及流量,使发动机始终在最适宜

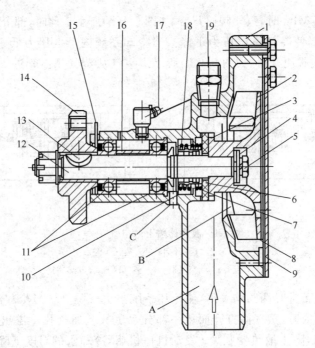

图 5-5　离心式水泵的结构

1—水泵外壳；2—叶轮；3—夹布胶木密封垫圈；4—密封垫圈；5—螺栓；6—水封皮碗；7—弹簧；8—垫圈；9—水泵盖板；10—水封座圈；11—球轴承；12—水泵轴；13—半圆键；14—凸缘盘；15—轴承卡环；16—隔离套筒；17—滑脂嘴；18—水封环；19—管接头；A—进水口；B—水泵内腔；C—泄水孔

图 5-6　离心式水泵的工作原理

1—水泵壳体；2—叶轮；3—进水管；4—出水管

的温度下工作。目前汽车上多采用石蜡式节温器（见图 5-7），其推杆 5 的一端固定在上支架 2 上，另一端插入橡胶套 11 中，橡胶套与节温器外壳 9 之间装有石蜡 10，在石蜡成固态时，在主阀门弹簧 12 的张力的作用下，主阀门 8 与阀门座贴合。在节温器阀体下端，推杆连接副阀门 14，并安装副阀门弹簧 13。

2）蜡式节温器的工作原理

发动机工作后，冷却液温度升高，石蜡逐渐变为液态，体积开始膨胀。在发动机冷却液温度低于 358K 时，石蜡产生的膨胀力小于主阀门弹簧 12 的预紧力，主阀门在主阀门弹簧的作用下压在出水口上，从气缸盖出口流出的高温冷却液不经散热器直接返回水泵。此时冷却水的循环路线称为小循环（见图 5-8(a)）。当发动机冷却液温度超过 358K 时，石蜡产

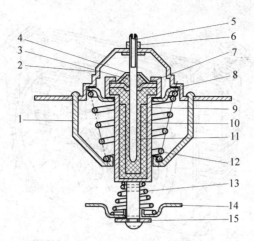

图 5-7　蜡式双阀门节温器

1—下支架；2—上支架；3—密封橡胶圈；4—节温器盖；5—推杆；6—螺母；7—隔圈；8—主阀门；9—节温器外壳；10—石蜡；11—橡胶套；12—主阀门弹簧；13—副阀门弹簧；14—副阀门；15—垫圈

生的膨胀力克服了主阀门弹簧的预紧力，主阀门开始打开，水温达到 378K 时，主阀门完全打开，而副阀门 14（见图 5-7）则彻底关闭了小循环通路，这时来自气缸盖出水口的高温冷却液全部进入散热器进行冷却，之后再由水泵重新压入发动机的冷却水套内。此时冷却液的循环路线称为大循环（见图 5-8(b)）。当冷却水的温度在 358～378K 时，主、副阀门都打开一定的程度，此时，冷却系统中的大、小循环同时进行。

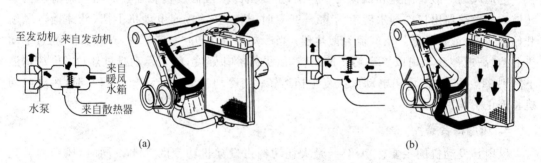

图 5-8　发动机冷却水循环工作示意图
(a) 小循环；(b) 大循环

蜡式节温器的工作介质为石蜡，石蜡在液相和固相之间转变，对冷却系统的压力变化不敏感，因此工作可靠、使用寿命长、结构简单、成本低。一汽捷达、奥迪 100 型轿车发动机冷却系统采用的就是蜡式双阀门节温器。

4. 冷却风扇

冷却风扇的功用主要是提高通过散热器芯的空气流速，增强散热效果，加速水的冷却。

目前，汽车发动机水冷系统多采用低压头、大风量、高效率的轴流式风扇，即风扇旋转时空气沿着风扇旋转轴线方向流动。一般风扇外围设有导风罩（见图 5-9），使冷却风扇 4 吸入空气全部通过散热器 1，以增强冷却效果。

风扇的扇风量主要与风扇直径、转速、叶片形状、叶片安装角度及叶片数有关。一般叶片与旋转平面的夹角为 30°～50°，叶片数为 4、5、6 或 7 片，通常采用铝合金、塑料或薄钢板制成。

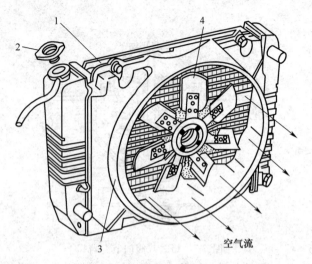

图 5-9 冷却风扇的结构
1—散热器；2—散热器盖；3—导风罩；4—冷却风扇

近年来，有的轿车采用了电动风扇。电动风扇是指用电动机驱动的风扇，它不用发动机作为直接动力源，而是使用蓄电池的电能，所以其转速与发动机转速无关。它只是在冷却液温度超过一定值时才开始工作。所以电动风扇无动力损失，构造简单，总体布置方便，目前在轿车中使用普遍。

电动风扇一般有高速和低速两个挡位，主要由冷却液温度传感器控制器风扇电动机的转速。当散热器出口冷却水温度为 92~97℃ 时，热敏开关接通电动机 I 挡（低速挡），风扇开始运转，保证有足够的空气流经散热器；当冷却水温为 99~105℃ 时，热敏开关接通电动机 II 挡（高速挡），风扇以更高的转速运转，以提高冷却强度，防止发动机过热；当冷却水温下降到 91~98℃ 时，风扇电动机恢复 I 挡运转；当冷却水温下降到 84~91℃ 时，风扇电动机将停止工作。

5. 风扇离合器

风扇是发动机的主要耗功部件，最大耗功约占发动机功率的 10%。同时，风扇的转速与发动机在各工况下的运行有很大关系，当发动机转速较慢时，不易得到足够快的风扇转速；而发动机转速较高，即汽车高速行驶时，特别是在寒冷的冬天，则不希望风扇转速过高，以免导致发动机温度过低，并同时增加发动机的功率损失及风扇噪声。因此，为了降低风扇的功率消耗，减小风扇噪声，并防止发动机过冷，目前大多汽车都装有风扇离合器。

目前汽车风扇离合器有硅油液力离合器、电磁风扇离合器、机械式风扇离合器，其中最为常见的为硅油液力离合器。硅油液力离合器一般布置在风扇和风扇带轮之间，主要通过流经散热器的空气温度来控制风扇转速变化。

硅油液力离合器的前盖 2（见图 5-10）、壳体 9 和从动板 8 用螺钉 1 组成一体，靠轴承 10 安装在主动轴 11 上，风扇 15 安装在壳体上。为了加强硅油的冷却，前盖板上铸有散热片。从动板 8 与前盖 2 之间的空腔为储油腔，其中装有硅油。从动板与壳体 9 之间的空腔为工作腔。主动板 7 固定连接在主动轴 11 上，主动轴与水泵轴连接。主动板与工作腔壁有一定的间隙，用密封毛毡圈 3 密封，防止硅油漏出。从动板 8 上有进油孔 A，平时由阀片 6 关闭，若偏转阀片,则进油孔即可打开。阀片由螺旋状双金属感温器 4 控制,从动板上有凸台,用于限制阀片最大偏转角。感温器外端固定在前盖上,内端卡在阀片轴 5 的槽内。从动板外缘有回油孔 B,中心有漏油孔 C,以防静态时从阀片轴周围泄漏硅油。

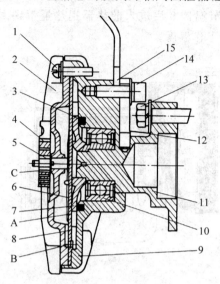

图 5-10 硅油液力离合器

1—螺钉;2—前盖;3—密封毛毡圈;4—双金属感温器;5—阀片轴;6—阀片;7—主动板;8—从动板;9—壳体;10—轴承;11—主动轴;12—锁止板;13—螺栓;14—圆柱头内六角螺钉;15—风扇;A—进油孔;B—回油孔;C—漏油孔

目前,大多数汽车采用硅油液力离合器,下面介绍该离合器的工作原理。硅油液力离合器主要利用硅油作为介质,通过硅油高黏度的特性传递扭矩。利用散热器后面空气的温度,使用感温器自动控制风扇离合器的分离和接合。温度低时,硅油不流动,风扇离合器分离,风扇转速减慢,基本上是空转;温度高时,硅油的黏度使风扇离合器接合,于是风扇和水泵轴一起旋转,起到调节发动机温度的作用。

硅油液力离合器的工作过程为:当流经散热器的空气温度升高时,双金属感温器 4(见图 5-10)受热变形,迫使阀片 6 转动,打开从动板 8 上进油孔。从动板 8 与前盖 2 之间储存的硅油便流入主动板 7 与从动板 8 之间的工作腔,离合器接合,风扇转速升高。空气温度越高,进油孔 A 开度越大,风扇转速就越快。

当流经散热器的空气温度下降时,双金属感温器恢复原状,阀片关闭进油孔 A,在离心力的作用下,硅油经回油孔 B 从工作腔返回储油腔,离合器分离,风扇转速变得很低。

5.1.2.2 水冷系统的工作原理

1. 水冷系统的水路

水冷系统是通过冷却液在发动机中的管道和通路进行液体的循环,当液体流经高温发动机时会吸收热量,从而降低发动机的温度。液体流过发动机后,转而流向散热器(或热交换器),液体中的热量通过散热器(或热交换器)散发到空气中。

现代汽车发动机的冷却系统的水路大致相同,图 5-11 所示为解放牌 CA6102 型及东风 EQ6100-1 型汽车发动机的冷却水路。它是一个强制循环水冷系统,冷却液的循环路线如图中箭头所示,冷却液经过水泵 6 加压后进入各气缸周围的水套,带走发动机产生的热量,流经位于气缸盖出水处的节温器 5 后进入散热器把热量带到大气中。通过这样不断地循环,以保持发动机最适宜的工作温度。

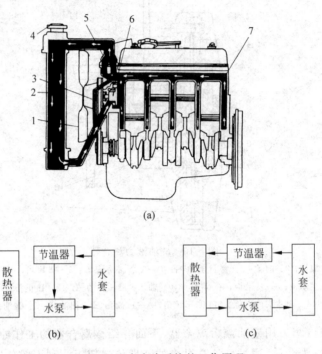

图 5-11 汽车水冷系统的工作原理
(a) 强制循环水冷系统;(b) 小循环;(c) 大循环
1—冷却风扇;2—散热器;3—小循环水道;4—散热器盖;5—节温器;6—水泵;7—水套

2. 水冷系统的工作循环

1) 小循环

当发动机冷却液温度较低时(如奥迪 100 型轿车,低于 85℃),节温器主阀门关闭、副阀门打开。冷却液经水泵增压后,由发动机的机体水套,再从水套壁周围流过,并从水套壁吸热而升温,然后向上流入气缸盖水套,从气缸盖水套壁吸热之后流经节温器、小循环水道 3,返回发动机机体水套,进行小循环(见图 5-11(b))。

2) 大循环

当发动机冷却液温度升高到一定值(如奥迪轿车高于 105℃)时,节温器主阀门完全开启、副阀门关闭。冷却液经节温器及散热器进水管流入散热器,在散热器中,不断地将流经散热器的高温冷却液的热量散发到大气中去而使冷却液温度下降,最后冷却液经散热器出水软管返回水泵,进行大循环(见图 5-11(c))。

当发动机冷却液温度处于大、小循环的温度范围内(如奥迪 100 型轿车,处于 85~105℃)时,节温器主阀门和副阀门都部分开启,冷却液大、小循环都同时存在,以调节发动机温度基本稳定。

5.1.3 风冷系统

风冷系统发动机是以空气作为冷却介质的发动机。它在气缸及缸盖的外壁铸造出一些散热片,并用冷却风扇使空气高速吹过散热片表面,带走发动机散出的热量,使发动机冷却。汽车风冷系统的结构如图 5-12 所示。

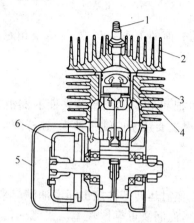

图 5-12　汽车风冷系统的结构
1—火花塞；2—气缸盖散热片；3—缸体散热片；4—活塞；5—气缸导流罩；6—风扇及皮带轮

风冷系统是通过一个大功率风扇将外界的冷却风引入发动机缸体表面的散热片上,通过高速流通的空气将发动机缸体表面铝片上的温度带走,从而达到冷却发动机的目的。

风冷发动机的特点是结构简单,质量轻,维护、使用方便,对气候变化适应性强,起动快,不需要散热器。风冷发动机大量用于摩托车,使摩托车不必安装散热器。风冷发动机还用于缺水地区,因为它不用水作冷却介质。它的缺点是缸体和缸盖刚度差,振动大,噪声大,容易过热。

5.2 发动机润滑系统

5.2.1 发动机润滑系统概述

5.2.1.1 发动机润滑系统的功用

发动机工作时,很多传动零件都是在很小的间隙下作高速相对运动的,如曲轴主轴颈与主轴承,曲柄销和连杆轴承,凸轮轴颈与凸轮轴轴承,活塞、活塞环与气缸壁面,配气机构各运动副及传动齿轮副等。尽管这些零件的工作表面都经过精细的加工,但放大来看这些表面却是凹凸不平的,若不对这些表面进行润滑,它们之间将发生强烈的摩擦。金属表面之间的干摩擦不仅增加发动机的功率消耗,加速零件工作表面磨损,而且还可能由于摩擦产生的热将零件表面烧损,致使发动机无法运转。

润滑系统的功用就是在发动机工作时连续不断地把数量足够的洁净润滑油输送到全部传动件的摩擦表面,并在摩擦表面之间形成油膜,实现液体摩擦,从而减小摩擦阻力、降低功率消耗、减轻部件磨损,达到提高发动机工作可靠性和耐久性的目的。

润滑系统还兼有冷却、清洁、密封、防氧化锈蚀、降低噪声的功能,在换气系统的液压挺柱和可变气门升程控制中润滑油还起着传力和控制作用。

5.2.1.2 润滑方式

根据汽车发动机不同运动表面的工作特点,对负荷及相对运动速度不同的传动件采用不同的润滑方式。

1. 压力润滑

压力润滑是以一定的压力把润滑油供入摩擦表面的润滑方式。这种润滑方式润滑可靠,但结构较为复杂。压力润滑主要用于曲轴主轴承、连杆轴承及凸轮轴轴承等负荷较大的摩擦表面的润滑。

2. 飞溅润滑

飞溅润滑是利用发动机工作时运转零件撞击润滑油溅起来的油滴或油雾润滑摩擦表面的润滑方式。该方式结构简单,但润滑可靠性较差。飞溅润滑主要用于负荷较轻的气缸壁面和配气机构的凸轮、挺柱、气门杆、摇臂等零件的工作表面。

3. 润滑脂润滑

润滑脂润滑是通过定期加注润滑脂来润滑零件工作表面的润滑方式,如水泵及发电机轴承等。

5.2.1.3 汽车发动机润滑剂

汽车发动机润滑剂包括润滑油和润滑脂两种。

1. 润滑油

1) 润滑油的功能

循环于润滑系统中的润滑油有如下功能:

① 润滑 润滑油在运动零件的所有摩擦表面之间形成连续油膜,以减小零件之间的摩擦。

② 冷却 润滑油在循环过程中流过零件工作表面,可以降低零件的温度。

③ 清洗 润滑油可以带走摩擦表面产生的金属碎末,也可冲洗掉沉积在气缸、活塞、活塞环及其他零件上的积炭。

④ 密封 附着在气缸壁、活塞及活塞环上的油膜,可起到密封防漏的作用。

⑤ 防锈 润滑油有防止零件发生锈蚀的作用。

2) 润滑油的使用特性及润滑油添加剂

汽车发动机润滑油在润滑系统内循环流动,循环次数每小时高达 100 次。润滑油的工作条件十分恶劣,在循环过程中,润滑油与高温的金属壁面及空气频频接触,不断氧化变质。窜入曲轴箱内的燃油蒸气、废气以及金属磨屑和积炭等使润滑油受到严重污染。另外,润滑油的工作温度变化范围很大:在发动机起动时,为环境温度;在发动机正常运转时,曲轴箱中润滑油的平均温度可达 95℃ 或更高;同时润滑油还与 180～300℃ 的高温零件接触,受到强烈的加热。因此,作为汽车发动机的润滑油,必须具备优良的使用性能。目前,汽车发动机广泛使用的润滑油,以从石油中提炼出来的润滑油为基础油,再加入各种添加剂混合而成。汽车发动机用润滑油应具有下列使用性能:

(1) 黏度

黏度是指润滑油受外力作用移动时,分子间产生的内摩擦力大小。它是润滑油分级和选用的主要依据。油的黏度对发动机的工作有很大影响。黏度过小,在高温、高压下容易从摩擦表面流失,不能形成足够厚度的油膜;黏度过大,冷起动困难,润滑油不能被泵送到摩擦表面,导致起动磨损严重。

(2) 黏温性

黏温性是指润滑油的黏度随温度变化而变化的特性。发动机从起动到满负荷工作,温度变化范围很大,导致润滑油温度变化大于 100℃。若润滑油的黏度随温度的变化太大,就会使高温时黏度太低,而低温时黏度太高,影响正常润滑。所以为了使润滑油在较宽的温度范围内都有适当的黏度,必须在基础油中加入增稠剂。添加增稠剂之后,可以使润滑油在高温时保持足够的黏度,而在低温时黏度增加不多。

(3) 氧化安定性

氧化安定性是指润滑油抵抗氧化作用不使其性质发生永久变化的能力。当润滑油在使用与储存过程中与空气中的氧气接触而发生氧化作用时,润滑油颜色变暗,黏度增加,酸性增强,并产生胶状沉淀物。氧化变质的润滑油将腐蚀发动机零件,甚至破坏发动机的工作。

汽车发动机,尤其是高性能发动机的润滑油,经常在高温下与氧气接触,这就要求润滑油具有优异的热氧化安定性。为此,要在润滑油中添加氧化抑制剂。

(4) 凝点与倾点

润滑油在规定条件下冷却至停止流动时的最高温度称为凝点。规定条件下,被冷却的润滑油能够流动的最低温度称为倾点。凝点和倾点都是表示油品低温流动性的指标,二者无原则差别,只是测定方法有所不同。

(5) 闪点

闪点又叫闪燃点,是指可燃性液体表面上的蒸气和空气的混合物与火接触而初次发生闪光时的温度。润滑油越轻,闪点越低。润滑油的危险等级是根据闪点来划分的。

(6) 防腐性

润滑油在使用过程中不可避免地被氧化而生成各种有机酸。这类酸性物质对金属零件有腐蚀作用,可能使铜铅和镉镍一类的轴承表面出现斑点、麻坑或使合金层剥落。

(7) 极压性

在摩擦表面之间的油膜厚度小于 $0.3\sim 0.4\mu m$ 的润滑状态,称为边界润滑。习惯上,把高温、高压下的边界润滑称为极压润滑。润滑油在极压条件下的抗磨性叫作极压性。现代汽车发动机的轴承及配气机构等零件的润滑,即为极压润滑。为了提高润滑油的极压性,避免在极压润滑的条件下润滑油被挤出摩擦表面,必须在润滑油中加入极压添加剂。极压添加剂与金属表面起化学作用,形成强韧的油膜,以提供对零件的极压保护。

3) 润滑油的分类

国际上广泛采用美国汽车工程师学会(Society of Automotive Engineers,SAE)黏度分类法和 API 使用分类法,而且它们已被国际标准化组织确认。

(1) 国外润滑油等级分类

SAE 按照润滑油的黏度等级,把润滑油分为冬季用润滑油和非冬季用润滑油。冬季润滑油有 6 种牌号:SAE0W、SAE5W、SAE10W、SAE15W、SAE20W 和 SAE25W。非冬季润滑油有 4 种牌号:SAE20、SAE30、SAE40 和 SAE50。号数较大的润滑油黏度较大,适于在较高的环境温度下使用。

上述牌号的润滑油只有单一的黏度等级,当使用这种润滑油时,汽车驾驶员需根据季节和气温的变化随时更换润滑油。目前使用的润滑油大多数具有多黏度等级,其牌号有 SAE5W/20、SAE10W/30、SAE15W/40 和 SAE20W/50 等。其中,SAE10W/30 牌号润滑油在低温时符合 SAE10W 黏度级,而在高温时,其黏度又符合 SAE30 黏度级。因此,一种润滑油可以冬夏通用。

美国石油协会(API)将润滑油分为 S 系列和 C 系列两种。S 系列为汽油机润滑油,目前有 SA、SB、SC、SD、SE、SF、SG、SH、SJ 共 9 个级别;C 系列为柴油机润滑油,目前有 CA、CB、CC、CD、CE、CF-4、CG-4 共 7 个级别。同系列润滑油中字母越靠后,其使用性能越好,适用于机型越新或强化程度越高的情况。

(2) 国内润滑油等级分类

我国国家标准《内燃机油分类》(GB/T 28772—2012)参考 SAE 和 API 的分类方法。按润滑油的性能和使用场合将润滑油分为以下 3 类。

① 汽油机润滑油 汽油机润滑油可分为 SE、S、SG、SH(GF-1)、SJ(GF-2)、SL(GF-3)、SM(GF-4)、SN(GF-5)共 8 个级别。S 表示汽油机、GF 表示润滑油的节能规格。级号越靠后,使用性能越好,可以代替低级号的机油。

② 柴油机润滑油 柴油机润滑油可分为 CC、CD、CF、CF-2、CF-4、CG-4、CH-4、CI-4、CJ-4 共 9 个级别。级号越靠后,使用性能越好,可以替代级号低的机油。

③ 农用柴油机润滑油 农用柴油机润滑油用于以单缸柴油机为动力的三轮汽车、小型拖拉机;还可用于其他以单缸柴油机为动力的小型农机具,如抽水机、发电机等。

每一种级别又有若干种单一黏度等级和多黏度等级。单一黏度等级的润滑油黏温性较差,只适用于某一温度范围。多黏度等级的润滑油黏温性好,适用温度范围宽。

4) 润滑油的选用

根据汽车发动机类型,汽油机选用汽油机润滑油,柴油机选用柴油机润滑油,通用润滑油适用于汽油机和柴油机。

根据汽车发动机的强化程度选用合适的润滑油使用级别。汽油机的强化程度往往与生产年份有关。后生产的汽车比早年生产的汽车强化程度高,应选用较高级的润滑油。

根据气温选用适当黏度等级的润滑油,按当地的环境温度选用适当的润滑油型号(见图 5-13)。具体机型应该根据使用说明书选用合适的润滑油。

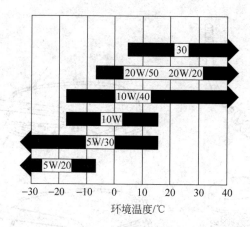

图 5-13 发动机润滑油的选用

2. 润滑脂

润滑脂具有良好的粘附性,在常温下可附着于垂直表面而不流淌,可以在敞开或密封不良及受压较大的摩擦部位工作,并具有防水、防尘、密封作用。

汽车发动机主要在水泵轴承及发电机轴承使用润滑脂。目前普遍推荐使用的是通用锂基润滑脂,它具有良好的高低温适用性,可在 −30~120℃ 的温度范围内使用,具有良好的抗水性、缓蚀性、安定性和润滑性。在高速运转的水泵及发电机轴承中使用,不变质、不流失,保证润滑。

5.2.2 发动机润滑系统的组成

润滑系统一般由油底壳、机油集滤器、机油泵、机油滤清器、机油冷却器等组成。

5.2.2.1 油底壳

油底壳用于储存润滑油。它由薄钢板冲压而成,为防止润滑油渗漏,其与机体结合面间加垫片和密封胶密封。

5.2.2.2 机油集滤器

集滤器一般为滤网式,安装在油底壳润滑油的入口,用来滤除润滑油中粗大的杂质。目前,汽车发动机所用的集滤器分为浮式和固定式两种。

1. 浮式机油集滤器

浮式机油集滤器的结构如图 5-14 所示,其由浮筒 3、滤网 2、浮筒罩 1 及吸油管 4 等构成。空心的浮筒不论油底壳的油面如何波动,都能随着油底壳油平面高低浮动,始终浮在油面上,以吸入上层干净的润滑油。滤网 2 采用金属丝编织,有弹性,中央有环口,一般情况下,借助滤网的弹性,环口压紧在浮筒罩 1 上。浮筒罩与浮筒装合后形成进油狭缝。

发动机工作时,润滑油通过浮筒罩与滤网之间的狭缝吸入,通过滤网时,较大的机械杂质被滤去,然后进入吸油管(见图 5-14(a))。当滤网被杂质堵塞时,吸油管与滤网上部真空度加大,克服滤网的弹力而将滤网吸起,使滤网中心的圆孔脱离浮筒罩,这时润滑油不经滤

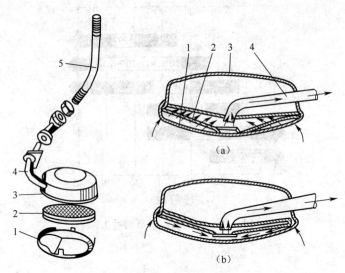

图 5-14 浮式机油集滤器
(a) 滤网不堵塞；(b) 滤网堵塞
1—浮筒罩；2—滤网；3—浮筒；4—吸油管；5—固定油管

网直接通过圆孔进入吸油管，以保障润滑油的正常供给（见图5-14(b)）。

2. 固定式机油集滤器

固定式集滤器吸油管上端与机油泵进油口连接，下端与滤网支座中心固定连接。集滤器罩的翻边包在支座外缘凸台上，滤网加装在支座与罩之间，滤网靠自身的弹力紧压在罩上。罩的边缘上有4个缺口，形成进油道。当机油泵工作时，润滑油从罩的缺口处经滤网被吸入，较大的机械杂质被滤网滤除，然后经吸油管进入机油泵。

在国产桑塔纳、捷达、奥迪100型等轿车以及依维柯轻型车上，均采用深入油面以下的固定式滤清器。与浮筒式相比，固定式滤清器虽然吸入润滑油的清洁度较差，但结构简单，并可防止油面上的泡沫被吸入润滑系统，所以应用广泛。

5.2.2.3 机油泵

机油泵用于将油底壳中的润滑油吸出，并以一定的压力压向各润滑部位。按其结构不同分为齿轮式和转子式两种，齿轮式又分为外接齿轮式和内接齿轮式两种。

1. 外接齿轮式机油泵

外接齿轮式机油泵的工作原理如图5-15所示。在机油泵壳体内装有一对主、从动齿轮，两齿轮与壳体内壁间的间隙很小。发动机工作时，齿轮按图中所示箭头方向旋转，进油腔3因轮齿脱离啮合使其容积增大，产生一定的真空度，润滑油便从进油口被吸入并充满进油腔。随着齿轮的转动，将齿间所存的润滑油带到出油腔1。由于出油腔轮齿进入啮合状态，轮齿间的容积减小，油压升高，润滑油便经

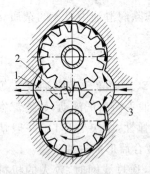

图 5-15 外接齿轮式机油泵
1—出油腔；2—卸压槽；3—进油腔

出油口送进发动机油道。机油泵通常由凸轮轴上的斜齿轮或曲轴前端的齿轮驱动。在发动机工作时,机油泵齿轮不断旋转,从而保证润滑油在润滑油路中连续不断地循环。

为了防止封闭在轮齿径向间隙内的油压过高引起的工作阻力加大和机油泵轴衬套加快磨损,在泵盖上加工有卸压槽 2,使轮齿径向间隙内的润滑油经卸压槽流入出油腔。

外接机油泵的使用性能取决于齿轮与泵体的配合间隙。齿轮与泵体的径向间隙一般不超过 0.2mm,齿轮端面间隙不超过 0.05～0.20mm。间隙过大,润滑油压力降低,泵油量就会减少。

外接齿轮机油泵的优点是效率高,功率损失小,工作可靠;缺点是需要中间传动机构,制造成本相应较高。国产桑塔纳、捷达和奥迪等轿车都采用外接齿轮式机油泵。

2. 内接齿轮式机油泵

内接齿轮式机油泵的工作原理及结构如图 5-16 所示。外齿轮 2 为主动齿轮,套在曲轴前端,通过花键套直接由曲轴驱动。内齿轮 4 为从动齿轮,安装在机油泵体 7 内,泵体固定在发动机机体前端。当主动齿轮旋转时,带动从动齿轮旋转,进油容积由小变大,不断进油;出油容积不断由大变小,油压升高。

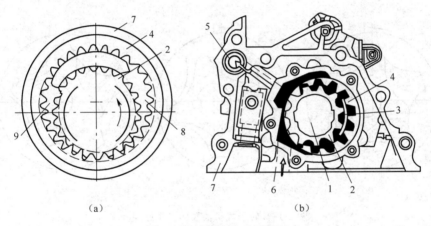

图 5-16　内接齿轮式机油泵
(a)工作原理；(b)结构

1—驱动轴；2—外齿轮；3—月牙形隔板；4—内齿轮；5—出油道；6—进油道；7—泵体；8—进油腔；9—出油腔

因为内接齿轮泵由曲轴直接驱动,无须中间传动机构,所以零件数量少,制造成本低,占用空间小,使用范围广。但是这种机油泵在内、外齿轮之间有一处无用空间,使机油泵的泵油效率降低。

3. 转子式机油泵

转子式机油泵(见图 5-17)由内、外转子等零件组成。内转子 4 有多个凸齿,外形为次摆线,固定在机油泵驱动轴 5 上,由机油泵齿轮驱动。外转子 3 比内转子多一个凹齿,它自由地安装在机油泵壳体 2 内,并与内转子啮合转动。内外转子有一定的偏心距,它们与机油泵泵体和泵盖组成了进油腔、过渡油腔和出油腔。

当机油泵工作时(见图 5-18),主动轴带动内转子旋转,内转子则带动外转子朝同一个方向转动。由于内、外转子工作面的轮廓是一对共轭曲线,因此可以保证两个转子相互啮合时既不干涉也不脱离。内、外转子间的接触点将外转子的内腔分为 4 个工作腔。当某一工作腔转过进油口时,容积由小变大,产生真空,润滑油经进油口被吸入工作腔内。随后经过过渡腔,再进入出油腔,出油腔容积由大变小,使润滑油压力升高,再送往各润滑油道。

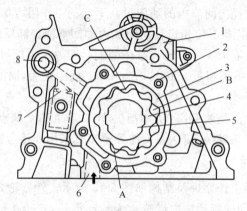

图 5-17 转子式机油泵

1—发动机机体;2—机油泵泵体;3—外转子;4—内转子;5—驱动轴;6—进油口;
7—安全阀;8—出油口;A—进油腔;B—过渡油腔;C—出油腔

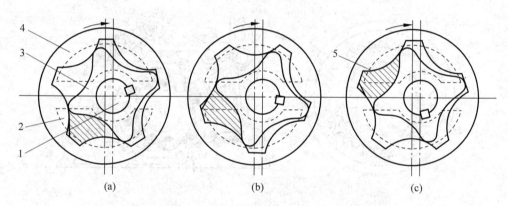

图 5-18 转子式机油泵的工作原理

(a) 进油;(b) 压油;(c) 出油

1—机油泵传动轴;2—进油口;3—内转子;4—外转子;5—出油口

转子式机油泵的优点是结构紧凑,供油量大,供油均匀,噪声小,吸油真空度较高。因此,当机油泵安装在曲轴箱以外或安装位置较高时,采用转子式机油泵比较合适。其缺点是内、外转子啮合表面的滑动阻力比齿轮泵大,因此,功率消耗大。

5.2.2.4 机油滤清器

机油滤清器用来滤除润滑油中的金属屑、机械杂质和润滑油的氧化物。

机油滤清器有全流式和分流式两种。全流式滤清器串联于机油泵和主油道之间,因此能滤清进入主油道的全部润滑油。分流式滤清器与主油道并联,仅过滤机油泵送出的部分润滑油。目前,在轿车上普遍采用全流式滤清器。而重型货车发动机上普遍采用双滤清器,其中一个分流式滤清器作为细滤器,用于滤除直径为 0.01mm 以上的细小杂质;另一个全流式滤清器作为粗滤器,滤除润滑油中直径 0.05mm 以上的较大杂质后,再进入主油道,润滑各运动零件表面。经过粗滤器的润滑油进入主油道,经过细滤器的润滑油直接返回油底壳。

1. 全流式滤清器（机油粗滤器）

全流式滤清器外壳内安装有滤芯总成，机油泵来的润滑油从滤芯外围进入滤清器中心，过滤后的干净润滑油经出油口进入主油道。

滤清器使用一定时间后，滤芯外留下了较多杂质，应该按说明书的要求及时更换新滤清器滤芯。为了防止用户未及时更换新滤清器造成滤芯堵塞、发动机缺润滑油的严重后果，在滤清器中设置有安全阀，当滤芯堵塞，润滑油压力升高时，能克服弹簧的压力，顶开安全阀，直接进入主油道。

机油滤清器的滤芯有纸质滤芯（见图 5-19）和纤维滤清材料滤芯等。纸质滤芯由微孔滤纸制造。微孔滤纸经酚醛树脂处理后，具有较高的强度和较好的抗腐蚀性、抗水湿性。纸质滤芯有质量轻、体积小、结构简单、滤清效果好、阻力小和成本低等优点，因此得到了广泛的应用。

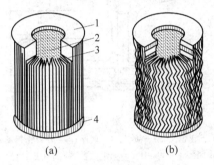

图 5-19　纸质滤芯
（a）折扇形；（b）波纹形
1—上端盖；2—芯筒；3—微孔滤纸；4—下端盖

2. 分流式滤清器（机油细滤器）

分流式滤清器用以滤除直径为 0.001mm 以上的细小机械杂质及胶质。这种滤清器由于对润滑油的流动阻力较大，因此与主油道并联，只有 10%～15% 的润滑油通过。

根据分流式滤清器结构不同，可分为过滤式和离心式两种类型。离心式滤清器滤清能力强，通过能力大且不受沉淀物影响，不需要更换滤芯，只需定期清洗即可；但对胶质滤清效果较差。这种滤清器一般只用作分流式机油细滤器，在一些小功率发动机上也有用它作为全流式离心机油细滤器。目前一汽奥迪 100、捷达、高尔夫、上海桑塔纳等轿车都采用离心式机油滤清器作为机油细滤器。

图 5-20 所示是一种离心式滤清器，当发动机工作时，从机油泵来的润滑油进入细滤器进油孔 D，若油压低于 0.147MPa，低压限压阀 1 不开启，润滑油则不能进入机油细滤器而全部供给主油道，以保证发动机可靠润滑。当油压高于此值时，低压限压阀打开，润滑油沿壳体中的转子轴内的中心油道，经转子轴油孔 B、转子体进油孔 C、导流罩油孔 A 流入转子罩 7 内腔后，又经导流罩导流从两个喷嘴 3 喷出，此时转子在喷射反作用推动下高速旋转。当油压为 0.3MPa 时，转子转速可高达 5000～6000r/min。由于转子内腔的润滑油随着转子高速旋转，润滑油中的机械杂质在离心力的作用下被甩向转子壁。清洁的润滑油不断从喷嘴喷出，并经出油口流回油底壳。

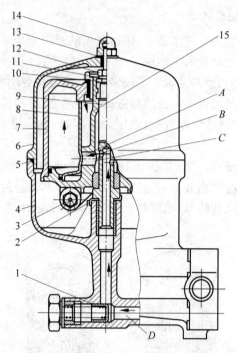

图 5-20 分流式滤清器

1—低压限压阀；2—转子轴止推片；3—喷嘴；4—底座；5—外罩密封圈；6—外罩；7—转子罩；8—导流罩；9—转子轴；10—止推垫；11—垫圈；12—紧固螺母；13—垫片；14—盖形螺母；15—转子体；A—导流罩油孔；B—转子轴油孔；C—转子体进油孔；D—细滤器进油孔

5.2.2.5 机油冷却器

在高性能、大功率的强化发动机上，润滑油在发动机机体内循环，温度高达 95℃ 以上，热负荷较高。过高的温度使润滑油黏度下降，不利于在摩擦表面形成油膜，同时加快润滑油氧化变质而失去作用，所以有些发动机安装有机油冷却器。

发动机机油冷却器分为风冷式和水冷式两类。风冷式机油冷却器很像一个小型散热器，利用汽车行驶时的迎面风对润滑油进行冷却。这种机油冷却器散热能力强，多用于赛车及热负荷大的增压汽车。但是风冷式机油冷却器在发动机起动后需要很长的暖机时间，所以普通轿车上很少使用。

水冷式机油冷却器外形尺寸小，布置方便，且不会使润滑油冷却过度，润滑油温度稳定，因而在轿车上应用较广。润滑油经滤清器滤清之后直接进入冷却器，在冷却器芯内流动；从散热器出水管引来的冷却液在冷却器芯外流过。两种流体在冷却器内进行热交换，使高温润滑油得以冷却降温。

5.2.3 发动机润滑系统油路

现代汽车发动机的润滑系统油路大致相同，图 5-21 所示为桑塔纳JV型1.8L发动机润滑系统示意图。在此系统中，曲轴的主轴颈、曲柄销、凸轮轴轴颈及中间轴轴颈均采用压力

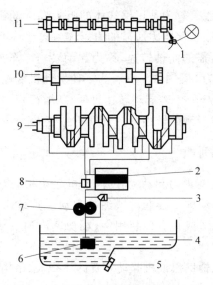

图 5-21 汽车发动机润滑系统示意图

1—压力报警装置；2—机油滤清器；3—溢流阀；4—油底壳；5—放油塞；6—集滤器；
7—机油泵；8—安全阀；9—曲轴；10—中间轴；11—凸轮轴

润滑，其余部分则采用飞溅润滑或润滑脂润滑。

当发动机工作时，润滑油从油底壳 4 经集滤器 6 被机油泵 7 送入机油滤清器 2。如果油压太高，则润滑油经机油泵上的溢流阀 3 返回机油泵入口。全部润滑油经滤清器滤清之后进入发动机主油道。润滑油经主油道进入五条分油道，分别润滑五个主轴承。然后，润滑油经曲轴上的斜油道，从主轴承流向连杆轴承润滑曲柄销。主油道中的部分润滑油经第六条分油道供入中间轴 10 的后轴承。中间轴的前轴承由机油滤清器出油口的一条油道供油润滑。主油道的另一条分油道直通凸轮轴轴承润滑油道，此油道也有五个分油道，分别向五个凸轮轴轴承供油。

5.3 发动机起动系统

5.3.1 发动机起动系统概述

5.3.1.1 发动机起动系统的功用

为了使静止的发动机进入工作状态，必须先用外力转动发动机曲轴，使活塞开始上下运动，气缸内吸入可燃混合气，并将其压缩、点燃，体积迅速膨胀产生强大的动力，推动活塞运动并带动曲轴转动，发动机才能自动地进行工作循环。发动机的曲轴在外力作用下开始转动到发动机自动怠速运转的全过程，称为发动机的起动过程。完成发动机起动过程所需的装置，称为发动机的起动系统。

起动系统的功用就是按发动机起动的要求，提供一定的起动转矩，使发动机达到规定的转速，顺利完成起动过程。

发动机起动时,必须克服气缸内被压缩气体的阻力和发动机本身及其附件内相对运动的零件之间的摩擦阻力,克服这些阻力所需的力矩称为起动转矩。

能使发动机顺利起动所需的曲轴转速,称为起动转速。车用汽油机发动机在温度 0~20℃时,最低起动转速一般为 30~40r/min。为了使发动机能在更低的温度下迅速起动,要求起动转速不低于 50~70r/min。若起动转速过低,压缩行程内的热量损失过多,气流的流速过低,将使汽油雾化不良,导致气缸内的混合气不易着火。

5.3.1.2 起动系统的种类

发动机常用的起动方式有人力起动、辅助汽油机起动和电力起动机起动等多种形式。

(1) 人力起动 人力起动即手摇起动或绳拉起动。其结构十分简单,主要用于大功率柴油机的辅助汽油机的起动,或在有些装用中、小功率汽油发动机的车辆中作为后备起动装置。

(2) 辅助汽油机起动 辅助汽油机起动装置的体积大、结构复杂,只用于大功率柴油发动机的起动。

(3) 电力起动机起动 电动机起动是用电动机作为机械动力,当电动机轴上的驱动齿轮与发动机飞轮周缘上的环齿啮合时,电动机旋转所产生的电磁转矩,通过飞轮传递给发动机的曲轴,使发动机起动。电动机本身又用蓄电池作为电源。

5.3.1.3 低温辅助起动装置

汽车在寒冷地区或严寒季节使用时,由于气温低,活塞压缩行程后,空气(或可燃混合气)的温度较低,加之低温时润滑油黏度大,起动阻力大,因此发动机着火困难。为保证发动机在低温条件下能迅速起动,多数柴油机和少数汽油机上装有低温辅助起动装置,以提高进气、润滑油或冷却液的温度。低温辅助起动装置常见的有进气加热式、电热塞式和火焰加热式几种。

1. 进气加热式

为了改善发动机的起动性能,一些化油器式发动机的进气道上装有进气预热装置。它在进气温度或冷却液的温度低于一定值时通电,使进气管中的空气迅速加热,以利于发动机起动和混合气燃烧。进气预热装置一般由电混合预热器、进气预热温控开关、进气预热继电器等组成。

图 5-22 所示为进气预热装置示意图。电混合气预热器由电热丝(康铜丝或镍-银导体)和陶瓷载体组成,安装在进气歧管上。预热器的工作由温控开关和继电器控制。当发动机冷却液的温度或进气温度低于一定值时,温控开关的触点闭合,继电器的线圈通电,触点吸合,接通电混合气预热器的电路,实现进气预热。例如,桑塔纳轿车进气预热装置(见图 5-22)的温控开关在进气温度低于 60℃时触点闭合,接通电混合气预热器的电路。由于预热器电热丝的电阻值很小,电路接通后流过其中的电流很大,可达 20~50A,产生大量的热量使进

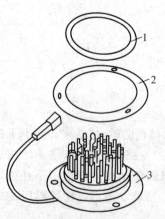

图 5-22 进气预热装置示意图
1—密封圈;2—隔热垫;3—加热器

气管的空气迅速加热。当进气温度高于 70℃ 时温控开关的触点分开,电混合气预热器断电,停止预热。

2. 电热塞加热式

采用涡流室式或预燃室式燃烧室的柴油发动机,由于燃烧室表面积大,在压缩行程中的热量损失较直接喷射式大,更难以起动。为此,在涡流室式或预燃室式柴油机的燃烧室中可以安装预热塞,在起动时对燃烧室内的空气加以预热。

常用的电热塞有开式电热塞、密封式电热塞等多种形式。图 5-23 所示为密封式电热塞的结构示意图。螺旋形电热丝 6 用铁镍铝合金制成,其一端焊接在中心螺杆上,另一端焊接在用耐高温不锈钢制成的发热体钢套的底部,中心螺杆通过接线柱连接加热导线。在发热体钢套内填充具有绝缘性能、导热好、耐高温的氧化铝填充物 7。每缸一个电热塞,每个电热塞的中心螺杆并联后与电源相接。发动机起动前首先接通电热塞的电路,电阻丝通电后迅速将发热体钢套加热到红热状态,使气缸内的空气温度升高,从可提高压缩终了时的温度,使喷入气缸的柴油容易着火。电热塞通电时间一般不应超过 1min。发动机起动后,应立即将电热塞断电。若起动失败,应停歇 1min 后再进行第二次起动,否则将缩短电热塞的使用寿命。

3. 火焰加热式

在中、小功率柴油发动机上,常采用火焰加热式冷起动预热装置。图 5-24 所示为火焰加热式预热装置。空心阀体 2 由热膨胀系数较大的金属材料制成,其一端与油管接头 5 相连,另一端通过内螺纹与阀芯 3 相连。在进气预热器不工作时,阀芯的锥形端将进油管的进油孔堵塞。阀体的外侧绕有与外壳绝缘的电热丝 1。

起动发动机时,预热器开关接通后,电热丝通电发热并加热阀体,阀体受热伸长带动阀

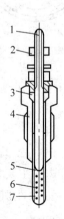

图 5-23 密封式电热塞的结构示意图
1—接线柱;2—螺母;3—密封材料;4—外壳;
5—护套;6—电热丝;7—填充物

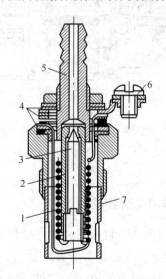

图 5-24 火焰加热式预热装置
1—电热丝;2—阀体;3—阀芯;4—绝缘垫圈;
5—油管接头;6—预热开关接线螺钉;7—稳焰罩

芯下移,其锥形端离开进油孔。燃油流入阀体内腔受热而汽化,从阀体的内腔喷出,并被炽热的电热丝点燃生成火焰喷入进气管道,使进气得到预热。切断预热开关时,电热丝断电,阀体温度降低而收缩,阀芯上移,其锥形端堵住进油孔,火焰熄灭,停止预热。

5.3.2 电起动系统的结构组成

目前大多数汽车普遍采用电起动机起动发动机。电力起动机简称起动机(见图 5-25),它由直流电动机、离合机构和控制机构等组成。

5.3.2.1 直流电动机

直流电动机在直流电压的作用下,产生旋转力矩。接通起动开关起动发动机时,电动机轴旋转,并通过驱动齿轮和飞轮的环齿驱动发动机曲轴旋转,使发动机起动。

起动机的直流电动机按磁场产生方式的不同分为永磁电动机和励磁电动机,励磁电动机又根据磁场绕组和电枢绕组连接方式的不同分为串励电动机、并励电动机和复励电动机。其中,串励电动机在起动机的直流电动机中应用最多,其结构如图 5-26 所示,它由电枢、磁极铁芯、换向器、机壳、端盖等组成。

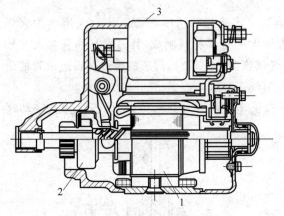

图 5-25 起动机的组成
1—直流电动机;2—离合机构;3—控制机构

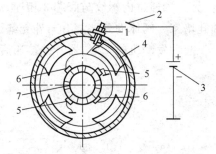

图 5-26 直流电动机结构示意图
1—接线柱;2—起动开关;3—蓄电池;4—励磁绕组;5—搭铁电刷;6—非搭铁电刷;7—换向器

5.3.2.2 离合机构

起动机的离合机构安装在电动机电枢的延长轴上。离合机构的主要作用是:当发动机起动时,使起动机的动力能够通过齿轮传给曲轴;发动机起动后,立即切断动力传递路线,避免发动机通过飞轮驱动起动机高速旋转。

目前,常用的起动机离合器机构有滚柱式、弹簧式、摩擦片式 3 种类型。

1. 滚柱式单向离合器

图 5-27 所示为用于解放 CA1091 型汽车起动机的滚柱式单向离合器的组成与工作示

意图。它由外座圈 2、十字块 3、滚柱 4 以及装在十字块内的弹簧 5 组成,并通过花键套筒 6 装在起动机电枢的延长轴上。

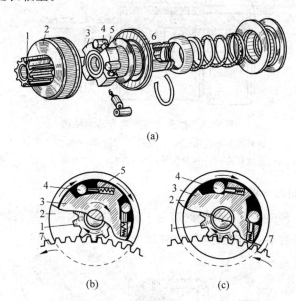

图 5-27 滚柱式单向离合器的组成与工作示意图
(a)离合器的结构;(b)起动时;(c)起动后
1—起动齿轮;2—外座圈;3—十字块;4—滚柱;5—弹簧;6—花键套筒;7—飞轮齿圈

接通起动开关起动发动机时,起动机的电枢轴连同内座圈按图 5-27(b)中所示的箭头方向旋转。由于摩擦力和弹簧张力的作用,滚柱被带到内、外圈之间楔形槽窄的一端,将十字块与外座圈连成一体。花键套筒与十字块连成一体,并通过花键套装在起动机电枢的延长轴上。

发动机起动后,曲轴转速升高,飞轮齿圈将带着驱动齿轮高速旋转。虽然驱动齿轮的旋转方向没有改变见图 5-27(c),但它由从动轮变为主动轮。当驱动齿轮和外座圈的转速超过十字块和电枢的转速时,在摩擦力的作用下,滚柱克服弹簧张力的作用滚向楔形槽宽的一端,使十字块与外座圈脱离联系而可以自由地相对运动,高速旋转的驱动齿轮与电枢轴脱开,防止电动机超速。

2. 弹簧式单向离合器

弹簧式离合器(见图 5-28)的优点是结构及工艺简单,成本低。花键套筒 8 套在电枢轴的螺旋花键上,起动机驱动齿轮 2 套在花键套筒前端的光滑部分,在起动机驱动齿轮套与花键套筒的外圆上紧套着离合弹簧 5。离合弹簧的内径略小于两套筒的外径,有一定的过盈量(0.25~0.50mm),安装时,离合弹簧与护套 6 间有间隙。两个月牙圈 4 装入起动机驱动齿轮右端的相应缺口中,并伸入花键套筒左端的环槽内。起动发动机时,电枢轴带动花键套筒旋转,离合弹簧在摩擦力的作用下被扭紧,将两个套筒抱死,实现电动机的转矩传递。发动机起动后,由于飞轮齿圈转速高于花键套筒,使弹簧松开而打滑,从而防止了起动机电枢超速运转的危险。弹簧式离合机构的离合弹簧所需圈数较多,轴向尺寸长。

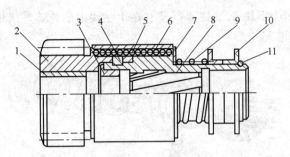

图 5-28 弹簧式单向离合器的结构

1—衬套；2—起动机驱动齿轮；3—挡圈；4—月牙圈；5—离合弹簧；6—护套；
7—垫圈；8—花键套筒；9—缓冲弹簧；10—滑套；11—卡簧

3. 摩擦片式单向离合器

滚柱式离合器在传递较大的转矩时容易卡死，对需要大功率起动的柴油机，装用的起动机采用了摩擦片式离合器，其构造如图 5-29 所示。

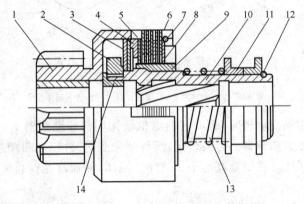

图 5-29 摩擦片式离合器的结构

1—起动机驱动齿轮；2—螺母；3—弹性垫圈；4—压环；5—调整垫圈；6—从动摩擦片；7—卡环；8—主动摩擦片；9—内花键毂；10—花键套筒；11—滑套；
12—卡环；13—弹簧；14—限位套

花键套筒 10 套在电枢轴的螺旋花键上。花键套筒的外表面上有三线螺旋花键，套着内花键毂 9。内花键毂上有四个轴向槽，用来插放主动摩擦片 8 的内凸齿。主、从动片相间组装。螺母 2 与摩擦片之间装有弹性垫圈 3、压环 4 和调整垫圈 5。组装好的离合机构，其摩擦片之间应无压紧力。

当起动机带动曲轴旋转时，花键套筒顺时针转动，由于内花键毂与花键套筒间转速差的作用，使内花键毂沿着花键套筒的旋转而左移，两个摩擦片便紧压在一起，利用摩擦力将电枢转矩传递给飞轮。发动机起动后，起动机齿轮被飞轮带动旋转，其速度高于电枢，于是内花键毂又沿花键套筒上的螺旋线右移，使主、从动摩擦片相互脱离而打滑，避免了电枢超速"飞车"的危险。

起动机超载（发动机烧瓦或卡死）时，弹性垫圈 3 便在压环 4 的压力下弯曲，当弯曲到与内花键毂的左端面相碰时，内花键毂便停止左移，于是摩擦片间开始打滑，从而限制了起动机的最大输出转矩，防止了起动机过载。增减调整垫圈的片数，可以改变内花键毂左端面与弹性垫圈之间的间隙,从而调节起动机的最大输出转矩。

5.3.2.3 控制机构

起动机的控制机构也称为操纵机构,其作用是控制起动机主电路的通、断和驱动齿轮的移出和退回。起动机的控制机构分为直接操纵式和电磁操纵式两种。直接操纵式由于驾驶员操纵强度大,不易远距离操纵,已经被淘汰。目前普遍采用电磁式操纵开关。

由于起动电流较大,为防止点火开关烧蚀,目前往往在起动电路中安装起动继电器,通过点火开关控制继电器电路通断,实现点火电路的通断控制。图 5-30 所示为带起动继电器的起动机电磁操纵机构电路图。当驾驶员将起动开关 13 转入 ST 位置时,点火开关闭合,起动继电器电路接通,起动继电器电磁线圈 1 通电,产生电磁吸引力,使起动继电器触点 14 闭合。此时起动电路接通,起动机控制线圈中的吸引线圈 6、保持线圈 7 产生电磁吸引力,控制铁芯 8 移动,再通过驱动杠杆 9 使小齿轮 10 移动,使之与飞轮齿圈啮合。同时,吸引线圈的电流流过电动机的磁场绕组,电枢运转,使发动机起动。反之,当点火开关断开时,继电器电磁线圈断电,电磁吸引力消失,点火电路断路。在电路断开的瞬间吸引线圈、保持线圈电流方向相反,产生的电磁吸引力抵消,在回位弹簧的作用下,铁芯回位,通过驱动杠杆使小齿轮与飞轮分离,起动结束。

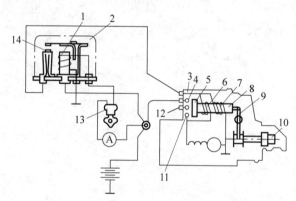

图 5-30 起动机电磁操纵机构电路图

1—起动继电器电磁线圈;2—起动继电器;3—起动机;4—起动机蓄电池接线柱;5—接触片;6—吸引线圈;7—保持线圈;8—铁芯;9—驱动杠杆;10—小齿轮;11—电动机接线柱;12—附加电阻短路接线柱;13—起动开关;14—起动继电器触点

习题

一、理论习题

5-1 发动机冷却系统的作用是什么?常见有哪几种冷却系统?各有什么特点?

5-2 水冷系统的散热器芯有哪几种类型,其特点是什么?

5-3 简述石蜡式节温器的工作原理。

5-4 简述水冷系统的基本组成和工作原理。

5-5 润滑系统一般由哪些零件组成？各有什么功用？
5-6 润滑方式有哪些？
5-7 转子式和齿轮式机油泵的结构与工作原理各有什么特点？
5-8 简述润滑系统油路的工作过程。
5-9 简述润滑油的分类。
5-10 简述电起动系统的组成与原理。
5-11 简述起动机单向离合器的种类与原理。
5-12 简述电磁式起动机控制机构的工作原理。

模块 6 清洁能源汽车

6.1 电动汽车

6.1.1 电动汽车概述

1. 电动汽车的概念

根据《电动汽车术语》(GB/T 19596—2017)的规定,电动汽车(electric vehicle,EV)是纯电动汽车、混合动力(电动)汽车、燃料电池电动汽车的总称。电动汽车是指主要以动力电池为能量源,全部或部分由电动机驱动的符合道路交通、安全法规各项要求的清洁能源汽车。

2. 电动汽车的种类

按照电动汽车的技术现状和车辆驱动原理,一般可分为纯电动汽车、混合动力(电动)汽车和燃料电池电动汽车 3 种类型。

纯电动汽车(battery electric vehicle,BEV/EV)是指利用动力电池作为储能动力源,通过动力电池向驱动电机提供电能,驱动电动机运转,从而驱动电动汽车前进的一种清洁能源汽车。

混合动力(电动)汽车(hybrid electric vehicle,HEV)是指能够至少从下述两类车载储存的能量中获得动力的清洁能源汽车:一是可消耗的燃料,二是可再充电能或能量储存装置。

燃料电池电动汽车(fuel cell electric vehicle,FCEV)是指以燃料电池作为动力电源的清洁能源汽车。

3. 电动汽车的特点

与传统的内燃机汽车相比较,电动汽车的优势主有以下 4 个方面。

(1) 能源利用效率高

电动汽车对能源利用的总效率至少在 19% 以上,采用燃料电池时的效率一般为 60% 以上,而内燃机汽车总效率低于 12%。由此可见,电动汽车更加节能。

(2) 环境污染小

电动汽车尾气排放量远远低于传统能源汽车,纯电动汽车还甚至实现了零排放。同时,电动汽车工作时的噪声远远低于传统内燃机汽车。

(3) 能源来源广泛

电动汽车能源获取具有多样性,可以通过太阳能、化学能、机械能、生物能获取电能,是一种可再生能源。而传统能源获取方式单一,并且是不可再生能源。

(4) 结构简单和维护使用方便

电动汽车由于采用电动机驱动,取消了传统汽车的发动机及其配套设备,有些采用轮毂电机的电动汽车甚至还取消了传统汽车底盘中的变速器、差速器等部件,汽车整体结构大大简化。因此,相比较传统能源汽车,电动汽车结构简单,便于产品升级与维护。

虽然电动汽车较内燃机汽车有着明显的优点,但目前电动汽车技术尚不如内燃机汽车完善,尤其是动力电池技术发展未达到人们的理想需求,致使现阶段电动汽车依旧存在续驶里程相对较短、使用寿命短、动力电池安全稳定性差、价格昂贵等缺点。

6.1.2 纯电动汽车

纯电动汽车发展至今,种类较多,通常按车辆用途、车载电源数目以及驱动系统的组成进行分类。按照用途不同,纯电动汽车可分为电动轿车、电动货车和电动客车3种。

近年来,随着各国对纯电动汽车技术的研发投入不断加大,车用动力电池、驱动电动机等技术取得重大进展,纯电动汽车技术的发展已经相当成熟。一些发达国家和我国都有部分车型投入量产和商业运营。2011年,美国特斯拉汽车公司制造的高性能纯电动轿车Model S正式进入量产阶段,2016年度全球销量达到76230辆。2012年北汽E150EV上市,2014年又推出了北汽EV200和ES210两款车型,最高车速均达到120km/h以上,以60km/h经济车速行驶时,最高行驶里程可超过200km。

纯电动汽车由底盘、车身、动力电池组、逆变器、驱动电动机、电机控制器和辅助设施等组成,如图6-1所示。

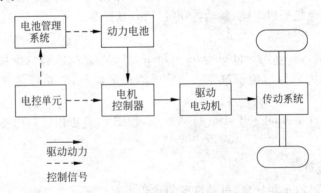

图6-1 纯电动汽车的结构与原理

1. 动力电池

动力电池为电动汽车的驱动电动机提供电能,驱动电动机将电源的电能转化为机械能。应用最广泛的动力电池类型有磷酸铁锂电池和铅酸蓄电池,但随着电动汽车技术的发展,铅酸蓄电池由于能量低、充电速度慢、寿命短,逐渐被其他蓄电池所取代。正在发展的电源主要有三元锂动力电池、锰酸铁锂动力电池。

2. 驱动电动机

驱动电动机的作用是将车载储能装置存储的电能转化为机械能,通过传动装置或直接驱动车轮。早期电动汽车上广泛采用直流电动机,直流电机功率较小、效率较低、维护保养工作量大,随着电机技术和电机控制技术的发展,交流电机、永磁同步电机、开关磁阻电机(SRD)在现代电动汽车上开始应用。

3. 中央控制单元

中央控制单元不仅是电力驱动主模块的控制中心,也要对整辆纯电动汽车的控制起协调作用。中央控制单元根据加速踏板与制动踏板的输入信号,向驱动电动机发出相应的控制指令,对驱动电动机进行起动、加速、减速、制动控制。在纯电动汽车减速和下坡滑行时,中央控制器配合车载电源模块的电池管理系统进行能量回收,使动力电池反向充电。另外,如果电动汽车采用轮毂驱动模式,当汽车转向时,中央控制器能够控制左、右电机控制器,实现车轮差速,实施转向。

4. 电机控制器

电机控制装置是为控制电动汽车的驱动电机而设置的,其作用是控制电机的电压或电流,完成驱动电机的驱动转矩控制和电动机转速及方向控制。

对于装用直流电动机的电动汽车,应用较广泛的是 PWM 调速,通过均匀地改变电机的端电压,控制电机的电流,来实现电动机的无级调速。

当采用交流电动机驱动时,电动机转向的改变只需变换磁场三相电流的相序即可,可使控制电路简化,采用交流电动机及其变频调速控制技术,使电动汽车的制动能量回收控制更加方便、控制电路更加简单。

5. 传动系统

电动汽车传动系统的作用是将驱动电动机的驱动转矩传给汽车的驱动半轴或车轮,当采用轮毂电动机驱动时,传动系统零部件数量最少或没有。由于驱动电动机可以带负载启动,所以电动汽车无须传统内燃机汽车的离合器,驱动电动机的旋向可以通过电路控制实现变换,所以电动汽车无须像内燃机汽车那样在变速器中设置倒挡。当采用驱动电动机无级调速控制时,电动汽车可以不采用传统汽车的变速器。在采用轮毂电动机驱动时,电动汽车可以省略差速器。

6. 电池管理系统

电动汽车电池管理系统(BMS)是连接车载动力电池和电动汽车的重要纽带,其主要功能有电池物理参数实时监测、电池状态估计、在线诊断与预警、充放电与预充控制、均衡管理和热管理等。

7. 制动系统

电动汽车和内燃机汽车一样,制动系统是为汽车减速或停车而设置的,通常由制动器及其操纵装置组成。在电动汽车上,由于装备有大容量的电能存储装置,从而可以实现再生制动,它利用驱动电动机的控制电路实现电机的发电运行,使减速制动时的能量转换成对动力电池充电的电流。

8. 其他电动装置

电动汽车上一些装置是由电动机驱动的,其电能来源于车载动力电池或其他电能存储装置，可通过DC/DC变换器进行电压调整，如电动汽车上使用的电动转向系统、电动空调系统；另外，专用电动汽车为完成某些作业要求，专门设置了一些电动工作装置，如电动叉车的起升装置、门架、货叉等。

6.1.3 混合动力电动汽车

混合动力电动汽车拥有两种不同的动力源，这两种动力源在汽车不同的行驶状态（如起步、低中速、匀速、加速、高速、减速或者刹车等）下分别工作，或者一起工作。目前，市场上最为常见的油电混合动力汽车（hybrid electric vehicle，HEV）采用传统的内燃机（柴油机或汽油机）和电动机作为动力源，通过这种组合达到最少的燃油消耗和尾气排放，从而实现省油和环保的目的。

油电混合动力汽车是传统内燃机汽车发展到电动汽车过程中的一个过渡的产物，由于传统内燃机汽车存在排放污染高、油耗高等缺点，而电动汽车由于动力电池技术的局限性，存在行驶里程较短、单次充电时间较长的问题，而油电混合动力汽车的出现有效地避免了两者存在的问题。当汽车在起步、低负荷（发动机油耗较高工况）行驶时，汽车采用电动机驱动，可降低汽车尾气排放；当汽车在中等负荷下行驶时，发动机同时也处于稳定工况，此时汽车采用发动机驱动汽车行驶，同时还可以将多余的动力通过发电机向动力电池充电；当汽车处于大负荷工况时，为降低发动机油耗，驱动电动机与发动机同时工作向汽车提供动力；一旦汽车制动，可由车轮的能量再回收系统将制动能量转换为电能存储在动力电池中，提高能量利用效率。

根据混合动力驱动的联结方式不同，油电混合动力汽车可分为串联式混合动力汽车（SHEV）、并联式混合动力汽车（PHEV）、混联式混合动力汽车（PSHEV）3种。

6.1.3.1 混合动力汽车的类型与原理

1. 串联式混合动力汽车

串联式混合动力汽车是指汽车的驱动力只来源于电机的混合动力（电动）汽车。其结构特点是发动机带动发电机发电，电能通过电机控制器输送给电动机，由电动机驱动汽车行驶。另外，动力电池也可以单独向驱动电动机提供电能驱动汽车行驶。

串联式混合动力汽车的布置形式如图6-2所示，其主要由发动机1、发电机6、驱动电动机5和动力电池组2等部件组成。该布置形式与普通内燃机汽车类似，但发动机输出扭矩只用于发电机发电，发电机所发出的电能供给驱动电动机，驱动电动机驱动汽车行驶，且是汽车行驶的唯一机械动力源。同时，当发电机的输出功率大于驱动电动机所需功率时，发电机发出的部分电能向动力电池组充电，来延长混合动力电动汽车的行驶里程，另外，动力电池组还可以单独向驱动电动机提

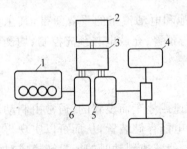

图 6-2 SHEV 的布置形式
1—发动机；2—动力电池组；3—功率变换器；
4—驱动车轮；5—驱动电动机；6—发电机

供电能来驱动电动汽车行驶。

当 SHEV 车辆起步、加速、爬坡或高速行驶时,汽车需要较大的动力而发电机输出功率无法满足时,动力电池组可提供额外的电能。当汽车滑行、制动或停车时,发电机除了满足汽车所需求的动力外,还将额外的电能向动力电池组充电。

这种混合动力汽车的特点是,能量的产生和使用完全独立。发动机只用来驱动发电机,发电机既可向驱动电动机供电,也可向动力电池组充电,汽车完全由电动机驱动。因此,对于这种电动汽车,发动机只需在某一稳定转速下工作,避免了在怠速或其他不经济的工况下工作,可明显地减少废气的排放,并可提高燃油经济性。这种混合动力汽车常作为城市行驶的公共汽车。

2. 并联式混合动力汽车

并联式混合动力汽车是指电动汽车的驱动电动机及发动机同时或单独向汽车提供动力。其特点是驱动系统可以单独使用发动机或驱动电动机作为动力源,也可以同时使用驱动电动机和发动机作为动力源驱动汽车行驶。

并联式混合动力电动汽车的布置形式如图 6-3 所示,该型电动汽车保留了与传统内燃机汽车相同的发动机及其传动系统布置结构形式,主要由发动机 1、驱动电动机/发电机 5、动力分配器 2 和动力电池组 3 组成。动力电池组为驱动电动机/发电机提供电能,使驱动电动机/发电机产生驱动转矩,通过动力分配器将发动机产生的转矩与驱动电动机产生的转矩混合并驱动汽车行驶。有的并联式混合动力系统也可采用发动机和驱动电动机产生的扭矩完全分开用以驱动不同的驱动桥。并联式混合电动汽车的结构形式可以看成传统的内燃机汽车附加了一个电力驱动系统。

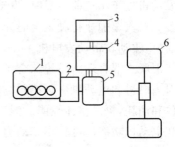

图 6-3 PHEV 的布置形式
1—发动机;2—动力分配器;3—动力电池组;4—功率变换器;5—驱动电动机/发电机;6—驱动车轮

并联式混合动力汽车在汽车正常行驶时,在一般路面上,驾驶员以发动机作为动力行驶;发动机在起动及小负荷工况时,通过离合器使发动机熄火,汽车通过动力电池组向驱动电动机提供电能,驱动汽车行驶;当汽车在高速或加速行驶工况时,发动机与驱动电动机同时工作,向汽车提供动力,此时汽车获得最大动力;当汽车小负荷工作时,驱动电动机/发电机还可以为动力电池充电;当汽车制动或减速时,汽车驱动电动机/发电机为动力电池充电,实现能量回收。

3. 混联式混合动力汽车

混联式混合动力汽车是指同时具有串联式、并联式驱动方式的混合动力(电动)汽车,其兼顾了串联式和并联式的特点。

混联式混合动力系统的布置方案如图 6-4 所示。发动机 1 输出的动力通过动力分配器 3 一分为二,一部分经过减速器 4 直接供给驱动车轮 8,另一部分带动发电机 2 工作,而发电机将产生的电能通过功率变换器 5 传输给驱动电动机 7,使驱动电动机产生转矩传递给车轮。若驱动电动机所需功率低于发电机产生的功率,则额外的电能传输给动力电池组 6。

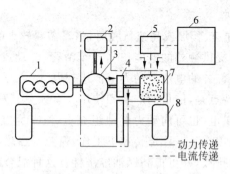

图 6-4 PSHEV 的布置形式

1—发动机；2—发电机；3—动力分配器；4—减速器；5—功率变换器；
6—动力电池组；7—驱动电动机；8—驱动车轮

当汽车正常行驶时，发动机输出动力一路经动力分配器、减速器直接供给驱动车轮；另一部分经发电机、变流器、驱动电动机再传到驱动车轮，动力的总体分配由动力分配器控制。当发动机处于小负荷工况时，发动机停止运转，由动力电池带动驱动电动机工作，驱动汽车行驶。在汽车加速行驶工况时，车轮同时获得发动机、动力电池提供的动力；当汽车制动或减速时，驱动轮带动发电机工作，发电机处于发电状态，实现能量回收。

混联式混合动力系统综合了串联式和并联式两类系统的特点，可以更加灵活地根据工况对内燃机和电动机进行控制，有利于在更复杂的工况下实现系统的优化匹配，获得较低的排放和油耗，提高整体性能。混联式混合动力系统对电池的依赖小，能量传递效率高，发动机和电动机功率均可较小。动力系统可根据不同工况选用不同的动力驱动方式，充分利用了两套动力装置的优点。但混联式混合动力汽车机械结构较为复杂，生产成本较高。同时，对控制策略的制定和控制系统的设计也提出了很高的要求，控制系统技术难度较大，增加了开发成本。PSHEV 是一种比较完善，又有发展前景的混合动力系统，这种形式目前主要应用在轿车上。

6.1.3.2 混合动力电动汽车典型结构

图 6-5 所示是日本丰田第二代普锐斯（Prius-Ⅱ）混合动力电动汽车结构图，该轿车采用混联式布置结构。该型汽车采用 1NZ-FXE 型 1.5 升四缸自然吸气发动机，发动机具有 VVT-i 可变正时气门技术，最大功率 77hp，最大扭矩 115N·m。同时，还装备 500V 的驱动电机，电机最大功率为 50kW，最大扭矩 400N·m。当两者共同输出动力时，最大输出功率可达 112hp，配备 ECVT 无级变速箱。当汽油发动机和电动机同时运转时，其从 0 到 100km/h 加速时间为 9.7s，纯电动模式下加速时间在 11s 左右。

第二代普锐斯混合动力汽车动力混合器采用行星齿轮式结构。其中发动机输出端与行星齿轮架相连，电动机/发电机与太阳轮相连，驱动电动机与内齿圈相连。

动力电池组采用镍氢电池，整个电池组采用 40 个模块串联组成，总电压为 288V，经过 DC/DC 电流变换器转换为 500V 电流，电流经过逆变器转换为三相交流电，供给电动机/发电机或驱动电动机。动力电池组直接由驱动电动机/发电机充电，不需要从外部充电。

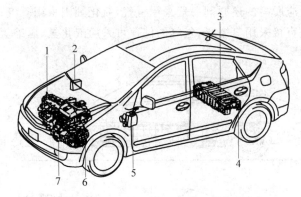

图 6-5 丰田第二代普锐斯混合动力电动汽车结构图
1—发动机；2—侧滑控制电控单元；3—动力电池组；4—电池管理系统；
5—整车及发动机电控单元；6—逆变器；7—变速驱动桥

6.1.4 燃料电池电动汽车

燃料电池电动汽车是指以氢气、甲醇等为燃料，通过化学反应产生电流，依靠驱动电动机驱动的清洁能源汽车。燃料电池汽车的基本工作原理是：通过燃料氢在燃料电池中与大气中的氧发生化学反应，从而产生电能，最终将燃料电池产生的电能传递给驱动电动机，驱动汽车行驶。

燃料电池的化学反应过程不会产生有害产物，因此燃料电池车辆是无污染汽车。燃料电池的能量转换效率比内燃机要高2~3倍。因此从能源的利用和环境保护方面看，燃料电池技术是内燃机技术最好的替代物，燃料电池汽车代表了汽车未来的发展方向。

燃料电池电动汽车根据供氢方式不同可分为改质型和非改质型。改质型是指利用车载改质装置制造氢气，再将氢气提供给燃料电池的汽车；非改质型是指由车载氢气直接提供燃料电池的汽车。改质型的燃料电池汽车可使用其他能源生产氢气，所以应用方便性上要优于非改质型，但需单独安装改质装置，所以成本较高。

现阶段，燃料电池汽车在氢燃料的制备、供应、储运等方面还有着大量的技术与问题有待解决，因此发展较为缓慢。美国通用汽车公司于2002年推出首款应用于市场的氢动3号燃料电池电动汽车。该电动汽车以欧宝-赛飞利为原型开发，可存储68L液态氢，最高时速达到160km/h，一次充氢续驶里程可达270~400km，已广泛应用在美国联邦快递物流公司运输汽车中。

6.1.4.1 燃料电池电动汽车的结构

燃料电池电动汽车属于电动汽车的一种，在车身、动力传动系统、控制系统等方面，燃料电池电动汽车与普通电动汽车基本相同，其主要由燃料电池组3、储氢罐2、动力电池组4、驱动电动机5和电机控制装置6等部件组成，如图6-6所示。与传统纯电动汽车相比，燃料电池电动汽车增加了燃料电池组和储氢罐。燃料电池与传统动力电池最大区别在于工作原理不同，燃料电池的反应机理是将燃料中的化学能不经过燃烧直接转化为电能，即通过电化学反应将化学能转化为电能，实际上就是电解水的逆过程，通过氢氧的化学反应生成水并释放电能。电化学反应所需的还原剂一般采用氢气,氧化剂则采用氧气,因此最早开发的燃料电池电动汽车多是直接采用氢燃料,氢气的储存可采用液化氢、压缩氢气或金属氢化物储氢等形式。

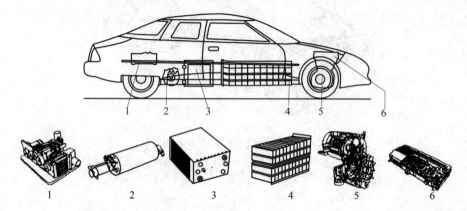

图 6-6 燃料电池电动汽车

1—气体压缩机;2—储氢罐;3—燃料电池组;4—动力电池组;5—驱动电动机;6—电动机控制装置

6.1.4.2 燃料电池电动汽车的工作原理

汽车起步时,储氢罐向燃料电池组提供氢气,燃料电池组发生电化学反应,产生电能,但由于燃料电池工作初期,提供电能功率较低,无法满足汽车行驶需求,此时,电控单元控制动力电池组向驱动电机供电,汽车实现平稳起步;当汽车行驶一段时间后,燃料电池电化学反应产生的电能足够驱动电动机满足汽车行驶需求时,电控单元控制动力电池组停止供电,由燃料电池组供电驱动汽车行驶,若燃料电池组的驱动功率大于驱动电动机所需功率时,燃料电池组还可以向动力电池充电。若汽车在爬坡或加速行驶时,燃料电池与动力电池同时向驱动电动机供电,满足汽车行驶需求。

燃料电池的反应不经过热机过程,因此其能量转换效率不受卡诺循环的限制,能量转化效率高;它的排放主要是水,非常清洁,不产生任何有害物质。因此,燃料电池技术的研究和开发备受各国政府与大公司的重视,被认为是 21 世纪的洁净、高效的发电技术之一。

6.2 太阳能汽车

太阳能汽车是以太阳能电池作为电源的汽车。当太阳光照射到车身上的太阳能板时,太阳辐射能转变为直流电,供给直流电动机运转,驱动汽车行驶。

太阳能汽车的突出优点是不需要使用燃料,无噪声,无废气污染,汽车行驶平稳。但太阳能汽车也受光伏电池板工作要求和性能的影响,致使太阳能汽车对外界工作环境要求较高,并且汽车的最高车速较低。

到目前为止,太阳能汽车应用技术主要有两个方向,一是以太阳能作为驱动力的太阳能电动汽车,二是以太阳能作汽车辅助设备的能源混动汽车。前者常用于普通代步汽车,这种汽车在车体上安装光伏电池板,只是配置蓄电池,电能全部来自专门的太阳能发电装置。缺点是要经常到太阳能电站充电,当然续行能力也受到限制。后者主要应用于复合能源汽车,在阳光照射充足时,太阳能光伏电池板可为动力电池充电,提高汽车行驶里程;当阳光照射不足时,该型汽车可以使用其他动力驱动汽车行驶。

由于太阳能电池板造价较高,发电性能较差,故太阳能汽车还没有大规模应用在乘用车辆上,只是小范围应用在一些代步车辆上。

1. 太阳能汽车的结构

太阳能汽车主要由太阳能电池组、向日自动跟踪器、驱动系统、控制器等部件组成。

1) 太阳能电池组

太阳能电池组是由一定数量的单体电池串联或并联组成的电池方阵。单体电池由半导体材料制成,当光线照射太阳电池表面时,一部分光子被硅材料吸收,光子的能量传递给了硅原子,使电子发生了跃迁成为自由电子,在 PN 结两侧集聚形成电位差,当外部接通电路时,在该电压的作用下,将会有电流流过外部电路产生一定的输出功率。

2) 向日自动跟踪器

向日自动跟踪器始终保持太阳电池板正对太阳,以最大限度地提高太阳电池板接受太阳辐射能的能力。

3) 驱动系统与控制器

太阳能汽车的驱动系统和控制器与纯电动汽车基本相同。

2. 太阳能汽车的工作原理

当太阳光照射强度较大时,太阳能板转换的电能较为充足,由太阳能电池板将太阳能转化为电能后,通过电流变换器将电流输送到驱动电动机,驱动汽车行驶。同时将多余的电能通过充电器向动力电池组充电;当太阳光照射强度不足或夜间行驶时,太阳能电池组无法向驱动电动机提供足够的动力,此时由动力电池组供电,驱动汽车行驶。

6.3 燃气汽车

6.3.1 燃气汽车概述

以燃气为燃料的汽车称为燃气汽车。目前常用的燃气汽车有压缩天然气汽车(CNGV)和液化石油气汽车(LPGV),它们分别以压缩天然气和液化石油气为燃料。

6.3.1.1 燃气汽车总体组成

图 6-7 所示为通用别克天然气汽车专用装置总体布置示意图。该车储气瓶 10 布置在后行李厢内(有的储气瓶安装在车顶上,有的安装在前后桥之间,有的安装在车架下面),高压管线 13 从整车左侧底部延伸到前部发动机舱内,减压器布置在发动机舱内。天然气经混合器 8 在缸外与空气预混合后进入发动机气缸燃烧。加气口 4 采用快换式充气插口,安装在发动机舱前部。天然气/汽油转换开关 14 布置在仪表盘左侧。

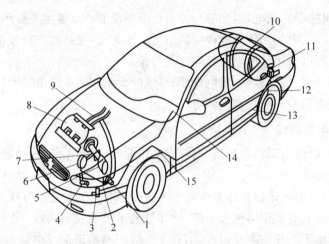

图 6-7 通用别克天然气汽车专用装置总体布置示意图

1—高压截止阀；2—低压截止阀；3—电控单元；4—加气口；5—空气过滤阀；6—低压调节器；7—空气质量传感器；8—混合器；9—冷却水管；10—储气瓶；11—储气瓶手动截止阀；12—安全阀；13—高压管线；14—天然气/汽油转换开关；15—手动截止阀

6.3.1.2 燃气汽车的特点

1. 燃气汽车的优点

(1) 有害气体排放低。天然气和液化石油气在常温下为气态，容易与空气混合形成均匀的可燃混合气，燃烧完全，可以大幅度减少 CO、HC 和微粒的排放。另外，天然气和液化石油气的火焰温度低，因此 NO_x 的排放量也相应减少。

(2) 热效率高。天然气辛烷值高达 130，液化石油气的辛烷值也在 100 左右，因此，燃用天然气或液化石油气可提高发动机的压缩比，从而获得较高的发动机热效率。

(3) 冷起动性和低温运转性能良好，在暖机期间无需加浓混合气。

(4) 可以燃用稀混合气。其燃烧界限宽，稀燃特性优越，可以减少 NO_x 的生成和改善燃料经济性。

(5) 延长润滑油更换周期。因其不稀释润滑油，可以延长润滑油的更换周期和发动机的使用寿命。

2. 燃气汽车的缺点

(1) 储运性能差。因为天然气在常温、常压下是气体，所以体积大，储运性能差。目前广泛采用将天然气压缩到 20MPa 高压或将石油气压缩到 1.6MPa，充入车用气瓶内储运的办法，这些气瓶既增加了汽车自重，又减少了载货空间。

(2) 一次充气的续驶里程短。由于天然气和液化石油气热值较低，因此 CNGV 和 LPGV 的一次充气的续驶里程都较短。

(3) 动力性能差。CNG(压缩天然气)或 LPG(液化石油气)均呈气态进入气缸，使发动机充气系数降低；另外，与汽油和柴油相比，CNG 或 LPG 的理论混合气热值小，因此，燃用 CNG 或 LPG 将使发动机功率下降。

6.3.2 燃气汽车的基本结构与工作原理

6.3.2.1 燃气供给系统

CNGV 或 LPGV 的发动机多数是在原汽油机或柴油机的基础上改装而成的,其总体结构与传统汽车结构布置类似,只是燃气供给系统有所不同。

图 6-8 所示是电喷发动机汽车改装为压缩天然气汽车专用装置的结构。该车压缩天然气气路和油路在进气歧管之前是两个并行的燃油供给系统。发动机工作时,由油/气转换开关 1 控制燃料选择,同一时刻只能允许一种燃料通过进气管进入气缸燃烧。由于该车的燃油系统是在电控燃油喷射系统的基础上改装的,因此在油/气转换开关上多了一根对模拟器 10 的控制线,在使用燃气工况时,关闭喷油器 11。

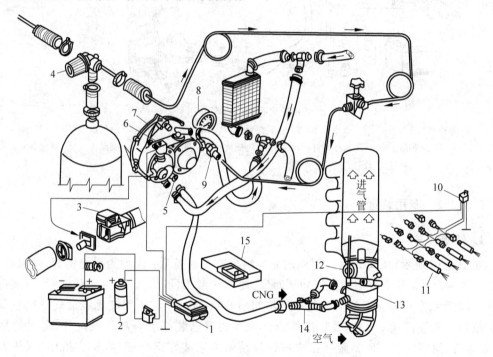

图 6-8 电喷式压缩天然气汽车专用装置的结构
1—油/气转换开关;2—点火线圈;3—空气流量计;4—充气阀;5—压缩天然气出气口;6—天然气电磁阀;
7—减压阀;8—压力表;9—压缩天然气进气口;10—模拟器;11—喷油器;12—进气总管;13—混合器;
14—供气三通阀;15—点火提前调节器

图 6-9 所示是电喷发动机汽车改装为液化石油气汽车专用装置的结构。其两用燃料供给系统与压缩天然气汽车专用装置类似,不再赘述。

在 CNG 与 LPG 气路中,由于减压汽化过程中存在吸热现象,为防止燃料中水分结冰,通过汽车散热器对其加热,可有效地提高燃料供给的稳定性。

根据 CNG 与 LPG 的理化特性,在气态下,CNG 和 LPG 的体积能量密度较低,为了提高一次充气的行驶里程,车用燃气汽车一般将天然气压缩到 20MPa 存储到高压气瓶中,液化石油气则压缩至 16MPa 成为液体存入钢瓶中。

第一篇 汽车发动机

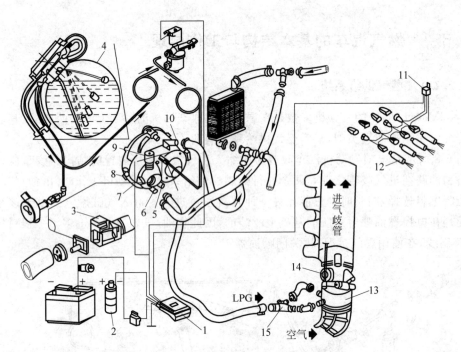

图 6-9 电喷式液化石油气汽车专用装置的结构

1—电控燃料选择开关；2—点火线圈；3—空气流量计；4—储气瓶；5—液化石油气出气口；6—热水入口；7—减压阀；8—怠速调整螺钉；9—减压器电磁阀；10—热水出口；11—模拟器；12—喷油器；13—混合器；14—进气歧管；15—功率调节器

6.3.2.2 专用装置

1. 储气装置

如图 6-10 所示，压缩天然气钢瓶的瓶体结构有 3 种类型：A 型为无缝钢管，两端收口，尾部一般为凸状；B 型由钢坯直接冲压而成，尾部一般为凹状；C 型为无缝钢管，两端口成管状。LPG 汽车用液化石油气储气瓶结构如图 6-11 所示。汽车用液化石油气储气瓶分为 A 类瓶和 B 类瓶两类。A 类瓶是指按设计技术要求已装好组合部件及附件，提供给用户（或安装者）的储气瓶。B 类瓶是指未按设计技术要求装好组合部件，提供给用户（或安装者）的是只具有安装接口的车用储气瓶。液化石油气的工作压力一般为 1.6MPa，即可液化装瓶。因此，对储气瓶的压力要求不及压缩天然气储气瓶那么高。液化石油气储气瓶采用普通钢板材料经焊接成形，也可以用薄壁钢管制成。相对于压缩天然储气瓶，其直径较大、长度较小而容量较大。所有阀门附件都安置在储气瓶的头部，这些附件包括液面指示器 5、最大充量液面监视器 6、安全阀 4、蒸汽输出阀 3、液化石油气输出阀 1、三通输出阀 2 以及充气阀 7 等。

2. 减压器

在压缩天然气的汽车上，减压器的主要作用是将储气瓶中压缩天然气的压力由 20MPa 降至 0.1MPa 左右。在发动机停止运行时，自动停止压缩天然气的输出；当发动机运行工况急剧变化时，保证向发动机正常供气。图 6-12 所示为 CYTZ-100 型三级减压调节器结构示意图。

模块 6　清洁能源汽车

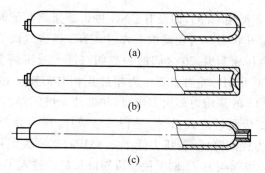

图 6-10　车用压缩天然气钢瓶的瓶体结构
(a) A 型；(b) B 型；(c) C 型

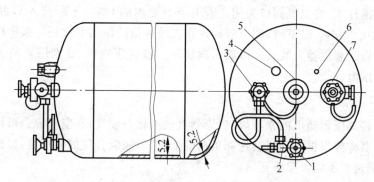

图 6-11　汽车用液化石油气储气瓶结构
1—液化石油气输出阀；2—三通输出阀；3—蒸汽输出阀；4—安全阀；5—液面指示器；6—最大充量液面监视器；7—充气阀

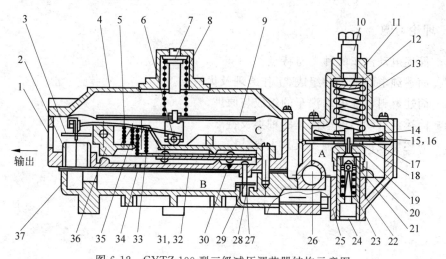

图 6-12　CYTZ-100 型三级减压调节器结构示意图

1—出气口；2—三级阀口；3—三级阀片；4—三级阀上盖；5—杠杆；6—挂钩；7—三级阀调压螺栓；8—正压弹簧；9—三级阀膜片组 10—调压螺钉；11—一级阀上盖；12—小顶板；13—主弹簧；14—大压板；15—螺母；16—平垫圈；17—一级阀膜片；18—小压板；19—高压螺母；20—高压密封片；21—一级阀阀芯；22—一级阀阀芯座；23—阀芯弹簧；24—进气口；25—一级阀阀芯壳体；26—加热循环水管道；27—二级阀顶杆；28—二级阀口；29—二级阀片；30—小三角板；31—大三角板；32—二级阀膜片组；33—二级阀弹簧；34—通气孔；35—负压弹簧；36—二级阀内盖；37—二级阀底盖

当发动机不工作或不燃用 CNG，即没有 CNG 进入减压调节器时，一级阀口、二级阀口 28、三级阀口 2 均处于常开状态。当发动机工作时，CNG 经进气口 24 进入减压调节器，并通过一级阀阀芯 21 和高压密封片 20 之间的一级阀口进入减压调节器 A 腔，进行一级减压，压力由 20MPa 降至 0.8MPa 左右。若压力超过 0.8MPa，则一级阀膜片 17 在 CNG 的压力作用下克服主弹簧 13 的预压力而向上弯曲，并带动一级阀阀芯 21 向上将一级阀口关闭。A 腔内的 CNG 经二级阀口进入 B 腔，进行二级减压，压力降至 0.02kPa。随着 CNG 进入 B 腔，A 腔内的压力逐渐降低，若压力低于 0.8MPa，则一级膜片在主弹簧预压力的作用下向下弯曲，并带动一级阀阀芯 21 向下使一级阀口开启。进入 B 腔的 CNG 经三级阀口进入 C 腔，进行三级减压，然后经步进电机伺服阀进入混合器。若 B 腔内的 CNG 压力超过 0.02MPa。则 CNG 压力经通气孔 34 作用到二级阀片 29，使其向上压缩二级阀弹簧 33，同时压迫二级阀顶杆 27 将二级阀口关闭。若由于 B 腔内的 CNG 不断流入 C 腔而使 B 腔内的压力下降至 0.02MPa 以下时，则二级阀片在二级弹簧的作用下放松二级顶杆及二级阀片将二级阀口开启。减压器上装有一级调压螺栓和三级调压螺栓，分别用来调节一级减压压力和三级减压压力。

3. 混合器

混合器是将减压器输出的常压燃气（天然气或液化石油气）和空气混合形成可燃混合气的装置。混合器应能根据发动机转速和负荷的变化，增减混合气的供应量，以适应发动机在起动、怠速及加速等不同工况下正常运行的需要。

习题

一、理论习题

6-1 简述电动汽车的种类与特点。

6-2 简述纯电动汽车的组成、工作原理及优缺点。

6-3 简述燃料电池电动汽车的组成与原理。

6-4 简述混合动力电动汽车的种类及特点。

6-5 简述燃气汽车的种类及其主要结构。

模块 7 汽车发动机总成拆装实践

7.1 汽车发动机拆装工具认知

7.1.1 实践目的

通过对帕萨特1.8T AWL发动机专用拆装工具的认知训练,使学生快速熟悉帕萨特AWL发动机拆装工具的名称、用途、类别形式、使用方法和使用技巧,为拆装帕萨特AWL发动机做好准备工作。

7.1.2 实践准备

1. 课时安排

1课时。

2. 实践设备

(1)帕萨特AWL发动机通用拆装工具(见图7-1)。
(2)帕萨特AWL发动机专用拆装工具,包括T40011专用工具、3415专用工具、3036专用工具、3366专用工具、T45专用工具。

7.1.3 实践内容

1. 工具认知

工具认知主要包括对工具名称的认知,以及工具用途及使用方法的学习。

2. 工具使用注意事项

(1)常用套筒有六角和十二角之分,使用时应根据螺栓、螺母规格进行选择。
(2)起子型号规格的选择应以沟槽的宽度为原则,不可带电操作;使用时,除施加扭力外,还应施加适当的轴向力,以防止滑脱损坏零件;不可用起子撬任何物品。
(3)在工具的选择上优先选用套筒,其次是梅花扳手,最后选择开口扳手。
(4)使用工具时,要确保工具的直径与螺栓/螺母的头部大小合适,以使工具与螺栓/螺母完全配合。否则,可能会使螺栓或螺母滑丝,或者损坏工具。

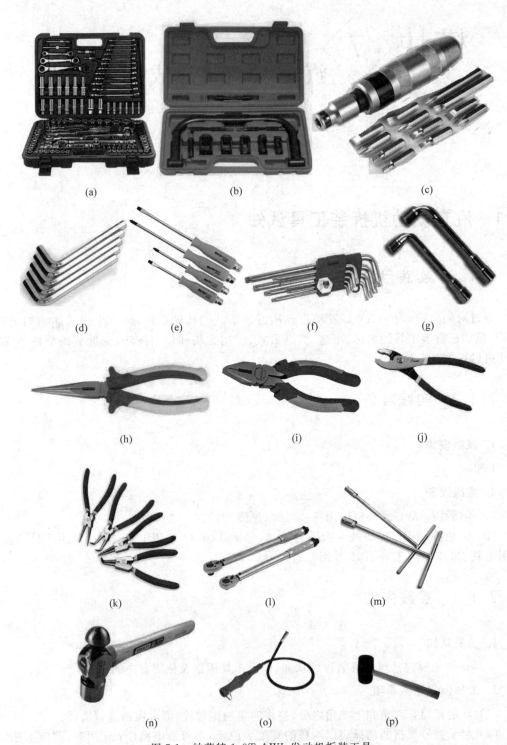

图 7-1 帕萨特 1.8T AWL 发动机拆装工具

(a) 120 件套筒盒;(b) 气门拆装工具;(c) 冲击起子;(d) 内六方扳手;(e) 起子;(f) 内六花;(g) 弯管扳手;(h) 尖嘴钳;(i) 钢丝钳;(j) 鲤鱼钳;(k) 卡簧钳;(l) 扭力扳手;(m) T 字杆扳手;(n) 榔头;(o) 磁吸棒;(p) 橡胶锤

(5) 使用扳手时，用力要适中，尽量用手拉动扳手手柄，以免受伤。如果由于空间限制无法拉动工具，建议用手掌推，并且要注意控制力度，以免螺栓突然松动造成用力冲击，导致受伤。

(6) 已经拧得很紧的螺栓/螺母可以通过施加冲击力将其松开，但是不能使用锤子和管子（用来加长轴）来增加扭矩。

(7) 拧紧螺栓或螺母时，最后需要使用扭力扳手来完成，以便将其拧紧到规定标准值。

7.1.4 实践要求

(1) 能够准确识别帕萨特 AWL 发动机拆装工具。
(2) 能够熟练掌握帕萨特 AWL 发动机拆装工具的使用方法。
(3) 实践训练过程中要求操作规范，以免损坏工具。

7.2 帕萨特 1.8T AWL 发动机总成外围部件拆装

7.2.1 实践目的

通过帕萨特 1.8T 发动机总成外围零部件的拆装实践训练，加深学生对帕萨特 AWL 发动机外围零部件结构的认知，使学生了解拆装该发动机外围零部件的基本要求和基本流程，并掌握拆装的基本方法和基本步骤，并为下一步帕萨特 AWL 发动机结构部件拆装做好准备。

7.2.2 实践准备

1. 实践课时

1 课时。

2. 实践设备

帕萨特 1.8T AWL 发动机拆装翻转架一台。

7.2.3 实践内容

对帕萨特 AWL 发动机的外围零部件按照顺序要求进行拆装，主要包括空调压缩机、起动机、点火线圈、涡轮增压器、油轨及喷油器、机油滤清器、张紧机构、发电机总成、硅油风扇离合器、水泵等附件。

7.2.3.1 拆装注意事项

1. 拆卸要求

（1）分解前应清洗外部，放出所有润滑油和冷却液。分解时要严格遵守分解规则和顺序，并保持作业场地清洁整齐。

（2）分解时应按顺序进行，对有公差配合要求和不能互换的机件（如连杆和轴承盖、离合器等），在分解时应检查和做记号。

发动机拆卸时，分解铝合金部件要十分小心，不允许敲打和暴力拆卸，防止碰伤机件工作表面。有次序地分解部件，将分解的零部件按顺序放入盛具内，便于识别，必要时应在部件上做上标记或标签，这样有利于装配时保持原有的装配关系，防止出现返工和质量问题。

（3）拆卸带有调整垫片的机件时，勿使垫片丢失或损坏。

（4）对锈死难拆的机件，可用汽油或煤油浸润或者加热后再进行分解，严禁硬砸猛敲，以防损坏机件和工具。

（5）拆下的螺丝、螺帽，如不影响修理加工可装回原位，或者分别放置以利于装复。

（6）为了零件清洗方便，应将采用不同清洗方法的零件（如钢铁件、铝合金件、橡胶件、皮质件等）分别放置。

2. 工具使用要求

（1）钳子、扳手、起子不准代替手锤和铣子使用。各种扳手在使用时，应注意受力方向。

（2）拆卸静配合的销、轴、衬套时，应使用专用棒头和铜棒，不可直接敲打。

（3）拆卸齿轮、皮带轮时，应使用压床和拉器，如无设备可用软金属对称地铣击非工作面。

7.2.3.2 发动机外围部件拆装流程

1. 拆卸分解流程

1）拆卸多楔带

图 7-2 所示为帕萨特 AWL 型发动机的多楔带基本结构。

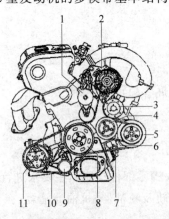

图 7-2　帕萨特 AWL 型发动机多楔带结构

1—多楔带张紧轮；2—发电机；3—黏液型风扇；4—水泵；5—动力转向泵；6—水泵皮带；7—发电机多楔带；8—扭转减振器；9—空调多楔带张紧轮；10—空调压缩机多楔带；11—空调压缩机

(1) 拆卸多楔带前,须用粉笔标出旋转方向。如果皮带沿错误方向旋转,可能导致皮带断裂(安装时,应确保皮带正确坐落在皮带轮槽内)。如图7-3所示,箭头所指为空调压缩机多楔带张紧轮紧固螺栓,松开该紧固螺栓,然后松开皮带并拆下空调压缩机。

(2) 转动多楔带张紧装置,放松多楔带,拆下多楔带,放开张紧装置。

注意：一定要按照图中箭头的方向扳动17mm开口扳手(见图7-4)。

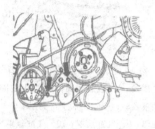 

图7-3 空调压缩机多楔带张紧轮紧固螺栓　　图7-4 转动楔带张紧装置

(3) 拆下发电机支架,依次取下张紧轮、发电机、硅油风扇离合器、动力转向油泵和水泵。

(4) 拆卸扭转减振器。

(5) 拆卸废气涡轮增压器进油管、回油管。

(6) 拆卸机油滤清器总成。

(7) 拆卸油尺套管和油尺。

2) 拆卸发动机罩盖

(1) 拆卸气缸罩盖外围3个紧固螺钉,如图7-5所示。

(2) 拧下地线2,拔下插头3,将地线放置一旁。然后,拆下点火线圈1(见图7-6)。

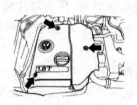 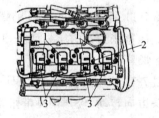

图7-5 气缸盖罩护罩紧固螺栓示意图　　图7-6 点火线圈安装位置示意图
　　　　　　　　　　　　　　　　　　1—点火线圈；2—地线；3—插头

(3) 松开齿形皮带上护罩的两卡夹。

(4) 松开图7-7中箭头所示的气缸盖罩螺栓,取下气缸盖罩和气缸盖罩密封垫(见图7-8)。

3) 拆卸正时带

(1) 拆下齿形皮带上护罩。

(2) 标出齿形皮带旋转方向,旋转曲轴前端齿形皮带轮,按发动机旋转方向将曲轴正时标记旋转置一缸上止点位置(见图7-9)。

(3) 拧下曲轴扭转减振器螺栓,取下曲轴扭转减振器。

(4) 如图7-10所示,拧下齿形皮带下、中护罩紧固螺栓(图中箭头所指)、取下护罩。

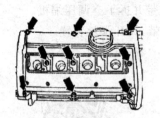
图 7-7 气缸盖罩螺栓示意图

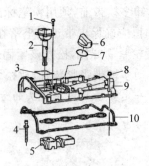
图 7-8 气缸盖罩和气缸盖罩密封垫分解示意图
1,4—螺栓；2—点火线圈；3—点火线圈密封垫；
5—挡油器；6—机油加注口封盖；7—密封圈；
8—螺母；9—气缸盖罩；10—气缸盖罩密封垫

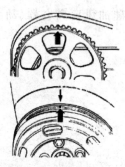
图 7-9 凸轮轴正时带轮和曲轴正时带轮正时标记

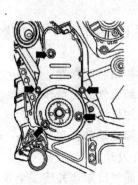
图 7-10 齿形皮带下、中护罩紧固螺栓

（5）如图 7-11 所示，将 M5×45 的螺纹杆拧入齿形皮带张紧器，用大垫片将六角螺母拧到螺纹杆上。压紧张紧器的压力活塞，直到可用 T40011 固定活塞为止，拆下齿形皮带。

（6）拆下张紧轮。

（7）如图 7-12 所示，使用专用工具 Torx、T45（由于有两种形式的张紧轮）将齿形皮带张紧轮按箭头方向转动，松开正时带张紧轮，然后向下压正时带张紧轮，取下正时带。

图 7-11 拆下齿形皮带
1—螺纹杆；2—大垫片；3—六角螺母

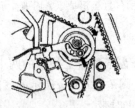
图 7-12 使用专用工具 Torx、T45

4）拆卸油底壳及机油泵

（1）拆卸油底壳固定螺栓（计 20 个，16 个小螺栓和 4 个大螺栓），如图 7-13 所示。

（2）取下 20 个螺栓并放置好，依次取下油底壳，油底壳衬垫。

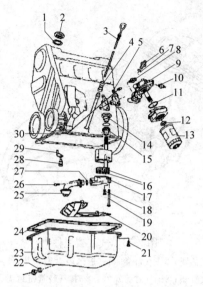

图 7-13　发动机油底壳及其配件

1—密封垫片；2—加油口盖；3—机油标尺；4—机油标尺导管口；5—机油滤清器支架垫片；6—螺栓(30N·m)；7—密封圈；8—螺栓(25N·m)；9—机油滤清器支架；10—机油压力开关；11,27—O 形圈；12—螺栓(25N·m)；13—机油滤清器；14—密封盖；15—驱动齿轮；16—齿轮；17—带泄压阀的机油泵盖；18—螺栓(10N·m)；19—螺栓(25N·m)；20—挡油板；21—螺栓(15N·m)；22—放油螺栓及密封圈；23—油底壳；24—油底壳垫片；25—吸油管；26—螺栓(10N·m)；28—泄压阀(27N·m)；29—机油喷嘴；30—止回阀(5N·m)

(3) 拆下挡油板、机油泵和机油集滤器。

5) 拆卸正时齿轮及密封法兰

(1) 拆下中间轴正时带轮，并通过专用工具 3415 拆卸曲轴正时带轮(见图 7-14)。

(2) 拆下前密封法兰固定螺栓，取下密封法兰(见图 7-15)。

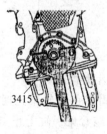 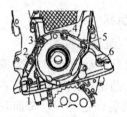

图 7-14　用 3415 专用工具拆卸曲轴正时带轮　　图 7-15　拆卸曲轴前密封法兰 6 个固定螺栓

(3) 拆卸后密封法兰。

(4) 用专用工具 3036 保持架固定凸轮轴正时齿轮，并拆卸凸轮轴正时齿轮。

6) 拆卸气缸盖

气缸盖组件如图 7-16 所示。

(1) 从排气歧管上拆下废气涡轮增压器总成，拆前一定要做好装配标记。

(2) 从进气歧管上拆下燃油总管和 4 个喷油器，并用塑料纸包好喷油器。

(3) 松开气缸盖两侧的进、排气歧管固定螺栓，取下进气歧管和排气歧管，同时取下进、

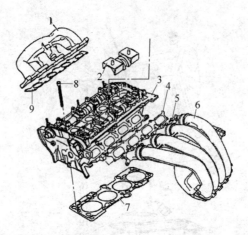

图7-16 气缸盖组件

1—排气歧管；2—挡油罩；3—气缸盖；4—进气歧管密封垫；5—螺栓(25N·m)；
6—进气歧管；7—气缸垫；8—气缸盖螺栓；9—排气歧管密封垫

排气歧管衬垫。

（4）按照图7-17所示的数字顺序交叉依次松开气缸盖螺栓，取下气缸盖总成，同时取下气缸衬垫。

（5）从凸轮轴上拆下半圆键，拆下霍尔传感器本体及垫片和挡圈（见图7-18）。

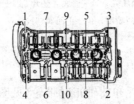 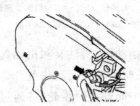

图7-17 气缸盖螺栓拧松顺序　　　图7-18 拆卸霍尔传感器本体

2. 装配流程

1）装配气缸盖总成

（1）安装凸轮轴上的半圆键，装上霍尔传感器本体及垫片和挡圈。

（2）装上凸轮轴正时带轮和紧固螺栓，用保持架3036固定住凸轮轴正时带轮，拧紧其螺栓。注意凸轮轴正时带轮窄面朝外（箭头指示），从前面应能看见一缸上止点标记。

（3）放上排气歧管衬垫和排气歧管，从中间向两边紧固其螺栓。

（4）安装气缸盖前检查正时标记。再次检查凸轮轴上止点位置，凸轮轴上的标记必须与轴承盖上的箭头对齐，如图7-19所示。清洁轴承盖上两个箭头对着的凸轮轴驱动链和链轮的对应部位，并标出安装位置。注意凸轮轴驱动链和链轮的距离应为16个链辊（见图7-20）。预先安装气缸罩盖（调整完成后拆下），转动凸轮轴使排气凸轮轴的正时带轮，正时标记对准气缸罩盖上的标记。所有的缸盖螺栓全部蘸机油放入螺栓孔，并用手拧入。

（5）用导向销3070作定位，将气缸盖螺栓拧入缸盖前端和后端各一个螺纹孔中。

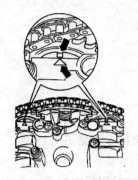
图 7-19 检查凸轮轴上止点位置

图 7-20 传动链和传动链轮的安装定位

(6) 放上新的气缸盖衬垫,如图 7-21 所示。

注意：缸体定位销(箭头)及气缸垫的安装位置标记,从进气一侧可以看见零件号。

(7) 盖上气缸盖,装上其余 8 个螺栓,预先用手拧紧。

(8) 用 3070 中的导向销旋出器从螺栓孔中旋出导向销。必须左旋导向销旋出器,直到导向销钉松开旋出。

(9) 按图 7-22 中的数字顺序分两步拧紧气缸盖螺栓,第一步拧紧力矩为 40N·m,第二步用刚性扳手再拧紧 180°。

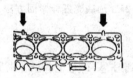
图 7-21 气缸垫定位销安装位置标记

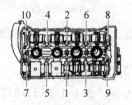
图 7-22 气缸盖螺栓拧紧顺序

(10) 放上排气歧管衬垫和排气歧管,从中间向两边紧固其螺栓。

(11) 向进气歧管衬垫两边涂抹密封胶,装上歧管衬垫和进气歧管,从中间向两边紧固其螺栓。

(12) 在进气歧管上安装 4 个喷油器(更换新密封圈并涂抹机油),并装上燃油总管。

(13) 按记号在排气歧管上安装废气涡轮增压器总成。

2) 装配曲轴正时齿轮及密封法兰

(1) 用旋转塑料刷去掉密封法兰上的密封剂残余物。清洁密封面,使之无油脂。

(2) 用密封剂涂抹前后法兰后,进行安装(在涂抹密封剂后必须在 5min 内装上密封法兰)。

(3) 交叉拧紧密封法兰螺栓,密封法兰螺栓拧紧力矩为 15N·m。

(4) 预先安装曲轴正时齿轮和扭转减振器(调整完成后拆下),转动曲轴使曲轴(正时带轮)上的上止点标记对准记号,再将曲轴转回少许(见图 7-23)。

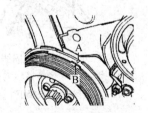
图 7-23 曲轴正时齿轮上止点定位

(5) 用专用工具 3415 固定架进行固定,紧固曲轴正时齿轮。

3）装配油底壳及机油泵

（1）清理接口，在两个接口面涂抹密封胶。

（2）向机油泵内灌入机油并转动数圈。

（3）在接口面放入纸垫片，装上机油泵。

（4）如有挡油板，装上挡油板。

（5）清理油底壳接触平面并涂抹密封胶。

（6）清理缸体底部平面并在油底壳上涂抹密封胶，涂抹方法见图7-24。

（7）放上油底壳衬垫及油底壳。

（8）先将螺栓放入螺孔中，用手全部拧入螺丝孔中，然后用扭力扳手以40N·m的力矩先将M10螺栓拧紧，再对角交叉均匀拧紧18个小螺栓，如图7-25所示。

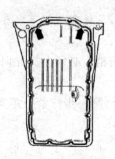

图7-24 油底壳涂抹密封胶

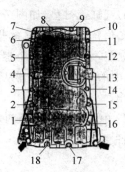

图7-25 油底壳螺栓紧固方法

4）装配正时皮带及张紧轮

（1）用双孔螺母扳手B向右旋转正时带张紧器直到柱塞1完全弹出，张紧器柱塞2提升大约1mm（见图7-26），再用扳手将紧固螺栓3拧紧。

（2）检查区域A是否与张紧器柱塞的上边缘一致（见图7-27）。若不一致，调整A区域达到规定数值，以实现D处间隙达到25~29mm。

（3）安装正时皮带。

（4）用双孔螺母扳手B（见图7-26）固定住张紧轮后，用25N·m的拧紧力矩将紧固螺栓3拧紧。

图7-26 调整及紧固张紧轮螺栓

1—柱塞；2—张紧器柱塞；3—螺栓；

A—张紧器臂；B—扳手

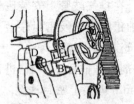

图7-27 检查柱塞

5）装配气缸罩盖

（1）在进气凸轮轴上装上两个挡油器。

(2) 装上气缸盖罩密封垫和气缸盖罩并紧固。
(3) 卡住正时带上护罩的两卡夹。
(4) 装上点火线圈,插紧插头,拧紧地线。
(5) 安装气缸盖罩护罩。
6) 装配多楔带和附件
(1) 安装曲轴扭转减振器。
(2) 安装水泵、硅油风扇离合器座、动力转向油泵和发电机。
(3) 装上张紧轮,按照图 7-4 中箭头的方向扳动开口扳手,然后按原旋转方向标记套上发电机多楔带,最后放松开口扳手。
(4) 安装空调压缩机和多楔带张紧轮,按原旋转方向标记安装空调压缩机多楔带。
(5) 拧紧张紧装置。
(6) 安装废气涡轮增压器进油管、回油管。
(7) 安装机油滤清器总成。
(8) 安装油尺套管,插入油尺。

7.2.3.3 实践要求

(1) 能够准确识别帕萨特 1.8T AWL 发动机总成外围部件。
(2) 熟练地按步骤完成帕萨特 1.8T AWL 发动机总成外围部件的拆装。
(3) 实训过程中一定要按照指导教师指示的拆卸步骤进行拆卸,以免损坏设备。
(4) 能够在 50min 内完成帕萨特 1.8T AWL 发动机总成外围部件的拆装,装配完成后能够保证部件安装位置准确,发动机正时调整良好。

7.3 帕萨特 1.8T AWL 发动机曲柄连杆机构拆装

7.3.1 实践目的

通过帕萨特 1.8T AWL 曲柄连杆机构的拆装训练,能够让学生掌握帕萨特 1.8T AWL 发动机曲柄连杆机构拆装的基本要求和基本流程,熟悉帕萨特 1.8T AWL 发动机曲柄连杆机构拆装的基本方法和基本步骤,能够独立完成帕萨特 1.8T AWL 发动机曲柄连杆机构的拆装。

7.3.2 实践准备

1. 实践课时

1 课时。

2. 实践设备

帕萨特 1.8T AWL 发动机拆装翻转架一台。

7.3.3 实践内容

对帕萨特 1.8T AWL 发动机的曲柄连杆机构进行拆装,主要包括活塞连杆组件和曲轴飞轮两个组成部分。

7.3.3.1 曲柄连杆机构拆装流程

1. 拆卸流程

1) 活塞连杆组拆卸流程

(1) 在活塞上做各缸序号,并注意活塞朝前标记(见图 7-28)。

(2) 转动曲轴,使 1、4 缸活塞处于下止点位置。用扭力扳手旋松 1、4 缸连杆轴承盖的紧固螺栓,取下 1、4 缸的轴承盖,并注意上下轴承不能放乱。用橡胶锤手柄从缸体的下部推动连杆,从缸体的上部取出 1、4 缸活塞连杆,并将 1、4 缸的连杆轴承盖安装好。

注意:活塞连杆在拆卸时,应转动曲轴,将活塞处于下止点位置。将活塞连杆从气缸体中取出后,应将连杆与对应的连杆轴承盖用螺栓连接好。

(3) 转动曲轴,使 2、3 缸活塞处于下止点位置。用扭力扳手旋松 2、3 缸连杆轴承盖的紧固螺栓,取下 2、3 缸的轴承盖(注意:上下轴承不能放乱)。用橡胶锤手柄从缸体的下部推动连杆,从缸体的上部取出 2、3 缸活塞连杆,并将 2、3 缸的连杆轴承盖安装好。

2) 曲轴拆卸流程

曲轴飞轮组结构如图 7-29 所示。

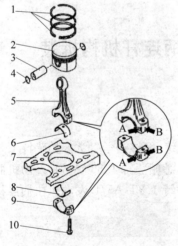

图 7-28 活塞连杆组示意图

1—活塞环;2—活塞;3—活塞销;4—卡环;5—连杆;6—上轴瓦;7—缸体;8—下轴瓦;9—连杆轴承端盖;10—连杆螺栓

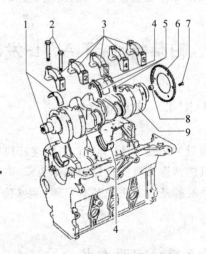

图 7-29 曲轴飞轮组示意图

1—缸体轴瓦;2—螺栓(65N·m+1/4 圈);3—主轴承盖;4—主轴瓦(3 道);5—止推垫片;6—发动机转速传感器(G28)盘;7—螺栓(10N·m+1/4 圈);8—滚针轴承;9—曲轴

(1) 拆卸中间轴。

(2) 检查主轴承盖的顺序标记和朝前标记,按照1—5—2—4—3的顺序旋松主轴承盖并取下。

(3) 拆下主轴瓦和止推垫片。

(4) 抬下曲轴。

注意:主轴瓦按原位装回,不能丢失。

2. 装配流程

1) 安装前期工作

(1) 零件清洗,气缸体、曲轴各润滑油道、螺孔是清洗重点,清洗后用压缩空气吹干。

(2) 对零件、总成进行检测,观察有无修理缺陷及碰伤。

(3) 保证装配位置正确,对不可互换和有位置、方向记号的零件,装配时要注意位置,防止错位和错乱。

(4) 对于润滑系,为保证装配质量,应做好润滑。

2) 装配曲轴

(1) 安装缸体主轴承座5道轴瓦(带油槽的瓦片),并涂抹机油。

(2) 向曲轴主轴颈和连杆轴颈涂抹机油。

(3) 将曲轴抬起放到主轴承座上,并转动曲轴使其转动灵活无异常。

(4) 检查5道主轴承盖轴瓦和第3道主轴承盖的止推轴承是否装配到位,并向轴瓦和止推轴承处涂抹机油。

(5) 按顺序将5道主轴承盖(见图7-30)放到各自位置,用榔头轻轻敲击,确保安装到位。

(6) 将主轴承盖螺栓蘸机油放入主轴承盖螺孔中,用手拧入后用自动扳手拧紧。

(7) 转动曲轴数圈,使其转动灵活无异常。

(8) 用扭力扳手按照3—2—4—1—5的顺序拧紧,拧紧力矩为65N·m,转动曲轴数圈,使其转动灵活无异常,再转90°,转动曲轴数圈,使其转动灵活无异常。

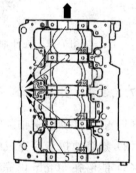

图7-30 5道主轴承盖安装位置

(9) 检查曲轴轴向间隙。将磁力表座固定于曲轴前端,确认百分表长指针顺时针转两圈,然后用撬棒轴向撬动曲轴,使曲轴向前或向后移动至最端面。将长指针调整至"0"位,再用撬棒轴向撬动曲轴,使曲轴向后或向前移动至最端面。观察百分表长指针走了几格,其数值就是曲轴的轴向间隙。标准间隙为0.07~0.23mm,极限为0.30mm。如果间隙大了应更换曲轴止推垫片,间隙小了则应刮削。

(10) 安装中间轴。

3) 装配活塞连杆组

(1) 清洁各气缸内表面并涂抹机油。

(2) 清洁活塞连杆组件并用压缩空气吹干。

(3) 使用活塞环拆装工具,安装活塞环。

(4) 安装连杆轴瓦,分别将两个轴瓦安装到连杆中间和连杆轴承端盖中间,如图 7-31 所示,图 7-31 中,$a=2.5mm$。

(5) 按 1—2—3—4 缸顺序放好活塞连杆组件,检查各活塞和连杆的朝前标记。

(6) 摇转翻转架使缸体处于水平位置。

(7) 转动曲轴,使一、四缸曲轴连杆轴颈处于下止点位置。

(8) 安装一缸活塞,检查活塞连杆的一缸朝前记号和缸号。用手拨动活塞环使其相互错开 120°(见图 7-32),检查连杆杆身应使其转动灵活无卡滞。将活塞连杆组件放入一缸内(注意活塞的朝前标记)。用活塞环卡箍压紧活塞环,并用榔头手柄从活塞顶部将活塞推入气缸内。另一人托住连杆大头使其正好落座在一缸曲轴连杆轴颈上,连杆瓦盖涂抹机油按记号套在曲轴上。将连杆螺栓涂抹机油放入螺孔内。用手拧紧连杆螺栓并转动曲轴使其转动灵活无卡滞。然后用扭力扳手以 10N·m 的力矩第一次拧紧,转动曲轴使其转动灵活无卡滞。再用扭力扳手以 30N·m 的力矩第二次拧紧,转动曲轴使其转动灵活无卡滞。

(9) 用相同的方法安装四缸活塞,之后将曲轴旋转 180°,使二、三缸曲轴连杆轴颈处于下止点位置。使用相同的方法安装二、三缸活塞。

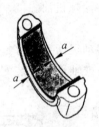

图 7-31　连杆轴瓦安装位置

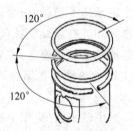

图 7-32　调整活塞环位置

7.3.3.2　实践要求

(1) 能够准确识别帕萨特 1.8T AWL 发动机曲柄连杆机构各部件。

(2) 熟练地按步骤完成帕萨特 1.8T AWL 发动机曲柄连杆机构的拆装。

(3) 能够在 50min 内完成帕萨特 1.8T AWL 发动机曲柄连杆机构的拆装,拆装过程中能够准确使用拆装工具,曲轴装配完成后应能带动活塞连杆组件作上下往复运动。

7.4　帕萨特 1.8T AWL 发动机配气机构拆装

7.4.1　实践目的

通过帕萨特 1.8T AWL 发动机配气机构的拆装实践训练,加深学生对帕萨特 1.8T AWL 发动机配气机构零部件结构的认知,使学生了解拆装该发动机配气机构的基本要求和基本流程,并掌握拆装的基本方法和基本步骤,为下一步帕萨特 1.8T AWL 发动机的拆装做好准备。

7.4.2 实践准备

1. 实践课时

2 课时。

2. 实践设备

帕萨特 1.8T AWL 发动机拆装翻转架一台。

7.4.3 实践内容

对帕萨特 1.8T AWL 发动机的配气机构进行拆装,主要包括传动机构、凸轮轴组件、气门组件等结构。

7.4.3.1 配气机构拆装流程

1. 拆卸流程

(1) 用专用工具 3036 松开凸轮轴链轮,拉出凸轮轴链轮。

(2) 用传动链张紧器 3366 的定位器固定住液压传动链张紧装置,如图 7-33 所示。注意,定位器不要拧得过紧,否则可能损坏液压传动链张紧装置。

(3) 清洗轴承盖链条及凸轮轴链条,并用彩色标出安装位置,如图 7-34 所示。切记不可用中心冲头在链条上打标记或切口。图 7-34 中,两箭头的距离(即做彩色标记间的距离)为 16 个链辊(从豁口旁的进气凸轮轴链轮的链辊开始计)。

(4) 首先拆卸进、排气凸轮轴的第 3 和第 5 道轴承盖,如图 7-35 所示。再拆卸双列轴承盖,然后拆卸相邻进、排气凸轮轴链轮的两个轴承盖,拧下液压传动链张紧装置紧固螺栓。分几步按对角线方向拆下进排气凸轮轴的第 2 和第 4 道轴承盖紧固螺栓,然后拆下轴承盖。

图 7-33 用 3366 专用工具固定住链条张紧器

图 7-34 链条及凸轮轴的安装位置

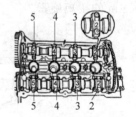

图 7-35 拆下进、排气凸轮轴轴承端盖

(5) 拆下进、排气凸轮轴及传动链张紧装置,取下 20 个液压挺柱。

(6) 用气门专用工具卡住气门弹簧,取下气门锁块(不能丢失),同时取下气门弹簧座、气门弹簧、进排气门(气门一定做记号,以防装乱)。

(7) 拆卸气门油封。

2. 装配流程

1) 安装气门组

（1）清洗气缸盖及配气机构所有零件，并用压缩空气吹干净。

（2）装入新气门导管，研磨配对气门，气门做记号，清洗并吹干。

（3）用专用工具装入新气门油封，并在油封唇口处涂抹机油。

（4）在气门杆身和头部锥角处涂抹机油，按研磨时的配对记号装入气门导管内，依次装入气门弹簧、气门弹簧座。

（5）用专用气门弹簧压具压缩气门弹簧装入气门锁块，用榔头轻轻敲击气门弹簧座以检验气门锁块是否安装到位。

（6）安装液压挺柱前应用机油浸泡数小时方可装入。

2) 安装凸轮轴

（1）在安装凸轮轴时第一缸的凸轮必须朝上。

（2）在安装轴承盖时，要注意从气缸盖进气侧能读出轴承盖上的标记。按照颜色标记，将所对应的驱动链条安装到两个相应的凸轮轴上（注意两个凸轮轴齿轮之间要间隔驱动链条16个齿）。更换凸轮轴正时调节器和链条张紧器的橡胶-金属密封垫，并用密封胶"D454 30002"轻轻涂抹有阴影线的表面，如图7-36所示。

（3）安装驱动链条之间的凸轮轴正时调节器和链条张紧器。

（4）在凸轮轴的运动面注油。

（5）将带驱动链条和凸轮轴正时调节器以及链条张紧器的凸轮轴装入气缸盖。

（6）拧紧凸轮轴正时调节器和链条张紧器到10N·m（注意配合套筒）。

（7）装上进气凸轮轴和排气凸轮轴轴承盖2和4（见图7-35），并且对角交替以10N·m的力矩拧紧（注意配合套筒）。

（8）安装进气凸轮轴和排气凸轮轴链轮一侧的轴承盖。检查凸轮轴正确的位置并以10N·m的力矩拧紧轴承盖（注意配合套筒）。

（9）拆下链条张紧器夹持架3366。

（10）用密封胶轻轻涂抹双轴承盖中有阴影线的表面，如图7-37所示，安装轴承盖并以10N·m的扭矩旋紧。

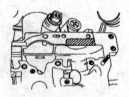
图7-36　正时调节器涂抹密封胶位置

图7-37　双轴承盖涂抹密封胶位置

（11）以同样方式安装其余的轴承盖（注意配合套筒）。

（12）检查凸轮轴彼此之间的位置。

（13）接下来的装配大体上按照与拆卸相反的顺序进行。

（14）转动凸轮轴应灵活无卡滞，最后转到第一缸的凸轮必须朝上。

装配注意事项：
(1) 转动凸轮轴应灵活无卡滞，凸轮轴应转至第一缸的凸轮必须朝上。
(2) 凸轮轴正时带轮窄面朝外(箭头指示)，从前面应能看见一缸上止点标记。
(3) 安装轴承盖时，要注意从气缸盖进气侧能读出轴承盖上的标记。

7.4.3.2 实践要求

(1) 能够准确识别帕萨特1.8T AWL发动机配气机构各部件。
(2) 熟练地按步骤完成帕萨特1.8T AWL发动机配气机构的拆装。
(3) 能够在120min内完成帕萨特1.8T AWL发动机配气机构的拆装，拆装过程中能够准确使用拆装工具，装配完成后能够保证凸轮轴转动灵活无卡滞。

习题

一、理论习题

7-1 拆卸多楔带前，应用_____mm的开口扳手扳动张紧轮。

7-2 装配废气涡轮增压器前，应先检查废气涡轮增压器_____是否灵活。

7-3 活塞连杆组装入气缸时，活塞环口应错开，帕萨特1.8T AWL发动机应相互错开_____(度)，且各环口均不能对_____。

7-4 帕萨特1.8T AWL发动机连杆螺栓的拧紧力矩：用扭力扳手第一次拧紧力矩为_____N·m，转动曲轴使其转动灵活；用扭力扳手第二次拧紧力矩为_____，转动曲轴使其转动灵活无卡滞。

7-5 活塞连杆组装入气缸时，应注意活塞上的标记朝_____。

7-6 在拆卸多楔带之前，先在多楔带上做出_____标记。

7-7 为保证配气相位准确，在安装正时带之前，帕萨特1.8T AWL发动机配气机构凸轮轴正时带轮上的正时标记应与_____上的标记对齐。

7-8 在拆卸进、排气凸轮轴轴承盖时，应先拆第_____轴承盖，然后拆下双轴承盖、链轮侧轴承盖和链轮调节器紧固螺栓，最后拆下第_____轴承盖。

二、实践习题

7-9 60min完成帕萨特1.8T AWL发动机外围组件的拆装，并编写拆装报告。

7-10 50min完成帕萨特1.8T AWL发动机曲柄连杆机构的拆装，并编写拆装报告。

7-11 100min完成帕萨特1.8T AWL发动机配气机构的拆装，并编写拆装报告。

第二篇　汽车底盘

汽车底盘是汽车的核心总成部件，汽车底盘支承着发动机、车身等各种部件，同时将发动机的输出动力根据汽车行驶需求进行改变并传输给车轮，并能够按照驾驶员的意志行驶（加速、减速、转向、制动等）。

汽车底盘主要由传动系统、行驶系统、转向系统及制动系统四大系统组成。

模块 8 汽车传动系统

8.1 汽车传动系统概述

8.1.1 汽车传动系统的组成与功用

8.1.1.1 传动系统的基本组成

传动系统的基本功用是将发动机发出的动力传递给驱动轮,使汽车正常行驶。常见的机械式传动系统的组成如图 8-1 所示,其主要由离合器 1、变速器 2、万向传动装置(包括万向节 3 和传动轴 8)及驱动桥 4(包括主减速器 7、差速器 5、半轴 6 和驱动桥壳)组成。

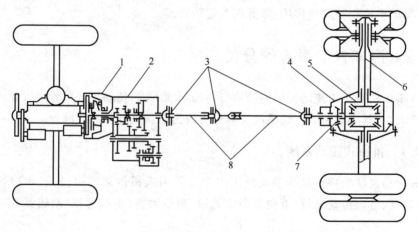

图 8-1 汽车机械式传动系统的组成
1—离合器;2—变速器;3—万向节;4—驱动桥;5—差速器;6—半轴;7—主减速器;8—传动轴

8.1.1.2 传动系统的功用

1. 减速增矩

汽车正常起步时,要求作用在驱动轮上的驱动力足以克服各种外界的阻力。若发动机输出的转矩直接传递给驱动轮,则驱动轮所产生的驱动力较小,难以驱动汽车行驶;另一方面,发动机的输出转速较高,若直接传递给驱动轮,则汽车车速将达到几百千米的时速,这样高的车速既不实用也不可能。因此,要求传动系统应具有减速增矩作用,在降低发动机的输出转速的同时,提高驱动轮的输出扭矩,满足汽车行驶需求。

2. 变速变矩

汽车在使用过程中,汽车行驶条件要求车速和驱动力在很大的范围内不断变化,而发动机最佳的工作转速范围较窄,为了满足发动机在最佳工作转速范围内工作,且驱动力和转速又可以在足够大的范围内变化。因而,传动系统在动力传递过程中应有可实现传动比在最大值与最小值之间变化的功能,即传动系统应起变速作用。

3. 实现汽车倒车

汽车除了向前行驶外,有时还需要倒向行驶,但发动机只能向某一固定方向旋转,不能反向转,这就要求传动系统能够改变驱动轮的转动方向,以实现汽车的倒向行驶。变速器中设置的倒挡即可实现这一功能。

4. 中断动力传递

在发动机起动后,汽车行驶中换挡及汽车制动时,都要暂时切断动力传递。可通过在汽车传动系统中设置离合器实现传动系统动力临时中断;另外,在变速器中设置空挡,可以满足发动机转动时能较长时间中断动力的传递。

5. 实现差速作用

在汽车转向行驶时,为实现汽车正常转向,汽车左、右驱动车轮应在同一时间内滚过的距离不同,为保障汽车良好转向,传动系统在驱动桥中安装了差速器,以实现汽车在转向时汽车左、右驱动车轮存在差速作用,降低汽车轮胎磨损。

8.1.2 汽车传动系统的分类

根据汽车传动系统中传动元件的结构与传动原理不同,传动系统可分为机械式、液力式和电力式三大类,其中液力式传动系统又可分为液力机械式和静液式两种。

8.1.2.1 机械式传动系统

机械式传动系统的特点是传动系统主要部件采用机械传动机构(见图 8-1),其主要由离合器、变速器、万向传动装置(万向节和传动轴)和驱动桥(主减速器、差速器、半轴和驱动桥壳)组成。

8.1.2.2 液力式传动系统

1. 液力机械式传动系统

液力机械传动系统又称为动液传动系统(见图 8-2),其特点是将液力传动与机械传动有机地组合起来。液力传动是以液体为传力介质,利用液体在主动元件和从动元件之间的循环流动过程中通过动能的变化来传递动力。液力传动装置有液力变矩器和液力耦合器两种,一般采用液力变矩器串联一个有级式机械变速器组成的液力机械式变速器,取代机械式传动系统中的离合器和变速器。这种传动系统能根据道路阻力的变化,自动地在若干个车速范围内分别实现无级变速,而且其中的有级式机械变速器还可以实现自动或半自动操纵,使驾驶员的操作大为简化,所以又称为自动变速器。但是,其结构较复杂,造价较高,机械效率较低。

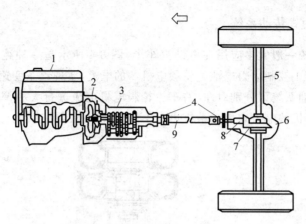

图 8-2 液力机械式传动系统

1—发动机;2—液力变矩器;3—行星齿轮变速器;4—万向节;
5—半轴;6—驱动桥;7—差速器;8—主减速器;9—传动轴

2. 静液式传动系统

静液式传动系统(见图 8-3)通过液体传力介质静压力能的变化来传递动力,其主要由发动机驱动的液压泵 7、液压马达 2 和液压自动控制装置 6 等组成。发动机输出的动力机械能通过液压泵转换成液压能,然后再通过液压马达重新转换为机械能,驱动车轮转动。液压泵的供油量可以在液压控制装置的控制下实现在一定范围内的无级连续变化,液压马达的转速也将在一定范围内连续变化。

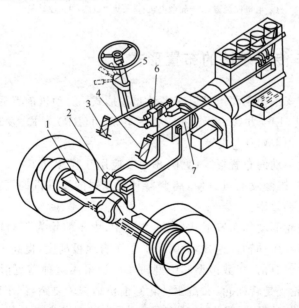

图 8-3 静液式传动系统

1—驱动桥;2—液压马达;3—制动踏板;4—加速踏板;5—变速器操纵杆;6—液压自动控制装置;7—液压泵

静液式传动系统可使汽车进行自动无级变速,传动系统零件大为减少,提高了汽车的离地间隙,但其存在造价高、机械效率低、可靠性不理想等缺点。目前,静液式传动系统只应用在特种车辆及军用车辆上。

8.1.2.3 电力式传动系统

电力式传动系统一般大多应用在电动汽车上,图 8-4 所示是一种纯电动汽车的电力传动系统,电机控制器 1 控制动力电池到轮毂电机 2 的电流,实现汽车变速控制。对于安装轮毂电机的电力式传动系统可分别对左、右车轮轮毂电机电流进行大小调节控制实现差速作用,所以安装轮毂电机的电力式传动系统可以不用安装机械式差速器。

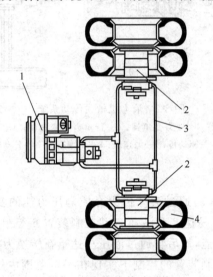

图 8-4 电力式传动系统
1—电机控制器;2—轮毂电机;3—动力电线;4—驱动轮

8.1.3 汽车传动系统的布置形式

传动系统根据汽车的使用要求可以有多种布置形式:发动机前置后轮驱动(FR)方式、发动机前置前轮驱动(FF)方式、发动机后置后轮驱动(RR)方式、发动机中置后轮驱动(MR)方式和四轮驱动(4WD)方式等。

发动机前置后轮驱动的布置形式(见图 8-1)多应用在载货汽车上。主要优点是前后车桥的轴荷分配较合理,维修发动机方便,离合器和变速器的操纵机构简单;但传动轴较长,且影响传动系统的传动效率。

在发动机前置前轮驱动的布置形式(见图 8-5)中,由于前轮为驱动轮,所以在变速器和驱动轮之间无万向节和传动轴。这样,大大降低了车身地板高度,提高了汽车乘坐的舒适性和高速行驶的稳定性。目前,多数微型和中型轿车广泛采用这种布置形式。其缺点是前轮轮胎磨损较严重(前轮既是转向轮,又是驱动轮),前桥结构较复杂,汽车爬坡性能较差。

发动机后置后轮驱动形式(见图 8-6)多用在大、中型客车上。其优点是:车内噪声小,车内空间利用率较高;但发动机冷却效果较差,传动系操纵机构较复杂。

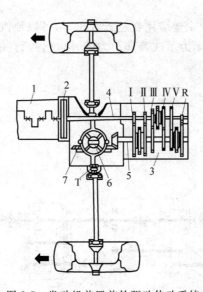

图 8-5 发动机前置前轮驱动传动系统

1—发动机；2—离合器；3—变速器；4—变速器输入轴；5—变速器输出轴；6—差速器；7—主减速器

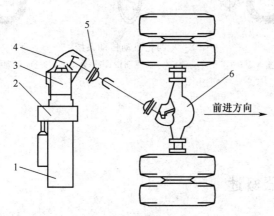

图 8-6 发动机后置后轮驱动传动系统

1—发动机；2—离合器；3—变速器；4—角传动轴；5—万向传动装置；6—驱动桥

发动机中置后轮驱动形式（见图 8-7）是赛车常采用的方案，这种布置形式有利于实现前、后轴轴荷的理想分配。

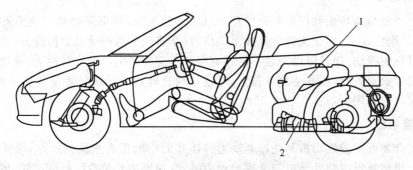

图 8-7 发动机中置后轮驱动传动系统

1—发动机；2—变速器

四轮驱动形式(见图 8-8)主要应用在越野汽车上,可以使汽车获得尽可能大的驱动力,提高车辆的通过性。有些轿车为了改善其动力性、通过性、行驶稳定性和制动性等,也采用四轮驱动形式。

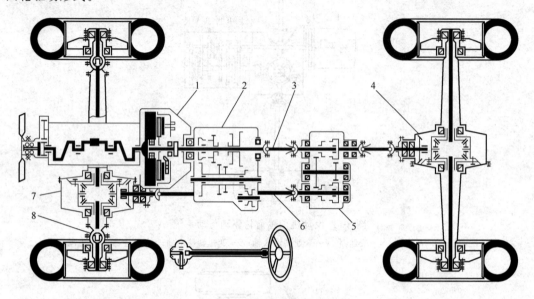

图 8-8　四轮驱动传动系统

1—离合器；2—变速器；3,6—传动轴；4—后驱动桥；5—分动器；7—前驱动桥；8—锁定毂

8.2　离合器

8.2.1　离合器概述

8.2.1.1　离合器的功用

离合器安装在发动机与变速器之间,用于分离或平顺地接合发动机与变速器之间的动力传递。离合器的主要功用如下。

1. 平稳起步

汽车起步是指从静止到行驶状态的整个过程。起步时,如果发动机与变速器之间没有离合器,而是刚性连接,则变速器一旦挂上挡位,汽车将因突然接受动力而前冲,这种情况不但会造成机件的损伤,而且驱动力也不足以克服汽车前冲产生的巨大惯性力,使发动机转速急剧下降而熄火。因此,在安装离合器后,可通过离合器将发动机转矩逐步传递给变速器,起到平稳起步的作用。

2. 换挡平顺

通过离合器可以使发动机与变速器动力传递暂时中断而实施换挡操作,可使换挡操作更加平顺。当离合器中断发动机与变速器动力时,变速器啮合齿轮因载荷卸除,齿轮啮合面间的压力将有效降低,有利于齿轮分离挂挡。如果没有离合器配合,将使变速器挂挡困难,容易导致变速器机件损坏。

3. 防止传动系统过载

汽车紧急制动时，车轮突然急剧降速，而与发动机相连的传动系统由于旋转的惯性，仍保持原有转速，这往往会在传动系统中产生远大于发动机转矩的惯性力矩，使传动系统的零件容易损坏。安装离合器后，当上述惯性力矩超过离合器所能传递的最大转矩时，离合器便会自动打滑，限制了最大转矩的传递，起到保护作用。

8.2.1.2 离合器的基本结构与原理

1. 离合器的基本结构

目前汽车上广泛采用的摩擦式离合器的基本结构及工作原理如图 8-9 所示，它主要由主动部分（飞轮 1、压盘 3 和离合器盖 9）、从动部分（从动盘 2）、压紧机构（压紧弹簧 8）和操纵机构（分离杠杆 4、分离轴承 5、离合器踏板 7）部分组成。

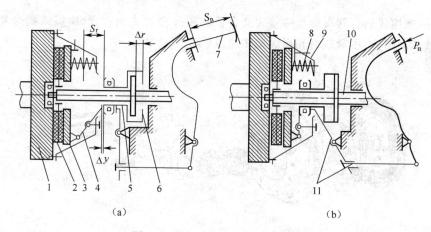

图 8-9 摩擦式离合器的工作原理
（a）离合器接合；（b）离合器分离

1—飞轮；2—从动盘；3—压盘；4—分离杠杆；5—分离轴承；6—离合器外壳；7—离合器踏板；8—压紧弹簧；9—离合器盖；10——变速器输入轴；11—分离叉

2. 离合器的工作原理

当离合器处于接合状态时（见图 8-9(a)），即离合器踏板 7 处于自由状态，从动盘 2 在压紧弹簧作用下压紧在飞轮 1 端面。发动机工作时，飞轮旋转，靠离合器从动盘摩擦片与飞轮端面之间的摩擦力将动力传给变速器。

当离合器处于分离状态时（见图 8-9(b)），驾驶员踩下离合器踏板 7，通过分离叉 11 使分离轴承 5 克服压紧弹簧的作用力左移，带动从动盘右移，使从动盘与飞轮端面出现间隙，切断发动机的动力传递。

8.2.1.3 离合器的种类

汽车离合器常用类型有摩擦式、液力耦合式和电磁式几种。其中摩擦式离合器利用离合器主动盘与从动盘之间的摩擦力矩来传递转矩，常应用于机械式变速器的汽车上，本章主要讨论该种离合器的结构与原理。摩擦式离合器的分类见表 8-1。

表 8-1 摩擦式离合器的分类

分类方法	分类	结构特点
按从动盘的数量不同	单片式	从动片为单片
	多片式	从动片为多片
按压紧弹簧的分布	周布式	压紧弹簧沿从动盘圆周分布
	中央弹簧式	压紧弹簧安装在从动盘中央
按压紧弹簧的结构形式	螺旋弹簧	压紧弹簧为螺旋弹簧
	膜片弹簧	压紧弹簧为膜片弹簧
按离合器是否浸入油中	干式	离合器不与液油接触
	湿式	离合器浸入油中

8.2.2 摩擦式离合器的结构与工作原理

常见的摩擦式离合器有螺旋弹簧式离合器和膜片弹簧式离合器，摩擦式离合器主要由主动部分、从动部分、压紧装置和操纵机构组成（见图8-10）。

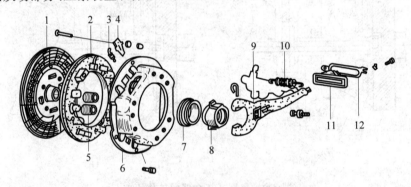

图 8-10 摩擦式离合器的结构

1—从动盘组件；2—压盘；3—分离杠杆弹簧；4—分离杠杆；5—螺旋弹簧；6—离合器盖；7—分离轴承；8—分离套筒；9—分离叉；10—回位弹簧；11—分离叉套；12—分离叉套平板

8.2.2.1 离合器主动部分

离合器主动部分（见图8-10）主要包括飞轮、离合器盖6和压盘2等部件。

离合器盖6通过螺栓与飞轮固定，并通过定位销定位，以保证离合器盖与飞轮同心，从而保证离合器可靠工作，避免出现振动与噪声。离合器盖6与压盘2之间通过多组传动片来传递转矩。传动片沿压盘周边均匀分布，切线方向安装，一端用螺钉固定在离合器盖上，另一端用螺钉与压盘连接。通过传动片压盘2与飞轮一同旋转，两者一起带动从动盘组件1转动。当离合器分离时，传动片发生弯曲变形，促使压盘与从动盘组件分离。

离合器从分离到接合的过程中，从动盘与飞轮、压盘之间会发生摩擦，产生大量的热，因此在离合器盖上设有窗口，有的还制有导风片，以加强通风散热。

8.2.2.2 离合器从动部分

从动部分即离合器从动盘，其主要由离合器从动盘本体、摩擦片、从动盘毂及扭转减振器4部分组成,如图8-11所示。离合器摩擦片4通过摩擦片铆钉7固定在从动盘本体5上,从动盘本体5、从动盘毂11和减振器盘12都开有六个长方孔,每个孔中装有一个减振器弹簧6。从动盘本体和减振器盘上圆周方向的长方孔边处设有翻边,将减振器弹簧卡在长方孔中。减振器盘与从动盘本体通过三组止动销3连接为一个整体,并将从动盘毂及其两侧的减振器阻尼片10夹在中间。在从动盘毂上与止动销所对应的位置开有缺口,缺口宽度比止动销隔套9外径要大一些,这就允许从动盘毂与从动盘本体之间相互可以转动一定角度,因而,从动盘本体与从动盘毂之间在圆周方向通过减振器弹簧实现弹性连接。

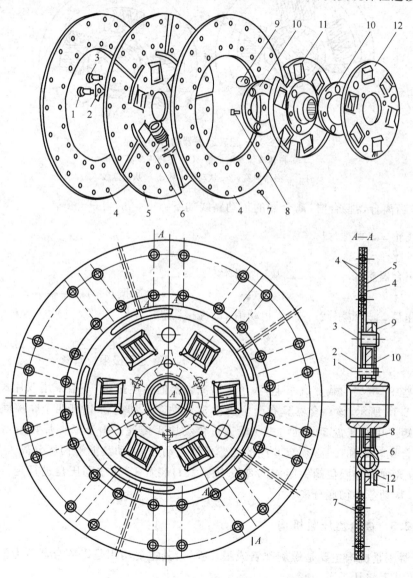

图8-11 离合器从动盘

1—阻尼弹簧铆钉;2—减振器阻尼弹簧;3—止动销;4—摩擦片;5—从动盘本体;6—减振器弹簧;7—摩擦片铆钉;8—阻尼片铆钉;9—止动销隔套;10—减振器阻尼片;11—从动盘毂;12—减振器盘

当离合器接合时,发动机输出的转矩经飞轮和压盘传到从动盘两侧的摩擦片,继而带动从动盘本体和减振器盘转动。从动盘本体和减振器盘又通过六个减振器弹簧把转矩传给从动盘毂。因此,在传动系统出现过载冲击时(见图8-12(b)),通过减振弹簧的形变作用,可以有效地缓和冲击。同时,传动系统的扭转振动会使从动盘毂相对于从动盘本体和减振器盘来回转动,通过夹在其间的阻尼片的摩擦消耗扭转振动的能量,将扭转振动衰减下来。

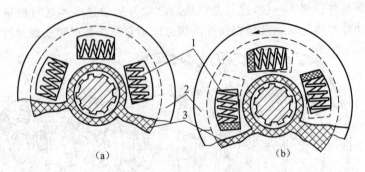

图 8-12 扭转减振器的工作原理
(a) 扭转减振器不工作;(b) 扭转减振器工作
1—减振器弹簧;2—从动盘本体;3—从动盘毂

因此,当离合器接合时,离合器的传动路线如下:

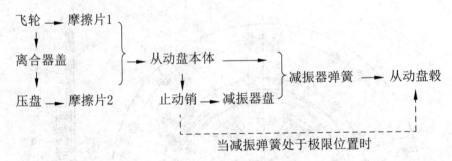

在某些中、重型的载货汽车上,为了提高离合器的传递扭矩,一般采用双片式离合器,其结构如图 8-13 所示,该离合器具有两个压盘 3、5,两个从动盘 2,具有四个摩擦面,能够传递较大的转矩。中间压盘 3 的动力由飞轮通过传动块 4 传递。由于摩擦片数量增加,双片式离合器接合比较柔和,但必须有专门的装置保证主动盘、从动盘能够彻底分离。当离合器分离时,由分离弹簧和限位螺钉组成的弹簧-限位螺钉装置 15 对中间压盘进行定位,从而保证各主动盘、从动盘的彻底分离。

8.2.2.3 离合器压紧机构

离合器压紧机构主要是螺旋弹簧或膜片弹簧,其主要功用是以离合器盖为依托,将压盘压向飞轮,从而将从动盘压紧。

1. 螺旋弹簧式压紧机构

螺旋弹簧压紧机构根据布置位置不同分为中央布置式和周向布置式。图 8-10 所示是一种周向布置式的螺旋弹簧离合器,其压紧装置由 16 个沿圆周分布的螺旋弹簧组成,位于压盘与离合器盖之间。在压紧弹簧压力作用下,压盘将从动盘压紧并使其与飞轮紧密接触,

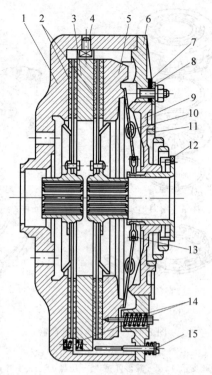

图 8-13 双片式离合器的结构

1—飞轮；2—从动盘；3—中间压盘；4—传动块；5—后压盘；6—离合器盖；7—调整垫片；8—压板；9—支承盘；10—压紧杠杆；11—压紧弹簧；12—弹簧座；13—钢球及座圈；14—压盘分离弹簧；15—弹簧-限位螺钉

离合器处于接合状态。

2. 膜片弹簧式压紧机构

膜片弹簧是近年来广泛采用的离合器压紧元件。膜片弹簧离合器的结构如图 8-14 所示，其结构特点是采用薄的弹簧钢板制成带有锥度的碟形弹簧3，膜片弹簧中心部分开有18条径向切口，末端接近外缘处加工成圆孔，形成18条弹性杠杆。支承铆钉8穿过膜片弹簧末端圆孔铆接在离合器盖1上。膜片弹簧外缘抵靠在压盘5的环形凸起上，膜片弹簧两侧有钢丝支承环2、4作为膜片弹簧的支点。当分离轴承推动膜片弹簧中部，膜片弹簧的18条弹性杠杆以钢丝支承环为支点，膜片弹簧外缘拉动分离钩控制压盘与摩擦片分离。

膜片弹簧离合器的工作原理如图 8-15 所示。当离合器盖2未固定在飞轮1上时（见图 8-15(a)），膜片弹簧4不受力，处于自由状态。飞轮与离合器盖端面之间有一距离 l。当用螺栓将离合器盖紧固在飞轮上时（见图 8-15(b)），离合器盖压靠向飞轮，消除间隙 l，后钢丝支承环7压紧膜片弹簧4使之发生弹性变形；同时，膜片弹簧外端对压盘3产生压紧力，使离合器处于接合状态。当离合器分离时（见图 8-15(c)），分离轴承8左移，膜片弹簧被压在前钢丝支承环5上，此时在分离轴承的推动下，膜片弹簧以钢丝支承环为支点，通过分离钩6带动压盘实现离合器分离。

相比于螺旋弹簧，膜片弹簧的轴向尺寸较小，径向尺寸较大，并且采用中心对称结构，有利于提高离合器转矩容量的情况下减小离合器的轴向尺寸，并不受高速离心力的影响。膜

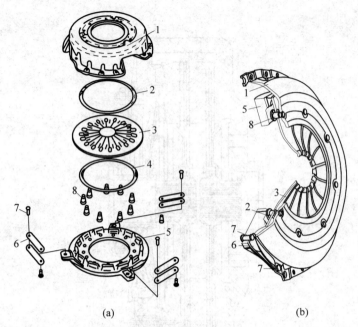

图 8-14 膜片弹簧离合器
(a) 分解图；(b) 组装图
1—离合器盖；2,4—钢丝支承环；3—碟形弹簧；5—压盘；6—传动片；7—铆钉；8—支承铆钉

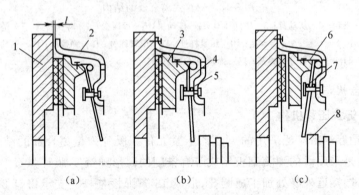

图 8-15 膜片弹簧离合器的工作原理
(a) 安装初始位置；(b) 组装后位置；(c) 分离位置
1—飞轮；2—离合器盖；3—压盘；4—膜片弹簧；5—前钢丝支承环；6—分离钩；7—后钢丝支承环；8—分离轴承

片弹簧离合器在离合器分离时，膜片弹簧结构既起到压紧弹簧的作用又起到螺旋弹簧离合器中分离杠杆的作用，所以不需专门设置分离杠杆，使结构简化、质量减小、便于维修保养。

在离合器工作过程中，膜片弹簧具有非弹性特性，如图 8-16 所示。图中曲线 1 表示处于预压紧状态的螺旋弹簧的弹性特性曲线，曲线 2 表示膜片弹簧的弹性特性曲线。从图中可以看出，当两种离合器的工作压紧力相同时，即都为 P_b，轴向变形量为 λ_b。当离合器摩擦片磨损量达到允许极限值 $\Delta\lambda'$ 时，两种弹簧压缩变形量减小到 λ_a，此时，膜片弹簧的压紧力大于螺旋弹簧的压紧力，即 $P_a > P_a'$，略小于磨损前压紧力 P_b。说明在正常磨损情况下，膜片弹簧的压紧力下降量较小，工作可靠，使用寿命要高于螺旋弹簧。在驾驶员操纵离合器分离时，假设两种弹簧的形变量增加到 λ_c，此时膜片弹簧的压紧力小于螺旋弹簧压紧力，即

$P_c > P'_c$,同时也小于离合器接合状态下的压紧力 P_b。也就是说,膜片弹簧离合器在操作分离时,驾驶员施加的分离操作力越来越轻便,而螺旋弹簧则越来越重。因此,膜片弹簧具有操纵轻便的特点。

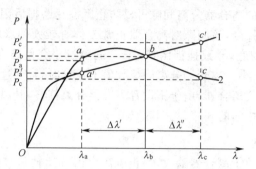

图 8-16 膜片弹簧与螺旋弹簧的弹性特性曲线
1—螺旋弹簧特性曲线;2—膜片弹簧特性曲线

由于膜片弹簧具有上述优点,目前广泛应用在现代汽车上。例如上海波罗、一汽捷达、宝来、卡罗拉、北京切诺基越野汽车都采用了膜片弹簧离合器。

8.2.2.4 离合器操纵机构

离合器操纵机构是驾驶员借以使离合器分离与接合的机构,其主要由离合器分离机构和离合器传动机构组成,有些汽车离合器操纵机构还需安装助力机构。

1. 离合器分离机构

离合器分离机构安装在离合器盖内部,主要由分离杠杆 2、分离杠杆弹簧及其调整螺母组成(见图 8-17)。

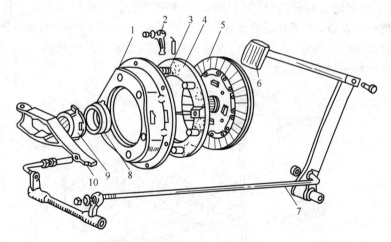

图 8-17 杠杆式离合器操纵机构
1—离合器盖;2—分离杠杆;3—压紧弹簧;4—压盘;5—从动盘;6—离合器踏板;
7—拉杆;8—分离轴承;9—分离套筒;10—分离叉

当驾驶员踩下离合器踏板 6 时,通过一系列离合器传动机构,驱动分离叉 10 使分离套筒 9 左移,通过分离轴承 8 向分离杠杆 2 施加一水平推力,使分离杠杆绕支承柱摆动,其外端通过摆动支承片推动压盘 4 克服压紧弹簧 3 的弹力向左移动,实现离合器分离。当解除离合器踏板的外力时,分离套筒在回位弹簧的作用下退回原位,压盘在压紧弹簧的作用下重新压紧从动盘5。

当离合器处于正常接合状态时,分离轴承8与分离杠杆2之间留有一定量的间隙,称为离合器分离间隙。适当的离合器分离间隙可以防止摩擦片磨损后因分离杠杆内端不能后移而致使离合器不能完全接合,该间隙对离合器正常工作有较大的影响。离合器分离间隙过大,会使离合器分离不彻底,导致挂挡困难;分离间隙过小会使离合器不能彻底回位,导致离合器打滑,汽车动力变小。离合器分离间隙数值不正常时,可通过离合器拉杆上的调整螺母来调整。对于膜片弹簧离合器,由于不设置离合器分离杠杆,其离合器分离间隙一般为膜片弹簧内缘与分离轴承之间的间隙(见图8-15)。

2. 离合器传动机构

离合器传动机构起始于离合器踏板,终止于离合器分离轴承。按照离合器传动方式不同,离合器传动机构分为机械式、液压式和气压式3种。

1) 机械式操纵机构

机械式操纵机构有杆式和绳索式两种传动类型。

(1) 杆式传动操纵机构

离合器杆式传动操纵机构由一组杆系组成(见图8-17)。当踩下离合器踏板6时,通过拉臂拉动拉杆7和分离叉10,使离合器分离轴承8移动,离合器分离。杆式离合器传动机构结构简单,工作可靠,成本低,广泛地应用在各型汽车上。但是,该系统杆件铰接较多,摩擦损失较大,工作性能好坏受车身或车架变形的影响较大。特别对于平头汽车和发动机后置的汽车,由于离合器需要远距离操作,合理地布置传动杆系比较困难。

(2) 绳索式操纵机构

绳索式操纵机构主要通过操纵绳索3,拉动分离叉传动臂,使分离叉4转动,从而使分离轴承5移动,控制离合器分离(见图8-18)。绳索式离合器操纵机构消除了杆式离合器传动操纵机构的一些缺点,对离合器的布置位置要求不高,且可采用便于驾驶员操作的吊挂式踏板。该操纵机构结构简单,价格便宜,维修调整方便,但绳索寿命较低,拉伸刚度较小,故只应用在一些微型车辆和轿车上。

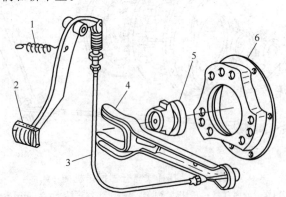

图8-18 绳索式离合器操纵机构

1—回位弹簧;2—离合器踏板;3—绳索;4—分离叉;5—分离轴承;6—离合器盖

2) 液压式操纵机构

液压式操纵机构以油液作为传动介质,它主要由主缸、工作缸以及管路系统组成。由于液压式操纵机构的摩擦阻力小，质量小，布置方便，接合柔和，并不受车架或车身变形的影响，故应用日益广泛。例如桑塔纳 2000GSi 型、奥迪 100 型汽车都采用这种类型操纵系统。

液压式操纵机构如图 8-19 所示，它一般由离合器踏板 9、离合器主缸 8、储液室（图中未画出）、离合器工作缸 11、主缸进油管 7 和高压油管 10 等组成。其中主缸进油管连接制动系统储液室，即液压式离合器的液压油采用制动系统的制动液。离合器主缸布置在车厢内部，离合器工作缸的前端嵌入变速器壳体内部。

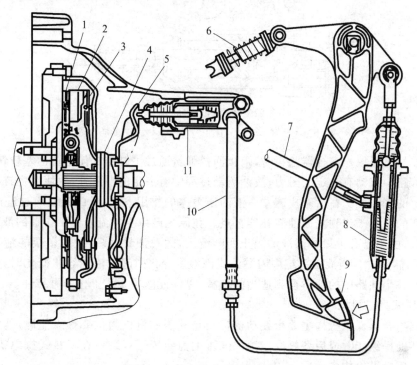

图 8-19 液压式离合器操纵机构

1—从动盘；2—压盘；3—膜片弹簧；4—分离轴承；5—分离叉；6—离合器踏板回位助力装置；7—主缸进油管；8—离合器主缸；9—离合器踏板；10—高压油管；11—离合器工作缸

主缸结构如图 8-20 所示，主缸缸体内的补偿孔 A、进油孔 B 通过进油软管连接储液罐。主缸缸体内装有活塞，活塞使主缸左方的内腔形成油室。当离合器踏板处于初始位置时，活塞皮碗位于补偿孔 A 和进油孔 B 之间，两孔均开放。当主缸推杆 1 带动主缸活塞 4 向左移动时，主缸内活塞回位弹簧 6 被压缩，活塞前的皮碗 5 将补偿孔 A 关闭后，主缸油腔中的油压开始升高，主缸油腔内的液油经出油口 C 通过高压油管流向工作缸。

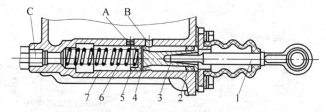

图 8-20 离合器主缸的结构

1—主缸推杆；2—密封圈；3—护套；4—主缸活塞；5—皮碗；6—回位弹簧；7—主缸体；A—补偿孔；B—进油孔；C—出油口

工作缸的结构如图 8-21 所示，缸内装有活塞 4、皮碗 3、分离叉推杆 7 等部件，缸体上还装有放气螺栓 8。当主缸的液油经高压油管流入工作缸后，在工作缸油腔内建立油压，在油压的作用下推动工作缸活塞 4 向右移动，通过分离叉推杆 7 推动分离叉及分离轴承前移，实现离合器分离。若离合器液压管路存在空气，影响离合器操纵时，可通过拧松放气螺栓 8 实现放气。

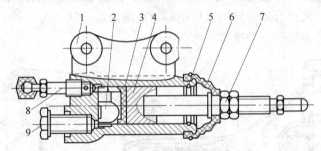

图 8-21　离合器工作缸的结构

1—工作缸体；2—活塞限位块；3—皮碗；4—活塞；5—挡环；6—护罩；7—分离叉推杆；8—放气螺栓；9—进油管接口

当驾驶员迅速放松离合器踏板时，踏板回位弹簧通过主缸推杆使主缸活塞较快右移，由于液油在管路中流动有一定的阻力，液油流动过程中有一定的滞后性，致使在主缸活塞左面形成了一定的真空度。在活塞皮碗左右液油压力差的作用下，少量的液油通过进油孔 B 经过主缸活塞的止回阀流到左面油腔补偿真空。在原先已由主缸流入到工作缸的液油重新流回到主缸时，由于已有少量补偿液油经止回阀流入，故总油量过多，此时多余的液油将从补偿孔 A 流回储液罐。当液压系统中因漏油或因温度变化引起的液油容积变化时，则补偿孔 A 适时地使整个油路中的油量得到适当的增减，以保证液压系统工作的可靠性。

3) 气压式操纵机构

气压式离合器操纵机构主要由发动机带动空气压缩机作为主要操纵能源，驾驶员的肌体仅作为辅助操纵能源或后备操纵能源。气压助力装置可以装设在机械式操纵机构中，也可装设在液压操纵机构中。

机械式气压操纵机构如图 8-22 所示。当驾驶员踩下离合器踏板 1 时，通过离合器踏板连接的摆臂控制第一位杆左移，在第一杆位传动下，将驾驶员的操纵力传递给第二杆位 5、第三杆位 9 及分离叉 10。同时在第一杆位促动下，控制控制阀 4 打开进气管 12 至高压气管 11 的气路，助力气缸 8 获得高压空气，通过缸内活塞产生机械助力推动中间轴内壁 7 拉动第三杆位 9，并将气压助力传递给分离叉 10。因此，在分离叉上同时获得了驾驶员的操纵力和气压助力。气压助力装置可降低驾驶员操纵的踏板力，一般应用在一些中重型的载货汽车上。

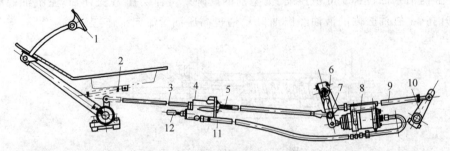

图 8-22　气压式离合器操纵机构

1—离合器踏板；2—踏板复位弹簧；3—第一位杆；4—控制阀；5—第二位杆；6—中间轴外套；7—中间轴内壁；8—助力气缸；9—第三位杆；10—分离叉；11—高压气管；12—进气管

8.2.3 离合器实践训练

8.2.3.1 实践目的

通过汽车离合器实践训练,能够让学生熟练掌握汽车离合器的结构与类别形式,掌握汽车离合器的组成与各部件的名称、作用和结构特点,并且通过实物分析掌握离合器的工作原理。

8.2.3.2 实践准备

1. 课时安排

1课时。

2. 实践设备

1)仪器设备

解放 CA1091 型汽车离合器总成一台、桑塔纳 2000 离合器总成一台、桑塔纳 2000 离合器操纵机构一套。

2)测量工具

游标卡尺、直尺一套。

8.2.3.3 实践内容及要求

1. 离合器总成机构认知

通过提供的两种离合器总成,要求学生掌握膜片弹簧式离合器和螺旋弹簧式离合器的结构组成与传动原理。

实践项目要求:

(1)掌握膜片弹簧式离合器(桑塔纳 2000 离合器)实物的主动部分、从动部分、压紧机构的结构组成(见图 8-23),并掌握该离合器的离合原理。

(2)掌握螺旋弹簧式离合器(解放 CA1091 离合器)实物的主动部分、从动部分、压紧机构的结构组成,并掌握该离合器的离合原理。

2. 离合器操纵机构认知

掌握桑塔纳 2000 离合器操纵机构的组成与操纵原理,了解离合器分离间隙的概念和作用。

实践项目要求:

(1)掌握液压式离合器操纵机构的结构组成与传动原理。

(2)掌握离合器分离间隙与离合器踏板自由行程的概念。

3. 离合器参数测量实践

完成离合器摩擦片厚度、离合器分离间隙及离合器踏板自由行程的测量。

1)实践项目要求

掌握离合器摩擦片厚度、离合器分离间隙及离合器踏板自由行程的测量方法,要求每个参数测量 3 次取平均值。

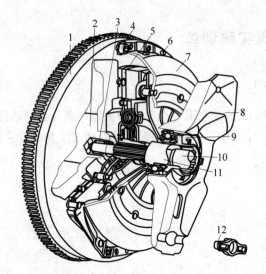

图 8-23　桑塔纳 2000 离合器结构总成

1—飞轮；2—曲轴；3—前支承轴承；4—内六角螺栓；5—从动盘；6—定位销；7—离合器盖及压盘总成；8—分离叉；9—分离轴承；10—变速器输入轴；11—轴承导套；12—分离叉座片

2）实践参数记录及分析

将测量参数记录在表 8-2 中，并分析测量结果是否符合正常值。

表 8-2　离合器测量参数记录表

测量内容	第一次测量结果	第二次测量结果	第三次测量结果	最终测量结果
摩擦片厚度				
离合器分离间隙				
离合器踏板自由行程				

8.3　变速器

8.3.1　变速器概述

汽车变速器，是一套用于协调发动机转速和汽车车轮转速的变速装置，在汽车行驶过程中，变速器可以在发动机和车轮之间产生不同的传动比，将合适的牵引力通过传动轴、驱动桥传输到车轮上，以满足车辆在不同工况下的需求，从而可以使发动机发挥最佳性能。可以说，一台变速器的好坏，会对车辆的动力性能产生直接的影响。

8.3.1.1　变速器的功用与种类

1. 变速器的功用

1）改变传动比

由于汽车行驶条件不同，要求汽车行驶速度和驱动扭矩能在很大范围内变化，而汽车发动机的转速、转矩变化范围不能满足实际行驶条件需要,变速器可以通过改变传动比扩大驱动轮转矩和转速的变化范围,适应经常变化的行驶条件,同时使发动机在有利的工况下工作。

2) 实现汽车倒退行驶

发动机运转时曲轴一般都只能向一个方向旋转,为了实现倒车功能,在变速箱中设置了倒挡机构。

3) 设置空挡

变速器利用空挡中断动力传递,以实现发动机的起动、怠速运转。

2. 变速器的种类

1) 根据操纵方式划分

根据操纵方式不同,变速器分为手动操纵、自动操纵和半自动操纵。

(1) 手动变速器

手动变速器(manual transmission,MT),必须通过手拨动变速器操纵杆,才能实现变速器挡位的升降,改变传动比。手动变速在换挡操作过程中,驾驶员需要先踩下离合器踏板,中断动力输入,待挡位切换动作完成后,松开离合器踏板,整个换挡过程完成。

(2) 自动变速器

液力自动变速器(automatic transmission,AT)由液力变矩器、行星齿轮变速机构和控制系统组成。汽车运行时,控制系统可以根据路况,自动实现挡位的变化,改变挡位。发动机输出的动力先经过液力变矩器,再经过行星齿轮机构变速变矩输出,其传动比可在最大值与最小值之间的几个间断的区间内作无级变化。

无级自动变速器(continuously variable transmission,CVT)采用传动带和工作直径可变的主、从动轮相配合来传递动力,可以实现传动比的连续改变,从而得到传动系与发动机工况的最佳匹配。与有级式变速器相比,它的传动比不是间断点,而是在一个区间内可以实现连续变化,变速更加平顺,没有换挡冲击。

(3) 半自动变速器

半自动变速器(automated mechanical transmission,AMT)又称为电控机械式自动变速器,该变速器是在普通手动变速器的基础上,通过加装微电脑控制和执行系统,取代了原来由驾驶员完成的踩离合器、变速器选挡、换挡等操作,实现自动换挡。它既能实现自动变速,又保留了手动变速器传动效率高、成本低、结构简单、易加工制造的特点。

双离合变速器(dual clutch transmission,DCT)属于电控机械式自动变速器的一种,其基本工作原理相当于采用两个离合器和两套变速器,一个变速器处于工作状态时另一个变速器空转,通过切换两个离合器工作来实现两个变速器的交替工作,可在不切断动力的情况下完成换挡。

2) 根据传动比的变化方式划分

根据传动比的变化方式不同,变速器可分为有级式、无级式和综合式。

(1) 有级式变速器

有级式汽车变速器采用齿轮传动,具有若干个固定传动比,按所用轮系形式不同,有轴线固定式变速器(普通变速器)和轴线旋转式变速器(行星齿轮变速器)两种。MT、AMT、DCT 等变速器都属于有级式变速器范畴。

(2) 无级式变速器

无级式汽车变速器的传动比在一定的数值范围内可连续变化,现在汽车中应用较多的CVT就属于该类产品。液力变矩器也是汽车中最常见的可以实现无级变速的部件。

(3) 综合式变速器

综合式汽车变速器是指由液力变矩器和有级齿轮式变速器组成的液力机械式变速器,其传动比可在最大值与最小值之间的几个间断的范围内作无级变化,AT就是最为典型的综合式变速器。

8.3.1.2 传动比的概念与计算

传动比是指起始端主动轮与末端从动轮的角速度或转速的比值,即机构中瞬时输入速度与输出速度的比值。传动比可用公式表达为

$$i = \frac{\omega_a}{\omega_b} = \frac{n_a}{n_b}$$

式中,n_a 为主动齿轮的转速;n_b 为从动齿轮的转速。对于变速器啮合的一对齿轮,其传动比还可以通过从动齿轮的齿数比主动齿轮的齿数来计算,即

$$i = \frac{Z_b}{Z_a}$$

式中,Z_a 为主动齿轮的齿数;Z_b 为从动齿轮的齿数。

链传动和摩擦轮传动中,传动比可以通过主、从动轮的直径大小计算,即

$$i = \frac{D_b}{D_a}$$

式中,D_a 为主动齿轮的直径;D_b 为从动齿轮的直径。

在多级传动中,每两轴之间的传动比按照上式计算,系统总传动比等于各级传动比之积,即定轴轮系的传动比等于所有从动轮齿数的连乘积比上所有主动齿轮齿数的连乘积。

当变速机构输出传动比大于1时,其输出效果为减速传动;当变速机构输出传动比等于1时,其输出效果为等速传动,即直接传动;当变速机构输出传动比小于1时,其输出效果为超速传动。

汽车变速器的传动比是指变速器输入轴转速与变速器输出法兰转速的比值。有级式汽车变速器采用齿轮传动,具有若干个固定传动比。轿车和轻、中型货车变速器的传动比通常有3~5个前进挡和1个倒挡。在重型货车用的组合式变速器中,则有9~16个前进挡位和2个倒挡。变速器挡数指其前进挡位的数量。无级式变速器的传动比在一定的数值范围内可连续变化。综合式变速器的传动比可在最大值与最小值之间的几个间断的范围内作无级变化,如今应用较多。

8.3.2 机械手动变速器

8.3.2.1 手动变速器的组成

汽车手动变速器主要由三大部分组成:齿轮变速器、同步器和换挡操纵机构,需要时,还可以加装取力器。

1. 齿轮变速器

齿轮变速器主要包含输入轴总成、输出轴总成、倒挡轴、倒挡轴惰轮及各挡的啮合齿轮等部件,有些变速器还包含中间轴总成。齿轮变速器机构的主要功用是通过多种主、从动齿轮副形成的不同传动比实现动力变速变矩输出。变速器挡位数一般是指齿轮变速器前进挡的数量。

2. 同步器

同步器是指在换挡中,使待啮合齿轮转速迅速达到同步的装置,同步器可由换挡操纵机构控制实现齿轮变速器换挡。同步器布置的数量与变速器挡位数有关。

3. 换挡操纵机构

换挡操纵机构是指在驾驶员操作下通过一系列机械传动机构控制同步器实现齿轮变速器换挡的机构总成。通过驾驶员操作,变速器换挡操纵机构能迅速、准确、可靠地摘下、挂入某个挡位或退到空挡。换挡操纵机构主要零件位于变速器上盖内,在换挡过程中换挡操纵机构主要完成选挡和换挡两个动作。

8.3.2.2 齿轮变速器

普通齿轮变速器主要分为两轴式变速器和三轴式变速器。

1. 两轴式手动变速器的组成与原理

这种结构形式适合于发动机前置前轮驱动或发动机后置后轮驱动的中级和普通轿车。其特点是变速器结构较为紧凑,机械传动效率高,噪声小。变速器的输入轴和输出轴相互平行,动力从输入轴输入,经一对齿轮传动后,直接由输出轴输出。每一个挡位采用一对齿轮传动,输出轴的转动方向与输入轴的转动方向相反。

1)两轴式手动变速器的结构组成

图 8-24 和图 8-25 所示为桑塔纳 2000GSi 轿车用的 330 型两轴式变速器结构图和机构简图。

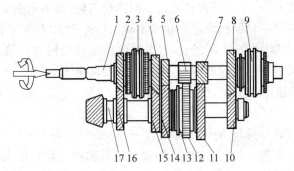

图 8-24 桑塔纳 2000 两轴式变速器结构图

1—输入轴;2—输入轴四挡齿轮;3—三、四挡同步器;4—输入轴三挡齿轮;5—输入轴二挡齿轮;6—输入轴倒挡齿轮;7—输入轴一挡齿轮;8—输入轴五挡齿轮;9—五挡同步器;10—输出轴五挡齿轮;11—输出轴一挡齿轮;12—输出轴倒挡齿轮;13—一、二挡同步器;14—输出轴二挡齿轮;15—输出轴三挡齿轮;16—输出轴四挡齿轮;17—输出轴

如图 8-24 所示,变速器第一轴(图中标识为 1)也叫输入轴或主动轴,第一轴前端用轴承支承在曲轴中心孔内,第一轴前端通过花键与离合器从动盘相啮合。变速器第一轴上布置

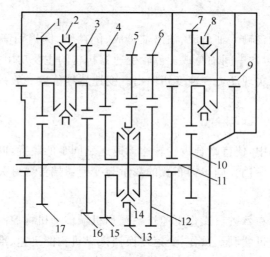

图 8-25 桑塔纳 2000 两轴式变速器机构简图

1—输入轴四挡齿轮；2—三、四挡同步器；3—输入轴三挡齿轮；4—输入轴二挡齿轮；5—输入轴倒挡齿轮；6—输入轴一挡齿轮；7—输入轴五挡齿轮；8—五挡同步器；9—输入轴；10—输出轴五挡齿轮；11—输出轴；12—输出轴一挡齿轮；13—输出轴倒挡齿轮；14—一、二挡同步器；15—输出轴二挡齿轮；16—输出轴三挡齿轮；17—输出轴四挡齿轮

六个挡位齿轮和两个同步器。其中三、四、五挡齿轮(图中标识为 4、2、8)分别用滚针轴承空套在第一轴上,三、四挡之间布置有三、四挡同步器 3,5 挡左侧布置有五挡同步器 9,它们通过花键毂与输入轴联接,并在拨叉的作用下左右移动。一、二、倒挡齿轮(图中标识为 7、5、6)与第一轴刚性连接。

变速器第二轴(图中标识为 17)也叫输出轴或从动轴,第二轴前后端两处通过轴承安装在壳体上,第二轴上布置六个挡位齿轮和一个同步器。第二轴上的一、二、三、四、五挡齿轮分别与第一轴对应挡位齿轮相互啮合,其中第二轴三、四、五挡齿轮(图中标识为 15、16、10)与第二轴刚性连接,一、二挡齿轮(图中标识为 11、14)用滚针轴承空套在第二轴上。一、二挡同步器 13 布置在第二轴一、二挡齿轮之间。倒挡轴惰轮(图中未画出)通过滚针轴承空套在倒挡轴上,其分别与第一轴倒挡齿轮 6 和输出轴倒挡齿轮 12 相互啮合。输出轴倒挡齿轮 12 布置在一、二挡同步器 13 的接合套上,当滑动倒挡轴惰轮同时与输入轴倒挡齿轮、输出轴倒挡齿轮啮合时,通过倒挡齿轮的作用,可实现动力反向输出。

2) 两轴式手动变速器的工作原理

(1) 空挡

当变速器挂入空挡时(见图 8-25),输入轴一、二、倒挡齿轮(图注 6、4、5)与输入轴 9 同步旋转,输入轴三、四、五挡齿轮(图注 3、1、7)通过滚针轴承空套在输入轴上处于自由状态。而在输出轴 11 上,输出轴一、二挡齿轮(图注 12、15)通过滚针轴承空套在输出轴上处于自由状态,输出轴三、四、五挡齿轮刚性连接在输出轴上。在空挡时,倒挡轴惰轮没有与输入轴倒挡齿轮 5 和输出轴倒挡齿轮 13 啮合,三个同步器的接合齿套均处于中间位置,输出轴 11 无动力输入,汽车处于静止或空挡滑行状态。

(2) 一挡

当变速器挂入一挡时,在空挡位置的基础上,操纵变速杆,通过一、二挡换挡拨叉使一、二挡同步器 14 的接合套右移,在一、二挡同步器锁环的同步作用下,一、二挡同步器接合套将输出轴一挡齿轮 12 与一、二挡同步器 14 的花键毂连接并同步旋转。这样,从离合器传来的发动机转矩,经输入轴 9 上的输入轴一挡齿轮 6,输出轴一挡齿轮 12,一、二挡同步器 14 的接合套、花键毂,传递到输出轴 11,输出轴最终将动力传递给主减速器。

(3) 二挡

在一挡的基础上,通过一、二挡换挡拨叉使一、二挡同步器 14 的接合套左移,退出啮合进入空挡,接着推动换挡拨叉继续向左移动,使一、二挡同步器 14 的接合套在同步器锁环的作用下,将输出轴二挡齿轮 15 与该挡同步器的花键毂连接并同步旋转。从离合器传来的发动机转矩,经输入轴 9 上的二挡齿轮 4,输出轴二挡齿轮 15,一、二挡同步器 14 的接合套、花键毂,传递到输出轴 11,输出轴最终将动力传递给主减速器。

(4) 三挡

当变速器挂入三挡时,操纵三、四挡换挡拨叉,推动三、四挡同步器 2 接合套左移,在三挡同步器锁环的作用下,结合套将输入轴三挡齿轮 3 与三、四挡同步器花键毂连接并同步旋转。来自离合器的发动机转矩,从输入轴 9 上的花键传到三、四挡同步器 2 花键毂,再经该同步器接合套传到输入轴三挡齿轮 3、输出轴三挡齿轮 16,最后经花键传给输出轴 11,输出轴最终将动力传递给主减速器。

(5) 四挡

通过换挡拨叉使三、四挡同步器 2 接合套右移,退出三挡进入空挡,继续向右移动该拨叉,三、四挡同步器 2 接合套受到四挡同步器锁环的同步作用,同步器接合套将输入轴四挡齿轮 1 与该同步器花键毂连接并同步旋转。来自离合器的发动机转矩,从输入轴 9 上的花键传到三、四挡同步器 2 花键毂,再经该同步器接合套传到输入轴四挡齿轮 1、输出轴四挡齿轮 17,最后经花键传给输出轴 11,输出轴最终将动力传递给主减速器。

(6) 五挡

挂五挡时保证其他挡位均处于空挡位置,用五挡拨叉将五挡同步器 8 的接合套右移,在五挡同步器锁环的同步作用下,将输入轴五挡齿轮 7 与该挡同步器的花键毂连接并同步旋转。来自离合器的发动机转矩,经输入轴 9 上的花键传到五挡同步器 8 的花键毂,再经该同步器接合套传到输入轴五挡齿轮 7、输出轴五挡齿轮 10,最后经花键传给输出轴 11,输出轴最终将动力传递给主减速器。

(7) 倒挡

当变速器挂入倒挡时,选挡换挡机构控制倒挡轴惰轮前移,分别与输入轴倒挡齿轮 5 和输出轴倒挡齿轮 13 啮合。来自离合器的发动机转矩,经输入轴 9 上的倒挡齿轮 5,传递到倒挡轴惰轮和输出轴倒挡齿轮 13,最后经过一、二挡同步器 14 的接合套、花键毂,传递到输出轴 11,输出轴最终将动力传递给主减速器,由于动力经过倒挡轴惰轮反向,所以输出轴输出转矩方向与其他挡位输出转矩方向相反,实现倒挡输出。

两轴式变速器由于结构紧凑,变速器壳体空间利用率较高,传动效率较好,目前广泛应用在小型乘用车辆上,例如捷达、桑塔纳、高尔夫、宝来、马自达 6、波罗、富康、宝马 3 系、蒙迪欧等汽车均采用两轴式机械变速器。

2. 三轴式手动变速器的组成与原理

三轴式变速器适用于发动机前置后轮驱动的布置形式,该种变速器设置有第一轴(输入轴)、第二轴(输出轴)和中间轴,输入轴与输出轴置于同一条水平线上,中间轴则与它们平行布置。发动机的动力经过离合器输入变速器第一轴,再经过中间轴,最后从第二轴输出。

1) 三轴式手动变速器的结构组成

图 8-26 和图 8-27 所示为典型的三轴六挡变速器的结构示意图和机构简图。它有六个前进挡和一个倒挡。该变速器由变速器壳体、第一轴、第二轴、中间轴、倒挡轴、各轴上的齿轮及变速器操纵机构等组成。

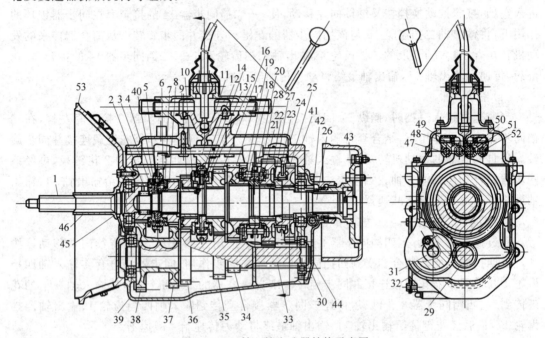

图 8-26 三轴六挡变速器结构示意图

1—第一轴;2—第一轴常啮合齿轮(六挡齿轮);3—第一轴六挡齿轮齿圈;4—六挡同步器锁环;5、12、20、23—接合套;6—五挡同步器锁环;7—五挡齿轮齿圈;8—第二轴五挡齿轮;9—第二轴四挡齿轮;10—四挡齿轮齿圈;11—四挡同步器锁环;13、27、28、40—花键毂;14—三挡同步器锁环;15—三挡齿轮接合齿圈;16—第二轴三挡齿轮;17—第二轴二挡齿轮;18—二挡齿轮齿圈;19—二挡同步器锁环;21—一挡齿轮齿圈;22—第二轴一挡齿轮;24—倒挡齿轮齿圈;25—第二轴倒挡齿轮;26—第二轴;29—中间轴倒挡齿轮;30—中间轴;31—倒挡轴;32—倒挡中间齿轮;33—中间轴一挡齿轮;34—中间轴二挡齿轮;35—中间轴三挡齿轮;36—中间轴四挡齿轮;37—中间轴五挡齿轮;38—中间轴常啮合齿轮;39—变速器壳体;41—变速器盖;42—车速表驱动蜗杆;43—第二轴凸缘;44—变速器后盖;45—第一轴油封;46—第一轴轴承盖;47—倒挡拨叉轴;48—倒挡锁销;49—一、二挡拨叉轴;50—五、六挡锁销;51—三、四挡拨叉轴;52—五、六挡拨叉轴;53—离合器壳

第一轴 1 的前端用深沟球轴承支承在飞轮的中心孔处,其后端用圆柱滚子轴承支承在变速器的前壳体上。第一轴常啮合齿轮 2 与第一轴制成一体,并与中间轴常啮合齿轮 38 构成常啮合传动副。第一轴的前端有花键,与离合器从动盘花键毂相配合。

第二轴 26 的前端用滚针轴承支承在第一轴常啮合齿轮的内圆孔中,其后端也利用圆柱滚子轴承支承在后壳体上。空套在第二轴上的有第二轴五挡齿轮 8、四挡齿轮 9、三挡齿轮 16、二挡齿轮 17、一挡齿轮 22 和倒挡齿轮 25。

中间轴 30 的两端均采用圆柱滚子轴承支承在壳体上,其上固装着中间轴常啮合齿轮 38、中间轴五挡齿轮 37、四挡齿轮 36、三挡齿轮 35、二挡齿轮 34、一挡齿轮 33 及中间轴倒挡

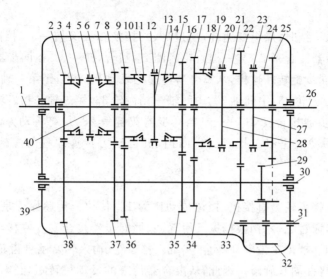

图 8-27　三轴六挡变速器机构简图
(图注同图 8-26)

齿轮 29。花键毂 40、13、28 和 27 通过内花键孔与第二轴上的外花键齿相连,并用卡环锁止以限制花键毂的轴向移动。各个花键毂的外圆表面均为外花键,其齿形与相邻齿轮的接合套齿形完全相同。它们分别与相应的具有内花键的各个接合套相配合。接合套 5、12、20、23 可在拨叉的作用下沿花键毂轴向移动。

为实现汽车倒驶,在中间轴的一侧设置了一根较短的倒挡轴 31(图 8-27 中以展开画法,将倒挡轴画在中间轴的下方),其上空套着倒挡中间齿轮 32,它与中间轴倒挡齿轮 29 也为常啮合斜齿轮。为防止倒挡轴相对于壳体转动和轴向移动,倒挡轴的后端用锁片将其固定在变速器壳体上。

在该变速器中,一挡、倒挡采用接合套换挡,二挡使用锁销式同步器换挡,三至六挡使用锁环式同步器换挡。图 8-27 所示位置为空挡位置。拨动五、六挡同步器的接合套 5,使之向左或向右移动,便可挂上六挡或五挡;向左或向右移动三、四挡同步器的接合套 12,即可挂入四挡或三挡;向左或向右移动接合套 20,即可挂入二挡或一挡;向右拨动接合套 23,便可挂入倒挡。

组装好的变速器总成以螺栓固定在离合器壳上,第一轴轴承盖的外圆面是定位面,用来与飞轮壳上相应的内孔配合,以保证第一轴与曲轴轴线重合。

2) 三轴式手动变速器的工作原理

三轴式手动变速器其一挡、二挡、三挡、四挡、五挡传动原理类似,下面以空挡、一挡、六挡、倒挡为例说明其动力传递原理。

(1) 空挡

当变速器挂入空挡时(见图 8-27),第一轴 1 通过第一轴常啮合齿轮(六挡齿轮)2 和中间轴常啮合齿轮 38 带动中间轴 30 同步转动,中间轴各挡位齿轮刚性连接在中间轴上,并与输出轴相应的挡位齿轮啮合,在中间轴传动下,中间轴各挡位齿轮带动输出轴相应挡位齿轮转动,由于输出轴各挡位齿轮通过滚针轴承空套在输出轴上,并且四个同步器接合套因此处于中间位置,因此,第二轴 26 无动力输入,汽车处于静止或空挡滑行状态。

(2) 一挡

当变速器挂入一挡时,操纵变速杆,通过一、二挡换挡拨叉使一、二挡同步器接合套20右移,一、二挡同步器接合套20与一挡齿轮齿圈21啮合,使一、二挡同步器花键毂28与第二轴一挡齿轮22同步旋转。这样,从离合器传递的发动机转矩,经第一轴1上的常啮合齿轮2,中间轴常啮合齿轮38,中间轴30,中间轴一挡齿轮33,第二轴一挡齿轮22,一挡齿轮齿圈21,一、二挡同步器接合套20,一、二挡同步器花键毂28,最终将动力传递至第二轴26输出。该三轴式手动变速器二挡、三挡、四挡、五挡动力传递原理与一挡类似,这里不再赘述。

(3) 六挡

该型变速器六挡齿轮为直接挡,挡位传动比为1。其动力传递原理是当变速器挂入六挡时,操纵变速杆,通过五、六挡换挡拨叉使五、六挡同步器接合套5左移,使接合套5与六挡同步器锁环4和六挡齿轮齿圈3啮合,实现六挡齿轮(输入轴常啮合齿轮)2与五、六挡同步器花键毂40连接并同步旋转。因此,从离合器传来的发动机转矩,经第一轴1上的六挡齿轮2,六挡齿轮齿圈3,六挡同步器锁环4,五、六挡同步器接合套5,花键毂40直接传递到第二轴26输出。由于该挡位动力传递没有经过中间轴齿轮副动力传递,因此称为直接挡。

(4) 倒挡

当变速器挂入倒挡时,操纵变速杆,通过倒挡换挡拨叉使倒挡同步器接合套23右移,使接合套23与输出轴倒挡齿轮接合齿圈24啮合,实现第二轴倒挡齿轮25与倒挡同步器花键毂27连接并同步旋转。这样,从离合器传递的发动机转矩,经第一轴1上的常啮合齿轮2,中间轴常啮合齿轮38,中间轴30,中间轴倒挡齿轮29,倒挡中间齿轮32,第二轴倒挡齿轮25,倒挡齿轮接合齿圈24、接合套23,倒挡同步器花键毂27,最终将动力传递给第二轴26输出。由于动力经过倒挡轴惰轮反向,所以输出轴输出转矩方向与其他挡位输出转矩方向相反,实现倒挡输出。

该型变速器各挡位传动比分别为 $i_1=7.640, i_2=4.385, i_3=2.857, i_4=1.895, i_5=1.337, i_6=1.000, i_R=7.107$。即挡位越低,传动比越大,车速越低;反之,挡位越高,传动比越小,车速越高。有些轿车为提高车速和汽车的燃料经济性,其三轴变速器还设有超速挡($i_j=0.7\sim0.8$),主要用于在良好路面上行驶。

8.3.2.3 同步器

1. 无同步器时的换挡过程

变速器在换挡过程中,必须使换挡的一对待啮合齿轮轮齿的圆周速度相等,才能平顺地啮合而换挡。否则,会造成换挡困难,加剧齿端磨损,严重时会使轮齿折断。

图8-28所示为未装同步器时五挡变速器的三、四挡齿轮示意图。为使换挡平顺,驾驶员应采取合理的换挡操纵步骤。下面以该变速器三、四挡换挡为例,介绍无同步器的换挡过程。

1) 低挡换入高挡

当变速器在四挡工作时,接合套3与输出轴的四挡齿轮2上的接合齿圈接合。假设四挡齿轮转速为v_2,接合套转速为v_3,五挡齿轮转速为v_4。此时,四挡齿轮2与接合套3花键

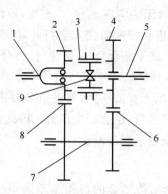

图 8-28 五挡变速器四、五挡齿轮示意图
1—输入轴；2—输入轴四挡齿轮；3—四、五挡同步器接合套；4—输出轴五挡齿轮；
5—输出轴；6—中间轴五挡齿轮；7—中间轴；8—中间轴常啮合齿轮

齿转速相同，但小于五挡齿轮转速，即 $v_2=v_3<v_4$。欲从四挡挂入五挡，驾驶员应先踩下离合器踏板，使离合器分离，随即通过变速器操纵杆将接合套 3 右移，进入空挡位置。

此时，当接合套 3 退入空挡的瞬间，各挡位齿轮转速仍然为 $v_2=v_3<v_4$，此时接合套与五挡齿轮转速不同，难以挂上五挡。为了避免齿轮在挂挡时产生冲击，需将变速器在空挡位置停留片刻。由于此时发动机到汽车传动系统动力切断，接合套 3 转速与五挡齿轮 4 转速均下降（见图 8-29(a)），由于整个汽车的转动惯性较大，导致通过传动系统与车轮连接的接合套 3 的圆周速度 v_3 下降较慢。由于五挡齿轮及与其啮合齿轮的转动惯量较小，其圆周速度 v_4 下降较快。因此，随着时间推移，接合套 3 和五挡齿轮 4 的转速将在 A 点相交，交点为两者转速同步状态，即 $v_3=v_4$。此时，驾驶员便可通过变速器操纵杆将接合套 3 挂入五挡接合齿圈，完成换挡操纵过程。

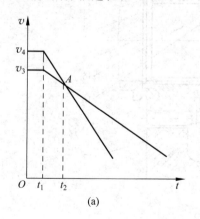
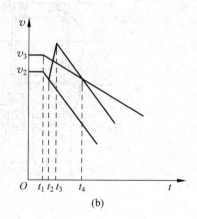

(a)　　　　　　　　　　　　(b)

图 8-29 无同步器换挡操纵过程
(a) 低挡换入高挡过程；(b) 高挡换入低挡过程

2) 高挡换入低挡

在变速器由五挡换入四挡的过程中，当变速器接合套 3 退回空挡的瞬间，四挡齿轮 2、接合套 3 与五挡齿轮 4 转速满足 $v_2<v_3=v_4$（见图 8-29(b)）。当变速器操纵杆推入空挡后，同样由于发动机到汽车传动系统动力切断，各挡位齿轮转速均开始下降，但由于转动惯量的

差异，v_2 下降的速度远大于 v_3，故无法实现 $v_2 = v_3$，相反，停留在空挡时间越长，两者转速差越大。所以驾驶员为实现挂挡，应在变速器挂入空挡后，抬起离合器踏板，并同时踩下加速踏板，待第一轴四挡齿轮转速 v_2 高于接合套 v_3 转速时，再分离离合器，直至两者转速相同，即 $v_2 = v_3$ 时，挂上四挡，完成换挡操作。

由上述可知，要使变速器实现无冲击换挡，驾驶员需要进行较为复杂的换挡操纵过程，即使对于驾驶技术较为熟练的驾驶员，也会产生疲劳。因此，现代汽车为了在换挡操纵过程中实现快速、无冲击换挡，普遍安装了同步器。

2. 同步器的结构与原理

同步器的功用是：使接合套与待啮合的齿圈迅速同步，以缩短换挡时间；并防止待啮合的齿轮在达到同步之前产生轮齿冲击。

同步器有常压式、惯性式和自行增力式等几种。由于常压式同步器工作可靠性不高，目前应用比较广泛的是惯性式同步器。惯性式同步器又根据结构不同可分为锁环式和锁销式两种。

1）锁环式惯性同步器

（1）锁环式惯性同步器的构造

图 8-30 所示为某六挡变速器中的五、六挡装用的锁环式惯性同步器，它主要由接合套 7、花键毂 15、锁环 4 和 8、滑块 5、定位销 6 及弹簧 16 组成。

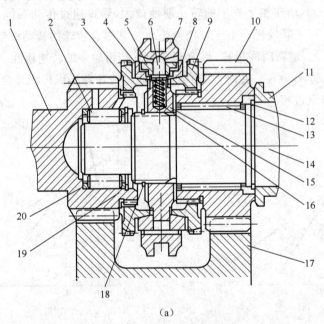

图 8-30 锁环式惯性同步器

(a) 同步器在变速器轴上的安装位置；(b) 同步器的主要组成零件

1—第一轴；2,13—滚针轴承；3—六挡接合齿圈；4,8—锁环（同步环）；5—滑块；6—定位销；7—接合套；9—五挡接合齿圈；10—第二轴五挡齿轮；11—衬套；12,18,19—卡环；14—第二轴；15—花键毂；16—弹簧；17—中间轴五挡齿轮；20—挡圈

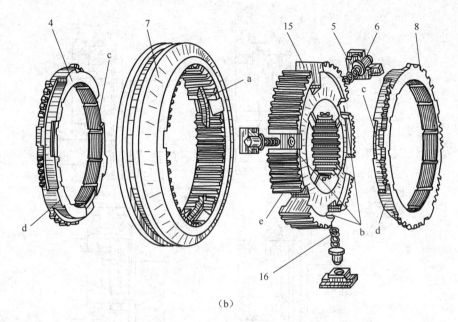

(b)

图 8-30(续)

花键毂 15 与第二轴 14 前端花键配合,并以卡环 18 轴向固定在六挡接合齿圈 3 和五挡接合齿圈 9 之间,在花键毂两端各有一个青铜制成的锁环(也称同步环)4 和 8。锁环上有断续的短花键齿(见图 8-30(b)),其轮廓尺寸与接合齿圈 3、9 及花键毂 15 的外花键齿相同。两个锁环上的花键齿在对着接合套的一端均制有倒角(称锁止角),且与接合套齿端的倒角相同。锁环具有与接合齿圈 3 和 9 上的锥形摩擦面锥度相同的内锥面,锥面上制有细牙的螺旋槽,以便两锥面接触后,破坏油膜,增加锥面的摩擦。三个滑块 5 分别嵌合在花键毂的三个轴向槽 b 内,并可沿槽轴向滑动。三个定位销 6 分别插入三个滑块的通孔中。在弹簧 16 的作用下,定位销压向接合套,使定位销端部的环面正好嵌在接合套中部的凹槽 a 中,起到空挡定位作用。滑块 5 的两端伸入锁环 4 和 8 的三个缺口 c 中。锁环的三个凸起 d 分别伸入到花键毂的三个通槽 e 中,只有当凸起 d 位于缺口 e 的中央时,接合套与锁环的齿方能接合。

(2) 锁环式惯性同步器的工作原理

下面以五挡换六挡为例(见图 8-31),介绍锁环式惯性同步器的工作原理。

① 空挡位置

接合套 7 刚从五挡退入空挡时(见图 8-31(a)),六挡接合齿圈 3、接合套 7、锁环 4 及与其有关联的运动件,因惯性作用而沿原方向继续旋转(图中箭头方向)。设它们的转速分别为 n_3、n_7 和 n_4,此时 $n_4 = n_7$,因 $n_3 > n_7$,故 $n_3 > n_4$。在空挡位置,锁环是轴向自由的,其内锥面与六挡接合齿圈 3 的外锥面没有摩擦。

② 挂六挡

若要挂六挡(直接挡),可用拨叉拨动接合套 7,并通过定位销 6 带动滑块 5 一起向左移动。当滑块左端面与锁环 4 的缺口 c(见图 8-31(b))的内端面接触时,便推动锁环移向六挡接合齿圈 3,使具有转速差($n_3 > n_4$)的两锥面一经接触便产生摩擦作用。六挡接合齿圈即通过摩擦作用带动锁环相对于接合套超前转过一个角度,直到锁环的凸起 d 与花键毂 15 通

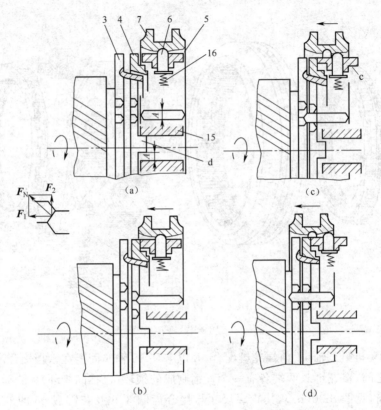

图 8-31 锁环式惯性同步器工作过程示意图
(图注同图 8-30)

槽 e 的另一个侧面接触时,锁环便与接合套同步转动。此时,接合套的齿与锁环的齿较锁环的凸起 d 位于花键毂的通槽中央时,错开了约半个齿厚(花键毂通槽宽度为锁环凸起 d 的宽度加上接合套的一个齿厚 A,见图 8-31(a)),从而使接合套的齿端倒角与锁环相应的齿端倒角正好互相抵触而不能进入啮合。

显然,此时若要使接合套的齿圈与锁环的齿圈接合上,必须使锁环对于接合套后退一个角度。由于驾驶员始终对接合套施加一个轴向力,使接合套和锁环的齿端倒角压紧,于是在锁环的锁止角斜面上作用有法向力 F_N(见图 8-31(b)中左上角的局部放大图),F_N 可分解为轴向力 F_1 和切向力 F_2。切向力 F_2 所形成的力矩力图使锁环相对于接合套向后退转,称为拨环力矩。轴向力 F_1 则使锁环 4 与六挡接合齿圈 3 的锥面产生摩擦力矩,使二者转速 n_3 与 n_4 迅速接近。实际上可认为 n_4 不变,只是 n_3 趋近于 n_4,这是因为锁环 4 连同接合套 7 通过花键毂 15 与整个汽车相连,其转动惯量大,转速下降很慢。而六挡接合齿圈 3 仅与离合器从动部分相连,其转动惯量很小,速度下降较前者快得多。因为六挡接合齿圈 3 是减速旋转,根据惯性原理,即产生惯性力矩,其方向与旋转方向相同。此惯性力矩通过摩擦锥面作用到锁环上,阻止锁环相对接合套向后退转,即在锁环上作用着两个方向相反的力矩,其一为切向力 F_2 形成的力图使锁环相对于接合套向后退转的拨环力矩 M_2;另一个为摩擦锥面上阻止锁环向后退转的惯性力矩 M_1。在 n_3 尚未等于 n_4 之前,两个锥面间摩擦力矩的数值与六挡接合齿圈 3 的惯性力矩相等。如果 $M_1 < M_2$,则锁环 4 即可相对于接合套向后退

转一个角度,以便二者进入啮合;若 $M_1 > M_2$,则二者不可能进入啮合。摩擦力矩 M_1 与轴向力 F_1 的垂直于摩擦锥面的分力成正比。而 M_2 则与切向力 F_2 成正比。F_1 和 F_2 都是法向力的分力,二者的比值取决于花键齿锁止角的大小。故在设计同步器时,适当地选择锁止角和摩擦锥面的锥角,便能保证在达到同步($n_3 = n_4$)之前,六挡接合齿圈3施加在锁环4上的惯性力矩 M_1 总是大于切向力 F_2 形成的拨环力矩 M_2,因此,不论驾驶员通过操纵机构施加在接合套上的轴向推力有多大,接合套齿端与锁环齿端总是互相抵触而不能接合。这说明锁环4对接合套的锁止作用是六挡接合齿圈3的惯性力矩造成的,此即"惯性式"的由来。

③ 挂上六挡

随着驾驶员继续加大接合套的推力,摩擦作用就迅速使六挡接合齿圈3的转速降到与锁环4相同,并进一步保持同步旋转,于是其惯性力矩消失。但由于轴向力 F_1 的作用,两个摩擦锥面还紧密接合着,此时切向力 F_2 形成的拨环力矩 M_2 使锁环连同六挡接合齿圈3及与之相连的所有零件一起相对于接合套向后退转一个角度,使锁环凸起 d 又移回到花键毂15的通槽中央,两个花键齿圈不再抵触,此时接合套压下定位销6继续左移,与锁环的花键齿啮合(见图8-31(c))。如果此时接合套花键齿与六挡接合齿圈3的花键齿发生抵触,则作用在六挡接合齿圈3花键齿端斜面上的切向分力使六挡接合齿圈3及其相连零件相对于锁环及接合套转过一个角度,使接合套与六挡接合齿圈3进入啮合(见图8-31(d)),最后完成挂上六挡的全过程。

如果是六挡(直接挡)换入五挡,上述过程也适用。但应注意,此时五挡接合齿圈9和第二轴五挡齿轮10(见图8-30)被加速到与锁环8(即与接合套)同步,从而使接合套先后与锁环及五挡齿圈进入啮合而完成换挡。

锁环式惯性同步器由于结构紧凑、便于合理布置,多用在轿车(一汽奥迪100、红旗、捷达、高尔夫、上海桑塔纳2000等)和轻型载货汽车上,近年来在中型载货汽车变速器的高速挡也开始装用锁环式惯性同步器。

2) 锁销式惯性同步器

锁环式惯性同步器由于摩擦力矩较小,很难运用在一些中、重型的载货汽车变速器上。而锁销式惯性同步器在工作时具有较大的摩擦力矩,目前大多应用在载货汽车上。

(1) 锁销式惯性同步器的构造

图8-32所示为东风 EQ1092 型汽车五挡变速器的四、五挡同步器结构图。锁销式同步器上有两个内锥面的摩擦锥盘2,其内齿分别固装在带有齿圈的齿轮1和6上。随齿轮一同旋转。带外锥面的摩擦锥环3,通过在圆周上间隔均布的三个锁销8和三个定位销4与接合套5相连。定位销4与接合套5的相应孔为间隙配合,即接合套可沿定位销轴向移动。定位销4正中间一小段沿圆周方向切有凹槽,依次装入接合套5斜孔内的弹簧11、钢球10(见图8-32的 A—A 剖面)。将同步器保持在空挡位置上时,定位销4的两端伸入两锥环的内侧孔中,但是有周向间隙,可使摩擦锥环3相对于接合套5在一定范围内作周向摆动。锁销8中间一段的直径较前后相邻段的直径小,接合套5上相应的孔与相邻段为间隙配合。因此,在空挡位置时该孔四周是隔开一定距离空套在锁销8上的。在锁销8中部直径变化的区段切有倒角,接合套5相应孔两端也切有相同的倒角。只有在锁销与相应孔同心的情况下,才能使接合套5沿锁销8轴向移动。锁销8两端插入摩擦锥环3相应的孔中并铆固。这样两个锥盘、三个锁销、三个定位销及接合套5组成一个整体部件,然后套装在花键毂9

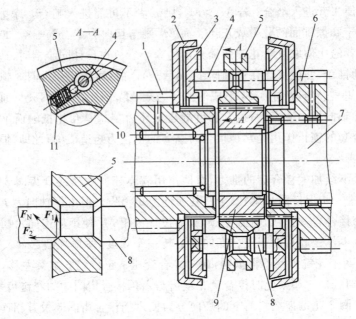

图 8-32 锁销式惯性同步器

1—第一轴齿轮；2—摩擦锥盘；3—摩擦锥环；4—定位销；5—接合套；6—第二轴四挡齿轮；7—第二轴；8—锁销；9—花键毂；10—钢球；11—弹簧

的外齿圈上。

(2) 锁销式惯性同步器的工作原理

锁销式同步器的工作原理与锁环式同步器类似，以东风 EQ1092 型汽车五挡变速器为例，在四挡挂入五挡时，当接合套受到向前的轴向推力时，通过钢球 10 和定位销 4 带动摩擦锥环 3 向前移动，使之与摩擦锥盘 2 接触，摩擦锥盘 2 的转速大于摩擦锥环 3 的转速，因此，摩擦锥盘 2 便通过接触面使锥环连同锁销 8 一起相对接合套转过一个角度。这样，锁销 8 与相应孔不在同心，于是锁销中部倒角与销孔端倒角相互抵触，以阻挡接合套继续前移（见图 8-32 左下图）。此时接合套受到的轴向推力是经倒角抵触处、锁销 8 而传到锁环 3 上并使之与摩擦锥盘 2 压紧，产生的摩擦力矩迫使第一轴后端外齿圈迅速与接合套内齿圈同步。只要锁销倒角选择适当，在达到同步之前，无论用多大的推力，都无法克服倒角抵触面的阻挡作用，因而在同步前，锥面摩擦力矩消失前，不可能换上挡。只有当接合套 5 与第一轴外齿圈达到同步时，锥面摩擦力矩消失，作用于倒角面上的正压力 F_N 的切向分力才能通过锁销使摩擦锥环 3、摩擦锥盘 2 和第一轴齿轮 1 一同相对于接合套转回一个角度，使锁销重新与销孔达到同心。这样，接合套在换挡操纵力的作用下才能沿锁销滑动，直至与第一轴齿轮 1 的外齿圈套合，实现挂挡。

8.3.2.4 手动变速器操纵机构

手动变速器操纵机构的作用是保证驾驶员根据汽车的运行状态和使用条件，准确地将变速器换入所需挡位，并随时退到空挡。

1. 变速器操纵机构的结构与原理

根据变速器操纵杆与变速器的相互位置不同，可分为直接操纵式和远距离操纵式两种类型。

1）直接操纵式

变速器布置在驾驶员座位附近，变速杆及所有换挡操纵装置都设置在变速器壳体上，驾驶员可直接操纵变速杆来拨动变速器壳体内的换挡操纵装置换挡。

这种操纵机构一般由变速杆、拨块、拨叉、拨叉轴以及安全装置等组成，多集装于变速器上盖或者侧盖内。图8-33所示是一种六挡变速器操纵机构结构示意图。拨叉轴7、8、9和10的两端均支撑于变速器盖上相应的孔中，且可以轴向滑动。所有的拨叉和拨块都以弹性销固定于相应的拨叉轴上。三、四挡拨叉2的上端具有拨块。拨叉2和拨块3、4、14的顶部制有凹槽。变速器处于空挡时，各凹槽在横向平面内对齐。叉形拨杆13下端的球头即伸入这些凹槽中。选挡时可使变速杆绕其中部球形支点横向摆动，则其下端推动叉形拨杆下端球头对准所选挡位相应的拨块凹槽，然后使变速杆纵向摆动，带动拨叉轴及拨块向前或向后移动，即可实现挂挡。例如，横向扳动变速操纵杆使叉形拨杆下端伸入拨块3顶部凹槽中，再纵向扳动变速杆，拨块3连同拨叉轴8和拨叉5即沿纵向向左移动一定距离，便可挂入二挡；若向右移动一定距离，则挂入一挡。

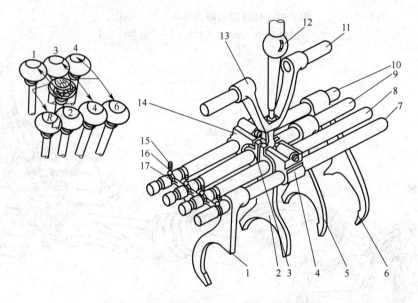

图8-33 六挡手动变速器的操纵机构示意图

1—五、六挡拨叉；2—三、四挡拨叉；3—一、二挡拨块；4—倒挡拨块；5—一、二挡拨叉；6—倒挡拨叉；7—倒挡拨叉轴；8—一、二挡拨叉轴；9—三、四挡拨叉轴；10—五、六挡拨叉轴；11—换挡轴；12—变速杆；13—叉形拨杆；14—五、六挡拨块；15—自锁弹簧；16—自锁钢球；17—互锁销

2）远距离操纵式

有的汽车变速器的安装位置离驾驶员座位较远，为此在变速器与操纵手柄之间加装了一套传动原件，构成远距离操纵形式（见图8-34）。

图8-35所示是一汽红旗CA7220型轿车016型两轴式变速器的外部操纵机构，在变速器操纵杆11与换挡拨叉之间装设了一套双杆操纵机构拉杆，操纵机构拉杆末端连接变速器内操纵机构，最终通过选挡换挡机构以球形铰链为支点，进行前后、左右摆动，控制拨叉轴移动，实施选挡、换挡操纵。

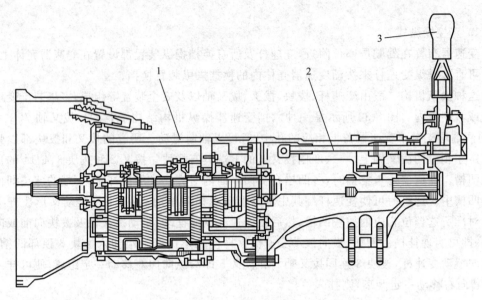

图 8-34 变速器远距离操纵机构示意图
1—变速器壳；2—操纵机构拉杆；3—变速器操纵杆

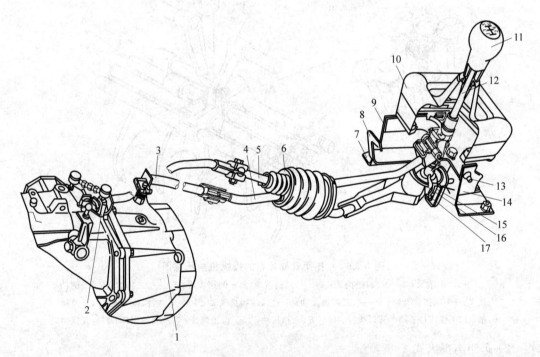

图 8-35 016 型变速器外部操纵机构示意图
1—变速器总成；2—换挡摇臂总成；3—前拉杆焊接总成；4—拉杆总成；5—后换挡管焊接总成；6—防尘套；7—下支架；8—上支架；9—右缓冲块；10—换挡杆防护罩；11—变速器操纵杆；12—换挡操纵杆总成；13—左缓冲块；14—隔块；15—球衬座；16—弹簧；17—半球

有些汽车远程换挡操纵机构中变速器操纵手柄到变速器之间采用拉索来传递驾驶员的操纵力，本田雅阁的 H2J4 型变速器就采用了这种拉索式远距离操纵机构（见图 8-36）。该操纵机构通过两根拉索分别控制选挡和换挡。当变速器操纵杆左右摆动时,便操纵选挡拉索3;当变速器操纵杆前后移动时,便操纵换挡拉索2。拉索的运动传动到变速器内便进行挡位的变换。拉索式变速器操纵方式可有效地降低发动机振动传递到变速器操纵杆上,换挡操作手感较好。

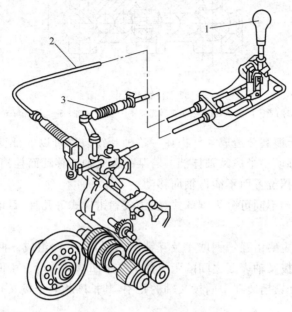

图 8-36 拉索式变速器操纵机构
1—变速器操作杆;2—换挡拉索;3—选挡拉索

2. 变速器锁止机构

为了保证在任何情况下变速器都能准确、安全、可靠地工作,变速器锁止机构应满足以下要求:

(1) 能防止自动挂挡和自动脱挡。为此,在挡位上应保持传动齿轮全齿啮合,并应有自锁(定位)装置。

(2) 保证不会同时挂上两个挡位。

(3) 防止误挂倒挡,以提高安全性。

为了达到上述要求,在变速器操纵机构中设置了自锁装置、互锁装置和倒挡锁装置。

1) 自锁装置

多数变速器的自锁装置由自锁钢球1(见图8-37)和自锁弹簧2组成。每根拨叉轴的上表面沿轴向分布有三个定位凹槽,当任何一根拨叉轴连同拨叉轴向移动到空挡或某一工作挡位的位置时,必有一个凹槽正好对准自锁钢球1,于是自锁钢球1在自锁弹簧2的压力的作用下嵌入该凹槽内,拨叉轴6的轴向位置即被固定,从而拨叉连同滑动齿轮(或接合套)也被固定在某一挡位或空挡上,不能自行脱出。换挡时,驾驶员通过对拨叉轴施加换挡力矩,克服自锁弹簧2的压力将钢球由拨叉轴的凹槽中挤出,拨叉轴又可轴向移动。

2) 互锁装置

互锁装置能够保证不同时挂入两个挡,以免使同时啮合的两挡齿轮因其传动比不同而

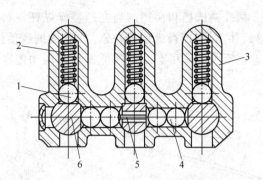

图 8-37 自锁和互锁装置
1—自锁钢球；2—自锁弹簧；3—变速器壳体；4—互锁钢球；5—互锁销；6—拨叉轴

相互卡住，造成运动干涉甚至造成零件损坏。这种互锁装置可以保证变速器只有在空挡位置时，驾驶员才可以移动一个拨叉轴挂挡。若某一拨叉轴被移动而挂挡时，另两个拨叉轴便被互锁装置固定在空挡位置而不能再轴向移动。

互锁装置根据结构不同可分为钢球式、锁销式和钳口式等几种，目前汽车普遍采用钢球式互锁装置。

钢球式互锁装置主要由互锁钢球 4 及互锁销 5（见图 8-37）组成。两个互锁钢球的直径之和正好等于相邻两拨叉轴表面之间的距离加上一个凹槽的深度。中间拨叉轴上两个侧面凹槽之间有孔相通，互锁销装在中间拨叉轴的孔中，其长度相当于拨叉轴直径减去互锁钢球的半径。

互锁装置的工作原理如图 8-38 所示，当变速器处于空挡时，所有的拨叉轴的侧面凹槽同互锁钢球、互锁销都在同一条直线上。当移动中间拨叉轴 6 时（见图 8-38(a)），拨叉轴 6 两侧的内钢球从其侧面凹槽中被挤出，而两互锁钢球则分别嵌入拨叉轴 1 和 5 的侧面凹槽中，因而将拨叉轴 1 和 5 刚性地锁止在其空挡位置。若欲移动拨叉轴 5，则应先将拨叉轴 6 退回到空挡位置（见图 8-38(b)）。于是在移动拨叉轴 5 时，互锁钢球 4 便从拨叉轴 5 的凹槽中被挤出，同时通过互锁销 3 和其他互锁钢球将拨叉轴 6 和 1 均锁止在空挡位置。同理，当移动拨叉轴 1 时，则拨叉轴 6 和 5 均被锁止在空挡位置（见图 8-38(c)）。

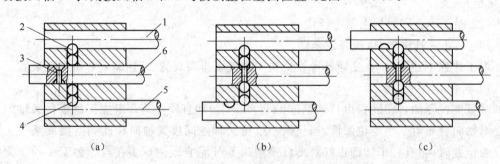

图 8-38 互锁装置工作示意图
1,5,6—拨叉轴；2,4—互锁钢球；3—互锁销

有的变速器操纵机构将自锁装置与互锁装置合二为一（见图 8-39）。锁销 1 内装有自锁弹簧 2。图 8-39 所示位置为空挡，此时两锁销内端面距离 a 等于槽深 b，不可能同时拨动两

根拨叉轴，即起互锁作用。另外，自锁弹簧的预紧力和锁销1对拨叉轴又起到自锁作用。北京 BJ2020 型越野汽车就采用这种结构。

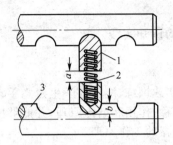

图 8-39　起自锁与互锁双作用的锁止装置
1—锁销；2—自锁弹簧

3）倒挡锁装置

汽车在前进行驶中，换挡时由于疏忽而误挂入倒挡，将会使齿轮间产生极大冲击。此外，若汽车起步时误挂入倒挡则容易发生事故。为防止误挂入倒挡，变速器操纵机构中设置有倒挡锁机构。倒挡锁的作用是驾驶员挂倒挡时，必须对变速杆施加较大的力才可挂上倒挡，起到提醒驾驶员的作用。倒挡锁止机构有弹簧锁销式、锁片式、扭簧式、锁簧式等多种形式，目前应用最多的是弹簧锁销式。

弹簧锁销式倒挡锁（见图 8-40）主要由倒挡锁销 2 和倒挡锁弹簧 3 组成。倒挡锁销的杆部装有倒挡锁弹簧，倒挡锁销调整螺母可调整倒挡锁弹簧的预紧力和倒挡锁销的长度。

驾驶员要挂倒挡时，必须用较大的力使变速杆的下端压缩倒挡锁弹簧，才能使变速杆 5 下端进入倒挡拨块 4 的凹槽内，以拨动倒挡拨叉轴而挂入倒挡。在倒挡拨叉轴 1 移动的同时，另外两个拨叉轴被互锁钢球锁住。

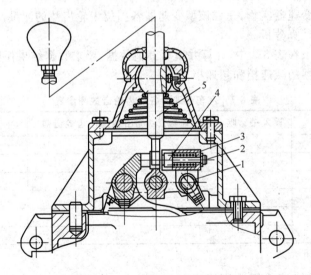

图 8-40　弹簧锁销式倒挡锁
1—倒挡拨叉轴；2—倒挡锁销；3—倒挡锁弹簧；4—倒挡拨块；5—变速杆

8.3.3 手动变速器实践训练

8.3.3.1 手动变速器结构认知实践

1. 实践目的

通过手动变速器结构认知实践训练,能够让学生熟悉手动变速器的结构名称和类别形式,掌握手动变速器的各部件名称、作用和结构原理,并能够熟练分析和测量变速器各挡位的传动比,进一步熟悉手动变速器的工作原理。

2. 实践准备

1)课时安排

1课时。

2)实践设备

上海大众桑塔纳2000五挡手动变速器总成一台。

3. 实践内容及要求

桑塔纳2000手动变速器为两轴式五挡手动变速器,变速器总体结构包含输入轴和输出轴,可实现5个前进挡及1个倒挡。整个变速器共有3个同步器,其中输入轴有两个同步器,输出轴上有一个同步器(见图8-24)。

1)手动变速器结构认知

要求学生通过此次实践能够准确地根据教学挂图或书本结构简图识别该型手动变速器的各挡位齿轮布置位置;掌握同步器的结构组成与工作原理;熟悉变速器各挡位的动力传递路线。

2)手动变速器挡位传动比测量

要求学生通过变速器实物,完成该型变速器各挡位齿轮齿数的测量,并根据测量结果完成各挡位传动比的计算分析。

将测量参数记录在表8-3中,计算并填写其他数据,要求数据结果保留两位小数。并分析和识别该型变速器的减速挡和超速挡。

表8-3 汽车变速器各挡齿轮齿数测量表

挡 位	输入轴常啮合齿轮齿数	输出轴挡位齿轮齿数	挡位传动比
1挡			
2挡			
3挡			
4挡			
5挡			
倒挡			

8.3.3.2 手动变速器拆装训练

1. 实践目的

通过汽车手动变速器拆装实践训练,了解手动变速器拆装工具和手动变速器内部结构,熟悉汽车手动变速器拆装基本要求和基本流程,掌握汽车手动变速器拆装的基本方法和基本步骤。

2. 实践准备

1) 课时安排

1课时。

2) 实践设备

(1) 仪器设备

五挡三轴手动变速器一台。

(2) 拆装工具

120件套传统拆装工具一套、齿轮拉拨器一个(见图 8-41)、橡胶锤及铁锤各一把、木棒一根、标记工具一套、撬棒一根、台虎钳一台。

3. 实践内容及要求

实践用手动变速器为微型汽车所采用的变速器,该变速器为三轴式五挡手动变速器,变速器总体结构包含输入轴、中间轴和输出轴,可实现5个前进挡(包含超速挡)及1个倒挡。整个变速器共有3个同步器,其具体结构如图 8-42 所示。

图 8-41 齿轮拉拨器

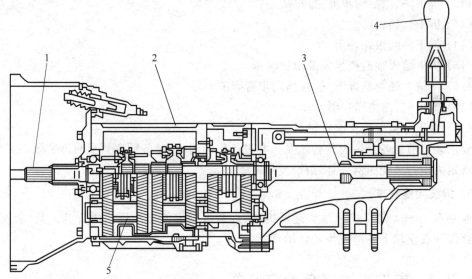

图 8-42 三轴式手动变速器结构图

1—变速器输入轴;2—变速器上端盖;3—变速器输出轴;4—变速杆;5—变速器中间轴

4. 拆装步骤

1) 五挡手动变速器总成拆装

(1) 清洗变速器外壳,并将其固定在拆装台上。

(2) 放出齿轮油。

(3) 拆下变速器换挡操纵机构部件。

(4) 拆下变速器后盖。

(5) 拆下倒挡轴惰轮。

(6) 拆下变速器前轴轴封。

(7) 拆下变速器上端盖。

(8) 拆下变速器输入轴和输出轴。

五挡手动变速器总成安装顺序与拆卸顺序相反。

2) 变速器输出轴拆装

(1) 拆下车速里程表固定卡环。

(2) 拆下车速里程表惰轮。

(3) 拆下车速里程表第二道固定卡环。

(4) 拆下变速器齿轮限位卡环。

(5) 拆下输出轴五挡齿轮及滚针轴承。

(6) 拆下五挡齿轮同步器总成。

(7) 拆下输出轴倒挡齿轮、滚针轴承和衬套。

(8) 拆下输出轴轴承定位支承。

(9) 拆下一挡右侧定位挡圈。

(10) 拆下输出轴一挡齿轮、滚针轴承和衬套。

(11) 拆下一挡左侧定位挡圈。

(12) 拆下一、二挡同步器总成。

(13) 拆下二挡齿轮。

(14) 拆下中间滚珠轴承。

(15) 拆下输入轴四挡齿轮及滚针轴承。

(16) 从输出轴左侧拆下三、四挡同步器固定卡环。

(17) 拆下三、四挡同步器。

(18) 拆下三挡齿轮及滚针轴承。

要求装配前对各挡位齿轮轴承及衬套进行保养润滑,装备顺序要求与拆装顺序相反,并按照规定力矩拧紧变速器壳体螺栓。

5. 拆装实践要求

能够在 40min 内完成手动变速器拆装,拆装过程中能够准确使用拆装工具,装配完成后能够保证在空挡下各挡位齿轮转动良好。

8.3.4 电控机械式自动变速器

8.3.4.1 电控机械式自动变速器

1. 电控机械式自动变速器概述

电控机械式自动变速器 AMT 是在原有机械变速器基本结构不变的情况下,通过加装微机控制的自动操纵机构,取代原来由驾驶员人工完成的离合器分离与接合、摘挡与挂挡以及发动机的转速同步调节等操作,最终实现换挡过程的操纵自动化。在 AMT 中,微机代替了熟练驾驶员的大脑,多种传感器代替了人的感觉神经,电液、电气或全电的执行机构代替了驾驶员的手和脚的操作。AMT的主要特点是改变了手动变速器的手动换挡操纵部分,通过设计和安装电控系统、传感器以及相应的执行机构,使原手动变速器的离合器操纵机构和变速器换挡机构的操纵完全实现自动化,同时对发动机的节气门实现柔性控制技术,即线控技术(drive-by-wire,DBW)。由于AMT仍采用原有的机械传动系统,所以齿轮传动固有的效率高、结构紧凑、工作可靠等优点被很好地继承了下来,因此,AMT具有强大的竞争力和广阔的市场前景。

2. 电控机械式自动变速器的组成与原理

1) 电控机械式自动变速器的基本结构

由于AMT是在原手动有级齿轮变速器和干式摩擦离合器构成的有级机械变速器MT基础上开发的,所以它要求有一套能取代手动换挡机构的控制执行机构,这套机构可以由电力的、电液的或气动的元件组成,目前汽车上常用电子控制和电液控制两种形式。因此,AMT的基本组成可以分为硬件系统和软件系统两大部分(见图8-43)。

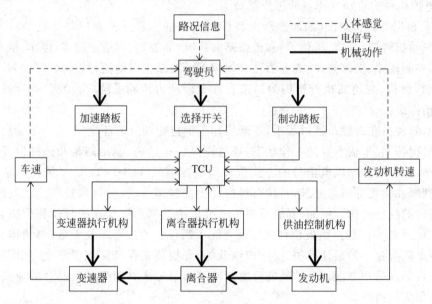

图8-43 AMT系统的组成及基本原理

(1) 硬件系统组成

AMT硬件系统主要包括传感器、电子控制单元、变速控制执行机构和控制对象等。

传感器用于实时监测车辆运行状态,采集TCU控制所需的各种车辆信息,同时将采集到的信号转换成TCU能够识别的信号,便于TCU进行处理,并对车辆的行驶工况进行实时调整。AMT的传感器主要有速度传感器(发动机转速传感器、输入轴转速传感器、车速传感器等)、加速踏板位置传感器、节气门位置传感器、挡位传感器、离合器位置传感器等。随着控制理论的不断完善和控制精度的不断提高,AMT系统所使用的传感器数量也在不断增加。

电子控制单元TCU是AMT的核心,不同汽车所用AMT的主要区别就是电子控制单元。TCU接收传感器采集到的信号并进行计算和处理后,依据换挡规律、离合器控制规律、发动机节气门自适应调节规律等产生的输出信号,对节气门、离合器、换挡阀等执行机构发出指令进行综合控制,以实现驾驶员的操作意图,其控制过程基本是模拟驾驶员的操作。

变速控制执行机构主要由变速器选、换挡执行机构,离合器分离、接合执行机构和节气门执行机构三部分组成,其作用是按照控制系统的指令完成各种动作。通常情况下,选、换挡执行机构和离合器执行机构有气动式和液动式两种,可根据原车的具体情况确定采用哪种方式;节气门执行机构由步进电动机或磁电式电动机驱动。

AMT 的主要控制对象是发动机、离合器和变速器。发动机特性不仅是制定换挡规律的依据,也是实现汽车平稳起步、换挡控制的保证;离合器的转矩传递特性是确定离合器接合规律的依据,而其滑摩特性则对离合器的控制过程产生重要影响;变速器传动比和同步器摩擦力矩将影响 AMT 的换挡品质。

(2) 软件控制系统

软件系统是 AMT 控制系统的基础,由实现控制策略的软件模块组成,它按照一定的顺序处理各种信号。

2) 电控机械式自动变速器的工作原理

AMT 根据驾驶员意图(如加速踏板、制动踏板、选择器开关或控制面板等)、车辆的工作状态(发动机转速、车速、挡位等)和道路路面状况(如坡道、弯道或起步、停车、倒车等),依据适当的控制规律(换挡规律、离合器接合规律等),控制相应的执行机构(节气门执行机构、离合器执行机构、变速器执行机构等)来实现车辆动力传动系统(发动机、离合器、变速器等)的自动操纵。

例如,驾驶员在驾驶车辆过程中,不断感知车辆行驶的外部环境(如上下坡、路面附着系数、弯道状况等)和车辆本身的工作状态,通过操纵加速踏板、制动踏板和选择器开关等,将起步、停车、倒车等意图以电信号的方式传输给电控单元 TCU。TCU 采集输入信号后,经过运算、判断和决策等信息处理,对执行机构发出控制指令,执行机构按照接收到的控制指令完成相应的执行动作。例如,驾驶员对加速踏板的控制通过加速踏板位移传感器传递给 TCU,TCU 通过所测加速踏板位移值以及当前车辆行驶速度等车辆参数,再依据自动换挡规律判断车辆应处于的最佳挡位,决定应该升挡、降挡还是保持原挡位不变,从而达到加速或减速的目的。另一方面,TCU 通过检测制动踏板信号来判断驾驶员是否减速或者停车,进而采取相应的措施。

3. 电控机械式自动变速器的特点

AMT 由于继承了齿轮传动固有的传动效率高、结构紧凑、工作可靠等优点,并可以实现手动和自动两种模式选择,因此有较强的可靠性和适应性,与传统液力自动变速器和手动机械变速器相比,AMT 具有以下 4 个突出的特点:

(1) 实现了变速器选换挡的自动控制,选换挡操纵杆的动作和离合器的接合与分离由气动、液动或电动执行机构完成,使选换挡操作方便,减轻了驾驶者的劳动强度。

(2) 通过 TCU 进行最优化的换挡控制,使汽车能在最理想的换挡点及时换挡,并可避免手动换挡操作不当所造成的换挡冲击。虽然换挡舒适性不如液力自动变速器,但与 MT 相比,汽车的动力性和平顺性均有所提高。

(3) 采用传统的齿轮传动,传动效率优于液力自动变速器,且与液力自动变速器相比,机械传动机构的维修更加简单。

(4) 由于 AMT 能在现有生产的手动变速器基础上进行改造,生产继承性好、投入费用较低,容易被生产厂家所接受。当然,AMT 通过微机控制实现自动换挡控制,增设了相关的传感器机构,其成本较手动变速器高,结构也较为复杂,维修难度也相应有所提高。

8.3.4.2 双离合自动变速 DCT

为了解决 AMT 换挡期间动力中断的缺点,一种采用双离合器结构的自动变速器(dual clutch transmission,DCT)应运而生。双离合自动变速器是在手动变速器基础上,加上电子控制和液压驱动,让两个离合器交替工作,不间断地输出动力。大众公司的 DSG 变速器是一种典型的 DCT 变速器,本书以其为例,介绍 DCT 变速器的结构与原理。

1. DSG 的结构组成与工作原理

常见的 DSG 的结构如图 8-44 所示,此为一款六挡双离合自动变速器,发动机动力可通过两条路线输入给变速器,一条经过实心输入轴 16 输入,另一条通过外面的空心输入轴 17 输入;实心输入轴 16 与空心输入轴 17 分别由离合器 1(1)和离合器 2(18)控制,两个离合器负责各自动力输入轴的啮合动作,发动机动力便会由其中一条传动轴输入给变速器。实心输入轴 16 连接了一、三、五挡及倒挡,而外面空心的输入轴 17 则连接二、四及六挡,因此离合器 1 负责奇数挡(一、三、五挡)的动力输入,离合器 2 负责偶数挡(二、四、六挡)的动力输入。以二挡升三挡过程为例,当 DSG 以二挡运行时,同步器 12 的接合齿套处于左侧,二挡齿轮被啮合;接近换挡时,同步器 9 的接合齿套移动到左侧,三挡位的齿轮被预选,但与三挡相连的离合器 1 仍然处于分离状态;当到达换挡点时,离合器 2 开始分离,同时离合器 1 开始接合,两个离合器交替切换,直至离合器 2 完全分离,离合器 1 完全接合,整个换挡过程结束。由于三挡齿轮已经预选,因此在整个换挡过程中始终有一组齿轮在输出动力,从而避免了动力中断的状况。其他挡位的换挡过程类似。

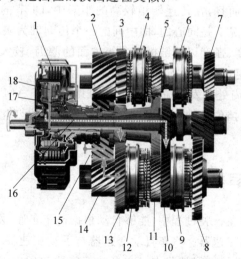

图 8-44 大众 DSG 双离合自动变速器

1—离合器 1;2—轴 1 输出齿轮;3—倒挡齿轮;4—同步器;5—六挡齿轮;6—同步器;7—五挡齿轮;8—一挡齿轮;9—同步器;10—三挡齿轮;11—四挡齿轮;12—同步器;13—二挡齿轮;14—轴 2 输出齿轮;15—差速器;16—实心输入轴;17—空心输入轴;18—离合器 2

DSG 的控制系统分为电子和液压控制系统。液压系统主要包括液压泵液压控制单元和油液冷却系统。电控系统(TCU)采集车辆运行信息、驾驶员的操作指令,然后进行判断并控制 DSG 的运行。液压系统接收 TCU 的控制指令,对变速器的换挡机构和离合器的工作进行操纵。

2. 双离合自动变速器的特点

与传统的手动变速器相比,DCT 使用更方便,因为从操作系统来说它属于自动变速器,使得手动变速器具备自动操纵功能,同时大大改善了汽车的燃油经济性和动力性。DCT 比手动变速器换挡更快速、顺畅,动力输出不间断。与传统的自动变速器 AT 相比,DCT 具有较高的传动效率;与电控机械式自动变速器 AMT 相比,换挡时不切断动力传递,传递效率高;与无级变速器 CVT 相比,DCT 不仅能够传递更大的扭矩,而且克服了 CVT 传动带使用寿命短的缺点。总之,DCT 传动系统的特点可以归纳为以下 4 个方面:

(1) DCT 在换挡过程中不存在动力中断,因此换挡时不会产生明显的减速现象,而且缩短了换挡时间,两个离合器的切换时间通常仅为 0.2~0.4s 左右,所以乘员没有明显的感觉,因而极大地提高了换挡的舒适性,保证了车辆具备良好的动力性与换挡特性。

(2) DCT 是在传统的手动变速器基础上进行自动化的,从而以结构简单的平行轴式变速器达到了结构复杂的行星齿轮变速器的效果。而且在离合器分离的情况下,挡位可以预先啮合,因此有较为充足的转速同步时间。此外,DCT 还可以充分利用原有手动变速器的生产线,只需要增加少量的生产设备即可,生产继承性好,适合于现有的手动变速器厂家将产品进行升级换代。

(3) DCT 不需要液力变矩器或者液力耦合器,动力传递过程中的能量损失小,大大提高了汽车的燃油经济性。

(4) DCT 应用范围广。由于上述的诸多优点,DCT 既可以应用在大型车和中型车上,也可以应用在运动车上。而且,在传递转矩较高的车辆中,DCT 的应用更为有利。这是因为它的两个传动轴一般情况下是同心的,即中间的一个传动轴为实心轴,而套在它外面则是一个空心轴,由于其刚度、强度以及结构尺寸等方面的原因,较大的传动轴轴径有利于双离合自动变速器的设计,更适合发动机排量较大的车辆。

需要说明的是,DCT 尚处于发展阶段,其技术难度相比于 AMT 复杂很多,生产成本较高,且 DCT 难以实现更高挡位的动力传递,使得其在要求速比变化范围较宽的市场缺乏竞争力。

8.3.5 液力式自动变速器

自动变速器是指汽车在行驶过程中,能够自动根据汽车车速、发动机转速及发动机负荷信息实现自动换挡操纵的变速器。汽车自动变速器与手动变速器相比具有驾驶操纵方便、行车安全性高、通过性及排放性好的优点。在自动变速器类型中液力自动变速器由于发展较早、技术成熟、性能稳定、市场普及率较高,是目前大多数汽车公司普遍采用的一种自动变速器结构。

8.3.5.1 液力式自动变速器概述

1. 液力式自动变速器的特点

液力式自动变速器与传统机械式手动变速器相比有以下特点：

（1）汽车起步较为平稳，能够实现汽车低速稳定行驶，提高了汽车行驶稳定性和通过性。

（2）采用液力元件，能够吸收、衰减传动系统的换挡传动冲击与动载荷，有效地提高了乘坐舒适性，延长了机件的使用寿命。

（3）可根据道路阻力变化实现自动换挡，减少了驾驶员的换挡操纵次数，具有良好的自适应性，可有效提高汽车的动力性与平均车速。

（4）由于采用自动换挡，可以把发动机转速限制在污染较小的转速范围内，从而减少发动机尾气排放。

（5）结构复杂，制造与维修成本较高。

（6）传动效率较机械变速器低，使用油耗较高。

2. 液力式自动变速器的分类

1) 按布置位置不同分类

（1）前驱型液力式自动变速器。自动变速器与主减速器合为一个整体（变速驱动桥），变速器将动力经过驱动桥传递给前轮。该型变速器采用横向布置，结构较为紧凑，但变速器挡位数受结构空间限制，挡位数量较少。

（2）后驱型液力式自动变速器。该型变速器往往与纵置发动机配合使用，变速器通过万向传动装置将动力传递给后驱动桥。由于变速器采用纵置结构，变速器空间较大，可布置多排行星齿轮，实现较多挡位设计。

2) 按变速控制方式分类

（1）液压控制液力换挡自动变速器。自动变速器将车速、变速器挡位、节气门开度等信息转化为液压信号直接控制换挡阀进行换挡。该型变速器控制精度较差，液压信号传递效率较低，换挡响应速度较慢。

（2）电子控制液力换挡自动变速器。自动变速器通过传感器采集车速、变速器挡位、节气门开度等信息，变速器电子控制单元接收传感器信号，并通过控制换挡阀及其他液压控制机构进行换挡。该型变速器结构简单，便于集成，控制精度高，换挡响应较快。

3. 液力式自动变速器的基本结构组成

液力式自动变速器主要由液力变矩器、行星齿轮机构、液压操纵系统组成（见图8-45），对于电子控制液力自动变速器还包含电子控制系统。

8.3.5.2 液力变矩器

在装有液力自动变速器的汽车上，由于发动机和变速箱之间没有离合器，它们之间的连接是靠液力变矩器来实现的。液力变矩器的作用是传递发动机的转速与扭矩，并且使发动机和自动变速箱之间实现非刚性连接，以方便液力自动变速器自动换挡。

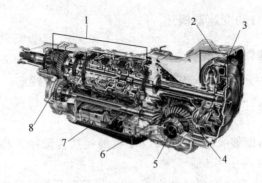

图 8-45 液力式自动变速器的结构组成
1—行星齿轮机构；2—液力变矩器；3—锁止离合器；4—主减速器从动齿轮；5—半轴齿轮；
6—主减速器主动齿轮；7—自动变速器液压操纵系统；8—前桥传动齿轮

1. 液力变矩器的组成

液力变矩器通常由泵轮、涡轮和导轮 3 个元件组成，如图 8-46 所示。液力变矩器总成封在变矩器壳体中，内部充满 ATF 油。液力变矩器壳体通过螺栓与发动机曲轴后端的飞轮连接，与发动机曲轴一起旋转。泵轮位于液力变矩器的后部，与变矩器壳体连在一起。涡轮位于泵轮前，通过带花键的从动轴向后面的机械变速器输出动力。导轮位于泵轮与涡轮之间，通过单向离合器支承在固定套管上，使得导轮只能单向旋转（顺时针旋转）。泵轮、涡轮和导轮上都带有叶片，液力变矩器装配好后形成环形内腔，其间充满 ATF 油，如图 8-47 所示。

图 8-46 液力变矩器结构示意图
1—泵轮；2—导轮；3—涡轮；4—锁止离合器；
5—变矩器外壳

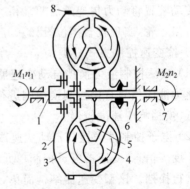

图 8-47 液力变矩器组成示意图
1—发动机曲轴；2—变矩器壳体；3—涡轮；4—泵轮；
5—导轮；6—导轮固定套管；7—从动轴；8—起动齿圈

2. 液力变矩器的工作原理

液力变矩器工作时，泵轮 4 随发动机曲轴 1 一同旋转（见图 8-47），在离心力的作用下，液力变矩器壳体内 ATF 油沿泵轮叶片间的通道向叶片外缘流动，此时泵轮叶片外缘油压高于内缘油压，其压差取决于泵轮 4 的转速与半径。涡轮若处于静止或转速低于泵轮，泵轮叶片外缘的液油便冲击涡轮外缘，并沿涡轮叶片间的通道流向涡轮叶片内缘，之后由涡轮叶片流出的 ATF 油经过导轮叶片间的通道再流回到泵轮,形成图 8-48 所示的循环流,称为涡流。如果作用在涡轮叶片上的冲击力大于作用在涡轮上的阻力,涡轮便在油压作用下与泵轮同向旋转,泵轮转速越高,泵轮与涡轮间的转速差越大,涡流也就越大,传递发动机转矩的能力也就越大。

为进一步介绍液力变矩器的工作原理,将液力变矩器各工作轮结构进行展开(见图 8-49),即将液油循环圆流线展开成直线,各循环圆流线均在同一平面展开,于是在展开图上,泵轮 B、涡轮 W、导轮 D 变形成 3 个环形平面,且工作轮的叶片角度也清楚地显示出来。

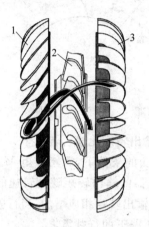 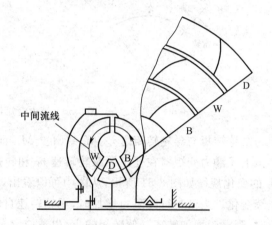

图 8-48 液力变矩器液油流动方向示意图
1—涡轮;2—导轮;3—泵轮

图 8-49 液力变矩器工作轮结构展开示意图
B—泵轮;W—涡轮;D—导轮

为了便于说明,设泵轮、涡轮、导轮对液油的作用转矩分别为 M_b、M'_w、M_d。由于液力变矩器的液油在变矩器壳体内部循环流动,根据液流受力平衡条件,则涡轮、泵轮、导轮对液油的作用转矩满足 $M'_w+M_b+M_d=0$,由于液流对涡轮的作用,转矩 M_w 与 M'_w 大小相等、方向相反,因此有 $M_w=M_b+M_d$,即变矩器输出转矩 M_w(液流对涡轮的转矩)等于泵轮的转矩 M_b 与导轮转矩 M_d 之和。

当汽车起步时(见图 8-50(a)),假设发动机转速与负荷不变,即变矩器泵轮转速 n_b 和转矩 M_b 为常数。此时汽车涡轮转速 n_w 为 0,ATF 油在泵轮叶片带动下,以一定流速沿图中箭头 1 的方向冲向涡轮叶片。因为涡轮转速 $n_w=0$,液油将沿叶片流出涡轮并冲向导轮,液流方向如图中箭头 2 所示,然后液流再从固定不动的导轮叶片沿箭头 3 方向流回泵轮中。根据液油受力分析可知,此时涡轮转矩 M_w 大于泵轮转矩 M_b,即液力变矩器起了增矩作用。

当汽车行驶时(见图 8-50(b)),此时涡轮开始转动,液流在涡轮叶片出口处不仅具有沿叶片方向的相对速度 w,而且还有沿圆周方向的牵连速度 u,故冲向导轮叶片的液流速度 v 应是两者的合速度,在假设变矩器泵轮转速 n_b 不变的情况下,此时冲向导轮叶片的液流速度 v 将随牵连速度 u 的增加(即涡轮转速 n_w 的增加)而逐渐向左发生倾斜,使导轮对液油的转矩值逐渐减小。当涡轮转矩转速增加到某一数值,涡轮叶片流出的液流方向正好与导轮叶片平行时,导轮对液油不产生作用力,即导轮转矩 $M_d=0$。此时涡轮转矩与泵轮转矩相等,即 $M_w=M_b$。

若涡轮转速进一步加大,液流速度 v 的方向进一步向左倾斜,如图 8-50(b)中 v' 所示方向,液流将冲击导轮叶片背面,导轮产生的转矩方向将与泵轮转矩方向相反,则此时涡轮转

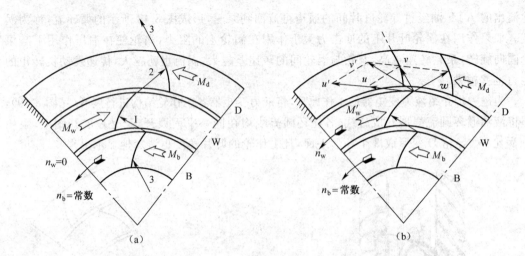

图 8-50　液力变矩器的工作原理

矩为泵轮转矩与导轮转矩之差,$M_w = M_b - M_d$,即变矩器输出转矩比输入转矩小。

上述液力变矩器在变矩器泵轮转速 n_b 和转矩 M_b 不变的条件下,涡轮转矩 M_w 和转速 n_w 的变化规律如图 8-51 所示,从图中可以看出,液力变矩器的输出转矩随其转速的改变而连续变化。当汽车行驶阻力增加时,涡轮转速自动降低而输出转矩相应增加,当行驶阻力减小时,则涡轮增加转速降低转矩输出,以适应汽车在不同工况下的行驶需求。

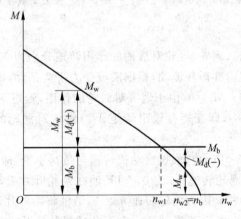

图 8-51　液力变矩器的工作特性

3. 液力变矩器的特性

涡轮的输出转矩与泵轮的输入转矩之比称为液力变矩器的变矩系数,用 K 表示,即

$$K = M_w / M_b$$

涡轮转速与泵轮转速之比称为液力变矩器传动比,通常用 i 表示,即

$$i = n_w / n_b$$

液力变矩器的传动效率 η 等于涡轮的输出功率 P_w 与泵轮输出功率 P_b 之比,即等于变矩系数 K 与传动比 i 的乘积:

$$\eta = P_w / P_b = M_w n_w / (M_b n_b) = Ki$$

8.3.5.3 行星齿轮变速器

由于液力变矩器增加输出转矩远远不能满足汽车的行驶需求,为了进一步增大变速器的输出转矩,扩大液力自动变速器的变速范围,通常在液力变矩器的后端安装一个行星齿轮变速器,通过液力变矩器的无级变速与行星齿轮变速器的有级变速的结合,实现液力自动变速器的综合变速效果。

1. 行星齿轮机构的组成

行星齿轮机构的结构如图 8-52 所示,其主要由太阳轮 1、齿圈 2、行星齿轮架 3 和行星齿轮 4 组成。

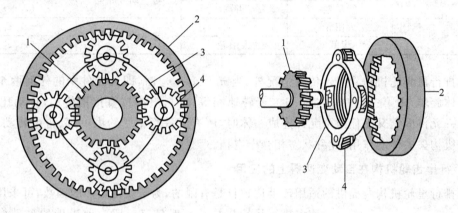

图 8-52 行星齿轮机构的结构
1—太阳轮;2—齿圈;3—行星齿轮架;4—行星齿轮

2. 行星齿轮机构的工作原理

对于单排行星齿轮机构(见图 8-53),设太阳轮、齿圈、行星架的转速为 n_1、n_2 和 n_3,太阳轮与齿圈的齿数分别为 z_1 和 z_2,齿圈与太阳轮的齿数比为 α,则根据能量守恒定律,由作用在该机构各元件上的力矩和结构参数可以得到表示单排行星齿轮机构一般运动规律的特性方程式为

$$n_1 + \alpha n_2 - (1+\alpha)n_3 = 0$$

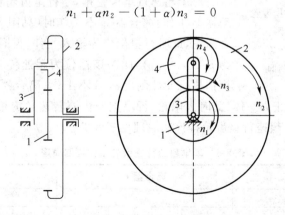

图 8-53 单排行星齿轮机构
1—太阳轮;2—齿圈;3—行星齿轮架;4—行星齿轮

由上式可以看出,单排行星齿轮机构具有两个自由度,在太阳轮、齿圈和行星架三个基本构件中,任选两个分别作为主动件和从动件,而使另一元件固定不动(即使该元件转速为0),或使其运动受一定的约束,则行星齿轮机构只有一个自由度,整个单排行星齿轮变速器系统以一定的传动比传递动力,其具体情况见表 8-4。

表 8-4 单排行星齿轮机构传动类型

固 定 件	主 动 件	从 动 件	旋 转 方 向	传 动 比
齿圈	太阳轮	行星架	与主动件相同	$(z_1+z_2)/z_1$
齿圈	行星架	太阳轮	与主动件相同	$z_1/(z_1+z_2)$
太阳轮	齿圈	行星架	与主动件相同	$(z_1+z_2)/z_2$
太阳轮	行星架	齿圈	与主动件相同	$z_2/(z_1+z_2)$
行星架	太阳轮	齿圈	与主动件相反	$-z_2/z_1$
行星架	齿圈	太阳轮	与主动件相反	$-z_1/z_2$

单排行星齿轮机构除上述传动情况外,当 $n_1=n_2=n_3$ 时,即三元件中的任何两个元件连成一体旋转,则第三元件转速必与二者转速相等,即行星排按直接挡传动,传动比为 1。当无任一元件固定又无任两个元件连成一体时,所有元件都不受约束,可以自由转动,则行星齿轮机构失去传动作用,此种状态相当于空挡。

3. 行星齿轮机构在自动变速器上的应用

单排行星轮机构所提供的适用传动比数目是有限的,为了获得较多的挡数,可采用两排或多排行星轮机构。一般具有三四个前进挡的自动变速器至少需要两排行星轮机构。在现代汽车的自动变速器中,目前广泛采用的两种典型的复合式行星轮机构为辛普森式和拉维娜式。

1) 单排行星齿轮机构的应用

单排行星齿轮机构在液力变速器中多用作前排超速行星齿轮排,该行星齿轮机构通过离合器和制动器的控制实现直接挡和超速挡的变速传动,其结构如图 8-54 所示。

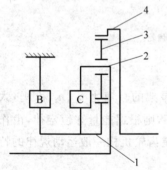

图 8-54 单排超速行星齿轮
机构结构简图
1—太阳轮;2—行星齿轮;
3—行星齿轮架;4—齿圈

对于超速行星齿轮排,当行星齿轮机构换挡执行元件制动器 B 工作,离合器 C 不工作时(见图 8-54),制动器 B 固定太阳轮,此时行星架作为输入元件,齿圈输出,可得到传动比为 $z_4/(z_1+z_4)$,此时该挡位为超速传动。当行星齿轮机构换挡执行元件制动器 B 不工作、离合器 C 工作时,离合器 C 将太阳轮和行星架锁止为一体,此时太阳轮、行星架与齿圈转速必定相等,即行星排按直接挡传动,传动比为 1。超速行星齿轮排控制原理见表 8-5。

表 8-5 单排超速行星齿轮机构控制原理

挡 位	离合器 C	制动器 B
超速挡		○
直接挡	○	

注:○为元件接合。

2) 多排行星齿轮机构的应用

（1）拉维娜式双排行星齿轮变速器

拉维娜式行星齿轮变速器具有结构紧凑、传递转矩较大的特点，目前常应用在发动机前置前轮驱动的自动变速器汽车上。拉维娜式双排行星齿轮机构（见图 8-55）主要由大太阳轮 6、小太阳轮 1、长行星齿轮 4、短行星齿轮 3、行星齿轮架 2 和齿圈 5 组成。其中，大太阳轮和长行星齿轮、行星齿轮架和齿圈组成一个单行星排，小太阳轮 1、短行星齿轮、长行星齿轮、行星齿轮架和齿圈组成一个双行星齿轮排。两个行星齿轮排共用一个行星齿轮架和一个齿圈。

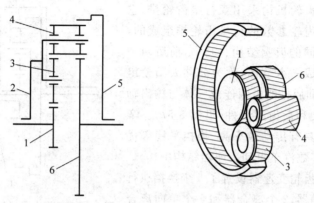

图 8-55 拉维娜式行星齿轮机构结构简图

1—小太阳轮；2—行星齿轮架；3—短行星齿轮；4—长行星齿轮；5—齿圈；6—大太阳轮

拉维娜式行星齿轮变速器可以通过 2 个制动器、3 个离合器和 1 个单向离合器实现四个前进挡一个倒挡的动力传递（见图 8-56），其中离合器 C_1 连接输入轴与小太阳轮，离合器 C_2 连接输入轴与大太阳轮，离合器 C_3 连接输入轴与行星架，制动器 B_2 制动大太阳轮，制动器 B_1 制动行星架，单向离合器 F_w 阻碍行星架逆时针转动，其各挡位具体传动原理见表 8-6。

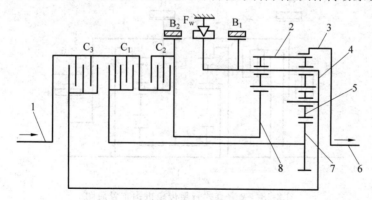

图 8-56 拉维娜式行星齿轮机构布置简图

1—输入轴；2—长行星齿轮；3—齿圈；4—行星架；5—短行星齿轮；6—输出轴；7—小太阳轮；8—大太阳轮

表 8-6 拉维娜式行星齿轮机构控制原理

挡位	C_1	C_2	C_3	B_1	B_2	F_w
D1	○					○
D2	○				○	

续表

挡位	C_1	C_2	C_3	B_1	B_2	F_w
D3	○		○			
D4			○		○	
R		○		○		

注：○为元件接合。

(2) 辛普森式双排行星齿轮变速器

辛普森式行星齿轮机构采用双行星齿轮排，它是由两个完全相同齿轮参数的行星齿轮排组成的，整个齿轮系具有相同的齿圈结构。其中，前后两个行星排的太阳轮连成一个整体，称为公共太阳轮组件；前排的行星架和后排的齿圈连成一体与输出轴连接，称为前行星架和后齿圈组件（见图8-57）。辛普森行星齿轮机构具有传动效率高、换挡平稳等优点，目前应用在大多数汽车自动变速器结构中。

辛普森式行星齿轮变速器设置了5个换挡执行元件，包含2个制动器、2个离合器和1个单向离合器（见图8-58），该机构可实现三个前进挡一个倒挡的动力传递。其中换挡执行元件离合器C_1连接输入轴与前排齿圈，离合器C_2连接输入轴与公共太阳轮组件，制动器B_1制动公共太阳轮组件，制动器B_2制动后排行星架，单向离合器F_w阻碍后排行星架逆时针转动，其各挡位具体传动原理见表8-7。

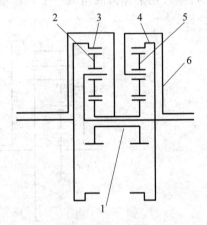

图8-57 辛普森式行星齿轮机构结构简图
1—公共太阳轮组件；2—前排行星齿轮；3—前排齿圈；4—前行星架和后齿圈组件；5—后排行星齿轮；6—后排行星架

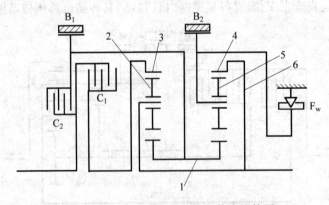

图8-58 辛普森式行星齿轮机构布置简图
1—公共太阳轮组件；2—前排行星齿轮；3—前排齿圈；4—前行星架和后齿圈组件；5—后排行星齿轮；6—后排行星架

表8-7 辛普森式行星齿轮机构控制原理

挡位	C_1	C_2	B_1	B_2	F_w
D1	○				○
D2	○		○		

续表

挡位	C_1	C_2	B_1	B_2	F_w
D3	○	○			
R		○		○	

注：○为元件接合。

8.3.5.4 换挡执行机构

液力自动变速器中行星齿轮机构的所有齿轮都处于常啮合状态，挡位变换必须通过以不同方式对行星齿轮机构的基本元件进行约束（即固定或连接某些基本元件）来实现。能对这些基本元件实施约束的机构，就是行星齿轮变速器的换挡执行机构。行星齿轮变速器换挡执行机构主要由离合器、制动器及单向离合器组成，由液压控制系统实现自动控制。

1. 离合器

1）离合器的作用

自动变速器中湿式多片离合器的主要功用是实现连接作用和连锁作用。连接作用是将行星齿轮机构中某一组件与输入部分连接。连锁作用是将行星齿轮机构中任意两个组件连锁为一个整体，使三个组件具有相同的转速，这时行星齿轮机构作为一个刚性整体，实现直接传动。

2）离合器的组成

湿式多片离合器主要由离合器鼓、离合器活塞、回位弹簧、钢片、摩擦片和离合器壳组成，如图 8-59 所示。

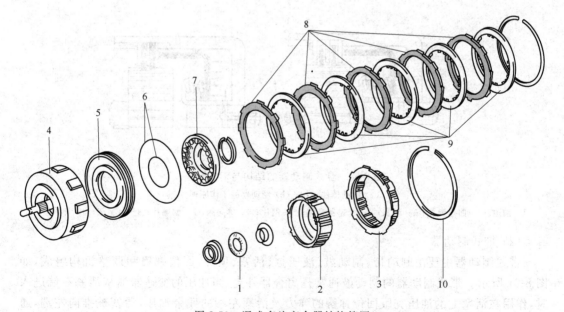

图 8-59 湿式多片离合器结构简图

1—轴承；2—从动片固定盘；3—挡圈；4—离合器鼓；5—活塞；6—弹簧座；7—回位弹簧；8—离合器摩擦片；9—钢片；10—卡环

3) 离合器的工作原理

(1) 接合过程：当需要某一离合器接合工作时，自动变速器液压控制系统将液压油通过离合器鼓进油道送到活塞后方，通过给活塞后方建立油压，使活塞中单向阀关闭并克服回位弹簧弹力，推动活塞移动将离合器钢片与摩擦片压紧产生摩擦力，实现动力传递。离合器接合过程要求平稳柔和。

(2) 分离过程：当离合器分离时，缸体内主要油压由原油道泄出，同时单向阀打开帮助泄出残余油压，活塞在回位弹簧的作用下迅速回位，离合器钢片与摩擦片分离，离合器动力传递中断。离合器分离过程要求迅速彻底。

2. 制动器

1) 制动器的作用

制动器的作用是将行星齿轮机构中某一组件与变速器壳体相连，使该组件受约束而固定。

2) 制动器的结构与工作原理

在自动变速器中，常用的制动器有盘式制动器和带式制动器两种类型。

(1) 盘式制动器

盘式制动器的结构与工作原理与湿式多片离合器完全相同，只是制动器从动片的外圆花键齿与变速器外壳连接，而湿式多片离合器主、从动片连接两个运动组件。盘式制动器工作时，通过在活塞背面建立液压压力，实现主、从动片贴合建立摩擦力，由于从动片连接变速器外壳这个固定部件，从而实现对主动件进行制动。盘式制动器的结构与工作原理如图 8-60 所示。盘式制动器接合平顺性好，间隙无需调整，可通过增减摩擦片的数量满足不同排量发动机的要求，因此小型汽车使用较多。

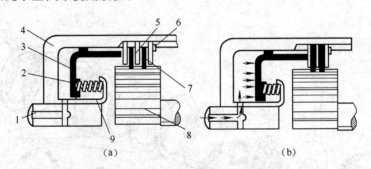

图 8-60　盘式制动器的结构与工作原理
(a) 制动器的结构；(b) 制动器的工作原理
1—油道；2—回位弹簧；3—活塞；4—变速器壳体；5—钢片；6—单向阀；7—摩擦片；8—行星架；9—弹簧座

(2) 带式制动器

带式制动器主要由制动带、制动鼓、液压缸、活塞、顶杆、回位弹簧和调整机构组成，如图 8-61 所示。带式制动器的制动鼓通常是离合器外壳，当加压的变速器油从活塞右端进入时，作用在活塞上的油压克服回位弹簧的弹力及活塞左端的残余油压，活塞被推向左端，通过顶杆使制动带抱死制动鼓（即离合器外壳），对与离合器连接的运动件实施制动；当需要解除制动时，加压的变速器油从活塞左端进入，而活塞右端泄压，活塞在回位弹簧的作用下迅速右移，制动带释放，对制动鼓制动解除。

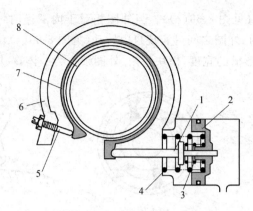

图 8-61 带式制动器结构图

1—顶杆；2—活塞；3—回位弹簧；4—液压缸；5—调整螺钉；6—变速器壳体；7—制动带；8—制动鼓

3. 单向离合器

1) 单向离合器的作用

单向离合器可限制一些运动组件只能作单方向的转动，或限制两个组件在某一方向自由转动而在相反方向相互制约。

2) 单向离合器的结构与工作原理

目前在自动变速器中，单向离合器有滚柱式单向离合器和楔块式单向离合器两种类型。

(1) 滚柱式单向离合器

滚柱式单向离合器的结构如图 8-62 所示，外圈 1 的内表面上开有若干偏心的弧形空间与内圈 2 外表面形成若干个楔形空间，滚柱 3 位于楔形空间内，被碟形弹簧 4 压向较窄一端。当外圈相对于内圈逆时针运动时（见图 8-62(a)），滚柱在摩擦力作用下压缩弹簧被推向楔形空间宽的一端而处于自由状态，外圈和内圈相对转动。若外圈相对于内圈顺时针转动，则情况相反（见图 8-62(b)），滚柱在碟形弹簧压力和摩擦力作用下被推向楔形空间的窄端，于是内、外圈被滚柱楔紧锁止，不能相对转动。

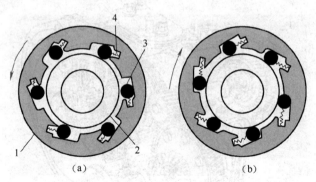

图 8-62 滚柱式单向离合器的结构

(a) 自由状态；(b) 锁止状态

1—外圈；2—内圈；3—滚柱；4—碟形弹簧

(2) 楔块式单向离合器

楔块式单向离合器的结构如图 8-63 所示，楔块两个方向的尺寸 A、C 与环形槽的宽度 B

之间的关系是 $A>B>C$（见图 8-63(c)）。当外圈相对于内圈逆时针运动时，楔块以小端尺寸 C 介于内外圈之间，内、外圈之间可实现自由转动（见图 8-63(a)）；而作顺时针运动时，由于楔块大端尺寸大于环形槽的宽度，楔块将内、外圈锁止为一体，一同转动（见图 8-63(b)）。

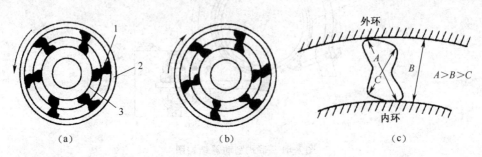

图 8-63　楔块式单向离合器的结构
(a) 自由状态；(b) 锁止状态；(c) 楔块尺寸结构
1—楔块；2—外圈；3—内圈

8.3.5.5　典型自动变速器变速机构

1. 大众 01M 型自动变速器

德国大众 01M 型四挡自动变速器采用拉维娜式行星齿轮机构，该型变速采用模糊逻辑控制理论，在换挡时自动变速器电子控制单元根据车速和发动机负荷等信号，适时合理地进行自动换挡，从而使发动机发挥出良好的动力性和经济性，同时又使整车具有良好的驾驶操作性。01M 型自动变速器装备在捷达都市先锋、高尔夫和宝来轿车上，在这些前轮驱动轿车上形成变速驱动桥结构形式。变速驱动桥就是在自动变速器壳体内装有主减速器和差速器，动力经过两根半轴传递到两个前轮输出。大众 01M 型变速器主要由液力变矩器、双排拉维娜式行星齿轮机构、液压操纵系统和电子控制系统组成，如图 8-64 所示。

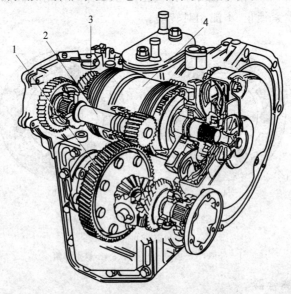

图 8-64　大众 01M 型自动变速器
1—主减速器；2—中间传动齿轮轴；3—中间传动主动齿轮；4—行星齿轮传动系统

大众01M型自动变速器液力变矩器及行星齿轮机构见图8-65，其中小太阳轮与短行星齿轮啮合，短行星齿轮与长行星齿轮小端啮合，长行星齿轮小端与齿圈啮合输出动力，同时长行星齿轮的大端与大太阳轮啮合。在大众01M型自动变速器的行星齿轮机构中有3个离合器、2个制动器和1个单向离合器；在液力变矩器中有1个离合器和1个单向离合器，见图8-66。其中，C_0为液力变矩器锁止离合器；F_0为导轮单向离合器，称为前进挡超越离合器；离合器C_1连接输入轴与小太阳轮，称为前进挡离合器；离合器C_2连接输入轴与大太阳轮，称为倒挡离合器；离合器C_3连接输入轴与行星架，称为前进挡强制离合器；制动器B_2制动大太阳轮；制动器B_1制动行星架；单向离合器F_1阻碍行星架逆时针转动，称为抵挡单向离合器。大众01M型自动变速器挡位控制原理见表8-8。

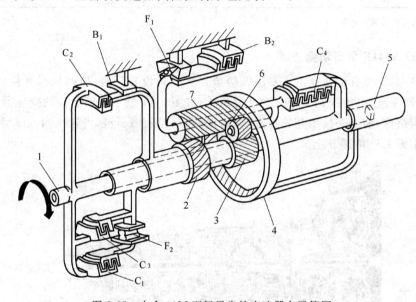

图8-65　大众01M型行星齿轮变速器布置简图
1—输入轴；2—小太阳轮；3—大太阳轮；4—齿圈；5—输出轴；6—短行星齿轮；7—长行星齿轮

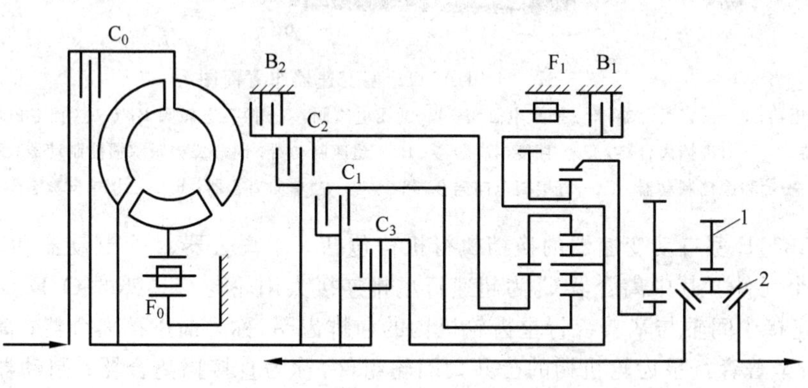

图8-66　大众01M型自动变速器换挡执行机构原理简图
1—主减速器；2—差速器

表 8-8 大众 01M 型自动变速器挡位与执行器的关系

变速杆位置	挡位	C_1	C_2	C_3	B_1	B_2	F_1
P	驻车挡						
R	倒车挡		○		○		
N	空挡						
D	D1	○					○
	D2	○				○	
	D3	○		○			
	D4			○		○	
1	1挡	○			○		

注：○为元件接合。

2. 丰田 A341E 型自动变速器

丰田 A341E 型自动变速器主要由四挡辛普森行星齿轮机构、换挡执行元件、液力变矩器、液压控制系统、电子控制系统几大部分组成，如图 8-67 所示。该型自动变速器由三排行星齿轮机构组成，前面一排为超速行星排，后面两排为辛普森行星齿轮机构。该型变速器主要应用在丰田 LS400 轿车上。

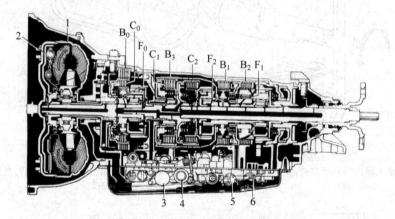

图 8-67 丰田 A341E 型变速器布置简图

1—液力变矩器；2—锁止离合器；3—锁止电磁阀；4—油压电磁阀；5—换挡电磁阀 B；6—换挡电磁阀；C_0—直接挡离合器；C_1—前进挡离合器；C_2—直接挡离合器；B_0—超速制动器；B_1—二挡跟踪惯性制动器；B_2—二挡制动器；B_3——挡和倒挡制动器；F_0—直接挡单向离合器；F_1——挡单向离合器；F_2—二挡单向离合器

丰田 A341E 型自动变速器的换挡执行机构包括 3 个离合器、4 个制动器和 3 个单向离合器共 10 个元件。其中离合器 C_0 为超速行星排连接太阳轮与行星架的 O/D 直接离合器；离合器 C_1 连接中间轴与辛普森行星齿轮机构的前排齿圈，称为前进挡离合器；离合器 C_2 连接中间轴与辛普森行星齿轮机构的公共太阳轮组件，称为直接挡离合器；制动器 B_0 制动超速行星排太阳轮，称为 O/D 制动器；制动器 B_1 制动辛普森行星齿轮机构的公共太阳轮，称为二挡跟踪惯性制动器；制动器 B_2 制动单向离合器 F_1，称为二挡制动器；制动器 B_3 制动辛普森行星齿轮机构的后排行星架，称为一挡和倒挡制动器；单向离合器 F_1 是在 B_2 工作时，实现阻止公共太阳轮逆时针转动；单向离合器 F_2 阻碍后排行星架逆时针转动。丰田 A341E 型变速器换挡控制机构布置如图 8-68 所示，结构简图如图 8-69 所示。

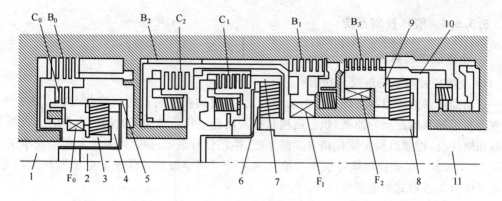

图 8-68　丰田 A341E 型变速器换挡执行机构布置图

1—O/D 输入轴；2—输入轴；3—O/D 齿圈；4—O/D 行星架；5—O/D 太阳轮；6—前行星架；
7—前齿圈；8—公共太阳轮；9—后行星架；10—后行星齿圈；11—输出轴

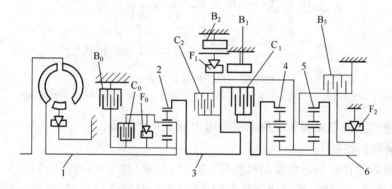

图 8-69　丰田 A341E 型变速器换挡执行机构原理简图

1—输入轴；2—超速行星排；3—中间轴；4—前行星排；5—后行星排；6—输出轴

丰田 A341E 型自动变速器挡位控制原理见表 8-9。

表 8-9　丰田 A341E 型自动变速器挡位与执行器的关系

变速杆位置	挡位	C_0	B_0	F_0	C_1	C_2	B_1	B_2	B_3	F_1	F_2
P	驻车挡	●							●		
R	倒车挡	●				●			●		
N	空挡	●									
D	D1	●									●
	D2	●		●	●			●		●	
	D3	●		●	●	●				●	
	D4		●		●	●		●			
2	1挡	●		●	●						●
	2挡	●		●	●		○	●		●	
L	1挡	●		●	●				○		●

注：① ●表示执行机构起作用。

② ○表示利用发动机制动时起作用。

8.3.5.6 液压控制系统

1. 全液压控制系统

1) 全液压控制系统组成与功用

自动变速器液压控制系统主要由动力源、执行机构和控制机构三部分组成。动力源是由液力变矩器泵轮驱动的油泵,执行机构包括控制行星齿轮机构实施换挡操作的离合器、制动器和液压缸,控制机构主要包括主油路系统、换挡信号系统、换挡阀系统和缓冲安全系统,如图 8-70 所示。根据换挡信号系统和换挡阀系统采用全液压元件还是电子控制元件可将控制系统分为液控式和电控式两种。

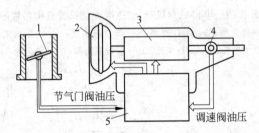

图 8-70 液压控制系统的结构
1—节气门阀;2—液力变矩器;3—行星齿轮机构;4—调速阀;5—液压控制元件

自动变速器全液压控制系统的主要功用为以下几个方面。

(1) 自动换挡控制

自动变速器换挡时刻是由发动机负荷(节气门开度)和车速决定的,同时受变速杆位置(驾驶员选择挡位)控制。当发动机负荷较大,汽车行驶速度较低时,控制换挡执行机构将变速器换入低位挡;反之则换入高位挡。驾驶员也可通过操纵变速器操纵杆使变速器在几个挡位自动切换,或锁定在低位挡。

(2) 液力变矩器锁止控制

液力变矩器以液压油传递动力,效率较低,当车速达到一定值后,控制油路通过锁止离合器将变矩器涡轮与泵轮锁止在一起,实现直接传动。

(3) 换挡品质控制

通过液压控制油路上的蓄压器、缓冲阀、定时器、压力调节阀实现换挡过程的平稳、无冲击控制,以防止产生大的动载荷。

(4) 提供一定压力和足够流量的液压油

向液力变矩器、换挡执行器的离合器及制动器提供足够的油压,保障准确、可靠地换挡。同时,向整个变速器运动零件包括齿轮、轴承、摩擦片等提供温度适合的润滑油。

2) 液压控制系统元件的结构与原理

(1) 自动变速器油泵

油泵是自动变速器液压控制系统的压力来源。自动变速器油泵通常安装在变速器的前端,由发动机驱动,也有部分自动变速器油泵安装在变速器的后端。油泵的主要作用是向控制机构和执行机构提供压力油实现换挡,并且还向液力变矩器提供冷却补偿油,向行星齿轮变速器供给润滑油。

自动变速器油泵根据结构不同有齿轮泵、转子泵、叶片泵3种类型,目前应用较为广泛的是内啮合式齿轮泵,其结构如图8-71所示,主动齿轮3是外齿结构,从动齿轮2是内齿结构,主、从动齿轮采用内啮合偏心装配。主动齿轮用花键与液力变矩器泵轮轮毂连接,与泵轮一同由发动机曲轴驱动,带动从动齿轮同向旋转。为了防止吸油腔与排油腔之间的泄漏,在两腔之间设置了月牙形隔板1,主从动齿轮、月牙形隔板、前后端盖之间形成了多个分隔的密闭空间。当自动变速器主动齿轮被泵轮驱动时,进油容积由小变大,产生真空度,不断吸油;同时出油容积由大变小,提高油压,不断泵油。

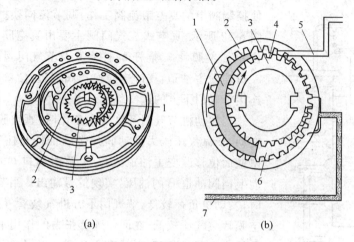

图8-71 内啮合式齿轮泵结构图
(a)油泵分解图;(b)油泵腔室切面图
1—月牙形隔板;2—从动齿轮;3—主动齿轮;4—进油腔;5—进油口;6—出油腔;7—出油口

(2)节气门阀

节气门阀的作用是获得与节气门开度成正比的输出油压信号,并将其信号输送给换挡阀,实现自动换挡。根据节气门阀开度信号输入方式不同,常见的节气门阀有机械式和真空式两种。

机械式节气门阀是通过与节气门连接的机械结构改变阀体中柱塞的位移实现油压大小的调节控制。如图8-72所示,机械式节气门阀主要由节气门拉索1、节气门阀凸轮2、柱塞3、回位弹簧4组成。图中,a口与变速器液压控制系统中主油道相通,b口为出油口,与换挡阀油道相通。

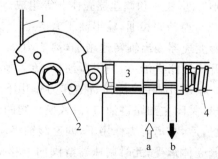

图8-72 机械式节气门阀
1—节气门拉索;2—节气门阀凸轮;3—柱塞;4—回位弹簧

凸轮通过钢丝拉索与加速踏板实现机械力连接，当节气门变化时，如图8-72所示，在钢丝拉索拉力的作用下，凸轮实现转动，通过偏心凸轮施加在弹簧上的预紧力不同，推动柱塞移动，通过柱塞壁面对主油道开度的调节实现节气门开度信号的输出。当节气门开度减小时，节气门阀凸轮在拉索的带动下顺时针旋转，推动柱塞向右移动，逐步关闭主油道进油口，减小并降低流向换挡阀油道的油压；反之当节气门开度增大时，节气门阀凸轮在拉索的带动下逆时针旋转，主油道进油口开度增大，流向换挡阀的油压升高。

真空式节气门阀是利用发动机进气总管的真空（负压）使控制阀中的真空节流阀工作，调节流向换挡阀的油压。如图8-73所示，真空式节气门阀主要由真空膜片室1、膜片回位弹簧2、膜片3、推杆4、柱塞5及节气门阀体组成。图中，A口连通主油道，B口连通换挡阀油道，C口为泄油口，D口连接节气门下方的进气歧管。

当发动机节气门开度发生变化时，真空膜片室气压发生变动，依靠气压压力推动膜片带动推杆及柱塞移动，通过柱塞壁面位移改变主油道入口A及泄油口C的开度，调节流向换挡阀油道B的油压，实现信号输出。当节气门开度减小时，发动机负荷较低，节气门下方进气歧管气压较低，由于真空膜片室气压较低，在回位弹簧张力的作用下膜片带动推杆及柱塞上移，柱塞壁面减小主油道入口A的开度，增大泄油口C的开度，流入换挡阀油道B的油压降低；反之，当节气门开度增大时，真空膜片室气压升高，气压压力推动膜片、推杆及柱塞下移，柱塞壁面增大主油道入口A的开度，减小泄油口C的开度，流入换挡阀油道B的油压升高。

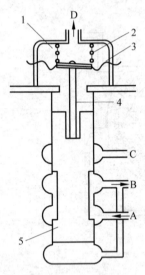

图8-73 真空式节气门阀
1—真空膜片室；2—膜片回位弹簧；3—膜片；4—推杆；5—柱塞

（3）调速阀

调速阀安装在自动变速器的输出轴上，其作用是产生与车速成正比的油压，与节气门阀产生的油压共同作用在换挡阀上，实现变速器的自动换挡。调速阀的基本工作原理是：利用变速器输出轴转速变化产生的离心力与调速器壳体内的回位弹簧的预紧力相互平衡，获得与变速器输出转速成正比的油压信号。

目前自动变速器使用较多的是双级式调速阀，其结构如图8-74所示，其主要由回位弹簧1、调速器滑阀2、调速器轴3、重块4和调速器壳体5等组成。a孔与主油道相通，输入油压为p_H；b孔为卸油口；c孔与换挡阀相通，输出油压为p_V。

当汽车低速行驶时，随着变速器输出轴转速增加，离心力p_c使重块和调速器滑阀一起向上移动，滑阀壁面逐步打开主油路进油口，关闭泄油口，流入换挡阀的油压p_V逐步升高；反之，当车速降低时，离心力p_c减小，在回位弹簧的弹力作用下重块和调速器滑阀一起回落，滑阀壁面逐步打开泄油口，关闭主油路进油口，流入换挡阀的油压p_V逐步降低。

当汽车车速升高一定数值后，在离心力作用下，调速阀轴移动到被调速器壳体5卡住位置时，重块的离心力被调速阀壳体承受，此时调速器滑阀向上移动仅靠自身的离心力，调速阀输出的油压p_V随变速器输出轴转速的升高缓慢增大，这样可以防止在高速区频繁换挡，使车速稳定。由上可知，调速阀输出油压p_V与变速器输出转速关系分为两级，即用两个重

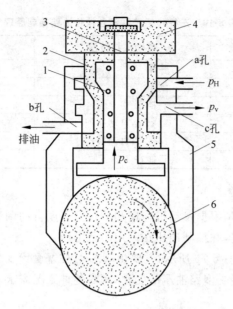

图 8-74 双级式调速阀
1—回位弹簧；2—调速器滑阀；3—调速器轴；4—重块；5—调速器壳体；6—变速器输出轴

块产生的离心力不同，使输出油压 p_V 有一个转折点，调高汽车在高低速时的换挡性能。

（4）手控制阀

手控制阀在自动变速器液压控制系统中相当于油路总开关，由驾驶室内的换挡手柄控制。手控阀根据自动变速器操纵手柄的位置，即自动变速器处于不同挡位状态，手控制阀将主油路的液压油分配给不同的工作油道。例如变速器操纵手柄位于停车挡 P、空挡 N、倒挡 R、前进挡 D、前进锁止挡 S、L 或 2、1 挡（此时变速器只能在较低的几个挡位变换或只能在某一低挡位行驶）时，手控制阀也随之移至相应的位置，使进入手动阀的主油路与不同的控制油路接通，或直接将主油路压力油送入不同的控制油路，并让不参加工作的控制油路与泄油孔接通。

根据手控制阀阀芯的密封圆柱面的数量不同可分为两柱式手控制阀和三柱式手控制阀。三柱式手控制阀（见图 8-75）在阀芯 1 上有 3 个密封的圆柱面，油道 2 通向 2 挡和 L 挡的换挡执行元件，油道 3 通向 D 挡的换挡执行元件，油道 4 通向主油路油道，油道 5 通向 R 挡的换挡执行元件，油道 6 通向 P 挡、R 挡和 L 挡的换挡执行元件。三柱式手控制阀各挡位油路连通原理见表 8-10。

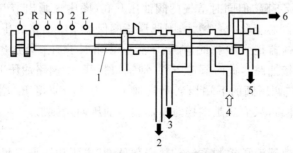

图 8-75 手控制阀油路结构
1—阀芯；2—通前进挡低挡油路；3—通前进挡油路；4—主油路；5—通倒挡油路；6—通前进挡低挡锁止油路

表 8-10　三柱式手控制阀各挡位油路控制原理

换挡手柄位置	自动换挡范围	与主油道连通的油道
P	驻车	
R	倒车	5、6
N	空挡	
D	1～4 挡自动换挡	3
2	1～2 挡自动换挡	2、3
L	只能在 1 挡行驶	2、3、6

(5) 主油路调压阀

主油路调压阀的作用是根据发动机转速和节气门开度自动调节整个液压控制系统的油压，保证各系统的油压稳定，并控制油压在一定的范围内。

主油路调压阀结构如图 8-76 所示，主要由阀芯 4、柱塞套筒 3 和调压弹簧 5 组成。该调压阀为阶梯式滑阀，它可接受多路油压的变化，满足各种工况需求。

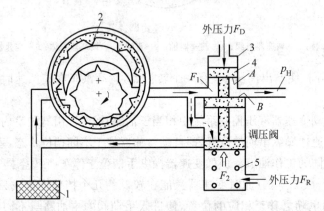

图 8-76　主油路调压阀的结构
1—滤网；2—液压泵；3—柱塞套筒；4—阀芯；5—调压弹簧

当液压泵输出的油压升高，阀芯上部的油液压力 F_1 增大，推动阀芯下移并压缩调压弹簧 5，出油口打开，部分油液被推出。通过调节出油口的面积，使油液压力 p_H 调到规定值。若加大节气门开度，发动机转速提高，液压泵转速随着加快，液压泵输出的油压也升高，作用在阀芯 B 面上的作用力增大，起初有一部分油液（虚线箭头所示）经泄油口流出调压阀，使得主油路油压 p_H 有所下降，但同时节气门阀油压升高（图中未画出节气门阀与调压阀连接油路），使得 F_2 增大，阀芯上移，p_H 增大，因此调压阀保证了主油路的压力稳定。

当手控制阀将变速器挂入 D 挡时，在调压阀上端相当于加上外加压力 F_D（图中未画出手控制阀与调压阀连接油路），此时阀芯下移，泄油口打开，主油路油压下降。在手控制阀将变速器挂入 R 挡时，在调压阀的下端相当于施加了压力 F_R，使得 F_2 增大，阀芯上移，出油口关小，主油路油压升高，从而满足倒挡时所需要的油压回路压力。

(6) 换挡阀

换挡阀是自动变速器液压控制系统的核心部件，其主要功用是按照换挡规律的要求，随着控制参数（节气门开度和车速）的变化，选择换挡时刻，发出换挡信号并控制换挡执行机构（换挡离合器和换挡制动器）的分离与接合，实现换挡操作。

自动变速器的换挡阀的数量取决于自动变速器的挡位数，如一个四挡变速器需要用三个换挡阀，即一、二挡换挡阀，二、三挡换挡阀，三、四挡换挡阀。换挡阀在节气门阀油压和调速阀油压的作用下，控制换挡阀柱塞的位置，调节各挡位换挡执行器油路与主油路和泄压油路的通断，实现两个挡位间的自动换挡。多个换挡阀的组合，可实现多个挡位间的自动互换。

以一、二挡换挡阀为例，其结构与工作原理如图 8-77 所示，其中 p_Z 为节气门阀油压，p_V 为调速阀油压，p_H 为主油道油压，F 为弹簧预紧力，B 油道通二挡换挡执行元件油路，C 油道通一挡换挡执行元件油路。

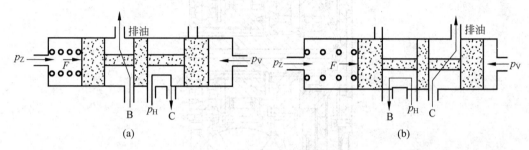

图 8-77　换挡阀的工作原理
(a) 低速挡位置；(b) 高速挡位置

当变速器位于低速挡时（见图 8-77(a)），此时节气门阀油压 p_Z 和弹簧预紧力 F 的合力与调速阀油压 p_V 处于平衡状态，主油道油压 p_H 通过 C 口通向一挡换挡执行元件，而二挡换挡执行元件油路 B 与泄压油道相通，即二挡执行元件处于非工作状态，此时挡位为一挡。

当驾驶员开始加速行驶（见图 8-77(b)），随着节气门开度增大，节气门阀油压 p_Z 升高，致使节气门阀油压 p_Z 和弹簧预紧力 F 的合力大于调速阀油压 p_V，在油压的作用下推动柱塞向右移动，致使主油道油压 p_H 通过 B 口通向二挡换挡执行元件，而一挡换挡执行元件油路 C 与泄压油道相通，即一挡执行元件处于非工作状态，二挡执行元件处于工作状态，此时变速器由一挡升入二挡。

(7) 锁止离合器控制阀

锁止离合器控制阀的主要作用是当车速上升到一定值时，将液力变矩器的泵轮与涡轮连接起来，实现液力变矩器直接传动，提高传动效率。锁止离合器控制阀的结构与工作原理如图 8-78 所示，锁止离合器从动盘 7、连接涡轮 10，当液压油作用在锁止离合器液压缸活塞时，锁止离合器将连接变矩器壳体，从而实现将涡轮与泵轮 11 锁止为一体同步转动，锁止离合器两侧的油压由锁止信号阀和锁止继动阀根据调速阀信号实施控制。

当汽车以低速挡行驶时，调速阀调节的油压较低，锁止信号阀在弹簧弹力的作用下保持在上方位置，锁止信号阀柱塞壁面将通往锁止继动阀主油路切断，从而使锁止继动阀在上方弹簧弹力及主油路的油压的作用下保持在下方位置，使变矩器中锁止离合器压盘左侧的油腔与变矩器阀油路相通，此时锁止离合器处于分离状态。

当汽车以高速挡行驶时，调速阀调节的油压升高到一定数值，锁止信号阀在油压的作用下被推至下方位置，来自高速挡油路的主油路压力进入锁止继动阀下端，锁止继动阀在下方主油路油压的作用下上升，从而锁止离合器左侧的油腔与卸压油路相通，锁止离合器前移，

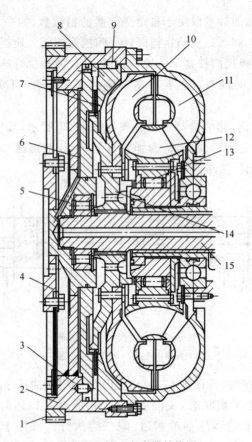

图 8-78 锁止离合器结构图

1—起动齿圈；2—锁止离合器操纵液压缸；3—导向销；4—曲轴凸缘；5—油道；
6—操纵液压缸活塞（压盘）；7—离合器从动盘；8—传力盘；9—键；10—涡轮；
11—泵轮；12—导轮；13—单向离合器；14—涡轮轮毂；15—变矩器输出轴

将涡轮与变矩器壳体锁止，发动机动力经锁止离合器直接传至涡轮输出。

（8）控制阀体

控制阀体式自动变速器是液压操纵系统的主要组成部分，控制阀体的功用是安装自动变速器液压控制系统的主要控制阀及其油路，确保液压控制系统能够良好工作。图 8-79 所示为液压控制阀体总成。

2. 电液控制系统

自动变速器采用全液压控制系统由于存在控制精度差、换挡响应速度慢等问题，逐步被淘汰，目前汽车市场上绝大部分液力自动变速器普遍采用电子控制系统辅助液压控制完成换挡控制与油压调节。相对于传统全液压控制式自动变速器，电子控制式自动变速器利用各种传感器对发动机节气门位置、汽车行驶速度、变速器操纵杆位置等各种运转参数进行采集，并将采集的参数信息转变为电信号传输给电子控制单元（ECU），电子控制单元根据传感器传输的电信号按照设定的控制程序发出换挡控制信号，之后通过各种电磁阀实现控制阀体总成的工作，完成换挡控制任务。

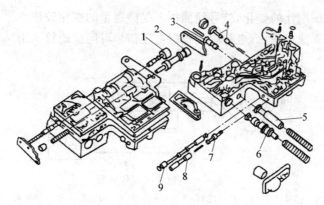

图 8-79 控制阀体总成

1——、二挡换挡阀;2—二、三挡换挡阀;3—流量控制阀;4—缓冲阀;5—变矩器阀;
6—主油路调压阀;7—节气门阀;8—强制低挡阀;9—手控制阀

自动变速器电子控制系统主要包括各类传感器、控制开关、电子控制单元、执行元件及控制电路等,如图 8-80 所示。

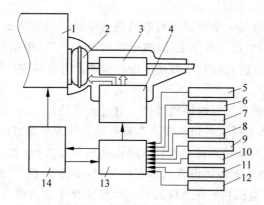

图 8-80 自动变速器电子控制系统

1—发动机;2—液力变矩器;3—行星齿轮变速器;4—阀板;5—节气门位置传感器;
6—车速传感器;7—水温传感器;8—ATF 油温度传感器;9—发动机转速传感器;
10—挡位开关;11—模式开关;12—制动灯开关;13—变速器 ECU;14—发动机 ECU

1) 传感器及控制开关

电控自动变速器常用的传感器有节气门位置传感器、车速传感器、水温传感器、自动变速器油温传感器,常用的控制开关有模式选择开关、空挡开关、制动灯开关等。

(1) 节气门位置传感器

节气门位置传感器的主要作用是将发动机节气门开度的变化转化成电信号传送给电子控制单元,电子控制单元根据这一信号对液压控制系统的油压及自动换挡系统进行控制。

(2) 车速传感器

车速传感器的作用是检测汽车行驶速度。根据原理不同车速传感器有电磁感应式、光电式和霍尔式等几种类型。

目前自动变速器常采用电磁感应式车速传感器(见图 8-81),其主要由信号转子 1、信号线圈 2 及永久磁铁 3 组成。信号转子转速与汽车车速相关,当信号转子转动时,其与永久磁铁之间的间隙产生周期性的变化,信号线圈由于受磁通量的变化致使产生交变的感应电压,感应电压的频率与车速成正比,电控单元根据电压信号可间接地检测出汽车的车速。

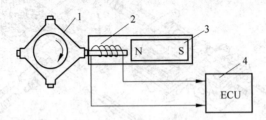

图 8-81　电磁式车速传感器

1—信号转子；2—信号线圈；3—永久磁铁；4—变速器电子控制单元

(3) 水温传感器

水温传感器用来检测发动机冷却液温度,当冷却液温度传感器检测到冷却液温度较低时,变速器 ECU 发出控制指令防止液力变矩器锁止离合器处于锁止状态,同时延长升挡时间；当冷却液温度较高时,变速器 ECU 发出指令锁止液力变矩器。

(4) 油温传感器

自动变速器油温传感器是一个负温度系数的热敏电阻。当液压油温度发生变化时,电阻阻值发生变化,其产生的电信号发生变化,电子控制单元 ECU 根据变化的电信号可测出油温信息,并根据油温信息进行换挡控制、油压控制和锁止离合器的控制。

(5) 模式选择开关

模式选择开关用来选择变速器的换挡规律。通过模式选择开关可选择普通模式、动力模式及经济模式。其中,动力模式是以获得汽车最高动力性为控制目标,选择该模式汽车在行驶时,变速器 ECU 选择的换挡规律总能将发动机处在最大功率；经济模式是以获得汽车最佳燃油经济性为控制目标,选择该模式汽车在行驶时,变速器 ECU 选择的换挡规律总能将发动机处在最经济转速范围内；普通模式的换挡规律介于动力模式和经济模式之间,兼顾汽车行驶动力性与经济性。模式选择开关一般安装在换挡手柄旁边,由驾驶员进行选择。

(6) 空挡开关

空挡开关可保证只有换挡手柄在 N 或 P 挡位置时,发动机才能起动。

(7) 制动灯开关

汽车在制动过程中,当制动灯开关接通制动灯电路时,自动变速器 ECU 根据该开关信号使液力变矩器锁止离合器处于分离状态。

(8) 超速挡(O/D)开关

驾驶员根据道路情况选择此开关,用来切断或接合超速挡。汽车在良好路面高速行驶时,选用超速挡开关时,该开关将向变速器 ECU 发出电信号,ECU 根据该信号再参考其他信息,适时地发出指令,通过换挡电磁阀完成超速挡的转换。

2) 执行元件

执行元件的作用是执行电控单元的指令,把 ECU 输出的电信号转换成控制系统所需要的力或位移,实现液压油路压力的自动控制。目前自动变速器的执行元件主要使用开关式电磁阀和线性磁脉冲式电磁阀,其控制方式有加压控制和泄压控制两种形式。

(1) 开关式电磁阀

开关式电磁阀一般作为换挡电磁阀、锁定控制电磁阀、超速离合器电磁阀和超速挡控制电磁阀。如图 8-82 所示，开关式电磁阀主要由电磁线圈 5、球阀 3、衔铁 6 及泄压油道 4 组成。

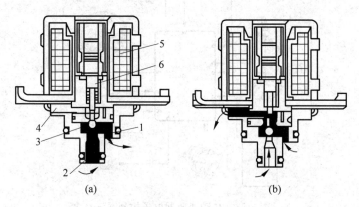

图 8-82 开关型电磁阀
(a) 电磁阀断电状态；(b) 电磁阀通电状态
1—控制油道；2—主油道；3—球阀；4—泄压油道；5—电磁线圈；6—衔铁

当电磁阀不通电时(见图 8-82(a))，在弹簧的预紧力的作用下，衔铁 6 下移，球阀 3 关闭泄油孔，使主油道来的高压油经电磁阀的控制油道 1 通往换挡执行元件。当电磁阀通电时(见图 8-82(b))，电磁线圈 5 产生的电磁吸引力吸引衔铁 6 克服弹簧预紧力上升，球阀 3 打开，打开泄压油道 4 进行泄压。

(2) 线性磁脉冲式电磁阀

线性磁脉冲式电磁阀常用于油路压力调节和液力变矩器锁止控制，主要由电磁阀和调节阀两部分组成。

电磁阀可根据电磁线圈通电时间，控制阀芯的位移大小，实现油压大小的调节。电磁线圈通电时间越长(占空比越大)，电磁吸引力越大，阀芯移动位移越大，调节油压越大；反之，电磁线圈通电时间越短(占空比越小)，阀芯移动位移越小，调节油压越小。

3) 电子控制单元(ECU)

自动变速器电子控制单元(ECU)的主要作用是根据微机中存储的程序，对各种传感器及控制开关输入的各种信号进行运算、分析及判断，并发出相应的控制指令，使执行器产生相应的控制动作，实现自动换挡。自动变速器电子控制系统如图 8-83 所示。同时，电子控制单元还不断地对整个电子控制系统进行监测，一旦出现故障，将故障信息存入到故障诊断系统中，并发出故障警告。

8.3.6 液力式自动变速器拆装实践训练

8.3.6.1 实践目的

通过大众 01M 型自动变速器拆装实践训练，使学生熟悉液力自动变速器拆装工具的使用方法，掌握大众 01M 型自动变速器拆装的基本要求和基本步骤，熟悉大众 01M 型自动变

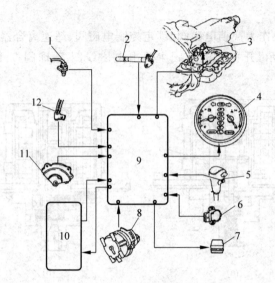

图 8-83 自动变速器电子控制系统

1—车速传感器；2—输入轴转速传感器；3—换挡阀电磁阀；4—仪表指示灯；5—超速挡开关；6—节气门位置传感器；7—自诊断接口；8—发动机转速传感器；9—自动变速器 ECU；10—发动机 ECU；11—挡位开关；12—油温传感器

速器各挡位的动力传动原理。

8.3.6.2 实践准备

1. 课时安排

6 课时。

2. 实践设备

1) 仪器设备

大众 01M 自动变速器拆装台一台。

2) 拆装工具

(1) 通用拆装工具

120 件套通用拆装工具、一字和梅花起子、金属榔头、T 形套筒。

(2) 专用拆装工具

止推块、止推板、套筒、管件、压杆、托架（见图 8-84）。

3) 拆装耗材

8 号液力传动油一桶。

8.3.6.3 理论知识准备

1. 结构图认知

通过图 8-65 和图 8-66，掌握大众 01M 型自动变速器行星齿轮的结构布置，掌握换挡执行机构的组成及原理，了解液压控制系统的布置与原理。

图 8-84 大众 01M 型自动变速器专用拆装工具
(a) 3002 止推块；(b) 30-100 套筒；(c) W454A 套管；(d) W418A 套管；(e) 510 止推块；
(f) 10084A 止推板；(g) W401 止推板；(h) 3221 托架；(i) W402 止推板

2. 挡位传动路线分析

大众 01M 型自动变速器根据 3 个离合器、2 个制动器及 1 个单向离合器实现 4 个前进挡及 1 个倒挡的动力传动（见图 8-66），其各挡位传动原理如下。

1）D 位 1 挡

在 D 位 1 挡时，离合器 C_1 接合，驱动后排小太阳轮，单向离合器 F 单向制动行星架，则齿圈同向减速输出，其动力传动路线为：泵轮→涡轮→离合器 C_1→小太阳轮→短行星轮→长行星轮→输出齿圈。D 位 1 挡滑行时，输出齿圈由被动件变为主动件，行星架顺时针空转，单向离合器解锁，小太阳轮不干涉发动机的低速运转，因此发动机对滑行无制动作用。

2）D 位 2 挡

在 D 位 2 挡时，离合器 C_1 接合，驱动后排小太阳轮，制动器 B_2 制动前排大太阳轮，则齿圈同向减速输出，其动力传动路线为：泵轮→涡轮→离合器 C_1→小太阳轮→短行星轮→长行星轮（此时绕大太阳轮旋转）→输出齿圈。

D 位 2 挡滑行时，输出齿圈由被动件变为主动件，此时大太阳轮仍制动，长行星轮、短行星轮仍按原来的自转与公转转速旋转，这样小太阳轮被迫带动涡轮按原来的转速旋转，因此发动机对滑行产生制动作用。

3）D 位 3 挡

在 D 位 3 挡时，离合器 C_1 接合，驱动后排小太阳轮，离合器 C_3 接合，驱动行星架，因为小太阳轮和行星架同时被驱动，所以行星齿轮机构以一个整体旋转，此时为直接挡，其动力传动路线为：泵轮→涡轮→离合器 C_1 和 C_3→小太阳轮和行星架→长行星轮→输出齿圈。D 位 3 挡滑行时，输出齿圈由被动件变为主动件，因离合器 C_1 和 C_3 仍接合，所以在输出齿圈的带动下整个行星齿轮机构仍按原来的转速旋转，这样小太阳轮和行星架同时驱动涡轮按原来的转速旋转，因此发动机对滑行产生制动作用。

4）D 位 4 挡

在 D 位 4 挡时，离合器 C_3 接合，驱动行星架，制动器 B_2 制动大太阳轮，则齿圈同向增速输出，此时为超速挡，其动力传动路线为：泵轮→涡轮→离合器 C_3→行星架→长行星轮（此时绕大太阳轮旋转）→输出齿圈。

D 位 4 挡滑行时，输出齿圈由被动件变为主动件，离合器 C_3 仍接合，制动器 B_2 仍制动前排大太阳轮，此时长行星轮由输出齿圈带动仍按原来的转速自传和公转，并带动行星架和涡轮按原来的转速旋转，因此发动机对滑行产生制动作用。

5）2 位 1 挡

2 位 1 挡的动力传动路线与 D 位 1 挡相同。

6）2 位 2 挡

2 位 2 挡的动力传动路线与 D 位 2 挡相同。

7）1 位 1 挡

在 1 位 1 挡时，离合器 C_1 接合，驱动后排小太阳轮，制动器 B_1 制动行星架，则齿圈同向减速输出，其动力传动路线与 D 位 1 挡相同。D 位 1 挡滑行时，输出齿圈由被动件变为主动件，此时制动器 B_1 仍制动行星架，长行星轮在齿圈的驱动下仍按原来的转速旋转，短行星轮在长行星轮的驱动下也按原来的转速旋转，并驱动小太阳轮、涡轮也按原来的转速旋转，因此发动机对滑行产生制动作用。

8）R 位（倒挡）

在倒挡时，离合器 C_2 接合，驱动前排大太阳轮，制动器 B_1 制动行星架，则齿圈反向减速输出，其动力传动路线为：泵轮→涡轮→离合器 C_2→大太阳轮→长行星轮→输出齿圈。

8.3.6.4　大众 01M 型自动变速器拆装流程

1. 前期准备

(1) 检查并整理工具，清洁工作台。

(2) 检查变速器固定情况，放置托盘，检查安全状况。

(3) 注意人身安全，认真执行 7S 管理。

(4) 在分解自动变速器时，将所用的组件和零件按分解顺序依次摆放，以便于检修和组装。要特别注意各个止推垫片、推力轴承的位置，不可错乱。

(5) 分解行星排、单向离合器时，先确认各个单向离合器的锁止方向。

(6) 自动变速器的安装应在所有零件均已清洗干净，各离合器、制动器、阀体、油泵等总成均已装配好并调整完毕后进行。安装自动变速器时，应更换自动变速器各接合面及轴颈上所有密封圈或密封环。

(7) 安装一些小零件时,为了防止零件掉落,可在小零件表面上涂抹一些普通润滑脂或凡士林,以便将小零件固定在安装位置上。

2. 拆卸自动变速器外围结构

(1) 拆卸放油螺栓和溢油管。

(2) 拆卸转速传感器 G38,拆卸车速传感器 G68(见图 8-85)。

(3) 拆卸多功能开关 F125 插座(见图 8-85)。

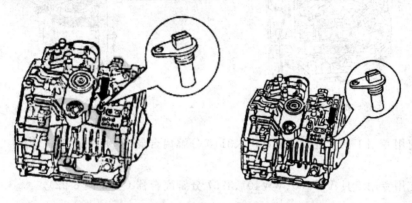

图 8-85　拆卸自动变速器转速传感器 G38 和车速传感器 G68

(4) 拆卸变速器选挡换挡杆拉杆。

(5) 拆卸自动变速器液力变矩器。

(6) 拆卸自动变速器机油冷却器和加油管。

(7) 拆卸油底壳。用 10mm 的 T 形扳手将油底壳上的固定螺栓拆下,螺栓对角松开(见图 8-86)。

(8) 取下变速器油滤清器(见图 8-87)。

(9) 拆卸制动密封塞螺栓。

(10) 用专用工具 3373 拆下传输线(见图 8-88)。

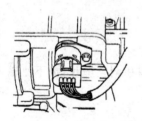 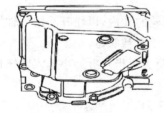 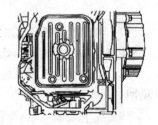

图 8-86　拆卸多功能开关 F125 插座　　图 8-87　拆卸变速器油底壳　　图 8-88　拆卸变速器油滤清器

(11) 拆下手动阀操纵杆,并固定手动阀(拨到一挡)。

(12) 对角取下滑阀箱螺栓,取下滑阀箱。

(13) 取下制动器的密封塞,用一字形小螺丝刀轻撬 B_1 制动器塑料供油阀,并将其取出放于指定位置。注意:在撬 B_1 制动器塑料供油阀时不能伤到阀体油道。

3. 拆卸自动变速器

(1) 对角松开端盖的螺栓,拆下端盖和密封垫。

(2) 对角松开油泵固定螺栓,对角拧入两颗 M8 螺栓,两端均匀拧入,将油泵顶出。

(3) 取出制动器 B_2 的定位弹簧及碟形弹簧(如图 8-90)。

(4) 取出制动器 B_2 的摩擦片,同时取出离合器 C_1、C_2、C_3 总成。

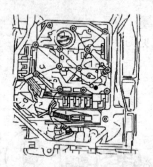 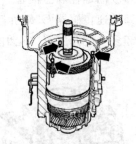

图 8-89　拆卸变速器传输线　　　　　图 8-90　取出自动变速器定位弹簧

(5) 使用专用工具 VW412、VW402、3110 分解离合器 C_1 和 C_3,将 C_1 从 C_3 上压出(见图 8-91)。

(6) 使用专用工具 VW460、VW401、3267 分解离合器 C_2(见图 8-92)。

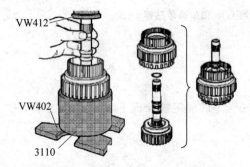 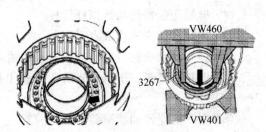

图 8-91　使用专用工具将离合器　　　　图 8-92　使用专用工具分解离合器 C_2
　　　　　C_1 和 C_3 分解

(7) 将螺丝刀插入大太阳轮的孔内,以松开小输入轴螺栓。

注意:此时变速器不能处于空挡状态。

(8) 松开小输入轴螺栓(箭头所指),拆卸小输入轴螺栓垫圈和调整垫片,拔下小输入轴(见图 8-93)。

(9) 拔下大输入轴(见图 8-94)。

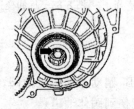 

图 8-93　拆卸小输入轴紧固螺栓　　　　图 8-94　拔出大输入轴

（10）拔出大太阳轮（见图8-95）。

（11）拆下隔离管弹性挡圈a和单向离合器弹性挡圈b（见图8-96）。

（12）取出带蝶形弹簧的行星齿轮支架，拆卸倒挡离合器B_1的摩擦片（见图8-97）。

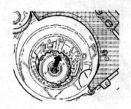 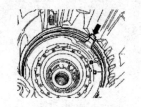 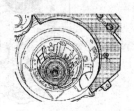

图8-95　拔出大太阳轮　　图8-96　拆卸弹簧挡圈a和弹簧挡圈b　　图8-97　拆卸倒挡离合器B_1的摩擦片及行星架

4. 观摩行星齿轮机构并分析各挡位的工作原理

要求根据拆卸的自动变速器行星齿轮机构及换挡控制机构，了解自动变速器4个挡位换挡控制原理（见图8-98）。

图8-98　大众01M型自动变速器行星齿轮机构和换挡执行机构组合图

(a) 倒挡离合器C_2；(b) 离合器C_1；(c) 离合器C_3；(d) 小输入轴；(e) 大输入轴；(f) 大太阳轮；(g) 单向离合器；(h) 制动器B_2；(i) 行星架；(j) 制动器B_1

5. 大众01M自动变速器安装流程

注意：自动变速器中的所有O形密封圈一旦拆下，应当更换。

（1）将O形环放到行星齿轮支架上，并将带有垫片的推力滚针轴承和行星齿轮支架安装到主动齿轮上，要求推力滚针轴承垫片光滑面朝向主动齿轮（见图8-99）。

（2）将垫片和推力滚针轴承放在行星齿轮支架的小太阳轮上，使小太阳轮上的垫圈和推力滚针轴承中心对齐（见图8-100）。

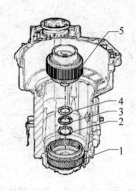 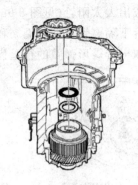

图 8-99　安装垫片、推力滚针轴承
1—齿圈；2—O形圈；3—推力滚针轴承；
4—垫片；5—行星齿轮支架

图 8-100　安装小太阳轮的垫片、推力
滚针轴承和行星齿轮支架

（3）放入 B_1 制动器的内外片，放入压片，平面朝向制动片，装入蝶形弹簧，凸起面朝向单向离合器。

（4）用专用工具 3267 张开单向离合器滚柱，并装入单向离合器（见图 8-101）。

（5）安装单向离合器弹性挡圈 b 和隔离管弹性挡圈 a（见图 8-102）。

注意：安装挡圈时开口对准单向离合器定位销，如图 8-102 箭头所示。

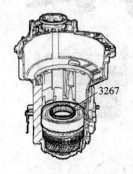 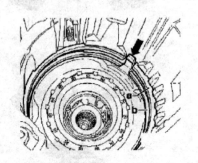

图 8-101　安装单向离合器

图 8-102　安装弹性挡圈 a 和弹性挡圈 b

（6）将大太阳轮到小输入轴部件装入变速器壳体。

（7）安装带有垫圈和调整垫片的小输入轴螺栓，要求拧紧力矩为 30N·m（见图 8-103）。

（8）将带有垫片的推力滚针轴承卡到离合器 C_3 上（见图 8-104）。

 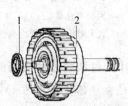

图 8-103　安装垫圈和小输入轴螺栓

图 8-104　在离合器 C_3 上安装推力滚针轴承

(9) 使用专用工具 VW412、VW415A、VW418A、VW402 安装离合器 C_1 和 C_3（见图 8-105）。

(10) 装入离合器 C_1 和 C_3，要求装入后能够自由转动。

(11) 装入离合器 C_2，并装入制动器 B_2 片组的隔离管，应使隔离管上的槽进入单向离合器的定位销内（见图 8-106）。

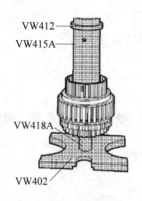

图 8-105　安装离合器 C_1 和 C_3

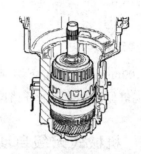

图 8-106　装入离合器 C_2

(12) 安装制动器 B_2 的制动片，要求先安装 1 个 3mm 厚的外片并将 3 个弹簧帽装入外片，插入弹簧，除最后一个外片外，将所有摩擦片装入弹簧，并将 3 个弹簧帽装到压力弹簧上，之后装入最后一个 3mm 外片，并安装调整垫片 a 和垫圈 b，安装垫圈时要求光滑面朝向调整垫片（见图 8-107）。

(13) 安装自动变速器油泵 O 形密封圈和自动变速器油泵，要求油泵螺栓均匀对角安装，拧紧力矩为 8N·m（见图 8-108）。

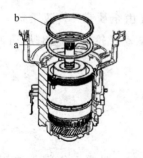

图 8-107　安装调整垫片及垫圈

图 8-108　安装油泵

(14) 安装阀体、传输线和油底壳。油底壳螺栓拧紧力矩为 12N·m，要求对角安装（见图 8-109）。

(15) 安装自动变速器选挡换挡杆拉杆，安装多功能开关 F125 插座、转速传感器 G38 和车速传感器 G68。

(16) 安装液力变矩器。

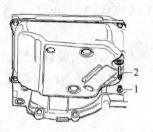

图 8-109 安装油底壳
1—螺帽；2—油底壳放油螺栓

6. 拆装实践要求

能够在 100min 内完成大众 01M 型变速器的拆装，拆装过程中能够正确使用拆装工具，装配完成后能够保证在空挡下各挡位齿轮转动良好。

8.3.7 机械式无级自动变速器

机械式无级变速器（continuously variable transmission，CVT）是根据车速和节气门开度来改变机械式 V 形传动带轮的作用半径，实现无级变速。由于 CVT 可以实现传动比的连续改变，从而实现传动系与发动机工况的最佳匹配，提高整车的燃油经济性和动力性，改善驾驶员的操纵方便性和乘员的乘坐舒适性，所以无级变速器是一种理想的汽车传动装置。

8.3.7.1 机械式无级自动变速器的结构

机械式无级变速器的结构如图 8-110 所示，其主要由金属带 10、液压泵 7、前进挡离合器 3、主动带轮活动盘 5、主动轴及主动带轮固定盘 6、从动带轮活动盘 8、从动轴及从动带轮固定盘 14 及液压控制机构组成。

8.3.7.2 机械式无级自动变速器的工作原理

1. 变速原理

机械式无级变速器的变速原理如图 8-111 所示，变速器两工作带轮通过一根金属钢带以摩擦形式联系在一起形成传动。主动轮组和从动轮组都由可动盘和固定盘组成，与油缸靠近的一侧带轮可以在轴上滑动，另一侧则固定。可动盘与固定盘都是锥面结构，它们的锥面形成 V 形槽来与 V 形金属传动带啮合。传动比的改变通过主动轮与从动轮的可动盘作轴向移动，改变主动轮、从动轮锥面与 V 形传动带啮合的工作半径来实现。当主、从动轮工作半径一致时（见图 8-111（a）），两个工作带轮在金属带轮驱动下同速转动，可实现传动比为 1 的直接传动；当主动轮 V 形槽变宽，从动轮 V 形槽变窄（见图 8-111（b）)时，由于钢带长度不变，钢带与主动轮的接合半径变小，与从动轮的接合半径变大，所以在钢带的传动下，从动轮相对于主动轮获得了减速增矩的效果，传动比增

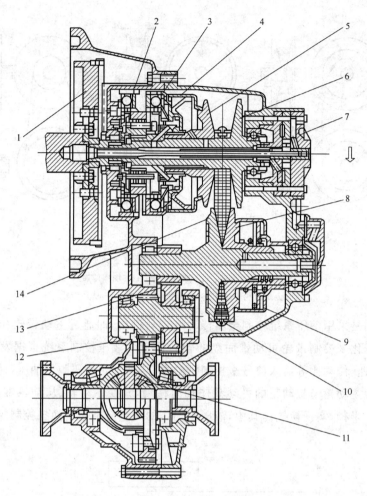

图 8-110 机械式无级变速器的结构

1—发动机飞轮；2—倒挡离合器；3—前进挡离合器；4—主动带轮液压缸；5—主动带轮活动盘；6—主动轴及主动带轮固定盘；7—液压泵；8—从动带轮活动盘；9—从动带轮液压缸；10—金属带；11—差速器；12—主减速器；13—中间减速齿轮；14—从动轴及从动带轮固定盘

大；反之，当主动轮V形槽变窄，从动工作轮V形槽变宽（见图8-111(c)）时，从动轮获得增速效果，传动比减小。

2. 控制原理

机械式无级变速器控制系统由电磁离合器控制系统和变速控制系统两部分组成，如图8-112所示。

电磁离合器的控制原理是：当汽车起步、换挡或停车时，由微机控制离合器实现分离和接合。变速器ECU接收发动机转速、车速、操纵杆位置、加速踏板位置等信号，通过运算处理后，判断当前汽车运行工况，并根据当前工况，从只读存储器中读取相应的控制参数，输出给电磁离合器，使离合器处于预先的设定工作状态。

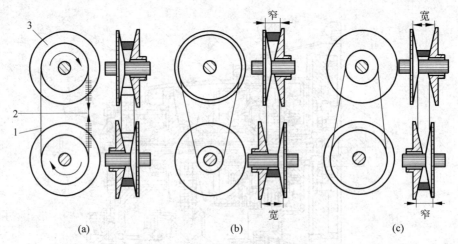

图 8-111 机械式无级变速器的变速原理
(a) 等速传递；(b) 减速传递；(c) 加速传递
1—金属带轮松边；2—金属带轮驱动边；3—从动带轮

变速控制是采用液压系统控制金属传动带传动机构，即通过主动带轮和从动带轮的 V 形槽宽度的变化来控制带轮可动锥面盘的轴向位置。液压控制系统根据发动机节气门开度、发动机转速、传动比等输入信号来控制供给主、从动带轮液压腔的油压，通过液压腔内油压的调整实现主动轮与从动轮的可动盘作轴向移动，改变主动轮、从动轮锥面与 V 形传动带啮合的工作半径，实现换挡。其中，液压腔油压的调整分别通过换挡控制阀和压力调节阀来进行。

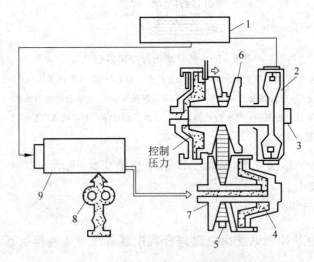

图 8-112 机械式无级变速器的控制原理
1—电磁离合器控制单元；2—电磁离合器；3—输入轴；4—从动带轮液压控制油腔；5—金属传动带；6—主动带轮；7—从动带轮；8—油泵；9—液压控制单元

8.4 万向传动装置

8.4.1 万向传动装置概述

8.4.1.1 万向传动装置的功用与组成

万向传动装置的功用是在轴线相交且相对位置经常发生变化的两轴间传递动力。万向传动装置(见图 8-113)一般由万向节 2 和传动轴 4 组成,如果传动距离过长还需加装中间支承 3。

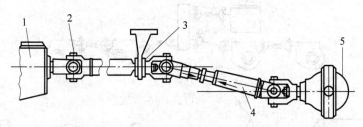

图 8-113　万向传动装置
1—变速器；2—万向节；3—中间支承；4—传动轴；5—驱动桥

8.4.1.2 万向传动装置在汽车上的应用

1. 连接变速器与驱动桥

对于发动机前置后轮驱动的汽车,变速器一般与发动机安装在汽车车架前端,而驱动桥通过悬架弹性地连接在车架的后部(见图 8-114(a)),变速器的输出轴与驱动桥的输入轴不在同一轴线上,且汽车在行驶过程中,由于车轮的跳动导致两轴线的相对位置经常发生变化。因此必须在两轴间安装万向传动装置,以实现动力的传递。对于轴距较大的汽车,由于变速器与驱动桥距离较远,传动轴过长会降低其刚度与强度,因此,往往将传动轴分为两段或三段,即中间传动轴 2 和传动轴 4,且在两传动轴间设置中间支承 3。

2. 连接变速器与分动器或分动器与驱动桥

在多轴驱动的越野汽车上(见图 8-114(b)),变速器与分动器、分动器与驱动桥及驱动桥与驱动桥之间的动力传递都是依靠万向传动装置实现的。

3. 连接离合器与变速器

对于有些重型汽车,若发动机与变速器分开固定在车架上(见图 8-114(c)),它们之间也装有万向传动装置实现动力传递。

4. 连接断开式驱动桥与转向驱动桥

在与独立悬架配合使用的断开式驱动桥中,由于左右驱动轮存在相对运动,则在差速器与车轮之间装有万向传动装置(见图 8-114(d))。

在非独立悬架的转向驱动桥中,为使前轮能在转向节的控制下实施转向,往往将半轴分为内外两段,之间通过万向节连接(见图 8-114(e))。

5. 连接断开式驱动桥与转向驱动桥

有些汽车的转向操作机构,由于转向盘与转向器输入轴线不能重合,为实现转向操作控制,也通过万向传动装置实现连接(见图 8-114(f))。

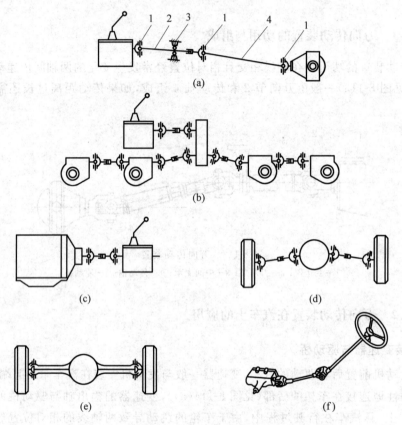

图 8-114　万向传动装置在汽车上的应用
1—万向节；2—中间传动轴；3—中间支承；4—传动轴

8.4.2　万向节

万向节是万向传动装置实现变角度传动的主要部件,其功用是能够在相互位置及两轴间夹角不断变化的两轴之间传递动力。万向节根据结构不同可分为刚性万向节和挠性万向节,而刚性万向节又可分为不等速万向节、准等速万向节和等速万向节。

8.4.2.1　不等速万向节

应用最为广泛的不等速万向节为十字轴式万向节,特别在前置后驱汽车传动系统中较为常见,十字轴式万向节允许相邻两轴的最大交角为 15°～20°。

十字轴式万向节基本构造如图 8-115 所示,十字轴式万向节由两个万向节叉 1 和 7、十字轴 9 和四个滚针轴承(滚针 4 和套筒 5)组成。其中两个万向节叉孔通过四个滚针轴承分别与十字轴的两对轴径向铰接。这样,当主动轴转动时,从动轴既可以随主动轴转动,又可以绕十字轴中心摆动。

单个十字轴式万向节在两轴间存在有夹角的传递过程中具有不等速传递特性,其不等速传递过程如图 8-116 所示。

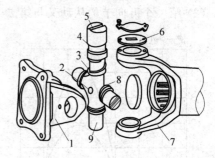

图 8-115　十字轴式万向节
1,7—万向节叉;2—安全阀;3—油封;4—滚针;
5—套筒;6—轴承盖;8—油嘴;9—十字轴

当主动叉在垂直位置,十字轴平面与输入轴 1 垂直时(见图 8-116(a)),假设主动叉角速度为 ω_1,从动叉角速度为 ω_2,十字轴旋转半径为 r,主动叉输入轴 1 与从动叉输出轴 2 之间的夹角为 α。此时十字轴上 A 点的线速度为

$$v_A = \omega_1 r = \omega_2 r\cos\alpha$$

所以,$\omega_1 = \omega_2 \cos\alpha$,即 $\omega_1 < \omega_2$,从动轴转速大于主动轴转速。

当主动叉转到水平位置,十字轴平面与输出轴 2 垂直时(见图 8-116(b)),此时十字轴上 B 点的线速度为

$$v_B = \omega_1 r\cos\alpha = \omega_2 r$$

所以,$\omega_2 = \omega_1 \cos\alpha$,即 $\omega_1 > \omega_2$,从动轴转速小于主动轴转速。

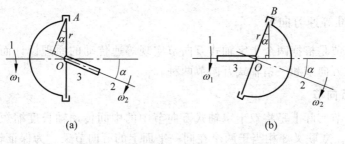

图 8-116　十字轴式万向节传动示意图
(a) 主动叉在垂直位置;(b) 主动叉在水平位置
1—输入轴;2—输出轴;3—十字轴

通过上述两个特殊位置的速度分析可以看出,当主动叉轴以等角速度传动时,从动叉轴是不等速角速度传动,即主动轴与从动轴的瞬时角速度不相等。这就是十字轴式万向节的不等速特性。当万向节转动 90°,从图 8-116(a)位置转动到图 8-116(b)位置时,从动轴的角速度由最大值变为最小值;万向节再转动 90°后,万向节又回到图 8-116(a)位置,即从动轴的角速度又由最小值变为最大值。所以,十字轴式不等速万向节是以 180°为一个周期,在十字轴旋转 180°内,输出轴相对于输入轴转速时快时慢,但两轴的平均速度相等。对于十字轴式万向节其不等速特性受两轴间夹角 α 影响,夹角 α 越大万向节的不等速特性越明显,如图 8-117 所示。

在汽车应用领域中,为实现十字轴式万向节等速传递,往往采用双十字轴万向节结构进行传动(见图 8-118),但同时还必须满足以下两个条件:

(1) 第一个万向节两轴间夹角 α_1 与第二个万向节两轴间夹角 α_2 相等,即 $\alpha_1 = \alpha_2$。
(2) 第一个万向节的从动叉与第二个万向节的主动叉处于同一个平面内。

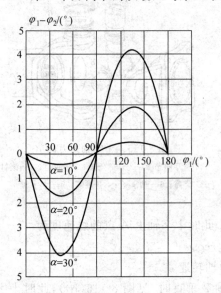

图 8-117 十字轴式万向节不等速特性

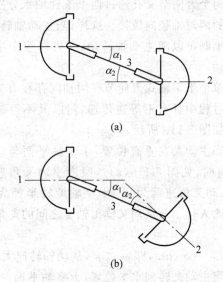

图 8-118 双十字轴式万向节等速传动示意图
(a) 平行式排列;(b) 等腰式排列
1—万向节主动叉;2—万向节从动叉;3—传动轴

8.4.2.2 准等速万向节

准等速万向节是根据两个十字轴式万向节实现等速传动的原理设计而成的,其常见结构形式有双联式万向节和三销轴式万向节两种。

1. 双联式万向节

双联式万向节实际上是将双十字轴式万向节中的中间传动轴长度缩短到最小,其结构如图 8-119 所示。双联叉 3 相当于两个在同一平面上的万向节叉。为保证输入轴 1 与输出轴 2 转速相同,其必须保证夹角 $\alpha_1 = \alpha_2$。

双联式万向节允许有较大的轴间夹角,且具有结构简单、制造方便、工作可靠等优点,故普遍应用在一些汽车的转向驱动桥上,北京吉普汽车有限公司生产的轻型切诺基越野汽车上前传动轴与分动器前输出轴之间即采用该型万向节。

2. 三销轴式万向节

三销轴式万向节也是主要由双十字轴式万向节传动演变而来的一种准等速万向节,其结构如图 8-120 所示。三销轴式万向节主要由主动偏心轴叉 1、从动偏心轴叉 3 和两个三销轴 2 和 4 组成。主、从动偏心轴叉 1 和 3 分别与转向驱动桥的内、外半轴制成一体。叉孔中心线与叉轴中心线相互垂直但不相交。两轴叉由两个三销轴 2 和 4 连接。三销轴式万向节由于在结构上无法保证传力点始终处在两轴交角角平分线上,因此,该万向节只能属于准等速万向节。

三销轴式万向节的最大特点是允许相邻两轴有较大的夹角,可达 45°。在转向驱动桥中采用该类型万向节可使汽车获得较小的转弯半径,提高汽车的通过性。但该型万向节的缺点是所占空间较大。三销轴式万向节多适用于商用车前驱动桥的动力传递。

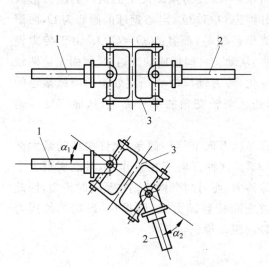

图 8-119 双联式万向节的结构
1—输入轴；2—输出轴；3—双联叉

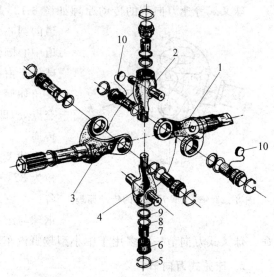

图 8-120 三销轴式万向节的结构
1—主动偏心轴叉；2,4—三销轴；3—从动偏心轴叉；5—卡环；6—轴承座；7—衬套；8—毛毡圈；9—密封罩；10—推力垫片

8.4.2.3 等速万向节

等速万向节的基本工作原理是从结构上保证万向节在工作过程中，其传力点始终处于两轴交角的平分面上，如图 8-121 所示。两个锥齿轮在传动过程中，其传力点 P 位于两轴夹角的角平分面上，由于 P 点到两轴间的距离都等于 r。因此，在 P 点处两齿轮的圆周速度相同，两传动轴的角度也相同。

目前，汽车上广泛采用的等速万向节有球叉式、球笼式和三枢轴式万向节 3 种。

1. 球叉式万向节

球叉式等速万向节的结构如图 8-122 所示，其主要由主动叉 6、从动叉 1、四个传力钢球 5 和一个定心钢球 4 组成。在主、从动叉上各有四个弧形凹槽，将主、从动叉对合后形成四条钢球滚道。四个传力钢球 5 分别放置在四条滚道之中。主、从动叉中心的凹槽中放置定心钢球 4 以实现定位。

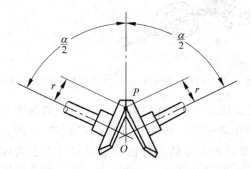

图 8-121 等速万向节的传动原理

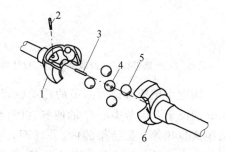

图 8-122 球叉式万向节的结构
1—从动叉；2—锁止销；3—定位销；4—定心钢球；5—传力钢球；6—主动叉

球叉式等速万向节的传动原理如图 8-123 所示，主动叉与从动叉上的钢球的圆弧形滚道的圆心分别为 O_1 和 O_2，定心钢球的圆心为 O，两滚道中心圆弧半径相等，而且 $O_1O = O_2O$。由于传力钢球处于由主、从动叉共同形成的滚道中，因而无论两轴夹角如何变化，传力钢球中心一定处于两圆弧滚道的交点处，即处在两轴交角的平分面上，从而实现等速传递。

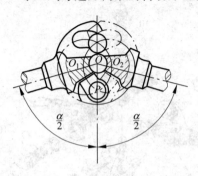

图 8-123　球叉式万向节的传动原理

球叉式等速万向节结构简单，允许两轴间最大交角为 32°～33°。这种万向节在工作时，只能实现上下各一个钢球传力，而另两个钢球则在反转时传力，因此钢球与滚道之间接触压力大、磨损快，影响其使用寿命。球叉式万向节一般多用于中小型越野汽车转向驱动桥。

2. 球笼式万向节

根据球笼式万向节的轴能否实现轴向移动，球笼式等速万向节又可分为固定型球笼万向节和伸缩型球笼万向节。

（1）固定型球笼万向节

固定型球笼万向节如图 8-124 所示，固定型球笼万向节主要由六个传力钢球 6、星形套 7、球形壳 8 和保持架（球笼）4 组成。其中星形套 7 的内花键与主动轴 1 传力外花键连接，传力钢球 6 分别位于六条由星形套 7 和球形壳 8 形成的内、外滚道的凹槽内，传力钢球由保持架 4 保持在同一个平面内。动力由主动轴输入，经传力钢球和球形壳输出。

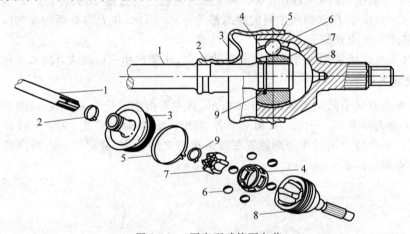

图 8-124　固定型球笼万向节

1—主动轴；2,5—钢带箍；3—橡胶外罩；4—保持架；6—传力钢球；7—星形套（内滚道）；8—球形壳（外滚道）；9—卡环

固定型球笼等速万向节的传动原理如图 8-125 所示，外滚道的中心 A 与内滚道的中心 B 分别位于万向节中心 O 的两侧，并且到 O 点的距离相等。传力钢球中心 C 到 A、B 两点的距离也相等。保持架的内、外球面，内环的外球面和外环的内球面均以万向节中心为球心。当主动轴与从动轴交角变化时，保持架可沿内、外球面滑动，以保持六个传力钢球在同一平面内。通过几何原理可知，由于 $OA = OB$，$CA = CB$，CO 是公共边，则 △COA 与 △COB 为全等三角形，故 $\angle COA = \angle COB$，即固定型球笼万向节的传力钢球 C 始终位于两轴交角

的角平分面上,确保了传力钢球中心到主、从动轴的距离 a 和 b 始终相等,从而该万向节可实现主、从动轴等速传动。

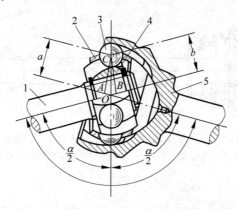

图 8-125　固定型球笼万向节的传动原理
1—主动轴;2—保持架;3—传力钢球;4—星形套(内滚道);5—球形壳(外滚道);
O—万向节中心;A—外滚道中心;B—内滚道中心;C—传力钢球中心

固定型球笼万向节可以在两轴交角高达 47°的情况下传递转矩,并且球笼式万向节的六个传力钢球都参加传力。与球叉式万向节相比,球笼式万向节传力钢球受力均匀,减小了磨损,且结构紧凑、拆卸方便。因此,该型万向节普遍应用在各种轿车的传动系统中。

（2）伸缩型球笼万向节

伸缩型球笼万向节如图 8-126 所示,其内外滚道为圆筒形,在传递转矩过程中,星形套 2 与筒形壳 4 可沿轴向相对移动。因此,可省去其他万向传动装置中必须有的滑动花键,不仅结构简化,而且内滚道与外滚道之间的轴向相对移动是通过传力钢球 5 沿内外滚道滚动来实现的。与滑动花键相比,其滑动阻力较小,摩擦损失减少,适用于断开式驱动桥。

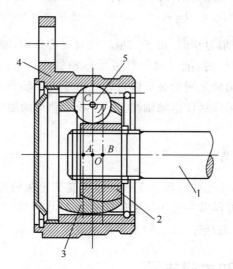

图 8-126　伸缩型球笼万向节的结构
1—主动轴;2—星形套(内滚道);3—保持架;4—筒形壳(外滚道);5—传力钢球

一般在独立悬架的转向驱动桥中,伸缩型球笼万向节(VL 节)布置在靠近差速器一侧,将差速器动力传递给一侧车轮半轴;而固定型球笼万向节(RF 节)则布置在转向节处,其布置结构如图 8-127 所示。

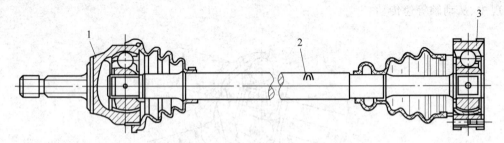

图 8-127 球笼式万向节在转向驱动桥中的布置
1—固定型球笼万向节；2—半轴；3—伸缩型球笼万向节

3. 三枢轴式万向节

三枢轴式等速万向节的结构如图 8-128 所示，3 个枢轴 10 位于同一平面内呈 120°，它们的轴线垂直于传动轴并且与传动轴轴线相交于同一点。漏斗形轴 5 的筒形部分加工出 3 个均匀分布的槽形轴向轨道 11，轨道配合面为部分圆柱面。3 个滚子轴承分别装入槽形轴向轨道中。

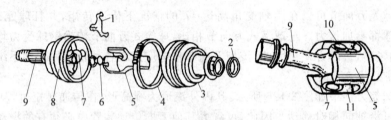

图 8-128 三枢轴式万向节
(a) 三枢轴式万向节分解图；(b) 三枢轴组件
1—锁定三脚架；2—橡胶紧固件；3—橡胶保护罩；4—保护罩卡箍；5—漏斗形轴；6—止推块；7—三枢轴组件；8—外座圈；9—输入轴；10—枢轴；11—槽形轴向轨道

当输出轴与输入轴交角为 0°时，由于三枢轴的自定心作用，能自动使两轴轴线重合；当输出轴与输入轴交角不为 0°时，滚子轴承既可沿枢轴轴线移动，又可沿槽形轨道滑动。这样，就保证了输入轴和输出轴之间始终可以传动。由于滚子轴承外表面为球面，而与滚子配合的轨道为圆柱面，所以可以保证枢轴轴线与相应槽形轨道的轴线始终相交，从而确保三枢轴式万向节是等速传动。

8.4.2.4 挠性万向节

挠性万向节是依靠弹性元件的弹性变形以适应变交角两轴间的传动，由于弹性元件的弹性形变量有限，故挠性万向节一般用于两轴间交角不大于 3°~5°的万向传动中，通常用于连接安装在车身或车架上的部件，以消除安装误差或变形影响。

8.4.3 传动轴和中间支承

8.4.3.1 传动轴

传动轴是万向传动装置中的主要传力部件，通常用来连接变速器与驱动桥，或在转向驱动桥和断开式驱动桥中,用来连接差速器和驱动桥。

在发动机前置后轮驱动的传动系统中广泛采用空心传动轴(见图 8-129)。采用空心传动轴不仅可以减轻质量,还可减少加工用料。为了避免传动轴在转动过程中由于离心力引起的剧烈振动,要求传动轴的质量沿圆周均匀分布。

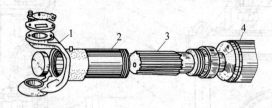

图 8-129 空心传动轴
1—万向节叉;2—花键套;3—滑动花键;4—传动轴管

在转向驱动桥、断开式驱动桥或微型汽车的万向传动装置中,通常将传动轴制成实心轴。

8.4.3.2 中间支承

当传动距离较长时,为了保证传动轴获得较高的临界转速,往往将传动轴分段。传动轴分段时需加设中间支承,中间支承可直接安装在车架的横梁上,也可通过摆臂安装在车架上。

目前,采用较多的中间支承为蜂窝软垫式中间支承(见图 8-130),其通过球轴承 3 和橡胶垫 6 实现隔振作用,以防止将传动轴的振动和噪声传递到车架上。

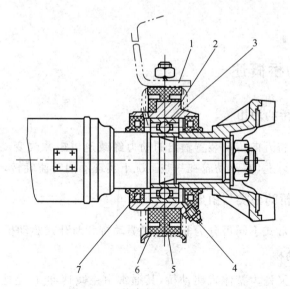

图 8-130 蜂窝软垫式中间支承
1—车架横梁;2—轴承座;3—球轴承;4—注油嘴;5—U 形支架;6—橡胶垫;7—油封

有的汽车采用摆动式中间支承(见图 8-131),中间支承可绕支承轴 3 摆动,当发动机轴向窜动时,通过中间支承的摆动,改善了轴承的受力情况。

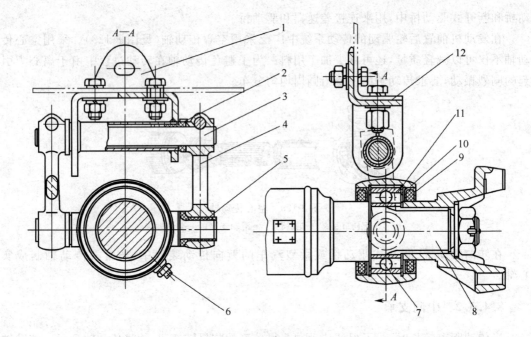

图 8-131 摆动式中间支承

1—支架；2,5—橡胶衬套；3—支承轴；4—摆臂；6—注油嘴；7—轴承；8—中间传动轴；9—油封；10—支承座；11—卡环；12—车架横梁

8.5 驱动桥

8.5.1 驱动桥概述

8.5.1.1 驱动桥的功用

驱动桥的功用是将万向传动装置输出的动力经减速增矩并改变动力传递方向后，分配给左、右驱动轮，并允许左、右驱动轮在一些工况下实现不同转速旋转。

8.5.1.2 驱动桥的分类与组成

驱动桥根据结构形式不同可分为非断开式驱动桥和断开式驱动桥。

1. 非断开式驱动桥

非断开式驱动桥又称为整体式驱动桥，其通常由主减速器 4、差速器 5、半轴 2、驱动桥壳 3 组成，如图 8-132 所示。

非断开式驱动桥一般与非独立悬架配合使用。其特点是：驱动桥两端通过弹性悬架与车架连接，而半轴套管和主减速器壳刚性地连接成一个整体，即左、右半轴与驱动轮不存在相对运动。

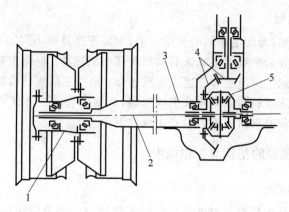

图 8-132 非断开式驱动桥
1—轮毂；2—半轴；3—驱动桥壳；4—主减速器；5—差速器

2. 断开式驱动桥

断开式驱动桥的结构如图 8-133 所示，其也由驱动桥壳、半轴、主减速器和差速器等组成。但左、右半轴 4 的内端通过万向节与主减速器壳体 5 连接，外端通过万向节连接车轮轮毂，主减速器固定在车身或车架上。驱动桥壳制成分段形式并以铰链方式连接。

断开式驱动桥适用于独立悬架。其特点是：两侧的驱动轮分别用悬架与弹性的车架相连，两侧驱动轮可以相对车架独立运动。

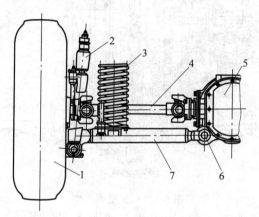

图 8-133 断开式驱动桥
1—驱动轮；2—减振器；3—弹性元件；4—半轴；5—主减速器壳体；6—万向节；7—摆臂

8.5.2 主减速器

8.5.2.1 主减速器的功用与类型

1. 主减速器的功用

主减速器的功用是将万向传动装置传递的转矩增大并降低转速，对发动机纵置的汽车，还可以改变转矩的旋转方向。

2. 主减速器的类型

主减速器种类繁多,为满足不同的使用需求,主减速器具有不同的结构类型。根据传动的齿轮副数目不同可分为单级式主减速器和双级式主减速器;根据主减速器传动比的挡位数目不同可分为单速式主减速器和双速式主减速器;根据主减速器齿轮副结构形式不同可分为圆柱齿轮式主减速器和圆锥齿轮式主减速器,圆锥齿轮式主减速器又可进一步分为曲线锥齿轮式主减速器和准双曲面锥齿轮式主减速器。

8.5.2.2 主减速器的结构与工作原理

1. 单级式主减速器

单级式主减速器是指只有一对啮合齿轮组实现动力传递及增矩作用,即只能实现一级减速作用的减速器。该型主减速器由于具有结构简单、质量轻、体积小、传动效率高等特点,目前广泛应用在轿车和轻型载货汽车上。

对于发动机横向前置前轮驱动的汽车,为了优化传动系统的结构,一般将变速器、主减速器、差速器统一安装在一个桥壳中,称为变速驱动桥(见图8-134)。变速驱动桥省去了传动轴,缩短了传动路线,提高了传动效率。由于发动机采用横向布置,动力在传递过程中不存在改变运动方向的问题,因此主减速器齿轮传动副采用圆柱齿轮传动。

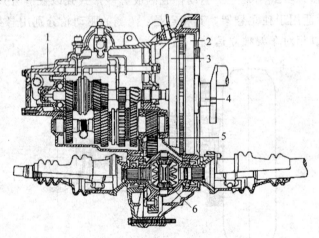

图 8-134 变速驱动桥
1—变速器;2—飞轮;3—离合器;4—曲轴;5—主减速器;6—差速器

对于发动机采用纵向布置的汽车,为了改变传动系统动力的传递方向,主减速器齿轮副往往采用圆锥齿轮结构,图8-135所示的单级式主减速器就是采用的圆锥齿轮式布置形式,主减速器主动锥齿轮1与从动锥齿轮2采用曲线锥齿轮啮合方式。

单级式主减速器的传动原理(见图8-136)是:动力经过变速器(万向传动装置)传递给主减速器主动锥齿轮4,之后通过从动锥齿轮5改变方向后,由主减速器固定螺栓传递给差速器壳体6,最后由差速器半轴齿轮经半轴传递给两侧驱动轮,使驱动轮旋转。

对于圆锥齿轮式主减速器,根据齿轮啮合形式不同常见的有曲线锥齿轮式和准双曲面锥齿轮式两种。准双曲面锥齿轮式(见图8-137(a))与曲线锥齿轮式(见图8-137(b))相比,主动锥齿轮相对于从动锥齿轮有一定轴线偏移,这种布置形式,在保证汽车离地间隙一定的情况下,可使汽车重心降低,有利于提高汽车的行驶稳定性。

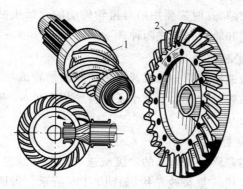

图 8-135 单级圆锥齿轮式主减速器
1—主动锥齿轮；2—从动锥齿轮

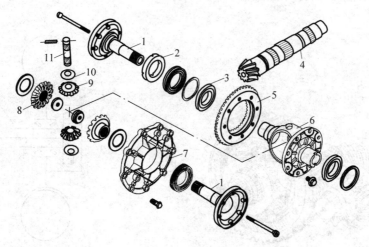

图 8-136 上海桑塔纳轿车单级主减速器
1—半轴；2—电子测速器速度轮；3—圆锥滚子轴承；4—主动锥齿轮；5—主减速器从动锥齿轮；6—差速器壳体；7—差速器侧盖；8—半轴齿轮；9—行星齿轮；10—行星齿轮垫片；11—行星齿轮轴

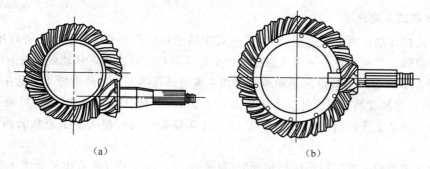

图 8-137 圆锥齿轮式主减速器布置形式
（a）准双曲面锥齿轮式；（b）曲线锥齿轮式

2. 双级式主减速器

对于一些中重型载货汽车，在应用过程中要求主减速器有较大的传动比，单级主减速器不能保证有足够的离地间隙,这时需要用两对齿轮传动的双级主减速器。双级主减速器根据结构不同有中央布置式和轮边布置式两种。

1) 中央布置式双级主减速器

中央布置式双级主减速器其第一级减速采用曲线锥齿轮或准双曲面锥齿轮,第二级减速采用圆柱齿轮。这样布置结构有效地减小了锥齿轮传动负荷,并同时增大了主减速器传动比(见图 8-138)。

2) 轮边布置式主减速器

轮边布置式主减速器是将主减速器的二级减速机构移动到左、右驱动轮上。驱动轮上采用的二级减速器大多采用行星齿轮结构,如图 8-139 所示。齿圈 6 与半轴套管 1 连成整体,半轴 2 与太阳轮 3 连在一起。太阳轮 3 带动行星齿轮 4 与行星齿轮轴 5 公转,并最终通过行星架带动车轮转动,起到减速作用。采用轮边布置式结构可使主减速器及减速器、半轴传递转矩减小。

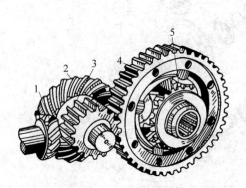

图 8-138 中央布置式双级主减速器
1—主动弧齿锥齿轮;2—从动弧齿锥齿轮;3—圆柱主动齿轮;4—圆柱从动齿轮;5—差速器行星齿轮

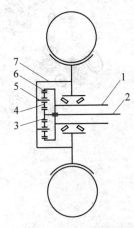

图 8-139 轮边布置式双级主减速器
1—半轴套管;2—半轴;3—太阳轮;4—行星齿轮;5—行星齿轮轴;6—齿圈;7—行星架

3. 双速式主减速器

具有两挡传动比的主减速器,称为双速式主减速器。图 8-140 所示为一种行星齿轮式双速主减速器。主减速器由一对锥齿轮和一个行星齿轮机构组成。从动锥齿轮 7 用螺栓连接着齿圈 8,并通过两个圆锥滚子轴承支承在主减速器壳体上。行星齿轮 4 固定在行星架 9 上,行星架 9 连接着差速器壳体。太阳轮 D 的齿较长,与接合套 1 制成一体,可通过拨叉 3 操纵其在半轴 2 上作轴向滑动。接合套 1、主减速器壳体与行星架 9 上有接合齿圈 A、B 和 C。

当双速式主减速器采用高位挡传动时(见图 8-139(a)),主减速器拨叉 3 将接合套 1 保持在左方位置,接合套短齿接合齿圈 A 与固定在主减速器壳体上的接合齿圈 B 分离,而长齿接合齿圈 D(太阳轮)与行星齿轮 4 和行星架 9 的内齿圈 C 啮合,从而使行星齿轮不能自转,行星齿轮结构失去减速作用,即主减速器此时为单级传动,降低增矩效果,提高车速。

当双速式主减速器采用低位挡传动时(见图 8-139(b))。通过换挡操纵系统控制拨叉 3

将接合套1推向右方,使接合套的短齿接合齿圈A与齿圈B接合,接合套即与主减速器壳体连成一体,其长齿接合齿圈D与行星架的内齿圈C分离,而与行星齿轮4啮合,于是太阳轮D被固定。与从动锥齿轮7连在一体的齿圈8是主动件,与差速器壳体连在一起的行星架是从动件,此时受行星齿轮组减速作用,汽车主减速器输出扭矩增大。

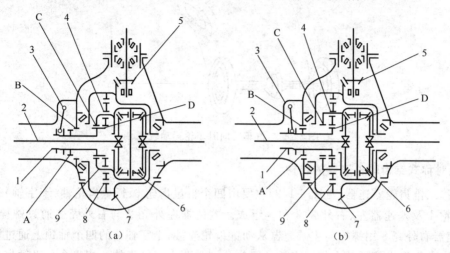

图 8-140 双速式主减速器
(a) 双速式主减速器高位挡传动;(b) 双速式主减速器低位挡传动
1—接合套;2—半轴;3—拨叉;4—行星齿轮;5—主动锥齿轮;6—差速器;7—从动锥齿轮;8—齿圈;9—行星架

8.5.3 差速器

8.5.3.1 差速器的功用与类型

1. 差速器的功用

当汽车转向时,内、外两侧驱动轮在同一时间内要行驶不同距离,即外侧驱动轮滚过的轨迹距离大于内侧驱动轮滚过的轨迹距离(见图 8-141)。差速器的作用就是将主减速器传递的动力分配给半轴齿轮,并且在汽车转向时允许左、右半轴以不同的转速旋转,满足汽车转向需求。

2. 差速器的类型

差速器根据安装位置不同可分为轮间差速器和轴间差速器。轮间差速器安装在驱动桥左、右半轴之间,实现汽车左、右车轮差速转向;轴间差速器应用于多轴驱动汽车,一般安装在汽车各驱动桥之间,实现驱动桥之间的差速作用。差速器又可根据结构与工作特性不同分为普通齿轮差速器和防滑差速器。

8.5.3.2 普通锥齿轮差速器

普通齿轮差速器按齿轮结构分为圆锥齿轮式和圆柱齿轮式两种;按两侧的输出转矩是否相等,可分为对称式和不对称式两类。目前,对称式锥齿轮差速器应用最为广泛。

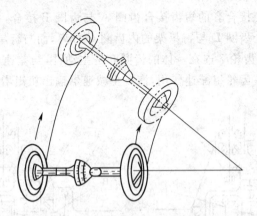

图 8-141　汽车转向时车轮运动轨迹

1. 对称式锥齿轮差速器的结构

对称式锥齿轮差速器(见图 8-142)主要由四个行星齿轮 6、行星齿轮轴(十字轴)9、两个半轴齿轮 4 及差速器左、右外壳 2 和 8 组成。差速器左外壳 2 与右外壳 8 通过螺栓 10 连接,差速器右外壳 8 用螺栓与主减速器从动锥齿轮连接,十字轴 9 的四个轴颈上通过滑动轴承安装四个行星齿轮。四个行星齿轮的两侧分别与两个半轴齿轮 4 相啮合。半轴齿轮 4 分别支承在差速器壳体相应的左、右座孔中,半轴齿轮的内花键与半轴相连。动力自主减速器从动锥齿轮 7 依次经差速器壳体 8、十字轴 9、行星齿轮 6、半轴齿轮 4、半轴输出给驱动轮。

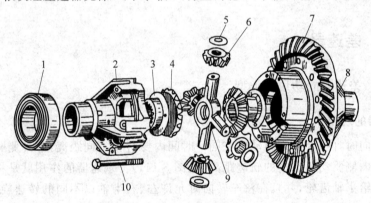

图 8-142　对称式锥齿轮差速器
1—轴承；2—差速器左外壳；3—垫片；4—半轴齿轮；5—垫圈；6—行星齿轮；
7—主减速器从动锥齿轮；8—差速器右外壳；9—行星齿轮轴(十字轴)；10—螺栓

一般中级以下的轿车,因主减速器输出的转矩不大,故可用两个行星齿轮,因而行星齿轮轴由十字轴改换为一字轴,差速器壳体也不必采用分开式壳体结构而加工为一个整体,其前后两侧都开有大窗孔,以便拆装行星齿轮与半轴齿轮。上海桑塔纳轿车差速器即采用这种结构(见图 8-143)。

2. 对称式锥齿轮差速器的工作原理

对称式锥齿轮差速器是一种行星齿轮结构,差速器壳 3 与行星齿轮轴 5 连成一体,形成行星架,因为它又与主减速器从动锥齿轮 6 连接,因此为主动件,设其角速度为 ω_0,半轴齿轮 1 和 2 为从动件,其角速度分别为 ω_1 和 ω_2。A、B 两点分别为行星齿轮 4 与两半轴齿轮

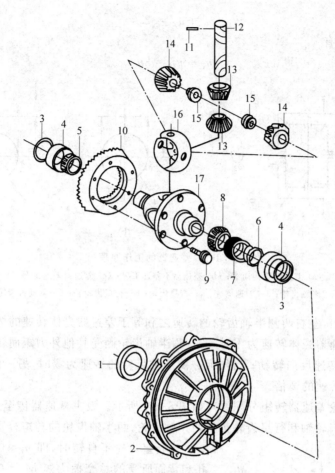

图 8-143 上海桑塔纳轿车差速器
1—密封圈；2—主减速器盖；3—从动锥齿轮调整垫片；4—轴承外圈；5,8—差速器轴承；
6—锁紧套筒；7—车速表主动齿轮；9—螺栓；10—从动锥齿轮；11—夹紧销；12—行星齿
轮轴；13—行星齿轮；14—半轴齿轮；15—螺纹管；16—止推垫片；17—差速器壳

的啮合点。行星齿轮的中心点为 C，A、B、C 三点到差速器旋转轴线的距离为 r，如图 8-144(a) 所示。

当行星齿轮只是随同行星架绕差速器旋转轴公转时，显然，处在同一半径上的 A、B、C 三点的圆周速度都相等（见图 8-144(b)），其值为 $\omega_0 r$。此时 $\omega_0 = \omega_1 = \omega_2$，也就是说差速器不起差速作用，两半轴角速度等于差速器壳 3 的角速度。

当行星齿轮在公转的同时还绕行星齿轮轴 5 以角速度 ω_4 自转时（见图 8-144(c)），行星齿轮的半径为 r_4，啮合点 A 的圆周速度为

$$v_A = \omega_1 r = \omega_0 r + \omega_4 r_4$$

啮合点 B 的圆周速度为

$$v_B = \omega_2 r = \omega_0 r - \omega_4 r_4$$

因此

$$v_A + v_B = \omega_1 r + \omega_2 r = 2\omega_0 r$$

即

若用转速表示,则有

$$\omega_1 + \omega_2 = 2\omega_0$$

$$n_1 + n_2 = 2n_0$$

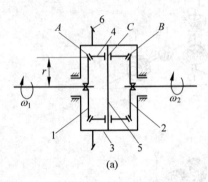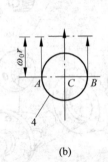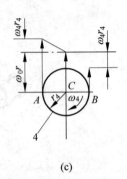

图 8-144 差速器的工作原理
(a) 差速器结构简图;(b) 差速器不差速工况;(c) 差速器差速工况
1,2—半轴齿轮;3—差速器壳;4—行星齿轮;5—行星齿轮轴;6—从动锥齿轮

由此可以看出,左右两侧半轴齿轮的转速之和等于差速器壳体转速的 2 倍,与行星齿轮转速无关。当差速器壳体转速为零时,若一侧半轴齿轮因受其他外力矩而转动,另一侧半轴齿轮则以相同的转速反向转动;当任何一侧半轴齿轮的转速为零时,另一侧半轴齿轮的转速为差速器壳体转速的 2 倍。

对称式锥齿轮差速器转矩分配原理如图 8-145 所示。设主减速器传至差速器壳体的转矩为 M_0,经行星齿轮轴和行星齿轮传给两半轴齿轮,两半轴齿轮的转矩分别为 M_1 和 M_2。

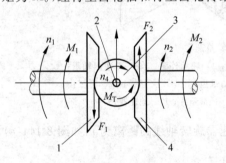

图 8-145 差速器转矩分配原理
1,4—半轴齿轮;2—行星齿轮轴;
3—行星齿轮

当行星齿轮不自转时,即 $n_4 = 0$,则行星齿轮内孔和背面所受的总摩擦力矩 $M_T = 0$,行星齿轮相当于一个等臂杠杆,均衡拨动两半轴齿轮转动。所以,差速器将转矩 M_0 平均分配给两半轴齿轮,即 $M_1 = M_2 = M_0/2$。

当行星齿轮按 n_4 方向自转时,行星齿轮所受摩擦力矩 M_T 与 n_4 方向相反,从而使行星齿轮分别对半轴齿轮 1 和 4 附加作用了大小相等而方向相反的两个圆周力 F_1 与 F_2。使传到转速快的半轴齿轮 1 上的转矩 M_1 减小,而传到转速慢的半轴齿轮 4 上的转矩 M_2 增加。且 M_1 的减小值等于 M_2 的增加值,即等于 $M_T/2$。所以,当两侧驱动轮存在转速差时,有

$$M_1 = (M_0 - M_T)/2, \quad M_2 = (M_0 + M_T)/2$$

目前广泛使用的对称式行星齿轮差速器的 M_T 很小,故可近似地认为在任何工况下对称式行星齿轮差速器左右半轴齿轮转矩满足

$$M_1 = M_2 = M_0/2$$

即无论差速器是否起作用,都具有转矩等量分配的特性。对于左、右车轮转矩等量分配特性在良好路面上行驶时是有利的,但在不良路面上行驶时会影响汽车行驶通过性。

8.5.3.3 防滑差速器

相比于普通对称式锥齿轮差速器,为了提高汽车在不良路面上的通过能力,可采用防滑差速器。防滑差速器可以在汽车某一侧驱动轮发生滑转时,差速器的差速作用即被锁止,并将大部分或全部转矩分配给未滑转的驱动轮,以充分利用未滑转车轮与地面之间的附着力来产生足够大的牵引力驱动汽车继续行驶。

汽车上常用的防滑差速器有强制锁止式和自锁式两大类。前者通过驾驶员操纵差速锁,人为地实现差速器锁止,使差速器不起差速作用。后者是在汽车行驶过程中,根据路面情况自动改变驱动轮间的转矩分配。

1. 强制锁止式差速器

强制锁止式差速器是在对称式锥齿轮差速器上安装强制差速锁,即变成强制锁止式差速器。工作时,由驾驶员操作差速锁,使差速器不起差速作用,相当于把两根半轴连成一体。差速锁主要由离合器及其操纵装置组成。

强制锁止式差速器的结构如图 8-146 所示,半轴 6 的花键上套着可轴向移动的内、外接合器 9 和 10,差速器左半壳安装锁圈 8。该型强制差速锁的操纵机构为电控气动式,当一侧驱动轮在坏路面滑转时,驾驶员通过气压操纵机构使外接合器 9 左移与内接合器 10 接合。此时左半轴 6 与差速器壳 11 连成一个整体,差速器不再起差速作用,即左、右两半轴被锁成一体一同旋转。此时,由主减速器传来的转矩便可全部分配给在良好路面上的驱动轮使汽车得以正常行驶。

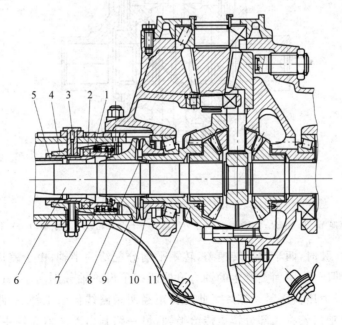

图 8-146 强制锁止式差速器

1—活塞;2—活塞皮碗;3—气路管接头;4—工作缸;5—半轴套管;6—半轴;
7—压力弹簧;8—锁圈;9—外接合器;10—内接合器;11—差速器壳

当汽车由坏路面驶上好路面时,驾驶员通过操纵机构使外接合器 9 右移回到分离位置。强制锁止式差速器使用时务必在汽车通过坏路面以后再停车及时脱开差速锁,才能够在良好路面上实现差速。在驾驶室内有信号灯指示差速锁的工作情况,提醒驾驶员注意。

2. 自锁式差速器

自锁式差速器在两驱动轮或两驱动桥转速不等时,差速器能够自动向转速较慢的驱动轮或驱动桥分配较多的转矩,以提高汽车的通过性。自锁式差速器根据结构不同有摩擦片式、滑块凸轮式和托森差速器几种。

1) 摩擦片式自锁差速器

摩擦片式自锁差速器是在对称式锥齿轮差速器中装置摩擦片以增大内摩擦力矩的自锁式差速器(见图 8-147)。在半轴齿轮与差速器壳 1 之间有主、从动摩擦片 2,十字轴 5 由两根互相垂直的行星齿轮轴组成,其端部均切出凸 V 形斜面 6,相应地差速器壳孔上也有凹 V 形斜面,两根行星齿轮轴的 V 形面是反向安装的。每个半轴齿轮的背面有推力压盘 3 和主、从动摩擦片。推力压盘的内花键与半轴连接,而其轴径处用外花键与从动摩擦片内花键连接。主动摩擦片则用花键与差速器壳 1 相连。推力压盘和主、从动摩擦片均可作微小的轴向移动。

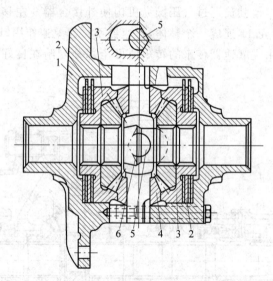

图 8-147 摩擦片式自锁差速器
1—差速器壳;2—主、从动摩擦片;3—推力压盘;4—行星齿轮;5—十字轴;6—V 形斜面

当汽车直线行驶时,两半轴无转速差,转矩平均分配给两半轴,由于差速器壳通过斜面对行星齿轮轴两端压紧,斜面上产生的轴力迫使两行星齿轮轴分别向左、右方向略微移动,通过行星齿轮使推力压盘压紧摩擦片。此时转矩经两条路线传给半轴,一路是经行星齿轮轴、行星齿轮和半轴齿轮将大部分转矩传给半轴,另一路则由差速器壳经主、从动摩擦片和推力压盘传给半轴。

当一侧车轮在路面上滑转或汽车转弯时,行星齿轮自转,起差速作用,左、右半轴齿轮转速不等。由于转速差的存在和轴向力的作用,主、从动摩擦片间在滑转的同时产生摩擦力矩,其数值大小与差速器传递的转矩和摩擦片数量成正比,其转向与转速快的半轴旋向相反,与转速慢的半轴的旋向相同。由于较大摩擦力矩作用的结果,使转速慢的半轴传递的转矩明显增加。因而使得转速慢的半轴所分配到的转矩大于转速快的半轴所分配到转矩。摩擦作用越强,两半轴的转矩差越大,最大可达 5~7 倍。摩擦片式自锁差速器结构简单、工作平稳,多用于轿车或轻型货车。一汽高尔夫(Golf)轿车即采用摩擦片式自锁差速器(见图 8-148)。

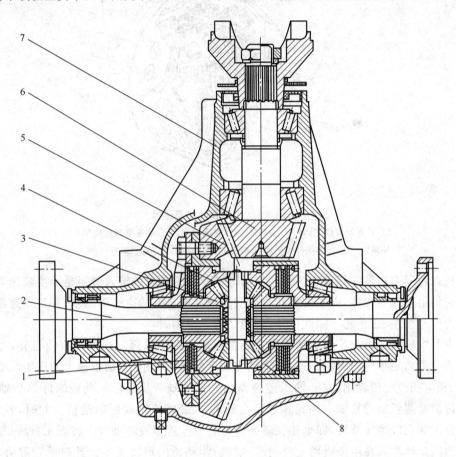

图 8-148 大众高尔夫轿车摩擦片式自锁差速器
1—摩擦片防滑装置;2—半轴;3—半轴齿轮;4—行星齿轮;5—主减速器从动锥齿轮;
6—主减速器主动锥齿轮;7—差速器壳;8—推力压盘

2) 托森差速器

托森差速器又称蜗轮-蜗杆式差速器,托森差速器利用蜗轮蜗杆传动的不可逆性原理和齿面高摩擦条件,使差速器根据其内部差动转矩(即差速器的内摩擦转矩)的大小而自动锁死或松开,即当差速器内差动转矩较小时起差速作用,而当差速器内差动转矩过大时差速器将自动锁死,这样可以有效地提高汽车的通过能力。托森差速器根据在汽车中应用部位的不同,可分为中央差速器和轮间差速器两种。

托森中央差速器(轴间差速器)的结构如图 8-149 所示,其由差速器壳 3、蜗轮轴 7、前轴蜗杆 9、后轴蜗杆 5、直齿圆柱齿轮 6、蜗轮 8 等组成。空心轴 2 和差速器壳通过花键相连而一同转动。每个蜗轮轴中间有一个蜗轮和两个尺寸相同的直齿圆柱齿轮。蜗轮和直齿圆柱齿轮通过蜗轮轴安装在差速器壳上。其中三个蜗轮与前轴蜗杆啮合,另外三个蜗轮与后轴蜗杆相啮合。与前、后轴蜗杆相啮合的蜗轮彼此通过直齿圆柱齿轮相啮合，前轴蜗杆和驱动前桥的差速器前齿轮轴为一体，后轴蜗杆和驱动后桥的差速器后齿轮轴为一体。

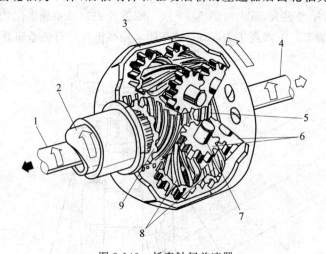

图 8-149 托森轴间差速器
1—差速器前齿轮轴；2—空心轴；3—差速器壳；4—差速器后齿轮轴；5—后轴蜗杆；6—直齿圆柱齿轮；7—蜗轮轴；8—蜗轮；9—前轴蜗杆

托森轮间差速器与托森中央差速器的区别仅在于前者的输入转矩是经主减速器从动齿轮直接传给差速器壳体，而不需要托森轴间差速器所具有的空心驱动轴，并且差速器齿轮轴将动力传递给左、右车轮。除此以外，其他结构完全相同。

下面以轴间托森差速器为例说明托森差速器的工作原理。当汽车直线行驶，并前后桥行驶所受阻力矩相同时，差速器只传递动力而不起差速作用，发动机输出的转矩经变速器输入轴、相应挡位的齿轮副、空心轴 2、差速器壳 3、蜗轮轴 7 及蜗轮 8、前轴蜗杆 9、后轴蜗杆 5，分别传给差速器前齿轮轴 1 和差速器后齿轮轴 4，最后传给前后驱动桥。此时，各蜗轮、蜗杆与差速器壳成整体旋转，即蜗轮仅随差速器壳绕差速器旋转轴线公转而无自转。

当汽车转弯或在不平道路上行驶时，前、后驱动桥出现转速差。此时蜗轮除公转外，还绕自身轴线自转，通过常啮合的直齿圆柱齿轮相对转动，使一个驱动桥转速加快，另一驱动桥转速减慢，实现差速作用。转速低的驱动桥转矩增大，转速高的驱动桥转矩减小。

8.5.4 半轴与桥壳

8.5.4.1 半轴

半轴是差速器与驱动轮之间传递转矩的实心轴，其内端一般通过花键 1（见图 8-150）与半轴齿轮连接，外端以凸缘 2 与轮毂连接。

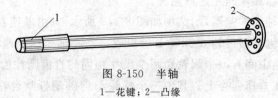

图 8-150 半轴
1—花键；2—凸缘

半轴的结构因驱动桥结构形式的不同而异,非断开式驱动桥中的半轴为一根整体刚性轴。而转向驱动桥和断开驱动桥中的半轴则分段并用万向节连接,非断开式驱动桥半轴结构形式取决于驱动车轮的结构,根据半轴的受力情况,非断开式驱动桥半轴分为全浮式半轴和半浮式半轴。

1. 全浮式半轴

全浮式半轴广泛应用于各种类型的载货汽车,其结构示意图如图 8-151(a)所示。半轴 4 外端锻出半轴凸缘 1,用螺栓与轮毂 2 连接固定,轮毂 2 用两对圆锥轮毂轴承 3 支承在半轴套管上,半轴套管与空心梁压配成一体,组成驱动桥壳 5。这种支承形式,半轴与桥壳没有直接联系。半轴内端用花键与半轴齿轮联接,并通过差速器壳支承在主减速器壳的座孔中。这种支承形式,使半轴只承受转矩,而不承受任何反力和弯矩,故称为全浮式半轴。全浮式半轴拆装方便,只需拧下半轴凸缘上的轮毂螺栓,即可将半轴抽出,而车轮和桥壳照样能支承住汽车。

2. 半浮式半轴

半浮式半轴多用于反力、弯矩较小的各类轿车,其结构如图 8-151(b)所示。半轴内端的支承方式与全浮式相同,而外端制成锥形,锥面上有纵向键槽,最外端有螺纹。轮毂与相应的锥孔和半轴锥面配合,并用键连接,用螺母紧固。半轴用圆锥滚子轴承直接支承在桥壳凸缘的座孔内。车轮与桥壳之间无直接联系,而支承于悬伸出的半轴外端。因此,地面作用于车轮的各种反力都须经半轴外端的悬伸部分传给桥壳,使半轴外端承受转矩、反力及其形成的弯矩,故称这种支承形式为半浮式半轴支承。半浮式半轴支承结构简单,但半轴受力情况复杂,且拆装不便。

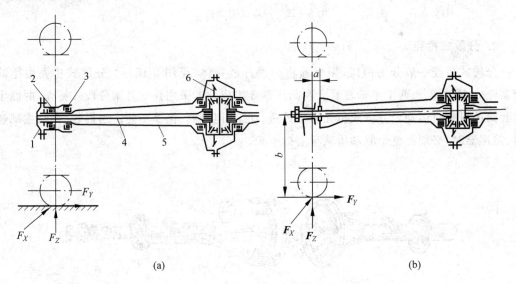

图 8-151　全浮式半轴与半浮式半轴示意图
(a)全浮式半轴;(b)半浮式半轴
1—半轴凸缘;2—轮毂;3—轮毂轴承;4—半轴;5—桥壳;6—主减速器从动锥齿轮

8.5.4.2 桥壳

驱动桥壳用于安装并保护主减速器、差速器和半轴等部件，并通过悬架支承汽车，承受驱动轮传来的反力和力矩，并将驱动轮的牵引力、制动力、侧向力通过悬架传给车架或车身。

驱动桥壳分为断开式驱动桥壳和非断开式驱动桥壳两种。断开式驱动桥壳有带半轴套管和不带半轴套管两种，不带半轴套管的桥壳就是主减速器壳，而带半轴套管的桥壳要分段铰接。非断开式驱动桥壳可分为整体式桥壳和分段式桥壳两种类型。

1. 整体式桥壳

整体式桥壳采用铸造或钢板冲压焊接而成一个整体，驱动桥壳与主减速器壳体分开制造，两者通过螺栓连接在一起（见图 8-152）。整体式桥壳刚度大、强度高、易铸造，但质量大、加工面多、制造质量不易保证，多用于中、重型载货汽车。

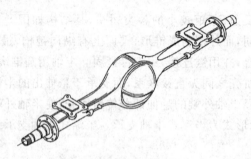

图 8-152　整体式驱动桥壳

2. 分段式桥壳

分段式桥壳一般分为两段，用螺栓将两段连成一体（见图 8-153）。分段式桥壳由主减速器壳 5、桥壳盖 7、两个半轴套管 2 及凸缘盘 3 组成。若采用独立悬架分段式桥壳，两侧半轴套筒还可相对运动。分段式桥壳易于铸造、加工，但维修、保养不便。当拆装、维修主减速器、差速器时，必须把整个驱动桥从车上拆下来。

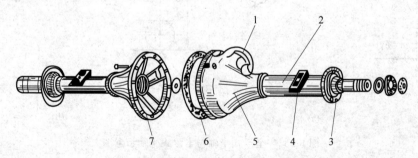

图 8-153　分段式驱动桥壳
1—主减速器壳颈部；2—半轴套管；3—凸缘盘；4—弹簧座；5—主减速器壳；6—垫片；7—桥壳盖

8.5.5 驱动桥实践训练

8.5.5.1 实践目的

通过汽车驱动桥实践训练,使学生熟悉汽车主减速器及差速器的结构组成,了解单级式主减速器与双级式主减速器结构的区别,能够完成主减速器传动比的测量,掌握汽车单级式主减速器的拆装流程。

8.5.5.2 实践准备

1. 课时安排

2课时。

2. 实践设备

1) 仪器设备

丰田霸道单级式主减速器一部、CA1091型汽车后桥总成一部。

2) 拆装工具

120件套传统拆装工具一套、十字套筒一套、橡胶锤及铁锤各一把、垫木一块、标记工具一套。

8.5.5.3 实践内容

1. 驱动桥结构认知

通过丰田霸道及CA1091型两种汽车驱动桥结构总成掌握汽车单级式和双级式主减速器结构的区别及传动原理,熟悉两种差速器的结构差异,掌握汽车在直线行驶和转向行驶时差速器的工作原理,了解防滑差速器在车轮滑转时的防滑差速原理。

实践项目要求:

(1) 通过实物观摩掌握丰田霸道驱动桥总成(见图8-154)中主要部件的名称、功用及动力传递原理;通过实物操作,要求分析差速器转向差速原理及限滑差速原理。

(2) 通过观摩CA1091汽车驱动桥总成(见图8-138)的结构,掌握该型汽车驱动桥主要部件的名称、功用及动力传递原理;并通过实物了解单级式和双级式主减速器结构的区别,了解该型汽车差速器的传动原理,并分析其与防滑差速器结构的区别。

图 8-154 丰田霸道驱动桥总成

2. 主减速器传动比的测量

通过对丰田霸道及CA1091型两种汽车主减速器的结构分析,使用标记工具完成对主减速器齿轮组的齿数统计,并运用传动比公式计算两种不同类型主减速器的传动比。

实践要求:

测量两种不同主减速器的齿轮数据,将数据填写在表 8-11 中,要求数据结果保留两位小数。

表 8-11 主减速器传动比的测量

类　型	主动锥齿轮	从动锥齿轮	二级主动齿轮	二级从动齿轮	主减速器传动比
丰田霸道主减速器			—	—	
CA1091 主减速器					

3. CA1091 型汽车驱动桥的拆装

1) 主减速器总成的拆卸

(1) 首先将桥壳下部的放油螺塞拧下,放出桥壳内的润滑油。

(2) 拆下主动锥齿轮凸缘与传动轴的连接螺栓。

(3) 卸下后制动软管与三通接头的连接。

(4) 用专用的支承小车将减速器壳固定好,然后拆下主减速器壳与后桥壳之间的连接螺栓,将主减速器总成从后桥壳下取出。

2) 主减速器总成的分解

(1) 主减速器总成解体前,应在差速器左、右轴承盖上做标记,以免装配时将左、右轴承装错。

(2) 把差速器轴承盖螺母锁片松开后,拧下螺母,取下轴承盖后,用双手抓住差速器总成两边的轴承孔,将差速器总成取下,然后将轴承盖按原位装复。

(3) 拆下主动锥齿轮轴承座与主减速器壳的连接螺栓,取下主动锥齿轮轴承座总成。拆卸时应注意不得将主动锥齿轮轴承座的调整垫片损坏或丢失。

(4) 拆下主动锥齿轮。先拆下紧固主动锥齿轮凸缘的开口销和槽形螺母,然后用专用工具将主动锥齿轮及后轴承内圈总成取出。如果轴承未损坏,其内、外圈可不必拆下。如需要更换轴承,则应配对更换。

(5) 拆下主减速器轴承盖紧固螺栓,取下轴承盖及调整垫片,取出从动锥齿轮及主动圆柱齿轮总成。拆卸时应把主减速器左、右轴承盖及调整垫片做上标记,以免装配时装错。

3) 差速器总成的分解

(1) 先检查差速器两侧轴承有无损坏,如无损坏则不必拆下轴承;如有损坏,应与内、外轴承座圈一起更换。

(2) 拆下紧固差速器壳与从动圆柱齿轮的槽形螺母开口销,并拧下螺母,取出螺栓。

(3) 将左、右差速器壳与从动圆柱齿轮外缘的相对位置做好标记,然后再用铜锤轻轻敲击从动圆柱齿轮外缘,将差速器拆散。

(4) 清洗所有拆散的主减速器、差速器总成的零件,并按次序放好。

(5) 检查拆下的轴承、齿轮及其他零件是否有烧蚀、剥落、麻点及磨损超限等缺陷,视情况予以修复或更换。

4) 驱动桥的调整与装配

(1) 主动锥齿轮及轴承座的装配与调整。

① 先将主动锥齿轮前后轴承外圈压入轴承座内,压入时应将轴承外圈的锥面大端向外。

② 将后轴承内圈压到主动锥齿轮轴上，压入时应将轴承锥面小端朝向齿轮。

注意：压入轴承和座圈时，应将座圈压到底，确保无间隙。

③ 在轴承外圈的工作表面涂上一层润滑油，然后把轴承座倒置，将装配好的主动锥齿轮及后轴承装入轴承座。

④ 将装入主动锥齿轮的轴承座倒置，并把主动锥齿轮顶住，装入调整垫片，再将前轴承总成压到主动锥齿轮轴上。

⑤ 装入主动锥齿轮凸缘垫圈、密封垫、前轴承盖，然后再装入油封、凸缘、平垫圈，以 200～290N·m 的力矩拧紧槽形螺母，插入开口销，将槽形螺母锁紧。

注意：拧紧螺母时，应不断转动主动锥齿轮，使轴承的滚子处于内、外座圈表面的确定位置；按规定转矩拧紧螺母时，应以插上开口销为准，不能将螺母反转后插入开口销。

⑥ 把轴承盖推向凸缘，使其定位止口与轴承座脱离接触，用弹簧秤测量主动锥齿轮轴承的预紧力矩，应达到 1.5～3.5N·m，相当于作用在凸缘螺栓中心孔处的圆周力为 25～58N。如预紧力不符合要求，可通过调整片进行调整。

最后，在轴承盖上涂抹一层密封胶，用螺栓将轴承盖紧固在轴承座上。

(2) 减速器总成的装配与调整。

① 将从动锥齿轮及主动圆柱齿轮总成装入减速器壳内，在左、右两侧减速器壳盖的轴承外圈工作表面涂上一层润滑油。然后将左、右盖连同调整垫片装在减速器壳上，调整垫片可先按原来的数量装上，再根据所测预紧力矩值，调整左、右盖中调整垫片的数量。调整后应保证轴承上有 1.5～3.5N·m 的预紧力矩。在测量预紧力矩前，应将左、右盖固定螺栓用 80～90N·m 力矩拧紧。

② 将主动锥齿轮轴承座总成装到减速器壳上。安装时，应注意使主动锥齿轮轴承座与减速器壳上的油孔畅通。

③ 锥齿轮啮合痕迹与齿侧间隙的检查和调整。检查时，在从动锥齿轮上沿圆周大致等距离分布的 3 个凸面均匀地涂上一薄层红丹粉调和油，用手转动主动锥齿轮轴承，主动锥齿轮凸缘带动从动锥齿轮旋转，其齿轮凸面的啮合痕迹应符合要求。啮合痕迹应位于齿长方向中部偏小端和齿高方向的中部。锥齿轮的齿侧间隙应为 0.15～0.40mm，测量位置应在从动锥齿轮沿圆周大致等距分布的 3 个齿上，且垂直于齿的大端凸面方向。用百分表检查，当啮合痕迹及齿侧间隙不符合上述要求时，应重新调整，直至符合要求为止。

(3) 差速器总成的装配与调整。

① 用压力机将轴承内圈压入左右差速器壳的轴颈上。

② 把左差速器壳放在工作台上，在与行星齿轮、半轴齿轮相配合的工作表面涂上机油，将半轴齿轮支承垫圈连同半轴齿轮一起装入，将已装好的行星齿轮及其支承垫圈的十字轴总成装入左差速器壳的十字槽中，并使行星齿轮与半轴齿轮啮合。

③ 在行星齿轮上装上右边的半轴齿轮、支承垫圈，将从动圆柱齿轮、差速器右壳合到左壳上，注意对准壳体上的标记，从右边向左装入螺栓，以规定的力矩拧紧螺母。

④ 检查半轴齿轮与支承垫片之间的间隙，此间隙应不大于 0.5mm，如不符合要求，更换新的支承垫片。

⑤ 将调整好的差速器总成装入主减速器壳中，装上两端的轴承外圈、轴承盖及调整螺母，通过调整螺母调整轴的预紧度，同时使两圆柱齿轮全齿啮合。

5) 拆装实践要求

(1) 能够在 60min 内完成 CA1091 型汽车驱动桥总成的拆装，拆装过程中能够准确使用拆装工具。

(2) 熟练地调整各个轴承预紧度，减速器主、从动齿轮啮合间隙和啮合痕迹，以及差速器行星齿轮和半轴齿轮的啮合间隙。

(3) 严格按照指导教师的指示进行拆卸，以免损坏设备。要求装配完成后能够保证驱动桥（主减速器）转动良好。

8.6 四轮驱动系统

8.6.1 四轮驱动系统概述

四轮驱动系统又称全轮驱动系统，是指汽车前后桥都获得发动机的输出动力。四轮驱动系统可按行驶路面状态不同而将发动机输出扭矩按不同比例分布在前后所有的轮子上，以提高汽车的行驶能力。该系统可以增大汽车在道路不好的情况下行驶的牵引力，同时改善汽车转弯时的操纵性能。

四轮驱动系统根据控制原理不同可分为分时四轮驱动系统（4WD）、全时四轮驱动系统（AWD）和适时四轮驱动系统。

8.6.2 分时四轮驱动系统

分时四轮驱动系统是一种驾驶者可以在两驱和四驱之间手动选择的四轮驱动系统，由驾驶员根据路面情况，通过接通或断开分动器来变换两轮驱动或四轮驱动模式，这也是越野车或四驱 SUV 最常见的驱动模式。

分时四轮驱动系统通过操作分动器实现两驱与四驱的切换。它的优点是结构简单，稳定性与可靠性较高，通过分动器前后桥能够获得较大的输出扭矩，有助于提高汽车在坏路面的通过性能。该四轮驱动系统缺点是：必须由驾驶员手动完成两驱与四驱的切换操作，这样不仅操作复杂，而且遇到恶劣路况不能迅速反应，往往错过了脱困的最佳时机；二是没有中央差速器，所以前后桥只能实现 50∶50 的动力分配模式。

一般情况下，分时四轮驱动系统车辆并不是长时间处于四驱状态，正常行驶状况下，采用的是两轮驱动，当需要通过恶劣路面时，驾驶员可以通过分动杆把两轮驱动切换成四轮驱动，让四个车轮都提供驱动力，从而提高车辆的通过性能。

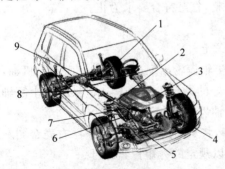

图 8-155 分时四轮驱动系统
1—后半轴；2—分动器；3—发动机；4—前半轴；5—前轴差速器；6—前传动轴；7—变速器；8—后传动轴；9—后轴差速器

分时四轮驱动系统（见图 8-155）主要包含分动器 2、前轴差速器 5、后轴差速器 9、前传动轴 6、后传动轴 8 及锁定毂等部件组成。

8.6.2.1 分动器

分动器用于将变速器输出的动力分配到各驱动桥,其基本结构也是一个齿轮传动系统。分动器的输入轴直接或通过万向传动装置与变速器输出轴相连,而其输出轴则有若干个,分别经万向传动装置与各驱动桥相连。为增加传动系统的最大传动比及挡数,绝大多数越野汽车都装有两挡分动器,使之兼起副变速器的作用。

分动器根据结构不同有普通齿轮式和行星齿轮式两种。图 8-156 所示是北京 BJ2020 越野汽车分动器,该型分动器可将变速器输出动力分别传给前桥和后桥。

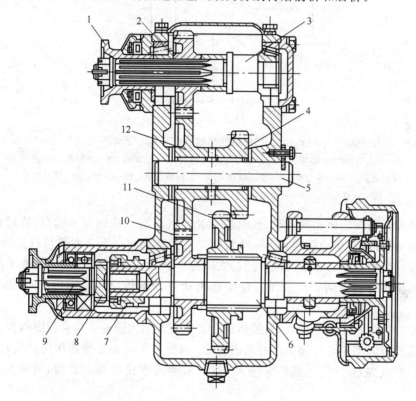

图 8-156 北京 BJ2020 型越野汽车分动器
1—凸缘盘;2—输入轴主动齿轮;3—分动器输入轴;4—中间轴小齿轮;5—中间轴;
6—换挡接合套;7—前桥接合套;8—花键齿轮;9—前桥输出轴;10—常啮合高位挡
齿轮;11—低位挡滑动齿轮;12—中间轴大齿轮

当分动器采用四轮低位挡驱动模式时,前桥接合套 7 左移,与前桥输出轴齿轮的花键齿轮 8 啮合,前桥接合套将前桥输出轴 9 与后桥输出轴连接为一个整体。之后换挡接合套 6 右移,低位挡滑动齿轮 11 与中间轴小齿轮 4 啮合,分动器挂入低位挡。变速器输出动力由分动器输入轴 3,经输入轴主动齿轮 2、中间轴小齿轮 4、低位挡滑动齿轮 11、换挡接合套 6 传递给后桥输出轴和前桥输出轴 9。

当分动器采用两轮高位挡驱动模式时,分动器挂入高位挡,换挡接合套 6 左移,与常啮合高位挡齿轮 10 啮合。同时前桥接合套 7 与前桥输出轴 9 分开,前桥与后桥动力中断。变速器输出动力由分动器输入轴 3,经输入轴主动齿轮 2、中间轴大齿轮 12、常啮合高位挡齿轮 10、换挡接合套 6 传递给后桥输出轴。

有些轻型越野汽车采用行星齿轮式分动器,其结构如图 8-157 所示,其工作原理如下:

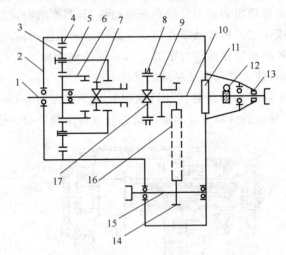

图 8-157 切诺基轻型越野汽车 231 分动器
1—输入轴;2—分动器壳;3—行星齿轮;4—齿圈;5—行星架;6—太阳轮;7—换挡接合套;8—前桥接合套;9—主动链轮;10—后桥输出轴;11—轴封;12—车速传感器;13—滚针轴承;14—从动链轮;15—前桥输出轴;16—传动链

当分动器采用四轮驱动模式时,前桥接合套 8 右移与主动链轮 9 啮合,通过传动链 16 和从动链轮 14 将前后驱动桥连接为一个整体。之后换挡接合套 7 右移与行星齿轮机构行星架 5 啮合。变速器动力由输入轴 1 经过太阳轮 6,传递给行星架 5,由于齿圈 4 被固定,所以行星架输出动力实现增矩。最终行星架输出动力分别传给后桥输出轴 10 和前桥输出轴 15。

当分动器采用两轮驱动模式时,换挡接合套 7 左移与太阳轮 6 接合齿圈啮合,动力由输入轴 1 直接经过太阳轮 6 传递给后桥输出轴 10,行星齿轮组失去变速作用。同时驾驶员控制前桥接合套 8 左移与主动链轮 9 分离,前后驱动桥连接中断。此时,后桥采用高位挡输出。

8.6.2.2 锁定毂

锁定毂是一种使轮毂脱离半轴外端啮合的离合器,当转动锁定毂至锁定位置时,轮与半轴被锁定,从而一起转动。当锁定毂脱离锁定时,半轴与轮毂分离,车轮在半轴轴承上自由转动,半轴并不转动,从而不带动前桥差速器及前传动轴转动。

锁定毂主要用于长时间选用两轮驱动模式时,使前轮与前驱动半轴脱离接合,此时前轮作为自由轮转动。在两轮驱动模式下,分动器将与前传动轴的动力中断,通过锁定毂的分离可以减少前桥传动系统的磨损,并同时降低行驶阻力。但在四轮驱动模式下,锁定毂必须锁定。

8.6.3 全时四轮驱动系统

全时四轮驱动系统指汽车的四个车轮始终是四轮驱动模式。全时四轮驱动系统不适用于越野行驶，而是在不良附着力情况下增加车轮的附着性能，以提高汽车的通过性。全时四轮驱动系统相比于分时四轮驱动系统没有了两驱和四驱之间的切换过程。

全时四轮驱动系统主要由轴间差速器、传动轴及前后驱动桥组成。通过轴间差速器分配前、后驱动桥之间的动力（见图 8-158）。轴间差速器可自动锁定，或者由驾驶员手动开关锁定。

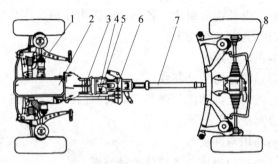

图 8-158　全时四轮驱动系统
1—前驱动桥；2—发动机；3—变速器；4—传动装置；5—前桥传动轴；
6—轴间差速器；7—后桥传动轴；8—后驱动桥

8.6.4 适时四轮驱动系统

适时四轮驱动系统是根据车辆的行驶路况，汽车控制单元会自动切换为两驱或四驱模式，不需要人为操纵。适时四轮驱动汽车在良好道路上行驶时往往采用两轮驱动模式，降低汽车行驶阻力及油耗；当汽车主驱动桥在附着系数较低的路面上行驶时由控制单元连接前、后车桥，实现四轮驱动模式，提高汽车的通过性。但适时四轮驱动系统只有当主驱动轮失去抓地力（打滑）后，另外的驱动轮才会被动介入，所以它的响应速度较慢。相对来说，适时四轮驱动系统的主动安全性不如全时四轮驱动系统高。

适时四轮驱动系统（见图 8-159）在结构上通过一个多片耦合器连接前驱动桥与后驱动桥，当汽车在良好路面上行驶时，ECU 控制多片耦合器分离，汽车只有前驱动桥工作，采用两驱模式行驶；当汽车前驱动桥在附着系数较低的路面上行驶时，ECU 控制多片耦合器接合，前驱动桥动力经过传动轴分配给后驱动桥，汽车实现四轮驱动模式。

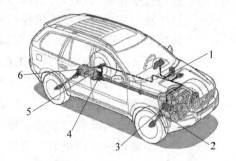

图 8-159　适时四轮驱动系统
1—中央电子处理模块；2—前驱动桥；3—发动机控制模块；4—差速器电子模块；5—多片耦合器；6—后驱动桥

习题

一、理论习题

8-1 名词解释：机械式传动系统、液力式传动系统、离合器间隙、离合器踏板自由行程、传动比、两轴式变速器、三轴式变速器、无级变速器、自动变速器、双离合变速器、不等速万向节、等速万向节、双级式主减速器、双速式主减速器、防滑差速器、全浮式半轴、半浮式半轴。

8-2 汽车底盘主要由哪几部分组成？各部分的作用分别是什么？

8-3 汽车底盘可以分为哪几种类型？

8-4 简述离合器的组成与原理。

8-5 简述汽车离合器的动力传动路线。

8-6 简述螺旋弹簧式离合器和膜片弹簧式离合器的区别与特点。

8-7 简述离合器分离机构的分类。

8-8 简述变速器的功用与种类。

8-9 简述两轴式变速器的组成与各挡位传动原理。

8-10 简述三轴式变速器的组成与各挡位传动原理。

8-11 简述锁环式同步器的组成与工作原理。

8-12 简述手动变速器操纵机构的类型。

8-13 简述手动变速器的互锁装置的工作原理。

8-14 简述液力变矩器的组成与原理。

8-15 简述单排行星齿轮的结构组成及传动原理。

8-16 简述辛普森双排行星齿轮机构的组成与各挡位传动原理。

8-17 简述拉维娜双排行星齿轮机构的组成与各挡位传动原理。

8-18 简述行星齿轮换挡执行机构的组成与原理。

8-19 简述液力自动变速器液压控制机构的组成与原理。

8-20 简述 CVT 无级变速器的工作原理。

8-21 简述 DSG 双离合变速器的工作原理。

8-22 简述万向传动装置的组成及在汽车上的应用。

8-23 简述不等速万向节的不等速特性及等速传动原理。

8-24 简述等速万向节的种类及应用。

8-25 简述驱动桥的结构组成与类型。

8-26 简述主减速器的类型及特点。

8-27 简述主减速器轴线偏移的作用。

8-28 简述差速器的功用与类型。

8-29 简述差速器的差速原理。

8-30 简述防滑差速器的工作原理。

8-31 简述全浮式半轴和半浮式半轴的区别与特点。

二、实践习题

8-32　测量离合器间隙,并分析间隙是否正常。

8-33　测量三轴五速手动变速器各挡齿轮传动比,并分析各挡位动力路线与原理。

8-34　要求 100min 完成手动变速器的拆装,并编写拆装报告。

8-35　要求 120min 完成大众 01M 型自动变速器的拆装,并编写拆装报告。

8-36　识别大众 01M 型自动变速器的主要部件,并能够分析传动原理。

8-37　要求 150min 完成丰田 A340E 自动变速器的拆装,并编写拆装报告。

8-38　完成主减速器传动比的测量。

8-39　要求 60min 完成解放 CA1091 型汽车驱动桥的拆装,并编写拆装报告。

模块 9 汽车行驶系统

9.1 汽车行驶系统概述

9.1.1 汽车行驶系统的功用与组成

9.1.1.1 汽车行驶系统的功用

汽车行驶系统的主要功用有：
(1) 支撑汽车的总质量。
(2) 接受由发动机经传动系统传来的转矩，并通过驱动轮与地面之间的附着作用，产生驱动力，保证汽车正常行驶。
(3) 传递并承受路面作用于车轮上的各种反力及其所形成的力矩。
(4) 尽可能缓和不平路面对车身造成的冲击和振动，保证汽车行驶的平顺性。

9.1.1.2 汽车行驶系统的组成

汽车(轮式汽车)行驶系统一般由车架1、车桥(前桥6和后桥3)、车轮(前轮5和后轮4)和悬架(前悬架7和后悬架2)组成，如图9-1所示。

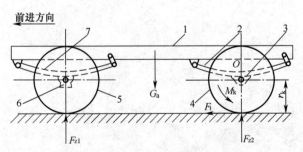

图 9-1 轮式汽车行驶系统的组成
1—车架；2—后悬架；3—后桥；4—后轮；5—前轮；6—前桥；7—前悬架

9.1.2 汽车行驶系统的分类

汽车行驶系统可分为轮式行走系统、履带式行走系统、半履带式行走系统和车轮-履带式行走系统。

绝大多数汽车都行驶在比较坚实的道路上,其行驶系统中直接与路面接触的部分是车轮,这种行驶系统称为轮式行驶系统,这样的汽车便是轮式汽车,如图 9-2 所示。

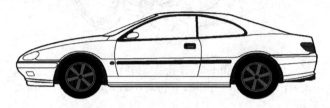

图 9-2 轮式汽车

直接与路面接触的部分是履带的汽车称为履带式汽车,如图 9-3 所示。

前后桥既可装车轮,也可装履带的汽车称为车轮-履带式汽车,如图 9-4 所示。汽车应用较多的是轮式行走系统。

图 9-3 履带式汽车

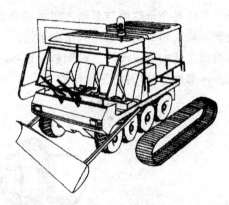

图 9-4 车轮-履带式汽车

9.2 车轮总成

车轮总成主要由轮胎和车轮组成,习惯上简称为车轮。图 9-5 所示是奥迪 100 轿车车轮总成的结构。

车轮总成与汽车的平顺性、操纵稳定性和安全性有着密切的关系,其主要功能有:

(1) 支承整车,承受各个方向的作用力(包含驱动力、制动力、侧向力等)。
(2) 缓和路面传来的冲击和振动。
(3) 保证轮胎与路面的良好附着性能,以提高汽车的动力性、制动性和通过性。
(4) 在保证汽车正常转向行驶的同时,通过轮胎产生的自动回正力矩使汽车保持直线行驶。

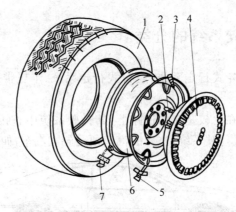

图 9-5　车轮总成的结构
1—轮胎；2—螺栓；3—气门嘴；4—车轮罩饰；5,7—平衡块；6—车轮

9.2.1　车轮

9.2.1.1　车轮的组成

车轮是介于轮胎与车轴之间承受负荷的旋转组件(见图 9-6)，通常由两个主要部件即轮辋 3 和轮辐 2 组成。轮辋是在车轮上安装和支承轮胎的部件，轮辐是在车轮上介于车轮与轮辋之间的支承部件。轮辋和轮辐可以是整体式的、永久连接式的或可拆卸式的。车轮除上述部件外，有时还包括轮毂 5。

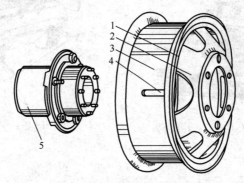

图 9-6　车轮结构组成
1—挡圈；2—轮辐；3—轮辋；4—气门嘴伸出孔；5—轮毂

9.2.1.2　车轮的类型

1. 按轮辋类型分类

根据汽车的用途不同，汽车轮辋断面结构有多种形状，目前最为常见的轮辋结构形式有深槽式轮辋、平底式轮辋和对开式轮辋(见图 9-7)。

深槽式轮辋(见图 9-7(a))一般是采用钢板冲压成形的整体结构，中部为一深槽，有带肩的凸缘用以安放外胎的胎圈，凸缘倾斜角度一般是 5°±1°，便于外胎拆装。深槽式轮辋结构

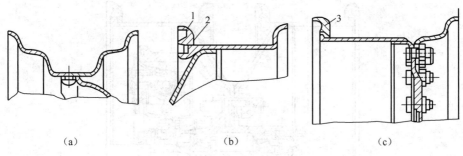

图 9-7 轮辋断面
(a) 深槽式轮辋；(b) 平底式轮辋；(c) 对开式轮辋
1,3—挡圈；2—锁圈

简单、刚度大、质量小，最适宜小尺寸弹性较大的轮胎，尺寸较大、较硬的轮胎则很难装进，所以深槽式轮辋主要用于轿车或轻型越野车。

平底式轮辋(见图 9-7(b))底部呈平环状，只有一边为可拆卸的挡圈 1 当作凸缘。在安装轮胎时，先将轮胎套在轮辋上，然后再安装挡圈。平底式轮辋主要用于中、重型载货汽车，自卸车和大客车等，一般安装大而硬的轮胎。

有些重型载货汽车将轮辋分为两部分，通过螺栓紧固在一体，称为对开式轮辋(见图 9-7(c))，对开式轮辋根据内外轮辋宽度不同，可分为等宽式和不等宽式。对开式轮辋轮胎安装较为可靠，拆卸方便。

2. 按车轴安装的车轮数量分类

按车轴一端安装车轮的数量不同可分为单式车轮和双式车轮。一般轿车、轻型货车都采用单式车轮。载重量较大的货车后桥一般采用双式车轮，即在同一轮毂上安装两套辐板和轮辋(见图 9-8)。货车的后轴负荷比前轴大，采用双式车轮可有效避免后轮轮胎过载。

3. 按轮辐结构分类

轮辐根据结构不同分为辐板式车轮和辐条式车轮。

辐板式车轮如图 9-6 所示，车轮的轮辋 3 与轮辐 2 可以用铆钉连接，也可以制成一体。轮辋 3 焊接在轮辐 2 上，轮辋上的椭圆孔为气门嘴伸出孔 4。轮辐的中心有一中心孔，用来将轮辐安装在轮毂 5 上，螺栓内端呈锥形，与轮辐孔锥面相适应。轮辐靠近中心孔部分略向外鼓起，使得轮辐有些弹性而有助于螺栓的紧固和放松。

辐条式轮辐多采用铸造辐条(见图 9-9)或钢丝辐条。辐条和轮毂 6 铸成一体，与轮辋 1 用衬块 2 及螺栓 3 固定在一起。配合锥面 5 用来保证轮辋与辐条自动对中。钢丝辐条车轮质量小，但价格高，维修安装不便，故常在某些高级轿车及竞赛汽车上使用，以减轻车轮的质量。

9.2.2 轮胎

轮胎安装在轮辋上，直接与路面接触，其作用是：承受汽车与载重的质量，并传递其他方向的力和力矩；与汽车悬架共同吸收和缓和汽车行驶时所受到的冲击与振动，以保证汽车具有良好的乘坐舒适性和行驶平顺性；保证车轮与路面的良好附着性，以提高汽车的动

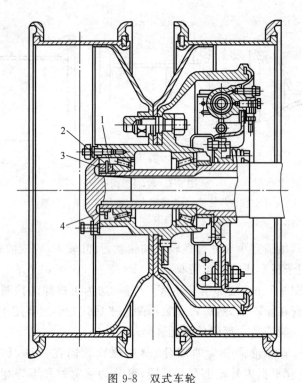

图 9-8 双式车轮
1—调整螺母；2—锁止垫片；3—锁紧螺母；4—销钉

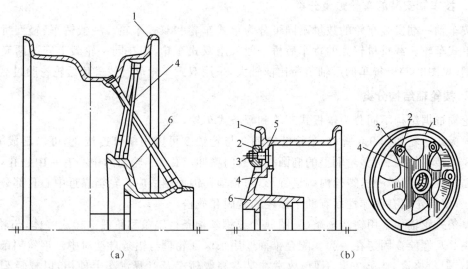

图 9-9 辐条式轮辐
1—轮辋；2—衬块；3—螺栓；4—辐条；5—配合锥面；6—轮毂

力性、制动性和操纵稳定性。

汽车轮胎按其用途可分为轿车轮胎和载货汽车轮胎两种。按胎体结构可分为充气轮胎和实心轮胎。现代汽车绝大多数采用充气轮胎，而实心轮胎目前仅应用在沥青混凝土路面的干线道路上行驶的低速汽车、特种车辆及重型挂车上。充气轮胎按组成结构不同，可分为有内胎轮胎和无内胎轮胎两种；按胎体中帘线排列的方向不同，又可以分为普通斜交胎和子午线胎；按胎面花纹的不同，还可以分为普通花纹胎、混合花纹胎和越野花纹胎。

9.2.2.1 有内胎轮胎

有内胎轮胎如图9-10所示，由外胎1、内胎2和垫带3组成。内胎中充满压缩空气；外胎是用以保护内胎使其不受外来损害的强度高而富有弹性的外壳；垫带放在内胎与轮辋之间，防止内胎被轮辋及外胎的胎圈擦伤和磨损。

按胎内的空气压力大小，充气轮胎可分为高压胎、低压胎和超低压胎3种。一般气压在0.5～0.7MPa为高压胎，0.15～0.45MPa为低压胎，0.15MPa以下为超低压胎。由于制造轮胎所用原材料的不断发展，轮胎负荷能力大幅度提高，相应的气压也提高了，而轮胎的缓冲性能仍在某种程度上保持了原来同规格"低压胎"的性能。因此，按过去的标准已属于高压胎气压范围的轮胎，现在国内、外还都将其归于"低压胎"这一类。

目前，轿车、货车几乎全采用低压胎，因为低压胎弹性好、断面宽、与道路接触面积大以及壁薄而散热性良好，这些特点提高了汽车行驶的平顺性、转向操作的稳定性。此外，道路和轮胎本身的寿命也得以延长。

9.2.2.2 无内胎轮胎

无内胎轮胎在外观上与有内胎轮胎近似，所不同的是没有内胎及垫带（见图9-11），空气直接充入外胎中，因此要求外胎和轮辋之间有很好的密封性。

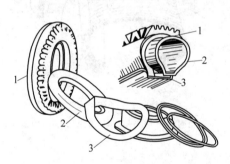

图9-10　充气轮胎的组成
1—外胎；2—内胎；3—垫带

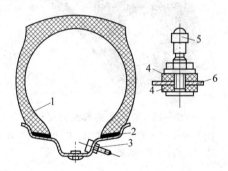

图9-11　无内胎充气轮胎
1—橡胶密封层；2—胎圈橡胶密封层；3—气门嘴；
4—橡胶密封垫；5—气门嘴帽；6—轮辋

无内胎轮胎虽然无充气内胎，但在外胎内壁上附加了一层厚约2～3mm的橡胶密封层1，有的还在该层下面粘着一层由特殊混合物制成的自粘层。当轮胎穿孔时，自粘层能自行将穿刺的孔粘合，故这种轮胎也称为有自粘层的无内胎轮胎。在胎圈外侧也有一层胎圈橡胶密封层2，用以增加胎圈与轮辋结合的气密性。轮辋底部是倾斜的并涂有均匀的漆层。气门嘴3直接固定在轮辋6的一侧，其间垫以密封用的橡胶密封垫4，并用螺母旋紧密封。铆接轮辋和辐板的铆钉自内侧塞入，并涂上一层橡胶。

无内胎轮胎的优点是：在轮胎穿孔时漏气缓慢，胎压不会急剧下降仍能继续行驶；同时因无内胎，故摩擦生热少，散热快，适于高速行驶；此外，它结构简单，质量较小。无内胎轮胎的缺点是：密封层和自粘层易漏气，途中修理较为困难。

9.2.2.3　普通斜交轮胎

帘布层与缓冲层各相邻层帘线交叉且与胎中心线呈小于 90°角排列的充气轮胎,称为普通斜交轮胎。图 9-12 所示为有内胎的普通斜交轮胎构造。外胎由胎冠 3、帘布层 1、缓冲层 5 及胎圈 8 组成。帘布层是外胎的骨架,用以保持外胎的形状和尺寸,通常由呈双数的多层挂胶布用橡胶粘合而成。帘布的帘线与轮胎子午断面的夹角(胎冠角)一般为 52°～54°,相邻层帘线相交排列。帘布层数越多,强度越大,但弹性降低。在外胎表面上注有帘布层数(或级数)。

9.2.2.4　子午线轮胎

子午线轮胎的构造如图 9-13 所示。它由帘布层 2、带束层 3、胎冠 4、胎肩 5 和胎圈 1 组成,并以带束层箍紧胎体。其特点是:

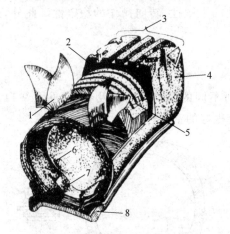

图 9-12　有内胎的普通斜交轮胎
1—帘布层；2—胎肩；3—胎冠；4—胎侧；5—缓冲层；6—内胎；7—垫带；8—胎圈

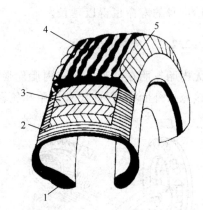

图 9-13　子午线轮胎
1—胎圈；2—帘布层；3—带束层；4—胎冠；5—胎肩

(1) 帘布层帘线排列的方向与轮胎的子午断面一致。由于帘线如此排列,使其强度得到充分利用。子午线轮胎的帘布层数一般可比普通斜交轮胎减少约 40%～50%,胎体较柔软。

(2) 帘线在圆周方向上只靠橡胶来联系。因此,为了承受行驶时产生的较大切向力,子午线轮胎具有与子午断面呈大角度(70°～75°)、高强度、不易拉伸的周向环形的类似缓冲层的带束层,而且带束层有若干层帘线。带束层通常采用强度较高、拉伸变形很小的织物帘布(如玻璃纤维、聚酰胺纤维等高强度材料)或钢丝帘布制造。

(3) 帘线横向排列,在承受横向力时,胎侧虽有变形,但触地面积变形小(见图 9-14),操纵稳定性好。

(4) 径向弹性大,缓冲性能好,负荷能力较大。

(5) 帘布层数较少,胎侧薄,散热性较好。

子午线轮胎有以下优点:接触面积大,附着性能好,对地面单位压力小,滚动阻力小,节约油耗;

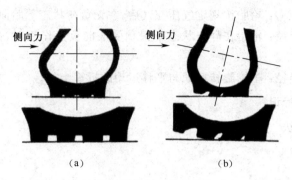

图 9-14 子午线轮胎与斜交轮胎横向受力对比
(a) 子午线轮胎；(b) 普通斜交轮胎

胎冠较厚且有坚硬的带束层，胎面刚性大，承载时触地面变形小，高速行驶时不容易发生驻波现象，不易被刺穿，使用寿命长。

子午线轮胎的缺点是：因胎侧较薄，胎冠较厚，在其过渡区胎肩部分容易产生裂口；制造难度高，成本高。

子午线轮胎由于其性能较普通斜交轮胎好，目前应用越来越广泛。而斜交轮胎除特殊专用车辆使用外，基本已被淘汰。

9.2.2.5 轮胎的规格标记

尽管世界各国汽车轮胎规格标记都有自己的标准，但基本上大同小异，轮胎规格标记习惯上采用英制，但也有采用英制和公制混合表示的，我国这两种标记都采用，并逐渐向公制过渡。

1. 轮胎的主要尺寸

轮胎的主要尺寸是轮胎断面宽度（B）、轮辋名义直径（b）、轮胎断面高度（H）、轮胎外径（D）、负荷下静半径和滚动半径等，如图 9-15 所示。

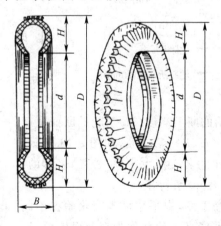

图 9-15 轮胎尺寸标注

(1) 轮胎断面宽度 B：轮胎按规定气压充气后，轮胎外侧面间的距离。
(2) 轮辋名义直径 d：轮辋规格中直径大小的代号，与轮胎规格中相对应的直径一致。
(3) 轮胎断面高度 H：轮胎按规定气压充气后，轮胎外直径与轮辋名义直径之差的一半。

(4) 轮胎外直径 D：轮胎按规定气压充气后，在无负荷状态下胎面最外表的直径。

(5) 负荷下静半径：轮胎在静止状态下只承受法向负荷作用时，由轮轴中心到支承平面的垂直距离。

(6) 轮胎滚动半径：车轮旋转运动与平移运动的折算半径。

2. 轮胎的规格标记

1) 英制标记方法

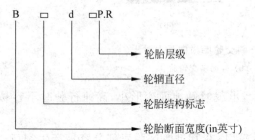

注：1 英寸(in)＝25.4 毫米(mm)。

轮胎层级，对于棉帘线轮胎即为帘线的层数，对于其他轮胎即为承载能力相当的棉帘线的层数。

例如，6.5 R 16 6P.R 表示为子午线轮胎，断面宽度为 6.5in，轮辋直径为 16in，轮胎层级为 6。

2) 公制标记方法

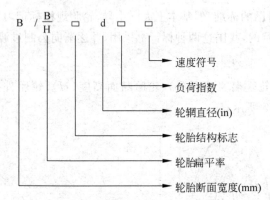

(1) 轮胎的高宽比

轮胎的高宽比是指轮胎的断面高度（H）与轮胎断面宽度（B）的百分比，可以表示为（H/B）×100%，如图 9-16 所示。轮胎系列就是用轮胎高宽比的名义值大小（不带%）表示的，例如"60"系列、"80"系列和"100"系列等。

轮胎的高宽比也称为扁平率，扁平率可表明轮胎在不同行驶状况下的适应性。扁平率高的轮胎称为高断面轮胎，反之称为低断面轮胎。

近年来，低断面轮胎应用日益广泛，主要原因是：滚动阻力小，有利于汽车高速行驶，且延长了轮胎的使用寿命；接地印痕短而宽，轮胎负荷得以提高；侧偏刚度较大，提高了汽车的操纵稳定性。

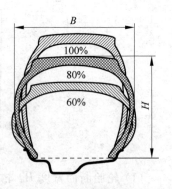

图 9-16　轮胎的高宽比

(2) 轮胎最高速度和速度级别符号

轮胎最高速度是指在规定条件(路面级别、轮辋名义直径)下,在规定的持续时间(最长时间为1h)内,允许使用的最高车速。

将轮胎最高速度(km/h)分为若干等级,用字母表示,称为速度级别符号,目前有25个,将其中部分摘录在表9-1中。

表9-1 轮胎的速度级符号与最高行驶速度(摘自 GB/T 2978—2014)

轮胎速度级别符号	轮胎最高行驶速度/(km/h)	轮胎速度级别符号	轮胎最高行驶速度/(km/h)
L	120	R	170
M	130	S	180
N	140	T	190
P	150	U	200
Q	160	H	210

(3) 轮胎负荷指数与轮胎负荷能力

轮胎负荷指数是指在规定条件(轮胎最高速度、最大气压等)下轮胎负荷能力的数字符号。轮胎负荷指数用 LI 表示,轮胎的负荷能力用 TLCC 表示。轮胎的负荷指数与负荷能力的对应关系见表9-2。

表9-2 轮胎的负荷指数与负荷能力的对应关系

轮胎负荷指数(LI)	轮胎负荷能力(TLCC)/N	轮胎负荷指数(LI)	轮胎负荷能力(TLCC)/N
79	4370	84	5000
80	4500	85	5150
81	4620	86	5300
82	4750	87	5450
83	4870	88	5600

3. 我国轮胎表示方法

我国轿车轮胎规格表示方法参照欧洲标准,载货汽车轮胎规格表示方法参照美国标准。下面举例说明我国现行的轮胎规格表示方法。

1) 轿车轮胎标记方法

例如轿车轮胎标记为 185/60R1485H,其中数字 185 表示轮胎宽度为 185mm;"/"后的 60 表示 $(H/B)\times100=60$,即轮胎的扁平率为 60%;字母 R 表示该轮胎为子午线轮胎;数字 14 表示轮辋的直径为 14in(356mm);数字 85 表示该轮胎的负荷指数,相应值为 515kg;字母 H 为速度符号,相应值为 210km/h。

2) 载货汽车轮胎标记方法

按照国家标准,载货汽车轮胎规格标记有 11 种之多,标记方法基本上和轿车轮胎相似。用字母 R 表示子午线轮胎,无字母 R 为斜交轮胎。微型汽车和轻型载货汽车的轮胎标记的后部必有 ULT(微型载货汽车轮胎)、LT(轻型载货汽车)记号,中、重型车轮胎则无此类标记。

例如汽车轮胎标记 4.50-12 ULT、6.50-15 LT、6.50 R 15 LT、9.00-20,其中,数字 4.50、6.50、6.50、9.00 均表示轮胎断面宽度(in),数字 12、15、15、20 均表示轮辋名义直径(in)。

9.2.3 车轮总成实践训练

9.2.3.1 实践目的

通过汽车车轮总成结构实践训练,能够让学生掌握汽车车轮及轮胎的结构与种类,能够熟练识别轮胎的规格标记,并熟练地使用测量工具测量车轮的结构参数。

9.2.3.2 实践准备

1. 课时安排

1 课时。

2. 实践设备

1)仪器设备

桑塔纳 2000 轿车车轮总成一套、帕萨特 B5 轿车车轮总成一套。

2)测量工具

5m 卷尺一套。

9.2.3.3 实践内容及要求

1. 车轮结构认知

通过观摩两种轿车的车轮总成结构,要求学生掌握车轮总成的组成与分类。

实践项目要求:

掌握车轮总体组成,了解各部分组成的功用,对比两种车轮结构,了解辐板式车轮与辐条式车轮的结构区别。

2. 轮胎结构认知及轮胎规格标记识别

掌握子午线轮胎的结构组成及结构特点,识别桑塔纳 2000 轿车和帕萨特 B5 轿车所用轮胎的规格标记,并进行记录分析。

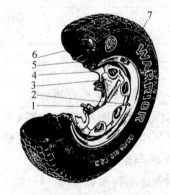

图 9-17 桑塔纳 2000 车轮的结构
1—车轮螺栓;2—气门嘴;3—车轮饰板;4—辐板;5—轮辋;6—轮胎;7—平衡块及夹子

实践项目要求:

(1) 观摩轮胎剖面,了解子午线轮胎的结构特点。

(2) 记录桑塔纳 2000 轿车和帕萨特 B5 轿车的轮胎规格标记,分析两种轮胎结构区别及轮胎特点。

3. 车轮总成参数测量实践

完成车轮总成尺寸参数的测量。

1)实践项目要求

使用卷尺测量两种车轮的尺寸参数,要求测量车轮总成中轮辋直径、轮胎断面高度、轮胎断面宽度及车轮外径等参数,每个参数测量 3 次取平均值。

2)实践参数记录及分析

将测量参数记录在表 9-3 中,并对应轮胎规格标记检查测量结果是否正确。

表 9-3　车轮总成尺寸参数记录

测量内容		第一次测量结果	第二次测量结果	第三次测量结果	最终测量结果
桑塔纳 2000	轮辋直径				
	轮胎断面高度				
	轮胎断面宽度				
	车轮外径				
帕萨特 B5	轮辋直径				
	轮胎断面高度				
	轮胎断面宽度				
	车轮外径				

9.3　车桥

9.3.1　车桥概述

车桥(也称车轴)通过悬架与车架(或承载车身)相连接,两端安装汽车车轮。车架所受的垂直载荷通过车桥传到车轮,车轮上的滚动阻力、驱动力、制动力和侧向力及其弯矩、转矩又通过车桥传递给悬架和车架,故车桥的功用是传递车架与车轮之间的各项作用力及其所产生的转矩和弯矩。

根据悬架的结构不同,车桥可分为整体式和断开式两种。当采用非独立悬架时,车桥中部是刚性的实心或空心梁,这种车桥即为整体式车桥;断开式车桥为活动关节式结构,与独立悬架配用。

按照车桥上车轮的运动方式和作用,车桥可分为转向桥、驱动桥、转向驱动桥和支持桥 4 类。其中,转向桥和支持桥都属于从动桥。一般汽车的前桥多为转向桥,后桥或中、后两桥多为驱动桥。一些轿车和越野汽车的前桥既是转向桥也是驱动桥,故称为转向驱动桥。一些单桥驱动的三轴汽车(6×2 汽车)的中桥或后桥为支持桥,挂车上的车桥均为支持桥。

9.3.2　支持桥

从动桥是相对于驱动桥而言的,从动桥又分为从动转向桥和从动支持桥。

现代轿车普遍采用发动机前置前轮驱动的布置形式。而后桥无驱动和转向功能,称之为支持桥。支持桥根据悬架结构不同可分为整体式和断开式两类。

图 9-18 所示为桑塔纳 2000 型轿车的非断开式后支持桥。它主要由若干零件组焊而成的后桥总成 6、橡胶-金属支撑座 7、后车轮总成等组成,起到支撑和固定悬架、制动、车身等总成的相关零部件的作用,并传递汽车纵向力和横向力,推动车轮旋转。

与独立悬架配合使用的支持桥中,轮毂轴与车轴不能固连,而是通过摆臂铰接,以实现左、右车轮的独立跳动。有些支持桥省去了车轴,直接将轮毂轴固定在车架上(非独立悬架),或通过摆臂铰接在车架或承载式车身上(独立悬架,见图 9-19)。

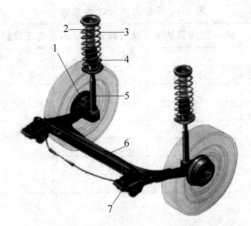

图 9-18 桑塔纳 2000 型轿车后支持桥
1—制动器；2—缓冲块；3—弹簧；4—橡胶护罩；5—减振器；6—后桥横梁；7—支撑座

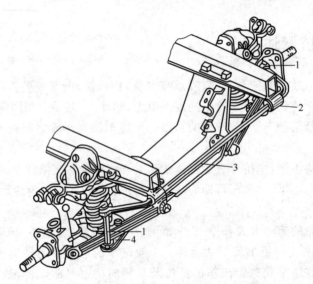

图 9-19 独立悬架支持桥的结构
1—支杆；2—套筒；3—横向稳定杆；4—弹簧支座

9.3.3 转向桥

转向桥是利用转向节使车轮偏转一定的角度以实现汽车的转向，同时还承受和传递车轮与车架之间的垂直载荷、纵向力和侧向力以及这些力形成的力矩。转向桥通常位于汽车的前部，因此也称为前桥。转向桥根据采用悬架结构不同，也可分为整体式转向桥和断开式转向桥。

各种车型的整体式转向桥的结构基本相同，主要由前梁、转向节、主销和轮毂组成。图 9-20 所示为东风 EQ1090E 型汽车前桥。作为转向桥主体的前梁 4 是用钢材锻造而成的，其断面为工字形以提高抗弯强度。为提高抗扭强度，接近两段略成方形。中部加工出两处用以支承钢板弹簧的加宽面形成弹簧座。中部向下弯曲，使发动机位置得以降低，从而降低汽车质心，扩展驾驶员视野，并减小传动轴与变速器输出轴之间的夹角。前梁两段各有一

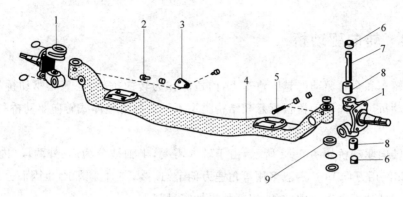

图 9-20 转向桥

1—转向节；2—转向节固定螺栓；3—转向节固定器；4—前梁；5—主销固定螺栓；6—螺栓；7—主销；8—衬套；9—轴承

个加粗部分，呈拳形，其中有通孔，主销 7 即插入此孔内。

断开式转向桥的作用与整体式转向桥一样，所不同的是断开式转向桥与独立悬架匹配。转向桥两端分别通过独立悬架的摆臂和球头销连接转向节和车架横梁，可实现左、右车轮独立运动。有些断开式转向桥没有车轴（或前梁），而是仅由一些与悬架连接的杆件组成（见图 9-21）。

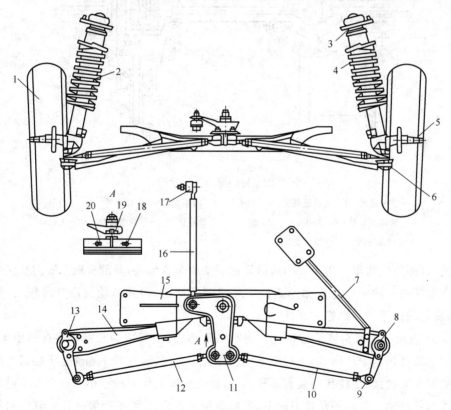

图 9-21 无车轴的断开式转向桥

1—车轮；2—减振器；3—上支点总成；4—缓冲弹簧；5—转向节；6—大头销总成；7—横向稳定杆；8—左梯形臂；9—小头销总成；10—左横拉杆；11—主转向臂；12—右横拉杆；13—右梯形臂；14—悬臂总成；15—中臂；16—纵拉杆；17—纵拉杆球头；18—转向限位螺钉座；19—转向限位杆；20—转向限位螺钉

9.3.4 转向驱动桥

在许多轿车和全轮驱动的越野汽车上,前桥除作为转向桥外,还兼起驱动桥的作用,故称为转向驱动桥。转向驱动桥根据悬架结构类型不同可分为整体式转向驱动桥和断开式转向驱动桥。

整体式转向驱动桥如图 9-22 所示,由于转向需要,半轴被分为内、外两段(内半轴 4 和外半轴 8),其间用万向节 6(一般多用等角速万向节)连接,同时主销 12 也因而分制成上、下两段。转向节轴颈部分做成中空的,以便外半轴穿过其中。

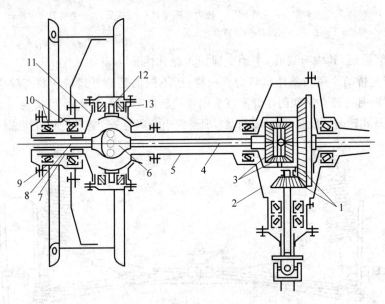

图 9-22　转向驱动桥示意图

1—主减速器;2—主减速器壳;3—差速器;4—内半轴;5—半轴套管;6—万向节;
7—转向节轴颈;8—外半轴;9—轮毂;10—轮毂轴承;11—转向节壳体;12—主销;
13—主销轴承;14—球形支座

目前,许多现代轿车采用了发动机前置前驱动的布置形式,其前桥既是转向桥又是驱动桥。该类型转向驱动桥多与麦弗逊式独立悬架配合使用,因其前轮内侧空间较大,便于布置,具有良好的接近性和维修方便性。

图 9-23 所示为上海桑塔纳轿车前转向驱动桥总成,主减速器和差速器在图中未画出。其减振器活塞杆相当于转向节,支柱座上端直接与车身连接,支柱下端通过下摇臂与固定在车身上的副车架铰接,支柱孔中装有轮毂轴承,轮毂压配在轮毂轴承中。动力经主减速器和差速器传至传动轴 5 和内等角速万向节,经内等角速万向节和外等角速万向节传到外半轴凸缘和驱动车轮 4 上,以驱动车轮旋转。

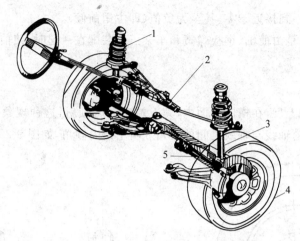

图 9-23　桑塔纳轿车前转向驱动桥总成
1—减振弹簧；2—齿轮齿条式转向装置；3—减振支柱；4—驱动车轮；5—传动轴

9.3.5　车轮定位

9.3.5.1　车轮定位的功用与种类

为了保持汽车直线行驶的稳定性、转向的轻便性和减小轮胎与机件间的磨损，转向轮、转向节和前轴三者之间与车架必须保持一定的相对位置，这种具有一定相对位置的安装称为转向轮定位，也称为前轮定位。正确的前轮定位可使汽车直线行驶稳定而不摇摆，转向时转向盘上的作用力不大，转向后转向盘具有自动回正作用，轮胎与地面之间不打滑以减小油耗，延长轮胎使用寿命。

传统的车轮定位主要是指前轮定位，但越来越多的现代汽车同时对后轮进行定位，即四轮定位。前轮定位参数主要有主销后倾、主销内倾、前轮外倾及前轮前束，后轮定位参数有后轮外倾和后轮前束。

9.3.5.2　前轮定位

1. 主销后倾

主销安装在前轴上后，在纵向平面内，其上端略向后倾斜，这种现象称为主销后倾。在纵向垂直平面内，主销轴线与垂线之间的夹角 γ 叫主销后倾角，如图 9-24 所示。

主销后倾后，它的轴线与路面的交点 a 位于车轮与路面接触前进方向点 b 之前，这样 b 点到 a 点之间就有一段垂直距离 l。若汽车转弯时（图中所示向右转弯），则汽车产生的离心力将引起路面对车轮的侧向反作用力 F，F 通过 b 点作用于轮胎上，形成了绕主销的稳定力矩 $M=Fl$，其作用方向正好与车轮偏转方向相反，使车轮有恢复到原来中间位置的趋势。即使在汽车直线行驶偶尔遇到阻力使车轮偏转时，也有此种作用。由此可见，主销后倾的作用是保持汽车直线行驶的稳定性，并力图使转弯后的前轮自动回正。后倾角越大，车速越高，前轮的稳定性越强，但后倾角过大会造成转向盘沉重，一般 $\gamma<3°$。有些轿车和客车的轮胎气压较低，弹性较大，行驶时由于轮胎与地面的接触面中心向后移动，引起稳定力矩增

大,故后倾角可以减小到接近于零,甚至为负值(即主销前倾)。

主销后倾角一般是由前轴、钢板弹簧和车架三者装配在一起时,使前轴断面向后倾斜而形成的。

2. 主销内倾

主销安装到前轴上后,在横向平面内,其上端略向内倾斜,这种现象称为主销内倾。在横向垂直平面内,主销轴线与垂线之间的夹角 β 叫主销内倾角,如图 9-25 所示。

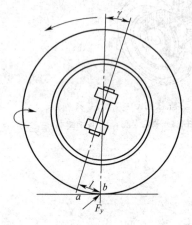

图 9-24 主销后倾示意图

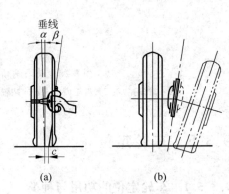

图 9-25 主销内倾和前轮外倾

主销内倾后,主销轴线的延长线与地面交点到车轮中心平面与地面交线的距离 c 减小(见图 9-25(a)),从而可减小转向时驾驶员加在转向盘上的力,使转向操纵轻便,也可减小从转向轮传到转向盘上的冲击力;与此同时,当车轮转向或偏转时,车轮有向下陷入地平面的倾向(见图 9-25(b)),但事实上这是不可能的,而只是使转向轮连同整个汽车前部向上抬起一个相应的高度,这样在汽车本身重力的作用下,迫使车轮自动回到原来的中间位置。由此可见,主销内倾的作用是使前轮自动回正,转向轻便。主销内倾角越大或前轮转角越大,则汽车前部抬起就越高,前轮的自动回正作用就越明显,但转向时转动转向盘费力,转向轮的轮胎磨损增加,一般主销内倾角控制在 $5°\sim 8°$ 之间。

主销内倾角是由前轴制造时使主销孔轴线的上端向内倾斜而获得。主销后倾和主销内倾都有使汽车转向自动回正,保持直线行驶位置的作用。但主销后倾的回正作用与车速有关,而主销内倾的回正作用几乎与车速无关。因此,高速时主销后倾的回正作用起主导作用,而低速时则主要靠主销内倾起回正作用。此外,直行时前轮偶尔遇到冲击而偏转时,也主要依靠主销后倾起回正作用。

3. 前轮外倾

前轮安装在车轴上,其旋转平面上方相对于纵向平面略向外倾斜,这种现象称为前轮外倾。前轮旋转平面与纵向垂直平面之间的夹角 α 称为前轮外倾角,如图 9-25 所示。

前轮外倾的作用在于提高了前轮工作的安全性和操纵轻便性。由于主销与衬套之间,轮毂与轴承等处都存在有间隙,若空车时车轮垂直地面,则满载后,车桥将因承载变形,可能会出现车轮内倾,这样将会加速汽车轮胎的磨损。另外,路面对车轮的垂直反作用力沿轮毂的轴向分力将使轮毂压向轮毂外端的小轴承,加重了外端小轴承及轮毂紧固螺母的负荷,严重时使车轮脱出。因此,为了使轮胎磨损均匀和减轻轮毂外轴承的负荷,安装车轮时预先使车轮有一定的外倾角,以防止车轮出现内倾。同时,车轮有了外倾角也可以与拱形路面相适。前轮外倾角大虽然对安全和操纵有利,但是过大的外倾角将使轮胎横向偏磨增加,油耗增多,一般前轮外倾角为1°左右。

前轮外倾角是由转向节的结构确定的。当转向节安装到前轴上后,其转向节轴颈相对于水平面向下倾斜,从而使前轮安装后出现前轮外倾。

4. 前轮前束

汽车两个前轮安装后,在通过车轮轴线而与地面平行的平面内,两车轮前端略向内偏,这种现象称为前轮前束。左右两车轮间后方距离 A 与前方距离 B 之差 $A-B$ 称为前轮前束值,如图 9-26 所示。

前轮前束的作用是消除汽车行驶过程中因前轮外倾而使两前轮前端向外张开的不利影响。由于前轮外倾,当车轮在地面纯滚动时,车轮将向外侧方向运动,实际上装在汽车上的两个前轮只能向正前方滚动,因而两车轮具有前束时,两车轮在向前滚动时会产生向内侧的滑动。这样,由车轮外倾和前轮前束使两前轮产生的滑动方向相反,可以互相抵消从而使两前轮基本上是纯滚动。此外,前轮前束还可

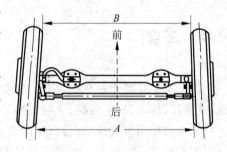

图 9-26 前轮前束

以抵消滚动阻力造成的使两前轮前部向外张开的作用,使两前轮基本上是平行地向前滚动。

前轮前束可通过改变横拉杆的长度来调整。调整时,可根据各厂家规定的测量位置,使两前轮前后距离差 $A-B$ 符合规定的前束值。测量位置除图示的位置外,还可取两车轮钢圈内侧面处的前后差值,也可以取两轮胎中心平面处的前后差值。一般前束值为 $0\sim12\text{mm}$。

现代轿车转向系统中,广泛采用齿轮齿条式转向器,系统中球关节少,车轮向外张开的因素少,加之不少轿车采用负外倾,因此前束值也因此减小或为负值。

9.3.5.3 后轮定位

1. 后轮外倾

像前轮外倾角一样,后轮外倾角也对轮胎磨损和操纵性有一定影响。理想状态是4个车轮的运动外倾角均为零,这样轮胎和路面接触良好,从而获得最佳的牵引性能和操纵性能。

车轮外倾角不是静态的,它随悬架上下移动而变化。车辆加载后悬架下沉就会引起车轮外倾角改变,为了对载荷进行补偿,采用独立后悬架的大多数车轮常有一个较小的后轮外倾角。

2. 后轮前束

其定义与前轮前束相似。如果后轮前束不当,后轮轮胎也会被擦伤,另外还会引起转向不稳定及降低制动效能。

后轮前束也不是一个静态量,悬架摇动和反弹时它就要产生变化。滚动阻力和发动机转矩对它也有影响。对于前轮驱动的汽车,后轮为从动轮,汽车的驱动力通过纵臂作用于后轴上,后轴将产生一定的弯曲,使车轮有前张的趋势(见图 9-27),而预先设置一定的后轮前束可以抵消这种前张。后轮驱动车辆的后轮则宜采用负前束,独立悬架的后驱驱动轮应尽可能为前束。

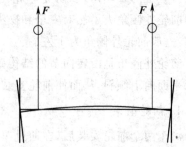

图 9-27 驱动力作用在后轴上的示意图

9.4 车架

汽车车架是整个汽车的基体,俗称大梁。其上装有绝大多数汽车部件和总成,如发动机、变速器、传动轴、前后桥、车身等部件。

车架的功用是支撑、连接汽车的各零部件,并承受来自汽车内部的各种载荷,车架通过悬架装置坐落在车轮上。车架应有足够的强度和合适的刚度。同时,还应尽可能地降低汽车的重心和获得较大的前轮转向角,以保证汽车行驶时的稳定性和转向灵活性。

目前,按车架纵梁、横梁结构特点,汽车车架的结构形式基本上有 3 种:边梁式车架、中梁式车架(或称脊梁式车架)和综合式车架。有时,单从纵梁形状和结构特点,又可分为周边式车架、X 形车架和梯形车架。边梁式车架广泛应用于各种类型载货、载客汽车和少量轿车,中梁式车架主要用于越野汽车和少量轿车。

9.4.1 边梁式车架

边梁式车架由两根位于两边的纵梁和若干根横梁组成,用铆接法或者焊接法将纵梁和横梁连接成坚固的刚性构架。由于边梁式车架便于安装车身和布置总成,有利于改装变型车和发展多品种车型,所以被广泛采用。

边梁式车架的纵梁通常采用低合金钢板冲压而成,一般为 16Mn。其断面形状有槽形断面、箱形断面、Z 字形断面和工字形断面等几种。根据汽车形式和结构布置的要求,纵梁可以在水平面或纵向平面内制成弯曲的、等截面的或非等截面的。纵梁的形式繁多,有前窄后宽结构、前宽后窄结构和前后等宽结构,还有平行式结构和弯曲式结构。此外,在纵梁上还钻有很多装置孔,用于安装脚踏板、车身、转向器和悬架总成及其支架。

横梁不仅用来保证车架的扭转刚度和承受纵向载荷,而且还用来支承汽车上的主要部件。通常载货汽车约有 5～8 根横梁,分别布置在安装散热器、发动机、驾驶室、传动轴中间支承、轮胎架和钢板弹簧的前后支点处。

边梁式车架如图 9-28 所示,其中部较低,可降低轿车重心,满足轿车高速行驶的稳定性和乘坐舒适性的要求。前段较窄可允许转向轮有较大的偏转角度;其后端向上弯曲,悬架变形时,保证车轮有足够的跳动空间。为了提高车架的抗扭刚度,有的轿车采用 X 形车架,如图 9-29 所示。

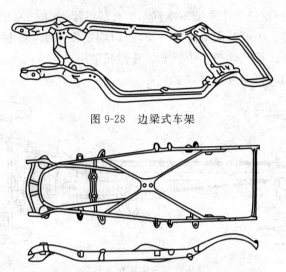

图 9-28　边梁式车架

图 9-29　X 形边梁式车架

为了便于安装货箱,载货汽车的纵梁上平面通常做成平直的,如图 9-30 所示,这种结构形式还有利于工艺制造。

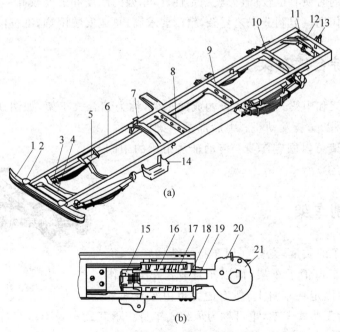

图 9-30　载货汽车边梁式车架
(a) 车架;(b) 拖钩

1—保险杠;2—挂钩;3—前横梁;4—发动机前悬置横梁;5—发动机后悬置支架和横梁;6—纵梁;7—驾驶室后悬置横梁;8—第四横梁;9—后钢板弹簧前支架横梁;10—后钢板弹簧后支架横梁;11—角撑横梁组件;12—后横梁;13—拖钩部件;14—蓄电池拖架;15—螺母;16,19—衬套;17—弹簧;18—拖钩;20—锁块;21—锁扣

9.4.2 中梁式车架

中梁式车架只有一根位于中央而贯穿汽车全长的纵梁,如图 9-31 所示。中梁的断面可做成管形、槽形或箱形。中梁的前端伸出支架,用以固定发动机,而主减速器壳通常固定在中梁的尾端,形成断开式后驱动桥。中梁上的悬伸托架用以支承汽车车身和安装其他机件。若中梁为管形的,传动轴可在管内穿过。

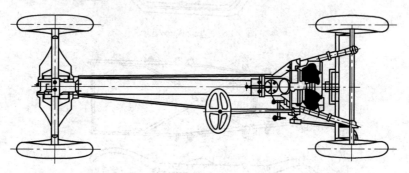

图 9-31 中梁式车架结构

中梁式车架有较好的抗扭转刚度和较大的前轮转向角,在结构上容许车轮有较大的跳动空间,便于装用独立悬架,从而提高了汽车的越野性;与同吨位的载货汽车相比,其车架轻,整车质量小,同时质心也较低,行驶稳定性好,车架的刚度和强度较高;脊梁还能起封闭传动轴的防尘罩作用。但制造工艺复杂,精度要求高,总成安装困难,维护修理也不方便。

9.4.3 综合式车架

由边梁式车架和中梁式车架联合构成的车架,称为综合式车架,如图 9-32 所示。前端是边梁式结构,用以安装发动机;中后部是中梁式结构,其悬伸出来的支架可以固定车身;传动轴从中梁的中间穿过,使之密封防尘。

9.4.4 副车架

为了减轻汽车的质量,充分利用车身的结构特点,部分轿车和大型客车取消了车架,而以车身兼代车架的作用,即将所有部件固定在车身上,所有的力也由车身来承受,这种车架称为无梁式车架,也可称为承载式车身。承载式车身不是车身结构的全部,主要指它的空间框架结构,可代替普通车架平面式的框架结构。有些承载式车身的汽车为了兼顾汽车舒适性和操纵稳定性,在汽车上安装了副车架(见图 9-33)。在副车架的作用下,可以减小路面振动的传入,并提高悬架系统的连接刚度。

图 9-32 综合式车架

图 9-33 安装副车架的汽车前桥总成
1—副车架;2—横向稳定杆;3—转向器;4—悬置点;5—下摆臂

9.5 悬架

9.5.1 悬架概述

悬架是车架(或承载式车身)与车桥(或车轮)之间一切传力连接装置的总称。悬架的主要作用是:把路面作用于车轮上的垂直反力(支撑力)、纵向反力(驱动力和制动力)和侧向反力以及这些反力所形成的力矩传递到车架(或承载式车身)上;与轮胎一起,吸收和缓冲路面不平所造成的振动和冲击,提高乘客的乘坐舒适性和运输货物的安全性。

9.5.1.1 悬架的组成

悬架主要由弹性组件 1、导向装置 2 和 5、减振器 3 等组成,为防止车身在不平路面行驶或转向时发生过大的倾斜,部分汽车还装有辅助弹性组件横向稳定器 4,如图 9-34 所示。

弹性组件使车架与车桥之间为弹性连接,承受和传递垂直载荷,缓和及抑制不平路面所引起的冲击;导向装置用来传递纵向力、侧向力及其力矩,并保证车轮相对于车架或车身有一定的运动规律;减振器用以加快振动的衰减,限制车身和车轮的振动。

9.5.1.2 悬架的分类

1. 按汽车悬架导向机构分类

根据汽车两侧车轮运动是否相互关联,汽车悬架可分为非独立悬架和独立悬架两种形

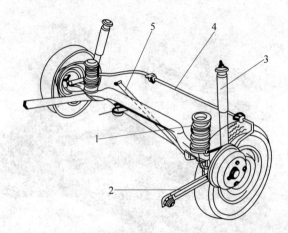

图 9-34 悬架组成示意图
1—弹性组件；2,5—导向装置；3—减振器；4—横向稳定器

式，如图 9-35 所示。

非独立悬架（见图 9-35(a)）的结构特点是汽车两侧车轮分别安装在一根整体式的车桥两端，车桥通过弹性组件与车架相连接。这种悬架当一侧车轮因道路不平而上下跳动时，将会影响另一侧车轮的定位参数，因此称为非独立悬架。非独立悬架一般和非断开式车桥组装在一起。

独立悬架（见图 9-35(b)）则是两侧车轮分别安装在断开式的车桥两端，每段车桥和车轮单独通过弹性组件与车架相连。这样，当一侧车轮跳动时，对另一侧车轮的定位参数不产生影响，因此称为独立悬架。

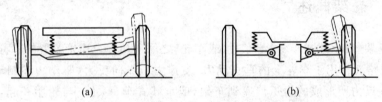

图 9-35 非独立悬架与独立悬架示意图
(a) 非独立悬架；(b) 独立悬架

采用独立悬架的汽车具有较好的通过性、行驶稳定性和平顺性，故独立悬架在轿车上被广泛应用；而非独立悬架因结构简单，制造和维修方便，故在中、重型载货汽车上普遍采用。

2. 按悬架控制方式分类

按悬架的控制方式不同，悬架可分为被动控制式和主动控制式两种。传统的机械控制属于被动控制式，即汽车的行驶状态只能被动地取决于路面、行驶状况和汽车的弹性元件、减振器和导向机构等机械部件。而主动控制式悬架采用电子控制技术，它能根据路面和行驶状况，自动调节悬架刚度、高度及阻尼力，控制汽车的振动状态，提高汽车的操纵稳定性和平顺性。

9.5.2 悬架主要组成部件

9.5.2.1 弹性元件

汽车悬架系统中所采用的弹性元件有钢板弹簧、螺旋弹簧、扭杆弹簧、气体弹簧和橡胶弹簧等。一般载货汽车的非独立悬架广泛采用钢板弹簧,大多数轿车的独立悬架采用螺旋弹簧和扭杆弹簧,而在重型载货汽车或部分客车、轿车上气体弹簧得到广泛的应用。

1. 钢板弹簧

钢板弹簧是在汽车非独立悬架中应用最广泛的一种弹性组件。若干片长度不等、曲率半径不同、厚度相等或不等的弹簧钢片叠合在一起,组成一根近似等强度的弹性梁,即为钢板弹簧,如图9-36所示。

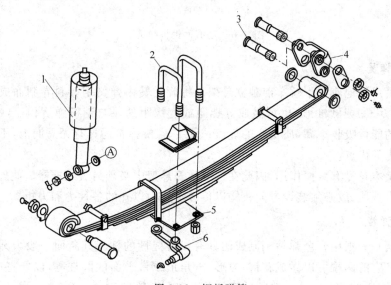

图 9-36 钢板弹簧
1—减振器总成;2—U形螺栓;3—钢板弹簧销;4—钢板弹簧吊耳;5—底板;6—减振器支架

钢板弹簧的中部一般由U形螺栓2与车桥刚性固定,其两端用钢板弹簧销3铰接在车架的支架上。

钢板弹簧前端卷耳用钢板弹簧销连接到车架上,形成固定的铰链支点,起传力作用。钢板弹簧后端与车架的连接方式应考虑到钢板弹簧变形时其长度会改变,连接方式有吊耳支架式、滑板式和橡胶块式等几种。

为加强第一片卷耳,常将第二片末端也弯成卷耳,把第一片卷耳包住。弹簧受压变形时,为防止它们之间产生相对滑动,在第一片与第二片卷耳之间留有较大的空隙。

在车架加载使弹簧变形时,钢板弹簧各片之间产生相对滑动进而产生摩擦,此时钢板弹簧本身具有一定的减振作用。如果钢板弹簧各片之间干摩擦时,轮胎所受到的冲击要直接传给车架,并直接使钢板弹簧各片磨损,故安装钢板弹簧时,应在各片之间涂上适量的石墨润滑剂。

钢板弹簧本身还兼起导向作用,可不必单独设置导向装置,使悬架结构简化。因此,有些高级轿车的后悬架也采用钢板弹簧作弹性组件。

目前,国内外汽车越来越多地采用少片(2~3 片)变截面钢板弹簧(见图 9-37),钢板弹簧宽度保持不变,但它的横截面尺寸沿长度方向是变化的。这种少片变截面钢板弹簧克服了多片钢板弹簧质量大、性能差的缺点。

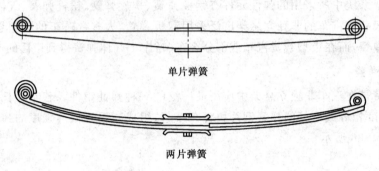

图 9-37 变截面钢板弹簧

2. 螺旋弹簧

螺旋弹簧广泛地应用于轿车前独立悬架。螺旋弹簧由弹簧钢棒料卷制而成,可以做成圆柱形(见图 9-38)或圆锥形,也可做成等螺距或变螺距的。与钢板弹簧相比,螺旋弹簧具有单位质量的能量吸收率高,质量小的优点;另外,螺旋弹簧还具有无需润滑,不忌泥污,所占纵向空间小的优点。

螺旋弹簧本身没有减振作用,因此在螺旋弹簧悬架中必须另装减振器。此外,螺旋弹簧只能承受垂直载荷,故必须装设导向机构以传递垂直力以外的各种力和力矩。

3. 扭杆弹簧

扭杆弹簧是一根用合金弹簧钢制成的具有扭转弹性的杆。其断面一般为圆形,少数为矩形或管形。它的两端可以做成花键、方形、六角形或带平面的圆柱等,以便将一端固定在车架 3 上,如图 9-39 所示,另一端通过摆臂 1 固定在车轮上。

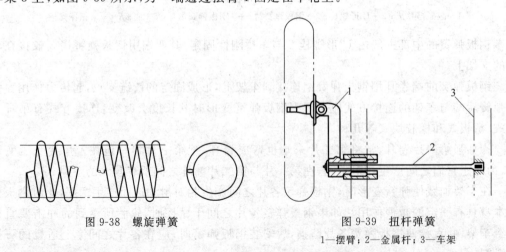

图 9-38 螺旋弹簧　　图 9-39 扭杆弹簧

1—摆臂；2—金属杆；3—车架

车轮跳动时,摆臂 1 便绕着扭杆轴线上下摆动,使扭杆产生扭转弹性变形,吸收来自路面的冲击,借以保证车轮与车架的弹性关系。有的扭杆由一些矩形断面的薄扭片组合而成,这样可以使弹簧更为柔软。

扭杆是用铬钒合金弹簧钢制成的,表面经过加工后很光滑。为保护其表面,通常涂以沥青防锈涂料或者包裹一层玻璃纤维布,以防碰撞、刮伤和腐蚀。扭杆具有预扭应力,安装时左、右扭杆预加扭转的方向都与扭杆安装在车上后承受工作载荷时扭转的方向相同,不能互换,为此,在左、右扭杆上刻有不同的标记。

扭杆弹簧可以比钢板弹簧甚至比螺旋弹簧储存更多的能量。与螺旋弹簧一样,具有质量小,不需润滑和占据空间小等优点。

4. 气体弹簧

气体弹簧是在一个密封的容器中充入压缩气体,利用气体的可压缩性实现其弹性作用。气体弹簧的刚度是可变的。气体弹簧有空气弹簧和油气弹簧两种。

1) 空气弹簧

空气弹簧是以空气作弹性介质,即在密闭的容器内装入压缩空气(气压 0.5~1.0MPa),利用气体的压缩弹性实现弹簧的作用。随着载荷的增加,容器内的空气压力升高,其刚度也随之增加;反之,刚度下降。因此,气体弹簧具有变刚度特性。

根据压缩空气所用容器的不同,又有囊式和膜式两种形式。囊式空气弹簧(见图 9-40)是由夹有帘线的橡胶气囊和密闭在其中的压缩空气所组成。气囊的内层用气密性好的橡胶制成,而外层则用耐油橡胶制成。气囊一般做成图示的两节,节与节之间围有钢质的腰环,使中间部分不致有径向扩张,并防止两节之间相互摩擦。气囊的上、下盖板将气囊密封。膜式空气弹簧(见图 9-41)的密闭气囊由橡胶膜片和金属压制件组成。与囊式弹簧相比,其弹性特性曲线比较理想,因其刚度较囊式小,车身自然振动频率低,且尺寸较小,在车上便于布置,故多用在轿车上,但制造困难,使用寿命较囊式短。空气弹簧不能传递任何方向的侧向力及其力矩,因此要增设相应的推力杆。空气弹簧本身没有减振作用,悬架中必须装置减振器。

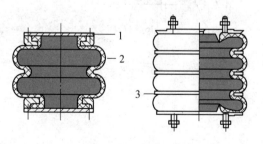

图 9-40 囊式空气弹簧
1—盖板;2—气囊;3—腰环

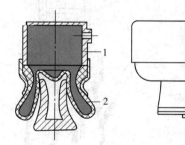

图 9-41 膜式空气弹簧
1—金属座;2—橡胶膜片

2) 油气弹簧

在密闭的容器中充入压缩气体和油液,并利用气体的可压缩性实现弹簧作用的装置称为油气弹簧。油气弹簧以惰性气体(氮气)作为弹性介质,用油液作为传力介质,一般是由气体弹簧和相当于液力减振器的液压缸组成的。

根据结构的不同,油气弹簧分为单气室、双气室以及两级压力式等三种形式。气室油气弹簧又分为油气分隔式和油气不分隔式两种,如图9-42所示,前者可防止油液乳化,且便于充气。

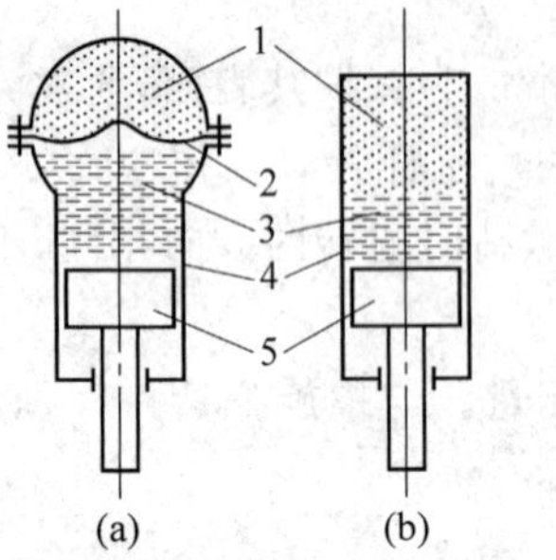

单气室油气分隔式油气弹簧在轿车和轻型汽车上应用较为普遍,其结构如图9-43所示,其上、下半球室构成的球形气室6、8固定在工作缸10上,球形气室的内腔用橡胶油气隔膜5隔开,上半球室充入高压氮气,下半球室通过减振器阻尼阀9与工作缸的内腔相通,并充满了工作介质(减振油液)。油气隔膜的作用在于把作为弹性介质的高压氮气和工作液分开,以避免工作液乳化,同时也便于充气和保养。工作缸固定在车身(或车架)上,其活塞3与活塞导向缸12连接成一体,悬架活塞杆1的下端与悬架的摆臂(或车桥)相连接。当悬架摆臂(或车桥)与车身(或车架)相对运动时,活塞和活塞导向缸便在工作缸内上、下滑动,而工作液油通过减振器阻尼阀9来回运动,起到减振器的作用。

图9-42 单气室油气弹簧示意图
(a) 油气分隔式;(b) 油气不分隔式
1—气体;2—油气隔膜;3—油液;4—工作缸;5—活塞

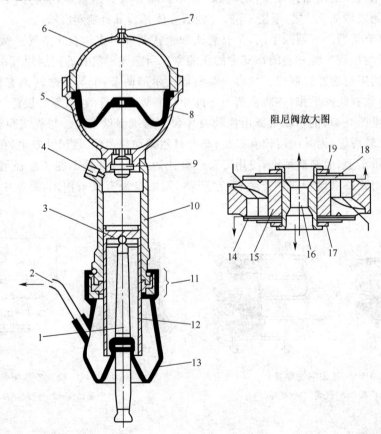

图9-43 单气室油气分隔式油气弹簧
1—悬架活塞杆;2—油溢流口;3—活塞;4—加油口;5—橡胶油气隔膜;6—上半球室;7—充气螺塞;8—下半球室;9—减振器阻尼阀;10—工作缸;11—密封装置;12—活塞导向缸;13—防护罩;14—伸张阀;15—阀体;16—油液节流孔;17—伸张阀限位挡片;18—压缩阀;19—压缩阀限位挡片

当载荷增加时,车架与车桥之间的距离缩短,活塞3上移使充满工作液的内腔容积减小,迫使工作液经压缩阀18进入球形气室,从而推动油气隔膜向具有一定压力的氮气室移动,使气室容积减小,气压升高,弹簧刚度增大,车架下降缓慢。当外界载荷等于氮气压力时,活塞便停止上移,这时车架与车桥的相对位置不再变化,车身高度也不再下降。

当载荷减小时,橡胶油气隔膜5在高压氮气压力的作用下向油室一侧移动,迫使工作液经伸张阀14流回工作缸内腔,推动活塞3下移,从而使弹簧刚度减小,车架与车桥之间距离变长,车架上升。当外部载荷与氮气压力相平衡时,活塞停止下移,车身高度也不再上升。

由于氮气储存在密闭的球形气室内,其压力随外载荷的大小而变化,故油气弹簧具有变刚度的特性。同时与空气弹簧不同的是,在油气弹簧液油往复流经阻尼阀的时候,液油受到阻尼作用,起到液力减振器的作用,所以在安装油气弹簧的汽车上不需要再独立安装减振器。

空气弹簧和油气弹簧都同螺旋弹簧一样,只能承受轴向载荷,因此气体弹簧悬架中必须设置纵向和横向推力杆等导向机构,其中空气弹簧悬架中还必须设有减振器。气体弹簧可以通过专门的高度控制阀自动调节气室中的原始充气压力,以调节车身与地面的高度。

5. 橡胶弹簧

橡胶弹簧利用橡胶本身的弹性来缓和冲击减小振动。它可以承受压缩载荷与扭转载荷。橡胶弹簧的优点是:单位质量的储能量较金属弹簧多,隔声性能好,工作无噪声,无需润滑。橡胶弹簧多用作悬架的副簧和缓冲块。

9.5.2.2 减振器

为加速车架与车身振动的衰减,以改善汽车的行驶平顺性,在大多数汽车的悬架系统内部装有减振器。减振器和弹性元件的安装是并联的。

汽车悬架系统中广泛采用液力减振器,液力减振器的作用原理是:当车架与车桥作往复相对运动时,减振器中的活塞在缸筒内也作往复运动,于是减振器壳体内的油液便往复地从一个内腔通过一些窄小的空隙流入另一内腔。此时,孔壁与油液间的摩擦及液体分子内摩擦便形成对振动的阻尼力,使车身和车架的振动能量转化为热能,被油液和减振器壳体所吸收,然后散到大气中。减振器的阻尼力的大小随车架和车桥(或车轮)相对速度的增减而增减,并且与油液的黏度有关。要求减振器所用油液的黏度受温度变化的影响尽可能的小,且具有抗汽化、抗氧化以及对各种金属和非金属零件不起腐蚀作用等性能。

减振器的阻尼力越大,振动消除得越快,但却使并联的弹性元件的作用不能充分发挥;同时,过大的阻尼力还可能导致减振器连接零件及车架损坏。为解决弹性元件与减振器之间的这一矛盾,对减振器提出如下要求:

(1) 在悬架压缩冲程(车桥与车架相互移近的行程)内,减振器的阻尼力应减小,以便充分利用弹性元件的弹性来缓和冲击。

(2) 在悬架伸张冲程(车桥与车架相互远离的行程)内,减振器的阻尼力应增大,以求迅速减振。

(3) 当车桥或车轮与车架的相对速度过大时,减振器应当能自动加大液流通道截面积,使阻尼力始终保持在一定限度之内,以避免承受过大的冲击载荷。

在压缩和伸张两行程内均能起作用的减振器,称为双向作用式减振器;另有一种减振器仅在伸张行程内起作用,称为单向作用式减振器。目前,汽车上广泛采用双向筒式减振器。

1. 双向筒式减振器

如图 9-44 所示,在活塞 4 上装有伸张阀 3 和流通阀 10,在工作缸筒 5 下端的支座上装有压缩阀 1 和补偿阀 11。流通阀和补偿阀一般是单向阀,其弹簧很软,当阀上的油压作用力与弹簧力同向时,阀处于关闭状态,完全不通油液;而当油压作用力与弹簧力反向时,即使只有很小的油压,阀也能打开。压缩阀和伸张阀是卸压阀,其弹簧较硬,只有当油压增高到一定程度时,阀才能打开;而当油压降低到一定程度后,阀又会在弹簧力的作用下立即关闭。

双向筒式减振器工作时有压缩和伸张两个行程。

(1) 压缩行程。当汽车车轮滚上凸起和滚出凹坑时,车轮和车架(车身)移近,减振器受压缩,活塞 4 下移。活塞下腔容积减小,油压升高,油液经流通阀 10 流到活塞上腔。由于上腔被活塞杆 6 占去一部分空间,上腔内增加的容积小于下腔减小的容积,故还有一部分油液推开压缩阀 1,流回储油缸筒 2。当油液流经上述阀孔时,受到一定的节流作用,为克服流动阻力而消耗了振动能量,从而衰减了压缩行程的振动能量。

(2) 伸张行程。当车轮滚进凹坑或滚离凸起时,车轮相对车身移开,减振器受拉伸,此时减振器活塞向上移动。活塞上腔油压升高,流通阀 10 关闭。上腔内的油液便推开伸张阀 3 流入下腔。同样,由于活塞杆的存在,自上腔流来的油液还不足以充满下腔所增加的容积,下腔内产生一定的真空度,这时储油缸筒中的油液便推开补偿阀 11 流入下腔进行补充。此时,这些阀的节流作用即形成对悬架伸张运动的阻尼力。

由于伸张阀的刚度和预紧力比压缩阀的大,而且伸张行程时的油液通孔面积也比压缩行程时的小,所以减振器在伸张行程中产生的阻尼力比在压缩行程中产生的阻尼力要大得多。

2. 充气式减振器

充气式减振器如图 9-45 所示,其结构特点是减振器缸筒的下部有一个浮动活塞 2,使工作腔形成三个部分。在浮动活塞与缸筒一端形成的腔室中充入高压氮气;浮动活塞的上面是减振器油液,浮动活塞上装有大断面的 O 形密封圈 3,把油和气完全隔开,形成封气活塞;工作活塞 7 上装有随其运动速度大小而改变通道截面积的压缩阀 4 和伸张阀 8,此二阀均由一组厚度相同、直径由大到小排列的弹簧钢片组成。

当车轮跳动时,减振器的工作活塞在油液中往复运动,使工作活塞的上腔与下腔之间产生油压差,压力油便推开压缩阀或伸张阀而来回流动。由于阀对压力油产生较大的阻尼力而使振动衰减。

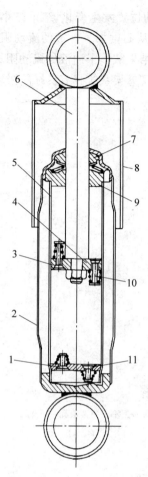
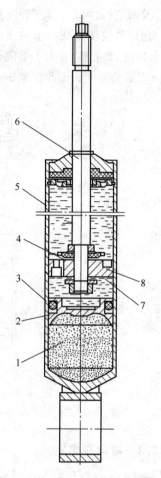

图 9-44 双向筒式减振器示意图
1—压缩阀；2—储油缸筒；3—伸张阀；4—活塞；5—工作缸筒；6—活塞杆；7—油封；8—防尘罩；9—导向座；10—流通阀；11—补偿阀

图 9-45 双向作用充气式减振器
1—密封气室；2—浮动活塞；3—O形密封圈；4—压缩阀；5—工作缸；6—活塞杆；7—工作活塞；8—伸张阀

由于下腔高压氮气的存在，便可以利用氮气的膨胀和压缩，借助浮动活塞的上下运动来补偿因活塞杆的进出而引起的缸筒容积的变化。因此不再需要储油腔，当然也就不需要储油缸筒了，所以这种减振器也称为单筒式减振器。而前述的双向作用筒式减振器既有工作缸，又有储油缸筒，故亦称双筒式减振器。

充气式减振器作为一种新型减振器，与双向筒式减振器相比，具有以下优点：结构大为简化，可产生足够的阻尼力，工作噪声小。其缺点是：对油封要求高；充气工艺复杂，修理困难；当缸筒受到冲击而变形时，减振器就不能工作。

3. 阻力可调式减振器

某些高级轿车装用阻力可调式减振器，如图 9-46 所示，与其配装的弹性元件是空气弹簧。当汽车载荷增加时，空气囊中的气压升高，与之相通的气室 1 内的压强也随之升高，促使膜片 2 向下移动与弹簧 3 产生的压力相平衡。同时，膜片带动与它相连的柱塞杆 4 和柱塞6下移,因而使得柱塞相对空心连杆5上的节流孔7的位置发生变化,结果减小了节流孔的通道截面面积,也就是减小了油液流经节流孔的流量,从而增加了油液的流动阻力。当汽车载荷减小时,柱塞上移,增大了节流孔的通道截面面积,结果减小了油液的流动阻力。这样,达到了随汽车载荷的变化而改变减振器阻力的目的,保证了悬架系统具有良好的振动特性。

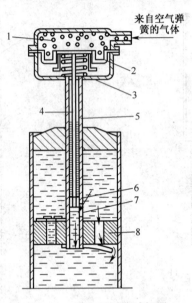

图 9-46 阻力可调式减振器
1—气室;2—膜片;3—弹簧;4—柱塞杆;5—空心连杆;6—柱塞;7—节流孔;8—活塞

9.5.2.3 横向稳定器

当装有螺旋弹簧的轿车高速行驶转弯时,为了减小车身产生的横向倾斜和横向角振动,有的独立悬架中设有杆式横向稳定器,如图 9-47 所示。

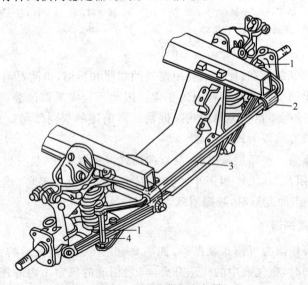

图 9-47 杆式横向稳定器
1—支杆;2—套筒;3—横向稳定杆;4—弹簧支座

弹簧钢制成的横向稳定杆3呈扁平的U形,横向地安装在汽车的前端或后端(有的轿车前后均有),其中部两端自由地支撑在两个橡胶套筒2内,而套筒则固定在车架上。横向稳定杆的两侧纵向部分的末端通过支杆1与悬架下摆臂上的弹簧支座4相连。

当车身只作垂直移动而两侧悬架变形相等时,横向稳定杆在套筒内自由转动而不起作用。当两侧悬架变形不等而车身相对于路面横向倾斜时,车架的一侧移近弹簧支座,稳定杆侧末端就相对于车架向上移;而车架的另一侧远离弹簧支座,相应的稳定杆的末端则相对于车架向下移。然而,在车身和车架倾斜时,横向稳定杆的中部对于车架并无相对运动。这样在车身倾斜时,稳定杆两边的纵向部分向不同方向偏转,于是稳定杆便被扭转。弹性的稳定杆所产生的扭转的内力矩就阻碍了悬架弹簧的变形,从而减小了车身的横向倾斜和横向角振动。

9.5.3 非独立悬架

非独立悬架因具有结构简单、工作可靠、使用寿命长等优点而得到广泛应用。一般载货汽车和客车均采用以钢板弹簧作为弹性组件的非独立悬架,而轿车仅后桥采用非独立悬架。

非独立悬架的结构,特别是导向机构的结构,随所采用的弹性元件不同而有所差异,而且有时差别会很大。采用螺旋弹簧、气体弹簧时,需要有较复杂的导向机构;而采用钢板弹簧时,由于钢板弹簧本身可兼起导向机构的作用,并有一定的减振作用,使得悬架结构大为简化。因此,在非独立悬架中大多数采用钢板弹簧作为弹性元件。

9.5.3.1 钢板弹簧式非独立悬架

纵置钢板弹簧式非独立悬架的结构如图9-48所示。在钢板弹簧式非独立悬架中,钢板弹簧一般是纵向安置的,它与车桥的连接绝大多数是用两个U形螺栓2将钢板弹簧的中部刚性地固定在车桥上部。钢板弹簧两端通过钢板弹簧销1、4与车架支座活动铰接,起传力和导向作用。

由于载货汽车后悬架承载质量变化较大,为了保持悬架的频率不变或变化不大,广泛地在后悬架中采用副钢板弹簧总成6。副钢板弹簧总成一般在主钢板弹簧总成上方,当后悬架负荷较小时,仅由主钢板弹簧起作用。在负荷增加到一定程度时,副钢板弹簧总成与车架上的支架接触,开始起作用。此时,主、副钢板弹簧一起工作,一起承受载荷,使悬架刚度增大,保证车身振动频率不致因载荷增加而改变过大,导致钢板弹簧变形过大或振动时振幅过大而损坏车辆。

9.5.3.2 螺旋弹簧式非独立悬架

一汽红旗CA7220型汽车螺旋弹簧式非独立后悬架如图9-49所示。

螺旋弹簧装在弹簧上座6和弹簧下座9之间。横向推力杆2一端铰接于后桥3,另一端与车身相连,用来传递车轮和车身之间的横向作用力(转向时的离心力)及其力矩。后桥跳动时,横向推力杆上下横向摆动。

加强杆1也是下连车桥,上连车身,此杆的作用是加强横向推力杆的安装强度,把通过后桥传来的横向力分配给另一侧车身,使车身受力均匀。纵摆臂5与横向推力杆一样,上连

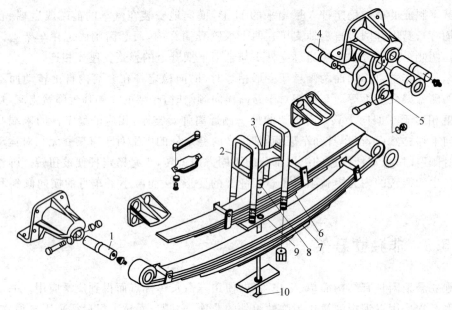

图 9-48　钢板弹簧式非独立后悬架

1,4—钢板弹簧销；2—U形螺栓；3—钢板弹簧减振垫；5—吊耳总成；6—副钢板弹簧总成；
7—主钢板弹簧总成；8,10—中心螺栓；9—钢板弹簧座

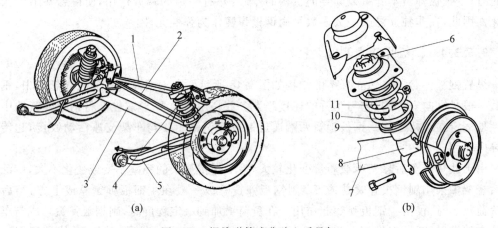

图 9-49　螺旋弹簧式非独立后悬架

1—加强杆；2—横向推力杆；3、7—后桥；4—后悬架；5—纵摆臂；6—弹簧上座；8—减振器；
9—弹簧下座；10—螺旋弹簧；11—防尘罩

车身，下连车桥，用来传递驱动力、制动力等纵向力及其力矩。车轮在纵向跳动时，纵摆臂绕车身铰接点上下纵向摆动。

图 9-50 所示为一汽捷达轿车装用的单纵臂扭转梁式复合悬架。后车轴体 7 的断面呈 V 形（或 U 形），两端与纵臂 6 焊接后成为一个整体。纵臂前端通过后车轴体支架 8（实际为橡胶-金属支撑）铰接在车身上，后端连接在轮毂 5 和减振器 4 上。

汽车行驶时，后车轴体同车轮一起相对车身绕后车体支架上下摆动。当两侧悬架变形不等时，后车轴体的 V 形断面发生扭转变形。由于后车轴体扭转弹性较大，因此它还起横向稳定器的作用。

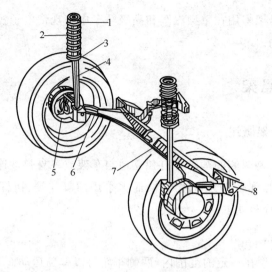

图 9-50 单纵臂扭转梁式复合悬架
1—上弹簧座；2—螺旋弹簧；3—下弹簧座；4—减振器；5—轮毂；6—纵臂；7—后车轴体；8—后车轴体支架

从结构上看，该悬架属于非独立悬架（整体后车轴体），但由于后车轴体支架为橡胶-金属件，两车轮关联程度又相对弱些。因此，可认为该悬架为半独立悬架。一汽丰田花冠、广州本田飞度、上海大众领驭等轿车后桥均采用与上述类似的结构。

9.5.3.3 空气弹簧式非独立悬架

空气弹簧式非独立悬架如图 9-51 所示，空气弹簧 5 的上、下端分别固定在车架和车桥上。从压气机 1 产生的压缩空气经油水分离器 10 和压力调节器 9 进入储气筒 8。压力调节器可使储气筒中的压缩空气保持一定的压力。储气罐 6 通过管路与两个空气弹簧相通。储气罐和空气弹簧中的空气压力由车身高度控制阀 3 控制。空气弹簧和螺旋弹簧一样只能传递垂直力，其纵向力和横向力及其力矩也是由纵向推力杆和横向推力杆（图中未画）来传递。采用空气弹簧悬架时，可以通过车身高度控制阀来改变空气弹簧内的空气压力，从而自动调节车身高度，以保证车身高度不因载荷变化而变化。

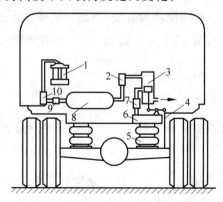

图 9-51 空气弹簧非独立悬架示意图
1—压气机；2,7—空气滤清器；3—车身高度控制阀；4—控制杆；5—空气弹簧；
6—储气罐；8—储气筒；9—压力调节器；10—油水分离器

空气弹簧非独立悬架多用在重型汽车和高级轿车中。现代电子控制主动悬架也有采用空气弹簧作弹性元件的。

9.5.4 独立悬架

9.5.4.1 独立悬架概述

采用独立悬架的车辆两侧的车轮各自独立地与车架或车身弹性连接。与非独立悬架相反,独立悬架很少用钢板弹簧作为弹性组件,而多采用螺旋弹簧、扭杆弹簧或气体弹簧作为弹性组件,因而需有导向机构。

1. 独立悬架的优点

(1) 弹性组件的变形在一定的范围内,两侧车轮可以单独运动而互不影响,这样可减小车架和车身在不平道路上行驶时的振动,而且有助于消除转向轮不断偏摆的现象。

(2) 减轻了汽车上非弹簧承载部分的质量(非簧载质量),从而减小了悬架所受到的冲击载荷,可以提高汽车的平均行驶速度。

(3) 由于采用断开式车桥,发动机位置可降低和前移并使汽车重心下降,有利于提高汽车行驶的稳定性。同时能给予车轮较大的上下运动空间,悬架刚度可设计得较小,使车身振动频率降低,以改善行驶的平顺性。

(4) 可保证汽车在不平道路上行驶时,车轮与路面有良好的接触,增大了驱动力。此外具有特殊要求的某些越野汽车采用独立悬架后,可增大汽车的离地间隙,提高了汽车的通过性。

2. 独立悬架的分类

独立悬架的结构类型很多,按车轮运动形式可分为4类:

(1) 车轮在汽车横向平面内摆动的悬架(横臂式独立悬架,见图 9-52(a))。

(2) 车轮在汽车纵向平面内摆动的悬架(纵臂式独立悬架,见图 9-52(b))。

(3) 车轮在汽车的斜向平面内摆动的悬架(单斜臂式独立悬架,见图 9-52(c))。

(4) 车轮沿主销移动的悬架,其中包括烛式悬架(见图 9-52(d))和麦弗逊式悬架(滑杆式悬架,见图 9-52(e))。

9.5.4.2 横臂式独立悬架

横臂式独立悬架分为单横臂式独立悬架和双横臂式独立悬架两种。

1. 单横臂式独立悬架

德国戴姆勒-奔驰轿车采用的单横臂式独立悬架如图 9-53 所示。在该结构中,后桥半轴套管 3 是断开的,主减速器 8 的左侧有一个单向铰链 7,半轴可绕其摆动。在主减速器上面安装着可调节车身水平位置的油气弹性元件 5,它和螺旋弹簧一起承受并传递垂直力。作用在车轮上的纵向力主要由纵向推力杆 1 承受。中间支承 6 不仅可以承受侧向力,而且

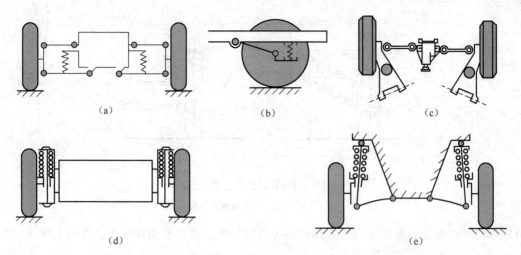

图 9-52 独立悬架示意图
(a) 横臂式；(b) 纵臂式；(c) 单斜臂式；(d) 烛式；(e) 麦弗逊式

还可以部分地承受纵向力。当车轮上下跳动时，为避免干涉，其纵向推力杆的前端用球铰链与车身连接。

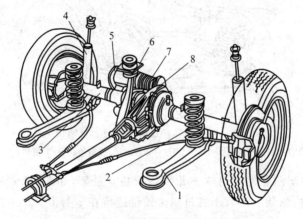

图 9-53 单横臂式后独立悬架
1—纵向推力杆；2—螺旋弹簧；3—半轴套管；4—减振器；5—油气弹性元件；6—中间支承；7—单向铰链；8—主减速器

采用单横臂式独立悬架的车轮上下运动时，车轮平面将产生横向倾斜，且改变轮距的大小，并且主销内倾角及车轮外倾角均发生较大变化。轮距变化停轮胎产生横向滑移，破坏轮胎与地面的附着，因此这种悬架很少在转向轮中采用。但有些重型越野汽车（太脱拉 138、148）的前悬架采用这种结构形式，因为该种悬架结构简单、紧凑，易于布置。

2. 双横臂式独立悬架

双横臂式独立悬架如图 9-54 所示，这种悬架的两个横臂长度可以相等，也可以不相等。等长的双横臂式独立悬架在车轮上下跳动时，虽然车轮平面不发生倾斜，却会使轮距发生较大的变化（见图 9-54(a)），这将使车轮产生横向滑移。不等长的双横臂式独立悬架若两臂长度选择合适，则可以使主销角度与轮距变化均不过大（见图 9-54(b)），不大的轮距变化在轮

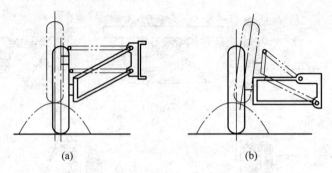

图 9-54 双横臂式独立悬架示意图
(a) 横臂等长式；(b) 横臂不等长

胎较软时可以由轮胎变形来适应。因此不等长双横臂式独立悬架在轿车的前轮上应用较为广泛。

图 9-55 所示为一种典型的不等长双横臂式独立悬架。上横臂 2 和下横臂 6 为不等长横臂。螺旋弹簧 1 与减振器位于上、下横臂之间。

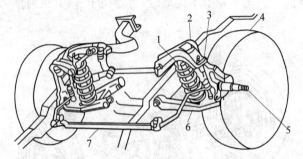

图 9-55 不等长双横臂式独立悬架
1—螺旋弹簧；2—上横臂；3—球关节；4—车轮；5—转向节；6—下横臂；7—稳定杆

马自达 M6 型轿车前悬架采用单 A 形双横臂独立悬架，如图 9-56 所示。悬架上摆臂 3 制成叉形的刚性构件，悬架下摆臂 1 通过单个铰链连接在车身上。

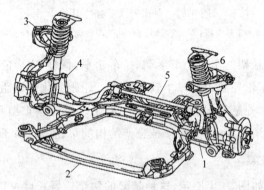

图 9-56 马自达 M6 型轿车前独立悬架
1—悬架下摆臂；2—前横梁；3—悬架上摆臂；4—球铰链；5—横向稳定杆；6—螺旋弹簧和减振器

9.5.4.3 纵臂式独立悬架

纵臂式独立悬架分为单纵臂式独立悬架和双纵臂式独立悬架。

1. 单纵臂式独立悬架

单纵臂式独立悬架如图 9-57 所示,在车轮上下运动时,主销后倾角会产生很大变化,一般不用在前悬架中。

图 9-58 所示为神龙富康轿车后悬架装用的单纵臂式扭杆弹簧独立悬架。弹性元件为左、右扭杆弹簧 1 和 3。两侧车轮不是各自独立地与车身作弹性连接,而是通过组装的后桥总成(由左、右扭杆弹簧支撑架 5,左、右扭杆弹簧和横向稳定杆套管 2 等组成),用前、后自偏转弹性垫块将车轮与车身作弹性连接。两个单纵臂通过左、右扭杆弹簧与后桥总成弹性连接。

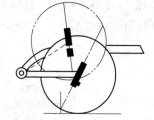

图 9-57 单纵臂式独立悬架示意图

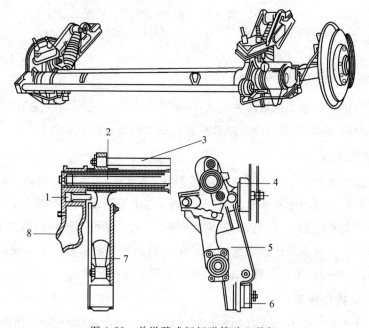

图 9-58 单纵臂式扭杆弹簧独立悬架

1—左扭杆弹簧;2—横向稳定杆套管;3—右扭杆弹簧;4—前自偏转弹性垫块;
5—扭杆弹簧支承架;6—后自偏转弹性垫块;7—减振器

这种结构使汽车的操纵稳定性得以提高。汽车转弯时,由于前、后自偏转弹性垫块的变形不同,使两个后轮产生与两个前轮转向相同的不太大的侧偏角,使后轮侧偏角减小,增强了不足转向特性。

东风雪铁龙赛纳轿车及标致 307 轿车的后悬架与该结构基本相同。

2. 双纵臂式独立悬架

双纵臂式独立悬架的两个纵臂长度一般做成相等的,形成平行四连杆机构。这样可使车轮上下运动时,主销后倾角不变,因而这种形式的悬架适用于转向轮。

图 9-59 所示为双纵臂式扭杆弹簧前独立悬架示意图。两根纵臂 1 的后端与转向节铰接,前端则通过各自的摆臂轴 2 支撑在车架横梁 5 内部的衬套 3 中,摆臂轴与纵臂 1 刚性地连接。扭杆弹簧 4 由若干片矩形断面的薄弹簧钢片叠加而成,其外端插入摆臂轴的矩形孔内,中部用螺钉 6 与管形横梁相固定。这种悬架两侧车轮用两根扭杆弹簧。

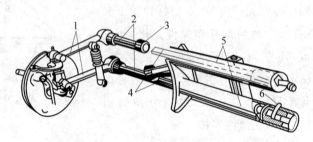

图 9-59 双纵臂式扭杆弹簧前独立悬架
1—纵臂;2—摆臂轴;3—衬套;4—扭杆弹簧;5—横梁;6—螺钉

9.5.4.4 车轮沿主销摆动式独立悬架

车轮沿主销移动的悬架包括两种形式,一种是车轮沿固定不动的主销轴线移动的烛式独立悬架,另一种是车轮沿摆动的主销轴线移动的麦弗逊式独立悬架。

1. 烛式独立悬架

烛式悬架的主销 1(见图 9-60)在固定于车身上的套管 3 内往复运动,同时安装在套管内的弹簧支撑在与主销相连的弹簧座上,与主销一起上下移动以缓和冲击。当悬架变形时,主销的定位角不会发生变化,仅轮距、轴距稍有改变,有利于汽车的转向操纵和行驶稳定性,常用在微型轿车上。缺点是侧向力全部由套在主销上的长套筒和主销承受,套管与主销之间的摩擦阻力大,磨损严重。目前,烛式独立悬架应用逐渐减少。

2. 麦弗逊式独立悬架

麦弗逊式独立悬架由滑动立柱和横摆臂组成,亦称滑柱连杆式悬架,如图 9-61 所示。

这种悬架的车轮沿摆动的主销轴线移动。减振器 4 的外面为滑动立柱(筒体),横摆臂 1 外端以球铰链与转向节 3 相连接,内端通过铰链连接在车身 5 上。外面套有螺旋弹簧 6 的减振器 4 上端通过螺栓、橡胶垫圈与车身相连接,下端固定在转向节上。主销的轴线为上、下铰链中心的连线。当车轮上下跳动时,因减振器的下支点随横摆臂摆动,故主销轴线的角度是变化的,显然车轮是沿着摆动的主销轴线运动的。因此,这种悬架变形时,使主销的定位角和轮距都有些变化。如果合理地调整系统的布置,可使车轮的这些定位参数变化极小。

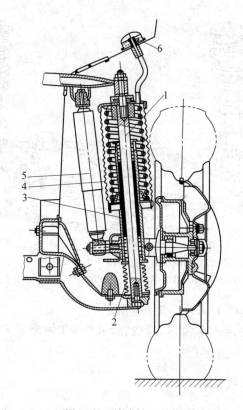

图 9-60 烛式独立悬架
1—主销；2、4—防尘套；3—套管；5—减振器；6—通风管

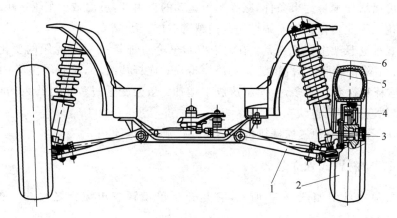

图 9-61 麦弗逊式独立悬架
1—横摆臂；2—车轮；3—转向节；4—减振器；5—车身；6—螺旋弹簧

  这种悬架的突出优点是两前轮内侧空间较大，便于发动机等机件的布置。缺点是滑动立柱的摩擦和磨损较大。

  富康轿车装用的麦弗逊式独立悬架如图 9-62 所示。筒式减振器 2 的上端用螺栓和橡胶垫圈与车身连接，其下端固定在转向节 3 上，转向节通过球铰链与下摆臂 6 连接。车轮所受的侧向力通过转向节大部分由下摆臂承受，其余部分由减振器承受。因此，这种结构形式

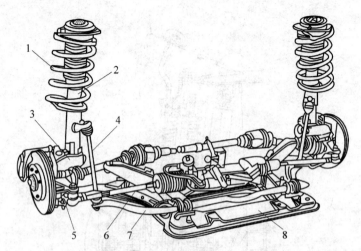

图 9-62　富康轿车前悬架

1—螺旋弹簧；2—筒式减振器；3—转向节；4—连接杆；5—球头销；6—下摆臂；7—横向稳定杆；8—前托架

较烛式独立悬架在一定程度上减少了滑动磨损。

一汽红旗 CA7220、奥迪 100、宝来、捷达、高尔夫和上海桑塔纳、赛欧等轿车均采用麦弗逊式独立悬架。

9.5.4.5　多连杆式独立悬架

有一些轿车为了减轻整车质量和简化车身结构，采用多连杆式独立悬架（双横臂式独立悬架的改进结构）。

多连杆可以增加本身约束条件，减少车轮运动的自由度，进而减少车轮在跳动过程中定位参数的变化。因此多杆悬架系统应用范围越来越广。

多连杆式独立悬架主要优点是：有利于控制车轮的前束、外倾和轮距的变化，具有良好的操纵稳定性；降低轮胎的磨损，延长其使用寿命；连杆质量小，降低了整车的整备质量。其缺点有：连杆和衬套的增多，会使制造成本增加；悬架变形过程中过约束的可能性会增加，致使连接衬套的磨损过快。

图 9-63 所示的是一种三连杆机构的多连杆式独立悬架。

9.5.4.6　单斜臂式独立悬架

单斜臂式独立悬架如图 9-64 所示，它是介于单横臂和单纵臂之间的一种悬架结构形式。

单斜臂 2 的摆动轴线与汽车纵轴线成一定夹角 $\theta(0°<\theta<90°)$。适当地选择夹角 θ，可以调整轮距、车轮倾角、前束等，使之变化最小，从而可获得良好的操纵稳定性。有的单斜臂式独立悬架在单斜臂上安装了一根前束控制杆 1，以控制前束的变化。

单斜臂式独立悬架兼有单横臂和单纵臂式独立悬架的优点。许多后轮驱动的高级轿车（宝马 5 系列、沃克斯豪尔 Carlton 和梅赛德斯-奔驰 V 级等）后悬架采用的就是单斜臂式独立悬架。

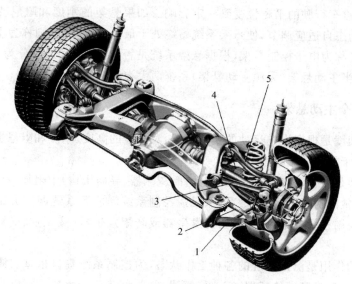

图 9-63 多连杆式独立悬架
1—纵向控制臂；2—第三连杆；3—第二连杆；4—主控制臂；5—第一连杆

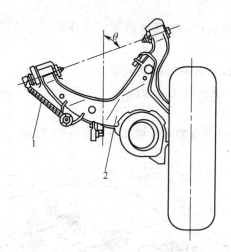

图 9-64 单斜臂式独立悬架
1—前束控制杆；2—单斜臂

9.5.5 主动悬架

悬架系统中弹性元件的弹性和减振器的阻尼系数直接影响汽车行驶的平顺性（舒适性）和操纵的稳定性。而汽车的平顺性和操纵的稳定性对悬架的要求是矛盾的，悬架弹性越小（越硬）操纵的稳定性越好，但舒适性越差；若采用较软的悬架系统改善舒适性，则又会引起在汽车起步、加减速、制动、转向时车身出现俯仰、点头和侧倾现象，影响操纵的稳定性并造成成员不适。因此，汽车在不同的行驶状态下（路面、负载、车速、起步、加减速、制动、转向等）对悬架的要求不同，而传统的被动悬架的刚度和阻尼系数是按经验或优化设计的方法确定的。根据这些参数设计的悬架结构，在汽车行驶过程中刚度和阻尼系数是不变的，也无法进行调节,这使汽车行驶的平顺性受到一定影响。如果悬架的刚度和阻尼特性能根据汽车行驶状态进行动态自适应调节,使悬架系统始终处于最佳减振状态,则称为主动悬架。

主动悬架又称为电子控制悬架,根据悬架系统是否包含动力源,可分为全主动悬架(有源主动悬架)和半主动悬架(无源主动悬架)系统两大类。

9.5.5.1 全主动悬架

全主动悬架就是根据汽车运动的实际情况,对悬架的高度、刚度和阻尼进行动态的自适应调节,使其处于最佳减振状态。

全主动悬架是在被动悬架系统(弹性元件、减振器、导向机构)中附加一个可控制作用力装置,该装置通常由执行机构、测量系统、反馈控制系统和能源系统四部分组成。执行机构的作用是执行控制系统的指令,一般为力发生器或转矩发生器(液压缸、气缸、伺服电动机、电磁铁等)。

测量系统的作用是测量系统的各种工作状态,为控制系统提供依据。测量系统包括车身加速度传感器、车身高度传感器、车速传感器、转向盘转角传感器、节气门位置传感器等,它们将汽车行驶速度、加速度、转向状况、制动和路面状况、车身高度等非电量信号变成电压信号,传输给电控单元。

控制系统的作用是接收各传感器传来的电压信号并进行数据处理,再发出各种控制指令,其核心部件是电控单元。

能源系统的作用是为以上各部分提供能量。

根据悬架介质不同,主动悬架又分为油气式主动悬架、液压式主动悬架和空气式主动悬架。

雷克萨斯 LS400 电控空气悬架各组成部分如图 9-65 所示。

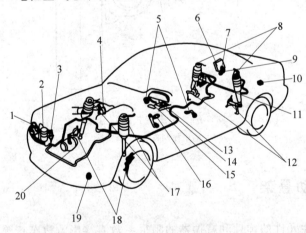

图 9-65　雷克萨斯 LS400 电控空气悬架零件在车上的布置

1—干燥器和排气阀;2—高度控制压缩机;3—1 号高度控制阀;4—主节气门位置传感器;5—门控灯开关;6—悬架 ECU;7—2 号高度控制继电器;8—后悬架控制执行器;9—高度控制连接器;10—高度控制 ON/OFF 开关;11—2 号高度控制阀和溢流阀;12—后高度控制传感器;13—LRC 开关;14—高度控制开关;15—转向传感器;16—停车灯开关;17—前悬架控制执行器;18—前高度控制传感器;19—1 号高度控制继电器;20—IC 调节器

1. 主动悬架的工作原理

主动悬架根据道路及汽车行驶状态可实现车身高度调节、悬架刚度调节及悬架阻尼调节。下面以目前最为常见的空气式主动悬架为例介绍其控制工作原理。

1) 车身高度调节

空气悬架是通过对主空气室充气或放气实现对车身高度的调节。

车身高度调节装置由空气压缩机、直流电动机、高度控制电磁阀、排气电磁阀、调压阀、空气干燥器等组成（见图 9-66）。

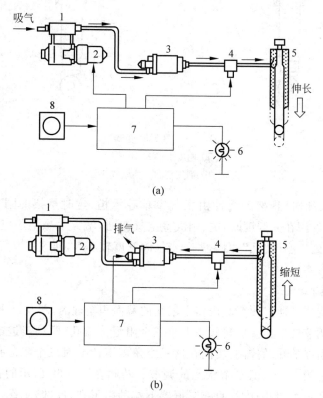

图 9-66 车身高度调节装置
(a) 充气、车身提高；(b) 排气、车身降低
1—空气压缩机及调节器；2—直流电动机；3—空气干燥器及排气阀；4—高度控制电磁阀；5—空气悬架；6—指示灯；7—悬架电控单元；8—车身高度传感器

当汽车需要提升车身高度时（见图 9-66(a)），直流电动机 2 带动空气压缩机 1 工作，压缩空气通过空气干燥器后，由高度控制电磁阀 4 进入悬架主空气室，车身高度便增加。达到规定高度时，高度控制电磁阀 4 断电关闭，车身维持其一定高度。

当汽车需要降低车身高度时（见图 9-66(b)），高度控制电磁阀 4 和排气阀 3 同时通电打开，悬架主空气室空气排出，车身高度下降。调压器 1 的作用是控制悬架主气室的气压。

2) 悬架刚度调节

悬架刚度调节是通过控制悬架内部主、副气室之间的气阀开度实现的。气阀在步进电动机驱动下可实现完全关闭、大、小三种开度状态，从而可实现悬架刚度的高、中、低三种状态的调节（见图 9-67）。

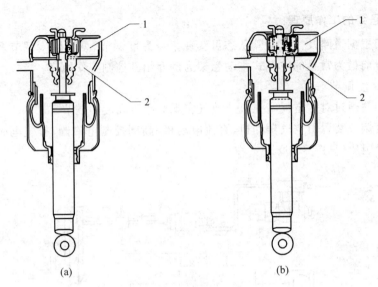

图 9-67 悬架刚度调节
(a) 刚度小；(b) 刚度大
1—副气室；2—主气室

在气阀完全关闭时，悬架的缓冲由主气室单独承担，这时悬架的刚度较大（处于刚度"高"的状态）。当气阀在大开度时，主、副气室空气流通，增大了悬架承担缓冲的空气容积，悬架的刚度变软（处于刚度"低"的状态）。当气阀开度较小时，两气室空气的流通较小，刚度处于"中等"的状态。

3) 悬架阻尼调节

悬架的阻尼调节是通过改变减震器阻尼孔的截面积实现的，图 9-68 所示是悬架阻尼调节原理。与阻尼调节杆 1 连接的转阀 4 上有三个阻尼液流孔，驱动步进电动机可实现对阻尼调节杆的三个角度的转动控制，转阀在这三个角度下调节对三个阻尼孔的开、闭控制，从而实现悬架阻尼力的高、中、低三个状态的调节。转阀在图 9-68 所示的位置时，A、B、C 三个截面的阻尼孔都被关闭。这时，只有减振器下端的阻尼孔（D 部）工作，因此，阻尼力处于最大状态（阻尼在"高"状态）。

在步进电动机驱动下当转阀从阻尼"高"状态位置顺时针旋转 60°时，B 截面的阻尼孔打开，A、C 两截面的阻尼孔仍然关闭。这时，增加一个阻尼孔，阻尼力减小，处于阻尼"中"状态。

当转阀在步进电动机驱动下从阻尼"高"状态逆时针转动 60°时，A、B、C 三个截面的阻尼孔都被打开，这时，阻尼最小，处于阻尼"低"状态。

2. 主动悬架的工作过程

1) 悬架刚度和减振器阻尼力控制

(1) 高速感应控制

当车速大于 110km/h 时，不管驾驶员选择了何种工作模式，悬架电控单元都会通过执行器自动使悬架系统进入 Normal Auto（常规值自动控制）工作模式，即将悬架的刚度和阻尼调到"中"状态，以提高汽车高速行驶时的稳定性。

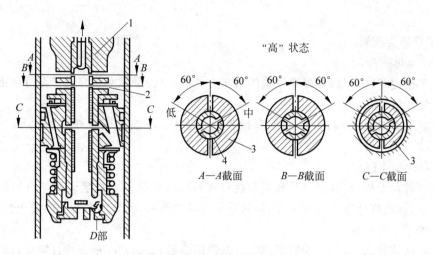

图 9-68 悬架阻尼调节原理
1—阻尼调节杆；2—阻尼孔；3—活塞杆；4—转阀

(2) 坏路面感应控制

当汽车以 40~100km/h 的速度驶入坏路面时，若前轮车速传感器检测出路面有小凸起，则在后轮越过该凸起之前，悬架电控单元自动使悬架系统进入 Sport Auto，使悬架刚度和阻尼力在"中"状态，以抑制车体的前后颠簸与跳动，提高汽车的乘坐舒适性和通过性；当汽车以高于 100km/h 的速度驶入坏路面时，悬架电控单元将弹簧刚度和减振器阻尼力调到"高"状态，以保证汽车的操纵稳定性和通过性。

(3) 前、后轮相关控制

当汽前轮在遇到路面接缝等单个凸起时，电控单元相应减小后轮悬架的刚度和阻尼，以减小车身的振动和冲击。

汽车以 30~80km/h 的速度行驶遇到障碍时，前轮车高传感器的脉冲信号传给悬架电控单元，电控单元将后轮悬架的刚度与阻尼调至"低"状态，提高汽车的乘坐舒适性；此时，即使驾驶员选择了高速行驶状态（刚度和阻尼力为中间值），系统仍将刚度和阻尼力调至低值。为了不影响高速行驶的稳定性，这种动作在车速为 80km/h 以下时才发生。

(4) 抗俯仰控制

当车速低于 20km/h 且加速度较大时，悬架电控单元将弹簧刚度和减振器阻尼力调到"高"状态，以抑制汽车急起步时的车身后仰。当车速高于 60km/h 紧急制动时，电控单元也将高度与阻尼力调到"高"状态，以抵抗汽车紧急制动时车身前仰。

(5) 抗侧倾控制

在急转弯时，装于转向轴上的光电式转角传感器监测转向盘操作信号并传给悬架电控单元，电控单元根据转向盘的转角和转速信号将刚度与阻尼力调到"高"状态。

(6) 抗"点头"控制

当车速高于 60km/h 紧急制动时，车速传感器以及制动灯开关将信号输入悬架电控单元，电控单元自动将悬架的高度与阻尼调至"高"状态，以增大悬架刚度和阻尼，抑制"点头"。

在良好的路面正常行驶时，弹簧刚度和减振器阻尼由驾驶员选择"常规值自动控制"状态，悬架刚度与阻尼处于"低"状态；"高速行驶自动控制"状态，悬架刚度与阻尼处于"中"

状态。

2) 车身高度控制

(1) 停车熄火控制

当汽车在停车状态时,为提高乘员的乘车方便性,电控悬架系统自动使车身高度降低。

(2) 点火起动控制

汽车在发动机起动后,为保证汽车行驶的安全性,电控悬架系统将自动使车身高度升高。

(3) 载荷变化控制

当汽车载荷发生变化时(成员数量和载货质量发生变化),电控悬架系统对局部车身高度进行调整,自动维持车身高度不变,以防止车身发生倾斜,保证汽车行驶的安全性。

(4) 高速行驶控制

汽车在高速状态下行驶,为降低汽车行车风阻系数,提高汽车的抓地性能和行驶的安全性,电控悬架系统自动使车身高度降低。

(5) 坏路面感应控制

汽车行驶在坑洼的路面上,为了提高汽车的通过性,防止车身与地面刮擦,电控悬架系统将自动使车身高度升高。

(6) 转向及制动控制

汽车转向或制动时,电控悬架系统调节左、右或前、后悬架高度,确保车身处于水平姿势,提高行驶的稳定性和平顺性。

9.5.5.2 半主动悬架

半主动悬架不考虑改变悬架的刚度和高度,只考虑悬架的阻尼,通常由可变特性的弹簧和减振器组成。它不能随外界的输入进行最优控制和调节,但它可以根据路面的激励和车身的响应,按存储在电控单元内的各种条件,通过弹簧和减振器的优化参数对弹簧刚度和悬架的阻尼进行自动调整,使车身的振动控制在某个范围之内。与主动悬架相比较,半主动悬架结构简单、不消耗汽车动力、制造成本低,因而有较好的应用前景。

半主动悬架按阻尼级别可分成有级式和无级式两种。

1. 有级式半主动悬架

有级式半主动悬架是将悬架系统中的阻尼分成两级、三级或更多级,可由驾驶员选择或根据传感器信号自动选择所需要的阻尼级。即可以根据路面状况和汽车的行驶状态,来调节悬架的阻尼级,以适应外界环境的变化,提高汽车行驶的平顺性和操纵的稳定性。

2. 无级式半主动悬架

根据汽车行驶的路面状况和行驶状态,对悬架系统的阻尼在几毫秒内由最小变到最大进行无级调节。

图9-69所示为一种无级式半主动悬架示意图。微处理器3从速度、位移、加速度等传感器处接收信号,计算出系统相应的阻尼值,并发出控制指令带步进电动机2,经阀杆4调节阀门5,使其改变节流孔1的通道截面积,从而改变系统的阻尼。该系统虽不必外加能量装置,但所需传感器较多,故成本较高。

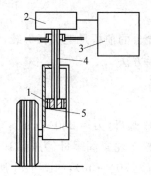

图 9-69　无级式半主动悬架系统示意图
1—节流孔；2—步进电动机；3—微处理器；4—阀杆；5—阀门

9.5.6　悬架总成实践训练

9.5.6.1　实践目的

通过汽车悬架总成实践训练,使学生熟悉汽车悬架总成的结构组成,熟悉识别悬架总成的类型,并完成悬架弹簧的参数测量,熟悉汽车悬架总成拆装的基本要求和基本流程,掌握桑塔纳2000汽车悬架总成拆装的基本方法和基本步骤。

9.5.6.2　实践准备

1. 课时安排

2课时。

2. 实践设备

1) 仪器设备

麦弗逊悬架总成一部、双叉臂悬架总成一部、桑塔纳2000底盘实验台一部。

2) 拆装工具

120件套传统拆装工具一套、十字套筒一个、橡胶锤及铁锤各一把、垫木一块、桑塔纳悬架专用拆装工具一套。

9.5.6.3　实践内容

1. 悬架总成结构认知

通过观摩悬架总成实验教学设备掌握汽车悬架的类型、悬架的结构组成,了解各类悬架的工作原理,熟悉非独立悬架与独立悬架的结构区别与性能差异。

实践项目要求：

(1) 通过实物观摩掌握麦弗逊悬架和双叉臂悬架的结构,了解两种悬架的性能区别,要求分析两种悬架的运动特点。

(2) 通过对桑塔纳2000轿车底盘实验台的观摩,分析并识别前桥悬架与后桥悬架的类型及结构区别,掌握非独立悬架与独立悬架的性能区别。

2. 麦弗逊悬架的拆装

通过对桑塔纳 2000 底盘实验台的前桥悬架进行拆装,掌握麦弗逊悬架的拆装流程与拆装步骤,掌握悬架拆装工具的使用方法。

1) 麦弗逊悬架的拆卸流程

(1) 取下车轮装饰罩。

(2) 旋下轮毂与传动轴的紧固螺母(力矩 230N·m),车轮必须着地,如图 9-70 所示。

(3) 卸下轮胎螺母垫圈。旋松车轮紧固螺母(力矩 110N·m),拆下车轮。

(4) 旋下制动钳紧固螺栓(力矩 70N·m),如图 9-71 所示,旋下制动盘。

 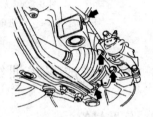

图 9-70 拆下轮毂与传动轴紧固螺母　　　　图 9-71 旋下制动钳紧固螺栓

(5) 取下制动软管支架,并用铁丝将制动钳固定在车身上(见图 9-71 上部箭头,注意不要损坏制动软管)。拆下球形接头紧固螺栓(见图 9-71 下部箭头)。

(6) 压下横拉杆接头(力矩 30N·m),如图 9-72 所示。

(7) 旋下稳定杆的紧固螺栓(力矩 25N·m),如图 9-73 所示。

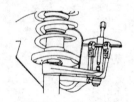 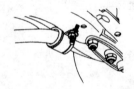

图 9-72 压下横拉杆接头　　　　图 9-73 拆卸稳定杆

(8) 向下掀压下臂,从车轮轴承壳内拉出传动轴。或利用两个固定车轮凸缘上的螺孔,将压力装置 V.A.G1389 固定在轮毂上,用液压装置从轮毂中压出传动轴,如图 9-74 所示。

(9) 拆掉压力装置,取下盖子,支承减振器支柱下部,旋下活塞杆的螺母,用内六角扳手阻止活塞杆的转动,如图 9-75 所示。

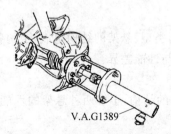 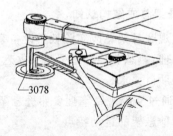

图 9-74 压出传动轴　　　　图 9-75 旋下活塞杆螺母

2) 悬架安装要求及注意事项

桑塔纳 2000 前悬架总成的安装顺序基本上与拆卸顺序相反，但在安装时应注意以下事项：

(1) 不允许对前悬架总成进行焊接或整形处理，不合格的要更换新的零部件总成。

(2) 安装传动轴时，应擦净传动轴与轮毂花键齿面上的油污，去除防护剂的残留物。将外等速万向节(RF节)花键面涂上一圈 5mm 宽的防护剂 D6，然后进行传动轴装配，如图 9-76 所示。涂防护剂 D6 的传动轴装车后应停车 60min 之后才可使用。

(3) 安装时，所有螺栓和螺母的紧固力矩应符合规定。所有自锁螺母必须更换新件。

3. 悬架弹簧参数测量

对拆装的悬架弹簧自由长度进行测量，要求测量三次取平均值（测量结果保留两位小数），若测量结果比弹簧标准值减少 5% 则表征悬架弹簧发生了永久变形，须进行更换。通过测量分析该实验悬架弹簧是否发生永久变形，并将数据记录在表 9-4 中。

图 9-76　外等速万向节花键轴安装前涂防护剂 D6

表 9-4　悬架弹簧参数记录

测量次数	测量结果	平均值	标准值	是否发生永久变形
第一次测量				
第二次测量			500mm	
第三次测量				

习题

一、理论习题

9-1　名词解释：有内胎轮胎、无内胎轮胎、普通斜交胎、子午线轮胎、转向驱动桥、车轮定位、主销后倾、前轮前束、独立悬架、非独立悬架、主动悬架。

9-2　简述汽车行驶系统的组成与功用。

9-3　简述汽车车轮的组成及类型。

9-4　简述子午线轮胎的特点。

9-5　简述汽车车架的功用与类型。

9-6　简述汽车车桥的分类。

9-7　简述汽车车轮定位的功用及种类。

9-8　简述汽车悬架的功用、组成与类别。

9-9　简述悬架弹性元件的类型。

9-10　简述液力式减振器的组成与工作原理。

9-11 独立悬架结构特点是什么？按车轮的运动形式，独立悬架分哪几类？
9-12 简述主动悬架的工作特点与原理。

二、实践习题

9-13 观察车轮轮胎规格标记，分析轮胎的特点。
9-14 根据要求60min完成麦弗逊式悬架的拆装，并编写拆装报告。

模块 10 汽车转向系统

10.1 汽车转向系统概述

10.1.1 汽车转向系统的功能

汽车在行驶过程中,需按照驾驶员的意志经常改变其行驶方向,即所谓汽车转向。就轮式汽车而言,实现汽车转向的方法是,驾驶员通过一套专设的机构,使汽车转向桥(一般是前桥)上的车轮(转向轮)相对于汽车纵轴线偏转一定角度。在汽车直线行驶时,往往转向轮也会受到路面侧向干扰力的作用,自动偏转而改变行驶方向。此时,驾驶员也可以利用这套机构使转向轮向相反方向偏转,从而使汽车恢复原来的行驶方向。这一套用来改变或恢复汽车行驶方向的专设机构,即称为汽车转向系统。因此,汽车转向系统的功用是,按照驾驶员的意图改变或保持汽车的行驶方向。

10.1.2 汽车转向系统的类型

汽车转向系统根据能源的不同,可以分为机械转向系统和动力转向系统两大类型。

1. 机械转向系统

机械转向系统以驾驶员的体力作为转向能源,其中所有传力件都是机械的(亦称为人力转向系统)。机械转向系统一般由 3 部分组成:转向操纵机构、转向器和转向传动机构,如图 10-1 所示。

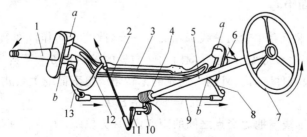

图 10-1 机械转向系统示意图

1—左转向节;2—转向直拉杆;3—前轴;4—蜗杆;5—转向轴;6—右转向节;7—转向盘;8—右梯形臂;9—转向横拉杆;10—扇形齿轮;11—转向摇臂;12—转向节臂;13—左梯形臂

2. 动力转向系统

动力转向系统兼用驾驶员体力和发动机动力作为转向能源,并且以发动机动力作为主要能源。动力转向系统是在机械转向系统的基础上增设一套转向加力装置而成的,如图 10-2 所示。转向加力装置包括转向油罐 9、转向油泵 10、转向控制阀 5 和转向动力缸 11 等。转向油泵由发动机驱动,以产生高压油液。当驾驶员逆时针方向转动转向盘 1 时,转向摇臂 7 拉动转向直拉杆 6 向前运动。转向直拉杆 6 的拉力作用在转向节臂 4 上,使左侧转向节及左侧转向轮绕主销向左偏转一个角度,同时通过梯形臂 3 和转向横拉杆 12 使右侧转向节与转向轮绕转向主销也向左偏转一定的角度,这时汽车将向左转向。与此同时,转向直拉杆 6 还带动了转向控制阀 5 中的滑阀移动,使转向动力缸 11 的右腔接通转向油泵 10 的出油口,右腔通过转向控制阀与转向油罐 9 接通,转向动力缸的活塞所受的向右的液压作用力便经其推杆作用在转向横拉杆上。由于液压作用力较大,便在很大程度上减轻了驾驶员的操纵力。

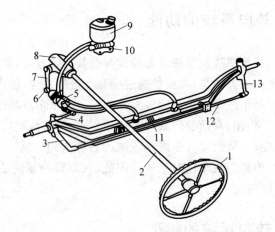

图 10-2　动力转向系统示意图

1—转向盘；2—转向轴；3,13—梯形臂；4—转向节臂；5—转向控制阀；6—转向直拉杆；7—转向摇臂；8—机械转向器；9—转向油罐；10—转向油泵；11—转向动力缸；12—转向横拉杆

10.1.3　汽车转向原理

10.1.3.1　转向中心

汽车转向时,要求所有车轮的轴线都相交于一点,此交点叫作汽车转向中心,如图 10-3 所示。由图中的几何关系可见,汽车转向时内转向轮的偏转角 β 大于外转向轮的偏转角 α。在车轮为刚体的假设条件下,内、外两转向轮的偏转角满足下面的关系式:

$$\cot\alpha = \cot\beta + B/L$$

式中,B 为两侧主销轴线与地面交点之间的距离,也称为轮距;L 为汽车轴距。

10.1.3.2　最小转弯半径

由转向中心 O 到外转向轮与地面接触点的距离 R 称为汽车的转弯半径。转弯半径越

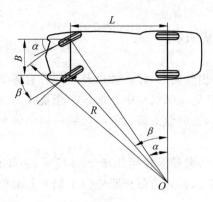

图 10-3 汽车转向原理示意图

小,汽车转向所需场地越小,其机动性越好。当前外转向轮偏转角达到最大值 α_{max} 时,转弯半径 R 有最小值 R_{min}。在图 10-3 所示理想情况下,最小转弯半径 R_{min} 与 α_{max} 的关系为

$$R_{min} = L/\sin\alpha_{max}$$

10.1.3.3 转向系角传动比

转向盘的转角增量与同侧转向节转角的相应增量 i_ω 叫作转向系角传动比。转向盘转角增量与转向摇臂转角相应增量之比 $i_{\omega 1}$ 叫作转向器角传动比。转向摇臂转角增量与同侧转向节转角相应增量之比 $i_{\omega 2}$ 称为转向传动机构角传动比。显然有 $i_\omega = i_{\omega 1} i_{\omega 2}$。

由于转向传动机构角传动比 $i_{\omega 2}$ 对于一般汽车来说,多为 1 左右,所以转向系角传动比 i_ω 主要由转向器角传动比 $i_{\omega 1}$ 决定。转向系角传动比 i_ω 大,可以使驾驶员操纵转向盘省力,但转向操纵机构不够灵敏,所以在选取 i_ω 时应适当兼顾转向省力和转向灵敏的要求。在重型载货汽车和中级以上轿车上普遍采用动力转向系,以满足上述要求。一般载货汽车的转向系角传动比 i_ω 为 16~22,而轿车的转向系角传动比 i_ω 为 12~20。

10.1.3.4 转向盘自由行程

在整个转向系中,各传动件之间必然存在着装配间隙,而且这些间隙随零件的磨损而增大。在转向盘转动过程的开始阶段,首先是消除各传动件间的间隙而尚未驱动转向轮偏转,可以认为是转向盘空转。转向盘在空转阶段中的角行程称为转向盘的自由行程。

转向盘自由行程对于缓和路面冲击及避免驾驶员过度紧张是有利的,但是也不宜过大,以免造成转向灵敏度下降。一般转向盘的自由行程最好不要超过 10°~15°。当零件磨损严重导致转向盘自由行程超过 25°~30°时,必须进行调整。

10.2 机械转向系统

机械转向系统以驾驶员体力作为转向能源,其中所有的传力件都是机械的,主要由转向操纵机构、转向器和转向传动机构三大部分组成。

10.2.1 转向操纵机构

汽车转向操纵机构主要由转向盘、转向轴以及转向柱管等机件组成。有些汽车转向系统考虑车架变形的影响,在转向操纵机构中增加了一个挠性万向节。转向盘一般是用花键和螺母连接在转向轴的上端,转向盘上装有喇叭按钮。转向轴和转向柱管将转向盘的旋转运动传递到转向器上。

一汽奥迪 100 型轿车的转向操纵机构如图 10-4 所示,主要包括转向盘 3、安全支架 1、安全转向柱 7、转向柱转换器 2、转向角限止器外壳 5、转向柱套管 6 等零部件。

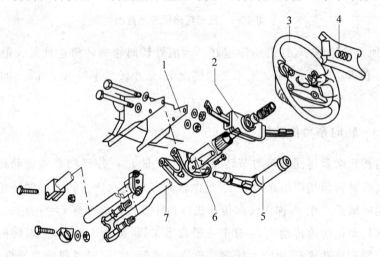

图 10-4 转向操纵机构
1—安全支架;2—转向柱转换器;3—转向盘;4—喇叭接触板;5—转向角限止器外壳;6—转向柱套管;7—安全转向柱

10.2.1.1 转向盘

转向盘由轮缘 1、轮毂 2、轮辐 3 组成(见图 10-5)。轮辐一般为三根辐条(见图 10-5(b))或四根辐条(见图 10-5(c)),也有两根辐条(见图 10-5(a))的。转向盘轮毂孔具有细牙内花键,借此与转向轴连接。转向盘内部由钢、铝合金或镁铝合金制成的金属骨架构成。骨架外

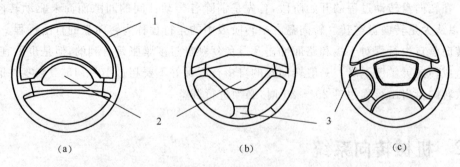

图 10-5 转向盘的构造
(a) 两辐式转向盘;(b) 三辐式转向盘;(c) 四辐式转向盘
1—轮缘;2—轮毂;3—轮辐

面通过注塑的方法包有柔软的合成橡胶或树脂,也有包皮革的,这样,既可改善操纵转向盘的手感,又可提高安全性。

10.2.1.2 转向轴与转向柱管

转向轴是连接转向盘和转向器的传动件,用以传递转矩。转向轴与转向器的连接方式可分为直接连接和两段式连接。直接连接是转向盘与转向器距离较近,直接通过一段转向轴将其连接。两段式连接是转向盘与转向器距离较远,并且不同轴,需要两段传动轴通过万向节进行连接(见图10-6)。

转向柱管安装在车身上,支撑着转向盘。转向轴从转向柱管中穿过,支承在柱管内的轴承和衬套上。

近年来,为了提高汽车的碰撞安全性,轿车除要求装有吸能式转向盘外,还要求转向柱管必须装备缓和冲击的吸能装置。转向轴和转向柱管的吸能装置有多种形式,但其基本原理类似,都是当转向轴受到巨大冲击而产生轴向位移时,使支架或某些支承件产生塑性形变,从而吸收冲击能量,如图10-7所示。

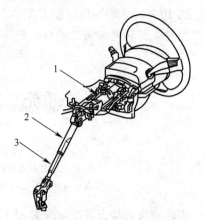

图 10-6 转向轴与转向柱管
1—上转向轴;2—转向柱管;3—下转向轴

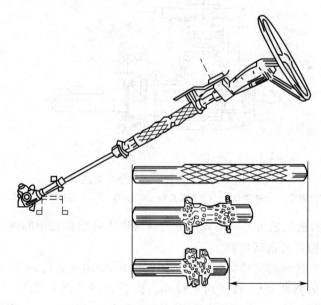

图 10-7 网格状转向柱管吸能装置

10.2.2 转向器

转向器是转向系统中一种特殊的减速装置,它的传动比较大,还应具有一定的可逆性。

转向器的功用是将驾驶员加在转向盘上的力矩放大,并降低速度,然后传给转向传动机构。汽车上采用多种结构形式的转向器,如齿轮齿条式、循环球式和蜗杆曲柄指销式转向器等。

10.2.2.1 齿轮齿条式转向器

图 10-8 所示为一汽红旗 CA7220 型轿车的齿轮齿条式转向器。作为传动副主动件的转向齿轮 3 与转向齿条 2 啮合。整个系统通过外罩两端和车身部分连接在一起。

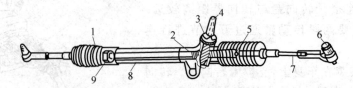

图 10-8 齿轮齿条式转向器
1—防护套;2—转向齿条;3—转向齿轮;4—花键与转向柱;5—内端球;
6—转向横拉杆末端;7—转向横拉杆总成;8—外壳;9—转向齿条导块

齿轮和齿条啮合装配情况如图 10-9 所示。为了保证齿轮齿条无间隙啮合,补偿弹簧 3 产生的压紧力通过压板 6 将转向齿轮 2 和转向齿条 1 压靠在一起。弹簧的预紧力可以通过调整螺钉 4 和螺母 5 进行调整。

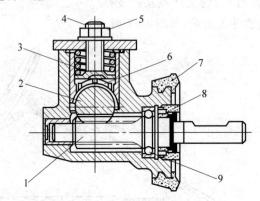

图 10-9 齿轮和齿条啮合装配图
1—转向齿条;2—转向齿轮;3—补偿弹簧;4—调整螺钉;5—螺母;6—压板;7—防尘罩;8—油封;9—轴承

齿轮齿条转向器根据输出方式不同可分为两端输出式结构和中间输出式结构,图 10-10 所示为中间输出式齿轮齿条转向器。

齿轮齿条式转向器结构简单,加工方便,工作可靠,使用寿命长,不需要安装转向摇臂和转向直拉杆;但转向器所提供的转动比较小。齿轮齿条式转向器广泛应用在天津夏利 TJ7100、天津大发 TJ1010、一汽高尔夫、宝来、上海桑塔纳、大众波罗、赛欧及广州本田等小型汽车中。

10.2.2.2 循环球式转向器

循环球式转向器一般有两级传动副,第一级是螺杆螺母传动副,第二级是齿条齿扇传动副或滑块曲柄销传动副。

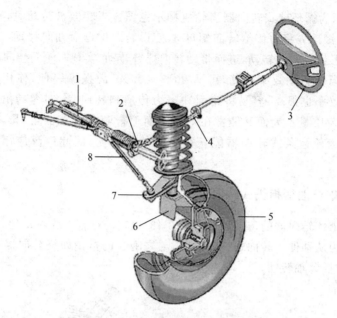

图 10-10 中间输出式齿轮齿条转向器
1—转向减振器；2—齿轮齿条转向器；3—转向盘；4—安全转向轴；5—车轮；6—转向节；
7—转向节臂；8—转向直拉杆

图 10-11 所示为循环球齿条齿扇式转向器的整体结构。它有两级传动副，一级是与转向轴连接的螺杆和转向螺母，另一级是齿条和齿扇。转向螺母既是第一级传动副的从动件，又是第二级传动副的主动件。为了减少转向螺杆与转向螺母之间的摩擦与磨损，二者的螺纹不直接接触，而是做成滚珠的内、外滚道，其间装有许多滚珠，以实现滚动摩擦。转向螺母上装有两个滚珠导管，每个滚珠导管的两端分别插入转向螺母侧面的孔中。滚珠导管也装满了滚珠，形成两个各自独立的封闭通道。

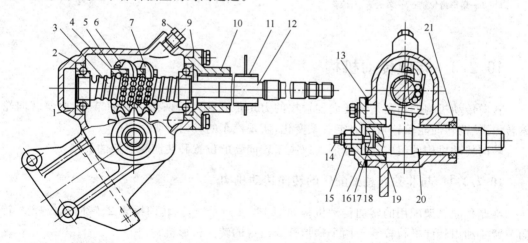

图 10-11 循环球齿条齿扇式转向器
1—转向器壳体；2—推力角接触球轴承；3—转向螺杆；4—转向螺母；5—钢球；6—钢球导向卡；7—钢球导管；
8—六角头锥形螺塞；9—调整垫片；10—上盖；11—转向柱管；12—转向轴；13—转向器侧盖衬垫；14—调整螺
钉；15—螺母；16—侧盖；17—孔用弹性挡圈；18—垫片；19—摇臂轴衬套；20—齿扇轴；21—油封

图 10-12 所示为循环球式转向器齿轮机构示意图。当转向盘转动时，转向轴带动转向螺杆 2 旋转，通过滚珠 8 将力传给转向螺母 3，使得转向螺母沿轴向移动，从而通过螺母外部的齿条带动扇形齿轮轴 6 转动，进而带动转向摇臂转动，实现车轮的转向。

循环球转向器正传动效率很高，可达 90%～95%，故操纵轻便，使用寿命长，工作平稳可靠；但其逆效率也很高，容易将路面冲击力传递到转向盘，即容易出现"打手"现象。不过对于前轴载荷质量不大而又经常在平坦路面上行驶的汽车而言，影响不大。并且循环球式转向器较齿轮齿条式转向器能获得更大的传动比，因此广泛应用在各类中、重型汽车上。

10.2.2.3 蜗杆曲柄指销式转向器

蜗杆曲柄指销式转向器的传动副（见图 10-13）以转向蜗杆 3 为主动件，装在摇臂轴 1 曲柄端部的指销 2 为从动件。转向蜗杆转动时，与之啮合的指销即绕转向摇臂轴轴线作圆弧运动，并带动转向摇臂轴转动。

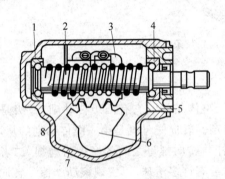

图 10-12 循环球式转向器齿轮机构示意图
1,4—轴承；2—转向螺杆；3—转向螺母；5—调整螺母；6—扇形齿轮轴；7—外壳；8—滚珠

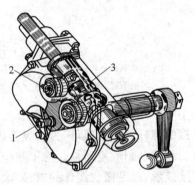

图 10-13 蜗杆曲柄指销式转向器
1—摇臂轴；2—指销；3—转向蜗杆

10.2.3 转向传动机构

转向传动机构的功用是将转向器输出的力矩传到转向桥两侧的转向节，使两侧转向轮偏转，且使两转向轮偏转角按一定关系变化，实现汽车的转向行驶。

转向传动机构的组成与布置形式取决于转向器的位置和转向轮悬架的类型。

10.2.3.1 与非独立悬架配用的转向传动机构

与非独立悬架配用的转向传动机构如图 10-14 所示，包括转向摇臂 2、转向直拉杆 3、转向节臂 4 和由转向横拉杆 6 与两个梯形臂 5 组成的转向梯形机构。

这种转向传动机构的布置形式有 3 种：①在前桥仅为转向桥的情况下，将转向梯形布置在前桥之后（见图 10-14(a)），这种布置称为后置式；②在发动机位置较低或转向桥兼为驱动桥的情况下，为避免运动干涉，通常将转向梯形机构布置在前桥之前（见图 10-14(b)），这种布置称为前置式；③当转向摇臂在与道路平行的面内左右摇摆时，可将转向直拉杆 3

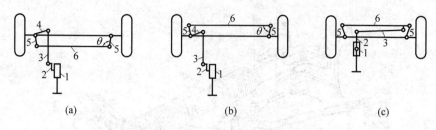

图 10-14 与非独立悬架配用的转向传动机构
(a) 转向梯形在前桥之后；(b) 转向梯形在前桥之前；(c) 转向直拉杆横置
1—转向器；2—转向摇臂；3—转向直拉杆；4——转向节臂；5—梯形臂；6—转向横拉杆

横置,并借助球头销直接带动转向横拉杆 6,从而推动两侧梯形臂转动(见图 10-14(c))。

10.2.3.2 与独立悬架配用的转向传动机构

采用独立悬架的转向轮可以相对于车架单独运动,因而其转向桥必须是断开式的,而转向传动机构中的转向梯形也必须分成两段(见图 10-15(a))或三段(见图 10-15(b))。转向摇臂 1 在平行于路面的平面上摆动,直接带动或通过转向直拉杆 2 带动转向梯形运动。

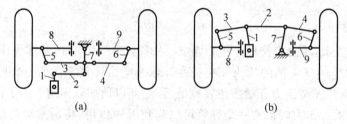

图 10-15 与独立悬架配用的转向传动机构
1—转向摇臂；2—转向直拉杆；3—左转向横拉杆；4—右转向横拉杆；5—左梯形臂；6—右梯形臂；7—摇杆；8—悬架左摆臂；9—悬架右摆臂

一汽红旗 CA7220 型轿车转向传动机构的结构如图 10-16 所示,左、右转向横拉杆 8 和 9 以及转向减振器 1 内端通过支架 3、螺栓固定在转向齿条上,转向减振器的外端固定在车身支架上。为防止运动干涉,左、右转向横拉杆的外端用横拉杆球头铰链与左、右转向节臂连在一起,而转向节臂和转向节是焊成一体的。

汽车转向时,转向齿条横向移动,使左、右横拉杆一个受压、一个受拉,也随之移动。横拉杆的外端通过球头铰链带动左、右转向节臂和转向节绕主销转动,从而使转向节上的车轮偏转一个角度。

10.2.3.3 转向传动机构中的主要部件

转向传动机构的构件多为杆件,各杆之间一般为球形链接连接。

1. 转向摇臂

转向摇臂的作用是把转向器输出的力和运动传给直拉杆。转向摇臂的结构如图 10-17 所示。转向摇臂大端具有细花键的锥孔,与转向器输出端摇臂轴末端的花键凸缘连接。其小端锥形孔中装有球头销与转向直拉杆相连接。

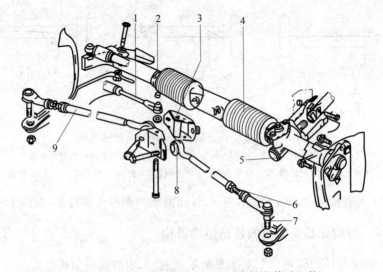

图 10-16 一汽红旗 CA7220 型轿车转向传动机构
1—转向减振器；2—软管夹箍；3—支架；4—波形管(内含转向齿条)；5—转向齿轮；6—调整拉杆；7—横拉杆球头；8—左转向横拉杆；9—右转向横拉杆

2. 转向直拉杆

如图 10-18 所示，转向直拉杆为实心或空心杆件，两端较粗，内装球头座 3 和 5，将连接转向节臂与直拉杆的球头销的球头 4 夹持住。球头座由弹簧 6 压紧，端部用螺塞 8 塞住。转动螺塞，可以调节弹簧压力。螺塞位置校准后，用开口销加以固定。为了使转向直拉杆在受到向前或向后的冲击力时都有一个弹簧可以起到缓冲作用，将两端球头销弹簧都装在球头销的后面，此弹簧还可以减轻由车轮传来的跳动。杆的端部开孔，用来插入球头 4，此孔用橡胶防尘垫 9 密封。杆端还开有注油嘴 2，用来注入润滑脂以润滑内部。

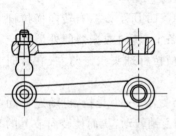

图 10-17 转向摇臂

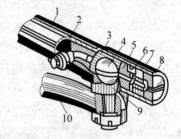

图 10-18 转向直拉杆及接头
1—转向直拉杆；2—注油嘴；3,5—球头座；4—球头；6—弹簧；7—限位块；8—螺塞；9—橡胶防尘垫；10—转向节臂

3. 转向横拉杆

转向横拉杆由转向横拉杆体 1 和两端的横拉杆接头 3 组成，如图 10-19 所示。转向横拉杆体用钢管或钢杆制成，它的两端有正、反螺纹(一端为右旋，一端为左旋)，转动转向横拉杆体 1，即可调整其长度，以调整转向轮的前束值。横拉杆接头 3 的螺纹部分有切口，具有弹性。横拉杆接头旋装到横拉杆体上后，用夹紧螺母 2 夹紧。接头中的球头销 6 的尾部与

梯形臂或转向节臂相连。球头座 5 用聚甲醛制成,有很好的耐磨性。装配时两球头座的凸、凹部分互相嵌合。弹簧 4 保证球头座与球头紧密配合,并起缓冲作用,其预紧力由螺塞调整。

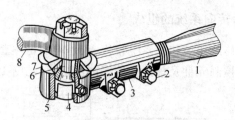

图 10-19　转向横拉杆

1—转向横拉杆体;2—夹紧螺母;3—横拉杆接头;4—弹簧;
5—球头座;6—球头销;7—防尘垫;8—梯形臂

4. 转向减振器

随着汽车车速不断提高,转向轮有时会出现摆振现象,严重时会使车身产生振动。转向减振器的作用是克服汽车行驶时转向轮产生的摆振,提高汽车行驶的稳定性和乘坐的舒适性。

转向减振器一端与车身或前桥连接,另一端与转向直拉杆或转向器铰接。转向减振器的结构和原理与悬架减振器类似,但两者的特性不同。前者的特性是对称的,即压缩和伸张时的特性相同;而后者的特性是非对称的,即压缩和伸张时的特性不相同。

10.3　动力转向系统

10.3.1　动力转向系统概述

高速轿车转向时的阻力矩比普通汽车要大得多;重型载货汽车、越野汽车和自卸汽车的前桥负荷较大,行驶条件较差,在转向时需克服转向轮的转动阻力矩也很大。普通机械转向系统很难满足它们的要求,必须装用动力转向系统。动力转向系统是指将发动机输出的部分机械能转化为压力能(或电能),并在驾驶员控制下,对转向传动机构或转向器中某一传动件施加辅助作用力,使转向轮偏摆,以实现汽车转向的一系列装置。采用动力转向系统可以减轻驾驶员的转向操纵力。根据助力能源形式的不同可以分为液压助力、气压助力和电动机助力 3 种类型。气压助力系统因其工作压力较低(一般不高于 0.7MPa),尺寸庞大,所以气压动力转向系统一般应用于前轴最大轴载质量为 3~7t 的货车和客车。而液压助力转向系统工作压力可超过 10MPa,无噪声,工作滞后时间短,而且能吸收来自不平路面的冲击,所以液压动力转向系统在各类汽车上获得广泛应用。电动机助力转向系统相对于前两者能获得更理想的转向操纵特性,是目前动力转向系统最新发展方向,但因成本较高,提供的转向助力矩有限,目前只应用在一些中高端的乘用车辆上。

10.3.2 液压动力转向系统

10.3.2.1 液压动力转向系统的组成

液压动力转向系统与传统机械转向系统相比,只是增加了一套液压转向加力装置,它主要由动力装置、执行机构、控制元件及辅助元件等部件组成(见图10-20)。

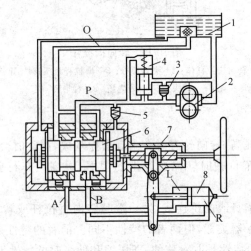

图10-20 常流式液压动力转向系统结构示意图
1—转向储油罐;2—转向液压泵;3—安全阀;4—流量控制阀;5—单向阀;6—转向控制阀;7—机械转向器;8—转向动力缸;A—通动力缸左腔油道;B—通动力缸右腔油道;P—通液压泵输出管路油道;O—通低压回油油道;L—动力缸左腔;R—动力缸右腔

液压动力转向系统的动力装置主要是转向液压泵2,由发动机驱动,输出液压能。液压动力转向系统的执行机构为转向动力缸8,其主要作用是接收液压泵提供的液压油,在液压力作用下推动活塞杆左、右运动,产生转向助力。控制元件主要包括转向控制阀6、单向阀5和安全阀3等部件,其主要作用是保障液压系统液压稳定,并能够根据转向盘转动方向控制流向转向动力缸的液压油流向,实现转向控制。辅助元件主要包含转向储油罐1和油管等部件。

按机械转向器、转向控制阀和转向动力缸三者的组合及相对位置,液压动力转向系统的结构布置方案可有如下3种,如图10-21所示。

方案一:在图10-21(a)中,机械转向器9和转向动力缸10设计成一体,并与转向控制阀8组装在一起,这种三合一的部件称为整体式动力转向器。方案二:只将转向控制阀同机械转向器组合成一个部件,该部件称为半整体式动力转向器,转向动力缸则作为独立部件(见图10-21(b))。方案三:将机械转向器作为独立部件,而将转向控制阀和转向动力缸组合成一个部件,称为转向加力器(见图10-21(c))。

10.3.2.2 液压动力转向系统的工作原理

下面以图10-20为例说明常流式液压动力转向系统的工作原理。

当汽车直线行驶时,转向阀在转向控制下将低压油油路O、高压油油路P、通动力缸左腔

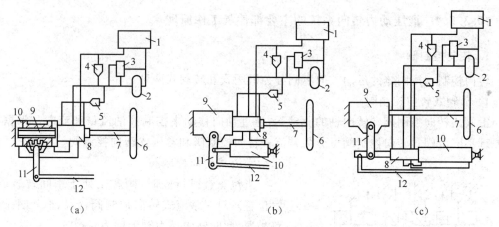

图 10-21 液压动力转向系统结构布置方案
(a) 整体式动力转向器；(b) 半整体式动力转向器；(c) 带转向加力器
1—转向储油罐；2—转向油泵；3—流量控制阀；4—安全阀；5—单向阀；6—转向盘；7—转向轴；
8—转向控制阀；9—机械转向器；10—转向动力缸；11—转向摇臂；12—转向直拉杆

L 的油路 A、通动力缸右腔 R 的油路 B 四路油道连通，转向液压泵处于卸荷状态，动力缸 R、L 腔无压力，动力转向器无助力。

当驾驶员顺时针转动转向盘（向右转向），带动转向控制阀 6 工作，转向控制阀控制动力油由高压油路 P 经油路 A 到达动力缸左腔 L，动力缸右腔 R 内的动力油由油路 B 回流到低压油路 O。此时，动力缸左、右腔室内压力不同，推动活塞向右运动，产生转向助力，辅助驾驶员实现转向轮向右偏转。当驾驶员向左转向时情况相反。

当动力转向装置出现故障时，在驾驶员的作用下，实现机械转向。此时，单向阀 5 打开，动力缸 R、L 两腔液压油可与主油路自由流通。

10.3.2.3 液压动力转向系统的类型

液压动力转向系统根据转向控制阀的工作原理和液压管路的流量和压力不同可分为常压式动力转向系统和常流式动力转向系统。

常压式与常流式动力转向系统的工作原理区别在于，汽车直线行驶时，转向控制阀处于关闭状态，转向液压泵输出的高压油液充入储能器，当储能器压力增长到规定值后，液压泵自动卸载空转，使储能器压力限制在规定值以下。驾驶员转动转向盘时，操纵转向控制阀，使之转入某一工作位置，使储能器内的高压油液流入转向动力缸一腔，而转向动力缸另一腔则通过转向控制阀与转向储油罐相通，动力缸活塞在压力差作用下移动，作用力施加在转向传动机构上，对转向施加助力。

常压式动力转向系统的特点在于有储能器积累液压能，因此可以使用流量较小的转向液压泵，另外，此系统在液压泵不运转的情况下仍能靠储能器保持一定的转向助力作用。其缺点是：元件多，结构复杂，对零件的密封性要求较高，故目前只有少数重型汽车采用。常流式动力转向系统的特点是结构较简单，液压泵寿命较长，泄漏较少，功率消耗也较小，因此广泛应用在各种类型的汽车上。

10.3.2.4 液压动力转向系统的主要部件及工作原理

1. 转向控制阀

转向控制阀按阀体的运动方向不同分为滑阀式和转阀式两种。

1) 滑阀式转向控制阀

滑阀式转向控制阀在转向轴的驱动下,通过轴向移动来控制液油流量和流向。根据工作原理不同滑阀式转向控制阀可分为常流式转向控制阀和常压式转向控制阀。图10-22所示为常流式转向控制阀。

当汽车直线行驶时,阀芯1处于中间位置(图示位置),对于常流式转向控制阀,4、5、6、7四条油路相通,此时转向动力缸无助力。

当汽车向右转向时,阀芯向右移动,此时阀体将动力缸左腔与高压油路连通,并关闭与低压油路的油道,同时将动力缸右腔与低压油路连通,并关闭与高压油路的油道,此时动力缸产生向右的转向助力。向汽车向左转向时情况相反。

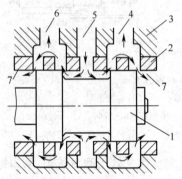

图10-22 常流式转向控制阀
1—阀芯;2—阀套;3—壳体;4—通动力缸左腔油道;5—通液压泵输出管路油道;6—通动力缸右腔油道;7—通低压回油油道

常压式与常流式转向控制阀相比区别在于,当汽车转向盘处于中立位置时,常压式液压系统中的工作管路保持高压,而常流式则只在转向时管路提供高压。

2) 转阀式转向控制阀

转阀式转向控制阀的结构如图10-23所示,阀体1绕其圆心转动来控制油液的流量和流向。该转阀具有四组互相连通的油道A、油道B、油道C和油道D(图中未画出)。其中油道A连通液压泵出油油道,油道B和油道C分别与动力缸的左、右腔连通,油道D连通低压回油油道。当汽车直线行驶时,阀体1处于中间位置(图示位置),油道A、油道B、油道C和油道D相互连通,由于动力缸活塞两端没有建立液压压力,因此没有助力产生。

当阀体1顺时针转动(驾驶员向右转向)时,从油泵来的压力油经通道A流入通道C(四个液流通道流动原理类似),继而进入动力缸的一个腔内。通道B的进油被隔断,压力油不能进入,因而动力缸另一腔的低压油在活塞的推动下经回油道流回储油罐,此时动力缸产生向右转向的助力,辅助驾驶员转向。当驾驶员向左转向时,原理与其相反。

2. 转向液压泵

转向液压泵是助力转向的动力源,其作用是将发动机输出的机械能转化为液压能,经转向控制阀向转向动力缸提供一定压力和流量的工作油液。若将转向油罐直接安装在转向液压泵上,称为潜没式转向泵。非潜没式转向泵的储油罐与转向液压泵分开安装,用转向油管相连接。

转向液压泵的结构形式有齿轮式、叶片式、转子式、柱塞式等,其中叶片式液压泵在现代汽车上应用最为广泛。

图 10-24 所示为双作用叶片泵的工作原理,其主要由定子环 1、转子 2、叶片 3、泵体及配油盘组成。

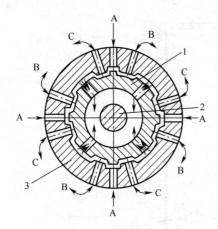
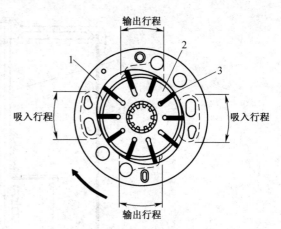

图 10-23　转阀式转向控制阀的结构和工作原理
1—阀体；2—扭杆轴；3—壳体；A—通液压泵输出管路油道；B—通动力缸左腔油道；C—通动力缸右腔油道

图 10-24　双作用叶片泵的工作原理
1—定子环；2—转子；3—叶片

转子 2 上开有均布槽,叶片 3 安装在转子槽内,并可在槽内滑动。定子环 1 内表面由两段大半径的圆弧、两段小半径的圆弧和过渡圆弧组成腰形结构。转子与定子环同圆心。转子在转动轴的带动下旋转,叶片在离心力和动压作用下紧贴定子表面,并在槽内作往复运动。相邻的叶片之间形成密封腔,其容积随转子由小到大,再由大到小周期性变化。当容积由小变大时形成一定真空度吸油；当容积由大变小时,压缩液油。转子每旋转一周,每个工作腔各自吸压油两次,称为双作用。双作用式叶片泵两个吸油区、两个排油区对称布置,所以作用在转子上的油压作用力相互平衡。

3. 转向储油罐

转向储油罐的主要作用是储存、滤清并冷却液压助力转向系统的工作油液,其结构如图 10-25 所示。

10.3.2.5　整体式液压动力转向器

1. 齿轮齿条式动力转向器

目前国产轿车上几乎毫无例外地采用了转阀式的整体动力转向器。例如,一汽生产的红旗 CA7220 型,一汽大众生产的奥迪、捷达以及神龙汽车有限公司生产的富康等轿车,皆为此种结构形式。图 10-26 所示为捷达轿车上采用的整体式动力转向器。从图中可以看出,齿轮齿条式机械转向器、转向动力缸和控制阀设计成一体,组成整体式动力转向器。其控制阀为转阀式转向控制阀,转向动力缸活塞 2 与转向齿条 4 制成一体,活塞 2 将动力缸 1 分成左、右两腔,转向轴 11 可通过扭杆 10 带动转向齿轮 3 转动。

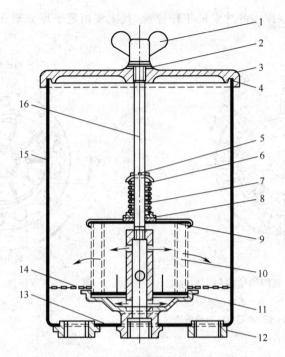

图 10-25 转向储油罐的结构

1—翼形螺母；2—垫圈；3—端盖；4—端盖封环；5—锁销；6—上弹簧座；7—弹簧；8—下弹簧座；9—橡胶密封垫圈；10—滤芯；11—滤芯密封圈；12—油管接头座；13—中心油管接头座；14—滤网片；15—罐体；16—中心螺栓

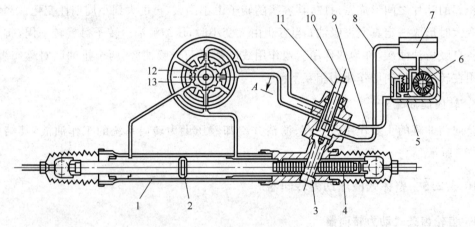

图 10-26 捷达轿车整体式动力转向器

1—转向动力缸；2—动力缸活塞；3—转向齿轮；4—转向齿条；5—流量控制阀；6—转向液压泵；7—转向储油罐；8—回油管路；9—进油管路；10—扭杆；11—转向轴；12—转向阀芯；13—转向阀套

2. 循环球式动力转向器

循环球式液压整体动力转向器的结构如图 10-27 所示，该转向器左端为循环球式机械转向器及转向动力缸，右端为转阀式转向控制阀。循环球式机械转向器的结构与图 10-12 所示的结构类似，不同点是转向螺母 9 兼起动力缸活塞的作用，转向器壳体 11 兼作动力缸。转向螺母的左侧圆柱表面上有一环形槽，在槽上装有 O 形密封圈 12，保证活塞装入动力缸后封闭。转向螺母将动力缸分成左、右两个密封腔,即动力缸左腔和右腔。左、右两个密封腔又分别通过转向器壳体上的油道与转向控制阀相通。

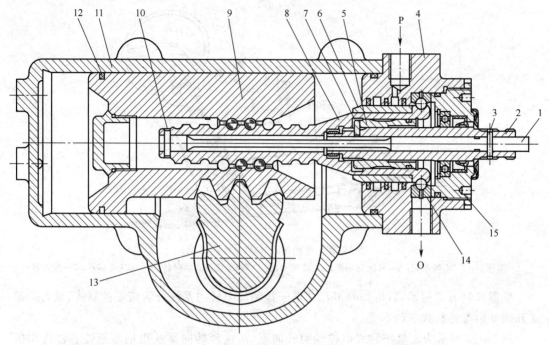

图 10-27 解放 CA1120PK212 型汽车整体式动力转向器
1—扭杆;2—阀芯;3,7,10—销钉;4—转向器后端盖;5—转阀阀体;6—转阀隔套;8—转阀螺杆;9—转向螺母;11—转向器壳体;12—密封圈;13—齿扇轴;14、15—轴承;P—转阀进油道;O—转阀回油道

10.3.3 电子控制动力转向系统

汽车理想的转向操作力特性应同时满足汽车转向的轻便灵活性和操纵稳定性。即汽车在静止或低速行驶时,转向阻力矩大时,需要转向系统提供较大的转向助力,使驾驶员转向更加轻便省力;在汽车高速行驶时,汽车由于转向阻力矩减小,为提高汽车行驶的操纵稳定性,增加驾驶员的"路感",应该降低转向系统提供的转向助力,提高行车安全性。传统的液压动力转向系统很难兼顾汽车高、低速时的转向操作力不同需求,因此,在传统的液压动力转向系统的基础上开发出了电子控制动力转向系统,该系统能够同时满足汽车在高、低速时的转向操作需求,在低速时能够提供较高的转向助力,在高速时能够根据车速减小转向助力,甚至还可以适当地增大转向阻力,同时满足了汽车转向轻便性和操纵稳定性的要求。

电子控制动力转向系统根据动力源不同,可以分为液压式电子控制动力转向系统和电动式电子控制动力转向系统。

10.3.3.1 液压式电子控制动力转向系统

液压式电子控制动力转向系统是在传统的液压动力转向系统的基础上增设了控制液体流量的电磁阀、车速传感器 6 和电控单元 2 等,如图 10-28 所示。电控单元根据检测到的车速信号,控制电磁阀,使转向动力放大数倍后实现连续可调,从而满足高、低速时的转向助力要求。

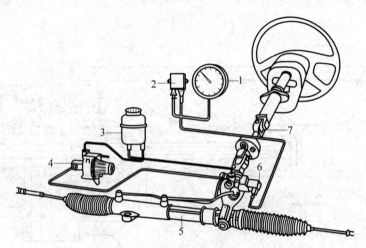

图 10-28 电控液压式动力转向系统

1—车速表;2—电控单元;3—转向储油罐;4—液压油泵;5—齿轮齿条式转向器;6—车速传感器;7—万向节

根据控制方式的不同,可以将液压式电子控制动力转向系统分为流量控制式、反力控制式和阀灵敏度控制式 3 种形式。

图 10-29 所示为流量控制式电控动力转向系统,这种转向系统根据车速传感器传出的信号,调节向动力转向装置供应的油液数量,以控制转向力。它主要由车速传感器 3、电磁阀 5、动力转向控制阀 1、动力转向液压泵 4 和电控单元 2 组成。

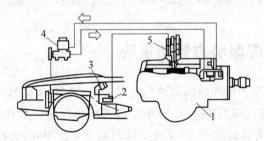

图 10-29 流量控制式电控动力转向系统

1—动力转向控制阀;2—电控单元;3—车速传感器;4—动力转向液压泵;5—电磁阀

电磁阀 5 安装在通向转向动力缸活塞两侧油室的油道之间,当电磁阀的针阀完全开启时,两油道就被电磁阀旁路。电控单元 2 根据车速传感器的信号,控制电磁阀阀针的开启程度,进而控制转向动力缸活塞两侧油室的旁路液压油流量,来改变转向盘上的转向力。车速越高,流过电磁阀电磁线圈的平均电流越大,电磁阀阀针开启的程度越大,旁路液压油流量越大,而液压助力作用越小,操纵转向盘的力也随之增加。

图 10-30 所示为反力控制式电控液力转向系统,其控制系统包括油压反力装置、油压反力控制装置和电子控制装置 3 部分。

油压反力室 18 内有来自分流阀 3 的动力高压油,柱塞 17 在油压的作用下对转向控制阀轴 8 施加一个压力,由这个压力产生的摩擦力矩阻碍控制阀轴的转动。油压反力室的油

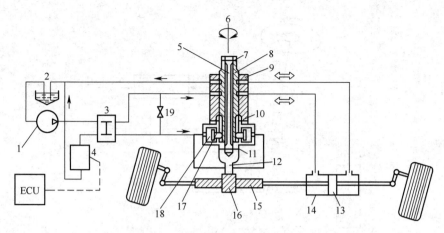

图 10-30 反力控制式电控液力转向系统

1—电动液压泵；2—转向储油罐；3—分流阀；4—电磁阀；5—扭杆；6—转向轴；7,10,11—销钉；8—转向控制阀轴；9—控制阀阀体；12—小齿轮轴；13—动力油缸活塞；14—动力油缸；15—齿条；16—小齿轮；17—柱塞；18—油压反力室；19—节流孔

压不同，柱塞对控制阀轴的作用力大小不同，表现为转向所需操纵力不同。

油压反力室的油压受分流阀 3、电磁阀 4 和节流孔 19 的调节控制。流经电磁阀的电流不同，电磁阀开度不同，排回转向储油罐 2 的流量不同。分流阀是将从电动液压泵 1 输出的油液向转向控制阀 8 和电磁阀 4 分流，若转向控制阀侧油压升高，则流向电磁阀（即油压反力室）的流量增多。当转向控制阀侧的油压达到一定值时，从固定的节流孔向油压反力室进油，油压反力室油压升高，推动柱塞制动转向轴，产生转向阻力。若电磁阀通电，油压反力室泄压，则柱塞解除制动，阻力矩消失。

10.3.3.2 电动式电子控制动力转向系统

电动式电子控制动力转向系统就是利用电动机作为转向辅助动力源的动力转向系统。电动机助力转向易于实现微机控制，可以通过编程提供不同需求的理想的动力转向特性，也有助于四轮转向的实现。另一方面，电动机助力转向系统更加轻便、紧凑、可靠，已经得到广泛应用。

电动式动力转向系统由转矩传感器 11、电控单元 3、电动机 4 和车速传感器、减速器等组成，如图 10-31 所示。

电动式动力转向系统的动力源是电动机 4，电控单元 3 根据车速、转向力及转向角等参数，确定最佳的转向助力转矩，并向转向助力机构输出控制指令，实现最佳的转向助力控制。当操纵转向盘时，装在转向轴 2 上的转矩传感器 11 不断地测出转向轴上的转向力矩信号，该信号与车速信号同时输送到电控单元。电控单元根据输入的这些信号，确定助力转矩的大小和方向，即选定电动机电流大小和方向，调整转向辅助力的大小。电动机转矩由安装在电动机上的电磁离合器 5 接合，通过减速机构减速增扭后，加在转向传动机构上，使之得到一个与汽车工况相适应的转向助力作用。

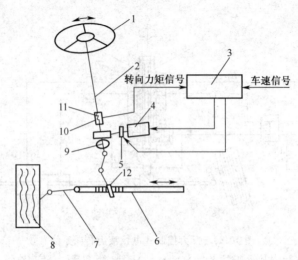

图 10-31 电动式电子控制动力转向系统
1—转向盘；2—转向轴；3—电控单元；4—电动机；5—电磁离合器；6—转向齿条；7—转向横拉杆；8—转向车轮；9—输出轴；10—扭杆；11—转矩传感器；12—转向齿轮

10.4 转向系统新技术

10.4.1 四轮转向系统

轿车四轮转向(4WS)是指汽车在转向时，后轮可以相对车身主动转向，使汽车的4个车轮都能起转向作用，以改善汽车的转向机动性、操纵稳定性和行驶安全性。

四轮转向系统是在前轮转向机构的基础上，增加后轮转向机构组成的。按控制后轮转向器工作的方式不同，可以将四轮转向系统分为全液压控制式、电控机械式、电控液压式、电控电动式等。

在汽车转向时，四轮转向系统的后轮偏转的方向和转角的大小根据车速高低进行控制，因车速高低而变化。轿车在低速转向时，四轮转向系统采用逆向控制，即后轮与前轮反向转动，减小汽车最小转弯半径，提高汽车的通过性；在中、高速行驶时，四轮转向系统采用同向控制，即后轮与前轮同向转向，保持前、后轮转向稳定，使汽车的前进方向与车身方向保持一致，获得稳定的转向特性(见图10-32)。

1. 电控机械式四轮转向系统的结构与原理

电控机械式四轮转向系统的组成如图10-33所示，前、后转向机构由机械连接。转向盘的转动传到前轮转向器(齿轮齿条式)中的齿条，齿条带动前转向横拉杆14左右移动，使前轮转向；同时，使前转向器主动齿轮2转动，并通过连接轴3将动力传到后转向器。后转向器中的转向轴8为一个大轴承，其外圈与扇形齿轮7为一体，可以绕转向轴左右旋转中心偏转；内圈与一个凸出在连接杆5上的偏心轴相连。连接杆由变换器10中的主电动机11驱动，可以绕其转动中心正反向运动，并使偏心轴在转向轴内上下旋转约55°。

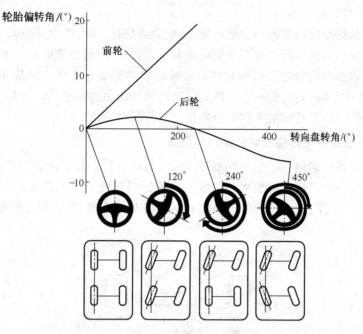

图 10-32 四轮转向系统的控制原理

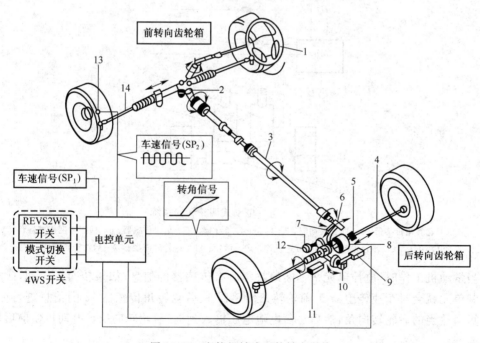

图 10-33 电控机械式四轮转向系统

1—转向盘；2—前转向器主动齿轮；3—连接轴；4—后转向横拉杆；5—连接杆；6—驱动小齿轮；7—扇形齿轮；8—转向轴；9—辅助电动机；10—变换器；11—主电动机；12—转角传感器；13—车速传感器；14—前转向横拉杆

当转向盘通过连接轴使驱动小齿轮 6 向左或向右旋转时，带动扇形齿轮 7 转动，扇形齿轮带动转向轴 8 通过偏心轴使连接杆 5 左右移动，连接杆又带动后转向横拉杆 4 以及后转向节臂转动,实现后轮转动。

电控单元根据车速信号控制主电动机 11 驱动连接杆,从而改变偏心轴与转向轴的相对位置。当偏心轴的前端与转向轴左右旋转中心一致时,转向轴即使向左右倾斜,连接杆也不发生轴向移动,此时,后轮处于中间位置;当偏心轴的前端位于转向轴旋转中心上方或下方,偏离转向轴中心时,转向轴的左右倾斜将使连接杆产生轴向位移。当偏心轴前端分别位于转向轴上、下方时,后轮相对于前轮分别作反向与同向转动。

2. 电控电动式四轮转向系统的结构与原理

电控电动式四轮转向系统的结构如图 10-34 所示。前后轮转向器均采用电动助力,两转向器之间没有任何机械连接装置。电控电动式四轮转向系统主要包括电控单元 7、前轮转向器 2、后轮转向器 11、前轮转角传感器 1、后轮转角传感器 12、车速传感器 5、横摆角度传感器 6 等部件。

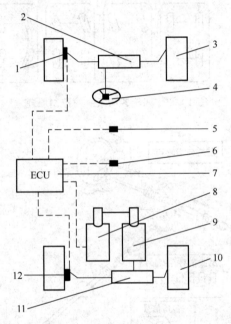

图 10-34　电控电动式四轮转向系统

1—前轮转角传感器;2—前轮转向器;3—前轮;4—转向盘;5—车速传感器;6—横摆角度传感器;
7—电控单元;8—步进电动机;9—减速机构;10—后轮;11—后轮转向器;12—后轮转角传感器

当发动机工作时,电控单元 7 不断地收集所有传感器的信息,如果转向盘转动,四轮转向控制单元就会对车速传感器 5、前轮转角传感器 1、后轮转角传感器 12 的信息进行分析,并计算出适当的后轮转向角,然后将蓄电池电压输入到前、后轮转向执行电动机使前后轮同时转向。

10.4.2　线传控制转向系统

线传控制转向是汽车转向系统的未来发展方向,其最大的特点是打破了传统转向系统采用的机械控制机械传动的原理,转向盘与机械转向器之间没有机械连接,通过在转向盘及转向轴上安装转向盘转角传感器、力矩传感器、转向盘回正力矩电动机等部件,将驾驶员的转向意图(通过测量转向盘转角)转换成数字信号,并传递给电控单元;同时接受电控单元送来的力矩信号,产生转向盘回正力矩,以提供给驾驶员相应的路感信息。之后,电控单元将控制指令传递给转向执行总成,转向执行总成通过控制转向电动机控制器,控制转向电动机驱动车轮转向,实现驾驶员的意图。

线传控制转向系统的优点如下:

(1) 转向盘与机械转向器之间没有机械连接,方便了转向系统的总布置,并可消除因路面不平引起的对转向盘带来的冲击现象。

(2) 在不改变设计的情况下,通过软件可以调整驾驶员对转向回正力矩的要求。

(3) 发生正面碰撞事故时,可以避免出现转向柱伤害驾驶员的现象。

(4) 可以通过电控单元修正驾驶员的转向操纵失误。

(5) 驾驶员腿部活动空间增大,提高了驾驶舒适性,而且出入驾驶室更加方便。

10.5 转向系统实践训练

10.5.1 实践目的

通过汽车转向系统实践训练,使学生掌握转向系统的结构组成及工作原理,并且能够很好地识别转向系统总成的类型。通过汽车转向器的拆装训练,掌握汽车转向器拆装的基本方法和基本步骤。

10.5.2 实践准备

1. 课时安排

1 课时。

2. 实践设备

1) 仪器设备

桑塔纳 2000 汽车底盘总成一台、齿轮齿条转向器总成一台、循环球式机械转向器一台。

2) 拆装工具

120 件套通用拆装工具、橡胶锤及铁锤各一把、垫木一套。

10.5.3 实践内容

1. 转向系统总成结构认知

通过观摩桑塔纳 2000 汽车底盘的结构(见图 10-35),掌握转向系统的结构组成及工作原理。

实践项目要求:

(1) 掌握汽车转向系统的结构组成,根据转向系统实物,识别汽车转向系统的转向操纵机构、转向器及转向传动机构的布置位置、结构类型及种类。

（2）掌握汽车转向系统的工作原理，了解转向动力的传动原理。

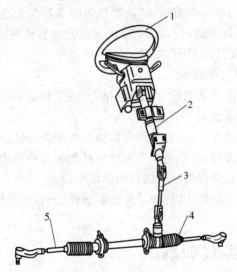

图 10-35　桑塔纳 2000 转向系统的结构组成
1—转向盘；2—转向柱管；3—转向轴；4—转向器；5—转向横拉杆

2. 机械转向器结构认知及测量

掌握齿轮齿条式转向器与循环球式转向器的结构组成与工作原理。

实践项目要求：

（1）掌握齿轮齿条式转向器的结构组成，熟悉齿轮齿条的传动原理。

（2）掌握循环球式转向器的结构组成，熟悉循环球式转向器的传动原理。

3. 循环球式转向器的拆装

1）实践项目要求

完成循环球式转向器的拆装，掌握拆装工具的使用方法，熟悉拆装流程和注意事项。

2）循环球式转向器拆卸流程

（1）拧下转向器底盖 4 个紧固螺栓，再用铜棒轻轻敲击转向螺杆的一端，取下底盖（见图 10-36），从壳体中取出转向螺杆及转向螺母总成。注意不要使转向螺杆划伤油封。

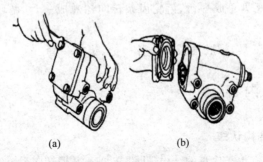

图 10-36　取下转向器底盖
(a) 拧下底盖螺栓；(b) 取下底盖

(2) 螺杆及螺母总成如无异常现象,尽量不要解体。如必须解体时,可先拧下3个固定导管夹螺钉,拆下导管夹,取出导管,同时握住螺母,缓慢地转动螺杆,排出全部钢球。

注意:两个循环钢球最好不要混在一起,不要丢失;每个循环有48个钢球,共有两个循环;如果有一个钢球留在螺母里,螺母也不能拆下。

3) 循环球式转向器组装流程

(1) 装入钢球后,转动螺母的轴向窜动量不得大于0.10mm。

(2) 将轴承内圈压在转向螺杆的轴颈上。

(3) 组装摇臂轴。

① 检查转向螺母与齿扇啮合的轴向间隙,此间隙若大于0.12mm,则在调整螺钉与摇臂上的轴孔端面间加推力垫片进行调整。

② 摇臂轴承预润滑之后,将摇臂装入壳体内。并按顺序装入推力垫片、调整螺钉、垫圈、弹性挡圈。

(4) 安装转向器上盖、下盖。

① 把轴承装入下盖轴承孔中。

② 安装调整垫片和下盖,从壳体孔中放入转向螺杆组件,安装下盖。安装下盖之前在接合平面上涂以密封胶。

③ 把轴承外圈和转向螺杆油封压入上盖,并装入上盖调整垫片和上盖。

④ 通过增减下盖调整垫片或用下盖上的调整螺塞调整转向螺杆的轴承紧度。然后检查转向盘的转向力矩,一般为0.6~0.9N·m。

(5) 安装转向器侧盖。

① 将油封涂抹密封胶后,油封唇口向内,均匀地压入壳体上轴承孔内。

② 将转向螺母移至中间位置(转向器总圈数的1/2),使扇形齿的中间齿与转向螺母的中间齿相啮合,装入摇臂轴组件。

③ 将侧盖密封垫涂以密封胶,再安装、紧固。

习题

一、理论习题

10-1 名词解释:转向中心、转向系统角传动比、转向盘自由行程、四轮转向系统、线传控制转向系统。

10-2 简述机械转向系统的组成及各部分的功用。

10-3 简述机械转向器的类型、特点及原理。

10-4 简述转向传动机构的组成及传动原理。

10-5 简述液压动力转向系统的组成与工作原理。

10-6 简述电动机直接助力转向系统的组成与原理。

10-7 简述四轮转向系统的控制策略及工作原理。

10-8 简述线传控制转向系统的工作原理。

二、实践习题

10-9 根据要求 50min 完成齿轮齿条式转向器的拆装,并编写拆装报告。

10-10 根据要求 50min 完成循环球式转向器的拆装,并编写拆装报告。

模块 11 汽车制动系统

11.1 汽车制动系统概述

11.1.1 汽车制动系统的功用与组成

11.1.1.1 汽车制动系统的功用

驾驶员能根据道路和交通情况,利用装在汽车上的一系列专门装置,迫使路面在汽车车轮上施加一定的与汽车行驶方向相反的外力,对汽车进行一定程度的强制制动。这种可控制的对汽车进行制动的外力称为制动力,用于产生制动力的一系列专门装置称为制动系统。

制动系统的功用是:根据行驶条件或驾驶员的意愿,使行驶中的汽车减速、停车或保持某一稳定速度,或使已停驶的汽车保持不动。

11.1.1.2 汽车制动系统的组成

汽车制动系统主要由供能装置、控制装置、传动装置及制动器 4 部分组成。

1. 供能装置

供能装置包括供给、调节制动所需能量以及改善传能介质状态的各种部件。其中产生制动能量的部分称为制动能源,人的肌体也可作为制动能源。

2. 控制装置

控制装置包括产生制动动作和控制制动效果的各种部件,如制动踏板、制动阀等。

3. 传动装置

传动装置包括将制动能量传输到制动器的各个部件,如制动主缸和制动轮缸等。

4. 制动器

制动器是产生阻碍车辆运动或运动趋势的力(能够由驾驶员控制的制动力)的部件,包括辅助制动系统中的减速装置。

11.1.2 汽车制动系统的分类

1. 按制动系统的功用分类

(1) 行车制动系统。又称为脚制动系统,其主要功用是使正在行驶的汽车降低速度甚至停车的一套专门装置。

(2) 驻车制动系统。又称为手制动系统,其主要功用是使已停驶的汽车驻留原地不动的一套装置。

(3) 第二制动系统。在行车制动系统失效的情况下,保证汽车仍能实现减速或停车的一套装置。在许多国家的制动法规中规定,第二制动系统也是汽车必须具备的。

(4) 辅助制动系统。在汽车下长坡时用以稳定车速的一套装置。辅助制动系统能降低车速或保持车速稳定,但不能将车辆紧急制停。例如,经常在山区行驶的汽车,如果单靠行车制动系统来达到下长坡时稳定车速的目的,则可能导致制动器过热而产生热衰退现象,降低制动效能,甚至完全失效。因此,山区用汽车为了提高行车的安全性和减轻行车制动系统性能的衰退及制动器的磨损,需具备此装置。

2. 按制动系统的制动能源分类

(1) 人力制动系统。以驾驶员的肌体作为唯一制动能源的制动系统。

(2) 动力制动系统。完全依靠发动机动力转化成的气压或液压进行制动的制动系统。

(3) 伺服制动系统。兼用人力和发动机动力进行制动的制动系统。

3. 按制动回路数量分类

(1) 单回路制动系统。传动装置采用单一的气压或液压回路的制动系统。单回路制动系统中,只要有一处损坏,整个系统就失效。

(2) 双回路制动系统。气压或液压管路分属两个彼此隔绝的回路的制动系统。双回路制动系统中,即使其中一路失效,还能利用另一个回路获得一定的制动力。我国从1988年1月1日起,规定所有汽车必须采用双回路制动系统。

4. 按制动能量的传输方式分类

按照制动能量的传输方式,制动系统可分为机械式、液压式、气压式和电磁式等。同时采用两种传输方式的制动系统称为组合式制动系统,如气顶液制动系统。

11.1.3 汽车制动系统的工作原理

各种类型的制动系统的工作原理类似,以液压制动系统为例,其主要结构组成与工作原理如图11-1所示。车轮制动器由制动轮毂8、制动蹄10、底板11等组成,制动鼓固定在车轮轮毂上,随车轮一同旋转,它的工作面是内圆柱面,固定不动的制动底板有两个支承销12,支撑着两个弧形制动蹄的下端,制动蹄的外圆面上装有摩擦片9,上端用制动蹄回位弹簧13拉紧靠在轮缸活塞7上。

液压传动机构主要有制动踏板1、推杆2、制动主缸4、制动轮缸6和油管5等组成。制动轮缸也安装在制动底板上,并用油管与车架上的制动主缸相连,主缸活塞3可由驾驶员通过制动踏板1来控制。

制动系统不工作时,制动鼓的内圆面与制动蹄摩擦片的外圆面之间保持有一定的间隙,使制动鼓可以随车轮自由旋转;制动时,驾驶人踩下制动踏板,推杆2便推动主缸活塞3,使制动主缸4中的油液以一定压力流入制动轮缸6,通过轮缸活塞7使两制动蹄10的上端向外张开,从而使摩擦片压紧在制动鼓的内圆面上。这样,不旋转的制动蹄就对旋转着的制动鼓产生一个摩擦力矩 M_u，迫使车轮停止转动。

当松开制动踏板时，制动蹄回位弹簧13将制动蹄拉回原位，制动作用即解除。

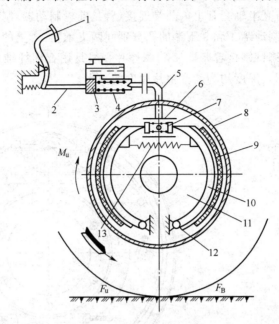

图 11-1　制动系统的基本结构

1—制动踏板；2—推杆；3—主缸活塞；4—制动主缸；5—油管；6—制动轮缸；7—轮缸活塞；8—制动轮毂；9—摩擦片；10—制动蹄；11—底板；12—支承销；13—回位弹簧

11.2　行车制动系统

11.2.1　车轮制动器

目前，各类汽车上均采用摩擦式制动器，它是利用固定元件与旋转元件工作表面的摩擦作用产生制动力矩的制动器。若制动器的旋转元件固装在车轮上，制动力矩直接作用于车轮上的制动器称为车轮制动器。

车轮制动器根据旋转元件的不同，可分为鼓式制动器和盘式制动器。

11.2.1.1　鼓式制动器

鼓式制动器是利用制动蹄片挤压制动鼓来获得制动力的，分为内张式和外束式两种。内张鼓式制动器是以制动鼓的内圆柱面为工作表面，现代汽车上广泛使用内张双蹄鼓式制动器。

按驱动制动蹄张开装置（也称促动装置）的形式不同，鼓式制动器可分为轮缸式制动器和凸轮式制动器。前者以液压轮缸作为制动蹄促动装置，后者以凸轮作为促动装置。

1. 轮缸式制动器

轮缸式制动器按制动蹄的受力情况不同，可分为领从蹄式、双领蹄式、自增力式3种。

1) 领从蹄式制动器

领从蹄式制动器的结构如图 11-2 所示。制动鼓 11 固装在车轮轮毂的凸缘上,制动底板 3 用螺栓与后驱动桥壳半轴套管上的凸缘连接(若是前轮制动器,制动底板则应与前桥转向节的凸缘联接)。两制动蹄 1 和 9 下端的孔分别同两支承销 14 上的偏心轴颈配合。制动蹄的外圆面上,用埋头铆钉铆接着摩擦片 2,摩擦片一般是用石棉纤维及其他物质混合压制而成的。铆钉头顶端埋入深度约为新摩擦片厚度的一半。

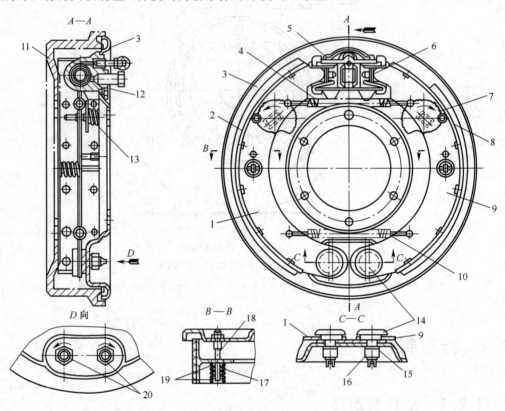

图 11-2 领从蹄式制动器

1—前制动蹄;2—摩擦片;3—制动底板;4、10—制动蹄回位弹簧;5—制动轮缸活塞;6—活塞顶块;7—调整凸轮;8—调整凸轮锁销;9—后制动蹄;11—制动鼓;12—制动轮缸;13—调整凸轮压紧弹簧;14—支承销;15—弹簧垫圈;16—螺母;17—制动蹄限位弹簧;18—制动蹄限位杆;19—弹簧盘;20—支承销内断面

制动轮缸 12 既是液压传动装置,又直接作为制动蹄促动装置,它也用螺钉安装在制动底板上,因而在结构上它又成为制动器不可分割的组成部分。两制动蹄上端松嵌入压合在制动轮缸活塞 5 上顶块的直槽中,并由回位弹簧 4 和 10 拉拢,且以焊在腹板上的调整凸轮锁销 8 紧靠着装在制动底板上的调整凸轮 7。制动蹄限位杆 18 借螺纹旋装在制动底板上。制动蹄限位弹簧 17 使制动蹄腹板紧靠着制动蹄限位杆 18 中部的台肩,借以防止制动蹄的轴向窜动。

制动时,两蹄在轮缸液压的作用下,各自绕其支承销偏心轴颈的轴线向外旋转,紧压到制动鼓上。解除制动时,液压压力消失,两蹄便在制动蹄回位弹簧 4 和 10 的作用下回位。

领从蹄式制动器的工作原理如图 11-3 所示。设汽车前进时制动鼓旋转方向如图中箭头所示(这称为制动鼓正向旋转)。制动蹄 1 以支承销为支撑点,轮缸所施加的促动力作用于其上端,因而该制动蹄张开时的旋转方向与制动鼓的旋转方向相同。具有这种属性的制动蹄称为领蹄(或增势蹄)。与此相反,制动蹄 2 以支承销 4 为支撑点,促动力加于其上端,其张开时的旋转方向与制动鼓的旋转方向相反,具有这种属性的制动蹄称为从蹄(或减势蹄)。当汽车倒车时,即制动鼓反向旋转时,制动蹄 1 变成从蹄,制动蹄 2 则变成领蹄。这种在制动鼓正向旋转和反向旋转时,都有一个领蹄和一个从蹄的制动器称为领从蹄式制动器。

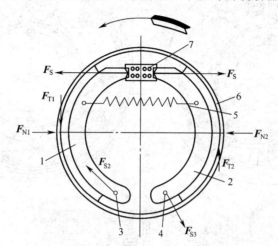

图 11-3 领从蹄式制动器受力示意图
1—领蹄;2—从蹄;3,4—支承销;5—回位弹簧;6—制动鼓;7—轮缸

制动时,领蹄 1 和从蹄 2 在相等的促动力 F_S 的作用下,分别绕各自的支撑点(与止挡板接触处)旋转紧压在制动鼓 6 上。旋转的制动鼓对两制动蹄分别作用法向反力 F_{N1} 和 F_{N2},以及相应的切向反力 F_{T1} 和 F_{T2},F_{T1} 和 F_S 绕支承销对制动蹄 1 作用的力矩是同向的,因此前制动蹄对制动鼓的压紧由于 F_{T1} 的作用而增大,即 F_{N1} 变得更大,这种情况称为增势作用。与此相反,F_{T2} 使制动蹄 2 放松制动鼓,使 F_{N2} 有减小的趋势,故后制动蹄具有减势作用。制动鼓受来自两制动蹄的法向力不相互平衡,属于非平衡式制动器。

由于 $F_{N1} > F_{N2}$,相应地 $F_{T1} > F_{T2}$,故两制动蹄对制动鼓所施加的制动力矩是不相等的,一般说来,领蹄制动力矩约为从蹄制动力矩的 2~2.5 倍。同时,在两蹄摩擦片工作面积相等的情况下,领蹄摩擦片上的单位压力大,磨损较为严重,寿命较从蹄短。

2) 双领蹄式制动器

在汽车前进时,两制动蹄均为领蹄的制动器称为双领蹄式制动器。双领蹄式制动器在制动时,两蹄片受力相同,磨损均匀,且蹄片作用于鼓的力量是平衡的,属于平衡式制动器。

(1) 单向双领蹄式制动器

单向双领蹄式制动器的特点是:在汽车前进时制动效能较好,两个制动蹄都是领蹄;但在汽车倒车时,两个制动蹄都为从蹄,制动效能较低。北京 BJ2020N 型汽车前轮制动器如图 11-4、图 11-5 所示。制动器中两制动蹄各用一个单活塞式制动轮缸 2,且有两套制动蹄、轮缸、支承销和调整凸轮等,在制动底板上的布置是中心对称的,以代替领从蹄式制动器中的轴对称布置。两个轮缸通过轮缸连接油管 13 连通,使其油压相等。这样,在前进制动时,两蹄都是领蹄,制动器效能因而得到提高。但在倒车制动时,两蹄都将变为从蹄。

当轿车的后轮制动器为领从蹄式时,前轮制动器一般采用单向双领蹄式制动器,易于达到合理的前、后轮制动力的匹配,而前、后制动器中多数零件具有同样的尺寸。由于单向双领蹄式制动器在汽车倒车时制动效能大大下降,且不便安装驻车制动器,故不用作后轮制动器。

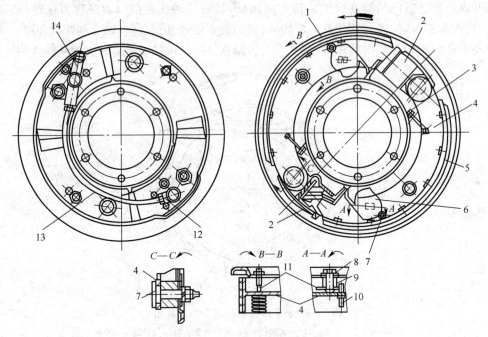

图 11-4 单向双领蹄式制动器

1—制动底板;2—制动轮缸;3—制动蹄回位弹簧;4—制动蹄;5—摩擦片;6—调整凸轮;7—支承销;8—调整凸轮轴;9—弹簧;10—调整凸轮锁销;11—制动蹄限位杆;12,14—油管接头;13—轮缸连接油管

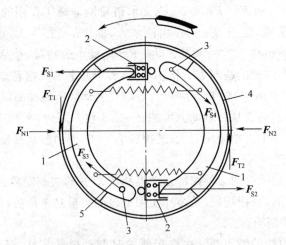

图 11-5 单向双领蹄式制动器的工作原理

1—制动蹄;2—制动轮缸;3—支承销;4—制动鼓;5—回位弹簧

(2) 双向双领蹄式制动器

双向双领蹄式制动器无论汽车前进或倒退,两制动蹄总是领蹄,制动效能不变。双向双领蹄式制动器主要用作中、轻型货车及部分轿车的前、后轮制动器,但若作为后轮制动器,需另设中央停车制动器。红旗 CA7560 型轿车的前后轮制动器即采用双向双领蹄式制动器,

如图 11-6 所示。制动底板 3 上的所有固定元件,如制动蹄、制动轮缸、回位弹簧等都是成对的,而且是既按轴对称,也按中心对称布置。两制动蹄的两端都采用浮式支承,且支点的周向位置也是浮动的。

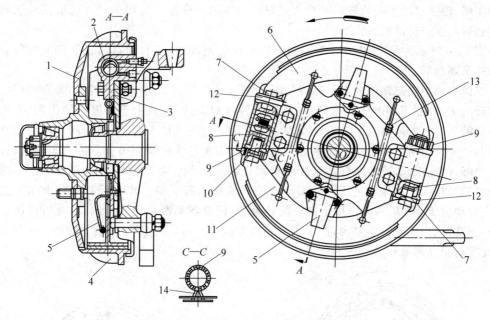

图 11-6 双向双领蹄式制动器

1—制动鼓；2—制动轮缸；3—制动底板；4—制动鼓散热肋片；5—制动蹄限位片；6—上制动蹄；7—支座；8—轮缸活塞；9—调整螺母；10—调整支座；11—下制动蹄；12—防护套；13—回位弹簧；14—锁片

汽车前进制动时,轮缸活塞 8 在液压作用下向外移动,将两制动蹄 6 和 11 压靠到制动鼓 1 上。在制动鼓的摩擦力矩作用下,两蹄都绕车轮中心,朝箭头所示的车轮旋转方向转过一定角度,将两轮缸的活塞外端的支座 7 推回,直到顶靠着轮缸端面为止。此时两轮缸的支座 7 成为制动蹄的支点。双向双领蹄式制动器的工作原理如图 11-7 所示。

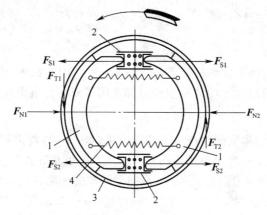

图 11-7 双向双领蹄式制动器的工作原理

1—制动蹄；2—双活塞制动轮缸；3—制动鼓；4—回位弹簧

3) 自增力式制动器

自增力式制动器分为单向自增力式和双向自增力式两种。单向自增力式只是在汽车前进时起自动增力作用,使用单活塞式轮缸;双向自增力式在前进和倒车制动时都能起自动增力作用,使用双活塞式轮缸。自增力式制动器在国产汽车上应用较少。这里仅对双向自增力式制动器进行说明。

图 11-8 所示为北京 BJ2021 轻型越野汽车后轮制动器,该制动器加装了机械促动装置兼作驻车制动器。

双向自增力式制动器的工作原理如图 11-9 所示。当行车制动时,两制动蹄在相同的轮缸促动力 F_s 作用下同时向外张开,压靠到旋转的制动鼓上,并由于摩擦力的作用,使两制动蹄均沿顺时针方向移动。当后制动蹄 3 尚未顶靠到支承销 5 时,前制动蹄 1 与制动鼓所产生的切向合力所造成的绕下支点的力矩与促动力所造成的绕同一支点的力矩同向,故前蹄为领蹄;当两制动蹄继续移动到后制动蹄 3 顶靠在支承销 5 上以后,前制动蹄 1 即对浮动的可调顶杆 2 产生作用力 F'_s,并间接作用在后制动蹄下端。此时后制动蹄上端为支撑点,在促动力 F_s 和 F'_s 共同作用下向外旋转张开,使该制动蹄也变为领蹄,且此时后制动蹄对制动鼓的压力比前蹄还要大,产生了自动增力作用。倒车制动时,两制动蹄的工作情况相反,此时前制动蹄具有自动增力效果。

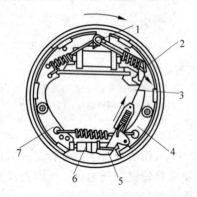
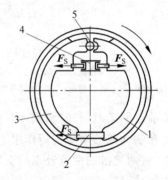

图 11-8 双向自增力式制动器
1—支承销;2—导向板;3—拉索-后制动蹄;4—前制动蹄;5—拨板;6—可调顶杆;7—后制动蹄

图 11-9 双向自增力式制动器的工作原理
1—前制动蹄;2—可调顶杆;3—后制动蹄;4—制动轮缸;5—支承销

日本丰田皇冠轿车、南京依维柯轻型载货汽车、北京 BJ2021 轻型越野汽车的后轮制动器及北京 BJ1040 轻型载货汽车的前轮制动器都采用了双向自增力式制动器。

2. 凸轮式制动器

目前在采用气压制动系统的国产汽车和部分进口汽车中,均采用凸轮促动领从蹄式车轮制动器。凸轮促动的双向自增力式制动器只应用于中央布置式驻车制动器。

凸轮式制动器的结构如图 11-10 所示,两制动蹄 2 的一端铰接在偏心支承销 9 上,支承销下面有支承销座,固定在制动底板 7 上。制动蹄的另一端靠回位弹簧 3 拉紧并使之紧靠在制动凸轮上。制动凸轮与凸轮轴 4 制成一体,凸轮轴安装在制动底板的支架内,轴端有花键与制动调整臂 5 内的蜗轮相连。调整臂另一端则和上制动气室 6 的推杆及连接叉相连。在制动蹄的外圆弧面上铆有两块石棉摩擦衬片。不制动时,摩擦衬片和制动鼓 8 之间留有适当的间隙,使制动鼓能随车轮自由转动。

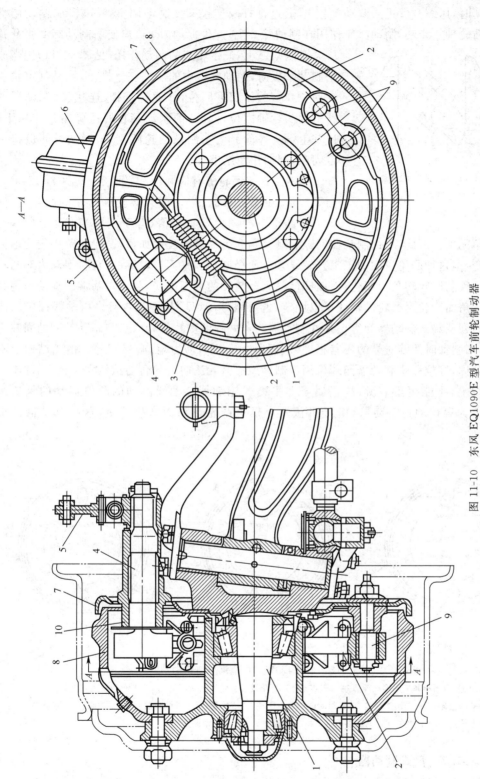

图 11-10 东风 EQ1090E 型汽车前轮制动器

1—转向节轴颈；2—制动蹄；3—回位弹簧；4—制动凸轮轴；5—制动调整臂；6—上制动气室；7—制动底板；8—制动鼓；9—支承销；10—制动凸轮轴支座

制动时，压缩空气进入制动气室 6，通过推杆及连接叉使制动调整臂 5 转动，制动调整臂带动凸轮轴 4 转动，制动凸轮作用在制动蹄 2 上，产生促动力 F_0，迫使两制动蹄 2 张开并压紧在制动鼓上，产生相应的制动作用（见图 11-11）。当放松制动踏板时，制动气室中的压缩空气排出，制动气室膜片在回位弹簧的作用下回位，并通过推杆、连接叉、制动调整臂带动凸轮轴回位，同时，两制动蹄在回位弹簧的作用下，以其上端支撑面靠紧于制动凸轮两侧，与制动鼓间保持一定间隙，制动作用结束。

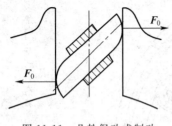

图 11-11 凸轮促动式制动器的工作原理

凸轮工作表面轮廓有椭圆形和平面形（见图 11-12(a)）、渐开线形（见图 11-12(b)）。渐开线轮廓凸轮的特点是，促动力对凸轮中心的力臂为定值（等于基圆半径的 1/2），与凸轮转角无关。因此，不论制动器间隙和制动蹄摩擦片磨损程度如何，凸轮对蹄端的促动力始终不变，但这种凸轮轮廓加工工艺较复杂。而椭圆形和平面形轮廓的凸轮，促动力对凸轮中心的力臂随凸轮转角而变化，因而即使输入凸轮轴的力矩不变，凸轮对蹄端的促动力也会随凸轮转角而变化。凸轮轴轴线可以固定，也可以浮动（见图 11-12(c)）。由轴线固定的凸轮促动的领从蹄式制动器为等位移式制动器。若两蹄摩擦片的相应点与制动鼓间的间隙完全一致，则制动时两蹄对鼓的压紧程度（从而所产生的制动力矩）必然相等。由于结构上不是中心对称，等位移式制动器两蹄作用于制动鼓的微元法向力的合力虽然大小相等，却不在一条直线上，不能相互平衡，故仍属于非平衡式制动器。轴线浮动的凸轮促动的领从蹄式制动器为等促动力制动器，由于机械效率低且凸轮滑动面磨损严重，这种制动器已很少采用。

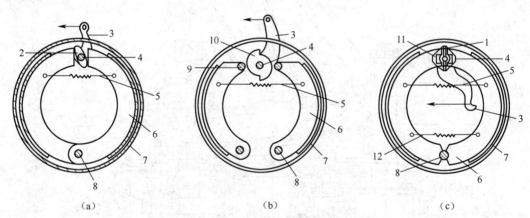

图 11-12 东风 EQ1090E 型汽车前轮制动器
(a) 椭圆形和平面形凸轮且轴线固定；(b) 渐开线形凸轮且轴线固定；(c) 平面凸轮且轴线浮动
1—平面凸轮；2—椭圆形凸轮；3—制动调整臂；4—制动凸轮轴；5—回位弹簧；6—制动蹄；7—制动鼓；
8—支承销；9—滚轮；10—渐开线凸轮；11—拉紧弹簧；12—拉紧弹簧

11.2.1.2 盘式制动器

盘式制动器由旋转元件（制动盘）和固定元件（制动钳）组成。制动盘是摩擦副中的旋转件，以金属圆盘的端面为工作面。制动钳是由装在横跨制动盘两侧的钳形支架中的制动块和促动装置组成的,制动块是由工作面积不大的摩擦块和金属背板组成的。按摩擦副中固定元件的结构,盘式制动器有钳盘式和全盘式两大类。按所用动力源,可分为液压式和气压式两种类型。液压式盘式制动器广泛应用于轿车和中型以下汽车,气压式盘式制动器广泛应用于重型货车和客车。

1. 钳盘式制动器

钳盘式制动器中的固定元件是工作面积不大的摩擦块与金属背板组成的制动块,每个制动器中有 2~4 块。这些制动块及其促动装置都装在横跨制动盘两侧的钳形支架中,总称为制动钳。根据制动钳结构不同,钳盘式制动器又可分为定钳盘式和浮钳盘式两类。

1) 定钳盘式制动器

定钳盘式制动器的结构如图 11-13 所示,制动盘 1 固定在轮毂上,制动钳 6 固定在车桥 7 上,既不能旋转也不能沿制动盘轴线方向移动。制动钳内装有两个浮动式制动轮缸活塞 2,活塞内侧装有制动块 4。当驾驶员踩下制动踏板使汽车制动时,制动液从进油口 5 进入制动钳内的轮缸,随着轮缸内制动液压力上升,活塞在液压压力的作用下向内侧移动,使制动块制动制动盘,实现对汽车的制动。

解除制动时,活塞在密封圈 3 的弹力作用下回位,直至密封圈变形完全消失为止。此时摩擦片与制动盘之间的间隙即为设定制动器间隙。当制动器存在过量间隙,制动时活塞密封圈变形达到极限值后,轮缸活塞在液压作用下克服密封圈的摩擦力,迫使密封圈产生弹性变形而继续移动,直到完全制动为止。但解除制动后,活塞密封圈将活塞拉回的距离为制动器间隙恢复到设定值时对应的距离。由此可见,密封圈能兼起活塞回位弹簧和一次调准式间隙自调装置的作用。定钳盘式制动器由

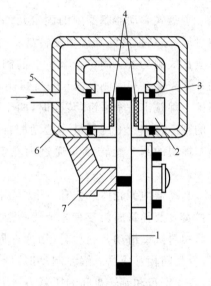

图 11-13 定钳盘式制动器
1—制动盘;2—活塞;3—活塞密封圈;4—制动块;5—进油口;6—制动钳;7—车桥

于制动钳结构简单、造价低廉,故在轻、中型轿车上得到广泛应用。但由于定钳盘式制动器存在液压缸多、结构复杂、油道多、制动液易汽化等缺点,目前已逐步被浮钳盘式制动器所取代。

2) 浮钳盘式制动器

浮钳式制动器分为滑动钳盘式制动器和摆动钳盘式制动器。滑动钳盘式制动器的制动钳可以相对于制动盘作轴向滑动,其只在制动盘的内侧设置液压缸,而外侧的制动块则附装在钳体上。摆动钳盘式制动器也是单侧设置液压缸,其制动钳体与固定在车轴上的支座铰接,故不能滑动,而是在与制动盘垂直的平面内摆动以实现制动。为使制动块磨损均匀,常将摩擦块预先做成楔形。由于滑动钳盘式制动器结构简单紧凑,且便于安装,因此被越来越多地用在轿车和一些轻型汽车上。例如,一汽红旗 CA7220 型、奥迪、捷达、上海桑塔纳、天津夏利等轿车以及北京切诺基轻型越野汽车的前轮均采用这种浮钳盘式制动器。

浮钳盘式制动器的结构与工作原理如图 11-14 所示。制动钳支架固定在转向节上，制动钳体 2 可沿导向销 8 作轴向滑动。制动时，活塞 5 在液压力 F_{p1} 的作用下，将制动块 4（带摩擦块磨损报警装置）推向制动盘 3。与此同时，作用在制动钳体上的反作用力 F_{p2} 推动制动钳体沿导向销 8 向左移动，使固定在制动钳体上的制动块 4 压靠到制动盘上。于是制动盘两侧的摩擦块在 F_{p1} 和 F_{p2} 的作用下夹紧制动盘，使之在制动盘上产生与运动方向相反的制动力矩，促使汽车制动。

2. 全盘式制动器

全盘式制动器摩擦副的固定元件和旋转元件都是圆盘形，分别称为固定盘和旋转盘。图 11-15 所示为一种全盘式制动器。固定于车桥上的制动器壳体由盆状的外侧壳体 3 和内侧壳体 6 通过螺栓 4 联接而成，每个螺栓上都铣出一个平键，装配时，两个固定盘 2 以外缘上的键槽与螺栓上的平键作滑动配合。两面都铆有扇形摩擦块的两个旋转盘 5 通过内花键与花键毂 1 作滑动配合。花键毂与车轮轮毂固定连接。

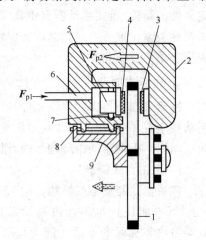

图 11-14　浮钳盘式制动器
1—制动盘；2—制动钳体；3—制动盘；
4—制动块；5—活塞；6—进油口；7—活塞密封圈；8—导向销；9—制动钳

制动器内侧壳体 6 上有 4 个液压缸，液压缸体 14 内有活塞 10、活塞套筒 9、活塞套筒回位弹簧 8 及弹簧座。带有 3 个活塞密封圈 11 的活塞 10 与活塞套筒 9 作滑动配合，而套筒又可相对缸壁滑动。制动时，活塞连同套筒左移，将所有的固定盘和旋转盘都推向外侧壳体，各盘间相互压紧。解除制动时，活塞及活塞套筒在回位弹簧的作用下被推到外极限位置，各固定盘和旋转盘间的压紧力消失，制动解除。

盘式制动器与鼓式制动器相比，其优点有：一般无摩擦助势作用，因而制动器效能受摩擦因数的影响较小，即效能较稳定；浸水后效能降低不大，而且只需经一两次制动即可恢复正常；在输出制动力矩相同的情况下，尺寸和质量一般较小；制动盘厚度方向的热膨胀量小，不会像制动鼓热膨胀那样使制动器间隙明显增加而导致制动踏板行程过大；盘式制动器两面传热，圆盘旋转易冷却，不易变形，制动效果好；较容易实现间隙自动调整，其他维修作业也较简便。

盘式制动器不足之处有：制动效能较低，故用于液压制动系统时所需制动促动管路压力较高，一般要用伺服装置；在兼用于驻车制动时，需要加装的驻车制动传动装置较鼓式制动器复杂，因而在后轮上的应用受到限制。

目前，盘式制动器已广泛应用于轿车；但除了在一些高级轿车上用于全部车轮外，一般只用作前轮制动器，而后轮采用鼓式制动器，以获得汽车在较高车速下制动的方向稳定性。

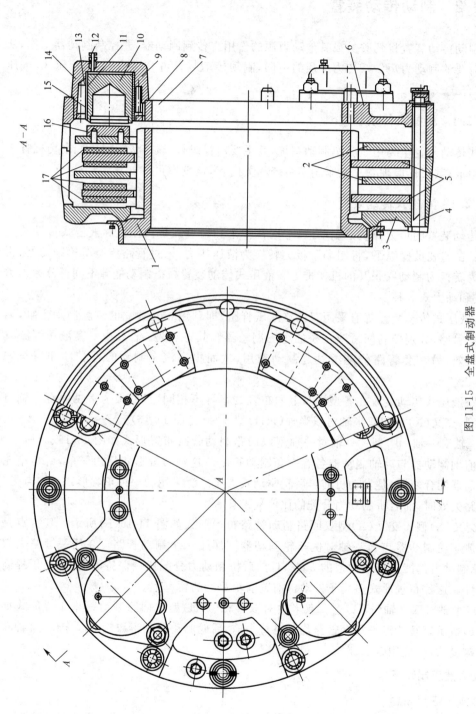

图 11-15 全盘式制动器

1—花键毂；2—固定盘；3—外侧壳体；4—螺栓；5—旋转盘；6—内侧壳体；7—调整螺栓；8—活塞套筒回位弹簧；9—活塞套筒；10—活塞密封圈；11—活塞；12—放气阀；13—套筒密封圈；14—液压缸体；15—固定弹簧圈；16—垫块；17—摩擦片

11.2.2 制动传动装置

汽车制动传动装置将驾驶员或其他动力源的作用力传到制动器,并控制制动器工作,从而获得所需要的制动力矩。按传力介质的不同,制动传动装置可分为机械式、液压式、气压式、气液综合式。

11.2.2.1 机械式传动装置

机械式传动装置主要用于驻车制动系统,其主要由操纵杆、调节齿板、拉索、平衡杠杆等机械零件组成,其工作原理参见驻车制动系统相关内容,这里不再重复。

11.2.2.2 液压式传动装置

液压传动装置的传力介质是制动液,常用在轿车和轻型载货汽车上。液压式传动装置的原理是:在驾驶员操纵下,将制动踏板力转换为液压压力,通过管路传至车轮制动器,再将液压压力转换为制动蹄张开的机械推力。液压式传动装置根据制动能源不同可分为人力式、伺服式和动力式3种。

目前,液压式传动装置普遍采用双回路液压管路,即利用相互独立的双腔制动主缸,通过两套独立管路,分别控制两桥或三桥的车轮制动器。其特点是:若其中一套液压管路发生故障而失效,另一套管路仍能继续起制动作用,从而提高汽车制动的可靠性和行车安全性。

双回路液压式传动装置在各型汽车上的布置方案各不相同,目前最为常见的有一轴对一轴(Ⅱ)型、交叉(X)型和双半轴对双半轴(HH)型3种(见图11-16)。

(1) 一轴对一轴(Ⅱ)型。一轴对一轴型双回路制动管路布置形式如图11-16(a)所示。其特点是前轴制动器与后轴制动器各有一套制动管路。这种布置形式最为简单,可与单轮缸鼓式制动器配合使用,是发动机前置后轮驱动式汽车广泛采用的一种布置形式。缺点是:当一套管路失效时,前后桥制动力分配的比值被破坏。

(2) 交叉(X)型。交叉(X)型双回路制动管路布置形式如图11-16(b)所示。其特点是一轴的一侧车轮制动器与另一轴对侧车轮制动器同属于一个制动管路。在任一管路失效时,剩余总制动力都能保持正常值的50%,且前后桥制动力分配比例保持不变,有利于提高制动稳定性。这种布置形式多用于发动机前置前轮驱动的轿车上。

(3) 双半轴对双半轴(HH)型。双半轴对双半轴(HH)型双回路制动管路布置形式如图11-16(c)所示。其特点是每套管路均只对每个前、后轮制动器的半数轮缸起作用,这种布置形式结构复杂,故应用较少。

1. 人力液压制动系统

1) 总体构造与原理

人力液压制动系统的基本组成和回路如图11-17所示。人力液压制动系统主要由制动主缸5、制动轮缸2、制动踏板4及制动油管3、6、8等组成。制动踏板机构和制动主缸都装在车架上,制动轮缸装在制动底板上,制动主缸与轮缸内均有活塞,并用油管连通。制动油管多用钢管,部分有相对运动的区段则用高强度的橡胶软管连接。

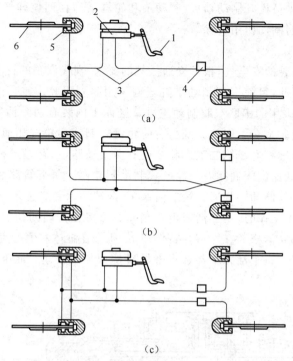

图 11-16 双管路液压制动传动装置布置形式
（a）一轴对一轴（Ⅱ）型；（b）交叉（X）型；（c）双半轴对双半轴（HH）型
1—制动踏板；2—制动主缸；3—制动管路；4—感载比例阀；5—制动钳；6—制动盘

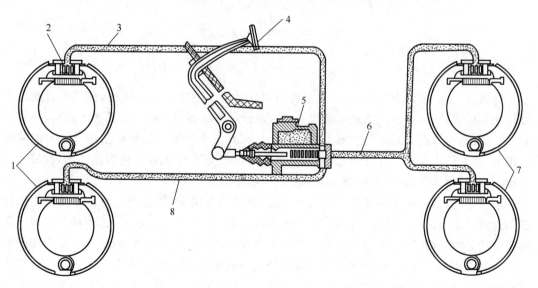

图 11-17 人力液压制动系统
1,7—制动器；2—制动轮缸；3,6,8—液压制动管路；4—制动踏板；5—制动主缸

制动时，驾驶员向制动踏板 4 施加操纵力，制动主缸 5 在制动踏板的作用下产生液压压力，具有一定液压能的制动液通过油管 3、8、6 输入前、后轮制动器 1 和 7 的制动轮缸 2 中。制动轮缸将输入的液压能再转换成机械能，促使制动器进入工作状态。

解除制动时,驾驶员松开制动踏板,制动蹄和轮缸活塞在回位弹簧的作用下回位,将制动液油压回制动主缸,制动作用解除。

2) 制动主缸

为了提高汽车行驶的安全性,根据交通法规的要求,现代汽车的行车制动系统都采用了双回路制动系统。因此,目前汽车制动主缸普遍采用串列双腔主缸。图 11-18 所示为红旗 CA7220 微型汽车所采用的串联双腔制动主缸。缸体 1 内装有两个活塞 9 和 11,加工主缸内腔分为两个工作腔。第一工作腔 5 既与右前轮盘式制动器轮缸相通,还经感载比例阀与左后轮鼓式制动器轮缸相通。第二工作腔 2 也有两条通路,一路是通往左前轮盘式制动器轮缸,另一路是经感载比例阀通往右后轮鼓式制动器轮缸。每套管路和工作腔又分别通过补偿孔 6 和回油孔 7 与储油罐相通。第二活塞 11 两端均承受弹簧张力,但左弹簧张力小于右弹簧张力,故主缸不工作时,第二活塞由右端弹簧保持在正确的初始位置,使补偿孔和进油孔与缸内相通。第一活塞 9 在左端弹簧作用下,压靠在缸体右侧的套上,使其处于补偿孔和回油孔之间的位置。每个活塞上都装有密封圈 3,以便两腔建立油压并保持密封。

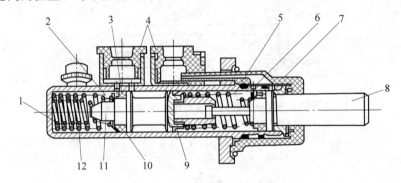

图 11-18　串联双腔制动主缸

1—制动主缸缸体；2—第二工作腔；3—密封圈；4—进油孔；5—第一工作腔；6—补偿孔；
7—回油孔；8—推杆；9—第一活塞；10—垫片；11—第二活塞；12—弹簧

制动时,驾驶员踩下制动踏板,真空助力器推动第一活塞 9 向左移动,在其密封圈遮住补偿孔 6 后,第一工作腔 5 的油压开始升高。油液一方面通过腔内出油孔进入右前、左后轮制动管路,另一方面又对第二活塞 11 产生推力,在此推力及第一活塞 9 左端弹簧力的共同作用下,第二活塞也向左方移动,这样第二工作腔也产生了压力,推开腔内出油阀,油液进入左前、右后轮制动管路,于是两制动管路对汽车实施制动。

解除制动时,驾驶员松开制动踏板,活塞在弹簧的作用下回位,液压油从制动轮缸和管路中流回制动主缸。如活塞回位迅速,工作腔内容积也迅速扩大,使油压迅速降低。由于管路阻力的影响,管路中的油液不能及时流回工作腔以充满活塞移动让出的空间,使工作腔形成一定的真空度。这时,储液罐里的油液便经进油孔和活塞上面的小孔(图中未画出)推开密封圈的边缘流入工作腔。当活塞完全回位时,补偿孔打开,工作腔内多余的油液由补偿孔流回储液罐。若液压系统由于漏油或由于温度变化引起主缸工作腔、管路、轮缸中油液的膨胀或收缩,都可以通过补偿孔进行调节。

若与左前、右后轮连接的制动管路损坏漏油时,则在踩下制动踏板时,只有第一工作腔中能建立一定压力,而第二工作腔中无压力,此时在两腔压力差的作用下,第二活塞被迅速推到底。之后,第一工作腔中的油压才迅速升高,使右前、左后车轮产生制动作用。

若与右前、左后轮连接的制动管路损坏漏油时,则在踩下制动踏板时,开始只是第一活塞前移,因第一工作腔不能建立油压,因而不能推动第二活塞向前移动。继续踩下制动踏板,在第一活塞前端杆部直接顶到第二活塞时,便能推动第二活塞,使第二工作腔建立油压而使左前、右后车轮产生制动作用。

由上述可见,双回路液压制动系统中任一回路失效时,主缸仍能工作,只是所需踏板行程加大,同时将导致汽车的制动距离增长,制动效能降低。

3) 制动轮缸

制动轮缸的作用是将主缸传来的液压压力转变成为机械推力,以使制动蹄张开。不同结构的车轮制动器,制动轮缸的数目和结构形式也不同,通常分为双活塞式和单活塞式两种。

(1) 双活塞式制动轮缸

上海桑塔纳轿车采用的双活塞式制动轮缸的结构如图 11-19 所示。缸体用螺栓固定在制动底板上,缸内有两个活塞2,两个皮碗3分别压靠在两活塞上,以保持两皮碗之间的进油孔畅通。活塞外端的凸台孔内压有顶块6,与制动蹄的上端抵紧。防尘罩1用以防止尘土和水分进入,以免活塞与缸体锈蚀而卡死。缸体上方装有放气阀,用以排放轮缸中的空气。

(2) 单活塞式制动轮缸

北京 BJ2020N 型汽车双领蹄式前制动器制动轮缸的结构如图 11-20 所示。其缸体5内部只安装一个浮动活塞,缸体通过进油管接头3与制动管路连接,缸体内部通过活塞端面凸台来保持进油间隙。为缩小轴向尺寸,液腔密封采用装在活塞导向面上的皮圈。目前这种制动轮缸趋于淘汰。

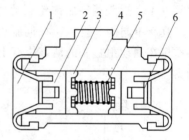

图 11-19 双活塞式制动轮缸
1—防尘罩;2—制动轮缸活塞;3—皮碗;
4—制动轮缸缸体;5—弹簧;6—顶块

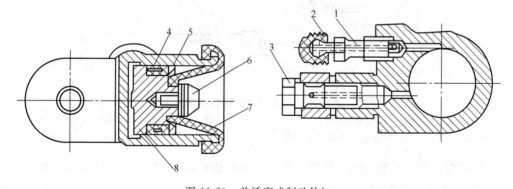

图 11-20 单活塞式制动轮缸
1—放气阀;2—堵头;3—进油管接头;4—密封圈;5—缸体;6—顶块;7—防护罩;8—活塞

2. 伺服液压制动系统

伺服液压制动系统是在人力液压制动系统的基础上加设一套动力伺服系统而形成的,是兼用人体和发动机作为制动能源的制动系统。

按伺服系统输出力的作用部位和对其控制装置操纵方式的不同,伺服制动系统可分为助力式(直接操纵式)和增压式(间接操纵式)两类。前者中的伺服系统控制装置用制动踏板机构直接操纵,其输出力也作用于液压主缸,辅助驾驶员提高对制动主缸的作用力;后者中的伺服系统控制装置用制动踏板机构通过主缸输出的液压操纵,且伺服系统的输出力与主缸液压共同作用于一个中间传动液缸(辅助缸),使该液缸输出到轮缸的液压远高于主缸液压。伺服制动系统又可按伺服能量的形式分为真空伺服式、气压伺服式和液压伺服式3种。

1) 助力式伺服制动系统

助力式伺服制动系统的特点是伺服系统的控制装置用制动踏板机构直接操纵,其输出力作用于液压主缸,与踏板力一起对主缸油液加压。助力式伺服制动系统根据伺服能量不同有真空助力伺服制动系统和气压助力伺服制动系统,这里主要介绍汽车应用中最为常见的真空助力伺服制动系统的基本结构与工作原理。

真空助力式液压制动传动装置的基本构造如图 11-21 所示。串列双腔制动主缸 4 装在伺服气室 3 前端,前腔通往左前轮制动器的轮缸 11,并经感载比例阀 9 通向右后轮制动器的轮缸 13;后腔通往右前轮制动器的轮缸 12,并经感载比例阀 9 通向左后轮制动器的轮缸 10。真空单向阀 8 直接装在伺服气室上。伺服气室工作时产生的推力,与踏板力一样,也直接作用在制动主缸 4 的活塞推杆上。伺服气室和控制阀 2 组合成一个整体部件,称为真空助力器。

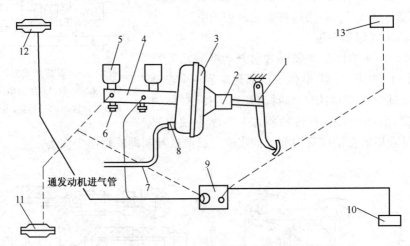

图 11-21 真空助力伺服制动系统

1—制动踏板;2—控制阀;3—伺服气室;4—制动主缸;5—储液罐;6—制动信号灯液压开关;7—真空供能管路;8—真空单向阀;9—感载比例阀;10—左后轮缸;11—左前轮缸;12—右前轮缸;13—右后轮缸

真空助力器是真空助力式液压制动系统的核心装置,主要由真空伺服气室和控制阀组成,其结构如图 11-22 所示。

制动时,驾驶员踩下踏板,踏板力推动控制阀推杆 12 和控制阀柱塞 18 向前移动,在消除柱塞与橡胶反作用盘 7 之间的间隙后,再继续推动制动主缸推杆 2,主缸内的制动液压油以一定压力流入制动轮缸。与此同时,在控制阀推杆弹簧 15 的作用下真空阀 9 也随之向前移动,直到压靠在伺服气室膜片座 8 的阀座上,从而使 A 气腔与 B 气腔隔绝。进而空气阀离开真空阀而开启,空气经过滤环 11、空气阀的开口和通道 B 充入伺服气室后腔。伺服气

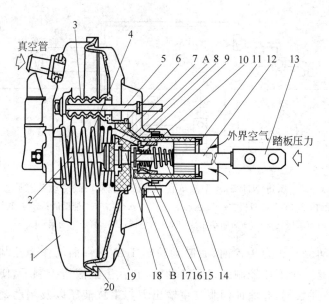

图 11-22 真空助力器

1—伺服气室前壳体；2—制动主缸推杆；3—导向螺栓密封圈；4—膜片回位弹簧；5—导向螺栓；6—控制阀；7—橡胶反作用盘；8—伺服气室膜片座；9—真空阀；10—大气阀座；11—过滤环；12—控制阀推杆；13—调整叉；14—毛毡过滤环；15—控制阀推杆弹簧；16—阀门弹簧；17—螺栓；18—控制阀柱塞；19—伺服气室后壳体；20—伺服气室膜片

室因前、后腔的压差而产生推力，此推力通过伺服气室膜片座 8、橡胶反作用盘 7 推动制动主缸推杆 2 向前移动，此时作用在制动主缸推杆上的作用力为踏板力和伺服气室反作用盘推力之和，使制动主缸输出压力成倍提高。

解除制动时，控制阀推杆弹簧 15 使控制阀推杆和空气阀向右移动，真空阀离开膜片座 8 上的阀座，真空阀开启。伺服气室前、后腔相通，均为真空状态。膜片座和膜片在回位弹簧作用下回位，制动主缸解除制动。

2）增压式伺服制动系统

增压式伺服制动系统主要是通过制动踏板机构控制制动主缸，主缸输出的液压能传递到辅助缸，并对伺服系统进行控制，伺服系统输出的作用力与主缸液压压力共同作用于辅助缸，从而辅助缸输出到轮缸的液压压力远高于主缸的液压压力，提高汽车的制动效果。增压式伺服制动系统根据伺服能量不同有真空增压伺服制动系统和气压增压伺服制动系统，这里主要介绍真空增压伺服制动系统的基本结构与工作原理。

图 11-23 所示为跃进 NJ1061A 型汽车的真空增压伺服双回路制动系统示意图。由图可见，该伺服制动系统比人力液压制动系统多一套真空伺服系统，其中包括：由发动机进气管 12（真空源）、真空单向阀 11、真空罐 10 组成的供能装置；作为控制装置的控制阀 6；作为传动装置的真空伺服气室 8；与液压制动系统共用的中间传动液缸辅助缸 5。辅助缸、真空伺服气室和控制阀通常组合装配成一个部件，称为真空增压器。

发动机工作时，在发动机进气管 12 中的真空度作用下，真空罐 10 中的空气经真空单向阀 11 被吸入发动机，因而罐中产生并积累一定的真空度，作为制动伺服的能源。伺服系统中的工作真空度最高可达 0.07MPa。踩下制动踏板时，制动主缸的输出液压首先传入辅助

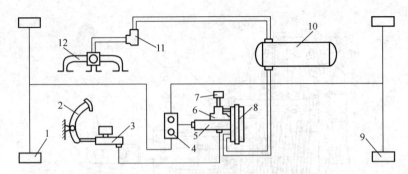

图 11-23 跃进 NJ1061A 型汽车真空增压伺服双回路制动系统示意图

1—前制动轮缸；2—制动踏板机构；3—制动主缸；4—安全缸；5—辅助缸；6—控制阀；7—进气滤清器；8—真空伺服气室；9—后制动轮缸；10—真空罐；11—真空单向阀；12—发动机进气管

缸5，一面作为制动促动压力传入前、后制动轮缸1和9，一面又作为控制压力输入控制阀6。控制阀实质上是一个液压控制的气压继动阀，它在主缸液压控制下，使真空伺服气室的工作腔通真空罐或通大气，并保证伺服气室输出力与主缸液压以及制动踏板力和踏板行程成递增函数关系。真空伺服气室的输出力与来自主缸的液压作用力一同作用于辅助缸活塞，因而辅助缸输送至轮缸的压力高于主缸压力。柴油机进气管中一般无节气门，管中真空度不高，因而柴油车要采用真空伺服制动时必须装设由发动机驱动的真空泵，或在进气管中加装引射器，作为真空能源。

该制动系统中，虽然液压制动系统和真空伺服系统都是单管路的，但是由于在真空增压器之后装设了一个双腔安全缸4，使得在安全缸以后的前、后轮制动促动管路之一损坏漏油时，该管路上的安全缸腔即自动将该管路封堵，保证另一促动管路仍能保持其中的压力，故可认为该制动系统是一种局部双回路制动系统。

真空增压式伺服制动系统核心装置真空增压器的结构如图11-24(a)所示，其由辅助缸、控制阀和真空伺服气室等三部分组成。辅助缸内腔被活塞4分隔成两部分，左腔经出油接头1通向前、后制动轮缸，右腔经进油接头通向制动主缸。推杆26的前端嵌装着单向阀5，其阀座在辅助缸活塞4上。推杆穿过尼龙制成的密封圈座10，并以两个橡胶双口密封圈9保证孔和轴表面的密封。推杆后端与伺服气室膜片22连接，伺服气室不工作时，活塞和推杆分别在弹簧2和25的作用下处于右极限位置。单向阀与阀座保持一定距离，从而保持辅助缸两腔连通。

真空伺服气室被其中的膜片22分隔成左、右两腔。左腔C经前壳体20端面的真空管接头（图中已剖去）通向真空罐，且经由辅助缸体3中的孔道与控制阀下气室B相通；其右腔D则经焊接在后壳体圆柱面上的气管28通到控制阀上腔A。控制阀是由真空阀15和大气阀16组成的阀门组件。大气阀座在控制阀体18上，真空阀座则在膜片座14上，膜片座下部与控制阀柱塞11连接。不制动时，如图11-24(a)所示，大气阀关闭，真空阀开启，控制阀上腔A和下腔B连通。这样，控制阀上腔A和伺服气室右腔D便具有与控制阀下腔B和伺服气室左腔C同等的真空度。

当驾驶员踩下制动踏板时（见图11-24(b)），制动液即由制动主缸输入辅助缸，经过活塞4上单向阀进入各制动轮缸。轮缸液压压力即等于主缸液压压力。与此同时，输入液压压力还作用在控制阀柱塞上，使膜片座上移，先关闭真空阀，使上腔A和下腔B隔绝，接着

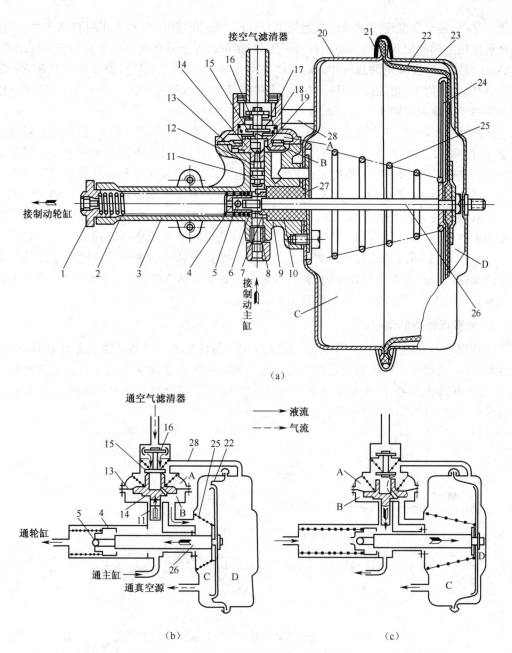

图 11-24 真空增压器的结构与工作原理

1—辅助缸出油接头；2—辅助缸活塞回位弹簧；3—辅助缸体；4—辅助缸活塞；5—单向阀；6,12—皮圈；7—活塞限位座；8—辅助缸进油接头；9—密封圈；10—密封圈座；11—控制阀柱塞；13—控制阀膜片；14—膜片座（带真空阀座）；15—真空阀；16—大气阀；17—阀门弹簧；18—控制阀体（带大气阀座）；19—控制阀膜片回位弹簧；20—伺服气室前壳体；21—卡箍；22—伺服气室膜片；23—伺服气室后壳体；24—膜片托盘；25—伺服气室膜片回位弹簧；26—伺服气室推杆；27—连接块；28—气管

再开启大气阀 16。于是，外界空气便经进气滤清器流入控制阀上腔 A 和伺服气室右腔 D，降低其中的真空度（即提高其腔室内压力）。此时，控制阀下腔 B 和伺服气室左腔 C 中的真空度仍保持原值不变。在 D、C 两腔压力差作用下，膜片 22 带动推杆 26 左移，使单向阀 5

关闭。这样,制动主缸便与辅助缸左腔隔绝。此时,在辅助缸活塞 4 上作用着两个力,即主缸液压作用力和伺服气室输出的推杆力。因此,辅助缸左腔及各轮缸的压力高于主缸压力。在 A、D 两腔真空度降低的过程中,膜片 13 和阀门逐渐下移。A、D 两腔真空度下降到一定值时,即因大气阀 16 落座而保持稳定。这个稳定值的大小取决于输入控制压力(即主缸压力),而后者又取决于踏板力和踏板行程。

使制动踏板回升一定距离时(见图 11-24(c)),主缸液压即下降一定值,控制阀平衡状态被破坏,柱塞 11 连同膜片座 14 下移,使真空阀开启。于是 A、D 两腔中的空气有一部分又被吸入真空罐,因而伺服气室 D、C 两腔的压力差也有所减小,辅助缸输出压力也就保持在较低值。完全放开制动踏板时,所有运动件都在各自的回位弹簧作用下回到图 11-23 所示位置。

在真空管路无真空度或真空增压器失效的情况下,辅助缸中的单向阀 5 将保持开启,保证制动主缸和各制动轮缸之间的油路畅通。这样,整个制动系统还可以同人力液压制动系统一样工作,只是所需的踏板力要大些。当发动机停止运转或其进气管中的真空度低于真空罐的真空度时真空单向阀即关闭,使真空罐中的真空度不遭受损失。这样,真空罐在无真空能补充的情况下,仍能起到若干次伺服制动作用。

3. 全液压动力制动系统

全液压动力制动系统的结构如图 11-25 所示。与传统人力式液压制动系统相比,取消了制动主缸,而增加了提供制动能源的液压泵 3 和后轮制动蓄能器 5,驾驶员操纵液压制动阀 10 控制循环液压能,以实现制动强度的控制。因此,采用全液压动力制动系统,驾驶员的肌体仅作为控制能源,而不是制动能源。

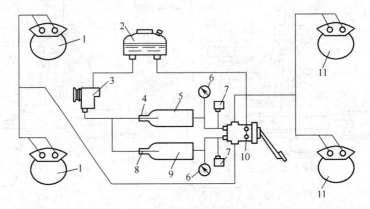

图 11-25 全液压双回路动力制动系统示意图

1—前轮制动器(盘式);2—储液罐;3—液压泵;4,8—单向阀;5—后轮制动蓄能器;6—压力表;
7—低压报警灯开关;9—前轮制动蓄能器;10—并列双腔液压制动阀;11—后轮制动器(盘式)

当发动机起动后,发动机带动液压泵工作,液压泵将储液罐的制动液加压输送给前、后轮蓄能器,蓄能器存储高压制动液。当驾驶员踩下制动踏板时,液压制动阀连接蓄能器与轮缸的液压管路,并通过制动踏板的踩踏幅度控制高压制动液的循环流量,实现制动器的制动强度控制。当驾驶员松开制动踏板时,液压制动阀连接轮缸与储液罐的液压管路,在轮缸回位弹簧的作用下,轮缸的制动液流回储液罐,制动器解除制动。

全液压动力制动系统同样采用双回路结构,系统包含两个独立的单向阀、制动蓄能器、压力表和低压报警开关,液压制动阀也采用并列双腔结构,因此前、后车轮即使一套管路失效也能够保证另一套制动系统正常工作。

11.2.2.3 气压式传动装置

气压制动系统是发展最早的一种动力制动系统,其供能装置和传动装置全部是气压式。其原理是利用压缩空气作为动力源,并将压力转变为机械推力,使车轮产生制动。驾驶员可通过控制制动踏板的行程,调整气体压力的大小,来获得不同的制动力,得到不同的制动强度。

气压制动传动装置的特点是踏板行程短、操纵轻便、制动力较大,但消耗发动机的动力、结构复杂、制动不如液压式柔和,一般应用在中、重型载货汽车上。

1. 气压制动回路

气压制动系统回路和液压制动系统一样采用了双回路或多回路系统,其主要由供能装置、传动装置、控制装置及制动器四部分组成。

东风 EQ1090E 型汽车气压双回路制动系统如图 11-26 所示,其中备有两个主储气筒 14 和 17。单缸空压机 1 产生的压缩空气,首先通过储气筒单向阀 4 输入湿储气筒 6 进行油水分离,之后分成两个回路,一个回路经过主储气筒 14、并列双腔制动阀 3 的后腔通向前制动气室 2,另一个回路是经过主储气筒 17、并列双腔制动阀 3 的前腔和快放阀 13 通向后制动气室 10。当其中一个回路发生故障失效时,另一回路仍能继续工作,以维持汽车具有一定的制动能力,从而提高了汽车行驶的安全性。快放阀 13 的主要作用是能够快速缩短后轮制动气室放气时间,保证后轮制动器迅速解除制动。前、后制动回路的储气筒上都装有低压报警器 15。当储气筒中的气压低于 0.35MPa 时,便接通装在驾驶室内转向柱支架内侧的蜂鸣器的电路,使之发出断续的鸣叫声,以警告驾驶员。在不制动情况下,主储气筒 14 还通过挂车制动阀 9、挂车分离开关 11、连接头 12 向挂车储气筒充气。制动时,双腔制动阀的前、后腔输出气压可能不一致,但都通入梭阀 8。梭阀只让压力较高一腔的压缩空气输入挂车制动阀 9,后者输出的气压又控制装在挂车上的继动阀,使挂车产生制动。

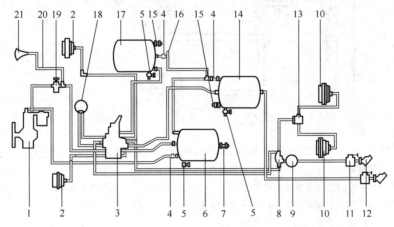

图 11-26 东风 EQ1090E 型汽车气压双回路制动系统示意图

1—空压机;2—前制动气室;3—并列双腔制动阀;4—储气筒单向阀;5—放水阀;6—湿储气筒;7—溢流阀;8—梭阀;9—挂车制动阀;10—后制动气室;11—挂车分离开关;12—连接头;13—快放阀;14—主储气筒(供前制动器);15—低压报警器;16—取气阀;17—主储气筒(供后制动器);18—双针气压表;19—气压调节阀;20—气喇叭开关;21—气喇叭

2. 供能装置

气压制动系统供能装置的主要作用是为气压制动系统提供并存储气压能,并能够将气压压力限定在安全范围内,即使一个回路失效时,仍能够保证其他回路气压不受损失。供能装置主要由空气压缩机、储气筒调压阀、溢流阀、空气滤清器、油水分离器、回路压力保护阀等部件组成。

1) 空气压缩机

东风 EQ1090E 型汽车的空气压缩机的结构如图 11-27 所示。空气压缩机一般固定在发动机气缸盖的一侧,由发动机通过风扇带轮和 V 形皮带驱动,支架上有三道滑槽,可通过调整螺栓移动空气压缩机的位置,来调整皮带的松紧度。

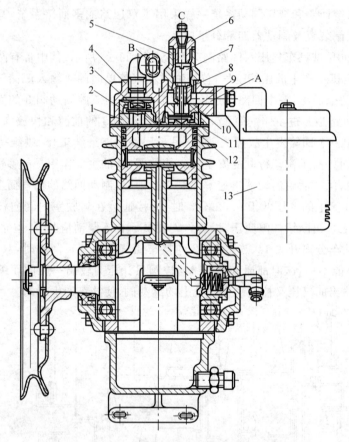

图 11-27 东风 EQ1090E 型汽车空气压缩机

1—排气阀座;2—排气阀导向座;3—排气阀门;4—气缸盖;5—卸荷装置壳体;6—定位塞;7—卸荷柱塞;8—柱塞弹簧;9—进气阀门;10—进气阀座;11—进气阀弹簧;12—进气阀导向座;13—进气滤清器;A—进气口;B—排气口;C—调压阀控制压力输入口

空气压缩机具有与发动机类似的曲柄连杆机构。铸铁制成的气缸体下端用螺栓与曲轴箱连接,缸筒外铸有散热片。铝制气缸盖 4 用螺栓紧固于气缸体上端面,其间装有密封缸垫。缸盖上的进、排气室都装有一个方向相反的弹簧压紧于阀座的片状阀门,进气阀门 9 经进气口 A 与进气滤清器 13 相通,排气阀门 3 经排气口 B 与储气筒相通。

发动机工作时,空气压缩机曲轴随之转动,带动活塞作上下往复运动。当活塞下移时,在气缸内真空度的作用下,进气阀门 9 开启,外界空气经进气滤清器 13 自进气口 A 和进气阀门 9 被吸入气缸。活塞上行时,缸内空气被压缩,压力升高,顶开排气阀门 3 经排气口 B 充入储气筒。

空气压缩机进气阀门 9 的上方设置有卸荷装置,它由调压阀进行控制,卸荷装置壳体 5 内镶嵌着套筒,其中装有卸荷柱塞 7 和柱塞弹簧 8。在空气压缩机向储气筒正常充气过程中,柱塞上方的卸荷气室经调压阀通大气。柱塞被弹簧顶到上极限位置,其杆部与进气阀门之间保留一定间隙,卸荷装置不起作用。当储气筒内气压超过规定值时,卸荷装置才起作用。

空气压缩机的曲轴主轴颈、连杆轴颈和活塞销靠压力润滑,活塞及气缸壁则采用飞溅润滑。

2) 调压阀

调压阀用来调节供气管路中压缩空气的压力,使之保持在规定的压力范围内。且在过载时实现空气压缩机卸荷空转,减少发动机的功率损失。

调压阀如图 11-28 所示。调压阀壳体 10 上装有两个带滤芯的管接头 7、9,分别与空气压缩机卸荷装置和储气筒相通。壳体和盖 1 之间装有膜片组件 5 和调压弹簧 4,膜片中心用螺纹固连着空心管 6。空心管可以在壳体的中央孔内滑动,其间有密封圈,上部的侧面有径向孔与轴向孔相通。调压阀下部装有与大气相通的排气阀 8。

当储气筒内气压未达到规定值时,膜片下方气压较低,不足以克服调压弹簧的预紧力,膜片连同空心管被调压弹簧压到下极限位置,空心管下端面紧压着排气阀,并将它推离阀座。此时由储气筒至空气压缩机卸荷装置的通路被隔断,卸荷装置与大气相通,卸荷装置不起作用,空气压缩机对储气筒正常充气。

当储气筒气压升高到 0.7~0.74MPa 时,膜片下方气压作用力便克服调压弹簧的预紧力而推动膜片上拱,空心管和排气阀也随之上移,直到排气阀压靠在阀座上,切断空气压缩机卸荷室与大气的通路,并且空心管下端面也离开排气阀,而出现一定间隙。此时,卸荷室经空心管 6 的径向孔、轴向孔与储气筒相通,压缩空气进入卸荷室,迫使卸荷柱塞克服弹簧预

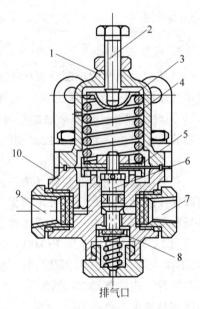

图 11-28 调压阀
1—盖;2—调压螺钉;3—弹簧座;4—调压弹簧;5—膜片组件;6—空心管;7—接卸荷装置管接头;8—排气阀;9—接储气筒管接头;10—调压阀壳体

紧力而下移,将空气压缩机进气阀门压下,使之保持在开启位置,如图 11-29 所示。这样,空气压缩机便卸荷空转,不产生压缩空气。当储气筒气压降到 0.56~0.6MPa 时,在调压弹簧 4 的作用下,调压阀的膜片、空心管、排气阀又下移。空压缩机卸荷室的压缩空气经调压阀排气口排入大气。卸荷柱塞在弹簧作用下向上回位,于是空气压缩机恢复向储气筒充气。

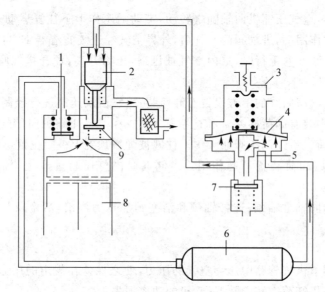

图 11-29 空气压缩机卸荷装置与调压阀工作原理示意图
1—出气阀门；2—卸荷柱塞；3—调压阀；4—膜片组件；5—芯管；6—储气筒；7—排气阀门；8—空气压缩机；9—进气阀门

3. 控制装置

气压制动系统的控制装置的主要作用是：在驾驶员控制下，控制供能装置向传动装置提供气压能，并且能够保证操作过程中具有良好的随动作用，使驾驶员获得良好的"踏板感"；同时在驾驶员松开制动踏板时，能够迅速排放传动装置中的高压空气，迅速解除制动。控制装置主要由制动阀、手控制动阀、快放阀与继动阀等组成。

1) 制动阀

制动阀的功用是控制储气筒进入各个车轮制动气室和挂车制动控制阀的压缩空气量，用以保证随动作用并保证有足够强的"踏板感"。即在输入压力一定的情况下，使其输出压力与踏板行程成具有一定的递增关系，保证输出压力渐进的变化。

图 11-30 所示为东风 EQ1092 型汽车并列双腔膜片式制动控制阀。它主要由拉臂、上体、下体、平衡弹簧总成、滞后机构总成等组成。

拉臂 1 用拉臂轴 28 支承在上体的支架上，并可绕拉臂轴摆动。支架上装有限位螺钉，用以调整最大工作气压。拉臂上还装有锁紧螺母 26 和调整螺钉 27，用以调整踏板自由行程。

上体内装有平衡弹簧总成（2、3、5），可上下移动。推杆 8 装入壳体中央压装衬套的孔内，能轴向移动。推杆上端与平衡弹簧座相抵，下端伸入平衡臂杠杆孔内。平衡臂杠杆两端压靠在两腔内膜片挺杆总成上。下体下部孔中安装有两个阀门，两侧有四个接头孔，下方两个为进气孔 A_1 和 A_2，上方两个为排气孔 B_1 和 B_2。

当驾驶员踏下制动踏板时，拉动制动阀拉臂，将平衡弹簧上座下压，经平衡弹簧和下座、钢球，并通过推杆和钢球将平衡臂压下，推动两腔内膜片挺杆总成下移，消除间隙后，先关闭排气孔，然后打开进气孔，储气筒内的压缩空气经制动阀充入各制动气室，推杆推动制动调整臂使凸轮转动，顶开制动蹄压向制动鼓，起制动作用。

当踩下制动踏板至某一位置不变时，由于压缩空气不断输送到前、后制动气室的同时，

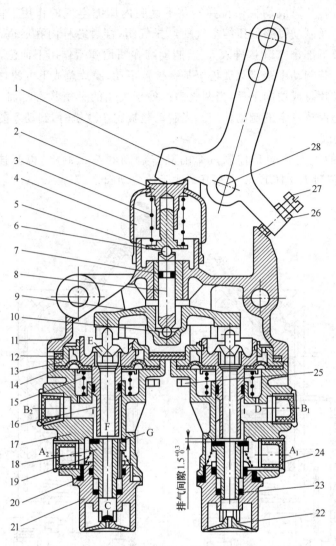

图 11-30 东风 EQ1092 型汽车并列双腔膜片式制动器

1—拉臂；2—平衡弹簧上座；3—平衡弹簧；4—防尘罩；5—平衡弹簧下座；6,10—钢球；7,12,23,24—密封圈；8—推杆；9—平衡臂；11—上体；13—钢垫；14—膜片；15—膜片回位弹簧；16—芯管；17—下体；18—阀；19—阀门回位弹簧；20—密封垫；21—阀门导向座；22—防尘堵片；25—防尘堵塞；26—锁紧螺母；27—调整螺钉；28—拉臂轴；A_1—进气口(通前制动储气筒)；A_2—进气口(通后制动储气筒)；B_1—出气口(通前制动气室及挂车空气管)；B_2—出气口(通后制动气室)；C—下部排气口；D—节流孔；E—上部排气口；F—排气阀座；G—进气阀座

压缩空气经节流孔，进入平衡腔的气压也随之增大。当膜片下方的总压力和回位弹簧的张力之和大于平衡弹簧的张力时，膜片总成上移，通过平衡臂，顶动平衡臂弹簧下座上移，平衡弹簧被压缩，阀门将进气阀和排气阀同时关闭，储气筒便停止对制动气室输送压缩空气，处于一种平衡状态，各制动气室的压缩空气保留在气室中，汽车便保持一定的动强度。随着制动踏板的踏下，制动气室的气压成比例上升，制动效能又得到加强。制动踏板踏至一定程度，拉臂的限位块便抵在限位螺钉上，限制了制动阀的最大工作气压。

当驾驶员放松制动踏板时，拉臂在回位弹簧的作用下回位，平衡弹簧座上端面的压力消除,推杆、平衡臂、膜片总成均在回位弹簧及平衡腔内压缩空气的作用下向上移,排气阀 F 被打开,制动气室及制动管路的压缩空气便经排气阀,穿过芯杆内孔通道,从上体排气口 E 和阀 18 内孔道及下部排气口 C 排入大气,制动蹄在回位弹簧作用下回位,摩擦片与制动鼓分离,制动解除。若制动中踏板只放松至某一位置不动,膜片总成下方的总气压降至小于平衡弹簧张力时,膜片总成便向下移,当两阀门都处于关闭的平衡状态时,制动强度相应下降至某一位置,但仍保持一定的制动作用。当制动踏板完全放松时,制动才彻底解除。

2) 手控制动阀

手控制动阀的主要功能是控制汽车的驻车制动和第二制动,以及挂车的驻车制动。图 11-31 所示为黄河 JN81C13 型汽车开关式手控制动阀。

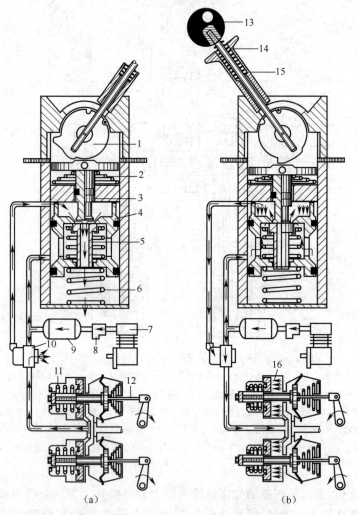

图 11-31　黄河 JN81C13 型汽车手控制阀
(a) 实施驻车制动;(b) 解除驻车制动

1—凸轮;2—弹簧;3—圆盘柱塞;4—支承活塞;5—阀管;6—弹簧;7—空气压缩机;8—气压调节阀;9—储气罐;10—继动阀;11—储能气室弹簧;12—推杆;13—球形捏手;14—操纵杆;15—锁止柱塞;16—驻车/应急制动气室

当操纵杆处于图 11-31(a)位置时,圆盘柱塞 3 的位置由操纵杆 14 下端的凸轮 1 控制。当凸轮凸起没有作用在圆盘柱塞上时,在弹簧 6 作用下,圆盘柱塞上移紧靠操纵杆凸轮。此时,进气阀关闭,排气阀开启,出气口经圆盘柱塞和排气口通大气,复合式制动气室中的储能弹簧制动气室也经继动阀 10 通大气。于是,在储能气室弹簧 11 压靠的膜片右侧气室气压降低,在弹簧张力的作用下,推动推杆 12 控制制动器工作,汽车处于驻车制动状态。

要解除驻车制动时,将操纵杆扳至图 11-31(b)位置,凸轮凸起作用在圆盘柱塞 3 上,圆盘柱塞下移,使排气阀关闭、进气阀开启。此时,出气口输出的气压便作为控制压力信号输入继动阀,在继动阀控制下驻车储气筒向储能弹簧制动气室充气,储能气室弹簧压靠的膜片右侧气室气压升高,在气压作用下克服储能气室弹簧弹力推动膜片左移,拉动拉杆,解除制动器工作。这种开关式手控制动阀没有平衡弹簧和由膜片或活塞所形成的平衡气室,因而不可能保持一个进、排气阀都关闭的平衡状态,即不可能实现渐进制动。

3) 快放阀

储气筒和制动气室只是通过制动阀(含手控制动阀)用管路连接的,这样,储气筒向制动气室充气以及制动气室内压缩空气排入大气,都必须迂回流经制动阀。在储气筒和制动气室都与制动阀相距较远的情况下,这种迂回充气和排气将导致制动和解除制动的滞后时间过长,不利于汽车的及时制动和制动后的及时加速。

快放阀的主要作用是迅速排放制动气室中的压缩空气,以便迅速解除制动。快放阀的主要结构如图 11-32 所示,快放阀的进气口 A 通制动阀,两出气口 B 可分别通向左、右两侧制动气室。制动时,由制动阀输送过来的压缩空气自进气口 A 流入,将阀门 2 推离进气阀座,进而使之压靠阀盖内端的排气阀座,然后自出气口 B 流向制动气室,制动器实施制动(见图 11-33(a))。解除制动时,进气口 A 经制动阀通大气,制动气室内的高压空气回流快放阀,在高压空气与阀门弹簧共同作用下,使阀门上移(即关闭进气口,打开排气口),因而制动气室的高压空气就经排气口 C 排入大气,而无需迂回流经制动阀。

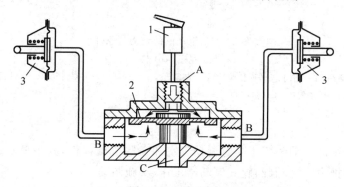

图 11-32 快放阀

1—制动阀;2—阀门;3—制动气室;A—进气口(通制动阀);B—出气口(通制动气室);C—排气口

4) 继动阀

继动阀的作用也是使压缩空气不流经制动阀而直接充入制动气室,以缩短供气路线,减少制动滞后时间。图 11-34 所示为继动阀的结构与工作原理。在一般情况下,进气口 C 直接通储气筒,出气口 B 通向制动气室,控制压力输入口 A 则与制动阀的出气口相通。当不踩制动踏板时,控制压力输入口 A 处于大气压力下,在回位弹簧的作用下阀门 2 上移,使出

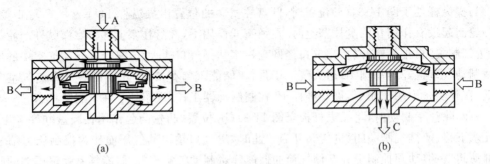

图 11-33 快放阀的工作原理
(a) 实施制动；(b) 解除制动

气口 B 与排气口连通，迅速解除制动，实现快放状态(见图 11-34(a))。当踩下制动踏板时，制动阀的输出气压作为继动阀的控制压力由输入口 A 输入，阀门 2 在此控制压力作用下连同芯管向下移动，将进气阀推开。于是，压缩空气便由储气筒直接通过进气口 C 和出气口 B 充入制动气室，而不必流经制动阀。这就大大缩短了制动气室的充气管路，加速了气室充气过程(见图 11-34(b))。

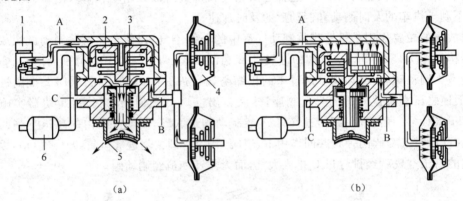

图 11-34 继动阀的结构与原理
(a) 快放过程；(b) 快充过程

1—制动阀；2—阀门；3—回位弹簧；4—制动气室；5—排气口；6—储气筒；A—控制压力输入口；B—出气口；C—进气口

4. 传动装置

气压制动系统的传动装置主要是制动气室和一些机械杆件，其主要功用是将高压的气压能转换为机械推力，并控制凸轮式制动器工作，实施制动。

图 11-35 所示为一种膜片式制动气室，在制动气室外壳 3 和盖 2 之间，通过卡箍 7 加装有橡胶膜片 1，推杆 5 与膜片支撑盘焊接，弹簧 4 将推杆、支撑盘连同膜片推到图示左极限位置。推杆的右端借连接叉 6 与制动调整臂相连。膜片 1 将制动气室分成左、右两腔，左腔有通气孔与制动阀输出管路相通，右腔经通气孔与大气相通。

踩下制动踏板时，制动阀输出的压缩空气自通气孔进入制动气室左腔，气压克服弹簧 4 弹力，推动膜片 1 向右拱曲并使推杆 5 右移，使制动调节臂及制动凸轮转动而实现制动。放松制动踏板时，左腔的压缩空气经制动阀的排气口通入大气，推杆和膜片在弹簧 4 的作用下恢复原位,制动作用解除。

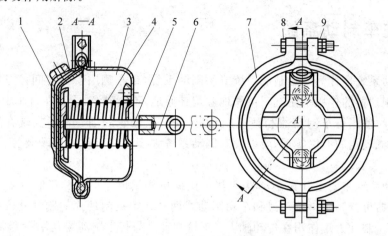

图 11-35 膜片式制动气室
1—膜片;2—盖;3—外壳;4—弹簧;5—推杆;6—连接叉;7—排气阀门卡箍;8—螺栓;9—螺母

11.2.2.4 气顶液制动传动装置

目前,有些重型载重汽车的制动系统采用气顶液制动传动装置,这种制动传动装置兼取气压制动和液压制动的长处。气顶液制动传动装置的结构如图 11-36 所示,其供能装置和控制装置都是气压式,传动装置则是气压-液压组合式。在整个传动装置中气压能通过互相串联的制动气室和液压主缸转换为液压能。这样,气压制动可以布置得尽量紧凑,以缩短管路长度和滞后时间;用液压轮缸作为制动器促动装置,减少了非簧载质量。使用气顶液制动传动装置的汽车牵引挂车时,挂车可以用气压制动,也可以用液压制动。同样,各个车桥的制动器可以分别采用液压促动和气压促动。

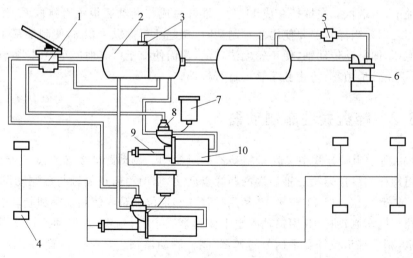

图 11-36 气顶液制动传动装置
1—气压制动阀;2—储气筒;3—单向阀;4—制动车轮;5—气压调节阀;6—空气压缩机;
7—储液罐;8—气压继动阀;9—制动主缸;10—动力气室

11.3 驻车制动系统

驻车制动系统也称为紧急制动系统或手制动系统,是车辆用于长时间停车的一套制动装置。驻车制动器的作用是使汽车可靠地驻留在原地,不致滑溜,或者在行车中遇到紧急情况时,可以同时使用行车制动器和驻车制动器,使汽车紧急制动。为了实现在坡道上的驻车,可通过机械锁止的办法实现,所以驻车制动系统大多采用机械式传动装置,它是汽车不可缺少的制动装置之一。

驻车制动系统主要由驻车制动器和驻车操纵机构组成。根据驻车制动器安装位置不同,驻车制动器可分为中央制动式和车轮制动式两种。中央制动式的制动器安装在变速器或分动器之后,制动力矩作用在传动轴上;车轮制动式与行车制动器共用一套制动器总成,只是传动机构相互独立。按结构形式不同,驻车制动器主要有蹄盘式和鼓式。鼓式制动器可采用具有较高制动效能的自增力式制动器,外廓尺寸小,防沙性能好,便于调整,停车后无制动热负荷,故得到广泛应用。

11.3.1 鼓式驻车制动器

图 11-37 所示是典型鼓式中央驻车制动器的原理图。驻车操纵手柄 3 安装在驾驶室里,按下手柄 1,可使锁止棘爪 6 转动解除锁止。当向后拉动驻车操纵手柄时,驻车制动手柄绕着轴销 5 摆动,通过传动杆 7、拐臂 8、拉杆 15、摆臂 17 等一系列传动杆件使凸轮轴 14 转动。制动鼓 9 安装在传动轴上,随传动轴一起转动。制动底板 12 安装在变速器壳体上,它为固定件。制动蹄 10 安装在制动底板上,制动蹄在制动蹄回位弹簧 13 的作用下,上端抵靠在凸轮轴上,下端抵靠在推杆总成 11 上。推杆总成与制动底板无直接联系,浮动地装在两个制动蹄之间。当停车需要使用驻车制动时,拉起驻车操纵手柄 3,使制动蹄 10 张开,将制动鼓 9 抱死,即制动传动轴,使车轮无法转动,从而使汽车可靠地停车,在拉紧驻车制动手柄的同时,锁止棘爪锁止,防止驻车制动自行松动。

11.3.2 蹄盘式驻车制动器

图 11-38 所示为蹄盘式中央驻车制动器的示意图。制动蹄 3 安装在变速器壳体后壁,制动盘 2 用螺栓与变速器第二轴后端的凸缘盘联接,制动蹄通过销轴与后制动蹄臂 7、前制动蹄臂 10、支架 1、拉杆臂 11 连接,并利用拉簧 6 和定位弹簧 8 使制动蹄和制动盘之间保持一定的间隙。驻车制动杆 15 用销轴固定于变速器壳上,齿扇 14 及传动拉杆 12 铰接,其下端装有棘爪,利用棘爪拉杆和手柄上的弹簧,能将制动器锁止在某一位置。不制动时,驻车制动杆位于最前端位置,在定位弹簧 8 和拉簧 6 的作用下,两个制动蹄摩擦片与制动盘保持一定间隙,制动器无制动作用。制动时,向后扳动制动杆上端,传动拉杆前移,使拉杆臂逆时针方向摆动,推动前制动蹄臂后移压向制动盘。同时通过蹄臂拉杆 9 拉动后制动蹄臂 7 压缩定位弹簧,使后制动蹄前移,两制动蹄夹紧制动盘,产生制动作用,并通过棘爪将手制动杆

锁止在制动位置。解除制动时,按下制动杆上端的拉杆按钮,使下端棘爪脱出,然后将制动杆扳向最前端位置,前后两蹄在定位弹簧作用下回位,制动解除。

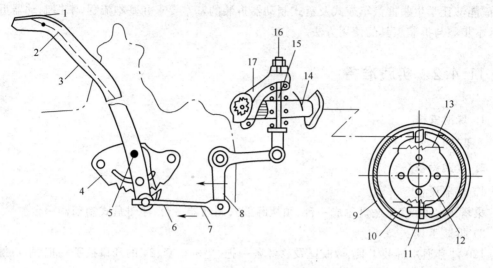

图 11-37 鼓式驻车制动器

1—手柄;2—棘爪拉杆;3—驻车操纵手柄;4—扇齿;5—轴销;6—锁止棘爪;7—传动杆;8—拐臂;9—制动鼓;10—制动蹄;11—推杆总成;12—制动底板;13—制动蹄回位弹簧;14—凸轮轴;15—拉杆;16—调整螺母;17—摆臂

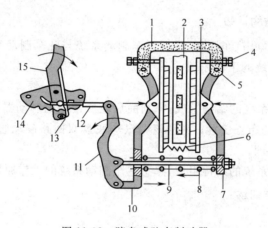

图 11-38 蹄盘式驻车制动器

1—支架;2—制动盘;3—制动蹄;4—调整螺钉;5—销;6—拉簧;7—后制动蹄臂;8—定位弹簧;9—蹄臂拉杆;10—前制动蹄臂;11—拉杆臂;12—传动拉杆;13—棘爪;14—齿扇;15—驻车制动杆

11.4 制动系统实践训练

11.4.1 实践目的

通过汽车制动系统实践训练,使学生较好地掌握汽车制动系统总成的结构和工作原理,熟悉行车制动系统与驻车制动系统的布置与结构组成,掌握伺服液压制动系统的结构与工作原理,能够识别双制动回路的布置形式。同时,通过对汽车鼓式及盘式制动器的拆装实践训练,能够让学生掌握汽车鼓式及盘式制动器拆装的基本要求和基本流程,掌握制动器拆装的基本步骤与拆装工具的使用方法。

11.4.2　实践准备

1. 课时安排

2 课时。

2. 实践设备

1) 仪器设备

桑塔纳 2000 汽车底盘总成一台、领从蹄鼓式制动器一台、浮钳盘式制动器一台。

2) 拆装工具

120 件套通用拆装工具、橡胶锤及铁锤各一把、垫木一套、24 的开口扳手一把、平口螺丝刀一把、专用工具 VW637/2。

11.4.3　实践内容

1. 制动系统总成结构认知

通过观摩桑塔纳 2000 汽车底盘,掌握行车制动系统与驻车制动系统的结构,熟悉行车制动系统与驻车制动系统的工作原理。

实践项目要求:

(1) 掌握行车制动系统的结构组成,识别前后轮所使用的制动器类型;熟悉制动主缸、真空助力器、制动轮缸的布置位置;识别该型汽车底盘双回路制动管路的布置形式;掌握行车制动系统的工作原理。

(2) 掌握驻车制动系统的结构组成,熟悉驻车制动系统的工作原理。

2. 机械制动器拆装训练

1) 实践项目要求

完成鼓式制动器和钳盘式制动器的拆装,掌握拆装工具的使用方法,熟悉拆装流程和注意事项。能够在 60min 内完成两种制动器的拆装,拆装过程中能够正确使用拆装工具,完成组装后要求制动器工作良好。

2) 鼓式制动器的拆装流程

鼓式制动器的拆卸流程如下:

(1) 拧下鼓式制动器 4 个紧固螺栓,并使用专用工具 VW637/2 拆卸轮毂盖。

(2) 使用尖嘴钳取下开口销和开槽螺母,旋下调整螺母,取出止推垫圈。

(3) 用一字起子通过制动鼓螺孔向上拨动楔形块,使制动蹄与制动鼓松开,并拉出制动鼓及其轴承。

(4) 卸下制动鼓,如难以卸下,可用金属丝将自动调整杆挑开,再用螺丝刀转动调整装置,减小制动蹄被调整装置张紧的力度。

(5) 拆下回位弹簧、压紧弹簧、支承弹簧,拆下前、后制动蹄片(见图 11-39)。

(6) 拆卸调节滑杆(见图 11-40)。

(7) 拆卸并分解制动轮缸,制动轮缸组成零件有:2 个护罩、2 个活塞、2 个皮碗、1 个弹簧,如图 11-41 所示。

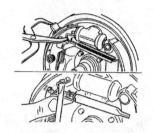

图 11-39 拆卸回位弹簧及衬片

图 11-40 拆卸调节滑杆

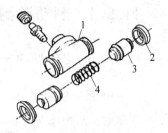

图 11-41 拆卸分解制动轮缸
1—轮缸壳体;2—皮碗;
3—活塞;4—回位弹簧

鼓式制动器的安装流程如下:

(1) 在制动轮缸活塞、皮碗上涂一层锂皂基乙二醇黄油,组装制动轮缸。

(2) 将制动轮缸安装在底板上,并连接好制动油管。

(3) 在底板与制动蹄片的接触面上以及调紧装置螺栓的螺纹和尾端涂抹高温黄油。

(4) 将调整装置装在后制动蹄片上,装上后制动蹄片(同时装好驻车制动装置),然后装上前制动蹄片,装好支承弹簧。

(5) 将后制动蹄的手制动器操纵杆前后拉动,调整装置应能回转(即回位),否则应检验后制动蹄的安装是否正确。然后将调整装置的长度尽可能调至最短,装上制动鼓。

(6) 制动蹄与制动鼓间隙的调整。用螺丝刀从调节孔调节调整螺栓,使制动鼓用手不能转动,再用螺丝刀慢慢放松至制动鼓可用手转动,但有点阻力为宜。

3) 钳盘式制动器的拆装流程

钳盘式制动器的拆卸流程如下:

(1) 拆下制动蹄上、下防振弹簧(保持弹簧)。使用 7 号专用接头和棘轮扳手,拆下制动轮缸定位螺栓,并取下制动钳轮缸。

(2) 从支架上拆下两制动蹄,注意做好记号。

(3) 把制动钳活塞压回到制动钳壳体内。在压回活塞之前,应先将储油罐中的制动液抽出一部分,以免活塞回压时,引起制动液外溢。之后将撬具插入制动蹄与制动盘的缝隙中,撬动制动蹄,使之离开制动盘。

(4) 使用套筒、专用接头和棘轮扳手,拆下制动钳固定支架以及制动盘与轮毂的连接螺钉,取下制动钳固定支架和制动盘。

汽车钳盘式制动器安装注意事项:

安装时,应先均匀地在衬套的内表面涂一层润滑脂。安装制动钳、制动钳螺栓和衬套。如果用手可以将螺栓顺利穿过衬套,安装紧固制动钳并连接制动软管到制动钳上,对制动液压系统进行放气;如不能,则应先拆下螺栓和衬套,检查制动钳缸孔是否被腐蚀,用干净的酒精清洁缸孔,然后安装并润滑衬套,安装制动钳螺栓。

11.5 汽车防滑控制系统

11.5.1 制动防抱死系统

11.5.1.1 制动防抱死系统概述

1. ABS 系统的功用

汽车制动防抱死系统,以其英文名的缩写 ABS(antilock braking system)表示。汽车制动防抱死系统是提高汽车主动安全性的一个重要的装置,目前已广泛地应用到各类汽车上。

汽车制动时,车速与轮速之间存在着一定速度差,即车轮不再作纯滚动运动,而是相对地面存在滑移。一般用滑移率表示汽车在制动过程中轮胎的滑移情况,滑移率的计算方法为

$$S = \frac{v - r_0 \omega}{v} \times 100\%$$

式中,S 为滑移率;v 为汽车车速;ω 为车轮滚动角速度;r_0 为车轮滚动半径。

当汽车纯滚动行驶时,即 $v = r_0 \omega$,$S = 0$。当汽车发生抱死时,即车轮完全拖滑,$\omega = 0$,$S = 100\%$。滑移率越大,车轮滑移程度越高。

滑移率对汽车制动效能和制动稳定性有较大的影响。图 11-42 所示为汽车在制动时滑移率与汽车纵向附着系数 φ_z 和横向附着系数 φ_c 的变化关系。可见当滑移率升高时,汽车的纵向附着系数先增大,在滑移率为 20% 附近时达到最大,后略微下降;汽车横向附着系数随滑移率增大一直下降。汽车纵向附着系数的大小影响汽车制动效能的大小,汽车横向附着系数影响汽车制动时横向稳定性的好坏,因此,在滑移率为 20% 附近时,汽车可以获得较大的制动效能,同时横向稳定性也能保持在较好的范围内。

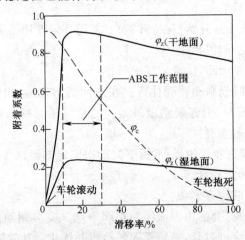

图 11-42 滑移率与地面附着系数的关系

当汽车制动时,若车轮因滑移率过高导致车轮发生抱死,这种现象对汽车的行驶稳定性有较大的影响(见图 11-43)。如果前轮抱死,汽车基本上沿直线向前行驶,汽车处于稳定状态,但汽车失去转向控制能力,这样驾驶员制动过程中躲避障碍物、行人以及在弯道上所应采取的必要的转向操纵控制等就无法实现。如果后轮抱死,汽车的制动稳定性变差,在很小的侧向干扰力下,汽车就会发生甩尾,甚至调头等危险现象。尤其是在某些恶劣路况下,诸如路面湿滑或有冰雪,车轮抱死将难以保证行车安全。另外,由于制动时车轮抱死,从而导致局部急剧摩擦,将会大大缩短轮胎的使用寿命。

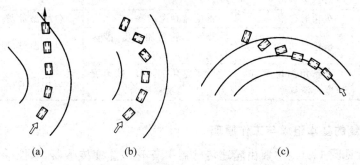

图 11-43 曲线行驶时车轮抱死的运动情况
(a) 前轮抱死;(b) 后轮抱死;(c) 所有车轮抱死

因此,ABS 的主要作用就是通过控制作用于车轮制动轮缸上的制动管路压力,使汽车在紧急刹车时滑移率维持在最佳滑移率 S_{opt} 附近,即滑移率控制在 20% 左右,避免车轮发生制动抱死,提高汽车在制动时的纵向及横向附着系数,保障汽车在紧急制动时获得较大的制动力和方向稳定性。

2. ABS 系统的种类

ABS 系统种类繁多,其分类见表 11-1。

表 11-1 ABS 系统的分类

分类方法	类型	说明	性能与应用
按系统构造	整体式	制动压力调节器与制动主缸一体	结构紧凑、成本高,一般用于高级轿车
	分离式	制动压力调节器与制动主缸分离	结构简单
按压力调节介质	机械式	以机械惯性力控制	现在应用较少
	真空式	以真空产生作用力控制	真空液压制动汽车
	空气式	以高压空气控制	气压或气顶液压制动汽车
	液压式	以液压油控制	应用广泛
按被控制车轮	后轮	只控制后轮	成本低,用于货车,早期应用
	四轮	同时控制 4 个轮	应用广泛
按控制方法	轴控式	同一个车轴上的两个车轮一起控制	结构简单,效果差
	轮控式	每个车轮单独控制	成本高,效果好
	混合式	前轮采用轮控式,后轮采用轴控式	介于轴控式与轮控式之间

续表

分类方法	类型	说明	性能与应用
按控制通道	单通道	后轮采用轴控式	早期应用
	双通道	前、后轮采用轴控式	早期应用
	三通道	前轮采用轮控式，后轮采用轴控式	应用广泛
	四通道	各轮均采用轮控式	充分发挥各轮制动力，应用广泛
按控制参数	车轮滑移率	直接控制滑移率	价格昂贵，暂未实用
	车轮角加、减速度	控制车轮角加速度、减速度在一定范围	结构简单，控制精度低
	车轮角加速度、减速度及滑移率	以车轮角加速度、减速度为主，间接滑移率为辅	应用广泛，效果较好

3．ABS 系统的基本组成与工作原理

ABS 系统（见图 11-44）主要由轮速传感器 1、车速减速度传感器、电控单元 4、制动压力调节器 6 等部件组成。

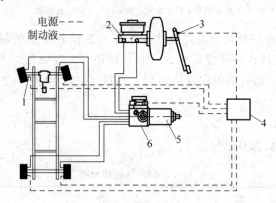

图 11-44　ABS 系统的组成

1—轮速传感器；2—制动主缸；3—制动踏板；4—电控单元；5—电动机；6—制动压力调节器

汽车制动时，首先由轮速传感器 1 和制动减速度传感器（图中未画出）测出制动车轮的转速信号和车身减速度信号，并将该电压信号送入电控单元 4。电控单元的运算单计算出车轮速度、滑动率及车轮的加、减速度，然后再由电控单元的控制单元对这些信号加以分析比较后，向制动压力调节器 6 发出制动压力控制指令。使压力调节器中的电磁阀等直接或间接地控制制动主缸 2 至轮缸的制动压力的增减，以调节制动力矩，控制车轮的滑移率接近最佳制动滑移范围，使之与地面附着状况相适应，防止制动车轮抱死。

11.5.1.2　制动防抱死系统主要部件的组成与原理

1．轮速传感器

轮速传感器的主要功用是检测车轮转速，轮速传感器可以布置在车轮上，也可以布置在主减速器或变速器输出轴上（见图 11-45）。为了提高控制精度，目前，大多数汽车 ABS 系统

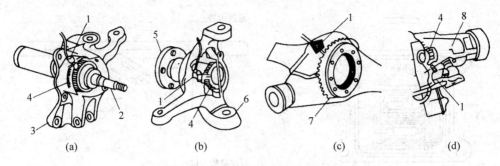

图 11-45 轮速传感器的布置形式
(a) 驱动轮上；(b) 非驱动轮上；(c) 主减速器上；(d) 变速器上
1—传感器头；2—半轴；3—悬架支座；4—齿圈；5—轮毂；6—转向节；7—主减速器从动齿轮；8—变速器

的轮速传感器都布置在车轮上。

轮速传感器根据原理不同常见的有电磁感应式和霍尔式两大类。电磁感应式轮速传感器的结构如图 11-46 所示，其主要由带凸齿的信号转子 4 和绕在铁芯 3 上的电磁线圈 2 组成，其中信号转子布置在车轮上，随车轮一同转动。其工作原理与发动机转速传感器原理类似，这里不再阐述。

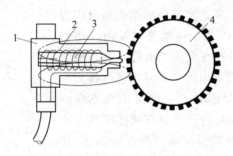

图 11-46 电磁感应式轮速传感器
1—传感器壳；2—线圈；3—铁芯；4—信号转子

2. 车身减速度传感器

车身减速度传感器也称为 G 传感器，用于监测汽车制动时的减速度以判断路面情况。根据原理不同车身减速度传感器有水银式、光电式和差动式 3 种。

1) 水银式减速度传感器

水银式减速度传感器的结构如图 11-47 所示，其作用是产生开关信号，用于指示汽车制动的减速度界限。在传感器内通有两导线极柱的玻璃管中装有水银体，由于水银的导电作用，传感器的电路处于导通状态。当汽车制动时，水银在惯性力的作用下向前移动。在低附着系数的路面上制动时，由于汽车的减速度较小，玻璃管内的水银移动量小，玻璃管内的电路开关仍处于导通状态；在高附着系数的路面上制动时，汽车的减速度大，玻璃管内的水银在惯性力的作用下移动，使电路开关断开。控制器根据电路的通断判断路面的情况，选用不同的控制程序。

2) 光电式减速度传感器

光电式减速度传感器是利用发光二极管和光敏晶体管构成的光耦合器所具有的光电转

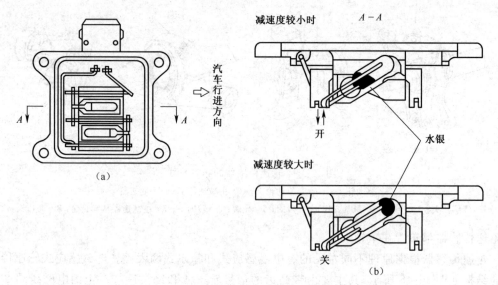

图 11-47 水银式减速度传感器
(a) 基本结构；(b) 工作原理示意图

换效应,以沿径向开有若干条透光窄槽的偏心圆盘作为遮光板制成的能够随减速度大小而改变电量的传感器(见图 11-48)。遮光板 2 设置在发光二极管 3 和光敏晶体管 4 之间,由发光二极管发出的光束可以通过投光窄槽 1 到达光敏晶体管,光敏晶体管上便会出现感应电流。当汽车制动时,质量偏心的透光板在减速惯性力的作用下绕其转动轴偏转,偏转量与制动强度成正比,在光电式传感器中设置两对光耦合器,根据两个晶体管上出现电量的不同组合就可得到如表 11-2 中列出的 4 种减速度界限,因此,它具有感应多级减速度的能力。

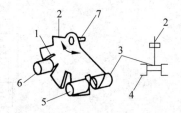

图 11-48 光电式减速度传感器
1—投光窄槽；2—遮光板；3—发光二极管；4—光敏晶体管；5—2 号光敏晶体管；6—1 号光敏晶体管

表 11-2 光电式减速度传感器减速度大小的确定

制动减速度	小	较小	中	大
1 号光敏晶体管	开	关	关	开
2 号光敏晶体管	开	开	关	关

3) 差动式减速度传感器

差动式减速度传感器的工作原理如图 11-49 所示。汽车在正常行驶时,差动变压器铁芯 1 处于中间位置,变压器次级绕组产生相位相反的电压 u_1、u_2,其大小相同,变压器输出电压 u_0 为零。当汽车制动时,在惯性力的作用下,差动变压器铁心移动,使变压器次级绕组产生的 u_1、u_2 一个增大一个减小,变压器就会有与汽车的减速度成正比的输出电压 u_0,经信号处理电路处理后向 ABS 的 ECU 输出。

3. ABS 电控单元

ABS 电控单元接收各车轮上的传感器传来的转速信号,经过电路对信号的整形、放大

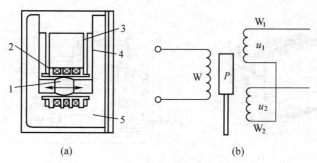

图 11-49 差动式减速度传感器
(a) 基本结构；(b) 电路示意图
1—铁芯；2—线圈；3—电路板；4—弹簧；5—变速器油

和计算机的比较、分析、判别处理,向 ABS 执行器发出控制指令。一般说来,ABS 电控单元还具有初始检测、故障排除、速度传感器检测和系统失效保护等功能。ABS 电控单元由硬件和软件两部分组成。硬件由设置在印制电路板上的一系列电子件(微处理器)和线路构成,封装在金属壳体中,利用多针接口通过线束与传感器和执行器相连,为保证 ECU 可靠工作,一般把它安置在尘土和潮气不易侵入、电磁波干扰较小的乘客舱、行李厢或发动机罩内的隔离室中；软件则是固存在只读存储器(ROM)中的一系列计算机程序。

为确保系统工作的安全可靠,在许多 ABS 的 ECU 中采用了两套完全相同的微处理器,一套用于系统控制,另一套则起监测作用。它们以相同的程序执行运算,一旦监测用 ECU 发现其计算结果与控制用 ECU 计算结果不相符,则 ECU 立即让制动系统退出 ABS 控制,只维持常规制动。这种"冗余"的方法可保证系统更加安全。当系统出现故障时,控制继动电动机和继动阀门使 ABS 停止工作,转入常规制动状态,点亮 ABS 警告灯,将故障以故障码的形式存储在 ECU 储存器中。

4. 制动压力调节器

制动压力调节器是 ABS 系统的执行机构。它安装在制动主缸与车轮制动器之间的管路上,用来在制动过程中,车轮有抱死趋势时,调节车轮制动器的制动力。

制动压力调节器一般由三个或四个三位三通电磁阀 2、低压储油器 8、单向阀 5、回油泵 6 等部件组成(见图 11-50),有些 ABS 系统的制动压力调节器还安装了高压储液器,或采用两位两通电磁阀取代三位三通电磁阀。

1) 液压泵

ABS 中所采用的液压泵一般为柱塞泵(见图 11-50),通过电动机带动偏心轮进行驱动,泵内设有两个单向阀,下阀为进油阀,上阀为出油阀。柱塞上行时,制动轮缸及蓄能器的压力油推开下进油阀,进入泵体内；而当柱塞下行时,泵体内的压力油首先封闭进油阀,随后推开出油阀,将制动液压回制动主缸。

2) 蓄能器

根据工作方式不同,ABS 的蓄能器分为低压蓄能器和高压蓄能器两种。低压蓄能器一般是一个内部装有活塞和弹簧的油缸,当制动轮缸的压力油进入蓄能器,并作用在活塞上时,压缩弹簧,使油道容积增大,以暂时存储制动液。高压蓄能器采用气囊式的结构,在蓄能器中有膜片将容器分隔成两部分,下部气囊中充满高压氮气,上腔充满高压制动液,并与回

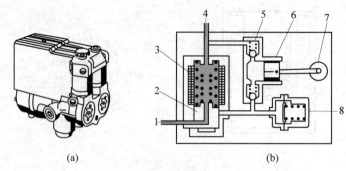

图 11-50 制动压力调节器
(a) 外部结构图；(b) 内部结构简图
1—至车轮制动器；2—三位三通电磁阀；3—电磁线圈；4—至制动主缸；
5—单向阀；6—回油泵；7—电动机；8—低压储油器

油泵和电磁阀回油口相连。高压蓄能器可在电磁阀的控制下向 ABS 调压缸或轮缸提供高压制动液。

3）电磁阀

ABS 所采用的电磁阀有三位三通电磁阀和二位二通电磁阀两种。三位三通电磁阀的结构及工作原理如图 11-50 所示，它主要由阀体、进油阀、回油阀、单向阀、支架、托盘、主弹簧、副弹簧、电磁线圈等部件组成。其中进油阀油道连接制动主缸，回油阀油道连接低压储能器。当电磁线圈无电流通过时，由于主弹簧力大于副弹簧力，进油阀被打开、回油阀关闭，制动主缸与制动轮缸的油路接通，此状态既可以是常规制动，也可以是 ABS 增压。当 ECU 向电磁阀线圈通入 2A 电流时，电磁力使衔铁移动架向下运动一定距离，将进油阀关闭。此时由于电磁线圈通电电流较低，电磁线圈产生的电磁力尚不足以克服两个弹簧的弹力，衔铁移动架被保持在中间位置，回油阀仍处于关闭状态，即进油阀和回油阀均关闭，制动轮缸的制动液压力既不上升也不下降，ABS 处于保压状态。当 ECU 向电磁线圈通入 5A 工作电流时，所产生的大电磁力足以克服主、副两弹簧的弹力，使衔铁移动架继续向下运动，将回油阀打开，从而制动轮缸的油路与低压蓄能器的回油管相通，ABS 处于减压状态。

11.5.1.3 制动防抱死系统制动压力调节方式

ABS 典型的制动压力调节方式有循环调压方式和变容积式调压方式两大类，这里以循环调压方式为例讲述其工作过程。

1. 常规制动过程

在常规制动过程时电磁阀不通电，柱塞处于图 11-51 所示的位置，制动主缸 3 和制动轮缸 2 是相通的，制动主缸可随时控制制动压力的增减。这时，车轮没有抱死，ABS 不工作，液压泵 7 也不需要工作。

2. 轮缸减压过程

当 ABS 电控单元 12 根据轮速传感器 1 等信号，判断制动中的车轮的滑移率达到特定数值，车轮趋于抱死时，电控单元输出减压指令，控制电磁阀 9 通入较大的电流，柱塞 10 移至上端，制动主缸 3 和轮缸 2 的通路被截断，制动轮缸和低压储液器 11 油路接通，轮缸的制

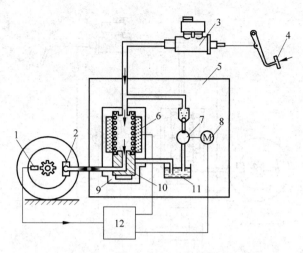

图 11-51 循环调压方式常规制动过程

1—轮速传感器；2—制动轮缸；3—制动主缸；4—制动踏板；5—液压调节器；6—电磁线圈；
7—液压泵；8—电动机；9—电磁阀；10—柱塞；11—低压储液器；12—电控单元

动液流入低压储液器,制动压力降低,避免车轮抱死。同时起动电动机 8,带动液压泵 7 工作,把流回低压储液器的制动液加压后输送到制动主缸 3,为下一个制动周期做好准备(见图 11-52)。这种液压泵叫作再循环泵,它的作用是把减压过程中制动轮缸流回的制动液送回高压缸,这样可以防止 ABS 工作时制动踏板 4 行程发生变化。因此,在 ABS 工作过程中液压泵必须常开。

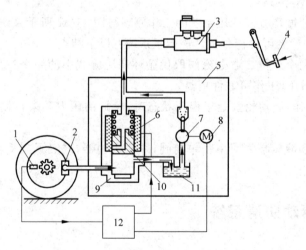

图 11-52 循环调压方式减压过程

3. 轮缸保压过程

当车轮滑移率在理想范围内时,ABS 电控单元控制进入保压过程,给电磁阀通较小的电流,柱塞移至图 11-53 所示的位置,所有的通道都被截断,所以,能保持制动压力不变。

4. 轮缸增压过程

当 ABS 电控单元判断滑移率过小、制动力不足时,进入增压过程,电磁阀断电,柱塞又

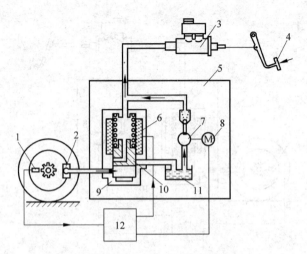

图 11-53 循环调压方式保压过程

回到图 11-51 所示的初始位置。制动主缸和轮缸再次相通,制动主缸端的高压制动液(包括液压泵输出的制动液)再次进入制动轮缸,增大了制动压力。增压和减压速度可以直接通过电磁阀的进、出油口来控制。

这种控制方式液压装置结构简单,灵敏性好。对于这种方式,液压泵工作时的高压制动液返回制动主缸时或增压过程制动液从制动主缸流回瞬间,制动踏板行程均会发生变化(称为踏板反应)。这种反应能让驾驶人知道 ABS 开始工作,这是一个优点。但是,也有不少驾驶人对踏板反应有不舒适感。

图 11-54 所示的循环方式调压系统的工作原理与图 11-51 所示系统的工作原理基本相似,其 4 个工作过程读者可自行分析。该调压系统有以下特点:

(1)系统采用两个二位二通电磁阀取代循环调压方式中的一个三位三通电磁阀,实现 ABS 保压、减压和增压,工作可靠性更高。

(2)当 ABS 工作,制动轮缸处于保压状态时,轮缸的压力和来自制动主缸的压力在单向阀处平衡。

(3)制动主缸和液压泵之间串联单向阀,并联缓冲器,减缓了制动踏板的抖动,但仍保留了轻微的感觉。

11.5.2 驱动防滑系统

11.5.2.1 驱动防滑系统概述

1. 驱动防滑的概念

当汽车的驱动力大于地面附着力时,驱动轮发生滑转。此时车轮的横向附着力很小,几乎为零,这与制动抱死时车轮滑移情况类似,将发生侧滑等现象。对于后轮驱动汽车,驱动轮滑转将使汽车发生不规则的旋转;对于前轮驱动车会使方向失去控制。驱动轮的滑转程度用驱动轮滑转率 S_d 表示,其表达式为

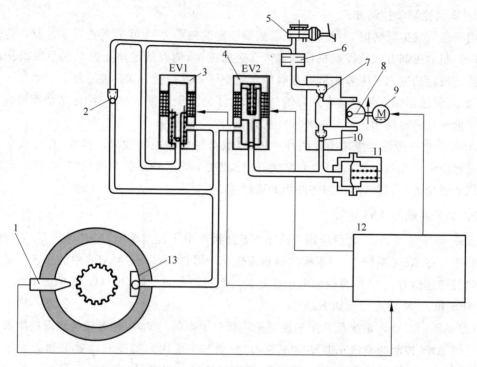

图 11-54 使用二位二通电磁阀的循环调压方式

1—轮速传感器；2—解除制动单向阀；3—常开电磁阀；4—常闭电磁阀；5—制动主缸；6—缓冲器；7、10—单向阀；8—液压泵；9—电动机；11—储液器；12—控制器（ECU）；13—制动轮缸

$$S_d = \frac{r_0\omega - v}{r_0\omega} \times 100\%$$

式中，S_d 为驱动时车轮滑转率；v 为汽车车速；ω 为车轮滚动角速度；r_0 为车轮滚动半径。

当汽车纯滚动行驶时，即 $r_0\omega=v$，$S_d=0$；当汽车车轮发生滑转时，即汽车车速 $v=0$，$S_d=100\%$。当滑转率在 10%～20% 时，纵向附着系数达到峰值，此时横向附着系数也比较大，汽车能够获得最大驱动力；而当驱动轮的滑转率在 100% 时，即车轮完全空转，纵向附着系数变小，横向附着系数基本为零，此时，产生的驱动力最低，汽车同时还可能会失去方向稳定性。因此，滑转率对汽车的操纵稳定性、安全性和轮胎的磨损有着重要的影响。

驱动防滑转（anti slip regulation，ASR）系统又称为牵引力控制（traction control system，TCS）系统，其作用是防止汽车在起步、加速和在低附着系数的路面上行驶时驱动轮的滑转，以提高汽车的牵引性和操纵稳定性。

2. 车轮防滑转控制方式

为了防止车轮滑转，必须适当降低驱动力，大幅度提高侧向力，增大抵抗侧滑的能力。目前，常采用以下两种方法防止驱动轮的滑转。

1）发动机输出转矩调整方式

通常通过控制节气门开度和点火提前角的方式调节发动机的输出转矩，使驱动车轮的转矩迅速降低，从而对两侧驱动车轮的驱动力矩进行调节。由于发动机已经实现了电子控制，因此，这种控制方法容易实现。

2) 驱动轮制动控制方式

当驱动轮发生滑转时,对滑转的车轮施加一定的制动力,使车轮的滑转率控制在合适的范围内。制动控制方式比发动机控制方式反应速度快,能有效地防止汽车起步时或从高附着系数路面突然进入低附着系数路面时的车轮空转。此控制方式还能对每个驱动轮进行独立控制,与差速器锁止装置具有同样的功能。为了防止制动器过热,驱动轮制动控制的方法只限于低速行驶时使用。

ASR 系统一般综合应用上述两种方法,以取得理想的控制效果。另外,有些汽车采用防滑差速器锁止控制(LSD 或 EDS)系统,使行驶在不同附着系数路面的左、右驱动车轮产生不同的驱动力,提高汽车在恶劣路面的通过性。

3. ASR 系统与 ABS 比较

ASR 系统是继 ABS 之后应用于汽车车轮防滑的电子控制系统,ASR 系统是 ABS 的完善和补充。在 ASR 系统中,为了确定驱动车轮是否滑转,可以利用 ABS 中的车速传感器获得车轮的转速信号。ASR 系统的电子控制装置既可以是独立的,也可以与 ABS 共用。

ABS 和 ASR 系统比较如下:

(1) ABS 和 ASR 系统都是用来控制车轮相对地面的滑动,以使车轮与地面的附着力不下降。但 ABS 控制的是汽车制动时车轮的"拖滑",主要用来提高制动效果和确保制动安全;而 ASR 系统控制的是车轮的"滑转",用于提高汽车起步、加速及在低附着系数的路面上行驶的牵引力和确保行驶稳定性。

(2) ASR 系统只对驱动轮实施制动控制,ABS 对 4 个制动轮实施控制。

(3) ASR 系统在汽车起步及一般行驶过程中工作,当车轮出现滑转时即可起作用;ABS 则在汽车制动时工作。当车速很高(80~120km/h)时,ASR 系统不起作用;而当车速很低(小于 8km/h)时,ABS 不起作用。

(4) 在防滑转控制过程中,如果汽车制动,ASR 系统就立即中止防滑转控制,以使制动过程不受 ASR 系统的影响。

11.5.2.2 驱动防滑系统的组成与原理

图 11-55 所示为典型 ASR 系统组成示意图。该 ASR 系统由与 ABS 共用的电子控制器 8 和车轮转速传感器 1、5、6、12,与发动机控制系统共用的节气门、发动机转速等传感器,独立的 ASR 制动压力调节器 4 以及辅助节气门等部分组成。控制器根据车轮转速传感器的信号计算驱动车轮的滑转率,综合发动机工作情况判断是否需要进行防滑控制及如何控制。

1. 辅助节气门

在发动机节气门体的主节气门前方,设置了辅助节气门(见图 11-56)。辅助节气门一般由步进电动机驱动,在 ASR 系统不起作用时,辅助节气门处于全开的位置;当两驱动车轮滑转率超出限定值时,ASR 电控单元输出控制信号,控制辅助节气门步进电动机工作,使辅助节气门的开度适当减小,以控制发动机的功率,抑制驱动车轮滑转(见图 11-57)。

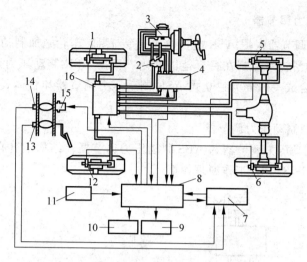

图 11-55 典型 ASR 系统组成示意图

1—右前车轮转速传感器；2—比例阀；3—制动总泵；4—ASR 制动压力调节器；5—右后车轮转速传感器；6—左后车轮转速传感器；7—发动机电子控制器；8—ABS/ASR 电子控制器；9—ASR 关闭指示灯；10—ASR 工作指示灯；11—ASR 选择开关；12—左前车轮转速传感器；13—主节气门位置传感器；14—副节气门位置传感器；15—副节气门驱动步进电动机；16—ABS 制动压力调节器

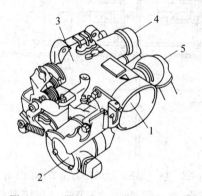

图 11-56 带辅助节气门的节气门体

1—辅助节气门；2—步进电动机；3—节气门体；4—主节气门位置传感器；5—辅助节气门位置传感器

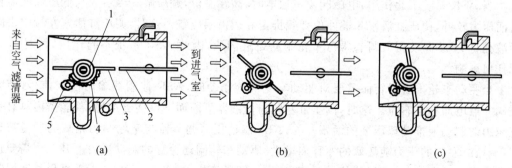

图 11-57 辅助节气门的工作原理

(a) 全开位置；(b) 半开位置；(c) 全关位置

1—旋转阀；2—主节气门；3—辅助节气门；4—扇形从动齿轮；5—主动齿轮

2. ASR 制动压力调节器

ASR 制动压力调节器根据 ASR 电控单元指令对滑转车轮施加制动力和控制制动力的大小,使滑转车轮的滑转率控制在目标范围之内。根据 ASR 制动压力调节器是否与 ABS 制动压力调节器组合成一体分为独立式 ASR 制动压力调节器和整体式 ASR/ABS 制动压力调节器。

1) 独立式 ASR 制动压力调节器

独立式 ASR 制动压力调节器和 ABS 制动压力调节器在结构上各自分开,通过液压管路互相连接(见图 11-58)。其工作原理如下:

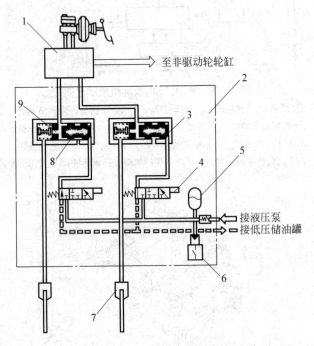

图 11-58　独立 ASR 制动压力调节器的工作原理

1—ABS 制动压力调节器；2—ASR 制动压力调节器；3—调压缸；4—三位三通电磁阀；
5—蓄能器；6—压力开关；7—驱动车轮制动器；8—调压缸活塞；9—活塞通液孔

当 ASR 系统不起作用,电磁阀 4 不通电时,阀在左位,调压缸 3 因右腔与低压储液器相通而压力较低,调压缸活塞 8 被回位弹簧推至右边极限位置。这时,调压缸活塞左端中央的通液孔将 ABS 制动压力调节器与车轮制动轮缸沟通,因此 ASR 系统不起作用时,对 ABS 无任何影响。

当驱动车轮出现滑转而需要对驱动车轮实施制动时,ASR 控制器输出控制信号,使电磁阀 4 通电而移至右位。这时,调压缸左腔与储液器隔断而与蓄能器接通,蓄能器内具有一定压力的制动液推动调压缸的活塞左移,ABS 制动压力调节器与车轮制动轮缸的通道被封闭,调压缸左腔的压力随活塞的左移而增大,驱动车轮制动轮缸的制动压力上升。当需要保持车轮的制动压力时,控制器使电磁阀半通电,阀处于中位,使调压缸与储液器和蓄能器都隔断,于是,调压缸活塞保持原位不动,使驱动车轮制动轮缸的制动压力不变。当需要减小驱动车轮的制动压力时,控制器使电磁阀断电,阀在其回位弹簧弹力的作用下回到左位,使调压缸右腔与蓄能器隔断而与储液器接通,于是,调压缸右腔压力下降其活塞右移,使驱动车轮轮缸的制动压力下降。

2) 整体式 ABS/ASR 制动压力调节器

图 11-59 所示为整体式 ABS/ASR 制动压力调节器的工作原理。此制动压力调节器是采用三位三通电磁阀、循环流动式 ABS/ASR 制动压力调节器。

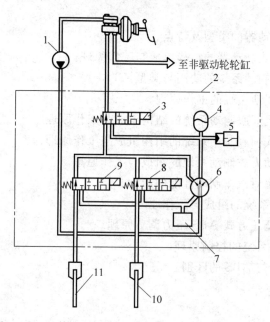

图 11-59 整体式 ABS/ASR 制动压力调节器的工作原理
1—输液泵;2—ABS/ASR 制动压力调节器;3—电磁阀Ⅰ;4—蓄能器;5—压力开关;
6—循环泵;7—储液器;8—电磁阀Ⅱ;9—电磁阀Ⅲ;10,11—驱动车轮制动器

当 ASR 系统不起作用时,电磁阀不通电。汽车在制动过程中如果车轮出现抱死,ABS 起作用,通过控制电磁阀Ⅱ和电磁阀Ⅲ来调节制动压力。当驱动车轮出现滑转时,ASR 电控单元使电磁阀Ⅰ通电,阀移至右位,电磁阀Ⅱ和电磁阀Ⅲ不通电,电磁阀Ⅱ和电磁阀Ⅲ仍在左位,于是蓄能器的压力油流入驱动车轮制动轮缸,制动压力增大。当需要保持驱动车轮的制动压力时,ASR 电控单元使电磁阀Ⅰ通电,阀移至中位,隔断了蓄能器及制动气缸的通路,驱动车轮制动轮缸的制动压力保持不变。当需要减小驱动车轮的制动压力时,ASR 电控单元使电磁阀Ⅱ和电磁阀Ⅲ通电,电磁阀Ⅱ和电磁阀Ⅲ移至右位,将驱动车轮制动轮缸与储液器接通,于是制动压力下降。如果需要对左、右驱动车轮的制动压力实施不同的控制,ASR 电控单元则分别对电磁阀Ⅱ和电磁阀Ⅲ实行不同的控制。

习题

一、理论习题

11-1 名词解释:行车制动系统、驻车制动系统、领蹄、从蹄、滑移率、滑转率、ABS、ASR。

11-2　简述制动系统的功用与类型。

11-3　简述制动器的类型及特点。

11-4　简述鼓式制动器的种类。

11-5　简述领从蹄式制动器的工作原理。

11-6　简述双向双领蹄式制动器和单向双领蹄式制动器的结构区别与它们的工作原理。

11-7　简述盘式制动器的类型及特点。

11-8　简述浮钳盘式制动器的结构组成与工作原理。

11-9　简述双回路制动系统的功用与类型。

11-10　简述双腔制动主缸的工作原理。

11-11　简述直接式伺服制动系统的结构组成与工作原理。

11-12　简述间接式伺服制动系统的结构组成与工作原理。

11-13　简述气压动力式制动系统的组成与工作原理。

11-14　简述滑移率对汽车制动性能的影响。

11-15　简述 ABS 系统的组成与工作原理。

11-16　简述循环调压方式 ABS 压力调节原理。

11-17　简述 ASR 系统的控制原理。

11-18　简述 ASR 与 ABS 的区别。

二、实践习题

11-19　根据要求 50min 完成鼓式制动器的拆装，并编写拆装报告。

11-20　根据要求 50min 完成浮钳盘式制动器的拆装，并编写拆装报告。

第三篇　车身及电器设备

模块 12 汽车车身

12.1 汽车车身概述

汽车车身是容纳乘客、货物和驾驶员工作的场所。汽车车身应能够对乘员提供舒适的乘坐条件,并具备使乘客和货物免受汽车行驶时的振动、噪声、废气的侵袭以及外界恶劣气候的影响,能够实现完好无损地运载货物且装卸方便。汽车车身上的一些结构和设备还有助于安全行车和减轻事故后果的功能。此外车身能够保证汽车具有合理的外部形状,在汽车行驶时能有效地引导周围的气流,以减小空气阻力和降低燃料消耗。车身还有助于提高汽车行驶的稳定性和改善发动机的冷却条件,并保证车身内部通风良好。汽车车身同时也是一件精致的综合艺术品,其明晰的雕塑形体、优雅的装饰件和内部覆饰材料以及悦目的色彩满足了人们对物质享受和精神追求的需要。

汽车车身按用途不同可分为轿车车身、货车车身、客车车身、专用汽车车身。货车车身包括驾驶室和货厢,专用汽车车身包括驾驶室、货厢和其他专用设备等。

12.2 轿车车身的结构

12.2.1 轿车车身的组成

轿车车身由车身本体、开启件(各种车门、窗、行李厢和车顶盖等)、车身附件(各种座椅、内外饰、仪表电器、刮水器、风窗除霜装置等)和安全保护装置(保险杠、安全带、安全气囊等)组成(见图 12-1)。

12.2.2 轿车车身的分类

1. 按承载方式分类

轿车车身按承载方式不同,分为承载式车身、非承载式车身和半承载式车身 3 种。

非承载式车身如图 12-1 所示,非承载式车身装有车架 15,车身通过弹簧或橡胶垫等柔性连接的方式安装在车架上方,车身不承担车架的载荷。非承载式车身具有良好的平顺性、舒适性、安全性和互换性,但具有制造成本高、燃油消耗大、汽车质心高、操纵稳定性低等特点。一般应用于货车、敞篷车及少数高级轿车。

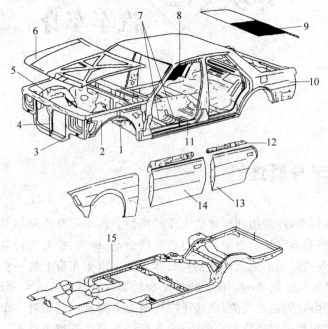

图 12-1　非承载式车身

1—前内隔板；2—围板；3—散热器支架；4—发动机罩锁扣支架；5—挡泥板；6—内、外发动机罩；
7—前地板横梁；8—后侧轮罩内板；9—行李舱盖内板；10—后侧围板；11—车门槛板和底板侧梁；
12—门内侧板加强板；13—门铰链侧板；14—门外板；15—车架

半承载式车身是车身通过螺栓连接、铆接或焊接等刚性连接方式与车架相连,车身分担一部分车架的载荷。半承载式车身虽然简化了车架的结构、减轻了汽车质量,但防振隔音效果不如非承载式车身,主要应用于部分轿车和客车。

承载式车身没有车架,车身由底板、骨架、内蒙皮、外蒙皮和车顶等组成,车身兼作车架的作用,整个车身构件全部参与承载,也称为无车架车身(见图 12-2)。承载式车身的特点是整车质量小、车厢内空间利用率高,但振动和隔音效果不如非承载式车身和半承载式车身,目前主要应用在大多数轿车和部分客车上。

2. 按车身外形分类

按车身外形分类,轿车车身有阶背形车身(见图 12-3(a))、溜背形车身(见图 12-3(b))、短背形车身(见图 12-3(c))和平背形车身(见图 12-3(d))等。

阶背形车身有发动机舱和行李厢舱,车身顶盖和车身后部呈折线连接。溜背形车身的后风窗与行李厢舱为一整体的后部车门,车身顶盖向后延伸与车身后部也形成折线。这种车身可使整车总长缩短,后悬长度较短,离去角增大,提高了汽车的通过性。平背形车身的后背几乎接近于直线,缩短了汽车总长。

3. 按车身车门数分类

按轿车的车门数不同可分为两门轿车(见图 12-4(b))、四门轿车(见图 12-4(a))和五门轿车等。

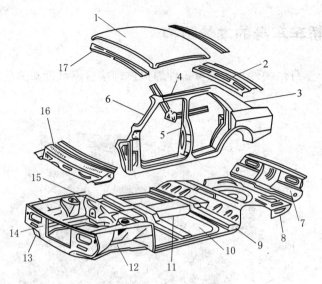

图 12-2 承载式车身

1—顶盖；2—后风窗下梁；3—后围板；4—门窗框；5—中立柱；6—前立柱；7—后围板；8—后纵梁；9—地板横梁；10—地板总成；11—地板通道；12—前纵梁；13—前横梁；14—散热器固定框；15—前围挡板；16—前风窗框下横梁；17—前风窗框上横梁

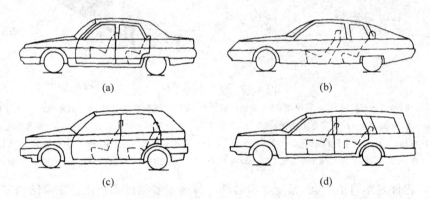

图 12-3 按车身外形分类

(a) 阶背形；(b) 溜背形；(c) 短背形；(d) 平背形

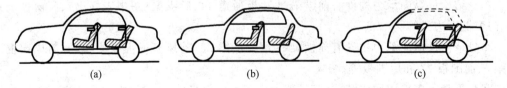

图 12-4 按车身车门数及顶盖是否可开启分类

(a) 四门轿车；(b) 两门轿车；(c) 顶盖可开启轿车

4. 按车身顶盖是否可以开启分类

按轿车顶盖是否可以开启分为闭式轿车和开式轿车（见图 12-4(c)）。

12.2.3　轿车车身的本体结构

车身本体是指车身结构件与车身覆盖件焊接或铆接后不可拆卸的总成(见图 12-5)。

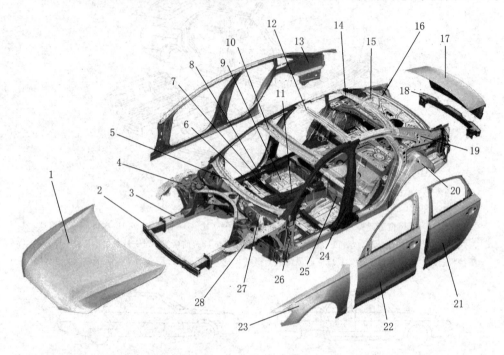

图 12-5　轿车车身本体

1—发动机舱盖板；2—前横梁；3—前纵梁；4—前减振器支座；5—前风窗框下横梁；6—前地板；7—前座椅横梁；8—门槛；9—后地板；10—前风窗框上横梁；11—地板通道 12—天窗横梁；13—后翼子板；14—后风窗框上横梁；15—后风窗台板；；16—后风窗框下横梁；17—行李舱盖；18—后横梁；19—后立柱；20—后轮罩；21—后门外板；22—前门外板；23—前翼子板；24—中立柱；25—地板横梁；26—前立柱；27—前围板；28—前挡泥板加强撑

　　车身结构件是车身的骨架，是支撑覆盖件并保证车身强度和刚度的车身结构零件，主要由各种立柱和梁组成。

　　车身结构件垂直承力构件有前立柱(A 柱)26、中立柱(B 柱)24、后立柱(C 柱)19 等。

　　车身结构件纵向承力构件有前纵梁 3、地板通道 11、后纵梁(图中未标出)、门窗框上边梁、门窗框下边梁等。

　　车身结构件横向承力构件有前横梁 2、地板横梁 25、前风窗框上横梁 10 及前风窗框下横梁 5、前围板 27 和后围板等。

　　客车车身大多采用厢式结构，其骨架由许多钢件焊接成一个整体(见图 12-6)。

　　车身覆盖件是指覆盖在车身骨架表面的板制件。主要有顶盖、前挡泥板、地板、前围挡板、后轮罩、前翼子板和后翼子板等。

　　前围挡板用来隔断发动机舱和乘员舱，其上留有许多孔口，用于操纵用的拉线、拉杆、电线束通过，其上还固定安装许多电器系统附件。发动机挡板上有密封措施与隔热装置，以防发动机舱的废气、噪声窜入乘员舱，也可以防止发动机舱的高温影响乘员舱的温度。

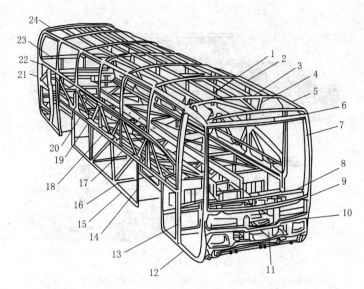

图 12-6 客车车身结构件

1—侧围立柱；2—顶盖纵梁；3—顶盖横梁；4—顶盖斜撑；5—上边梁；6—前风窗框上横梁；7—前风窗立柱；8—仪表板横梁；9—前风窗框下横梁；10—前围搁梁；11—底架纵格栅；12—门槛；13—门立柱；14—裙立柱 15—侧围裙边梁；16—底架横格栅；；17—斜撑；18—侧围搁梁；19—角板；20—腰梁；21—后围立柱；22—后围加强横梁；23—后风窗框下横梁；24—后风窗框上横梁

前、后翼子板是轿车车身外表的一部分，它们的形状和四周的边界取决于轿车本身造型，其表面形状应与轿车车身侧面造型协调一致。翼子板与车身壳体一般采用螺栓连接。

轿车顶盖总成主要由顶盖外板、遮阳板及密封条等组成。有的车身顶盖还安装顶盖玻璃，以提高轿车乘员舱的通风性和采光性。

12.2.4 轿车车身的开启件

轿车车身的开启件通常包括车门及车窗、发动机舱盖及行李舱盖等。

12.2.4.1 车门及车窗

车门是车身上重要的部件之一，它用车门铰链安装在身上。其主要功用是为乘员提供进出通道，方便乘员上下车。车门的安装位置可与车身本体的曲面相匹配，它与侧围框架一起构成侧围，车门的开度应保证在倾斜路面车门能顺利打开。

汽车车门按其开启方式可分为顺开式、逆开式、水平移动式、折叠式、上掀式等几种，如图 12-7 所示。

顺开式车门即使在汽车行驶时仍可借气流的压力关上，比较安全，故被广泛采用。逆开式车门方便上下车，但安全性较差，故目前很少采用。水平滑移式车门的优点是车身侧壁与障碍物距离很小时仍能全部开启。上掀式车门广泛用于轿车及轻型客车的背门，有时也用于低矮的汽车。折叠式和外摆式车门广泛应用于大、中型客车。在有些大型客车上，还备有加速乘客撤离事故现场以及便于救援人员进入的安全门。

图 12-7 车门的开启方式
1—逆开式；2—顺开式；3—折叠式；4—水平移动式；5—上掀式

车门通常由门外板 3、门内板 2、窗框（有的车上还装有三角窗）等组成，如图 12-8 所示。

车门上还安装有车门附件，其主要是为了满足车门的各项功能要求而装配的零件及总成，其中包括门锁 8、门铰链 14、车门限位器 13、车门玻璃 4、拉手 10、玻璃升降器手柄 12、密封条 5、音响喇叭、杂物厢等。

车窗是整个车身的重要组成部分，是为了满足车内采光、通风及司乘人员视野的需要而设计的。车窗按玻璃安装位置不同有前风窗、后风窗、侧窗和门窗。车窗的造型结构及质量对驾驶员的视野、乘客的舒适感、外形的美观以及空气动力特性等方面有较大的影响。车窗结构通常为曲面封闭式，在车身的车窗框与车窗玻璃之间，用橡胶密封条连接。密封条起密封和缓冲作用，以防止因车身受力使窗框变形而损坏风窗玻璃。

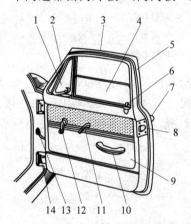

图 12-8 车门及附件
1—三角窗；2—门内板；3—门外板；4—车门玻璃；5—密封条；6—内部锁止按钮；7—门锁外手柄；8—门锁；9—车门内部板；10—拉手；11—门锁内手柄；12—玻璃升降器手柄；13—车门限位器；14—门铰链

汽车的前、后窗通常采用既利于视野而又美观的曲面玻璃，用橡胶密封条嵌在窗框上或用专门的黏合剂粘贴在窗框上。为便于自然通风，汽车的侧窗玻璃通常可上下或前后移动。在玻璃与导轨之间装有呢绒或植绒橡胶等材料的密封槽。某些汽车的侧窗还采用有利于汽车布置的圆柱面玻璃。

车窗按功能不同可以分为前后风窗、通风窗、隔热侧窗、遮阳顶窗 4 种。轿车的前后风窗又称前后风挡玻璃。为便于自然通风，某些汽车在车门上设有三角通风窗，三角通风窗可绕垂直轴旋转，窗的前部向车内转动而后部向车外转动，使空气在其附近形成涡流并绕车窗循环流动。侧窗玻璃采用茶色或带有隔热层，可使室内保温并有安闲宁静的舒适感。具有完善的冷气、暖气、通风及空调设备的高级客车常常将侧窗设计成不可开启式，以提高车身的密封性。遮阳顶窗(也称汽车天窗)及其他车窗开启时可使汽车室内与外界连通,接近敞篷车的性能,以便乘员在风和日丽的季节里充分享受明媚的阳光和新鲜的空气。遮阳顶窗不但可以增加室内的光照度,而且也是一种较有效的自然通风装置。

12.2.4.2 发动机舱盖

发动机舱盖(又称发动机罩)是最醒目的车身构件,是买车者经常要查看的部件之一。对发动机舱盖的主要求是隔热隔音、自身质量轻、刚度高。发动机舱盖一般由外板和内板组成,中间夹以隔热材料,内板起到增强刚度的作用,其几何形状由厂家选取,基本上是骨架形式。发动机舱盖开启时一般是向后翻转,也有小部分是向前翻转。向后翻转的发动机舱盖打开至预定角度,不应与前挡风玻璃接触,应有一个约为 10mm 的最小间距。为防止行驶中由于振动而自行开启,发动机舱盖前端要有保险锁钩锁止装置,锁止装置开关设置在车厢仪表板下面,当车门锁住时发动机舱盖也应同时锁住。

12.2.4.3 行李舱盖

行李舱盖又称行李厢盖,要求有良好的刚度,结构上基本与发动机舱盖相同,也有外板和内板,内板有加强筋。对于两厢式轿车,其行李厢向上延伸,包括后挡风玻璃在内,使开启面积增加,形成一个门,因此又称为背门,这样既保持三厢车形状又能够方便存放物品。如果采用背门形式,背门内板侧要嵌装橡胶密封条,围绕一圈以防水防尘。行李舱盖开启的支撑件一般用勾形铰链及四连杆铰链,铰链装有平衡弹簧,使开闭舱盖省力,并可自动固定在打开位置,便于提取物品。

12.2.5 轿车车身的附属装置

12.2.5.1 座椅

座椅是车身内部的重要装置,其作用是:支撑乘员质量;缓和衰减由车身传来的冲击和振动;保证乘员乘坐舒适性,减轻乘员疲劳并且提供良好的工作条件;保护乘员避免和减少伤亡等。座椅由骨架、坐垫、靠背和调节机构等部分组成。

座椅骨架常由轧制型材(钢管、型钢)或冲压成形的钢板焊接而成。座椅和靠背的尺寸和形状应与人体相适应,以使人体与座椅接触的压力合理分布,保证乘坐舒适。为避免人体在汽车行驶时左右摇晃而引起疲劳,坐垫和靠背中部略微凹陷(有些座椅设计成簸箕形),并在其表面制成凹入的格线,以提高人体的附着性能且改善透气性。

坐垫和靠背的覆饰材料应具有美观、强度高、耐磨、阻燃等性能。座椅面料采用富有弹性的针织布料能很好地适应座椅在人体重力作用下的反复变形。采用起毛织物可增加吸湿性和透气性,其原料以纯羊毛最好,但价格较高。真皮座椅价格虽高但耐用,适于高级轿车。

普通座椅的面料通常采用人造革或连皮发泡塑料,以便于擦拭。座椅和靠背的弹性元件应保证弹性特性适当。弹性元件分为金属和非金属两类。金属弹元件由弹簧钢丝绕成螺旋状或 S 形,通常安装在座椅骨架上。非金属弹性元件广泛采用聚氨酯发泡塑料,其密度、刚度、阻尼等都可按需要调配。

汽车座椅根据调节机构动力提供方式可以分为手动座椅和电动座椅。

手动座椅主要由坐垫 3、靠背骨架 10、座椅靠背 2 和调节机构组成,如图 12-9 所示。手动座椅的坐姿调整主要由驾驶员或乘客根据坐姿的舒适程度依靠调节机构调整靠背的倾斜角度、靠枕的上下位置及座椅的前后位置。

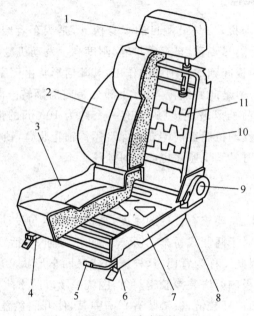

图 12-9 手动座椅

1—头枕;2—座椅靠背;3—坐垫;4—右滑轨;5—座椅行程调节手柄;6—左滑轨;
7—坐垫骨架;8—调节手柄;9—靠背角度调节器;10—靠背骨架;11—靠背弹簧

电动座椅的结构如图 12-10 所示,由电动座椅开关 4 和 9、头枕 5 和座椅电动机等组成。

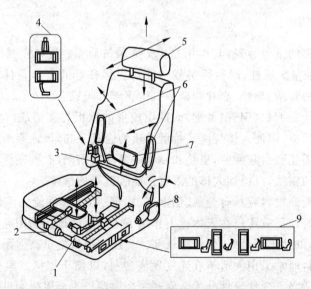

图 12-10 电动座椅

1—座椅升降电动机;2—座椅滑移电动机;3—气泵;4,9—电动座椅开关;5—头枕;
6—侧面支承气垫;7—腰部支承气垫;8—后仰装置

电动座椅的每一个姿态运动方向的调整都由一个电动机驱动一套齿轮机构实现,主要调节方式包括前后滑动调节、垂直位置调节、靠背位置调节、头枕高度调节、头枕前后调节和腰部支撑调节等。

12.2.5.2 刮水器

刮水器又称为挡风玻璃雨刷,用来刮除附着于车辆挡风玻璃上的雨点及灰尘,以改善驾驶员的视觉能见度,增加行车安全。现代汽车普遍采用电动刮水器,其结构如图 12-11 所示,电动雨刷主要由电动机 6 驱动,刮水器的左右刮水刷片 1、11 被刮水刷臂 3、10 压靠在前风窗玻璃上。电动机驱动减速机构旋转,并通过驱动杆铰链 7 作往复移动,带动刮水刷臂 3、10 和刮水刷片 1、11 摆动,刮刷风窗玻璃。电动刮水器根据外界环境因素影响的风窗玻璃能见度情况设有低速、高速、间歇 3 个挡位,可由驾驶员通过汽车组合开关手柄进行调整控制。

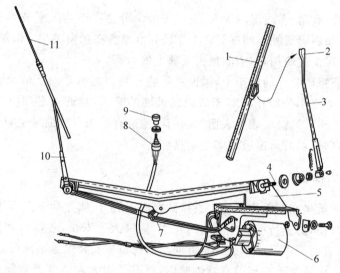

图 12-11 电动刮水器

1,11—刮水刷片;2—刷片支持器;3,10—刮水刷臂;4—刮水刷臂心轴;5—刮水器底座;
6—电动机;7—驱动杆铰链;8—刮水器开关;9—刮水器开关旋钮

目前,除驾驶员可根据降雨量的大小和行车速度通过手动变速开关控制刮水器刮水速度外,有些车辆还装有刮水速度自动控制装置,可根据降雨量的大小自动地调整刮水速度,保证驾驶员始终能得到最佳视线。实现刮水速度自动控制需要借助于雨量传感器将雨量的大小转换成电信号,用来检测雨量大小的传感器有电阻传感器、压电传感器、光电传感器等。

12.2.5.3 风窗玻璃清洁装置

为了保证在各种使用条件下,驾驶室的风窗玻璃表面干净、清洁,汽车上都装有风窗玻璃洗涤器,有些车辆还装有风窗玻璃除霜装置。

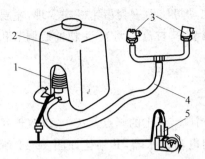

图 12-12 风窗洗涤器
1—洗涤器水泵；2—储液罐；3—喷嘴；
4—水管；5—洗涤器电动机

风窗玻璃洗涤器的功用是将清洁的水或洗涤液喷射到风窗玻璃上，在刮水器的作用下，清除风窗玻璃上的尘土和污物，使驾驶员有良好的视野。如图 12-12 所示，风窗玻璃洗涤器主要由洗涤器电动机 5、洗涤器水泵 1、储液罐 2、喷嘴 3、水管 4 等组成。

洗涤器电动机一般采用永磁式电动机。接通洗涤器开关时，电动机旋转，通过联轴节驱动水泵轴和水泵转子一同旋转，转子将储液罐中的洗涤液泵入出水软管，经水管到达风窗玻璃前端的喷嘴，喷向风窗玻璃。此时，风窗刮水器与洗涤器同步工作，将风窗上的污物刮洗干净。

12.2.5.4 风窗除霜装置

在较冷的季节，有雨、雪或雾的天气，空气中的水分会在冷的风窗玻璃上凝结成细小的水滴甚至结冰，从而影响驾驶员的视野。为了防止水蒸气在风窗玻璃上凝结，设置风窗除霜装置，需要时可对风窗玻璃加热，消除风窗玻璃上的水滴。

在装有空调或暖风装置的汽车上，风窗除霜装置是通过风道向前面及侧面风窗玻璃吹热风以加热玻璃，防止水分凝结。对于后风窗玻璃的除霜，是通过利用电热丝加热来实现的。目前大多数轿车后风窗玻璃内表面均匀间隔地镀有数条很窄的导电膜，形成电热丝，在需要时接通电路，即可对后风窗玻璃实施加热。

12.2.5.5 后视镜

后视镜是驾驶员坐在驾驶室座位上直接获取汽车后方、侧方和下方等外部信息的工具。为了驾驶员操作方便，防止行车安全事故的发生，保障人身安全，各国均规定了汽车上必须安装后视镜，且所有后视镜都必须能调整方向。后视镜按安装位置不同可分为内后视镜、外后视镜和下视镜。内后视镜一般装在驾驶舱内，要求不用太大地变换驾驶中向前的视线即可确认后方情景。乘用车一般将外后视镜装在车门上或翼子板上。下视镜可以使司机在驾驶座上正前方的镜子内看到汽车车身下的前后轮以外的地方，可以使司机在倒车和起动前进时看到它前后轮及车身旁是否有人或障碍物，以免伤人、物和损坏车辆，给司机以方便和安全。

外后视镜为保障驾驶员在不同坐姿下能够观察到车后的情况，其角度可以调节。外后视镜根据调整机构不同可分为机械式和电动式两种。目前最为常见的是电动后视镜，其结构如图 12-13 所示。主要由镜面玻璃、电动机、调整开关、传动机构、执行机构和壳体等组成。其中控制开关 3 由旋转开关、摇动开关及线束等组成。通过驾驶员调节控制开关，控制后视镜反射面的空间角度，可进行上、下、左、右四个方位的调整。

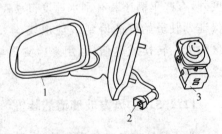

图 12-13 电动后视镜
1—后视镜；2—导线接头；3—控制开关

12.2.6 轿车车身的安全保护装置

车身安全防护装置是现代汽车结构的重要组成部分，在发生汽车碰撞事故时，安全防护装置能有效地减轻乘员的伤亡和汽车的损坏。

12.2.6.1 保险杠与护条

汽车最前端和最后端都有保险杠，许多轿车左右两侧还有纵贯前后的护条。保险杠和护条的安装高度应符合规定，以便汽车相撞时两车的保险杠或护条能首先接触。

保险杠的防护结构应包括两部分：首先是减少行人受伤的保险杠软表层，由弹性较大的泡沫塑料制成；其次是可吸收一部分撞击能量的装置，有金属构架、全塑料装置、半硬质橡胶缓冲结构、液压或气压装置等。

车身侧面的护条以防止汽车相互刮擦为主，与行人接触的概率较小，一般由半硬质塑料或橡胶制成。

12.2.6.2 安全带

汽车碰撞时，其速度迅速下降，而车内成员的身体由于惯性的作用仍以较大的速度向前运动，与转向盘、仪表板、风窗玻璃发生冲击产生二次碰撞。安全带可以在汽车发生碰撞时通过织带约束驾驶员及乘客，限制乘员向前冲撞，大幅度降低因二次碰撞引起的乘员伤害。目前，我国交通法规规定驾驶员开车必须佩戴安全带。

汽车安全带种类繁多，根据安全带的固定方式不同，安全带可分为两点式、三点式、四点式及五点式几种，目前最为常见的是三点式安全带。

汽车三点式安全带的结构如图 12-14 所示，其主要由肩带 2 和腰带 9、收卷器 8、插板 4 及锁扣 5 等组成。肩带和腰带用合成纤维织成，发生碰撞事故时将乘员约束在座椅上。插板和锁扣配合作用实现安全带的系上和脱开。在安全带固定时，由上部固定点、底支架和锁扣实现三点式约束。织带收卷器 8 的主要作用是：当不需要使用安全带时将织带收回，存储织带。

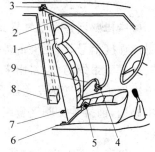

图 12-14　三点式安全带及头枕
1—头枕；2—肩带；3—外侧上部固定点；4—插板；5—锁扣；6—内侧地板固定点；7—外侧地板固定点；8—收卷器；9—腰带

在正常情况下，三点式安全带对人体不起约束作用，当乘员向前倾斜或弯腰时，安全带从收卷器内拉出；当乘员恢复正常姿势时，收卷器又自动把带子回收，使带子随时保持与人体贴合。当汽车在紧急情况时，即汽车减速度超过预定值或车身严重倾斜时，收卷器会将带子卡住，有效保护乘员安全。

12.2.6.3 安全气囊

安全气囊系统通常称为辅助约束系统（SRS），可与安全带一起对前排乘员提供有效的保护，有效地减轻头部及胸部的伤害。但对于未佩戴安全带的乘员，在汽车发生碰撞后，安全气囊有可能反而对乘员造成冲击伤害。因此,对于安装安全气囊的汽车,乘客必须佩戴安全带。近年来,有些汽车为了提高安全性,还设置了侧面安全气囊系统。

图 12-15　安全气囊对乘员的保护

汽车碰撞的过程极短(从开始接触到汽车变形终止,大约只有 0.1s),驾驶员离开座位撞到转向盘的时间比 0.1s 更短,因此要求安全气囊系统必须在更加短促的时间内从触发至全充气展开,填补驾驶员至转向盘的空间,以对人体起缓冲作用。在汽车发生碰撞瞬间,在驾驶员或乘员与车内构件之间迅速冲一个气垫,承受并缓冲驾驶员或乘员头部与身体上部产生的惯性力,减轻人体遭受伤害程度,如图 12-15 所示。

安全气囊系统主要由碰撞传感器 1 和 4、电控单元 5、安全气囊组件 3 和警告灯 2 等组成,如图 12-16 所示。

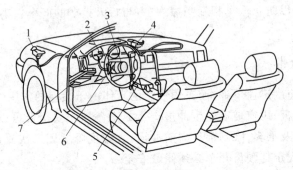

图 12-16　安全气囊系统的结构组成

1,4—碰撞传感器;2—警告灯;3—安全气囊组件;5—电控单元;6—电缆;7—接线盒

碰撞传感器是安全气囊系统主要的控制信号输入装置,用来检测、判断汽车发生事故时的碰撞强度信号,以便决定是否需要启动安全气囊,并确定安全气囊启动的时间。电控单元是安全气囊系统的核心,用来判断和控制安全气囊点火,还可用来进行系统故障诊断。安全气囊组件主要由气体发生器、点火器和安全气囊等组成。其中驾驶员侧气囊组件位于转向盘中心处,前排乘员侧气囊组件位于仪表板右侧、杂物箱的上方,侧面气囊组件位于前排座椅的靠背里。

当汽车与前方障碍物高速碰撞时,安装在汽车前端的碰撞传感器和与安全气囊电控单元安装在一起的安全传感器就会马上检测到汽车突然减速的信号,并立即将减速信号传送到安全气囊电控单元。安全气囊电控单元根据设定的程序对传感器所检测的信号进行计算、判断,若检测到的信号强度超过其设定值时,安全气囊电控单元立即向气囊组件内的电爆管发出点火指令,引爆引信,炸药受热爆炸,迅速产生大量热量,充气剂受热分解释放出大量氮气充入气囊,大约 30ms 内使气囊充满,气囊便鼓向驾驶员和乘员,使驾驶员和乘员的头部和胸部压在充满气体的气囊上,将人体与车内构件(转向盘、仪表板和风窗玻璃等)之间隔开,通过气囊产生变形吸收人体碰撞时所产生的动能,达到保护人体的目的。安全气囊工作原理如图 12-17 所示。

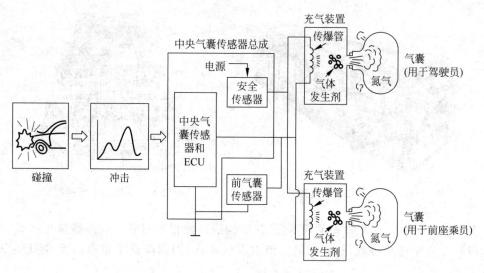

图 12-17 安全气囊工作原理示意图

12.2.6.4 安全玻璃

汽车正面或侧面受撞时,乘员头部往往因撞击风窗玻璃或侧窗玻璃而受伤,并且玻璃碎片还会使脸部或眼睛受伤。

目前在汽车上广泛应用的安全玻璃有钢化玻璃和夹层玻璃两种。钢化玻璃是在炽热状态下使其表面骤冷收缩,从而产生预应力的强度较高的玻璃(其落球冲击强度是普通玻璃的6~9倍)。普通夹层玻璃有 3 层,总厚度约 4mm,其中间层厚度为 0.38mm。汽车用的夹层玻璃中间层则加厚一倍,达 0.76mm,具有较高的冲击强度,称为高抗穿透(HPR)夹层玻璃。国产的车用夹层玻璃中间层材料通常采用韧性较好的聚乙烯醇缩丁醛。

钢化玻璃受冲击损坏时,整块玻璃出现网状裂纹,脱落后分成许多无锐边的碎片。HPR 夹层玻璃受冲击损坏时,内、外层玻璃碎片仍粘附在中间层上。中间层韧性较好,在承受撞击时拱起从而吸收一部分冲击能量,起缓冲作用。大量事故调查表明,HPR 夹层玻璃的安全性优于钢化玻璃,故现代汽车的前风窗普遍采用这种玻璃。

12.3 客车车身

客车车身也有半承载式和承载式两种。由于客车的外形规则,所以,客车往往具有完整的骨架。图 12-18 所示是将半承载式车架横梁加宽并与车身侧壁骨架刚性连接的半承载式车身骨架及底盘。

为减少半承载式车身质量,并保证车架刚度和强度,图 12-19 所示的结构采用质量小而刚度较大的承载底架代替笨重的车架。该结构有与车身等宽的横梁和贯通纵梁,纵横梁高度可达 500mm 以上,一般用薄壁钢管和薄钢板制造。车身骨架与横梁刚性连接,因此整个车身与底架便形成一个刚性空间承载系统。由于纵横梁较高,车厢内不便布置站席,但可利用地板下的空间作行李厢,故适用于大型长途客车。

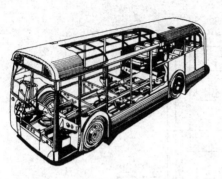
图 12-18　半承载式车身骨架及底盘

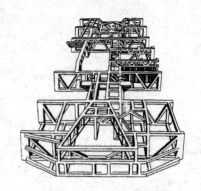
图 12-19　大型客车承载底架

图 12-20 所示为一整体式承载车身，该结构设计使得车身壳体构件都参与承载，各构件承载时相互牵连与协调，材料的最大潜力得以发挥，因而降低了整车高度，减轻了车身质量。

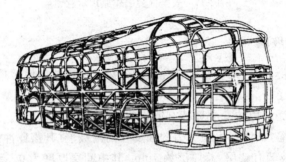
图 12-20　承载式客车车身骨架

12.4　货车驾驶室和车厢

12.4.1　货车驾驶室

货车又称卡车，是指用来运输货物的汽车，也指可以牵引其他车辆的汽车，是相对客车来说的，属于商用车的一种。在我国货车中，驾驶室较为常见的有长头式、短头式和平头式。

1. 长头式驾驶室

长头式驾驶室是指货车驾驶室位于发动机之后。它的优点是：结构紧凑，刚度好；发动机与驾驶室隔离，并位于前部，便于检查和维修发动机，同时，可避免发动机的高温与废气传至驾驶室。它的缺点是汽车的长度和轴距较大，视野较差。图 12-21 所示为典型长头驾驶室的结构。

2. 短头式驾驶室

短头式驾驶室是指发动机部分伸入驾驶室内。因此短头驾驶室缩短了整车长度，又不会致使地板过分抬高，还可以充分利用驾驶室的宽度。这种驾驶室结构完整，刚度较好，内

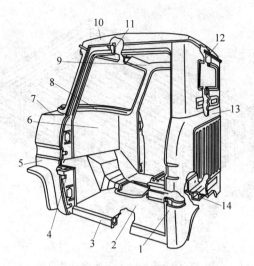

图 12-21 长头式驾驶室的结构

1—左后立柱；2—地板；3—左门槛；4—左前立柱；5—前围左侧盖板；6—前围板；7—前围上盖板；8—前风窗框下横梁；9—前风窗框上横梁；10—顶盖；11—上边梁；12—后围上横梁；13—后围板；14—地板后横梁

部较为宽敞，但驾驶室较高。这种结构通常采用三点或四点式悬置，即适用于前倾翻的驾驶室。

3. 平头式驾驶室

平头驾驶室是指发动机在其后下部的货车驾驶室。它的优点是：汽车的长度和轴距较小，可减小汽车整备质量，提高机动性；视野开阔。因此，平头驾驶室逐渐成为载货汽车驾驶室的主流。它的缺点主要是：不便于检查和维修发动机；另外，发动机罩凸出于地板中部，占据空间很大，致使座椅布置较为拥挤；发生撞车事故时，汽车前部无缓冲区，对驾驶员的安全保护较差。

12.4.2 货车车厢

货车车厢用于容纳货物。通用车厢主要用于运输一些装卸方式简单、环境要求不高及周转次数少的货物，如运输木材、煤炭、布料和粮食等。专用车厢主要用于运输不宜在裸露环境下运输的货物，例如易损的日用百货、食品等。目前市面上的货车车厢可以分为栏板式货厢和专用车厢。

1. 栏板式货厢

栏板式货厢是使用最多的一种货厢，适用于运送散装货物，它又可以分为三面开式货厢、一面开式货厢、万能式货厢。普通三面开式栏板式货厢一般由一块底板 2 和 4 块高度为 300~500mm 的栏板组成，栏板包括前板 1、后板 4 以及左边板 5 及右边板 3，如图 12-22 所示。

某些轻型货车和大多数皮卡采用一面开式货厢，如图 12-23 所示。其底板 6 离地高度较小，左右后轮罩 2 凸入底板内并与左、右边板 3 连接，仅后板 4 可打开，以供运载小件零散货物。这种货厢两侧造型与前部驾驶室的形状和线条连贯，形体优美。

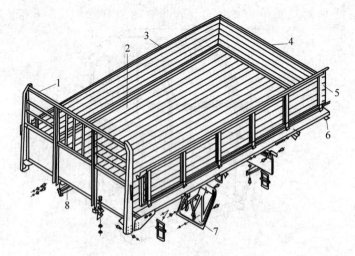

图 12-22 载货汽车三面开式货厢
1—前板；2—底板；3—右边板；4—后板；5—左边板；6—绳钩；7—挡泥板总成；8—货厢纵梁

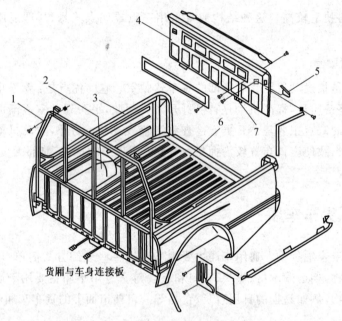

货厢与车身连接板

图 12-23 一面开式货厢
1—货架；2—轮罩；3—边板；4—后板；5—后板锁；6—底板；7—铰链

2. 专用车厢

专用车厢是用来装用特殊货物的车厢。专用车厢可以分为闭式车(货)厢、罐式车厢、自卸汽车车厢和集装箱 4 种类型。闭式车厢常用于运输日常生活用货物、食品等易损货物。罐式车厢用来运送散装货物，粉粒状货物(水泥、面粉、谷物等)从顶部注入气密容罐内，汽车备有压气装置，在卸货时用压缩气体使散粒货物悬浮并经由容罐下部的橡皮管由排气口排出。自卸汽车车厢用于运送砂土、矿石类货物，车厢有后翻和侧翻两种，汽车备有液压举升倾卸机构,以便在车厢倾斜必要角度时实现卸货。图 12-24 所示为几种装有专业车厢的货车。

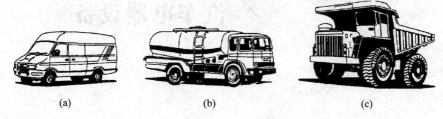

图 12-24　装有专用车厢的汽车
(a) 闭式货厢汽车；(b) 气力吹卸式散装水泥容罐汽车；(c) 自倾卸式汽车

习题

一、理论习题

12-1　名词解释：承载式车身、车身本体、栏板式车身、三点式安全带。
12-2　简述汽车车身的功用及类型。
12-3　简述车身的组成。
12-4　车身附属部件有哪些？功用是什么？
12-5　简述车门的类型及特点。
12-6　客车车身有哪几种形式？特点是什么？
12-7　简述安全气囊的工作原理。

模块 13 汽车电器设备

13.1 汽车仪表系统

13.1.1 汽车仪表系统的作用与组成

汽车仪表系统的作用是便于驾驶员随时了解汽车各个主要系统的工作情况,正确使用汽车,及时发现问题并采取措施,防止发生人身和机械事故,保证汽车可靠而安全的行驶。汽车仪表系统主要由各种仪表、指示灯及报警器等组成,如图 13-1 所示。

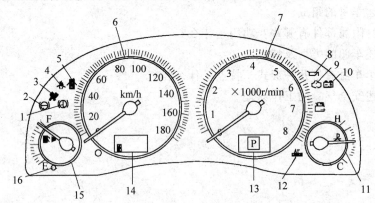

图 13-1 汽车仪表系统

1—制动液面过低警告灯;2—ABS 警告灯;3—安全气囊故障警告灯;4—安全带佩戴指示灯;5—车门未关警告灯;6—车速表;7—发动机转速表;8—机油压力警告灯;9—发动机转速警告灯;10—充电指示灯;11—冷却液温度表;12—自动变速器电子控制装置警告灯;13—自动变速器挡位指示灯;14—里程表;15—燃油表;16—低燃油指示灯

汽车仪表系统中主要仪表包括车速表 6、发动机转速表 7、燃油表 15、冷却液温度表 11 及里程表 14。指示灯较为常见的有充电指示灯 10、自动变速器挡位指示灯 13、低燃油指示灯 16、发动机故障指示灯、安全带佩戴指示灯 4 等。图 13-2 所示为一些汽车常用指示灯显示符号。报警器主要有机油压力报警蜂鸣器、未佩戴安全带报警蜂鸣器、燃油液面高度报警蜂鸣器、冷却液温度过高报警蜂鸣器等。

图 13-2 汽车电子仪表常见指示灯显示符号

13.1.2 汽车仪表系统的分类

汽车仪表系统按显示方式不同,可分为机械式仪表、电子式仪表和综合信息显示式仪表3种类型。

1. 机械式仪表

机械式仪表采用机械指针指示仪表刻度。它具有性能稳定、可靠、成本低等优点,但整个仪表系统显示信息量少,视觉特性不好,易使驾驶员产生视觉疲劳,准确率较低。目前,该仪表系统逐渐被淘汰,只有在少数货车和中低档客车中还在应用。

2. 电子式仪表

电子式仪表系统采用电子技术,将测量值转换为电信号,再用数字、声光或图形等电子方式显示汽车各运行参数。电子式仪表由于具有直观、清晰、稳定精度高、体积小、美观等特点,目前普遍装配在大量汽车上。

3. 综合信息显示式仪表

综合信息显示式仪表以液晶显示器为主体,整个仪表系统的所有信息都采用虚拟显示的方式在液晶显示器上显示。仪表系统除了可以显示传统的汽车运行参数以外,还能显示地图信息、维修信息、多媒体信息、电话信息等内容。因此该仪表系统具备导航、音响、道路和信息处理等功能。综合信息显示式仪表目前已在一些中高端轿车上开始应用,也是未来汽车仪表的发展方向。

13.1.3 汽车仪表系统主要部件的结构与原理

汽车常用仪表系统主要包含充放电显示系统、机油压力显示系统、燃油量显示系统、冷却液温度显示系统及车速里程显示系统。

1. 充放电显示系统

充放电显示系统主要包含电流表、电压表和充发电指示灯。电流表串联在蓄电池的电路中(见图 13-3),用来指示发电机向蓄电池充电时的充电电流,或蓄电池向主要用电设备供电时放电电流的大小。目前国内外大部分汽车的电流表已被充电指示灯所取代,充电指示灯虽不如电流表可直接显示充、放电电流的大小,但结构简单、成本低,而且可以通过充电指示灯由亮到灭这种简单的信号变化,来表明发电机及调节器的工作是否正常。汽车正常运行时若充电指示灯点亮,表明充电系统出现故障,提醒驾驶员应及时检查并排除充电系统的故障。

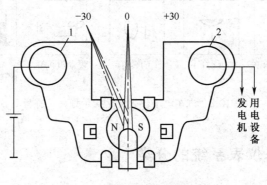

图 13-3 电流表的工作原理
1—正接线柱;2—负接线柱

2. 机油压力显示系统

机油压力显示系统包括机油压力表和机油低压报警系统。

1) 机油压力表

在发动机工作时,机油压力表指示发动机润滑系统主油道中机油压力的大小。机油压力表由油压指示表和油压传感器组成。机油压力指示表安装在仪表板上,机油压力传感器安装在发动机主油道或机油粗滤器上,两者通过导线相连。常用机油压力表有双金属式油压表和双金属式油压传感器、电磁式油压表和电阻式油压传感器等不同形式。图 13-4 所示为电磁式机油压力表。

油压指示表位于驾驶室仪表板上,内有电感不同的主线圈 C 和副线圈 H 及指针。油压传感器安装在发动机主油道上,内有膜片、滑动触点及电阻。当汽车发动机主油道的油压升高时,传感器内的油压推动膜片弯曲,使滑动触点向右滑动,电阻阻值增大,故通过主线圈 C 的电流变小,这时电流通过主线圈 C 和副线圈 H 的合成磁场使指针向右偏转,指示相应油压。相反,若油压降低,传感器电阻阻值减小,则合成磁场吸引指针向左偏移。

2) 机油低压报警装置

目前,大多数汽车仪表系统中没有机油压力表,通过机油低压指示灯和报警装置向驾驶

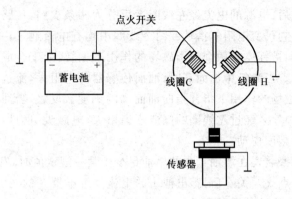

图 13-4　电磁式机油压力表示意图

员发出机油压力过低的报警信号。当机油主油道油压低于正常范围下限时,油压传感器内部的油压下降,导电压紧弹簧在弹簧张力的作用下开始伸张,致使弹簧下方的膜片向下挠曲,并使导电弹簧座与限止圈接触,于是仪表板上的指示灯和报警器回路接通,而发出报警信号。反之,当主油道油压恢复正常值后,在油压的作用下,克服弹簧弹力,将橡胶膜片及绝缘顶芯顶起,使导电弹簧座与限止圈分离,致使仪表板上的指示灯和报警器回路断路,信号报警解除。

3. 燃油量显示系统

燃油量显示系统用来指示汽车燃油箱内的存油量。它由燃油指示表、油面高度传感器以及电源稳压器等组成。常用的燃油指示表有电热式、电磁式两种。

图 13-5 所示是电磁式燃油表,燃油指示表刻度盘上从左至右标有 0、1/2、1,分别表示油箱内无油、半箱油、满油。滑动变阻器式传感器由可变电阻 6、滑片及浮子 8 等组成。浮子漂浮在油面上,随油面高度的变化而起落,从而带动滑片在可变电阻 6 上滑动,使传感器阻值随油面高度变化而改变。在电磁式燃油表内装有左线圈 2 和右线圈 5,转子 3 与指针 4 相连,并位于两个线圈之间。

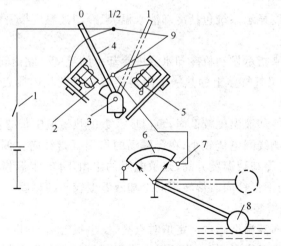

图 13-5　电磁式燃油表
1—点火开关;2—左线圈;3—转子;4—指针;5—右线圈;6—可变电阻;7—接线柱;8—浮子

点火开关1接通后,电源的电流经左线圈2后分为两条支路,一路经右线圈5后搭铁,另一路经油面传感器的可变电阻6搭铁。两个线圈中均有电流通过,并在两个线圈的周围产生磁场,转子3连同指针4在两个线圈磁场的作用下偏转,处于合成磁场的方向,指针指向燃油表的某一刻度。当油箱中油面高时,油面传感器的电阻大,流过左线圈的电流小,产生的磁场弱,在合成磁场的作用下指针指向油面高的刻度。反之,当油箱油量较少时,传感器电阻随浮子下降而减小,经过左线圈的电流逐渐增大,电磁吸引力增强,在合成磁场的作用下指针向油面低的刻度摆动。

燃油过低油面报警装置在燃油箱内的燃油量少于某一规定值时,发出报警信号,以引起驾驶员的注意。接通点火开关2后,蓄电池1的电流经继电器3的线圈流到热敏电阻式传感器6上并最后接地,热敏电阻随之被加热,温度升高。当燃油箱5的油面高于规定值时,由于热敏电阻全部浸泡在燃油中所产生的热量被燃油吸收,其温度低,电阻值大,流过继电器线圈的电流小,继电器触点保持断开状态,报警指示灯4不亮。当油面下降到低于规定值时,传感器的热敏电阻露出油面,由于散热慢,其温度升高,电阻值减小,使流过继电器线圈的电流增大,继电器的触点闭合,报警灯点亮,以提醒驾驶员燃油储量不足,图13-6所示为燃油油面过低报警装置示意图。

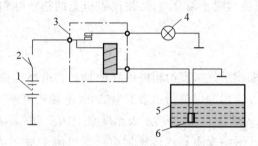

图13-6　燃油油面过低报警装置

1—蓄电池；2—点火开关；3—继电器；4—报警指示灯；5—燃油箱；6—传感器

4. 冷却液温度显示系统

发动机冷却液温度显示系统包括冷却液水温表、冷却液温度报警装置。

1) 冷却液水温表

冷却液水温表用来指示发动机冷却水套中冷却水的温度。它由安装在仪表板上的水温指示表3、安装在发动机气缸盖上的热敏电阻传感器4以及与燃油表共用的电源稳压器等组成(见图13-7)。

当发动机缸体内冷却液温度较低时,负温度系数的热敏电阻传感器4的电阻阻值较高,致使水温指示表中右侧线圈电流较小,在合磁场的作用下指针向左偏转指向冷却液温度较低的刻度。反之,随着冷却液温度升高,热敏电阻的阻值下降,水温指示表中右侧线圈电流增大,在合磁场的作用下指针向右偏转指向冷却液温度较高的刻度。

2) 冷却液温度报警装置

水温报警灯在冷却液温度超过一定值时点亮,发出报警信号,以引起驾驶员的注意。水温报警灯一般安装在水温表内,其工作可以由水温报警灯控制开关控制。水温报警灯控制开关安装在发动机气缸盖的水套中,当水套中冷却液的温度超过规定值时,双金属片受热变

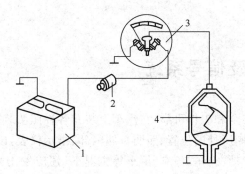

图 13-7 冷却液水温表的组成

1—蓄电池；2—点火开关；3—水温指示表；4—热敏电阻传感器

形,向下弯曲,使双金属触点闭合,接通报警灯电路。

5. 车速里程显示系统

车速里程显示系统主要包含车速表、里程表、发动机转速表。

车速里程表总成中包含车速表及里程表两个模块,车速表用来指示汽车瞬时行驶速度,里程表可记录汽车行驶总里程和短程里程。图 13-8 所示为电子式车速里程表的结构,其主要由车速里程表传感器 4、信号处理电路 3、车速表 1 和里程表 2 组成。

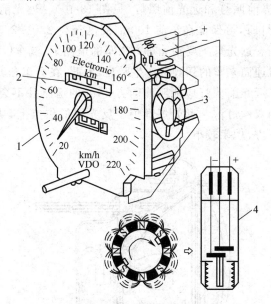

图 13-8 车速里程表

1—车速表；2—里程表；3—信号处理电路；4—车速里程表传感器

为了保证行车安全,一些车型的车速表电路中装有速度音响报警装置。当汽车行驶速度达到或超过某一限定车速时车速表内的速度开关接通蜂鸣器电路,蜂鸣器发出声响提醒驾驶员车速已超过限定值。

发动机转速表可以直观地指示发动机的转速,是发动机工况信息的指示装置,便于驾驶员选择发动机的最佳速度范围,把握好换挡时机,以及充分利用经济车速等。发动机转速表的工作原理与车速表类似,其发动机转速信号由发动机转速传感器采集,并通过信号处理电路，最终由转速表显示。

13.2 汽车照明及信号系统

为了保证汽车行驶安全和工作可靠，在汽车上装有各种照明装置和信号装置，用以照明道路、表示车辆宽度和车辆所处的位置、照明车厢内部、指示仪表，以及为夜间车辆检修提供照明等。此外，在转弯、制动、会车、停车、倒车等工况下，还应发出光亮或音响信号，以警示行人和其他车辆。

13.2.1 灯光系统

1. 外部照明装置

1）前照灯

前照灯安装在汽车前部两侧，为夜间行驶提供照明。前照灯的结构如图13-9所示，其主要由反光罩1、前照灯灯泡6、外灯壳4及透光玻璃5组成。根据前照灯提供的照明距离不同，前照灯可分为近光前照灯和远光前照灯（见图13-10）。远光前照灯的功用是增大照明距离，夜间使用远光灯时，可保证在车前100m、高度至少2.0~2.5m的空间范围内路面上得到均匀明亮的照明。远光灯主要在无对方来车的道路上，汽车以较高速度行驶时使用。由于会车时远光灯会对迎面来车的驾驶员产生眩目，因此，在会车和城市明亮的道路上行驶一般采用近光前照灯。近光前照灯应能照清前方40m的道路并不会对会车驾驶员产生眩目。现代汽车普遍采用双丝灯泡。远光灯丝位于反光罩的焦点上，功率较大；近光灯丝位于反光罩焦点上方或下方，功率较小。

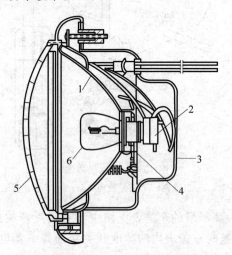

图13-9 前照灯结构示意图

1—反光罩；2—接线器；3—插座；4—外灯壳；5—透光玻璃；6—灯泡

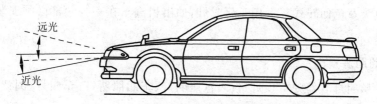

图 13-10　前照灯近光灯与远光灯照射示意图

　　前照灯根据结构不同可分为封闭式和半封闭式。封闭式前照灯的结构特点是透光玻璃与反光罩密封制成一体,整个前照灯为一个灯泡。半封闭式应用较为广泛,其最大的特点是灯泡部分可以更换。

　　前照灯根据灯泡形式不同可分为卤素灯泡、LED 灯泡及氙气车灯。卤素灯泡的特点是成本低、体积大、寿命短及亮度低,目前广泛应用在中低档次汽车中;LED 灯泡具有体积小、寿命高、亮度大、节能性好等优点,目前已在中高端轿车上普遍采用;氙气车灯目前是最新发展的一种车灯,其照明亮度及寿命远远高于传统卤素车灯,并且非常美观,目前主要应用在高端轿车中。

　　前照灯根据控制方式不同可分为继电器控制式和电子控制式。继电器控制式是目前普遍采用的一种控制方式,由组合开关中的灯开关和变光开关共同控制。电子控制式是前照灯的远光灯和近光灯的变换采用自动控制,该系统采用光敏二极管的前照灯自动变光器,当两车会车时,光敏二极管接收到对面汽车前照灯的光束,向控制系统发出信号,电子控制系统根据信号将远光灯调节为近光灯,减少对方车辆驾驶员的眩目现象,会车结束时,电子控制系统又恢复到远光灯。

　　2) 前小灯

　　前小灯主要在夜间会车行驶时使用,使对方能判断本车的外廓宽度,因此又称示宽灯。

　　前小灯也可用于近距离照明。不少公共汽车在车身顶部装有一个或两个标高灯,若有两个则同时兼起示宽作用。

　　3) 防雾灯

　　防雾灯光色一般为黄色或橙色,装在汽车前部。因黄色波较长,有较好的防雾性能,在雾天能照射较远的距离(可照亮车前 30m 内区域)。由于高速公路的发展,汽车尾部也有装有雾灯的。

　　4) 示宽灯和尾灯

　　一般汽车在前后各装两只示宽灯,以便在夜间或视线不良时示出停止或行驶的汽车轮廓。前示宽灯为白色或橙色灯光,后示宽灯则为红色。

　　尾灯装在汽车尾部,玻璃为红色。保证汽车在夜间行驶时,警示后面车辆保持适当的距离,以免发生碰撞。其亮度标准要求夜间车距在 300m 能够看清。

　　5) 车牌灯

　　车牌灯主要在夜间照明汽车车牌,保证在夜间行驶时,车后 20m 处能够清晰看清牌照号码。

　　6) 其他灯光

　　主要指特种车和专用车的标志灯。特种车标志灯是指经批准的特种车辆标志灯具,如救护车标志灯具为蓝色回转式,消防车、警备车、交通事故勘察车标志灯具为红色回转式,工程救险车灯具为黄色回转式。专用车标志灯,如出租汽车在车身顶部必须安装有"出租"字样的标志灯具。

2. 内部照明装置

车身内部照明灯有驾驶室顶灯、仪表盘照明灯、车厢照明灯、车门灯、阅读灯、行李厢灯和杂物厢灯等。

其他辅助灯有为方便汽车夜间检修用的工作灯,该灯应具有足够长的灯线,使用时临时将其插头插入专用插座中。有的车还为了方便夜间检修发动机,在发动机罩下设置小灯,称为发动机罩下灯。

13.2.2 信号系统

1. 转向信号装置

转向信号灯简称转向灯,它分装在车身前端和后端的左右两侧。驾驶员在转向、变换车道或路边停放时,打开转向信号灯,以通知交通警察、行人和其他汽车上的驾驶员。为了引人注目,转向信号灯的亮度很强,在转向信号灯电路中装有转向信号闪光器,使转向信号灯光发生闪烁。闪烁式转向信号灯可以单独设置,也可以与前小灯合成一体,在后一种情况下,一般用双丝灯泡。也有的后转向信号灯和后灯合成一体。转向信号灯由闪光继电器和转向开关控制,当所有转向信号灯同时闪烁时,作为危险报警信号,由危险报警信号开关控制。

2. 制动信号装置

制动信号灯安装在汽车尾部,是车辆重要的外在安全标识,为红色光。制动灯亮时,距车后 100m 处的其他车辆应看得清,以告诉车后其他车辆减速或停车。制动信号灯开关安装在汽车制动回路中,随制动系统结构形式的不同,有液压式和气压式两种,图 13-11 所示是一种液压式制动信号开关,接线柱 1 和 2 连通制动灯回路,在没有制动液压的情况下(驾驶员没有踩制动踏板时),回位弹簧 3 将触点顶开,与接线柱接头分离,制动灯回路断路,制动灯不工作;当制动管路压力升高(驾驶员踩下制动踏板时),在制动压力的作用下,克服回位弹簧弹力,使触点与接线柱接通,制动灯回路接通,制动灯被点亮。

3. 倒车信号装置

汽车倒车时,为通知车后行人及车辆驾驶员,汽车后部装有倒车信号装置。倒车信号灯和倒车报警器由倒车灯开关(安装在变速器上)控制。倒车信号灯点亮的同时,倒车报警器的电喇叭也发出断续的声响或语言报警,以警告后车驾驶员和行人。倒车信号灯开关主要由钢球 7、膜片 5、触点 4 和弹簧 3 等组成,如图 13-12 所示。

4. 故障报警信号装置

故障报警信号装置只有在紧急或特殊情况下使用,例如汽车行驶途中抛锚或运送病人的救护车等。故障报警信号灯常与转向信号灯共用一组灯泡,分别由转向信号灯开关、故障停车灯开关控制。故障报警灯开启后,汽车转向灯泡点亮并以一定频率连续闪烁,以提醒过往的车辆,防止意外发生。

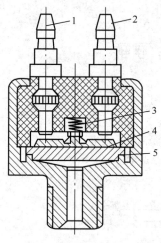

图 13-11　制动灯信号开关
1,2—接线柱；3—回位弹簧；
4—触点；5—膜片

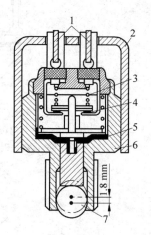

图 13-12　倒车灯信号开关
1—导线接头；2—保护罩；3—弹簧；4—触点；
5—膜片；6—壳体；7—钢球

13.2.3　汽车喇叭

13.2.3.1　汽车喇叭的功用

汽车喇叭是用来在汽车运行中警示行人和其他车辆注意交通安全的声响信号装置。

13.2.3.2　汽车喇叭的类型

按使用能源的不同,汽车喇叭分为电喇叭和气喇叭两种。

1. 电喇叭

电喇叭的特点是以蓄电池为电源,通过电磁线圈或电子电路激励喇叭膜片振动而发出声音。按外部形状的不同电喇叭分为螺旋形、盆形和长筒形3种。螺旋形电喇叭声音和谐清脆,比较悦耳,广泛应用于各种车辆。螺旋形电喇叭主要由喇叭筒1、金属膜片3、铁芯5、电磁线圈8和触点K等组成,如图13-13所示。盆形电喇叭的声音指向性好,可以减小城市噪声污染,还具有耗电量少、结构简单、外形尺寸小、安装方便等特点,在中、小型客车和轿车上应用十分广泛。盆形电喇叭以共鸣板作为共鸣装置,不需要扬声筒。

2. 气喇叭

气喇叭(见图13-14)按结构和外形的不同可分为长筒形和螺旋形两种,按音调的不同又可分为单音和双音两种。气喇叭的声响强度和声音指向性好,适于山区使用。为了减少城市噪声污染,各个国家的交通法规均规定禁止在市区使用气喇叭。

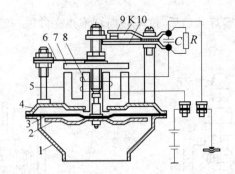

图 13-13 螺旋形电喇叭

1—喇叭筒；2—共鸣板；3—金属膜片；4—底板；5—铁芯；6—弹簧片；
7—衔铁；8—电磁线圈；9—静触点臂；10—动触点臂

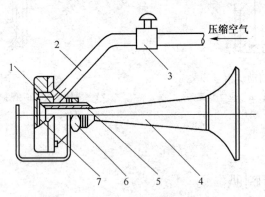

图 13-14 气喇叭

1—气室；2—耐压胶管；3—气阀；4—扬声器；5—筒颈；6—膜片；7—安装支架

13.3 汽车音响

汽车音响(car audio)是为减轻驾驶员和乘员旅途中的枯燥感而设置的收放音装置。最早使用的是汽车调幅收音机，后来是调幅调频收音机、磁带放音机，发展至 CD 放音机和兼容 DCC、DAT 数码音响。现代汽车音响无论在音色、操作和防振等各方面均达到了较高的标准，能适应汽车在崎岖道路上的颠簸，保证性能的稳定和音质的完美。

13.3.1 汽车音响的组成

汽车音响主要由信号源、无线电接收天线 5、功率放大器和全声道扬声器 10 等部件组成(见图 13-15)。其主要原理是通过信号源传送各种节目信号，经音频放大器进行放大，取得足够的功率传到扬声器，扬声器放出与原声源相同且响亮得多的声音。

汽车音响应用的信号源种类繁多，较为常见的有无线电调频器 4、磁带放音机、激光(CD)主机 2、VCD 主机、MP3 主机、MP5 主机等，它们为音响系统提供音频信号。

汽车音响系统中，无线电接收天线 5 用来接收广播电台的发射电波，通过高频电缆，向

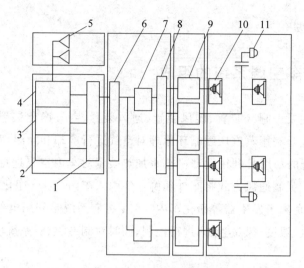

图 13-15 汽车音响系统

1—电源选择器；2—激光主机；3—盒式录音机；4—无线电调频器；5—无线电接收天线；6—低音/中音/高音；7—高通光碟；8—音量调节器；9—扬声器放大器；10—全声道扬声器；11—高音扬声器

无线电调频器 4 传送。无线长度通常为波长的 1/4。天线一般有车身上伸出金属棒的柱式天线和嵌在后窗玻璃上的玻璃天线两种。许多轿车上安装了电动天线,通过电动机控制天线的升降,天线的升降是通过改变电动机的旋转方向实现的。有些汽车的电动天线用独立的天线开关进行控制,多数汽车则是由收音机开关联动控制,即收音机打开同时接通电动天线控制电路,电动机转动天线升起,关闭收音机时天线又同时下降。

功率放大器可把各种节目信号进行电压放大和功率放大,然后推动扬声器发出声音。功率放大器由前置放大器、功率放大器和环绕声放大器组成。

扬声器把音频信号还原成声音,是重放声音信号的终端。扬声器通常由扬声器单元、分频器、音箱体和吸音填充材料等组成。

13.3.2 汽车多媒体系统简介

随着人们对乘车舒适性要求的不断提高,汽车多媒体技术也快速地不断向前发展。多媒体音响系统取代了传统的激光唱机及磁带播放机,已成为中高档轿车多媒体系统的主流,一些中高档轿车还装配了可视化的 DVD 多媒体系统,使行车增加了更多的乐趣,成为名副其实的移动影院和娱乐中心。另外,随着车载 GPS 系统、车载网络技术、可视化倒车影像技术、车载电话技术的不断发展,汽车多媒体系统的功能更加广泛与智能化。目前一些中高档轿车随车配备的多媒体系统具备影音娱乐功能、车载导航功能、语音控制功能、倒车影像功能、车载上网功能及手机互联功能等,不仅提高了汽车的娱乐功能也使行车更加方便。

13.4 汽车空调系统

汽车空调是汽车空气调节器的简称,汽车空调系统是实现对车厢内空气进行制冷、加热、换气和空气净化的装置。汽车空调可以为乘车人员提供舒适的乘车环境,降低驾驶员的疲劳强度,保障行车安全。

13.4.1 汽车空调系统的组成

汽车空调系统主要由制冷装置、暖风装置、通风装置、空气净化装置及控制系统组成。制冷装置的主要功能是利用蒸汽压缩循环原理对空气进行冷却和除湿,对驾驶舱进行制冷,降低温度;供暖系统的功用是利用发动机热水加热装置对车内空气进行加热;通风装置主要是利用自然通风或强制通风方式将车外新鲜空气引入车内;空气净化装置是利用灰尘滤清器、电子集尘器及负离子发生器等净化车内空气;控制系统是利用电气元件、真空机构和操纵机构对车内空气、温度、风量、流向进行控制,同时对制冷、供暖系统内的温度、压力进行控制和安全保护。

不同类型汽车的空调系统结构与布置方式均有一定差异,这里主要介绍目前轿车最为常见的手动冷暖一体式空调系统。该空调系统布置形式是将蒸发器、暖风散热器、离心式鼓风机、操纵机构等组装在一起,称为空调系统总成,其布置如图13-16所示。

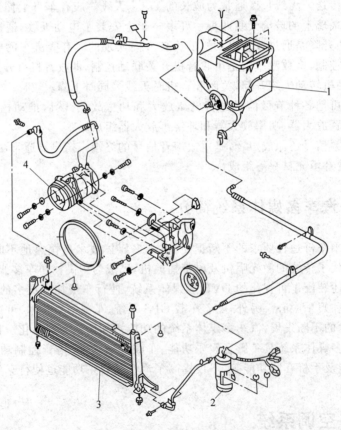

图 13-16 汽车空调系统的组成
1—蒸发器;2—干燥器;3—冷凝器;4—压缩机

13.4.2 汽车空调系统的分类

汽车空调系统的分类及特点见表 13-1。

表 13-1 汽车空调系统的分类及特点

分类方法	类 型	特 点
按驱动方式分类	独立式	专用一台发动机驱动压缩机,制冷量大、工作稳定,但成本高、体积及质量大,多用于大、中型客车
	非独立式	空调压缩机由汽车发动机驱动,制冷性能受发动机工作影响较大,稳定性较差,多用于小型客车和轿车
按空调功能分类	单一功能型	将制冷、供暖、通风系统各自安装、单独操作、互不干涉,多用于大型客车和载货汽车
	冷暖一体式	制冷、供暖、通风系统共用鼓风机和风道,在同一控制板上进行控制。工作时可分为冷暖风分别工作的组合式和冷暖风同时工作的混合调温式。轿车多用后一种
按控制方式分类	手动调节	由人工方式拨动控制板上的功能键对温度、风速、风向进行控制
	全自动调节	利用微机控制,通过传感器信号及预调信号控制调节机构工作,自动调节温度和风量

13.4.3 汽车空调系统的工作原理

13.4.3.1 制冷系统的工作原理

汽车空调制冷系统一般多采用蒸汽压缩式制冷,即利用液态制冷剂汽化吸热而产生制冷效应。汽车空调制冷系统如图 13-17 所示。从空调压缩机 2 出来的高温高压制冷剂蒸汽通过高压软管进入冷凝器 1,借助于冷凝器后的冷却风扇作用,在冷凝器中制冷剂大量的热量被车外空气带走,从而使制冷剂蒸汽被凝结为高温、高压的制冷剂液体。这种高温、高压的制冷剂液体经储液干燥器流过储液膨胀阀 4 时,由于膨胀阀的节流作用,体积突然变大而降压,变成低温、低压的制冷剂液体进入蒸发器 5,制冷剂在蒸发器内定压下汽化。由于制冷剂汽化吸收蒸发器管外空气的热量,即对蒸发器管外的空气制冷。在蒸发器后的鼓风机将制冷的空气吹入驾驶室,实现空调制冷效果。最后从蒸发器流出的低温、低压制冷剂气体流回压缩机再次加压,重新变成高温、高压制冷剂气体送至冷凝器,从而制冷剂完成一次热力循环。

目前大多数中、小型汽车的空调压缩机都是以发动机作为动力源,压缩机的起动和停转由电磁离合器控制。而电磁离合器是否工作取决于各种温度、压力和转速信号控制开关,如温度控制开关、压力开关和转速开关等。

13.4.3.2 供暖、通风系统的工作原理

1. 供暖系统

供暖装置是汽车空调的重要组成部分。轿车上一般采用发动机工作时冷却液温度进行

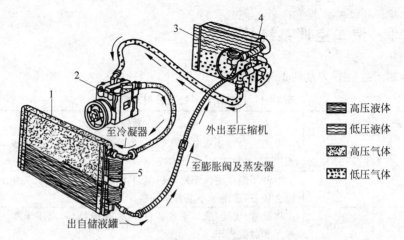

图 13-17 汽车空调制冷系统的工作原理
1—冷凝器；2—空调压缩机；3—储液罐；4—储液膨胀阀；5—蒸发器

供暖，称为水暖式暖气装置。水暖式暖气装置主要由热交换器 7、鼓风机 16、热水阀等组成（见图 13-18）。

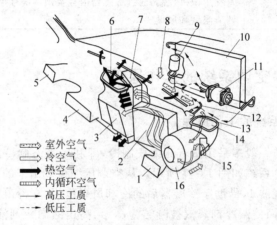

图 13-18 汽车空调供暖、通风系统
1—右出风口；2—蒸发器；3—分配箱；4—中间出风口；5—左出风口；6—除霜热空气出口；7—热交换器；8—冷空气进口；9—储液罐；10—冷凝器；11—压缩机；12—吸入管道；13—膨胀阀；14—空气过滤进口；15—内循环空气进口；16—鼓风机

水暖式供暖装置的原理是：当发动机冷却水温达到 80℃ 时，节温器将一部分冷却水流入空调供暖装置热交换器中，热交换器加热周围的空气，再由鼓风机将加热后的空气吹入车内，之后热交换器内变冷的冷却水由水泵抽回发动机。进入热交换器的热水量由热水阀进行控制。

2. 通风净化装置

汽车空调通风一般分为自然通风和强制通风两种形式。自然通风是利用汽车行驶时对车身外部所产生的风压为动力，通过汽车的进风口和排风口进行自然通风换气；强制通风是利用鼓风机强制将车外空气送入车厢内进行通风换气，这种方式需要能源和设备。轿车通常利用空调装置的外循环装置，根据需要开闭进风口，进风口处设一风门，通过控制风门开度和位置进行进风模式和进风量的控制。

13.4.4 电控空调系统

电控空调系统可实现自动调节气温和温度自动控制,即根据乘员事先设定的参数自动调节乘坐空间的气温。

电控空调系统在传统的手动空调基础上,增加了电控空调的电控单元和大量的传感器(包括驾驶室温度传感器、太阳辐射传感器、发动机冷却液温度传感器、室外空气温度传感器等)。电控空调工作时,驾驶员按下控制开关面板上的按钮(设定调节温度),此时,传感器分别测量驾驶室温度、车外温度、发动机冷却液温度等信息,并将采集的信息传输给电控单元,电控单元通过选择新鲜空气和循环空气的比例来实现自动调节气温。温度自动控制是电控单元根据传感器信号通过控制改变风扇电动机的转速,调整冷、热空气调节片开度及控制压缩机电磁离合器的开、闭来实现。

13.5 汽车定速巡航系统

汽车定速巡航系统能够按照驾驶员的行车需求速度,在不需要驾驶员踩油门踏板的情况下自动保持在该设定车速行驶。采用了这种装置,在汽车长时间保持车速变化不大的行驶工况下,驾驶员可以不用再控制油门踏板,防止疲劳,同时减少了不必要的车速变化,可以节省燃料。

汽车定速巡航系统主要由控制开关、车距传感器(测距雷达)、车速传感器、转向角传感器、节气门位置传感器、电控单元、节气门执行模块和制动执行模块组成(见图13-19)。驾驶员预先在控制开关5上设置希望车速后,汽车定速巡航系统电控单元4采集各项传感器信号,并利用车距传感器反馈信号测量前方车辆具体位置,当前方没有车辆并且设定车速低于当前车速时,电控单元控制节气门执行模块,使节气门开度增大,直至车速达到设定车速后,调节节气门开度固定到某一位置,维持当前车速。当发现前车减速或检测到前方有新目标时,电控单元控制节气门执行模块减小节气门开度,并同时控制制动执行模块对汽车实施制动,直至恢复到安全车距后,电控单元再次控制节气门执行模块恢复预设车速。

驾驶员主要通过操纵开关对汽车实现定速巡航调节控制,其主开关结构如图13-20所示。控制开关主要包括主开关(MAIN)、设定/减速开关(SET/COAST)、恢复/加速开关(RES/ACC)和取消开关(CANCEL)。

主开关为巡航控制系统的主要电源开关,多数采用按键方式,每次将其推入,该系统的电源就接通或关闭。即使点火再次接通,主开关仍保持关闭。

手柄式控制开关有5种控制功能:SET(设置)、COAST(减速)、RES(恢复)、ACC(加速)和CANCEL(取消)。其中SET和COAST模式共用一个开关,RES和ACC模式共用另一个开关。当沿箭头方向操作开关时,开关接通;而松开时,则关闭。

退出巡航控制开关包括取消开关、停车灯开关、驻车制动开关、离合器开关、空挡启动开关。当其中任一开关接通时,巡航控制将被自动取消。但当自动巡航系统取消瞬间的车速大于35km/h时,此车速将会存储于巡航控制ECU中,当接通RES开关时,最后存储的车速就会自动恢复。

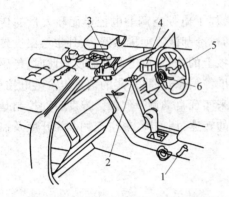

图13-19 汽车定速巡航系统的组成
1—车速传感器;2—转动开关;3—节气门执行模块;
4—电控单元;5—控制开关;6—方向盘转角传感器

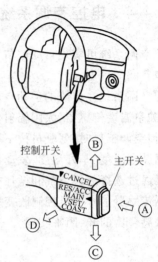

图13-20 汽车定速巡航系统操纵开关

13.6 汽车总线技术

随着21世纪汽车电子技术的发展,车用电子设备的不断增加对汽车的综合布线和信息的交互共享提出了更高的要求。由于汽车内部电子控制单元大量引入,为了提高信号的利用率,要求大批的数据信息可以在不同的电子单元中共享,汽车综合控制系统中大量的控制信号需要实时交换,传统的点对点通信方式已远远不能满足需求,因此必须采用先进的总线技术。

所谓总线(BUS),一般指通过分时复用的方式,将信息以一个或多个源部件传送到一个或多个目的部件的一组传输线。车用总线是指用于车载网络中底层的车用设备或车用仪表互联的通信网络,是车用网络与车载设备控制系统的集成(见图13-21)。

13.6.1 汽车总线的类型

目前汽车上普遍采用的汽车总线有局部互联协议LIN和控制器局域网CAN,正在发展中的汽车总线技术还有高速容错网络协议FlexRay,用于汽车多媒体和导航的MOST,以及与计算机网络兼容的蓝牙、无线局域网等无线网络技术。

LIN是一种低成本的串行通信网络协议,采用单个主控制器多个从设备的模式,在主从设备之间只需要1根电压为12V的信号线。这种主要面向"传感器/执行器控制"的低速

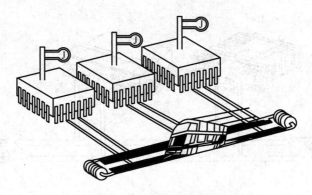

图 13-21 汽车总线技术

网络,其最高传输速率可达 20Kb/s,主要应用于电动门窗、座椅调节、灯光照明等控制。典型的 LIN 网络的节点数可以达到 12 个。以门窗控制为例,在车门上有门锁、车窗玻璃开关、车窗升降电机、操作按钮等,只需要一个 LIN 网络就可以把它们连为一体。而通过 CAN 网关,LIN 网络还可以和汽车其他系统进行信息交换,实现更丰富的功能。目前 LIN 已经成为国际标准,被大多数汽车制造商和零部件生产商所接受。

在当前的汽车总线网络市场上,占据主导地位的是 CAN 总线。CAN 总线最大的特点是可提供高达 1Mb/s 数据传输速率,与 LIN 总线相比是一种高速总线,主要应用在通信实时性要求较高的驱动总线、舒适性总线和信息娱乐总线中。

FlexRay 是一种用于汽车的高速、可确定性的,具备故障容错能力的总线技术,它将事件触发和时间触发两种方式相结合,具有高效的网络利用率和系统灵活性,可以作为新一代汽车内部网络的主干网络。

MOST 总线是面向媒体的系统传输总线。MOST 是汽车业合作的成果,其不具备正式的标准。

13.6.2　CAN 总线技术

控制器局域网 CAN 总线是 controller area network 的缩写,是德国博世公司从 20 世纪 80 年代初为解决现代汽车中众多的控制与测试仪器之间的数据交换而开发的一种串行数据通信协议。CAN 总线是一种多主总线,通信介质可以是双绞线、同轴电缆或光导纤维,通信速率可达 1Mb/s。

13.6.2.1　CAN 总线的组成

CAN 总线主要由若干个控制单元组成,每个控制单元主要由 CAN 控制器、CAN 收发器、CAN 总线和终端电阻组成,如图 13-22 所示。

1. CAN 控制器

CAN 控制器接收控制单元中的微电脑传来的数据,对这些数据进行处理并将其传往 CAN 收发器。同样,CAN 控制器也接收由 CAN 收发器传来的数据,对这些数据进行处理并将其传往控制单元中的微电脑。

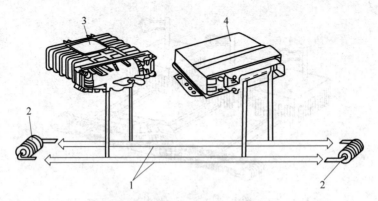

图 13-22 CAN 总线的结构

1—数据传输总线；2—数据传输终端；3—发动机燃油喷射电控单元（带 CAN 控制器和收发器）；4—自动变速器电控单元（带 CAN 控制器和收发器）

2. CAN 收发器

CAN 收发器将 CAN 控制器传来的数据转化为电信号将其送入数据传输线，它也为 CAN 控制器接收和转发数据。

3. 数据传输终端

数据传输终端是一个电阻器，防止数据在线端被反射，产生的反射波使数据遭到破坏。

4. 数据传输线

数据传输线是双向的，用于对数据进行传输。两条线分别被称为 CAN 高线和 CAN 低线。数据传输线为了防止外界电磁波的干扰和向外辐射，CAN 总线采用两条线缠绕在一起。一般两条线的电位相反，如果一条是 3.5V，另一条就是 1.5V，始终保持电压总和为一常数。通过这种办法，CAN 数据总线得到了保护而免受外界电磁场的干扰，同时 CAN 数据总线向外辐射也保持中性，即无辐射。

13.6.2.2 CAN 总线的工作原理

当 CAN 总线上的一个节点（站）发送数据时，它以报文形式广播给网络中所有节点。对每个节点来说，无论数据是否是发给自己的，都对其进行接收。每组报文开头的 11 位字符为标识符，定义了报文的优先级，这种报文格式称为面向内容的编址方案。在同一系统中标识符是唯一的，不可能有两个站发送具有相同标识符的报文。当几个站同时竞争总线读取时，这种配置十分重要。

当一个站要向其他站发送数据时，该站的 CPU 将要发送的数据和自己的标识符传送给本站的 CAN 芯片，并处于准备状态；当它收到总线分配时，转为发送报文状态。CAN 芯片将数据根据协议组织成一定的报文格式发出，这时网上的其他站处于接收状态。每个处于接收状态的站对接收到的报文进行检测，判断这些报文是否是发给自己的，以确定是否接收它。

因此，CAN 数据总线的数据传输原理在很大程度上类似电话会议的方式。一个用户通过控制单元向网络"说出"数据，而其他用户"收听"到这些数据。一些控制单元认为这些数据对它有用，它就接收并且应用这些数据；而其他控制单元也许不会理会这些数据。故数据总线里的数据并没有指定的接收者,而是被所有的控制单元接收及计算。

13.6.2.3 CAN总线实例

一汽大众宝来轿车在动力系统和舒适系统中分别装置了CAN数据传输总线系统(见图13-23)。

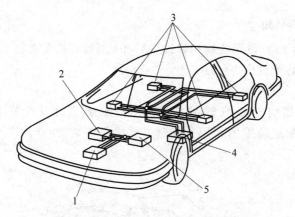

图13-23　宝来轿车CAN数据传输系统

1,2,7,8—车门电控单元；3—中央电控单元；4—自动变速器电控单元；5—发动机电控单元；6—ABS电控单元

CAN数据传输系统中每个电控单元内部增加了一个CAN控制器、一个CAN收发器,每个电控单元外部都连接了两套CAN总线,在系统CAN总线的末端还装有两个数据传输终端。

宝来轿车动力系统的CAN数据总线将发动机电控单元、自动变速器电控单元和ABS系统电控单元连接为一体。舒适系统的CAN数据总线将一个中央电控单元和四个车门电控单元连成一体,形成一个完整的区域网络。

13.7　汽车车身及电器设备实践训练

13.7.1　实践目的

通过汽车车身及电器设备的实践训练,使学生较好地掌握汽车车身的总体结构,熟悉汽车车身的种类及特点,掌握汽车仪表、照明系统、信号系统、汽车空调系统等电器部件的结构组成及工作原理。

13.7.2　实践准备

1. 课时安排

1课时。

2. 实践设备

桑塔纳 2000 汽车一辆、解放 CA1091 型载货汽车一辆、汽车空调实验台一个。

13.7.3 实践内容

1. 汽车车身结构认知

通过观摩桑塔纳 2000 汽车实物和解放 CA1091 型载货汽车实物,掌握汽车车身的结构组成,熟悉汽车车身的类别及特点。

实践项目要求:

(1) 通过观摩桑塔纳 2000 汽车,掌握汽车结构件、覆盖件及汽车开启件的名称及布置位置,了解汽车车身附属装置的功用及控制方式。桑塔纳 2000 汽车车身结构如图 13-24 所示。

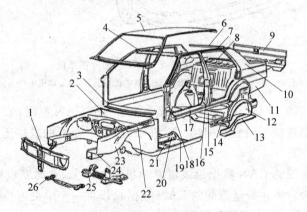

图 13-24 桑塔纳 2000 汽车车身结构

1—散热器框架;2—前围板;3—前风窗框下横梁;4—前风窗框上横梁;5—顶盖;6—后风窗框上横梁;7—上边梁;8—后窗台板;9—后围板;10—后立柱(C柱);11—后翼子板;12—后轮罩;13—后纵梁;14—地板后横梁;15—后地板;16—中立柱(B柱);17—门槛;18—前立柱(A柱);19—前地板;20—地板通道;21—前座椅横梁;22—前挡泥板加强撑;23—前挡泥板;24—前纵梁;25—副车架;26—前横梁

(2) 通过观摩解放 CA1091 型载货汽车车身结构,掌握货车车身与轿车车身的结构区别,了解货车驾驶舱内部结构布置特点,了解栏板式货厢的结构特点。

2. 汽车电器部件认知

通过观摩桑塔纳 2000 汽车实物,掌握汽车仪表系统的组成与原理,熟悉轿车灯光系统与信号系统的类型与操纵原理。通过观摩汽车空调实验台,掌握汽车空调的结构组成与工作原理。

实践项目要求:

(1) 通过桑塔纳 2000 汽车实物掌握汽车仪表系统的组成,能够识别发动机转速表、车速里程表、燃油表、冷却液温度表等主要仪表及常用的信号指示灯,能够熟悉仪表及指示灯的工作原理并能够分析指示灯闪亮的原因。

(2) 通过桑塔纳 2000 汽车实物掌握汽车照明及信号系统的组成,能够根据实物对照明及信号系统进行控制，熟悉其基本工作原理。

（3）根据汽车空调试验台，熟悉汽车空调压缩机、冷凝器、蒸发器、膨胀阀等的结构，并掌握汽车制冷剂流动线路及制冷剂状态。

习题

一、理论习题

13-1　名词解释：汽车仪表、汽车空调、汽车总线。
13-2　简述汽车仪表的类型与特点。
13-3　简述汽车仪表的组成。
13-4　汽车仪表盘上的指示灯有哪些？
13-5　简述汽车灯光系统的组成与功用。
13-6　简述汽车喇叭的种类与工作原理。
13-7　简述汽车定速巡航控制系统的工作原理。
13-8　简述汽车总线的工作原理。

参 考 文 献

[1] 王海林,蔡兴旺.汽车构造与原理(上册 发动机)[M].3版.北京:机械工业出版社,2017.
[2] 陈家瑞.汽车构造[M].5版.北京:人民交通出版社,2007.
[3] 关文达.汽车构造[M].2版.北京:清华大学出版社,2009.
[4] 麻友良,丁卫东.汽车电器与电子控制系统[M].北京:机械工业出版社,2006.
[5] 张西振.汽车发动机电控技术[M].2版.北京:机械工业出版社,2011.
[6] 许兆棠,黄银娣.汽车构造(上册)[M].北京:国防工业出版社,2012.
[7] 许兆棠,刘永臣.汽车构造(下册)[M].北京:国防工业出版社,2012.
[8] 蔡兴旺.汽车构造与原理(下册 底盘、车身)[M].2版.北京:机械工业出版社,2010.
[9] 宋景芬.汽车文化[M].北京:人民交通出版社,2007.
[10] 王震坡,孙逢春,刘鹏.电动汽车原理与应用技术[M].2版.北京:机械工业出版社,2016.
[11] 宁德发.电动汽车结构·原理·检测·维修[M].北京:化学工业出版社,2017.